当代中国学术思想史丛书

编委会主任 谢伏瞻　总主编 赵剑英

当代中国近代思想史研究

Contemporary Studies of Modern Chinese Thought History

（1949-2019）

郑大华　主编

俞祖华 刘平 贾小叶 段炼 周游　撰写

中国社会科学出版社

图书在版编目（CIP）数据

当代中国近代思想史研究：1949—2019／郑大华主编．—北京：中国社会科学出版社，2019.12

（当代中国学术思想史丛书）

ISBN 978－7－5203－5374－8

Ⅰ.①当…　Ⅱ.①郑…　Ⅲ.①思想史—研究—中国—近代　Ⅳ.①B25

中国版本图书馆 CIP 数据核字（2019）第 221516 号

出 版 人　赵剑英
责任编辑　刘志兵
责任校对　石春梅
责任印制　戴　宽

出　　版　中国社会科学出版社
社　　址　北京鼓楼西大街甲 158 号
邮　　编　100720
网　　址　http://www.csspw.cn
发 行 部　010－84083685
门 市 部　010－84029450
经　　销　新华书店及其他书店

印刷装订　北京君升印刷有限公司
版　　次　2019 年 12 月第 1 版
印　　次　2019 年 12 月第 1 次印刷

开　　本　710×1000　1/16
印　　张　44.25
字　　数　680 千字
定　　价　248.00 元

凡购买中国社会科学出版社图书，如有质量问题请与本社营销中心联系调换
电话：010－84083683

当代中国学术思想史丛书
编辑委员会

书写当代中国学术史，加快构建中国特色哲学社会科学

谢伏瞻*

在中华人民共和国成立70周年之际，中国社会科学出版社修订出版《当代中国学术思想史丛书》（以下简称《丛书》），对于推动我国当代学术史研究，加快构建中国特色哲学社会科学学科体系、学术体系、话语体系具有重要的意义。

党的十八大以来，以习近平同志为核心的党中央高度重视哲学社会科学。2016年5月17日，习近平总书记主持召开哲学社会科学工作座谈会并发表重要讲话，明确提出加快构建中国特色哲学社会科学学科体系、学术体系、话语体系的重大论断和战略任务。这是一个极为重要的战略考量，关系我国哲学社会科学的长远发展，关系中国特色社会主义事业发展全局，是重大的学术任务，更是重大的政治任务。广大哲学社会科学工作者要以高度的政治自觉和学术自觉，以强烈的责任感、紧迫感和担当精神，在加快构建中国特色哲学社会科学"三大体系"上有过硬的举

* 谢伏瞻：中国社会科学院院长、党组书记。

措、实质性进展和更大作为。《丛书》即为加快构建中国特色哲学社会科学“三大体系”的具体措施之一。

研究学术思想史是我国的优良传统之一。学术思想历来被视为探寻思想变革、社会走向的风向标。正如梁启超在《论中国学术思想变迁之大势》中所言,“学术思想与历史上之大势,其关系常密切。”“学术思想之在一国,犹人之有精神也;而政事、法律、风俗,及历史上种种之现象,则其形质也。故欲觇其国文野强弱之程度如何,必于学术思想焉求之。”我国古代研究学术思想史注重“融合”“会通”,对学术辨识与提炼能力有特殊要求,是专家之学,在这方面有大成就者如刘向、刘歆、朱熹、黄宗羲等皆为硕学通儒。近代以来,随着“西学东渐”,我国哲学社会科学各学科逐渐发展起来,学术思想史研究亦以梁启超的《中国近三百年学术史》为发轫,以章炳麟、钱穆等为代表的一批学者用现代学术视角“辨章学术、考镜源流”,开始将学术思想史研究与近现代哲学社会科学发展结合起来,形成了不少有影响的名品佳作。新中国成立以后,在马克思主义指导下,我国哲学社会科学不断发展,特别是改革开放以来,哲学社会科学的地位更加凸显,在研究工作的广度和深度上不断取得新突破。但是,我国当代学术思想史研究没有跟上哲学社会科学发展的步伐,呈现出“有数量缺质量、有专家缺大师”的状况,有分量的研究成果寥若晨星,公认的学术思想史大家屈指可数。新时代,我国哲学社会科学地位更加重要、任务更加繁重,有组织、有计划地开展学术思想史研究和出版工作，系统梳理我国当代哲学社会科学各学科学术思想的发展脉络，总结各学科积累的优秀成果，既是对学术研究传统的继承和发扬，弥补当代学术思想史研究的不足，也将在中国特色哲学社会科学“三大体系”建设中发挥独特而重要的作用。

中国社会科学院是党中央直接领导的哲学社会科学研究机构，在加快构建哲学社会科学“三大体系”建设中发挥着主力军作用。早在建院之初的1978年，胡乔木同志主持的《1978—1985年全国哲学社会科学发展规划纲要（初稿）》就提出了研究“中国经济思想史”“中国政治思想史”“中国教育思想史”“中国伦理思想史”等近10种“学术思想史”的规划。“当代中国学术思想史”丛书初版于2009年，在新中国成立70周年之际，予以修订再版，充分体现出我院作为“国家队”的担当。《丛书》以新中国成立以来学术思想史演进中的脉络梳理与关键问题分析为主要内容，集中展现在中国共产党坚强领导下，创建、发展和繁荣哲学社会科学各学科学术思想史的历程，突出反映70年来哲学社会科学各领域的成就与经验，资辅当代、存鉴后人，具有较强的学术示范意义。

学术思想史研究为哲学社会科学学科体系建设提供了有力的支撑。学科体系是加快构建中国特色哲学社会科学的根本依托。经过几十年的发展，我国哲学社会科学已拥有20多个一级学科、400多个二级学科，学科体系已基本确立，但还不健全、不系统、不完善，离习近平总书记提出的基础学科健全扎实、重点学科优势突出、新兴学科和交叉学科创新发展、冷门学科代有传承的要求还有相当大的差距。学科体系建设的前提是对各学科做出科学准确的评估，翔实的学术思想史研究天然具备这一功能。《丛书》以“反映学科最新动态，准确把握学科前沿，引领学科发展方向”为宗旨，系统总结文学、历史学、语言学、美学、宗教学、法学等学科70年的学术发展历程。其中既有对基础学科、重点学科学术思想史的系统梳理，如《当代中国美学研究》《当代中国文艺学研究》等；又有对新兴学科、交叉学科和冷门学科学术思想史的开拓性研究，如《当代中国近代思想史研究》《当代中国边疆研究》《当代中国简帛学研究》等。从学术思想史的角度，系统评价各学科的发展，对于健全学科体系、优化学科布局，加快构建中国特色哲学社会科学学科体系无疑是大有裨益的。

学术思想史研究为哲学社会科学学术创新提供了坚实的基础。学术体系是加快构建中国特色哲学社会科学的核心。主要包括两个方面：一是思想、理念、原理、观点、理论、学说、知识、学术等；二是研究方法、材料和工具等。习近平总书记指出，理论的生命力在于创新。只有不断推进知识创新、理论创新、方法创新，才能着力打造“原版”“新版”的哲学社会科学。学术创新是有前提的，正如总书记所深刻指出的，理论思维的起点决定着理论创新的结果，理论创新只能从问题开始。从某种意义上说，学术创新离不开学术思想史研究，只有通过坚实的学术思想史研究，把握学术演进的脉络、传统、流变，才能够提出新问题、新思想，形成新的学术方向，这是《丛书》为哲学社会科学学术创新作出的贡献之一。学术思想史的研究内容、研究方法、材料与工具自成体系，具有构建学术体系的各项特征。《丛书》通过对学术思想史研究的创新，为哲学社会科学学术创新提供了有益的尝试。

一是观点创新。中华人民共和国成立以来，随着马克思主义在哲学社会科学领域指导地位的确立，我国思想界发生了大规模、深层次的学术变革，70 年间中国学术已经形成了崭新格局。《丛书》紧扣“当代中国”这一主题，突破“当代人不写当代史”的思想束缚，独辟蹊径、勇于探索，聚焦中国特色哲学社会科学的发展道路、马克思主义指导下的中国学术发展、中国传统学术继承和外来学术思想借鉴，民族复兴在学术思想史上的反映等问题，从而产生一系列的观点创新。

二是研究范式创新。一个时代的主流思想和历史叙事，是由反映那个时代的精神的一系列概念和逻辑构成的。当代中国学术的源流、变化与当代中国政治、经济、文化、社会的变革密切相关。《丛书》把研究中国特色学术道路的起点、进程与方向作为自觉意识，贯穿于全丛书，注重学术思想史与中国学术道路的密切联系、学理化研究与中国现实问题的密切联系、个别问题研究与学术整体格局的密切联系、研究当代中国与启示中国未来的密切联系，开拓了学术诠释中国道路的新范式。

三是体例创新。《丛书》将专题形式和编年形式相互补充与融合，充分体现了学术创新的开放性，为开创学术思想史书写新范式探路。对于当代学术思想史研究，创新之路刚刚开始，随着《丛书》种类的增多，创新学术思想史研究的思路还会更多，更深入。

学术思想史研究为构建哲学社会科学话语体系提供了广阔的平台。话语体系是学术体系的反映、表达和传播方式，是有特定思想指向和价值取向的语言系统，是构成学科体系之网的纽结。习近平总书记指出，在解读中国实践、构建中国理论上，我们应该最有发言权。这就要求我们在构建话语体系时，要坚持中国立场、注重中国特色，用中国理论阐释中国实践，用中国实践升华中国理论，更加鲜明地展现中国思想，更加响亮地提出中国主张。要主动设置议题，勇于参与世界范围的“百家争鸣”。《丛书》定位于对当代中国学术思想的独家诠释，内容是原汁原味的中国学术，具有学术“走出去”、参与国际学术对话、扩大我国学术思想影响力、增强中华文化软实力的条件。《丛书》通过生动的叙述风格传播中国学术、中国文化，全面、集中、系统地反映我国当代学术的建构过程，让世界认识“学术中的中国”“理论中的中国”“哲学社会科学中的中国”。习近平总书记强调，把中国实践总结好，就有更强的能力为解决世界性问题提供思路和办法。《丛书》通过对当代中国学术思想史的描绘，让世界了解中国特色的学术发展之路，进而了解中国特色社会主义文化和中国特色社会主义道路。《丛书》中的《当代中国法学研究》《当代中国宗教学研究》《当代中国近代史研究》《当代中国近代社会史研究》等已经翻译成英文、德文等多种语言，分别在有关国家出版发行，为当代中国学术思想的国际化传播开拓了新路。

目前，《丛书》完成了出版计划的一部分，未来要继续作好《丛书》出版工作。关键是要坚持正确的政治方向、学术导向和价值取向。要提高政治站位，增强“四个意识”，坚定“四个自信”，做到“两个维护”，在思想上政治上行动上同以习近平同志为核心的党中央保持高度一致。要坚持马克思主义的指导地位，特别是用习近平新时代中国特色社会主义思想指导学术思想史研究和出版工作。要落实意识形态工作责任制，做到守土有责、守土负责、守土尽责。作好《丛书》出版工作必须坚持以质量为生命线。在任何时候都要坚持质量第一的方针，坚持“宁缺毋滥”的原则，多出精品力作。要把社会效益放在首位，实现社会效益和经济效益相统一。要严格遵守学术规范，秉承认真负责的治学态度，严肃对待学术研究，潜心研究，讲究学术诚信，拿出高质量的学术成果。

当今世界处于百年未有之大变局，中国特色社会主义进入新时代，这都对哲学社会科学提出了更高的要求，广大哲学社会科学工作者要积极响应习近平总书记和党中央号召，以习近平新时代中国特色社会主义思想为指导，努力提高政治站位，增强思想自觉，敢于担当，奋发有为，繁荣中国学术，发展中国理论，传播中国思想，加快构建中国特色哲学社会科学“三大体系”，为实现“两个一百年”奋斗目标，实现中华民族伟大复兴的中国梦作出应有的贡献。

是为序。

2019 年 10 月

目　录

前　言

本书是1949年中华人民共和国成立以来的“中国近代思想史研究”学术史。全书根据历史与逻辑相统一的原则分为四个时期，对中华人民共和国成立以来的中国近代思想史研究加以综述。

第一个时期，是中华人民共和国成立后十七年间（1949—1966），这是中国近代思想史研究的奠基阶段。资料整理方面，出版了《鸦片战争时期思想史资料选辑》《辛亥革命前十年间时论选集》《批判中国资产阶级中间路线参考资料》等专题性质的资料集和重要思想人物文集；学科建设方面，出版了石峻等主编的《中国近代思想史讲授提纲》及与之配套的《中国近代思想史参考资料简编》，并在高校开设了相关课程；研究成果方面，出版了中国人民大学中国历史教研室编的《中国近代思想家研究论文选》、北京大学哲学系编的《中国近代思想史论文集》、李泽厚著的《康有为谭嗣同思想研究》等文集、论著，发表了一系列论文。总的来说，新中国成立后十七年间的近代思想史研究带有较强的意识形态色彩，对思想进程、思想人物的分析，都着重阶级定性，往往简单地贴上地主阶级改革派、资产阶级改良主义者等标签，讨论也集中在思想家的阶级属性上，有简单化、模式化的倾向，缺乏多向度的、多元的、深入的剖析。但不管怎样，这十七年间的成果毕竟为后来的中国近代思想史研究的进一步发展奠定了基础。

第二个时期，是所谓“文化大革命”的十年（1966—1976），这是中国近代思想史研究的困顿与挫折时期，在“文化大革命”十年中，正常的学术研究基本处于停滞状态，中国近代思想史研究领域也是如此。为配合“抓叛徒”“批林批孔”“评水浒”等现实政治运动，当时发表了一些相应的文章，批判色彩浓，学术价值少。受当时形势的影响，近代思想中的“反孔”思想，如太平天国反孔斗争，受到关注；被列为“法家”人物的思想家，如魏源、龚自珍、洪秀全、严复、章太炎的思想，受到重视，而一些所谓尊孔尊儒的思想家，如曾国藩，则受到严厉的批判。资料方面，也仅局限在编辑、注释魏源、龚自珍、章太炎等所谓“法家”人物的著作。如同整个国家处于动乱、停滞状态，“文化大革命”十年间的中国近代思想史研究也处于困顿与挫折时期。

第三个时期，从改革开放到20世纪80年代末，这是中国近代思想史研究的恢复与发展时期。“文化大革命”结束尤其是十一届三中全会以后，中国知识界迎来了“科学的春天”，中国近代思想史的研究也随之进入恢复与发展的新时期。在80年代的思想解放与“文化热”中，李泽厚的《中国近代思想史论》《中国现代思想史论》，黎澍对封建主义的批判，耿云志的《胡适研究论稿》，王元化倡导的“新启蒙”等，都发挥了举足轻重的作用。改革开放初期的思想解放同时也促进了中国近代思想史研究的深入与开拓，学者们冲破“左”倾思想的影响与教条主义的束缚，并纠正了局限于革命话语与阶级定性的简单化倾向。在继续从政治革命立场、反帝反封建的视角评判中国近代史上的思想文化运动与思想人物的同时，80年代以后，学者们开始尝试从思想启蒙、学术史的角度来解读中国近代史上的思想文化运动与思想人物，对于过去“立足于批”的洋务思想、立宪思想、改良思想以及曾国藩、李鸿章等思想人物给予了一些新的评价。以往被视为禁区的领域，在80年代成了学术新的生长空间，如耿云志、易竹贤、欧阳哲生等人对胡适的研究，方克立、郭齐勇、郑大华等人对现代新儒学和梁漱溟的研究，钱理群、舒芜等人对周作人的研究，都具有引领学术风尚的开拓性意义。受80年代兴起的“文化热”的影响，近代史上的反传统思想、启蒙思想和西化思想受到学者们的格外关注，一些学者否定传统，力主西化，而另一些学者则肯定中国传统文化的价值，提出“中国文化复兴论”“儒学复兴论”，并围绕电视政论片《河殇》的评价，双方展开了激烈的论战。

这一时期，也是中国近代思想史学科学术队伍承上启下的重要阶段。

梁漱溟、冯友兰、侯外庐、蔡尚思、冯契等老一辈学者，继续发挥着重要的作用，进行着各自的总结性工作，冯友兰的《中国哲学史新编》，侯外庐的《中国近代哲学史》《中国思想史纲》，冯契的《中国近代哲学的革命进程》，蔡尚思的《中国近现代学术思想史论》等相继出版；陈旭麓、李泽厚等一批新中国成立后成长起来的出生于20世纪二三十年代的中年学者成了学科的中坚，在当时整个学术界、文化界和思想界有着很大的影响力；一批改革开放后成长起来的出生于四五十年代的新锐学人开始崭露头角。高校纷纷开设了“中国近代政治思想史”“中国现代政治思想史”等本科课程，十多种以“政治思想史”命名的教材相继出版，还招收了相关方向的硕士、博士研究生。所有这些，都为下一阶段中国近代思想史研究的走向繁荣奠定了坚实的基础。

第四个时期，从20世纪90年代初到现在，这是中国近代思想史研究走向繁荣的时期。受1989年政治风波、苏东事件和学术自身发展规律的影响，进入90年代后，中国思想史的研究重心发生变化，从研究思想启蒙到研究保守主义，从研究思想家到研究学问家，从研究革命进步思想和运动到对革命进步思想和运动的反思与批判，即所谓反激进主义，并出现了一些学者所讲的“思想家淡出，学问家兴起”的现象。与此同时，随着西方观念史、新文化史、社会史等研究理论和方法的引入，越来越多的学者把他们的研究兴趣和精力转到了观念史、新文化史、社会史和思想史视野下的新闻报刊史的研究上，并取得了丰硕成果。关于思想史学科自身的理论建设在进入21世纪后也日益引起学术界的重视，相继发表了一大批讨论中国近代思想史的研究对象、研究方法、逻辑起点、历史分期、发展动力等问题的文章，在某些问题上学者们达成了一些共识。这一切，都推动了中国近代思想史研究在90年代以后的进一步发展。

具体体现在成果上：在资料整理方面，文集、日记、年谱、学术史资料等各种文献大量出版，魏源、李鸿章、张之洞、康有为、孙中山、蔡元培、胡适、李大钊、梁漱溟等重要思想家的全集纷纷面世，尤其是文献资料的数字化，如中国期刊网、民国报刊数据库、民国文献数字化等项目的开发和建设，为研究者利用资料与掌握研究动态提供了便捷的条件。宏观体系的构建有了新的探索，与80年代以前的通论性教材、论著多以“政治思想史”命名不同，进入90年代尤其是21世纪以后，通论性教材、论著则多以“思想史”或“思想史论”命名，如郑大华的《晚清思想史》《民国思想史论》和《民国思想史续论》，启良的《20世纪中国思想史》，雷广臻的《中国近代思想史论》，等等，这反映了学者们试图匡正以往思想史偏重于政治思想的缺陷或不足。中国近代思想史的学科建设与学科理论研究越来越为学术界所重视，前者如已连续举办了五届的以“中国近代思想史国际学术研讨会”为代表的学术研讨活动的组织化，后者如进入21世纪以来围绕近代思想史研究对象所展开的讨论。思想进程的研究取得了新的成果。思想人物的研究进一步深化，一方面，许多之前没有或少有人关注的思想家，尤其是比较温和和保守型的思想家，开始进入研究者的视野；另一方面，过去研究较多的思想家的研究进一步深化和细化，提出了许多新的观点。如果说80年代以前，那些以“中国近代思想史”或“中国近代政治思想史”命名的著作，基本上是各个时期一些主要思想家思想的汇编的话，那么，从90年代初开始，思潮研究异军突起，蔚然成风，近代思想史著作越来越多地以社会思潮为主线，民族主义、社会主义、激进主义、保守主义、自由主义等一些重要社会思潮的专题研究成果丰硕。在思潮史研究蔚然成风的同时，学术思想史研究也逐渐成了学术热点，近代学术史流变中的传统学术思想的近代走向和现代学术之建立等问题已引起越来越多学者的关注。受西方观念史、新文化史、社会史等研究理论和方法的影响，90年代以来尤其是21世纪以来，中国近代思想史研究的一个新趋向，就是研究视线的下移，将社会生活与思想史相关的领域纳入视野，从广阔的社会生活背景中去考察近代思想的发展历程，观念史、新文化史、社会史以及思想史视野下的新闻报刊史研究成了新的学术增长点。这说明，在80年代恢复和发展的基础上，中国近代思想史研究开始走向繁荣。

这一时期，因自然规律的作用，梁漱溟、冯友兰、侯外庐、蔡尚思、冯契等老一辈学者先后退出了中国近代思想史的研究队伍；陈旭麓、李泽厚等一批为80年代中国近代思想史研究的恢复和发展做出过巨大贡献的学者，同样为这一时期中国近代思想史研究的走向繁荣做出了巨大贡献，其中陈旭麓等先生因积劳成疾，先后辞世，这无疑是中国近代思想史学界的重大损失，健在的李泽厚等先生至今仍然笔耕不辍，发挥着重要的影响力；一批80年代已崭露头角的学者以及比他们年轻一些（出生于60年代）的学者成了这一时期中国近代思想史研究的中坚力量，并在一定意义上引领着中国近代思想史的研究趋向；一些以中国近代文学史、中国近代哲学史和西方近代哲学史为专业的学者在这一时期也先后（或某一时段）加入中国近代思想史研究的队伍中来，并以他们的跨学科优势，丰富了中国近代思想史的研究内容。

如果说以上四个时期，是从纵向上对新中国成立以来的中国近代思想史研究进行学术综述的话，那么在横向上，本书主要从“通论”“思想进程”“思想人物”等方面对新中国成立以来的中国近代思想史研究进行学术综述。“通论”，主要就某一时期出版或发表的有关中国近代思想史的通论性著作、教材，整理出版的资料，以及有关学科建设的研究成果进行综述；“思想进程”，主要按照思想的发展进程，如鸦片战争时期的经世思想、洋务运动时期的洋务思想、戊戌变法时期的维新思想、辛亥革命时期的立宪和革命思想、五四时期的启蒙思想、中国共产党成立后的马克思主义中国化和新民主主义思想等，分阶段综述学术界的研究成果；“思想人物”，主要是对思想人物的思想的研究成果进行综述，一些思想人物既是思想家，又是官员、政治家或社会活动家，如林则徐、曾国藩、张之洞、康有为、梁启超、孙中山、章太炎、陈独秀、胡适、梁漱溟等，我们综述的主要是有关他们思想的研究成果，而有关他们的事功或社会活动的研究成果，则不在我们的综述之内，如孙中山，我们只综述有关他三民主义、思想文化的研究成果，而不综述那些有关他如何领导辛亥革命、建立民国、二次革命、护国运动、护法运动、国共合作等的研究成果。由于90年代以后，思潮史研究异军突起，学术思想史研究渐成热点，加上受西方学术的影响，新文化史和社会史研究方法的引入，观念史、新文化史、社会史等成了中国近代思想史研究的新领域，并取得丰硕成果。因此，第四个时期，即从90年代初到现在，加设一章（即第五章），综述思潮史研究、学术思想史研究和观念史、新文化史、社会史等中国近代思想史研究的新领域、新成果。

本书在《当代中国近代思想史研究》（中国社会科学出版社 2015 年版）的基础上修订、增补而成的，前书成果综述到 2014 年为止。2015 年以来，中国近代思想史研究又取得了巨大进步，有大量的成果发表和出版。因此，本书又增加一章（第六章），对 2015 年以来（到 2019 年 6 月 30 日止）的中国近代思想史的通论性研究、思想进程研究、不同时期的思想人物研究以及思潮史、学术思想史和新领域研究的新进展进行综述。

新中国成立以来，尤其是改革开放以来，中国近代思想史研究硕果累累，其著作、文章可谓是汗牛充栋。我们查阅知网，以 2004 年 1—3 月为检索年限，选取“近代思想史”“胡适思想”“辛亥革命”“民族主义思潮”为检索词，分别在主题词、题名、关键词、摘要中进行检索，对结果进行去重后分别得到相关文献 1491 条、1781 条、12668 条、3351 条。以此类推，10 年来每年发表的中国近代思想史的研究文章应在数万篇，除此，还有数以千计的思想史著作，我们要想用几十万字的篇幅对新中国成立以来的中国近代思想史的研究成果进行综述，其难度可想而知，挂一漏万，在所难免。加上每个人的阅读兴趣、研究领域、学术观点以及对文章价值的判断标准等的不同，因而在文章或观点的取舍上，也必然是众口难调。本书得到了鲁东大学俞祖华教授、湖南大学刘平副教授、湖南师范大学段炼博士后的大力支持，思想研究室的贾小叶副研究员也克服种种困难加入了写作团队，我在湖南师范大学和中国社会科学院研究生院的一些在读博士、硕士生做了一些力所能及的工作。因此，本书是集体合作的成果。具体分工如下：

郑大华负责拟定全书写作大纲和要求，全书的修改、统稿和定稿，其中对第四章和第五章第一节修改、增补较多，并撰写“前言”和“结语”；俞祖华负责第一章、第二章、第三章、第四章部分内容和第五章第一节部分内容的撰写；刘平负责第四章部分内容和第五章第一节部分内容的撰写；贾小叶负责第五章第二节的撰写；段炼负责第五章第三节的撰写；周游负责第六章的撰写；博士生聂志腾、曾科、刘纯和硕士生王余辉、李鹏飞、梁世统参加了个别条目的初稿撰写、资料收集或修改增补。中国社会科学院近代史研究所的彭春凌博士提供了第四章第三节章太炎条目的初稿，宋广波副研究员提供了第四章第三节胡适条目的部分初稿。

感谢各位作者和我的部分博士生、硕士生的积极参与，感谢中国社会科学出版社杰出的策划和编辑工作。记得 2015 年版完成三校后，我又组织刘平、杨智勇、刘纯、贾小叶、朱映红、郭辉等对第五章第一子目“思潮史研究异军突起”的内容做了较大修改，不少地方甚至是重起炉灶，字数达 10 万字之多。如果换了别的出版社，肯定不会同意我对稿子做如此大的改动。中国社会科学出版社这种精益求精、处处为作者和读者着想的精神，令我十分感动。当然，如前所述，本书挂一漏万，在所难免，问题错误，也肯定多多，其责任全由我负。我真诚希望被引用成果的作者和广大读者提出批评意见，以便亡羊补牢，再版时作进一步修改。来信请寄北京市东城区王府井大街东厂胡同一号近代史所郑大华收，或电子信箱：zhengdh2002@ aliyun. com。在此，表示衷心的感谢！

郑大华

2019 年 7 月

第一章

新中国成立后十七年间:奠基阶段

新中国成立后十七年间（1949—1966），是史学工作者在近代思想史的园地里进行奠基的阶段。资料整理方面，出版了《鸦片战争时期思想史资料选辑》《辛亥革命前十年间时论选集》《批判中国资产阶级中间路线参考资料》等专题性质的资料集和重要思想人物文集；学科建设方面，出版了石峻等主编的《中国近代思想史讲授提纲》及与之配套的《中国近代思想史参考资料简编》，并在高校开设了相关课程；研究成果方面，出版了中国人民大学中国历史教研室编的《中国近代思想家研究论文选》、北京大学哲学系编的《中国近代思想史论文集》、李泽厚著的《康有为谭嗣同思想研究》等文集、论著，发表了一系列论文。总的来说，新中国成立后十七年间的近代思想史研究带有较强的意识形态色彩，对思想进程、思想人物的分析，都着重阶级定性，往往简单地贴上地主阶级改革派、资产阶级改良主义者等标签，讨论也集中在思想、思想家的阶级属性上，有简单化、模式化的倾向，缺乏多向度的、多元的、深入的剖析。但不管怎样，这十七年间的成果毕竟为后来的中国近代思想史研究的进一步发展奠定了基础。

第一节　通论

中国近代思想史研究的主要内容是近代时期（1840—1949）人们围绕民族独立和社会进步提出的思想、观念和主张。近代历史这一页还没翻过之时，已有学者在近代思想史的园地里进行了最初的拓荒。20 世纪 30 年代，开始出现以“思想史”命名、以近代百年思想思潮为研究对象的论著，郭湛波编著的《近三十年中国思想史》（1935 年北平大北书局发行，1936 年北平人文书局再版时经增订修补改名为《近五十年中国思想史》）成为近代思想史的开山之作。侯外庐的《中国近世思想史》（重庆三友书店 1945 年版）一书，则是新中国成立前马克思主义史学工作者在近代思想史研究领域的重要成果。

新中国成立不久，1949 年 11 月，上海时代书局出版了斐民的《中国近代思想发展简史》，这是新中国成立以来第一部比较系统地论述近代百年思想发展历程的著作。

1955 年，石峻（1916—1999）、任继愈（1916—2009）、朱伯昆（1923—2007）编写的《中国近代思想史讲授提纲》由人民出版社出版。该书以旧民主主义革命时期为范围，着重叙述近代中国思想发展的趋势，以各个时期有代表性的人物作为重点，依次论述鸦片战争时期地主阶级的社会改革思想、太平天国的革命思想、资产阶级改良主义思想、清末资产阶级和小资产阶级革命思想、资产阶级民国初年的新文化运动。这一框架成为新中国成立以来到改革开放前中国近代思想史教学与研究的基本范式。此书出版后，王忍之、徐宗勉发表了《评“中国近代思想史讲授提纲”》一文，认为这本书综合和整理了近代思想史方面已有的研究成果，给中国近代思想史勾画了一个轮廓，对于推动中国近代思想史的研究是有积极作用的。但这本书也存在着不少的缺点和错误，反映了当时整个关于中国近代思想史研究工作的薄弱。“在这本书中，编者几乎没有研究和论述贯穿在近代历史中的新的和旧的、进步的和落后的、革命的和反动的思想之间的激烈斗争……因而就错误地把新的先进思想说成仿佛是近代中国历史上唯一存在着的思想。”“编者曾经为中国新的先进思想的发展勾画了一个简单的轮廓，可是在以后的叙述中，却没有使之具体化。”“在本书中，思想同社会环境之间缺乏有机的本质的联系。”[①] 上述意见对中国近代思想史的学科建设具有重要意义。

① 王忍之、徐宗勉：《评“中国近代思想史讲授提纲”》，《哲学研究》1956 年第 1 期。

石峻主编的《中国近代思想史参考资料简编》于1957年由三联书店出版，该书分“外国资本主义势力开始侵入后地主阶级社会改革思想和人民革命思想的兴起”“农民革命运动高涨时期太平天国的革命思想”“半殖民地半封建的统治秩序形成时期资产阶级性的改良主义思想”“资产阶级革命运动时期资产阶级和小资产阶级革命思想的发展及其对改良主义的斗争”“五四运动时期资产阶级小资产阶级革命思想的分化和马克思主义在中国的传播”5辑，共87.5万字，选编了从鸦片战争到五四运动期间各个时段35位思想家的代表性文献，为中国近代思想史学科建设与课程教学奠定了资料基础。张彤、王忍之的《辛亥革命前十年间时论选集》，选辑了1901年到1911年资产阶级、小资产阶级的各个派别所发表的各类言论。选集的材料主要来源是1901年到1911年出版的期刊，兼收当时出版的影响较大的革命书籍，共3卷5本，220万字，它为研究这一时期资产阶级各个派别的思想提供了很大的方便。此外，还有中国科学院近代史研究所近代史资料编辑组编辑的《鸦片战争时期思想史资料选辑》（中华书局1963年版）、《戊戌变法档案史料》（中华书局1958年版）、《批判中国资产阶级中间路线参考资料》（中国人民大学出版社1958年版）等。出版的思想家文集有《瞿秋白文集》（人民文学出版社1953—1954年版）、《谭嗣同全集》（三联书店1954年版）、《孙中山选集》（人民出版社1956年版）、《龚自珍全集》（中华书局1959年版）、《林则徐集》（中华书局1962年版）等。

第二节 思想进程研究

刘大年的《中国近代思想史的一页》，系统地论述了鸦片战争时期的社会思想。该文通过对林则徐、黄爵滋、龚自珍、魏源、姚莹、包世臣、张穆等人的研究，指出他们敢于正视现实，揭露批判腐朽的封建制度，主张对列强的侵略进行抵抗，学习西方富国强兵之道。这种思想潮流，成为近代中国人民反帝反封建斗争的发端。作者在文章中还提出资产阶级改良主义思想对封建主义思想的论战，资产阶级革命派对改良派的论战，五四前一部分知识分子发起的新文化运动，是近代中国思想解放潮流的三次高潮，它们都是朝着鸦片战争时期社会思潮指出的方向进行的。[①]

叶蠖生的《中国近代革命运动中反对改良主义的斗争》（中国人民大学出版社 1956 年版）和胡滨的《中国近代改良主义思想》（中华书局 1964 年版）研究了中国近代的改良主义思想。《中国近代改良主义思想》一书，系统考察了中国近代资产阶级改良主义思想兴起和没落的历史，把它分为四个阶段：从鸦片战争至 19 世纪 60 年代为酝酿时期，以龚自珍、林则徐、魏源等为代表的一部分知识分子从封建主义正统思想中开始分化出来，他们的政治观点和学术观点为后来的资产阶级改良主义者提供了丰富的思想资料；从 19 世纪 60 年代至甲午战争是改良主义思想的发生和初步发展时期，冯桂芬、王韬、薛福成、马建忠、郑观应等人政治上主张采用西方资产阶级的议会制度，经济上倡导发展民族工商业，但并没有形成一个完整的思想体系；从甲午战争至戊戌变法运动是高涨时期，康、梁等人把改良主义思想推向了高潮，并发展为政治运动；从戊戌变法至辛亥革命是没落时期。戊戌变法失败后，康、梁等少数人仍然坚持改良主义路线并对民主革命思想进行攻击，在双方论战中，改良主义思想被击败，影响逐渐缩小。在研究改良主义的论文方面，刘仁达指出，反对帝国主义侵略和反对顽固派、洋务派的封建统治，主张通过改革把中国推上资本主义的道路，是戊戌维新派“学习西方资本主义国家的第一个比较完整的政治纲领”。这个政治纲领包括明显的反对帝国主义军事侵略、政治压迫和经济剥削的内容，以及强烈反对封建主义对民族工商业的束缚，要求改革官僚制度，实行君主立宪，确立“以商立国”“定为工国”的方针，把中国改造成一个具有一定资产阶级民主、自由的资本主义工业国家。[②] 其他论文，还有章开沅的《试论 19 世纪 70 年代至甲午战前的维新思潮》（《理论战线》1959 年第 12 期）等。

自 1956 年毛泽东、吴玉章分别发表《纪念孙中山先生》《辛亥革命》等文后，学术界开始出现辛亥革命史研究的热潮，对孙中山等人革命思想

---

① 参见刘大年《中国近代思想史的一页》，《新建设》1962 年第 12 期。

② 参见刘仁达《戊戌变法运动中康有为所提出的政治纲领》，《历史研究》1958 年第 4 期。

与民主革命思潮的研究成为其中的一个重要领域。关于孙中山的三民主义，当时曾经发表过为数较多的论文，其中有些作者的研究已很有深度。关于孙中山的哲学思想，也是研究者较为重视的课题。比较一致的看法是，孙中山的哲学思想中存在着唯物论和辩证法的积极因素。但是，唯物论因素与唯心论因素两者谁占支配地位？究竟应该如何评价孙中山的自然观、社会历史观以至作为认识论的知行观？学者们进行了较为深入的讨论。

从新中国成立至1965年，是五四运动研究的初步发展阶段。新中国成立初期出版的著作有华岗的《五四运动史》（上海海燕书店1951年版）、贾逸君的《五四运动简史》（北京新潮书店1951年版）。1954年，《新青年》杂志由人民出版社全套影印。在1959年五四运动40周年前后掀起的高潮中，出版了《五四运动文选》（三联书店1959年版）、《五四时期期刊介绍》等。由中央编译局编辑的《五四时期期刊介绍》是较有分量和价值的一种，该书共三集（第1集人民出版社1958年版，第2、3集三联书店1959年版），每辑分为期刊介绍、发刊词辑录和期刊论文索引三部分，共介绍了五四前后150多种宣传新思潮的刊物，是研究新文化运动的重要参考书。1963年，丁守和、殷叙彝撰写的《从五四启蒙运动到马克思主义的传播》出版，该书对五四新文化运动发生、发展及各种思潮传播，尤其是马克思主义在中国的传播与论争的情况，作了系统的考察，代表了当时学术界的研究水平。

这一时期有关新文化运动及重要人物的研究论文，主要有：黎澍的《论社会主义在中国的传播》（《历史研究》1954年第3期），丁守和、殷叙彝的《五四新文化运动》（《历史研究》1959年第4期），彭明的《五四时期的李大钊和陈独秀》（《历史研究》1962年第2期），孙思白的《陈独秀前期思想的解剖》（《历史教学》1963年第10期），李龙牧的《李大钊同志和五四时期马克思主义思想的宣传》（《历史教学问题》1959年第4、5期），等等。总的来看，这时期，学者们的研究主要集中于两个方面：一是对新文化运动作了宏观的论述；二是对陈独秀、李大钊等在新文化运动中的思想发展脉络作了初步的探索。

第三节　思想人物研究

新中国成立后十七年间，思想人物研究是中国近代思想史研究中比较活跃的领域。出版的文集、著作有：中国人民大学中国历史教研室编的《中国近代思想家研究论文选》，三联书店1957年出版。该文集收录了林克光的《论"大同书"》、孙长江的《试论谭嗣同》、王介平的《论改良主义者梁启超——梁启超政治思想的批判》、王汝丰的《严复思想试探》、王忍之的《孙中山的政治思想》等文。

北京大学哲学系编的《中国近代思想史论文集》，上海人民出版社1958年出版。据该书出版者说明，1952年北京大学哲学系中国哲学史教研室组织教研室的老师，写了27篇关于中国近代思想史的论文，从中选出15篇，论及林则徐、魏源、冯桂芬、王韬、薛福成、马建忠、何启、胡礼垣、陈炽、郑观应、康有为、梁启超、章太炎、蔡元培、李大钊、陈独秀等思想家及传教士林乐知、李提摩太的思想，大体反映了当时学术界对这些思想家的认识水平。

李泽厚著的《康有为谭嗣同思想研究》，上海人民出版社1958年出版。该书收录了作者在50年代撰写的有关康有为、谭嗣同思想研究的论文7篇。作者在序言中对该书作了说明："本书第一篇是对改良派思潮的发生发展的一个概括的论述，随后几篇即对当时集中体现这一思潮的两个最大的代表人物作了一些专门的剖析；而对与此关连较少的问题（如康的后期思想），或在表现本思潮深度的意义上稍稍次要的人物（如严复、梁启超）就都只在文章中附带提一下而未作专题处理了。""本书严格地局限在思想史的范围内。对思想的历史背景——阶级基础、政治经济事件等等就都只根据史学家们现成的结论，在第一篇文章中作了一点最必要的印象式的简略描绘。"除《康有为谭嗣同思想研究》一书，李泽厚还发表了《论孙中山的"民生主义思想"——纪念中山先生九十生辰》（《历史研究》1956年第11期）等论文。这些论文后来收录到他70年代末出版的《中国近代思想史论》中，据他在该书"序言"中所说："按照自己原先的计划，本书只是整个中国近代思想史论文集中的一部分，其他还应有‘太平天国革命思想’‘论二十世纪初年中国的革命民主主义思想’‘孙中山思想研究’‘马克思主义在中国的传播发展及其与反动思想的斗争’等部分。但由于自己现在已转向其他方面的工作，暂时就只好停下来了。”

1965 年三联书店出版的《中国近代人物论丛》，收录了涉及林则徐、洪秀全、洪仁玕、李秀成、康有为、梁启超、谭嗣同、严复等历史人物思想和活动的九篇论文，如汤志钧的《试论康有为》，金冲及、陈匡时的《论梁启超》，张立文的《论谭嗣同》，张岂之、杨超的《论严复》等。其他著作有王栻的《严复传》（上海人民出版社 1957 年版）、杨荣国的《谭嗣同哲学思想》（人民出版社 1958 年版）、王思华的《孙中山的哲学思想》（上海人民出版社 1960 年版）等。

除了上述文集、著作，当时在刊物上发表的思想人物研究论文及涉及的重要观点简介如下。

魏源。范文澜在新中国成立前夕出版的《中国近代史》中指出魏源是近代中国提出向西方学习的第一人。新中国成立后，研究魏源的文章逐渐增多，对魏源的哲学思想、经济思想、政治思想、向西方学习思想进行了较深入的讨论。吴泽认为，魏源是从地主阶级改革派走向反对西方殖民主义侵略的强烈的爱国主义者。先是注意西方的战舰、火器和养兵练兵等长技及近代先进的科学技术和工商业，最后向往西方近代资产阶级联邦制、议会制国家，这种改革思想对腐朽的清廷封建君主专制统治起着冲击和批判的作用。① 方晓则认为，魏源的改革思想谈不上对腐朽的清廷封建君主专制统治起着冲击和批判的作用。他是一个封建地主阶级思想家，只是跨出了“向西方学习”的第一步，主要着眼于船炮等军事技术方面，以此给垂死的清廷封建统治注射强心针。② 吴泽的《魏源的变易思想与历史进化观点》（《历史研究》1962 年第 5 期），是这一时期魏源思想研究的另一重要成果。其他论文有冯友兰的《魏源底思想》（《历史教学》1953 年第 8 期）、一宁的《魏源〈海国图志〉的主要内容和影响》（《历

---

① 参见吴泽、黄丽镛《魏源〈海国图志〉研究》，《历史研究》1963 年第 4 期。

② 参见方晓《评魏源思想研究中的几个错误观点》，《华东师范大学学报》1965 年第 2 期。

史教学》1959 年第 11 期）等。

洪秀全。总的来讲，这一时期对洪秀全思想的评价有拔高倾向。吴雁南认为，洪秀全不仅是中国 19 世纪中叶反封建反侵略的伟大革命领袖，而且是中国近代杰出的启蒙思想家。“洪秀全的思想决不是单纯的统治阶级的思想，而区别于历史上的农民革命领袖的主张。而它具有近代启蒙思想的特征。它的要求如果实现，则将是在中国实现资本主义，而不再是作为改朝换代的工具。”① 吴雁南还对荣孟源在《中国近百年革命史略》一书中提出的洪秀全政治思想主要渊源于天地会的说法提出质疑，认为洪秀全受到儒家思想多方面的影响，也和基督教原始教义中的平等思想有着深厚的关系。② 罗尔纲认为，洪秀全 1837 年业已萌发了叛逆思想，1843 年组织拜上帝会，“从创立拜上帝会开始就是一个革命者”，1845—1846 年写作《三原》，奠定了农民革命理论。③ 黎斐然不同意这种说法，认为洪秀全的革命思想必须经过一个发展的过程，到 1845—1846 年写成了《原道觉世训》等五篇作品，奠定了他的革命思想基础。④

洪仁玕。新中国成立至“文化大革命”前，出版的著作有郦纯的《洪仁玕》（上海人民出版社 1957 年版），发表研究洪仁玕及其《资政新篇》的文章有十余篇。有的学者将洪仁玕定性为“近代中国开始传播资本主义思想的启蒙人物”⑤。有的学者认为不能因其未涉及土地问题而否定那些进步性的要求；有的指出《资政新篇》虽未实行，但它在一定程度上反映了太平天国后期领导人思想发展的新趋向，仍不失为一个进步的、力图使中国独立富强的改革方案。⑥

---

① 吴雁南：《试论洪秀全政治思想的主要特征》，《人文杂志》1958 年第 4 期。

② 参见吴雁南《试论太平天国起义前洪秀全的政治思想渊源》，《史学月刊》1957 年第 8 期。

③ 参见罗尔纲《洪秀全论》，《江海学刊》1963 年第 4 期。

④ 参见黎斐然《洪秀全初期的革命思想》，《史学月刊》1964 年第 9 期。

⑤ 参见侯外庐《论洪秀全与洪仁玕》，《新建设》1952 年第 4 期；苏诚鉴《试论洪仁玕》，《光明日报》1955 年 9 月 1 日；王永康《论洪仁玕及其资本主义改革思想》，《史学月刊》1957 年第 5 期。

⑥ 参见路遥《论洪仁玕》，《文史哲》1956 年第 1 期；李竞能《论洪仁玕的〈资政新篇〉》，《历史研究》1959 年第 12 期。

冯桂芬。新中国成立初期，学者们围绕冯桂芬思想的阶级属性进行了讨论。周辅成、赵靖等认为冯桂芬对清王朝当时在政治、经济、军事等方面的看法与龚自珍、魏源、林则徐等地主阶级改革派一脉相承，表现在《校邠庐抗议》中的种种改革主张，就其本质来说，并未跳出地主阶级改革派的框框。[①] 王栻认为冯桂芬的思想并不具备改良主义的特点，他只能代表中国近代史上民族资本主义还没有得到初步发展，也就是说，改良派还没有从洋务派中分化出来以前的思想，是洋务派的代言人。[②] 徐崙认为，冯桂芬的思想代表了大地主和买办阶级的政治立场。[③] 陈旭麓认为冯桂芬的思想虽然不是具有完全意义上的资产阶级改良主义，却是属于资产阶级改良主义的范畴，是中国近代资产阶级改良主义思潮在地主阶级知识分子中的最初表现。[④]

郑观应。王炳义认为，郑观应提出发展资本主义工商业，提倡学习资本主义国家的政治制度，即资产阶级议会制度和创立宪法，其思想代表着 19 世纪 60 年代以后到戊戌以前的改良主义思想，他的改良主义思想的基本精神是“主以中学（君主），辅以西学（立宪）”，是一种君主立宪论。这和洋务派的“中学为体，西学为用”是有区别的。[⑤] 王永康撰文认为，郑观应是商人出身的知识分子，具有较多的民族资产阶级的特性，所以他在经济上特别提出“商务”“护商”和“商战”的主张，在政治上也强调议院政治的重要性，他所反映的资产阶级要求是较同时代的人更为迫切的。郑观应从中国儒家唯心思想体系出发，提出“中学其本也，西学其末也，主以中学，辅以西学”。实际上，就是要在政治上维护封建传统，在经济上发展资本主义。这就是他的改良主义思想的基本依据。郑观应在经济上，从振兴商务的角度出发，要求发展工业、

---

① 参见周辅成《冯桂芬的思想》，《历史教学》1953 年第 9 期；赵靖《论冯桂芬思想的阶级属性》，《学术月刊》1962 年第 10 期。

② 参见王栻《冯桂芬不是一个具有资产阶级思想的改良主义者》，《南京大学学报》1956 年第 3 期。

③ 参见徐崙《论冯桂芬的政治思想》，《学术月刊》1963 年第 8 期。

④ 参见陈旭麓《论冯桂芬的思想》，《学术月刊》1962 年第 3 期；《关于校邠庐抗议一书——兼论冯桂芬的思想》，《新建设》1964 年第 2 期。

⑤ 参见王炳义《郑观应的改良主义思想》，《历史教学》1957 年第 10 期。

农业、交通运输业和金融业，不但强调商品流通，而且注意商品生产；在政治上，主张在中国实行议院政治；在外交上，主张依照国际公法，修改或废除中国与外国侵略者签订的不平等条约；在文化教育上，主张改革科举制度，推行实用教育与普及教育。作者还分析了郑观应与顽固守旧派在经济上、政治上、体用关系上的矛盾与斗争，强调郑观应的改良主义思想的进步意义和局限性。① 邵循正的《论郑观应》一文，对郑观应的生平活动和思想的若干问题作了探讨。在郑观应与买办的关系上，通过比较郑观应与买办唐廷枢、徐润经历、思想的异同，指出郑观应首先是一个爱国忧时、不满社会现状的封建知识分子。他虽然寄身买办阶层，但和一般买办并不气味相投。在郑观应和洋务派的关系上，指出他们既存在合作共事，也存在观点上鲜明的冲突。在郑观应向西方学习及其失败的问题上，认为《易言》和《盛世危言》分别代表郑观应19世纪六七十年代和八九十年代向西方学习的见解。在《盛世危言》中，郑观应主张更广泛地学习西方的“天学、地学、人学”，主张设立议院。但甲午战争以后，其思想日趋保守，以中国民智未开，力主不可亟开议院，反映了改良主义者向外国资产阶级学习的越来越没有出路。作者还分析了郑观应和盛宣怀集团分歧与合作的关系，以及这种关系对郑观应政治思想的迅速退化以至反动的影响。②

康有为。成果相对集中于康有为的大同思想，如：张玉田撰文认为，康有为不仅批判了封建制度，而且批判了资本主义制度，甚至向往超过资本主义的“公产主义”制度。③ 张岂之撰文指出，《大同书》始终没有提出中国现实中带有关键性的土地问题，是逃避现实的改良主义的表现。④ 汤志钧撰文认为，《大同书》描述的“大同”，不是无产阶级的“公产社会”，而是资本主义社会；提出走向大同的方式，不是革命，而是改良和

---

① 参见王永康《郑观应其人及其思想》，《历史教学》1958年第1期。

② 参见邵循正《论郑观应》，《光明日报》1964年4月22日。

③ 参见张玉田《关于〈大同书〉的写作过程及其内容发展变化的探讨》，《文史哲》1957年第2期。

④ 参见张岂之《〈大同书〉的思想实质》，《人文杂志》1957年第2期；汤志钧《论康有为〈大同书〉的思想实质》，《历史研究》1959年第11期。

渐进。[①] 其他论文还有汤志钧的《试论康有为的〈新学伪经考〉》(《江海学刊》1962 年 10 月号)、蔡尚思的《康有为黄金时代的思想体系和评价》(《学术月刊》1963 年第 9 期)、邓艾民的《试论康有为的哲学思想》(《光明日报》1965 年 5 月 28 日)等。

梁启超。20 世纪 50 年代，发表的论文有胡滨的《戊戌变法时梁启超的思想》(《光明日报》1956 年 3 月 1 日)、侯外庐的《戊戌变法前夕梁启超的折衷主义政论》(载于由其主编的《戊戌变法六十周年纪念集》，科学出版社 1958 年版)、赵乃传的《梁启超的教育思想》(《华东师范大学学报》1958 年第 1 期)等。60 年代初期，学术界对梁启超思想体系尤其是晚年思想的探讨，展开了热烈讨论。《文汇报》邀请史学界人士座谈"梁启超思想体系的阶级性"，座谈会上的意见可以归纳为三种：不少人认为他一生不分前后期，一直是资产阶级的改良主义者，只有时代的变迁，而没有本身思想的变化；有些人认为他一生都是地主资产阶级的改良主义者；也有人认为他后期是地主阶级的改良主义者，还没有到资产阶级改良主义者的程度。这三种观点大致反映了学界对梁启超的阶级性分歧在于是地主或是资产阶级。[②] 蔡尚思曾就梁启超各时期的阶级属性发表了多篇文章，认为梁启超前期是一个"不大象样的资产阶级改良主义者"，后期则"退回到地主阶级的立场上去，竟和资产阶级思想冲突起来"。[③] 夏东元则认为"梁启超始终基本上是一个资产阶级的改良主义者"，政治活动都是以资产阶级改良主义思想为基础的。[④] 陈旭麓认为梁启超身上有一

---

① 参见汤志钧《论康有为〈大同书〉的思想实质》，《历史研究》1959 年第 11 期。这一时期，汤志钧先生关于《大同书》的论文还有：《关于康有为的〈大同书〉》，《文史哲》1957 年第 1 期；《再论康有为的〈大同书〉》，《历史研究》1959 年第 8 期；《康有为早期的大同思想》，《江海学刊》1963 年 10 月号，等等。

② 《本报邀请史学界部分人士座谈讨论梁启超思想体系的阶级性》，《文汇报》1961 年 4 月 7 日。

③ 参见蔡尚思《梁启超后期的思想体系问题》，《文汇报》1961 年 3 月 31 日；《梁启超在政治上学术上和思想上的不同地位——再论梁启超后期的思想体系问题》，《学术月刊》1961 年第 6 期；《三论梁启超的旧传统思想体系》，《光明日报》1961 年 9 月 25 日；《四论梁启超后期的思想体系——读陈旭麓同志的〈辛亥革命后的梁启超思想〉》，《学术月刊》1961 年第 12 期。

④ 参见夏东元《梁启超后期的主导思想仍然是资产阶级改良主义》，《文汇报》1961 年 4 月 28 日。

个不变的实质，“那就是他的资产阶级改良主义思想体系”，“因为梁启超是一个由地主阶级向资产阶级转换的人，也必然保留着浓厚的封建阶级色彩”。[①]

严复。严复被毛泽东列为“共产党出世以前向西方寻找真理”的代表人物，促进了新中国成立初期对严复思想的研究。在新中国成立后的十七年中，发表了有关严复思想的一批论文，如侯外庐的《严复思想批判》（《新建设》1952 年第 3 期），王栻的《严复在维新时期的思想和活动》（《南京大学学报》1956 年第 4 期），王介平的《论严复》（《教学与研究》1957 年第 12 期），张岂之的《严复思想的分析批判》（《人文杂志》1960 年第 3 期）、《论改良主义者严复的思想》（《光明日报》1965 年 4 月 22 日），冯友兰的《从赫胥黎到严复》（《光明日报》1961 年 3 月 8 日、9 日），杨超的《严复哲学思想试探》（《哲学研究》1961 年第 3 期），罗耀九的《略述严复社会政治思想的演变》（福建省历史学会 1963 年年会论文集），邓梓的《严复的庸俗进化论和不可知论》（《光明日报》1964 年 3 月 13 日），等等。这些论文都肯定了严复在维新运动中所起的重要作用与在中国近代思想史上的重要地位，但多认为严复的思想经历了从前期的进步到晚年的保守的过程。

谭嗣同。这一时期发表的研究谭嗣同的论文有 50 多篇，多篇涉及其思想。郑鹤声撰文指出，在 19 世纪末期中国改良派所从事的政治活动和思想活动中，谭嗣同代表比较激进的一翼，其思想在某种程度上表现了唯物论的倾向，表现了对封建的旧制度、旧文化挑战的勇气。谭嗣同的这种变法思想，在当时的历史条件下，具有一定的进步意义。但和其他改良派一样，他不满意封建统治，要求变法维新，却又站在和农民革命敌对的地位，并对外国帝国主义抱着种种幻想。[②] 陈旭麓认为，谭嗣同一直被誉为维新派中的左翼或急进分子，因为他既是主张流血变法的实践者，而他的政治社会思想又闪烁着民主革命的光辉。其激烈地反抗封建传统的民主思想和革命愿望，为康、梁等人“所不能达”和“所不敢言”。但其《仁

① 陈旭麓：《辛亥革命前梁启超的思想》，《光明日报》1961 年 7 月 5 日。

② 参见郑鹤声《谭嗣同变法思想及其历史意义》，《文史哲》1954 年第 9 期。

学》写成于1896—1897年，不但没有印行，也没有在《时务报》和《湘学报》上发表。[①] 关于谭的哲学思想，有学者认为，谭嗣同所讲的“以太”是一个物质的概念，因而他是承认物质为第一性的唯物论者[②]；有学者提出，谭嗣同讲的“以太”并非物质，而是一种高于客观世界的、对于客观世界“司其动荡”“主其牵引”性质的脱离物质的抽象，他借“以太”指明“以质心力”，属于唯心主义范畴[③]；有学者指出，谭嗣同的哲学思想经历了由唯物主义向唯心主义的倒退，前期尊崇王夫之学说，是唯物主义，后来写《仁学》转向唯心主义。[④] 其他论文有汤志钧的《〈仁学〉版本探源》（《学术月刊》1963年第5期）、张立文的《论谭嗣同仁学的唯心主义》（《江汉学报》1964年第6期）等。

孙中山。自新中国成立以来孙中山思想一直受到学者们的重视。50年代的重点领域是思想发展道路、三民主义与实业计划等。60年代以纪念辛亥革命50周年为契机，兴起了研究孙中山思想的热潮。思想发展道路与历程方面，有的学者认为，1895年之前“改良主义思想仍然是主要的”[⑤]；有学者指出，孙中山要求革新政治，发展资本主义，“在当时是一种进步的思想，虽含有改良主义成分，但已脱离了改良主义的范畴，产生了革命的要求，不能因为其某些思想与改良主义者类似而断定他在甲午战争以前还是一个改良主义者”[⑥]；有学者指出，1895年之前孙已初具反清革命思想，兴中会的成立和革命纲领的提出，便是他“革命活动的开始”[⑦]；有学者提出，兴中会成立时其“革命思想比改良思想占了较大比重”，但直到1900年惠州起义，“他思想中的革命因素才处于压倒性的主

① 参见陈旭麓《论谭嗣同的民主主义思想与改良主义政治实践的矛盾》，《学术月刊》1958年第1期。

② 参见李泽厚《论谭嗣同哲学思想和社会政治观点》，《新建设》1955年7月；杨正典《谭嗣同思想研究》，《光明日报》1954年11月3日、17日。

③ 参见孙长江《试论谭嗣同》，《教学与研究》1955年第10期；张玉田《论谭嗣同哲学思想的唯心主义性质》，《光明日报》1956年5月16日。

④ 参见张德均《谭嗣同思想述评》，《历史研究》1962年第3期。

⑤ 段云章：《孙中山早期革命思想的阶级基础》，《中山大学学报》1962年第3期。

⑥ 参见陈锡祺《同盟会成立前孙中山的革命思想与活动》，《中山大学学报》1957年第1期。

⑦ 李时岳：《孙中山的道路》，《史学季刊》1956年第2期。

体地位"[①]。其他论文还有：郑鹤声的《试论孙中山思想的发展道路》（《文史哲》1954 年第 4 期），胡绳武、金冲及的《孙中山初期政治思想发展及其特点》（《复旦大学学报》1957 年第 1 期），胡绳武的《孙中山从旧三民主义到新三民主义的转变》（《复旦大学学报》1958 年第 1 期），金冲及、胡绳武的《论孙中山革命思想的形成和兴中会的成立》（《历史研究》1960 年第 6 期）等。哲学思想方面，有论者认为，其"紧紧接近于唯物主义，虽有唯心主义成分毕竟是次要的"，这鲜明地体现在它的方法论、自然观和认识论上，以及社会历史观—民生史观。[②] 有论者对此提出不同意见，认为他的唯物主义思想和辩证法因素并未占到主导地位，这体现在世界观是二元论的，或者说是在唯物主义和唯心主义之间摇摆，"时常倾向于唯物主义的发挥"[③]。民族主义思想方面，有李光灿的《论孙中山的民族主义》（《新建设》1956 年第 12 期）、张磊的《论孙中山的民族主义》（《北京大学学报》1957 年第 4 期）、刘大年的《辛亥革命与反满问题》（《历史研究》1961 年第 5 期）、江海澄的《试论孙中山的反帝思想》（《山东大学学报》1962 年第 1 期）、荣铁生的《孙中山先生前期反帝思想》（《开封师院学报》1963 年第 2 期）等。民权主义思想方面，李光灿认为，五权宪法的基本内容是五权分立，"基本上是资产阶级分权制的一种表现形态"[④]；苑书义认为，五权宪法"实质上就为独裁专制开辟了道路"[⑤]；但陈盛清认为，五权宪法在近代民主革命运动中"起过一定的积极作用"，在人民主权思想、直接民权与间接民权相结合的思想、朴素的民主集中制思想等方面，留下"许多有益的东西"[⑥]。民生主义思想方面，有李时岳的《论民生主义》（《史学集刊》1956 年第 1 期）、《孙中山平均地权政纲的产生和发展》（《光明日报》1955 年 10 月 27 日），夏东元的《论平均地权》（《华东师范大学学报》1956 年第 1 期），何铸

① 秦如藩：《20 世纪前孙中山政治思想的发展》，《中山大学学报》1962 年第 1 期。
② 侯外庐：《孙中山的哲学思想及其同政治思想的关系》，《历史研究》1957 年第 2 期。
③ 郑鹤声：《试论孙中山思想的发展道路》，《文史哲》1954 年第 4 期。
④ 李光灿：《论孙中山的民权主义》，《历史研究》1962 年第 6 期。
⑤ 苑书义：《同盟会时期孙中山的三民主义》，《历史教学》1957 年第 8 期。
⑥ 陈盛清：《论孙中山的"五权宪法"思想》，《学术研究》1957 年第 9 期。

成的《试论孙中山的社会经济思想》(《西北大学学报》1957 年第 2 期),尹广瑶的《试论孙中山的土地纲领》(《历史教学》1957 年第 3 期),王凤举的《试论孙中山的民生主义》(《哈尔滨师院学报》1963 年第 4 期)等。

章太炎。在 1961 年举行的纪念辛亥革命 50 周年学术讨论会上,围绕章太炎政治思想,学者们表达了不同观点。金冲及、胡绳武认为,章炳麟是辛亥革命时期重要的革命理论家和宣传家之一,辛亥革命时期的客观历史条件,规定了当时的革命任务是反对民族压迫(帝国主义的民族压迫)和封建压迫。因此,作为这个时期革命理论家和宣传家之一的章炳麟的政治思想的中心内容,就不能不是民族主义和民主主义的思想,然而,客观的历史要求,虽然规定了每个历史时期革命思想家思想的中心内容,但是由于每个思想家的社会出身,所代表的阶级、阶层的利益,经历及其所受的教养不同,因此,在反映时代要求的同时也就不能不带有自己的特点。章炳麟主要是站在农民小生产者方面,接受了中国传统历史、文化的深刻影响,力图从中国的历史文化中寻找解决革命和现实问题的智慧和经验。[①] 蔡尚思指出,章炳麟在中国近代革命史上和学术史上都是占有非常重要的地位的,而关于他的思想的阶级性这个问题,思想界也一直存在着非常迥异的看法。他列举了学术界的八种观点,表示赞同章是地主阶级反满派的政治代表。他把章炳麟的思想分为两个时期:中国近代思想史上的章炳麟,主要以比较开明的地主阶级立场而在不同程度上反映了农民、资产阶级及地主阶级的要求。正因为其开明,所以有些地方就反映了农民的要求,如对土地分配之类;也以同样原因可以暂且赞成资产阶级的民主主义,如对共和政体之类。但章炳麟毕竟还是"地主阶级",而且开明的程度是有限的,所以有时又站在大地主立场而成为复古主义者。中国现代思想史上的章炳麟,那就更和时代相背而驰了,变成典型的地主阶级老封建派了。[②] 罗耀九的观点与此相似。[③] 冯友兰、赵金钰等人认为,章太炎在

---

① 参见胡绳武、金冲及《辛亥革命时期章炳麟的政治思想》,《历史研究》1961 年第 4 期。

② 参见蔡尚思《论章炳麟思想的阶级性》,《历史研究》1962 年第 1 期。

③ 参见罗耀九《辛亥革命前章太炎的封建意识浅析》,《学术月刊》1962 年第 6 期。

辛亥革命时期主要是资产阶级民主主义革命家。冯友兰认为，章太炎“提出了具有资产阶级观点的民族主义思想”，他“要想在中国实现民权政治”，“要求把中国变成独立和民主的民族国家”。[①] 赵金钰指出，章炳麟是中国近代资产阶级民主革命时期的思想家。辛亥革命以前，他曾倡导革命，主张推翻清政府，建立民主共和制度，对当时的革命思潮起到了推波助澜的作用，特别是对知识分子摆脱改良主义的束缚、趋向革命化，产生了巨大的影响。章炳麟的思想是比较复杂的，他对中国的历史和文化有着深湛的研究，从中国的传统思想中汲取了许多养料。在亡命日本时，“涉猎西籍”，接触了西方资产阶级的某些学说，并“以新知附益旧学”，思想日益广博混杂。在探讨他的政治思想时，必须充分估计到这种复杂性，同时要分析他的思想在不同时期的变化，以及所产生的影响，并把他的思想言论同他的具体行动结合起来考察。他把章炳麟思想的前后变化分为三个时期：戊戌变法时期，主要是资产阶级改良主义思想；辛亥革命酝酿时期，主要是资产阶级民主主义思想；辛亥革命以后，又回头与资产阶级改良派携手。[②] 其他成果还有汤志钧的《章太炎早期的革命思想》（《文汇报》1961 年 6 月 17 日）等。

① 冯友兰：《章太炎在民报时期的哲学思想》，《文汇报》1961 年 7 月 14 日。

② 参见赵金钰《论章炳麟的政治思想》，《历史研究》1964 年第 1 期。

第二章

1966—1976年:困顿与挫折

在1966—1976的“文化大革命”中，正常的学术研究基本处于停滞状态，中国近代思想史领域也是如此。为配合“抓叛徒”“批林批孔”“评水浒”等现实政治运动，当时发表了一些相应的文章，批判色彩浓，学术价值少。受当时形势的影响，近代思想中的“反孔”思想，如太平天国反孔斗争，受到关注；被列为“法家”人物的思想家，如龚自珍、魏源、洪秀全、严复、章太炎的思想，受到重视，而一些所谓尊孔尊儒的思想家，如曾国藩，则受到严厉的批判。资料方面，也仅局限在编辑、注释魏源、龚自珍、章太炎等所谓“法家”人物。如同整个国家处于动乱、停滞状态，“文化大革命”十年间的中国近代思想史研究也处于困顿与挫折时期。

第一节　通论

“文化大革命”十年期间，中国近代思想史的研究受到极大的冲击，所刊发的多数文章受到当时政治运动的影响，留下了大批判的深深印记，学术价值大受影响。如“文化大革命”后期，为了配合“批林批孔”运动的政治需要，当时发表过一系列有关所谓近代史上的法家思想的文章，这些文章政治色彩浓厚，基本上没有什么学术价值。

同样是为了配合政治运动，当时出版了一些被称为“法家”思想家的文集、诗文注本，文集如有《龚自珍全集》（上海人民出版社1975年版)、《魏源集》(中华书局1976年版)、《洪秀全选集》(中华书局1976年版)等。诗文注本如《严复诗文选注》(江苏人民出版社1975年版)、《法家诗选》(人民教育出版社1975年版)等。

第二节 思想进程研究

“文化大革命”期间，受到当时形势的影响，近代思想中的“反孔”思想受到了关注。

孙克复、关捷撰文认为，由于外国资本帝国主义的侵入，民族矛盾、阶级矛盾十分复杂尖锐。中国人民在英勇反抗帝国主义及其走狗的斗争同时，在意识形态领域里，也展开了异常尖锐的斗争。19世纪40年代，太平天国农民革命领袖洪秀全砸碎孔子牌位，向孔家店发动猛烈的冲击，揭开了近代中国反孔与尊孔斗争的序幕，80年来，革命与反革命、进步与反动两种势力之间，围绕孔家店的问题，展开了惊心动魄的斗争。以康有为、梁启超为代表的资产阶级改良派，借用“孔子圣意改制”的魔杖，演出了“托古改制”维新变法的历史新场面，也在一定程度上把批判武器的锋芒直接指向儒家纲常礼教。当资产阶级改良派转向反动后，革命派与改良派展开了论战，反孔与尊孔便是论战的一个内容。随着五四文化革命的深入，反孔与尊孔的斗争，也就进入了新的历史时期。[①] 这类文章还有田力的《资产阶级与孔孟之道》(《历史研究》1975年第4期)，靳砺的《是“咎亡”不是“咎在”——关于〈订孔〉1905年版中的一个错字》(《历史研究》1975年第4期)，北京大学、清华大学大批判组的《一百多年来反孔和尊孔的斗争》(《清华大学学报》1974年第1期)，钟晋矢的《近代中国反孔和尊孔的几次斗争》(《北京师院学报》1974年第1期)，周维杰的《辛亥革命时期一次反孔与尊孔的斗争》(《吉林大学学报》1974年第1期)、《辛亥革命时期反孔与尊孔的大论战》(《中山大学学报》1975年第3期)，李

① 参见孙克复、关捷《中国近代反孔与尊孔的斗争》,《辽宁大学学报》1973年第4期。

学亭等的《辛亥革命时期资产阶级革命派的反孔斗争》(《山东师院学报》1975年第2期)等。

太平天国的反孔斗争备受关注与重视。发表的相关文章有中山大学写作组的《太平天国反孔与曾国藩尊孔的斗争》(《中山大学学报》1974年第1期),徐川一、罗景光、邓敦同的《论太平天国的反孔斗争》(《青海师院学报》1974年第1期),范勤的《太平天国革命时期"反孔"和"尊孔"的斗争》(《北京师范大学学报》1973年第1期),史劲的《太平天国革命的反孔斗争》(《广西师院学报》1974年第1期),石声的《太平天国时期反孔尊孔言论选编》(《开封师院学报》1974年第3期),北京化工设备厂工人理论组、北京师院师训班理论学习小组的《太平天国的反孔斗争》(《北京师院学报》1974年第4期),温敬蔼、吴明桂、泰平祖的《革命总要先做意识形态方面的工作——太平天国的反孔斗争》(《山东师院学报》1975年第2期),裘成源、方如金的《略论太平天国在意识形态领域里对地主阶级实行的革命专政》(《浙江师院学报》1975年第2期)等。

第三节 思想人物研究

"文化大革命"期间,有"反孔"思想、被列为"法家"人物的思想家受到了某种程度的青睐,而一些尊孔尊儒的思想家则受到严厉的批判。

张磊认为,魏源是具有资本主义倾向的地主阶级改革派代表人物、尊法反儒的进步思想家和爱国主义者;反对资本主义侵略的爱国主义是他思想的精华所在;批判和变革的社会观念成为贯穿其思想活动的主要积极内容之一;进化发展的社会历史观和唯物主义倾向的认识论,是其哲学思想中的优秀部分,而且成为他的进步社会思想的理论基础。① 刘

---

① 参见张磊《论魏源》,《中山大学学报》1975年第5期。

心予认为，魏源是一个具有资本主义倾向的地主阶级改革派（或叫革新派）。①

洪秀全作为近代中国讨孔运动的先驱受到了重视。张宪瑞、吴雁南撰文认为，洪秀全是太平天国革命运动的伟大领袖，是近代中国讨孔运动的先驱。他领导的太平天国革命运动，是中国人民“反对帝国主义走狗清朝”的伟大革命运动，是一次规模空前的讨孔运动。他把讨孔斗争同思想政治路线的斗争结合起来，同中国人民反封建反侵略的革命实践结合起来，使得这次革命运动打击了封建制度的基础。② 范勤认为，以洪秀全为首的太平天国农民革命英雄向“孔家店”发出了破晓的第一枪。气势磅礴的太平天国农民革命，在与清朝封建统治阶级和外国资本主义侵略者进行英勇顽强斗争的同时，也把革命矛头指向孔子，指向“孔孟之道”，从南到北到处烧毁孔庙，砸烂孔子牌位，焚禁“孔孟妖书”，以雷霆万钧之势对封建“圣道”进行猛烈的冲击。可以说，太平天国革命是从革孔子的命开始的。实行这第一个革命行动，是最早向西方寻找真理的先进人物、太平天国的伟大领袖洪秀全。③

与洪秀全形成对照，曾国藩被视为近代中国尊孔复辟的开山鼻祖而受到批判。施达青认为，曾国藩是一个适应国内外反动势力需要而出现的政治骗子，镇压农民起义的刽子手和卖国贼，是其后一切独夫民贼顶礼膜拜的对象，是近代尊孔反革命、崇洋媚外的黑样板。④ 这类文章还有裴世柏的《尊孔卖国的刽子手——曾国藩》（《厦门大学学报》1975 年第 1 期），董万仑的《从曾国藩的“人治论”看儒家思想的反动性》（《延边大学学报》1974 年第 1 期），湖南师院史地系写作小组的《曾国藩——近代中国尊孔、复辟、卖国的开山祖》（《湖南师院学报》1974 年第 1 期）、《曾国

---

① 参见刘心予《魏源是具有资本主义倾向的地主阶级改革派》，《广东师院学报》1975 年第 4 期。

② 参见张宪瑞、吴雁南《近代中国讨孔运动的先驱——洪秀全》，《贵州师院学报》1975 年第 1 期。

③ 参见范勤《太平天国革命时期“反孔”和“尊孔”的斗争》，《北京师范大学学报》1973 年第 1 期。

④ 参见施达青《尊孔卖国的曾国藩》，《北京师范大学学报》1974 年第 3 期。

藩的崇儒和林彪的尊孔》（《江苏师院学报》1974 年第 1 期）等。

严复前期思想的各个方面，如进化论历史观[①]、自然观[②]、“废科举兴学校”主张[③]、“尊今叛古”[④] 思想等都受到了重视。同时，也有文章讨论了严复前后期的思想演变。有的撰文指出，资产阶级改良派和著名的资产阶级启蒙思想家严复，在政治上从进步到保守乃至反动的倒退，在思想上从尊法反儒到尊儒反法的蜕变，从一个方面生动反映了中国民族资产阶级的“两重性”“软弱性”和“妥协性”的特点。[⑤] 其他文章有罗耀九、张金林的《严复思想倒退原因试探》（《厦门大学学报》1976 年第 2 期），曾凡的《严复甲午战争时期写的三通手札》（《文物》1975 年第 11 期），曹淑智的《一切反动派从来不对人民施“仁政”——读严复诗〈戊戌八月感事〉》（《广西师院学报》1975 年第 5 期），等等。

除了关注章太炎的“尊法反孔”思想，章在辛亥革命时期、反袁斗争时期的思想及前后思想演变也受到了重视。汤志钧等认为，《致伯中书》比较集中地反映了章太炎在宋教仁被刺后的政治态度，有助于我们对反袁斗争时期章太炎的政治态度的认识。[⑥] 有论者称，《秦政记》《秦献记》是资产阶级革命家章太炎在反对袁世凯复辟封建帝制的斗争中写出的反复辟战斗檄文。[⑦] 有论者称，一些资产阶级代表人物，“原来是拉车前进的好身手”，后来却成了“拉车屁股向后”的倒退派；一度是尊法反孔的勇士，不久竟变为尊孔读经的“儒宗”。章太炎就是这些人中有代表

① 参见史全生《论严复的进化论历史观》，《南京大学学报》1975 年第 2 期；蔡少卿《民族发奋图强的警钟——读严复译述〈天演论〉》，《南京大学学报》1975 年第 4 期；西北农学院农艺系理论小组《从生物进化批判“天不变，道亦不变”的形而上学——兼评严复译〈天演论·察变〉》，《遗传学报》1975 年第 1 期。

② 参见《评严复的自然观》，《厦门大学学报》1975 年第 2 期。

③ 参见师跖《严复“废科举兴学校”的革新主张》，《北京师范大学学报》1974 年第 5 期。

④ 何毓德：《评严复的“尊今叛古”思想》，《内蒙古日报》1975 年 2 月 7 日。

⑤ 参见福建师大中文系写作小组《论严复的思想演变及其历史教训》，《福建师大学报》1975 年第 2 期。

⑥ 参见汤志钧、庄园禾《章太炎与反袁斗争——读〈致伯中书〉手迹》，《文物》1976 年第 9 期。

⑦ 参见《反复辟的战斗檄文——读〈秦政记〉、〈秦献记〉》，《吉林师大学报》1974 年第 3 期。

性的一个。[1] 汤志钧认为，《訄书》是章太炎政治论文的一部重要结集。它始撰于1894年甲午战争以后，到1914年改为《检论》。在这20年间，章太炎对《訄书》曾不断修订、增删。《訄书》不仅有木刻本和铅字排印本，北京图书馆和上海图书馆还藏有章太炎的手校本、手改本和手稿残册(图一、六、七、八、九)。把这些不同时期的不同版本参校稽核，有助于对章太炎思想发展演变的研究。从《訄书》到《检论》的修订，可以看出章太炎从尊法反孔到尊孔读经转变的一些迹象。[2] 黄金南认为，章太炎是中国近代一位著名的资产阶级革命家和理论家。辛亥革命前后，他坚持变革，反对守旧；坚持反帝反封，反对卖国投降；尊法反儒，称赞秦始皇。但他只是一个“半截子”的革命者。到了晚年，他便背叛了先前的革命立场，从尊法反儒的斗士蜕变成尊孔读经的学究。[3]

---

① 参见南京有线电厂、南京师院中文系《章太炎诗文选注》小组《论章太炎的思想演变》,《南京师院学报》1975年第1期。

② 参见汤志钧《从〈訄书〉修订看章太炎的思想演变》,《文物》1975年第11期;《〈訄书〉修订和尊法反儒——原刊本、手校本、手改本等研究》,《文物》1976年第1期。

③ 参见黄金南《评章太炎》,《华中工学院学报》1974年第4期。

第 三 章

改革开放至20世纪80年代末：恢复与发展

“文化大革命”结束尤其是十一届三中全会以后，中国知识界迎来了“科学的春天”，中国近代思想史的研究也随之进入恢复与发展的新时期。在20世纪80年代的思想解放和“文化热”中，李泽厚的《中国近代思想史论》《中国现代思想史论》，耿云志的《胡适研究论稿》，黎澍对封建主义的批判，王元化倡导的“新启蒙”等，都发挥了举足轻重的作用。改革开放初期的思想解放，同时也促进了中国近代思想史研究的深入与开拓，学者们冲破“左”倾思想的影响与教条主义的束缚，并纠正了局限于革命话语与阶级定性的简单化倾向，在继续以革命与进步为主线来构建中国近代思想史研究框架，继续从政治革命立场、从反帝反封建的视角评判中国近代史上的思想文化运动与思想人物的同时，自80年代以后，又开始尝试从思想启蒙、学术史的角度来解读中国近代史上的思想文化运动与思想人物。如龚书铎先生提出了“戊戌新文化运动”的概念，提出了“辛亥革命无疑是一次政治革命，但同时也是一次文化革命”的观点，梁启超、鲁迅、陈独秀等思想家的中西文化观、文化哲学纷纷成了学者们的研究对象，对于过去“立足于批”的洋务思想、立宪思想、改良思想以及曾国藩、李鸿章等思想人物给予了一些新的评价。以往被视为研究禁区的领域，在80年代成了学术新的生长空间，如耿云志、易竹贤、欧阳哲生等人对胡适的研究，方克立、郭齐勇、郑大华等人对现代新儒学和梁漱溟的研究，钱理群、舒芜等人对周作人的研究，都具有引领学术风尚的开拓性意义。

80 年代出现的“文化热”对中国近代思想史的研究所产生的影响也是巨大的。当时的“文化热”思想主题与基调有两个：一是与官方“清除封建主义思想遗毒”的提法相适应，批判中国传统思想文化，即后来概括的“反传统”；二是与对外开放的大环境相适应，提倡借鉴西方先进思想文化。受此影响，近代史上的反传统思想、启蒙思想和西化思想受到学者们的格外关注，一些学者全盘否定传统，力主西化，而另一些学者则肯定中国传统文化的价值，提出“中国文化复兴论”“儒学复兴”论，并围绕电视政论片《河殇》的评价，双方展开了激烈论战。

学界的主流是坚持以历史唯物论作指导，进行中国近代思想史的研究。侯外庐是马克思主义史学“五老”中唯一做思想史的，他将历史唯物论的指导称为“社会史与思想史相结合的研究”，这贯穿于其《中国思想通史》全书的编著。他主编的《中国近代哲学史》是“文化大革命”以后第一本有关近代思想史通论性质的著作。贯彻历史唯物论的重要要求是尊重史实，实事求是。与此相适应，大量近代思想史资料得以整理和出版。学者们还借鉴传统学术史的理论、方法与国外的新理论、新方法，运用到近代思想史研究中来。

这一时期，也是中国近代思想史学科学术队伍承上启下的重要阶段。梁漱溟、冯友兰、侯外庐、蔡尚思、冯契等老一辈学者，继续发挥着重要的作用，进行着各自的总结性工作，冯友兰的《中国哲学史新编》，侯外庐的《中国近代哲学史》《中国思想史纲》，冯契的《中国近代哲学的革命进程》，蔡尚思的《中国近现代学术思想史论》等相继出版；陈旭麓、李泽厚等一大批新中国成立以后逐渐成长起来的出生于 20 世纪二三十年代的中年学者成了学科的中坚，在当时整个学术界、文化界和思想界有着很大的影响力；一大批改革开放后逐渐成长起来的出生于四五十年代的新锐学人开始崭露头角。高校纷纷开设了“中国近代政治思想史”“中国现代政治思想史”等本科课程，十多种以“政治思想史”命名的教材相继出版，还招收了相关方向的硕士博士研究生。所有这些，都为下一阶段的走向繁荣奠定了坚实的基础。

第一节　通论

一　资料的整理和出版

“文化大革命”结束后，中国近代思想史资料的整理和出版工作迎来了春天。整理和出版的通论性质的资料集有：蔡尚思主编的五卷本《中国现代思想资料简编》（浙江人民出版社1982—1983年版），高军、李慎兆、严怀德、王桧林等编的上、下册《中国现代政治思想史资料选辑》（四川人民出版社1984、1986年版），中共中央党校文史教研室编的《中国近代政治思想论著选辑》（中华书局1983年版），中央档案馆编的《中共中央文件选集》（中共中央党校出版社自1989年陆续出版），以及中国民主同盟中央文史资料委员会编的《中国民主同盟历史文献》（文史资料出版社1983年版），等等。

个人文集类有：《魏源集》（中华书局1983年版），《洪仁玕选集》（中华书局1978年版），丁凤麟、王欣之编《薛福成选集》（上海人民出版社1987年版），《出使英法意比四国日记》（岳麓书社1985年版），《庸庵全集》《庸庵文别录》（上海古籍出版社1985年版），夏东元编《郑观应集》上、下册（上海人民出版社1982、1987年版），蔡尚思、方行编《谭嗣同全集》（中华书局1981年版），汤志钧编《康有为论证集》上、下册（中华书局1981年版），梁启超《饮冰室合集》（中华书局1989年版），李华兴、吴嘉勋编《梁启超选集》（上海人民出版社1984年版），王栻《严复集》（中华书局1986年版），丁文江、赵丰田编撰《梁启超年谱长编》（上海人民出版社1983年版），葛懋春、蒋俊编《梁启超哲学思想论文选》（北京大学出版社1980年版），《章太炎政论选集》上、下册（中华书局1977年版），《孙中山全集》全11卷（中华书局1981—1986年版），陈旭麓、郝盛潮主编《孙中山集外集》（上海人民出版社1990年版），《秋瑾集》（中华书局1979年版），刘晴波、彭国兴编校《陈天华集》（湖南人民出版社1982年版），《邹容文集》（重庆出版社1983年版），刘晴波主编《杨度集》（湖南人民出版社1986年版），陈旭麓编

《宋教仁集》（中华书局 1981 年版），广东省社会科学院历史研究室编《廖仲恺集》（中华书局 1983 年版），《胡适来往书信选》上、中、下册（中华书局 1979 年版），葛懋春、李兴芝编《胡适哲学思想资料选》（华东师范大学出版社 1980 年版），《朱执信集》（中华书局 1979 年版），《蔡元培集》（中华书局 1988 年版），《胡适哲学思想资料选》，《毛泽东早期文稿》（湖南出版社 1990 年版），周恩来、刘少奇、陈云、邓小平、朱德等中共第一代领导人《文集》《选集》的民主革命时期部分，《独秀文存》（安徽人民出版社 1987 年版），《陈独秀文章选编》上、中、下册（生活·读书·新知三联书店 1984 年版），《李大钊选集》（人民出版社 1984 年版），《恽代英文集》（人民出版社 1984 年版），《彭湃文集》（人民出版社 1981 年版），《张太雷文集》（人民出版社 1981 年版），《瞿秋白文集》政治理论编第 1 卷至第 8 卷（人民出版社 1987—1998 年相继出版），《彭述之选集》第 1、第 3 卷（十月出版社 1983、1982 年版），《梁漱溟全集》（山东人民出版社 1989 年版），赵清、郑城编《吴虞集》（四川人民出版社 1985 年版），《三松堂全集》（河南人民出版社 1985 年第 1 版），等等。

专题性质的资料集有：林代昭、潘国华《马克思主义在中国》上、下册（清华大学出版社 1983 年版），中共中央党校科研办公室选编的《社会主义思想在中国的传播》（党校系统内部参考，1987 年），刘健清《中国法西斯主义资料选编》（中国人民大学中共党史系，1984 年），以及葛懋春等选编《无政府主义思想资料选》上、下册（北京大学出版社 1984 年版），等等。

二　通论性的论著、教材

侯外庐是马克思主义史学“五老”中唯一做思想史的，由他主编，张岂之、林英、黄宣民、卢钟锋、樊克政、何兆武、殷瑞渊参与编著的《中国近代哲学史》（人民出版社 1978 年版）虽以“哲学史”命名，却是“文化大革命”以后第一本有关近代思想史通论性质的著作，论及鸦片战争到五四运动时期的哲学与社会思潮，包括鸦片战争时期的地主阶级改革思潮、19 世纪 60 年代至 90 年代初的早期改良主义思潮、维新思潮、资产阶级民主革命思潮与新文化运动时期的马克思主义传播。该书在内容上，可与论述清朝末叶至民国初期的启蒙思想的《中国近代启蒙思想史》（人民出版社 1993 年版）互为补充。

冯友兰的《中国哲学史新编》第 6 册（人民出版社 1989 年版），也以“哲学史”命名，但思想史尤其是政治思想史所占分量很大。对此，冯先生在“自序”中交代：“这一册《新编》看起来好像是一部政治社会思想史，这种情况是有的，但这不是由于我的作风改变，而是由于时代不同了。”“在这个时候，几乎每一个中国人都不得不思考这个问题，参加这个斗争。每一个大思想家同时也是一个政治社会活动家，他们都是一派政治社会活动领袖，他们的思想和活动就是这个时代思潮的中心。要想在他们的思想和活动之外另找一个纯哲学的中心问题，那是不现实的，也是不可能的。”该书以对洪秀全、曾国藩的评价最为引人注目，“自序”中称：“洪秀全和太平天国如果统一了全国，那就要使中国倒退几个世纪，这是我对洪秀全和太平天国的评价。这个评价把洪秀全和太平天国贬低了，其自然的结果就是把它的对立面曾国藩抬高了。曾国藩是不是把中国推向前进是可以讨论的，但他确实阻止了中国的倒退，这就是一个大贡献。”①

冯契的《中国近代哲学的革命进程》（上海人民出版社 1989 年版），是作者继《中国古代哲学的逻辑发展》之后又一部力作，是第一部将近代中国百余年哲学发展作为一个逻辑体系考察的著作。内容包括四章：中国近代哲学的前驱（龚自珍、魏源、洪秀全、洪仁玕）；哲学革命的进化论阶段（康有为、谭嗣同、严复、梁启超、章太炎、王国维、孙中山）；新旧思潮之激战和哲学革命开始进入唯物辩证法阶段（李大钊、陈独秀、胡适、梁漱溟、瞿秋白等）；马克思主义哲学中国化与专业哲学家的贡献（李达、艾思奇、熊十力、朱光潜、金岳霖、冯友兰、毛泽东），等等。

蔡尚思的《中国近现代学术思想史论》（广东人民出版社 1986 年版），分通论与专论两大类，共收入作者 20 世纪 30 年代以来的 66 篇论文，计 40 余万言。通论部分 10 篇，强调学术研究要以马克思主义为指导，开展百家争鸣，并论述了中国近现代思想史研究的重点与方法，以及

① 冯友兰：《中国哲学史新编》第 6 册，人民出版社 1989 年版，第 1—2 页。

中国文化应走的道路等问题。专论部分，除少量文章是论述近现代思想史上的重大问题外，主要是评论中国近现代思想史上的著名人物及其著作，涉及严复、康有为、谭嗣同、梁启超、宋恕、孙中山、章太炎、蔡元培、李大钊、胡适、梁漱溟、冯友兰、王国维等多位思想家。由于所收论文跨越了不同时期，留下了不同时代的烙印。

改革开放初期的近代思想史研究中，李泽厚在学术界与社会各界都产生了重要的影响，在20世纪80年代的以“文化热”为形式的启蒙思潮中发挥了巨大作用。他先是结集出版了《中国近代思想史论》（人民出版社1986年版），论集对近代中国自太平天国至辛亥革命时期各主要思潮和重要思想人物，如洪秀全、康有为、谭嗣同、严复、孙中山、章太炎、鲁迅等作了系统论述和细致分析。首篇《洪秀全和太平天国思想散论》从思想角度剖析，太平天国为何“其兴也勃，其亡也忽”，指出农民革命战争诸多规律性现象。其后数篇乃对戊戌变法维新思想和人物的详尽分疏，于康有为大同思想和托古改制策略，评价甚高。此外，对严复在中国近代思想史的特殊地位，章太炎的民粹主义的突出思想特征，20世纪初知识者由爱国而革命的心路历程以及梁启超、王国维等人的独特意义，都或详或略予以点明和论述。他之后又出版了《中国现代思想史论》（东方出版社1987年版），共收论文8篇，开篇以“启蒙与救亡的双重变奏”作为解释中国近现代史思想史上许多错综复杂现象的基本线索，在学术思想界引起巨大反响，尤其是五四运动以后“救亡压倒启蒙”的论断引起了极大的争议。接着，以数十年的新文学历程、哲学上“现代新儒家”“三次学术讨论”等论题，简明而深入地展示了现代中国思想的诸多重要方面和问题，或明或暗地显现了20世纪中国六代知识分子的身影、悲欢和坎坷命运。还以“马克思主义在中国”为题，并结合“青年毛泽东”，勾画了马克思主义中国化的历史进程，阐释了由民粹主义、道德主义的入侵马克思主义，迷信战争经验等，阻碍了中国的现代化。

“文化大革命”结束到80年代末，多本中国近代思想史通史性质的教材、著作相继出版。此类著作多以“政治思想史”命名，1840—1919年的叫“近代政治思想史”，1919—1949年的叫“现代政治思想史”。“近代政治思想史”的教材、著作主要有：邵德门的《中国近代政治思想史》（法律出版社1986年版），桑咸之、林翘翘的《中国近代政治思想史》（中国人民大学出版社1986年版），朱日耀的《中国近代政治思想史》（吉林大学出版社1990年版）和姚凤莲、郑裕硕的《简明中国近代政治思想史》（甘肃人民出版社1986年版）。“现代政治思想史”教材、著作主要有：林茂生、王维礼、王桧林主编的《中国现代政治思想史》（黑龙江人民出版社1984年版），严怀儒主编的《中国现代政治思想史简编》（北京出版社1985年版），彭明的《中国现代政治思想史十讲》（河南人民出版社1986年版），高军、王桧林、杨树标主编的《中国现代政治思想评要》（华夏出版社1990年版），王金鋙、李子文的《中国现代政治思想史》（吉林大学出版社1991年版），陈旭麓主编的《五四以来政派及其思潮》（上海人民出版社1987年版），李世平的《中国现代政治思想史》（四川人民出版社1985年版），谭双泉、王天文、沈骏、刘定祥主编的《中国现代政治思想史纲》（广西师范大学出版社1988年版），等等。

80年代出现了三本较早以“思想史”命名、论述近代思想史的论著，即王永康的《简明中国近代思想史》（湖南人民出版社1986年版）、张锡勤的《中国近代思想史》（黑龙江人民出版社1988年版）和李华兴的《中国近代思想史》（浙江人民出版社1988年版）。王、张两书，都分六章论述鸦片战争、太平天国、洋务运动、戊戌维新、辛亥革命、新文化运动时期的思想。

80年代还出版了一批专门思想史领域的通史性论著，如赵靖、易梦虹重新修订的《中国近代经济思想史》（中华书局1980年版），张晋藩的《中国近代法律思想史略》（中国社会科学出版社1984年版），胡逢祥、张文建的《中国近代史学思潮与流派》（华东师范大学出版社1991年版），郭朋的《中国近代佛学思想史稿》（巴蜀书社1989年版），吴信忠、张云主编的《中国近代军事思想和军队建设》（军事科学出版社1990年版），熊月之的《中国近代民主思想史》（上海人民出版社1986年版），叶易的《中国近代文艺思想论稿》（复旦大学出版社1985年版），等等。

三　对学科建设的初步思考

“文化大革命”结束到80年代末，随着一批中国近代思想史著作、教材的出版，学术界对中国近代思想史的学科意识有所增强，学者们围绕如何推进中国近代思想史的研究、中国近现代政治思想史研究对象与基本框架等问题，提出了各自的意见。

如前所述，80 年代初期，高校课程、教材和一些论著多以“政治思想史”命名。关于中国近代政治思想史的研究对象，诸庆清提出，政治思想史有自己相对独立的领域和范围，不能凡与政治有牵连的统统都列入。严格来讲，政治思想史的研究，任务在考察关于国家政权问题的各种理论观点（即各种国家观）的矛盾和冲突、发展与演变。反对封建专制主义的国家观，包括反对以儒家天命论为根据的君权神授说，反对维护专制宗法统治的纲常伦理观念，反对压制和摧残人性的封建道德论，这些是政治思想领域斗争的最突出主题。据此可以确定中国近代政治思想史考察的中心问题，是社会主义开始前资产阶级民主主义的产生、形成、发展及其反对封建主义的斗争过程，也就是资产阶级和封建地主阶级两种国家观的斗争过程。①

林茂生、王维礼、王桧林主编的《中国现代政治思想史》提出，在新民主主义革命时期，各阶级、政党、团体及其代表人物政治思想的核心是建国问题，各种建国纲领和方针的提出及它们之间的斗争，构成了中国现代政治思想史的基本内容。该书从而以大地主大资产阶级、民族资产阶级和无产阶级三种建国理论与主张的相互关系及斗争为基本线索，系统论述了中国现代史上的主要政派及其政治思想。

金冲及在《中国近代思想史研究中的几个问题》一文中全面阐述了自己的观点，提出应该从四个方面加以突破。（1）把近代各种社会思潮的发展演变和它们之间的相互关系作为重点来研究。（2）在时间上应该重点研究从甲午战争到五四运动的二十多年，因为这二十多年是思想浪潮汹涌澎湃的时期。（3）要深入探索中国近代哲学思想和政治思想的关系。（4）要研究西方近代社会政治思想和哲学思想的各种重要流派，特别是对中国近代思想界产生重要影响的那些思想流派及其对中国的影响，还要着重研究日本近代思想界对中国的影响，因为当时的日本对中国思想界影

---

① 参见诸庆清《中国近代政治思想史研究的对象问题》，《杭州师院学报》1985 年第 1 期。

响巨大。[1]

蔡尚思在《和青年谈中国近代思想史研究》一文中，提出研究中国近代思想史，必须上通鸦片战争以前的思想史，下通五四运动以后到社会主义新中国的思想，内通同时代的中国近代各思想家之间的正反关系，外通西方的思想；必须注意争论不休的许多重大问题，注意立场、观点和方法的向前发展和后来居上。[2]

第二节　思想进程研究全面展开

"文化大革命"后到80年代，对近代思潮的研究，一方面是在恢复"文化大革命"前建立起来的基本框架的基础上回归学术研究，基本结构还是政治思想史，基本线索还是以进步思潮为主依次论述鸦片战争时期地主阶级的社会改革思想、太平天国的革命思想、资产阶级改良主义思想、清末资产阶级和小资产阶级革命思想、民国初年的新文化运动、新民主主义革命思想，但去掉了政治性的标签与教条式的语言；另一方面在"实事求是、解放思想"的方针指导下，在学术观点等方面实现了较大的创新，如对洋务思想、立宪思想的认识有了较大的调整，尤其是以前很少涉及的三四十年代中间派别的思想开始为学者们所关注，思想进程研究全面展开。

一　经世思想

清嘉道年间，内忧外患严重威胁着清王朝的统治，有识之士开始关注社会现实问题，强调通经致用，经世致用思潮勃兴。以往主要是对经世派思想家进行分别论述，20世纪80年代以后，从宏观角度对经世派与经世思潮进行总体考察的论著逐渐出现。

---

① 参见金冲及《中国近代思想史研究中的几个问题》，载《中国文化研究集刊》第1辑，复旦大学出版社1984年版，第265—286页。

② 参见蔡尚思《和青年谈中国近代思想史研究》，《中国近现代学术思想史论》，广东人民出版社1986年版，第41—43页。

龚书铎是较早对经世派进行系统研究的学者。他着眼于长时段的考察，认为嘉道间士习的衰恶是清皇朝步入衰世的表征，一些有识之士因之起而批评时弊，倡言变革，形成了所谓的经世派。鸦片战争前后，随着时代的变化，经世派中的一些人将视野从时务扩展到“夷务”，进而主张学习西方。但他们地主阶级的立场是坚定的，即不是封建制度的“拆天”者，而是补天者。林则徐、魏源、姚莹、冯桂芬等人都不同程度地参与了镇压农民起义，从根本上说，他们与湘、淮系的那些头面人物并无本质的不同。所以，“从嘉道年间崛起的地主阶级经世派，其发展脉络是明显的，这就是以湖南、安徽为中心的湘、淮系的一批人物”①。

一些学者注意到经世派思想家的差异。邹廷霞认为，“经世派”这一提法过于笼统，因为一个学术或政治派别，一般要有共同的学术观点或行动纲领，而各个经世派思想家的思想内容存在明显的差异，与其把这些人称作一个学术政治派别，不如称他们是晚清经世致用思潮各施展其抱负的地主阶级自救分子。② 汪林茂把经世派分为理学经世派和今文经世派，理学经世派的思想宗旨是“守道”，以唐鉴、曾国藩为代表，打着“守道救时”的旗号，以所学用于修身养性和推行伦理教化，显得过于抽象而不够具体；今文经学派的代表是龚自珍、魏源等人，以国计民生为着眼点，借经言政。③ 董蔡时区分了林则徐、龚自珍、魏源、左宗棠等地主阶级改革派与以曾国藩为代表的理学经世派，认为两派在思想上既有着相同之点，也有着根本不同之处，两派都有忠君思想。然而，理学经世派昧于世界大势，但求维护清王朝的统治；地主阶级改革派由“探世变”而比较熟悉国际风云，他们除了忠君之外，还关心国家的存亡安危。④

有的论文对龚自珍、林则徐、陶澍、姚莹等经世派思想家进行个案研究，如沈渭滨的《论鸦片战争前后林则徐的经世致用思想》（《历史教学》1985 年第 9 期），张承宗的《〈康辎纪行〉与姚莹的治学特点》（《苏州大

① 龚书铎：《清嘉道年间的士习和经世派》，载《中华学术论文集》，中华书局 1981 年版。

② 参见邹廷霞《晚清经世思潮与左宗棠的经世思想》，《兰州大学学报》1985 年第 3 期。

③ 参见汪林茂《论道光经世思潮的不同流派》，《学术研究》1989 年第 5 期。

④ 参见董蔡时《试论嘉道年间经世学派的崛起及其流派的思想特点》，《苏州大学学报》1985 年第 1 期。

学学报》1984年第2期），等等。

二　洋务思想

洋务思想是20世纪七八十年代中国近代思想史研究中的一个热点。关于洋务思想及其思潮的形成因素与标志，刘学照认为，洋务思潮是当权的洋务派官僚和不当权的地主阶级改革派共同参加、朝野呼应地学习西方、谋求富国强兵的社会思潮。洋务思潮的产生和存在有其经济原因与政治原因，经济原因是经过两次鸦片战争，在外国资本主义的影响和刺激下，中国出现了产生资本主义的客观条件和历史趋势。[①] 黎仁凯指出，太平天国起义后十年间，社会动荡，阶级矛盾、民族矛盾、统治阶级矛盾走向了白热化，酿就了洋务思潮产生的社会环境，"中兴"也为洋务思潮的产生提供了有利的政治气候。洋务思潮产生的最早标志是1860年11月容闳上太平天国的"七策"，另一主要标志是1861年1月恭亲王奕䜣等人的两次上奏。[②] 陈绛撰文分析了经世传统、变易观念对洋务运动的积极影响，以及封建思想对洋务运动的极大束缚。[③] 黄顺力则注意到了近代海关、赫德的《局外旁观论》对洋务思潮的产生和发展的诱导与促进作用。[④]

"中体西用"是"中学为体，西学为用"思想的简称，一般认为是洋务运动的指导思想。也有学者对此持有异议，或者提出不同的概括。马克锋认为中体西用十分盛行，成为一种普遍的社会思潮，可以说是近代学习西方的基本大纲，不为洋务派所独有。中本西末，或中道西器，或精神文化与物质文化，都是中体西用文化模式的另一种表达方式。这个模式具有两个明显的特征：一是它的超时代性，从近代开始一直到现在，它有形或无形地左右着我们的思维范式；二是它的超空间性，它无处不存，深深渗透在政治、文化、学术、科学等各个领域。成为国人接受新思想、新学说

① 参见刘学照《论洋务思潮》，《历史研究》1986年第3期。

② 参见黎仁凯《试论洋务思潮的发生》，《河北大学学报》1988年第1期。

③ 参见陈绛《洋务运动与儒学传统》，《复旦学报》1986年第4期。

④ 参见黄顺力《近代海关与洋务思潮略论》，《学术学刊》1998年第4期。

的一种文化模式，对中国近代化、现代化产生了极大的消极作用。① 徐泰来把洋务运动的指导思想概括为“师夷长技”“中体西用”八个字。② 杨向群认为“中体西用”与洋务运动之间存在着密切的联系，但若将其称作洋务运动的指导思想则与历史事实不符，洋务运动的指导思想应该是“谋求富强”。③ 对于它的作用和意义，史学界有不同评价。一种意见认为它是违反社会发展规律的反动思想。黄逸峰、姜铎撰文认为：“中体西用”充分体现了“洋务运动目的和手段的根本矛盾，在理论上自相矛盾，在实际行动中此路不通”，硬把封建主义和资本主义两个不同的体系糅合在一起“是违反社会发展规律的”。④ 一种意见认为它是顺应历史发展的进步思想。陈旭麓指出：“在当时，要在充斥封建主义旧文化的天地容纳若干资本主义的新文化，除了‘中体西用’，还不可能提出更好的宗旨来。”⑤ 一种意见认为它具有双重性和双重作用，或者说有一个从具有一定积极意义走向消极、反动的发展过程。吴忠民认为“中体西用”对整个社会产生了深远的影响，但也有不足之处，尚不是一个科学的命题，随着时间推移，“中体西用”逐渐暴露出自身的弊端。⑥ 肖文杰认为，“中体西用”是一个矛盾的结合体，又是一把双刃剑，既为中国近代化客观上开辟出了一条纤细曲折隐暗的前路，又为中国传统文化的深宫大院不遗余力地挖掘一条护院壕。⑦ 吴剑杰认为，19 世纪六七十年代，“中体西用”有其进步性，八九十年代后则成为一种反动理论。⑧

就洋务思想的内涵与评价而言，孙占元认为，洋务思想是对洋务运动的产生与发展有倡导作用的思想，它包括洋务派官僚与洋务理论家关于洋务的共同认识，应包括“变局”思想、“自强”思想、“求富”思想、

① 参见马克锋《中体西用文化模式之反思》，《中州学刊》1987 年第 6 期。
② 参见徐泰来《试论洋务运动的指导思想》，《湘潭大学学报》1984 年第 4 期。
③ 参见杨向群《“中体西用”与洋务运动》，《华南师范大学学报》1989 年第 1 期。
④ 参见黄逸峰、姜铎《重评洋务运动》，《历史研究》1979 年第 2 期。
⑤ 参见陈旭麓《论“中体西用”》，《历史研究》1982 年第 5 期。
⑥ 参见吴忠民《“中体西用”再认识》，《东岳论丛》1988 年第 1 期。
⑦ 参见肖文杰《论“中体西用”模式》，《中州学刊》1988 年第 2 期。
⑧ 参见吴剑杰《关于洋务思想体系及其评价问题》，《武汉大学学报》1986 年第 1 期。

“中体西用”思想。[①] 一些学者对洋务派的外交思想进行了探索。章鸣九、刘天路等认为，洋务派随着对西方资产阶级外交知识、法律知识的了解，已初步具有国家主权平等的思想，产生了近代的国际意识，其外交思想正在向近代化迈进；其“外须和戎”的外交主张固然是妥协软弱的表现，但这是洋务派无法摆脱的时代矛盾。[②] 章鸣九还分析了洋务派通过谈判解决争端的“主和”思想以及这种思想的根据，认为他们对中外通商局面和敌我形势的认识，以及“按约理论”“据理力争”，争取和平环境以求“自强”的设想，“是富有理性的”。[③] 黎仁凯认为，洋务思想在19世纪60年代至70年代为启蒙期，从70年代到80年代中法战争时为全盛期，中法战争到甲午战争时为蜕变期，甲午战争后为衰落期。洋务思想的内涵是不断扩充的，到90年代洋务论者已从学习西方的经济技术逐渐发展到热衷议论西方政治制度。它在一定时期内是独领风骚、代表时代进步方向的社会思潮，但它存在着弱点，后出现了蜕分。[④] 吴剑杰指出，在19世纪六七十年代中国社会和思想界面临着要不要学习西方的时代条件下，以“中体西用”为核心的洋务思想起过解放思想的进步作用；在八九十年代中国社会和思想界面临的已不再是要不要学西方而是究竟向西方学习什么的时代条件下，洋务思想坚持反对对中国封建的上层建筑和意识形态进行资产阶级性质的变革，从而丧失其历史的进步性，成为阻碍中国近代化运动继续向前推进的反动理论。[⑤]

三　维新思想（包括早期维新思想）

维新思想可以分为早期维新思想和戊戌维新思想两个时期，戊戌维新思想是早期维新思想的延续与发展。早期维新思想承洋务思想之余绪，倡戊戌思想之先声，在中国近代思想史的传承和过渡方面占有重要地位，也

---

① 参见孙占元《洋务思想综论》,《湘潭大学学报》1990年第3期。

② 参见章鸣九《洋务思想家外交思想的近代化》,《北方论丛》1989年第4期；刘天路《洋务派外交思想简论》,《山东大学学报》1990年第2期。

③ 章鸣九:《试论洋务思想家对和战之争的态度》,《天津社会科学》1987年第4期。

④ 参见黎仁凯《洋务思想发展述论》,《河北大学学报》1989年第3期。

⑤ 参见吴剑杰《关于洋务思想体系及其评价》,《武汉大学学报》1986年第1期。

一直为学术界所重视。早期维新思想与洋务思想的异同、相互关系是学术界较为关注的问题。一种意见强调了两者的同一性。有学者提出，“早期维新派也基本上属于洋务派，至少可看作洋务派的同路人”，或者说“早期维新派的言论是洋务运动的理论指导，洋务派则是‘中体西用’原则的实施者”。[①] 章鸣九认为，洋务运动后期进步知识分子既没有脱离以“中体西用”为核心的洋务思想，又不同程度地具有维新思想。这些人大致是朝着维新的彼岸走，但最后并未到达彼岸。因此，这些知识分子的思想是处于从洋务思想到维新思想的过渡形态。他们较之六七十年代有明显的进步，然而他们没有也不可能用资产阶级思想体系取代封建主义思想体系，仍然是融合中西、调和新旧，没有突破“中体西用”的思想结构。[②] 另一种意见强调了两者的分歧。陈伟芳认为，洋务派与早期维新派在提倡西学与反对顽固派的斗争中，有着共同的连接点。但洋务思想与维新思想毕竟是有着本质区别的，是不同范畴的思想体系，前者属于地主阶级，后者属于资产阶级。洋务思想与维新思想的分界线是：第一，是否主张和扶植民间资本主义经济发展；第二，是否提倡用资产阶级民主主义去批判和改造封建统治。[③] 吴剑杰认为，早期维新思想分前、后两个时期，中法战争前，它虽然与洋务思想存在着某些歧异，但基本上没有超出洋务思想的范围，中法战争后，它作为洋务思想的对立面逐渐分离出来，表现出更多的资本主义倾向，成为康有为、梁启超等资产阶级改良派思想的前驱。19世纪 80 年代到甲午战前的维新思想家以其政治上的“君民共主”和经济上的“以商为本”思想，与洋务思想区别开来，成为当时思想界进步政治思潮的重要特色。[④] 冀满红指出，早期改良派、洋务派虽都有“中体西用”的议论，但两者的“中体西用”并非完全一致。同是论述“中学为体”，洋务派的“中体”不得一丝更动，而早期改良派却企望封建专制制度得到资本主义的改造；同是主张“西学为用”，洋务派所要采纳的“西学”仅限于“器艺”之类，而早期改良派所要采纳的“西

① 陈旭麓：《论“中体西用”》，《历史研究》1982 年第 5 期。

② 参见章鸣九《洋务运动后期进步知识分子的改革思想》，《历史研究》1985 年第 6 期。

③ 参见陈伟芳《论洋务思想与早期维新思想》，《近代史研究》1986 年第 5 期。

④ 参见吴剑杰《论早期维新思想与洋务思想的分离》，《武汉大学学报》1989 年第 2 期。

学”，不仅包括“器艺”之学，而且包括西方的先进政治制度和发展民族工商业的内容。[①]

学术界对早期维新思想中以下一些问题进行了重点讨论。关于重民思想和议会思想。刘学照认为，早期维新派是地主阶级改革派爱国重民思想的继承者，他们把中国传统的民本思想和某些西方资产阶级民主观念结合起来，形成一种为了早期资产阶级经济利益和政治权利的重民思想。这种重民思想是一种直觉的处于感性认识阶段的中国资产阶级民主观念，戊戌维新运动正是这种重民思想轨迹的继续和发展。[②] 史学界长期以来流行着一种观点，即早期维新派要求开设议院，实行“君民共治”，就是主张在中国实行君主立宪制度，以代替封建专制制度。侯宜杰对此提出质疑，他认为1895年之前，在中国还没有人提出过君主立宪的主张，早期维新派所说的“议院”并非什么君主立宪制度。君主立宪，关键在“立宪”，即制定宪法。但早期维新派没有提出制定宪法，未把国会视为国家最高立法机关，所设计的议院不是真正的资产阶级议院。关于重商思想。张能政认为，早期维新派的经济思想产生于19世纪70年代，与洋务派经济思想的根本区别在于重商民利益还是重官府利益，重发展私人资本还是重发展官僚资本；同时，两者在资本构成、阶级属性、思想渊源方面又存在着继承关系。[③] 韦经照指出，中国近代早期改良思想家的主要代表是指冯桂芬、容闳、薛福成、马建忠、陈虬、陈炽、何启、郑观应等。他们在经济上都程度不同地提出发展民族资本的方案，认识到必须反抗外国侵略者的政治压迫和经济剥削，保护民族经济的独立发展，中国才会走上富强之路；要求国家护商，改革税收、财政制度等；提出采用资本主义生产方式与经营方式。[④] 郑学益指出，王韬、薛福成、郑观应等初期资产阶级改良派提出的开放模式是“通商主导”型，要求以商业尤其是对外贸易为中心，在

① 参见冀满红《从“中体西用”看早期改良派和洋务派的分歧》，《河北学刊》1987年第4期。

② 参见刘学照《论早期维新派的重民思想》，《华东师范大学学报》1984年第4期。

③ 参见张能政《有关早期改良派经济思想的几个问题》，《上饶师专学报》1987年第4期。

④ 参见韦经照《试论中国近代早期改良思想家的经济思想》，《海南师范学院学报》1989年第1期。

国民经济部门中学习和采用资本主义生产方式与经营方式。①

综观近代风云变幻的历史，能够产生持久性影响并能引起国人深刻反思的思潮，戊戌维新思想当在其列。改革进程的启动，更能激发人们对这场思想文化运动的关注。20 世纪 80 年代，出版的戊戌思想研究专著，主要有吴廷嘉的《戊戌思潮纵横论》(中国人民大学出版社 1988 年版)。该书从不同角度，运用系统网络分析、层次和中介研究、结构分析等研究方法，纵横论述了戊戌思潮兴起的原因、过程、高潮、性质、特点和作用，并把它同西方启蒙思潮和日本明治维新运动进行了比较，在汲取前人研究成果的基础上，提出一些与传统看法不同的观点。该书还探讨了维新派的群体性格，并对梁启超、张謇做了专题研究，高度赞扬了维新派的历史功绩，同时指出他们的失败是一个社会的、时代的悲剧，他们的经验教训至今仍有重要的借鉴意义。

除了吴廷嘉的《戊戌思潮纵横论》外，80 年代还发表了大量研究戊戌维新思想的论文。关于戊戌思潮的性质。学术界有“改良主义运动”“改革运动”“爱国救亡维新运动”“一次非爆发性的、不彻底的、不流血的革命”等不同说法。汤志钧认为“这种反映资本主义要求的思想潮流，进一步发展为资产阶级的政治运动，在当时的历史条件下，是有进步意义的。然而就其‘变更’的性质来看，却是改良主义”。② 龚书铎提出了“戊戌新文化运动”的概念，将戊戌思潮定性为“资产阶级的文化运动”。他指出：“提起新文化运动，人们很自然地会想到这是发生在‘五四’时期的事情，它似乎已成为一个确定的专名词。其实在中国近代历史发展的过程中，并不仅在‘五四’时期发生过新文化运动，在戊戌变法时期(就文化的角度说，这个时期大致从 1895 年中日战争后到 20 世纪初年)也曾经发生过一次这样的运动。”③ 陈旭麓从启蒙的角度论述了戊戌维新的意义。他指出，中国的启蒙可以说是与它进入近代同步，然而，启蒙成为一场自觉的运动，却是从“戊戌”开始的，“戊戌”启蒙作为一个运

① 参见郑学益《略论初期资产阶级改良派的“通商主导型”开放模式》,《学习与探索》1989 年第 6 期。

② 汤志钧:《戊戌变法与改良主义》,《学术月刊》1982 年第 2 期。

③ 龚书铎:《戊戌新文化运动述略》,《光明日报》1983 年 8 月 24 日。

动，其核心内容便是“开官智”“开绅智”和“开民智”。戊戌启蒙运动以西方资本主义的天赋人权学说和自由、平等、民主的资产阶级原则来批判中国传统小农社会流行的君权观念、行为模式和伦理精神，显示了近代中国人批判理性精神的觉醒与成长；而其对传统宗法等级观念的冲击和对自我独立的意义、价值的推崇，又体现了近代人文主义精神。①

关于戊戌思想的渊源。吴廷嘉提出“双源”说。内源是指明代以来士大夫民主思想的萌芽及其演变，包括明末清初两次早期启蒙思想、19世纪60—80年代的早期改良主义和今文经学；外源是指来华教士与西学东渐，戊戌思潮的发展程度和成熟程度同接受西方文明的深度和广度成正比。② 在各种思想源流中具体以何种思想作为理论基础，学者们提出了不同意见：一种意见认为戊戌思潮的理论基础是今文经学。汤志钧称：“康有为利用今文经学，宣传维新变法，已为人所公允。”③ 一种意见认为戊戌思潮的理论基础是西方进化论学说。陈旭麓指出：“进化论大大地开拓了维新派的眼界，使古老的‘三世’说不再是‘一治一乱’的僵化公式，而是过去、现在、未来的社会进化历程，以此为核心的群学（社会学）也就成为维新派组织力量、革新社会政治的实施学理。”④ 康有为是今文经学家，但骨子里是运用进化论向旧事物挑战。一种意见认为，戊戌维新的理论基础已越过了斯宾塞庸俗进化论的河流，而走向“全变”进化论的新岸。

关于戊戌思想的内容。维新派的政治纲领，是研究与讨论的重点，学者们提出了不同的观点。刘大年认为，“设议院”“兴民权”“立宪法”是维新派在戊戌“百日维新”之前三位一体的政治纲领。“百日维新”期间，“改良派一争取到接近皇帝的机会，马上就把自己的政治纲领抛到一边去了。他们在实行立宪政体的问题上，先亲手与洋务派划分界线，然后又亲手消灭了彼此间的界线”，他批评维新派这种背弃自己政治纲领的

---

① 参见陈旭麓《戊戌与启蒙》，《学术月刊》1988年第10期。

② 参见吴廷嘉《论戊戌思潮的思想渊源》，《云南社会科学》1987年第2期；《戊戌思潮纵横论》，中国人民大学出版社1988年版，第49—80页。

③ 汤志钧：《重论康有为与今古文问题》，《近代史研究》1984年第5期。

④ 陈旭麓：《戊戌时期维新派的社会观——群学》，《近代史研究》1984年第2期。

“动摇、变节、倒退”行为，不仅使“一些不合实际的溢美之论，固然站不住脚，那场运动中，以前认为具有光泽的部分，现在看来，也未免黯然失色”。① 宋德华则指出，维新派一以贯之的政治纲领是“革弊政，变成法，去尊隔，通下情，改官制”，康有为在《上清帝第六书》之前并未提出过“兴民权、设议院、定宪法”的政治纲领，因而谈不上“背弃”与“倒退”；维新派主张“议院”既不可禁开，又不可速开，而只能待于“民智”，赖于“君权”；康有为提出“立制度局以议宪法”，是维新派政治纲领的核心内容和实质所在，是前进不是“后退”；维新派主张“君权变法”是一种政治操作方式，不等于“尊君权”，更有别于“皇权主义”。② 房德邻把戊戌维新的政治纲领概括为“兴民权、设议院、立宪法”。他认为，“议郎”制虽然还不能说是“真正的资产阶级性质的议院”，也绝非仅仅“通下情的工具”，而是近代议院的初阶；“兴民权、设议院、立宪法”具有变封建制度为资本主义制度的政治含义，因此把它视为戊戌维新政治纲领更为贴切；维新派把“开国会、定宪法”转换为“开制度局以议宪法”，只是在实行立宪步骤的迟速上有所不同，不可说他们“背弃”了自己的政治纲领；维新派不提开议院而主张开制度局，是受到阶级政治力量不足的条件限制，而不是走进了对议院认识越深越认为中国不能开议院的思维误区。③ 除了政治纲领，学者们对维新思潮的其他内容也有所探讨。宋德华指出，戊戌维新时期的反封建启蒙思想是整个戊戌维新思潮中最有光彩的部分，主要表现在四个方面：批判封建君主专制制度和家族宗法制度，批判封建主义的纲常名教，批判思想文化专制主义，批判封建主义的意识形态和政策。启蒙思想家对封建主义批判的过程，也是其资产阶级启蒙思想滋生、形成的过程，内容包括资产阶级的自然人性论、资产阶级的天赋人权论、资产阶级民主主义的理想。④ 刘巨才指出，在戊戌维新时期，资产阶级维新派把解决妇女问题视为自强之道的

① 刘大年：《戊戌变法的评价问题》，《近代史研究》1982 年第 4 期。

② 宋德华：《戊戌维新派政治纲领的再探讨》，《历史研究》1985 年第 5 期。

③ 参见房德邻《维新派政治纲领的演变》，《历史研究》1989 年第 6 期。

④ 参见宋德华《论戊戌维新时期的反封建启蒙思想》，《华南师范大学学报》1984 年第 3 期。

一个重要方面。他们利用《时务报》《湘报》和《女学报》等报刊，积极宣传妇女解放、男女平等的主张。[①] 陈旭麓撰文介绍了维新派对西方社会学、社会进化论的介绍，指出进化论成为近代中国思想启蒙运动的突出内容，能否接受进化论在 19 世纪末是地主阶级知识分子向资产阶级知识分子转化的重要标志。[②]

关于戊戌思想的特点。吴廷嘉指出，维新思想有五个特点：（1）新颖性。维新派广泛而通俗地宣传了西学，给予中国人民，尤其是青年以丰富而新颖的精神食粮。（2）不成熟性。虽广泛介绍西方资产阶级学说，但没有经过自己的消化吸收，不能自成中国化的资产阶级理论体系，实际上也不是切实可行的救国方案。（3）复杂性。所介绍的西方文化内容，十分浩繁复杂。（4）政治实践性。戊戌变法是它的政治结果。它在很大程度上摆脱了封建社会传统的自发状态，具有初步的组织形式。（5）狭隘性。它自始至终把自己绑在光绪皇帝的车辕上，在注定失败的道路上滑行。[③] 范士华在著作中将戊戌思潮的特点概括为：第一，具有群众运动的规模；第二，维新思潮从兴起到衰落的八年间，其思想水平随着时间的推移而逐步上升，其规模、加入的社会力量逐步扩大；第三，内容新颖而庞杂；第四，理论上不成熟。[④]

关于戊戌思想的历史作用。李侃认为，戊戌维新作为一次思想启蒙和思想解放的运动载入史册，而中国的思想文化史也从此揭开了新的篇章。戊戌维新在中国思想文化领域所产生的作用和影响，远远超过了它在政治、经济领域的作用和影响，是中国有史以来第一次由资产阶级发动的具有划时代意义的新文化运动。[⑤] 郭汉民探讨了“戊戌后维新思潮”的意义。他指出，戊戌政变之后，变法维新作为一场政治运动是彻底失败了，

---

① 参见刘巨才《维新派关于妇女问题的理论与实践》，《近代史研究》1984 年第 2 期。

② 参见陈旭麓《戊戌维新派的社会观——群学》，《近代史研究》1984 年第 2 期。

③ 参见吴廷嘉《论戊戌思潮》，《社会科学研究》1982 年第 2 期；《戊戌思潮的特点》，《历史研究》1982 年第 4 期。

④ 参见范士华《戊戌维新——近代中国的一次改革》，求实出版社 1987 年版，第 204—207 页。

⑤ 参见李侃《戊戌维新与中国近代思想文化史》，《历史研究》1983 年第 5 期。

但作为一种社会思潮却依然存在着、发展着，并且在经过短暂的低落之后又迅速高涨起来。戊戌后的维新思潮宣传了资产阶级的民族主义与民权观念，就其思想启蒙的广度和深度而言，都是前所未有的，相当深刻地反映出各种社会阶层相当广泛的社会要求。①

四 立宪与革命思想

立宪思想。长期以来，史学界把清末戊戌变法以后的资产阶级改良运动认作反动的政治运动，把资产阶级立宪派认作反动派，把君主立宪思想认作落后思想。耿云志撰文通过对立宪派领导的国会请愿运动的评述，对此提出不同看法。他认为，国会请愿运动是一场群众性的爱国的资产阶级民主运动，在当时起了进步的历史作用：立宪派揭露清政府预备立宪的虚伪和朝政的腐败，客观上有助于革命宣传和人民的革命觉醒；通过空前规模的群众性的政治运动，严重打击了专制政权的威信，给人民以比较普遍的民主教育；加剧了统治阶级的内部矛盾。可见，把它说成反动的政治运动是不妥当的。在分析立宪派与革命党的关系时，他指出，立宪派一方面反对封建专制制度，另一方面反对以革命方法推翻这一制度。这样，它就既要同清政府进行斗争，又要同革命党进行斗争。但前者是资产阶级反对封建统治者的斗争，后者则是资产阶级两个对立派别之间的斗争。② 朱英认为，立宪派的阶级基础不仅仅是资产阶级上层，更是整个民族资产阶级。③ 乔志强认为，立宪运动是前段资产阶级维新改良运动在新的历史条件下的发展，也可以说是改良主义运动的一部分。但它既不同于改良主义思想的传播运动，如戊戌变法前维新变法思想的宣传运动，也不同于戊戌变法时期的维新变法的政治运动，而是在具体历史条件下资产阶级发动的一次改善政治经济地位的运动，是超越以往立宪学说传播阶段的一个要求实施立宪的政治运动。④

---

① 参见郭汉民《戊戌后维新思潮意义辨析》，《湖南师范大学社会科学学报》1989 年第 2 期。

② 参见耿云志《论清末立宪派的国会请愿运动》，《中国社会科学》1980 年第 5 期。

③ 参见朱英《立宪派阶级基础新论》，《江汉论坛》1986 年第 6 期。

④ 参见乔志强《清末立宪运动的几个问题》，《晋阳学刊》1981 年第 5 期；《论清末立宪运动与“预备立宪”》，《山西大学学报》1985 年第 4 期。

清末立宪思潮与立宪运动中，除了资产阶级立宪，还有统治阶级内部一部分主张立宪的人士与清廷的“预备立宪”。张锡勤认为，应该把立宪派与清政府区分开，“在预备立宪期间，立宪派与清政府虽有依存、一致之处，但又存在着严重的矛盾、分歧”。[①] 郑大华指出，长期以来人们认为整个统治集团都是“假立宪”的策划者和导演者，内部没有任何政治派别的分野，这种观点有违史实。在清朝存在的最后几年，的确有一些亲贵大臣主张顺应中国近代化运动演化的方向，在中国建立起日本式的二元君主立宪制政体，结成一股强大的政治势力，影响和推动着清末预备立宪的进行，可将他们称为“统治集团内部立宪派”。[②] 他认为，清末预备立宪的发生，既是统治阶级的自救措施，又是中国近代化运动演化的必然结果[③]；《钦定宪法大纲》既具有浓厚的封建性质，又有着鲜明的资本主义色彩，与其说它是一部旨在巩固和强化君主专制统治的封建法典，不如说它是以《日本帝国宪法》为蓝本的二元制君主立宪制的宪法纲领[④]。他还从宪法、内阁、议会和司法四个方面比较了统治阶级内部立宪派与资产阶级立宪派的政治主张，认为两派争论非真假立宪之争，而是走日本式道路还是走英国式道路之争。作为统治阶级营垒中的一员，统治阶级内部立宪派不可能也不愿意向资产阶级让出更多的权利，因此，反对实行英国式虚君制君主立宪制度，赞成日本式二元制君主立宪制度，但不能以此判定统治阶级内部立宪派的立宪活动是“假立宪”。[⑤]

革命思想。李泽厚考察了资产阶级革命派思想的形成，指出1900年自立军起义和1903年拒俄义勇队运动是两个关键环节，尤其是1903年是革命思潮开始替代改良主义作为思想舞台主角的第一个年代。以章太炎为主要代言人的光复会反映出反满革命与农民阶级的意识形态，以朱执信为代表的兴中会表现了社会主义思想，以陈天华为最早发言人的兴中会的反帝救国思想赢得了最广泛的同情和影响，它们都基本从属和概括在孙中山

---

① 参见张锡勤《论立宪派与清政府在“立宪”问题上的分歧》,《求是学刊》1989年第5期。

② 参见郑大华《论清末统治集团内部的立宪派》,《江汉论坛》1987年第9期。

③ 参见郑大华《清末预备立宪原因新探》,《求索》1987年第6期。

④ 参见郑大华《重评〈钦定宪法大纲〉》,《湖南师范大学社会科学学报》1987年第6期。

⑤ 参见郑大华《关于清末预备立宪几个问题的商榷》,《史学月刊》1988年第1期。

的三民主义纲领之下，这是主流；支流有右翼的国粹主义和左翼的无政府主义。[①] 张显菊认为，20 世纪初是中国资产阶级革命派思想解放运动蓬勃发展的年代，而 1903 年则是这一运动形成高潮的关键的一年。就在这一年，各种进步报刊，由鼓吹改良转向鼓吹革命，表现了进步知识分子在思想上的新觉悟。就在这一年，资产阶级革命派第一次提出了建立“中华共和国”的政治口号。孙中山在日本提出了“驱除鞑虏，恢复中华，建立民国，平均地权”的革命宗旨。而这一年又是革命派思想与改良派思想分道扬镳的一年。这一切表明，在 1903 年资产阶级革命派思想解放运动的高潮已经形成。[②]

思想内容。章开沅认为，辛亥革命时期的进步社会思想的特点包括：对世情与国情的再认识，时代的紧迫感与历史使命的结合，加强了对于封建文化传统的批判。[③] 冬青指出，从资产阶级和小资产阶级知识分子开始探讨如何解决中国革命问题起，到同盟会成立后革命派和改良派围绕中国革命问题的论争，革命派始终强调的是，推翻清政府，结束封建帝制，建立资产阶级民主共和国，从来没有把反对帝国主义侵略作为革命的主要内容，甚至对帝国主义国家抱有幻想，予以轻信。[④] 陶月华指出，辛亥革命是一次成功的革命，也是一次失败的革命。它推翻了清王朝的封建统治，造成了“敢有帝制而为之，天下共击之”的政治气氛，但是“民主共和国”却始终只是一块空招牌。产生这样的矛盾状况的原因固然很多，但有一点却无法忽视，那就是它的成功与领导运动的资产阶级革命民主派为批判封建主义所做的努力分不开，而它的失败也与革命派对封建主义本质的认识不清密切相关。[⑤] 段本洛指出，20 世纪初，中国资产阶级革命派曾经从意识形态上对封建君主专制制度发起挑战，可是锋芒初试就偃旗息鼓，表明资产阶级革命派在思想战线上比在政治斗争中更加软弱。辛亥革命在庆祝“南北统一共和”的鞭炮声中，宣告了失败。封建传统思想仍

① 参见李泽厚《二十世纪初中国资产阶级革命派思想论纲》，《历史研究》1979 年第 6 期。

② 参见张显菊《二十世纪初思想解放运动的高潮》，《社会科学辑刊》1986 年第 5 期。

③ 参见章开沅《革命时期的社会思潮》，《求索》1986 年第 4 期。

④ 参见冬青《清末资产阶级革命派有无反帝思想》，《学术月刊》1981 年第 12 期。

⑤ 参见陶月华《近代中国革命民主派对封建主义的早期批判》，《复旦学报》1980 年第 3 期。

然是中国社会前进的巨大思想障碍，以致遗留到我们今天，还要肩负起清除封建思想残余的斗争任务。① 李良玉认为，排满思潮的本质内容是以欧美资本主义民主制度为模式的革命民主主义，但反满的民族主义又是它过于丰满的外部形态。排满思潮的这种二元性，根源于中国社会种族斗争的文化心理，反满民族主义事实上替代了革命民主主义的理性认识。② 曾永玲指出，《民报》可以分为三个阶段，宣传了两种思想流派：第1—6期，基本上宣传了孙中山的三民主义；第7—13期，章太炎任主编，他的文章相继问世，流露出对人类前途的悲观，孙中山派则对前途十分乐观，这个阶段的《民报》同时宣传了两种思想流派；第14—24期，几乎完全成了章太炎派的阵地。《民报》宣传的基本思想并不只是孙中山的三民主义，还有一个独立存在的章太炎体系。大体上前期以宣传三民主义为主，后期以宣传章太炎思想为主，中期为过渡阶段。就是在前两个阶段，革命派对资产阶级民权的宣传也很不够。③ 熊启珍指出，20世纪初年开始在中国流行的无政府主义，具有某些与资产阶级革命民主主义一致性的特定内容，如推翻清王朝是20世纪初年无政府主义与资产阶级革命民主主义的共同要求，是资产阶级革命的首要任务、同盟会的纲领之一，也是20世纪初年无政府主义鼓吹的主要内容。它的流行对当时的资产阶级革命运动曾产生直接的影响。④ 邓乐群指出，中国近代是一个政治剧变、思潮迭起的时代。在其纷繁复杂、彼消此长的各种政治思潮中，滥觞于辛亥革命前夕的尊黄思潮，一度转酿成反清民主革命的巨浪。它不仅动摇了清王朝的统治根基，而且其流波所至，对后来的中国社会及海外华裔产生了深远的影响。⑤

历史地位。蔡尚思指出，中国近代史上的新思想运动或者也是一种新文化运动，这可以分为三阶段来说，即戊戌变法、辛亥革命与五四运动，

---

① 参见段本洛《辛亥革命与反封建思想》，《江苏师院学报》1980年第1期。

② 参见李良玉《辛亥革命时期的排满思潮》，《南京大学学报》1989年第2期。

③ 参见曾永玲《〈民报〉的两个思想流派》，《学术研究》1986年第2期。

④ 参见熊启珍《20世纪初年中国的无政府主义与资产阶级革命运动》，《武汉大学学报》1989年第4期。

⑤ 参见邓乐群《中国近代尊黄思潮之滥觞》，《衡阳师专学报》1989年第3期。

今人多知道五四时代有新文化运动，而少知道辛亥革命时期也有它的新文化运动。辛亥革命时期，在政治上是以进行民主革命为中心，在思想上是以反孔反礼教反封建传统思想为中心。就这个反孔反礼教反封建传统思想而论，是超过了戊戌时期，而为五四运动时期的前驱的。① 龚书铎指出，辛亥革命无疑是一次政治革命，但同时也是一次文化革命，一次资产阶级新文化反对封建阶级旧文化的革命，革命派在思想文化上的贡献是不可忽视的。他将辛亥革命宣传的内容概括为发扬民族主义精神，鼓吹爱国主义；建立资产阶级共和国的方案；提倡民权平等，反对封建伦理纲常；反对封建迷信、习俗，陶铸“国民新灵魂”，等等。②

君主立宪与革命共和的论争。林增平认为，立宪派是民族资产阶级上层的政治代表。它和代表民族资产阶级中下层的革命派虽同属一个阶级，但由于彼此经济利益的不同，和封建势力的联系有亲疏之别，因而政治态度显有差异。从1905年同盟会成立起，到1913年“二次革命”止，两派经历了一个“对立—联合—分裂”的过程。③ 杨裕南认为，维新派和革命派都应一视同仁地被视为近代的爱国群体。从反映其群体意识的革命思潮及维新思潮的有关思想看，它们立论的根本目的都是救亡图存。为了达到这一根本目的，它们无疑都会将斗争的矛头指向清王朝和列强。维新派和革命派固然在政治思想上有分歧，并曾就这些分歧纷争不已，但两者的主要倾向是基本相同的，两者最终基本上在反封建专制和发展资本主义的目标上殊途同归了。④ 朱仁显认为，君主立宪和民主共和两种理论模式在晚清中华民族反对专制、寻求富强的心路历程中有着不可取代的意义和价值。相比之下，君主立宪派较少空想和臆测，既重视民主政治理想又不忘国情，而革命派则表现为理想主义，很少考虑民族

---

① 参见蔡尚思《辛亥革命时期的新思想运动——资产阶级各派主要的反孔反封建思想》，载《纪念辛亥革命七十周年学术讨论会论文集》中册，中华书局1983年版。

② 参见龚书铎《辛亥革命与文化》，《历史研究》1989年第5期。

③ 参见林增平《评辛亥革命时期的立宪派》，载《纪念辛亥革命70周年学术讨论会论文集》中册，中华书局1983年版，第1128—1152页。

④ 参见杨裕南《维新思潮与革命思潮比较论纲》，《高校社会科学》1989年第4期。

传统、社会现实等历史条件，在这种理论指导下的革命便不能不失败。[①]

五　五四启蒙思想

这一时期出版的有关五四运动的著作主要有彭明的《五四运动史》（人民出版社1984年版）、刘桂生主编的《时代的错位与理论的选择——西方近代思潮与中国五四启蒙思想》（清华大学出版社1989年版）等。围绕五四运动，学者们对以下一些问题进行了探讨。

五四新文化运动的原因、背景及其分期。丁守和指出，由资产阶级和小资产阶级的激进民主主义知识分子发动的新文化运动，是中国资本主义在第一次世界大战期间得到发展的反映，同时又是辛亥革命民主精神的发扬，它是直接针对袁世凯号召尊孔复古和帝制复辟的。[②] 陈旭麓从三方面论述了新文化运动兴起的原因：新文化运动是晚清民主思想发展的继续；封建专制主义思想尤其是尊孔复古逆流和帝制复辟论的刺激；辛亥革命后民主共和观念深入人心。龚书铎特别强调了辛亥革命的影响，指出五四新文化运动是辛亥文化革新的延伸和发展。[③]

对于新文化运动的分期，有的持“两期说”，认为新文化运动分为前、后两期，前期基本上没有超出资产阶级思想的范畴，后期则发展为马克思主义思想解放运动了。[④] 有的持“三阶段说”，认为1915年9月至1918年10月，为资产阶级民主主义性质的思想解放运动；1918年11月至1919年6月，为资产阶级民主主义性质的思想解放运动向马克思主义性质的思想解放运动的转变阶段；1919年7月至1921年7月，是马克思主义性质的思想解放运动。[⑤] 还有的论者把新文化运动

---

① 参见朱仁显《探求民主与富强之路的两种模式——晚清君主立宪和民主共和论》，《福建论坛》1988年第1期。

② 参见丁守和《论五四时期的社会思潮》，《哲学研究》1979年第5期。

③ 参见龚书铎《辛亥革命与文化》，《历史研究》1989年第5期；《辛亥文化革新与五四新文化运动》，《北京师范大学学报》1991年第5期。

④ 参见李新等《中国新民主主义革命时期通史》第1卷，人民出版社1980年版；杨先文《试论“五四”时期新文化运动转化的基本条件》，《中山大学学报》1982年第3期。

⑤ 参见金普森、邱钱牧《试论“五四”时期的思想解放运动》，《杭州大学学报》1979年第1、2期。

的下限后延至1922年7月《新青年》的休刊或1923年的科学与玄学论争。

五四新文化运动的性质。以往不少人如胡适、李何林等把它比拟为中国的“文艺复兴”和“启蒙运动”。丁守和、殷叙彝把他们阐述五四新文化运动的著作定名为《从五四启蒙运动到马克思主义的传布》，李泽厚在其《中国现代思想史论》中也使用了“启蒙运动”的提法。20世纪80年代以来，有学者对上述提法提出了异议。刘桂生认为，“除了‘启蒙’这个词可以在极广泛的意义上使用于世界各地的反封建斗争之外，把20世纪发生于中国的五四前期新文化运动比拟为欧洲14至16世纪发生的‘文艺复兴’或18世纪发生的‘启蒙运动’，是很不恰当的”，两者不能等量齐观。五四前期的新文化运动，“只是‘文艺复兴’在一个落后国家里的微弱的回声”。[①] 还有论者提出，文艺复兴带有“拨乱反正”的性质，有古希腊古罗马文化作为正的前提；而五四运动否认有正的前提，它不是拨乱反正、道德重整式的运动，而是对正统文化展开全面的总批判。[②] 陈思和指出，五四新文化运动缺少欧洲文艺复兴时的科学精神和自由精神，没有复活那被封建文化中断了的古代希腊罗马文化积极的生命内核。即便是与欧洲的启蒙运动相比，五四新文化运动的启蒙性质也有着自己独特的轨迹。在欧洲，启蒙的轨迹是：文艺复兴—启蒙—大革命；而在中国，启蒙的轨迹是：辛亥革命—启蒙任务—新文化运动，其顺序是逆向的。[③]

新文化运动中“民主”诉求及内涵。丁守和指出，五四前的“德先生”主要是要求独立自主之人格，自由平等之人权，实现民主政治。五四后则超出资产阶级民主主义的范畴，歌颂“劳工神圣”，它不再强调个性解放，而是提出社会解放和建立“劳工社会”。[④] 顾全芳认为，以1918年李大钊发表一系列论文为标志，民主思想发生了由资产阶级民主到无产

---

① 刘桂生：《五四新文化运动的时代属性及其主要口号的释义分析》，《教学与研究》1988年第1期。

② 参见刘再复、林岗《传统与中国人》，生活·读书·新知三联书店1988年版。

③ 参见陈思和《启蒙与当代——对一种学术萎缩现象的断想》，《复旦学报》1989年第3期。

④ 参见丁守和《五四时期的社会思潮》，《哲学研究》1979年第5期。

阶级民主的转向。[①] 王桧林指出，五四时期所宣传的民主思想，有一个鲜明的特色，就是它涵盖着一切进步的革命的思想，具有强烈的反强权反压迫的性质，且与俄国革命相联系，带有浓厚的空想色彩。五四时期发生了从德谟克拉西到无产阶级专政的转变，这种转变是中国政治思想史上的重大事件，它突出了国家的暴力镇压职能，而国家政权的人民民主方向则失落了。所以，作为推翻三座大山手段的那种民主，在中国早已实现，但是更高“层级”的民主，仍然是一朵待开放的花。[②] 朱志敏指出，平民主义思潮是近代民主思想在五四时期变化、发展的结果。平民主义思潮的产生，使人们对民主思想的认识产生了一个明显的转折，从“个性解放”到社会“互助”，从“共和政府”到“平民政府”，从“人的文学”到“平民文学”，从教育平等到“平民教育”，从“自由经济”到“平民经济”，这一转折具有十分重要的意义，对其后中国历史的发展产生了影响。[③]

新文化运动中“科学”诉求及内涵。丁守和指出，五四前《新青年》宣传的民主思想主要是进化论，五四后宣传的则主要是唯物史观。[④] 于光远认为，五四时期的“科学”，既有自然科学，也有社会科学。[⑤] 程舒伟认为，“科学既指自然科学，更指人们所需要的认识事物所需要的科学法则和科学精神”，“既有反迷信、反神权，也有反盲从、反武断的意思，还包含了西方先进科学技术的传播，它是以反封建的思想解放为出发点的”。[⑥]

新文化运动的历史评价。争议比较集中的问题是如何看待新文化运动的反传统问题。有人对五四精神持较多的否定，认为五四有全盘否定传统文化和主张全盘西化的偏颇。有的论者认为“打倒孔家店”是一个有严重缺点的口号，它既没有准确地概括出当时评孔思潮的主流，又对民族文

① 参见顾全芳《简论“五四”民主思想》，《山西师范学院学报》1979年第2期。
② 参见王桧林《五四时期民主思想的演变》，《历史研究》1989年第3期。
③ 参见朱志敏《论五四时期的平民主义思潮》，《近代史研究》1989年第2期。
④ 参见丁守和《五四时期的社会思潮》，《哲学研究》1979年第5期。
⑤ 参见于光远《谈科学与民主》，《社会科学研究》1979年第3期。
⑥ 程舒伟:《五四的科学精神》，《东北师大学报》1989年第3期。

化采取了虚无主义的态度和极端片面的思想方法。[①] 对此，有学者提出了不同看法。苏双碧认为，新文化运动的矛头所指多是封建文化最落后的部分，最禁锢人的思想的部分，并不是笼统地批判传统文化。事实上传统文化的优秀部分都没有受到批判。[②] 龚书铎认为，单从五四先驱带有愤激之情的言论看，是颇像全盘反传统的，但事实上这不是主流。从反传统所针对的和要解决的问题看，焦点是孔教。[③] 王元化指出，“五四没有全盘性的反传统问题，而主要是反儒家的‘吃人礼教’”，不能把儒学与传统文化等同起来。但“五四启蒙者对于传统文化缺乏全面的再认识再估价，经过批判使应该保存下来的保存下来，吸收融化在新的思想体系中”，这是它的毛病所在。[④] 俞祖华指出，“五四启蒙思想家偏激的反传统具有某种合理性，而在偏颇中，显然包含着他们对反封建艰难的深刻认识，因此，这种反传统中的矫枉过正，不失为一种深刻的片面”。[⑤]

争议比较集中的另一问题是启蒙与救亡的关系。一种意见是“救亡压倒启蒙说”。李泽厚在《走向未来》1986 年创刊号上著文，以“启蒙与救亡的双重变奏”作为解释中国近现代思想史上许多错综复杂现象的基本线索。他指出启蒙与救亡是五四运动的两大主题，起初这两大主题是同步发展、相得益彰的，但一段时间后，民族危亡局势和越来越激烈的现实斗争，改变了启蒙与救亡的平行局面，最终“启蒙的主题，科学民主的主题”，被救亡的“头号主旋律”所淹没、中断、压倒。立文也认为，“现实紧迫的历史需要拦腰截断了‘五四’启蒙的进程”。[⑥] 杨春时认为，造成五四传统中断、五四精神衰退的主观原因是中国知识分子自身的缺陷；根本原因是现代化的历史任务还没有被历史提出来。[⑦] 一种意见是“救亡与启蒙并行说”“救亡唤起启蒙说”。金冲及指出，救亡唤起启蒙，

---

① 参见韩达《“打倒孔家店”与评孔思潮》，《百科知识》1982 年第 11 期。

② 参见苏双碧《五四运动和传统文化》，《光明日报》1989 年 4 月 19 日。

③ 参见龚书铎《五四时期的反传统》，《北京师范大学学报》1989 年第 3 期。

④ 王元化：《论传统与反传统——从海外学者对“五四”的评价说起》，《人民日报》1988 年 11 月 28 日。

⑤ 俞祖华：《五四时期复古与西化的文化偏向》，《中州学刊》1988 年第 1 期。

⑥ 立文：《现代化的文化反思》，《复旦学报》1989 年第 3 期。

⑦ 参见杨春时《五四精神的命运》，《学习与探索》1989 年第 3 期。

“一次救亡运动的高潮，总是能有力地唤起或促进一次伟大启蒙运动的到来。戊戌维新运动、辛亥革命、五四运动、一二九运动等等无不如此。这是中国近代历史中一种带规律性的现象”。[①] 彭明强调，救亡与启蒙是共生共存、相互促进的关系，救亡有唤醒启蒙的一面，启蒙有促进救亡的一面，把救亡与启蒙对立起来有失偏颇。[②]

六　马克思主义传播与中国化

关于马克思主义在中国的传播。马克思主义在中国传播的时间，有20世纪初年开始初步传播说和十月革命后才真正传播说两种。持前说者认为，“19世纪末叶和20世纪初年的中国”启蒙运动，“从它一开始，便同马克思主义在中国的介绍、传播联系在一起”。“近代中国启蒙运动为马克思主义在中国的传播提供了必要的思想基础。”“马克思主义在中国的初期介绍与传播”，“已成了近代中国启蒙运动不可缺少的一个有机组成部分”。[③] 持后说者则认为，马克思主义在中国的传播，是一个持久、复杂和充满矛盾的过程。虽然在20世纪初，有关马克思及其学说的著译文章已经开始传入中国，但是当时只有极少数知识分子知道这些材料。故十月革命前马克思主义在中国只是“早期介绍”，而其在中国的传播那是十月革命以后的事。“早期介绍”与“传播”是有区别的。还有的学者认为，毛泽东的“十月革命一声炮响，给我们送来了马克思主义”只是一个形象的说法，马克思主义在中国开始传播是在五四运动前后，准确地说是1919—1922年。[④]

关于共产主义知识分子的形成标准。有人主张三条标准说，即“拥护和赞成十月革命”，“对社会主义有了初步的认识和朦胧的向往”，“具

---

① 金冲及:《救亡唤起启蒙》,《人民日报》1988年12月5日。

② 参见彭明《五四运动史研究的几个问题》,《文史哲》1989年第3期。

③ 姜义华:《马克思主义在中国的初期传播与近代中国启蒙运动》,《近代史研究》1983年第7期。

④ 参见邱军《马克思主义在中国的传播》,《党史研究》1983年第2期;蔡德麟《马克思主义在中国传播史上的一个问题》,《江淮论坛》1983年第2期。

有彻底的反帝反封建精神”。[①] 有学者认为，这样的标准过于严格，应该表述为“向往和赞成十月革命，但还没有深刻认识到十月革命的暴力革命精神”，“认识到人民群众的伟大力量，但还没有认识到工人阶级是革命的领导力量”，“认识到马克思主义是为大多数人谋幸福的主义，但对马克思主义的基本原理并没有真正理解”。[②] 彭明提出这种知识分子的标准应该是两条：“第一条是拥护十月革命，第二条是‘朦胧’地向往共产主义社会。”并强调“所谓‘朦胧’，也可能是马克思主义思想，也可能是无政府主义思想。当时较多的恐怕还是无政府主义思想”。[③] 关于第一代共产主义知识分子形成的时间，有四种意见：（1）五四运动爆发时就已有大批具有初步共产主义思想的知识分子；（2）1919 年 6 月至 1920 年 8 月，即五四爱国运动后至上海共产党组织成立，中国出现了第一批具有初步共产主义思想的知识分子；（3）绝大多数激进民主主义者向共产主义思想的转化，是在 1920 年 5 月至 1921 年 7 月这段时间；（4）五四前夕至 1921 年上半年，形成了具有初步共产主义思想的知识分子，其中大部分在共产党成立后转变成为坚定的共产主义者。[④]

关于“问题与主义”之争。论战开始的时间，传统说法是 1919 年七八月间，但也有人将这一时间提前到 1918 年底胡适《不朽——我的宗教》和李大钊《庶民的胜利》《布尔什维主义的胜利》等文章的发表。对“问题与主义”之争的范围，有人提出绝不能只从李、胡两人和两篇文章的狭窄角度去理解，事实上，这个讨论范围很广，甚至影响到整个新文化界；延续时间很长，直到 1923 年仍没有停止争论。而对“问题与主义”论争的性质，有两种不同的看法。一种意见认为是两种对立的思想体系的斗争。彭明在《“五四”运动史》（人民出版社 1984 年版）中、蔡韦在

① 关志钢：《试论具有初步共产主义思想的知识分子和早期马克思主义者的衡量标准》，《江汉论坛》1986 年第 7 期。

② 韩凌轩：《关于“五四”时期具有初步共产主义思想的知识分子的几个问题》，《近代史研究》1983 年第 2 期。

③ 彭明：《中国近现代史论文集》（增订本），广东人民出版社 1982 年版，第 183 页。

④ 参见张静如《论五四时期具有初步共产主义思想的知识分子》，《北京师范大学学报》1978 年第 4 期；杨先文《试论五四时期新文化运动转化的基本条件》，《中山大学学报》1983 年第 3 期。

《“五四”时期马克思主义反对反马克思主义思潮的斗争》（上海人民出版社1979年版）中认为，“问题与主义”的论战，是马克思主义和反马克思主义在中国的第一次论战，是马克思主义在中国传播过程中，与资产阶级的唯心主义、改良主义最早的一场激烈的斗争。另一种意见认为不是对立思想体系的斗争。他们认为：“在‘五四’时期，如何对待异国的文化和民族的传统是纷争的焦点。”“正是以此为出发点”，胡适与李大钊“以柔和的文笔、商榷的语气互相切磋，这纯粹是学术界内部就如何用西方先进文明来解决中国实际问题的学术论辩，决不是两条路线根本对立的政治纠纷”。“胡李之说，异曲同工，实无本质区别”，“二人的要旨皆在反对把主义当教条，反对那种只事事空谈，不务实际的人，反对那些把主义挂在嘴上做招牌”的人。“胡适和李大钊‘稍相差异’在于：胡适深受美国实用主义的感染，他对疮痍满目的中国提出的是逐个加以改良的办法；李大钊感受到的是俄国革命风暴的胜利结果所带来的喜悦，他希望布尔什维主义使大多数国民所接受，然后用于拯救灾难深重的中华民族。这固然代表了两人今后发展的趋向，但是由此并不能推测出胡适挑起问题和主义的论战，用意在用改良主义反对马克思主义。”① 就论战的意义而言，传统观点是：这场论战以马克思主义的胜利而告终，通过论战，有力地扩大了马克思主义的影响。但有人对这一结论提出了异议。理由是：（1）从当时双方争论的情况看，李大钊驳斥胡适的文章《再论问题与主义》发表后，胡适并未理屈词穷，还有《三论问题与主义》《四论问题与主义》为自己辩护；（2）从当时论战双方的社会影响看，通过交锋双方都扩大了自己的影响，而实验主义和改良主义的影响，明显地胜过了马克思主义的社会革命论。据此要得出以李大钊为代表的一方取得胜利的结论是较牵强的。

关于社会主义论战。传统观点认为，梁启超、张东荪等研究系知识分子代表的是地主买办阶级。但胡啸对此提出了不同意见，他认为，梁启超不是新文化运动的敌人，应该算是加入了新文化运动统一战线的；张东荪宣传的社会主义是资产阶级改良主义，而不是封建文化，他们与马克思主

① 谢光前、胡志明:《一场被误解的学术争鸣》,《青年论坛》1986年第11期。

义的论争是新文化统一战线内部之争。[①] 对于论战的意义，有的论者在肯定这场论战的积极意义的前提下，指出早期马克思主义者在论战中也暴露出明显的不足，在坚持社会主义道路的同时，基本否定了民族资本主义存在、发展的合理性，扩大了资产阶级的负面影响，存在着机械套用社会革命论的倾向。相反，张东荪、梁启超等虽然政治立场错误，但其思考有合理的因素。

关于马克思主义反对无政府主义的斗争。无政府主义传入中国的时间一般认为是20世纪初，但有学者根据1894年康有为在《大同书》里提到过无政府主义的情况，提出在19世纪末无政府主义就传入中国了。无政府主义思潮何时在中国退出历史舞台，大体有四种不同观点：(1) 共产党成立之后说。陈文斌认为，马克思主义对无政府主义斗争以后，“无政府主义思想虽然没有，也不可能在中国的土地上消失，但是，作为一种学说在中国流传的历史却宣告结束了”。[②] 赵蕴方也提出：“到1923年以后，中国的无政府主义派已经不成其为政治派别了。从理论上看，他们完全堕落了。他们用对马克思主义的谩骂代替了严肃的论战，有的人甚至主张搞‘造谣革命’……剩下少数顽固坚持无政府主义的人，以后逐渐销声匿迹了。”[③] (2) 1927年大革命失败前后说。如姜义华认为：“第一次国内革命战争时期和大革命失败后，无政府主义的传播进入第三个阶段(即最后一个阶段)。”“至大革命势如破竹向大江南北发展之时，死抱住无政府主义不放的，就剩下寥寥可数的几个人了。”[④] (3) 1932年说。李光一认为，1924—1932年是无政府主义“破产时期”。[⑤] (4) 李兴芝认为，直到抗战时期，无政府主义才最后退出中国政治舞台。[⑥]

关于无产阶级领导权的问题。关于提出的时间，一种观点认为是在党

① 参见胡啸《梁启超后期思想的评价问题》，《复旦学报》1979年第5期。

② 陈文斌：《“五四”时期反对无政府主义的斗争》，《历史教学》1981年第8期。

③ 赵蕴方：《论二十年代马克思主义同无政府主义思潮的论战》，《东北师大学报》1983年第1期。

④ 姜义华：《无政府主义与我国近代青年运动》，《解放日报》1981年5月8日。

⑤ 参见李光一《无政府主义在中国的传播及其破产》，《史学月刊》1981年第2期。

⑥ 参见李兴芝《〈革命周报〉与“安国合作”》，《山东大学文科论文集刊》1983年第1期。

的四大提出的。钱枫等指出:“1925年1月在上海召开的中国共产党第四次全国代表大会,才第一次明确提出了无产阶级领导权问题。”“在1925年以前,在党的历次代表大会上,都没有明确提出过无产阶级领导权的问题。”① 还有一种观点认为在党的三大召开前后,我们党内就有人明确提出民主革命应由无产阶级来领导,从而也就提出了无产阶级领导权问题。“党对领导权的认识,是由不明确到逐渐明确,由个别到全党,由分歧到统一,然后才在党的‘四大’上达到了比较一致的认识。”② 关于何人提出,王关兴、宋士堂认为,我党历史上最早提出并坚持无产阶级领导权思想的是瞿秋白。1923年6月,他在《新青年》季刊上撰文指出,“无产阶级在社会关系中,自然处于革命领袖的地位”。他在1923年9月撰写、12月发表的《自民治主义至社会主义》一文中指出,工业无产阶级是“中国国民运动的主干”,“在国民革命的过程中因此日益取得重要的地位,以至领导权”。在三大上也提出过无产阶级领导权问题,并就这个问题与陈独秀进行争论。③ 宋侠撰文论述了邓中夏的贡献,指出:“邓在1923年12月15日《中国青年》第9期上发表了《论工人运动》一文,明确指出‘工人群众不论在民主革命或社会革命中都站在主力军地位’,‘中国欲图革命之成功,在目前固应联合各阶级一致起来做国民革命,然最重要的主力军,论现在或将来,总当推工人群众居首位’。”1924年11月,邓在《我们的力量》一文中更明确地指出:“只有无产阶级是伟大集中的群众,有革命到底的精神,只有他配作国民革命的领袖。”“这些卓越的见解,可以说邓中夏同志是我们党中较早明确提出无产阶级必须掌握民主革命领导权思想的人。”④ 赵军先则认为,彭述之在1923年6月就“全面论述了无产阶级领导权的问题”,此后在1924年11月、12月又先后发表了《中

① 钱枫、刘其发:《第一次国内革命战争时期的革命领导权问题》,《中国社会科学》1980年第4期。

② 赵军先、李竹雪:《对大革命时期何时提出无产阶级领导权的一点看法》,《武汉大学学报》1981年第6期。

③ 王关兴:《中国无产阶级领导权理论的首创者——瞿秋白》,《上海师范学院学报》1982年第2期;宋士堂:《瞿秋白是我党最早提出无产阶级对民主革命领导权问题的》,《光明日报》1985年7月5日。

④ 宋侠:《邓中夏关于革命领导权问题的理论贡献》,《党史研究》1980年第5期。

国工人阶级的责任》《谁是中国国民革命之领导者?》两篇文章，在转变全党对领导权问题的认识上起到了不可忽视的作用。还有学者提出，党对无产阶级领导权的认识是“许多同志集体智慧的结晶”，“不能以哪篇文章为标志，也不能确定谁是无产阶级领导权的首创者”。①

关于新民主主义基本思想。关于基本思想的形成阶段划分，有两种意见。一种意见认为大体经历了两个阶段：自党建立前到1925年五卅运动以前，是第一阶段。这是我党酝酿新民主主义革命思想的重要时期。在这个时期，我党初步制定了反帝反封建的民主革命纲领，开始明确民主革命的性质、任务，初步制定了民主革命统一战线的策略方针，并在酝酿无产阶级领导地位问题上有了重要进展。自1925年五卅运动到1927年7月第一次国内革命战争失败，是第二阶段。这是我党初步形成关于新民主主义革命基本思想的时期。② 另一种意见认为大致分三个阶段：一是从中共二大提出民主革命纲领到中共四大前。我党对新民主主义革命基本问题开始有了一定的认识。二是从中共四大到五卅运动前。基本思想在全党提出，并开始形成。三是从五卅运动到《中国社会各阶级的分析》等文章的发表，党对“基本思想”的认识更加全面和丰富了。③ 基本思想形成的标志，也主要有两种观点：一种观点认为毛泽东《中国社会各阶级的分析》等文是初步形成的标志，因为毛泽东已经明确认识到中国革命处于世界无产阶级革命时代，并明确提出了“进步的工人阶级尤其是一切革命阶级的领导”，在理论和实践的结合上解决了领导权的中心问题——农民问题；“明确提出要建立各革命阶级联合统治的国家政权的思想”。④ 另一种观点认为中共四大是初步形成的标志。郭德宏指出，通过对二大至三大期间解决的革命对象、动力和四大提出的无产阶级领导权与农民同盟军问题的通盘考察，应该说到四大时已经初步形成了基本思想。⑤

① 陶用舒：《关于我国民主革命中领导权问题的提出和形成》，《晋阳学刊》1981年第4期。

② 参见徐义君《新民主主义革命思想的开端》，湖南人民出版社1980年版，第380页。

③ 参见郭德宏《关于党的民主革命总路线基本思想的形成》，《历史研究》1980年第1期。

④ 《〈中共党史大事年表〉说明》，中共中央党校出版社1983年版。

⑤ 参见郭德宏《关于党的民主革命总路线基本思想的形成》，《历史研究》1980年第1期。

关于“农村包围城市道路”理论。有的学者提出，“以农村包围城市，武装夺取政权”的革命道路，是在中国特定国情条件下进行新民主主义革命的根本道路，它涉及建党、建军、建政和土地革命等一系列革命的根本问题，是对马克思主义武装夺取政权理论的重大发展，因此，农村包围城市“革命道路的开创，也标志着毛泽东思想的基本形成”。[①] 有学者认为，以毛泽东为代表的中国共产党人所开创的农村包围城市、武装夺取政权的道路，是一条独特的胜利之路，中国人民正是沿着这条道路取得全国革命的胜利，具有中国自己的特点。但它又是“对十月革命道路的极大的发展”，“是对马列主义暴力革命学说又一贡献”。[②] 还有学者指出，在开创农村包围城市道路的斗争中，毛泽东坚持马列主义与中国革命实践相结合的原则，独立自主地开创了中国革命的道路，加速了中国革命的进程，夺得了中国新民主主义革命的胜利。从此，真正开始了世界无产阶级革命多样化的新时代，为马列主义的发展做出自己的贡献。[③] 此外，四川人民出版社1988年出版的《创建成新中国的思考——早期中国共产党人对新民主主义理论的探索》（陈廷湘著），是较早一部全面论述这一时期中共早期领导人新民主主义思想的著作。

七　新民主主义革命时期国民党与中间派别的思想

戴季陶主义。吕希晨指出，第一次国内革命战争时期的戴季陶主义派，是中国现代哲学史上资产阶级哲学的一个主要流派。它与当时流行在国共统一战线外部的另一个资产阶级流派——国家主义派，互为表里，遥相呼应，都是中国大地主大买办阶级的政治代表。[④] 高德福指出，戴季陶是民族资产阶级右翼的代表，具有反帝和反共的两面性。“举起左手打倒

---

① 杜魏华:《论农村包围城市的革命道路——关于毛泽东思想的形成问题》,《马克思主义研究》1987年第1期。

② 伍婉萍:《简论农村包围城市、武装夺取政权道路的理论对马列主义暴力革命学说的贡献》,《广西师范大学学报》1984年第1期。

③ 参见尧桐柏《中国农村包围城市道路的开辟是对国际共产主义运动的重大贡献》,《内蒙古大学学报》1983年第4期。

④ 参见吕希晨《戴季陶主义批判》,《吉林大学社会科学学报》1978年第4期。

帝国主义”“举起右手打倒共产党”这两句话，生动而深刻地描绘了这类人的阶级性格。[①] 韦杰廷、孟庆春等也认为，戴季陶是比较典型的民族资产阶级右翼的政治代表。[②] 史爱棠指出，戴季陶主义是一股反对新三民主义、反对新民主主义的反动政治思潮。它是适应资产阶级同无产阶级争夺革命领导权的需要而产生的，是资产阶级旧民主主义在第一次国内革命战争时期的继续和向反动方向的发展。[③] 杨天德指出，戴季陶主义反映资产阶级右翼政治要求，其核心和基础是反对阶级斗争，宣扬阶级调和，为此提出了“孔孙道统说”，歪曲孙中山的新三民主义；在组织上反对国共合作，制造国民党“共性不立”的谬论，反对国共合作，企图建立国民党的所谓中心思想。[④]

国家主义派。张声卫指出，国家主义派的代表人物是曾琦、李璜和左舜生等人，他们在 1919 年五四运动前后，曾参加过当时的进步组织少年中国学会，但在革命浪潮的冲击下，这些人很快就走上了反革命的道路，成为大地主大资产阶级的政治代表。[⑤] 韩凌轩指出：“中国国家主义派是一个产生于二十年代、由一小撮法西斯主义的无耻政客所组成的极端反革命的派别。它和国民党右派一样，都是大地主大资产阶级的政治代表。”国家主义派的主要思想是“内除国贼，外抗强权”。他们篡改了五四时期“内惩国贼，外争国权”的口号。所谓的“内除国贼”，并非反对中国革命的敌人之一——封建军阀，而是反对中国革命的领导者——中国共产党。而对于真正的国贼封建军阀，他们不仅不反对，却视为同道。他们所谓“外抗强权”，并非反对中国革命的主要敌人之一帝国主义，而是反对列宁和斯大林领导下的社会主义国家苏联。一方面，他们说他们“所主张的革命，是政治革命，是全民革命，是先行对内，而不是即时主张反帝

---

① 参见高德福《戴季陶与戴季陶主义》，《历史教学》1980 年第 5 期。

② 参见韦杰廷《戴季陶主义论略》，《湖南师院学报》1983 年第 2 期；孟庆春《“一战”时期共产党与戴季陶主义的斗争》，《齐齐哈尔大学学报》1983 年第 1 期。

③ 参见史爱棠《论戴季陶主义》，《民国档案》1988 年第 4 期。

④ 参见杨天德《论戴季陶主义的出现及反动实质》，《史学月刊》1980 年第 1 期。

⑤ 参见张声卫《第一次国内革命战争时期中国共产党对国家主义派的斗争》，《历史教学》1979 年第 10 期。

国主义”。“对于外国之一切既成条约，均照旧遵守”，并不主张“收回一切主权，取消一切不平等条约”。另一方面，则咒骂当时的社会主义国家苏联是“赤色帝国主义”，说“今日所谓苏俄的援助，乃是有心以我们做他们共产主义的试验场，这是足以惹起远东的战祸，而将中国作了牺牲品的”。[①] 马功成指出，国家主义派是20世纪20年代初，在中国出现的一个以反共反人民为特点的政治派别。这个反动派别，为了欺骗群众，掩盖其反动实质，盗用了五四时期的革命口号，运用了国家、民族等冠冕堂皇的字眼，加之他们的骨干分子多数有教授、学者的头衔，曾经欺骗了一些青年，在中国现代政治思想战线上掀起了一股恶浪。[②] 赵德教指出，国家主义作为一种政治思潮，五四以前就在中国出现了，五四以后逐渐形成为一个政治派别。国家主义是马克思主义的凶恶敌人，散布了马克思主义阶级斗争学说不适合中国国情、“社会主义不能实行于今日之中国”等谬论，遭到了共产党人的批判。[③] 邹华斌指出，国家主义派是20世纪20年代出现在中国政治舞台上的一个反动政治派别，是大地主大资产阶级的政治代表，是“极端的反革命派”。但国家主义派的普通成员与其骨干是有区别的，要重视这种区别，对那些普通成员在一些问题上所表现出的爱国主义行动，要给予充分肯定。[④]

中国国民党改组派。关于改组派的性质，有的认为改组派是打着资产阶级改良主义幌子的地主买办资产阶级反动政治集团，其实践活动是地主买办阶级内部争权夺利的投机活动。

有的认为改组派是代表民族资产阶级利益的改良派。如刘建皋指出，改组派是国民党统治集团内部分裂出的一个反蒋反共政治集团，是汪精卫集团和蒋介石集团争权夺利的产物。从其政治主张可以看出，这个派别是举起一只手打倒蒋介石新军阀和帝国主义，举起另一只手打倒

① 韩凌轩:《第一次国内革命战争时期马克思主义者反对国家主义派的斗争》，《齐鲁学刊》1979年第2期。

② 参见马功成《国家主义派的形成及其衰落》，《四川师范大学学报》1990年第1期。

③ 参见赵德教《国家主义派在第一次国内革命战争时期的反革命活动》，《史学月刊》1982年第2期。

④ 参见邹华斌《关于国家主义派研究的几个问题》，《湘潭师范学院学报》1989年第4期。

共产党和共产国际，企图在中国走第三条道路。这正反映了民族资产阶级的政治要求，代表了民族资产阶级的利益。[①] 李有清指出，国民党改组派的政治主张，是以其领袖集团争夺国民党权力、反蒋斗争需要为出发点，代表资产阶级和上层小资产阶级利益的资产阶级改良主义。具体表现有三：打着改组的旗帜，反对腐化势力，以夺取中央部分权力为战略目标；既反蒋又反共，既反帝国主义又反共产国际，幻想走第三条道路；倡导实行改良主义政策，改善资产阶级政治经济地位。[②] 宋汝香也认为，改组派是民族资产阶级在野派，国民党改组运动是资产阶级改良主义运动。[③] 郭有亮认为，改组派是一个组织成员复杂、政治纲领并不统一、前后期活动的性质又有很大变化的政治集团。改组派的政治纲领既有与蒋介石争权夺利的一面，也有推行资产阶级改良主义的一面，而且改良主义是其中主要的方面。[④]

人权派。李秀忠指出，人权派是指活跃于1929—1931年的一部分在野的资产阶级知识分子，其代表人物为胡适、罗隆基。他们深受法国《人权宣言》等思想的影响，试图模仿。其政治主张是：(1) 实行言论绝对自由；(2) 反对"党治"，鼓吹法制；(3) 实行"专家政治"，由专家管理国家。人权派的主张反映了大资产阶级和民族资产阶级之间的矛盾，反映了蒋介石实行封建主义和法西斯主义引起资产阶级及其知识分子的不满。人权派的主张客观上对蒋介石的独裁统治进行了冲击，但人权派散布改良主义，企图说服蒋介石政权分权给他们、重用他们，为此不惜为蒋介石出谋划策，说实行了他们的主张，共产党"不剿自灭"。[⑤] 宫永康等撰文，把人权派政治主张概括为三个方面：宣传资产阶级"人权"至上，鼓吹人权先国家、先法律而存在，国家和法律都必须为保障人权服务；反对党治、人治、个人独裁，反对思想专制，主张宪治、法制和人权，提出言论"绝对自由""专家政治"，建立资产阶级共和国；反对马克思主义，

---

① 参见刘建皋《改组派初探》，《历史研究》1981年第6期。

② 参见李有清《论国民党改组派》，《吉林大学社会科学学报》1988年第5期。

③ 参见宋汝香《试论国民党改组派的性质》，《齐鲁学刊》1983年第2期。

④ 参见郭有亮《国民党改组派性质新探》，《湘潭大学学报》1990年第1期。

⑤ 参见李秀忠《人权派的政治主张》，《西华大学学报》1987年第2期。

反对中国共产党领导的中国革命。[①]

解放战争时期的“中间路线”。曲青山等认为，中间路线是中国历史发展进程中的一种客观存在，作为主要反映民族资产阶级、上层小资产阶级意愿的民盟，与其他民主党派一样，曾经幻想走第三条道路。中间路线有极大的阶级局限性与历史局限性，在解放战争时期民盟发展第一阶段，客观上起着进步作用，中间路线的消极性虽有，但不占主要地位。在第二阶段，消极性的一面逐渐增长。[②] 沙健孙揭示了中间派为何主张走改良道路和统治阶级为何不能容忍任何民主改革，论述了中间路线走向破产的原因。指出中间路线具有两重性，它在不同的形势下起着不同的历史作用，而中间派的大多数抛弃中间路线、走向人民革命这个事实，有力地证明了中国人民走上以共产党为领导力量的社会主义道路确实具有历史的必然性。[③] 齐卫平认为，抗日战争胜利后，国内一部分民主人士曾提倡一条以建立资产阶级民主共和国为实质的中间路线，施复亮是中间路线的主要代表，其主张包括对国共两党“不右倾，不左袒”的政策，“兼亲苏美”的对外政策，以英美政治民主加苏联经济民主为建国目标，提倡和平改良的方法等。施复亮的主张，在总的基调上，既体现了与整个中间路线社会思潮的共性，又显示了他的个性。施复亮的中间路线思想的缺陷是十分明显的，如对蒋介石国民党的反动本质缺乏认识，过分迷信和平改良方法，对共产党缺乏正确的估计。然而，施复亮中间路线中的进步因素也是十分明显的，它反映的主要是资产阶级、小资产阶级的要求，反帝反封建的主张和中国共产党是相同的，配合了中国共产党领导的民主斗争。[④] 顾关林指出，1948 年 5 月 1 日，中国共产党发布“纪念五一劳动节口号”，号召各民主党派，各人民团体，各社会贤达，迅速召集政治协商会议，讨论并实现召集人民代表大会，成立联合政府。中国共产党的这一号召立即得到全

---

① 参见宫永康、刘文著、孙有才《浅论人权派的政治思想》，《辽宁师范大学学报》1987 年第 1 期。

② 参见曲青山、田常春《论解放战争时期的中国民主同盟与中间路线》，《青海社会科学》1987 年第 2 期。

③ 参见沙健孙《论全国解放战争时期的中间路线》，《北京大学学报》1987 年第 2 期。

④ 参见齐卫平《论施复亮与抗战胜利后的中间路线》，《近代史研究》1988 年第 3 期。

国各阶层人民的热烈响应。5月6日，各民主党派领导人和无党派民主人士联名致电毛泽东，拥护中共中央“五一号召”，表明以民族资产阶级和上层小资产阶级为主体的中间派主流，已经彻底地同国民党反动派决裂，抛弃了“中立”的“第三者”立场，承认并接受无产阶级的领导，走上了新民主主义革命道路。①

第三节 思想人物研究硕果累累

进入新时期以后，在中国近代思想家的研究方面取得了重要进展，表现在以下几个方面：一是在之前被批判、被完全或基本否定的人物，如党史上的陈独秀、瞿秋白、张闻天，洋务运动时期的曾国藩、李鸿章，五四时期的胡适、梁漱溟，得到了较为全面、实事求是的重新认识，体现了学术上的拨乱反正；二是强调把对思想家的认识建立在尊重史实的基础上，思想家文集与其他史料纷纷得以出版；三是思想人物的研究内容得到了拓展，不再局限于其政治思想，还注意到他们的哲学思想、文化思想、经济思想、人生观等各个方面，其中，与80年代的“文化热”相适应，思想家的文化观格外受到重视；四是对人物评价避免简单的定性，而注意以发展的、多元的、多把尺子的综合衡量，如注意到刘师培“政治思想的三次重大变化”，注意公正评价周作人在新文化运动中的贡献；五是进入研究视野的思想人物有了显著增加，如鸦片战争时期的徐继畬、包世臣，洋务运动时期的刘锡鸿、张树声等过去未被注意的人物，都相继有人对其展开了研究。

一 鸦片战争前后的思想人物（包括太平天国）

龚自珍。出版的著作有郭延礼的《龚自珍年谱》（齐鲁书社1987年版）等。关于龚自珍的思想研究，主要涉及以下一些内容：第一，社会改革思想。龚自珍1823年在《农宗》中提出，按照血缘关系划分出“大

① 参见顾关林《论中间派的历史性转折》，《近代史研究》1986年第3期。

宗”“小宗”“群宗”“闲民”四个不同的等级，分别授予不同数量的田产。对这一社会改革方案，多数学者认为是一种地主阶级的社会改良思想，它主张在地主阶级内部进行适当的土地调整，这既有利于抑制土地兼并，也有利于农民的休养生息。但胡思庸认为，这种设想的实质是用血缘关系的强韧纽带把“闲人”（广大劳动人民）世代永远束缚在土地上，受地主阶级的压迫剥削，实际上只能起到扩大官僚地主特权的作用，农民不可能从这个方案中得到解放，它反映了地主阶级政治上的反动。而且，它强化封建宗法制度，维护自然经济，必然与社会组织多元化以及商品经济大发展的近代化趋势背道而驰，是一种追求历史倒退的落后行为，没有任何积极的影响和作用。① 第二，社会批判思想。冯天瑜指出，龚自珍对由封建君主专制制度造成“衰世”下的统治阶级（士人）的无耻、无能、腐朽，“人才”的悲惨境遇、病态的学治分离、学用脱节的风气以及帝王的绝对权威进行了批判；同时，从专制制度层面对造成“衰世”的原因进行了剖析。但就总体而言，龚自珍只能称作旧社会尖锐的批评家，至于怎样改造这个旧社会，他却提不出有价值的总体方案。② 第三，学术思想。汤志钧认为，龚自珍的思想属于公羊今文经学的范畴。他指出，虽然龚自珍向刘逢禄学习公羊学是在28岁，而“讥切时政”犀利的《明良论》《乙丙之际箸议》等文写在28岁以前，但不能据以否定龚自珍和今文经学的关系。③ 陈铭认为，龚自珍对古文经学和今文经学无所尊，亦无所废，而是摒弃门户之见，古为今用，兼明古今，具体来说，他的思想来源于正统考据学、今文经学和佛学。正统考据学更多地使他从哲学思想方面走向唯物主义，今文经学主要从社会改革思想方面启示他鼓吹更法改革，佛学则在形式与方法上给了他一些唯心主义的影响。④ 相关论文还有曹增渝的《试论龚自珍思想的叛逆性》（《河南师范大学学报》1979年第5期）、高瑞泉的《龚自珍——近代唯意志论的先驱》（《学术月刊》1989年第8期）等。

---

① 参见胡思庸《龚自珍思想论略》，《河南师范大学学报》1981年第4期。

② 参见冯天瑜《试论龚自珍的社会批判思想》，《社会科学辑刊》1987年第5期。

③ 参见汤志钧《龚自珍与今文学经学》，《近代史研究》1980年第4期。

④ 参见陈铭《龚自珍的思想渊源初探》，《思想战线》1982年第3期。

魏源。七八十年代出版的著作、论文集有：李瑚的《魏源诗文系年》（中华书局 1979 年版），李伯荣的《魏源师友记》（岳麓书社 1983 年版），杨慎之、黄丽镛编辑的《魏源思想研究》（湖南人民出版社 1987 年版），李汉武的《魏源传》（湖南大学出版社 1988 年版），黄丽镛的《魏源年谱》（湖南人民出版社 1985 年版）等。

在魏源的思想研究中，“师夷长技以制夷”或说向西方学习思想是其重点。侯外庐曾在《中国近代哲学史》一书中提出，“师夷长技以制夷”的思想具有资本主义倾向，魏源等人是“具有资本主义倾向的地主阶级知识分子”。[①] 这一观点后来得到了一些学者的认同。但吕良海撰文认为，魏源没有也不可能产生了解西方资本主义世界的要求，他对西方国家的资产阶级民主制度并没有什么真正的了解，根本没有考虑过中国是否应当仿效这种制度，没有所谓的资本主义倾向。[②] 徐光仁也指出，魏源没有主张学习西方资本主义工商业，也不可能达到要求学习新的生产方式以改变中国的经济政治制度的高度。[③] 相关论文还有杨玉厚的《魏源向西方学习思想略论》（《河南大学学报》1979 年第 3 期）、陈华的《有关〈海国图志〉的若干问题》（《求索》1988 年第 3 期）等。对于魏源的社会改革思想，争议较多的问题是它的哲学基础。杨慎之认为，魏源强调“变古愈尽，便民愈甚”，宣传变易发展，倡导革故鼎新，坚持的是一种典型的朴素历史进化论。[④] 成亚平认为，魏源社会改革思想的哲学依据包括“天下物无独必有对”的矛盾普遍性思想、“有对之中必一主一辅”的矛盾主次论、注重条件和主观能动性的矛盾转化论三个方面。[⑤] 至于魏源认识论的性质，有学者认为是唯心主义[⑥]，有学者认为是泛神论[⑦]，有学者认为是朴

---

① 侯外庐：《中国近代哲学史》，人民出版社 1978 年版，第 56 页。

② 参见吕良海《魏源向西方学习问题的探讨——兼与侯外庐同志商榷》，《近代史研究》1980 年第 2 期。

③ 参见徐光仁《试论魏源向西方学习的思想——兼论其思想的阶级属性》，《华南师范学院学报》1981 年第 2 期。

④ 参见杨慎之《杰出的爱国主义思想家——魏源》，《求索》1984 年第 5 期。

⑤ 参见成亚平《简论魏源改革思想的哲学基础》，《江淮论坛》1988 年第 3 期。

⑥ 参见利兴民、李仪《魏源认识论的特点》，《哲学研究》1982 年第 3 期。

⑦ 参见蒋晓华《魏源思想的认识论》，《四川师范学院学报》1991 年第 4 期。

素唯物主义认识论[①]。相关论文还有杨慎之、黄丽镛的《魏源论改革》（《求索》1983年第5期），李汉武的《论魏源变革思想是中国近代资产阶级前身的启蒙思想》（《求索》1985年第3期），李瑚的《论魏源》（《近代史研究》1988年第1期）、《魏源改革思想试析——纪念魏源逝世130周年》（《清华大学学报》1988年第2期），吕立琢的《试论魏源的变革图强思想》（《齐鲁学刊》1989年第2期），等等。学者们还对魏源的史学思想进行了研究。马金科认为，魏源为后人留下了卷帙浩繁的史学论著，如《圣武记》《海国图志》《元史新编》《皇朝经世文编》等，经世致用是魏源史学的一个突出特点，他不是为“治史”而“治史”，而是以“治史”与“治世”相结合，“治史”首先在“治世”；为此，他改变了那种传统的考史方法，以论史为主，以考史为辅。[②] 相关论文还有蒋大椿的《魏源史学经世思想述论》（《求索》1995年第3期）、桂遵义的《试论魏源经世思想的演变和发展》（《安徽史学》1997年第3期）等。

林则徐。李侃认为，严格地说，林则徐并不是一位思想家，更不是一个文化人，但是他在中国近代思想文化史上所产生的作用和影响，从一定意义上来说又超出了某些思想家和文化人。他把“忠君保国”观念发展为反对帝国主义侵略、维护整个中华民族独立尊严的近代爱国主义；他组织编译西书，成为中国近代“睁眼看世界”的第一人；他提出了“民心可用”“民心可恃”的主张。[③] 1985年10月13日至18日，中国史学会和福建省社联在福州联合举办了纪念林则徐诞辰200周年学术讨论会。会上提出两种观点：一种观点认为林则徐思想的核心是民本思想，其抵御外侮、锐意改革的活动是在这种思想指导下进行的；另一种观点认为其思想核心是爱国主义，这种思想由反侵略思想、社会改革思想和对外开放思想三部分组成。[④] 林则徐的爱国主义思想，是其思想研究的重点领域，论述其爱国思想的论文有林庆元的《略论林则徐的爱国主义思想和在近代史上的影响》（《福建论坛》1982年第6期）、孟彭兴的《苟利国家生死以，

---

① 参见冯契《中国近代哲学史》上册，上海人民出版社1989年版，第93页。

② 参见马金科《魏源史学思想探微》，《中州学刊》1986年第1期。

③ 参见李侃《论林则徐思想的历史地位》，《福建论坛》1985年第6期。

④ 参见孔祥吉《纪念林则徐诞辰200周年学术讨论会综述》，《近代史研究》1986年第1期。

岂因祸福趋避之——林则徐爱国思想评析》（《史林》1990 年第 4 期）、唐志敬的《论林则徐的爱国主义思想》（《学术论坛》1990 年第 4 期）等。林则徐是近代中国开眼看世界的先驱，其学习西方思想受到了学者们的重视，这方面的论文有陈胜粦的《林则徐“开眼看世界”的珍贵记录——林氏〈洋事杂录〉评介》（《中山大学学报》1986 年第 3 期）、苑艺的《鸦片战争中林则徐的译事活动》（《天津师范大学学报》1985 年第 3 期）等。著作有杨国桢的《林则徐传》（人民出版社 1981 年初版，1995 年增订版）。

洪秀全。80 年代，首先被学术界关注的是洪秀全早期反清思想的形成。形成时间有不同说法：一是“1837 年说”。王承仁认为，洪秀全是在产生了与清朝决裂的叛逆思想后才研读《劝世良言》的，而不是在研读《劝世良言》后才与清朝决裂的。1844 年的革命实践活动使洪秀全的革命思想得到了发展，“三原”的写成标志着洪秀全革命思想理论体系的形成。① 二是“1843 年说”，即将创立拜上帝教作为洪秀全走上革命道路的标志。罗尔纲等学者持此说。三是“1847 年说”。王庆成认为，1843 年前，洪秀全的基本经历是应科举、做塾师，不可能形成推翻清朝统治的革命思想，1843 年他开始信拜上帝，只是作为一名宣传上帝福音的使者。1844—1846 年写的《原道救世歌》等书不存在反清革命的倾向，也没有政治、经济平等的内容。1847 年重游广西后，才成为农民革命领袖。② 彭大雍认为，《太平天日》一书是洪秀全走上革命道路，转变为农民起义领袖的标志。③

关于学习西方思想。主要围绕以下问题：（1）洪秀全是否是“向西方国家寻找真理的代表”。一种意见认为，洪秀全是向西方国家寻找真理的代表。④ 一种意见认为，洪秀全找来的是西方上帝，而不是资产阶级的民主主义和在中国发展资本主义的要求，因而不是向西方国家寻找真理的

① 参见王承仁《关于洪秀全早期思想的几个问题》，《内蒙古师大学报》1988 年第 2 期。
② 参见王庆成《论洪秀全的早期思想及其发展》，《历史研究》1979 年第 8、9 期。
③ 参见彭大雍《论洪秀全早期思想的演变过程》，《广西民族学院学报》1990 年第 4 期。
④ 参见牟安世《太平天国》，上海人民出版社 1979 年版，第 45—46 页。

代表人物。[①]（2）洪秀全与《劝世良言》。一种意见认为洪秀全早期思想与原始基督教有某些共通之处，而洪秀全所依据以创教的《劝世良言》里面根本没有什么原始基督教，《劝世良言》里没有也不可能有原始基督教的平等观念，也就是说《劝世良言》对洪秀全早期思想没有多大影响。[②]一种意见则强调了《劝世良言》对洪秀全早期思想的重要影响。邹身城认为，洪秀全在创立拜上帝会时所利用的现成思想资料中，《劝世良言》一书无疑占了突出的位置。用洪秀全自己的话来说：此书“实为上天特赐与我”，“照这一部书行，则无差矣”。这本书对洪秀全的宗教思想的形成至少是起了启蒙作用的。赵宏章等学者也持这种看法。[③]还有一种意见认为《劝世良言》对洪秀全有影响，但影响不大，这种影响是与传统文化结合综合作用的结果。俞祖华认为，《劝世良言》并无宣传革命的内容，而只是一种粗糙的基督教宣传品，但从太平天国以后的实践来看，由于洪秀全可以有自己的理解，这一宗教宣传品仍然可能对洪秀全和他的同伴走上革命道路产生了影响。《劝世良言》对太平天国政治实践上的“破”与“立”，即推翻清皇帝，建立太平天国都产生了影响；而其对洪秀全、洪仁玕文化选择中的“离异”与“皈依”，即批判传统文化，接受西方基督教的影响则更大些。尽管太平天国是在拜上帝、传布上帝福音的旗帜下扫除偶像，以接受神的启示的形式进行了一场促发人的觉悟的思想启蒙运动，但基督教对太平天国的影响还是相对有限的。太平天国的革命思想与消极影响主要来自传统文化。[④]（3）洪秀全与《资政新篇》。《资政新篇》主张学习西方先进科学技术，仿效西方资本主义经济制度，发展民族资本主义工商业。但不少学者提出，它只是洪仁玕输入的资本主义思想，在农民运动中没有发展资本主义的土壤和根基。苑书义认为，洪秀

---

① 参见杜经国《洪秀全向西方找来的是什么》，《学术月刊》1979年第8期。

② 参见罗尔纲《洪秀全论》，载《太平天国史论文选》下册，生活·读书·新知三联书店1981年版，第891页；戎生《洪秀全与〈劝世良言〉》，载《太平天国论文选》下册，生活·读书·新知三联书店1981年版，第945页。

③ 参见邹身城《〈劝世良言〉与洪秀全的“异梦”》，《中山大学学报》1980年第4期；赵宏章《〈劝世良言〉与洪秀全早期思想》，《贵州大学学报》1989年第1期。

④ 参见俞祖华《中西文化冲突与太平天国思想》，《北京师范大学学报》1989年第1期。

全对《资政新篇》有肯定，也有保留。这种态度是《资政新篇》没有真正实行的原因之一。①

关于经济思想。争议较大的问题是洪秀全颁布的《天朝田亩制度》的思想实质。一种意见认为它的实质是农民的平均主义、小农经济的平均主义。董楚平认为，在两千多年的农民战争史上，太平天国的平均主义发展到最高水平。平均主义在农民战争的准备和初起阶段，对革命所起的积极作用，莫过于太平天国。但平均主义思想制度的作用是不可能持久的，进入革命高潮以后扔得越快越好。在金田起义后颁行《天朝田亩制度》，与其说是革命的，不如说是反动的。② 关连吉认为，《天朝田亩制度》不可能提出废除私有制，它的实质是小农经济的绝对平均主义，根本没有“公”的真正含义。③ 一种意见认为它的实质是“均公合一”，其“人人不受私，物物归上主”的规定已经不单单是搞平均主义，而是在搞“公产主义”了。④ 一种意见认为《天朝田亩制度》不是一部反封建的文献，它的内容乃是皇权主义。⑤ 还有一种意见认为它是平均平等和皇权主义相结合的纲领。⑥ 对《天朝田亩制度》的评价，其核心是如何看待平均主义。一种意见认为，平均主义只在初期起过积极作用，后来适应了领导集团封建化、特权化的要求，得不到人民的拥护。⑦ 一种意见认为，洪秀全平均主义的实质是彻底反封建，并为资本主义开辟道路的，分配上的平均主义只是一种错误的形式和空想的外壳。⑧ 一种意见认为，对洪秀全的平均主义需做具体分析。平均主义针对地主所有制，农民从地主手中均出土

---

① 参见苑书义《洪秀全与〈资政新篇〉》，《历史教学》1981 年第 9 期。

② 参见董楚平《论平均主义的功过与农民战争的失败》，《历史研究》1980 年第 1 期。

③ 参见关连吉《〈天朝田亩制度〉废除私有制吗?》，《齐鲁学刊》1982 年第 6 期。

④ 参见徐祖根《试论封建社会中农民的平均主义——兼与董楚平先生商榷》，《历史研究》1980 年第 4 期。

⑤ 参见南京大学历史系太平天国史研究室《〈天朝田亩制度〉评价中的新见解》，《人民日报》1980 年 11 月 6 日。

⑥ 参见林庆元《论太平天国政权的性质及其封建化的趋势》，载《太平天国史学术讨论会论文选集》第 1 册，中华书局 1981 年版。

⑦ 参见戎生《如何看待太平天国的平均主义》，《历史研究》1981 年第 3 期。

⑧ 参见郭毅生《〈天朝田亩制度〉的经济背景及其性质——关于农民平均主义的评价问题》，《历史研究》1981 年第 3 期。

地是积极的；但平均主义如果用来均农民财产，则是消极的。[①] 还有一种意见认为，洪秀全的平等思想在建都南京后逐步为封建皇权主义所代替，使革命事业遭受严重损失。[②]

关于洪秀全思想的评价。对于洪秀全这样一位思想家，太平天国失败后不久就存在着不同的评价。20 世纪 80 年代对其评价也有很大的分歧。有的学者评价较高。方之光等认为，洪秀全思想始终是一个对立统一的矛盾结构，既有农民平均平等思想的一面，也有封建主义、皇权主义的一面，还有若干新的时代因素，这一思想开始形成时，它的两个矛盾方面分别沿着不同的方向同时发生演变，在各个时期形成了互有差异的矛盾结合体。由于农民平均平等思想的发展受到阻碍，革命逐渐失去农民支持；又由于封建化也受到洪秀全的一定阻遏，这个政权也失去了地主及知识分子的支持。鹰有时比鸡飞得低，但是鸡永远飞不到鹰飞的那么高。洪秀全的思想尽管有封建、迷信、愚蠢的方面，但终究是中国历史上伟大的农民革命思想家和近代民主革命的先驱者之一。孙中山先生称他为“反清第一英雄”；毛泽东同志把他列为代表中国共产党出世以前，历尽艰辛向西方国家摸索救国救民真理的先进中国人之一。这些评价正是对洪秀全一生和他思想的极好总结。[③] 有的学者评价很低，这可以冯友兰在《中国哲学史》第 6 册中的评价为代表。出版的相关著作有田原的《洪秀全传》（湖北人民出版社 1982 年版），广东省太平天国研究会、广州市社会科学研究所编的《太平天国思想研究论文集》（广东人民出版社 1985 年版）等。

洪仁玕。学界对洪仁玕思想的研究，以《资政新篇》为中心，分析了其所包含的各方面思想，并与其他思想家、思潮进行对比。关于政治、法律思想。一种意见强调了洪仁玕政治、法制思想的资本主义性质。林庆元认为，洪仁玕在政治上提出的某些具有民主色彩的措施，这些距离资产阶级的民主制还远，但从思想里很可以寻找到不少后来资产阶级君主立宪

① 参见力云《太平天国起义 103 周年学术讨论会情况》，《人民日报》1981 年 4 月 10 日。

② 参见王自敏《论洪秀全的朴素平等思想和皇权主义》，《安徽师大学报》1979 年第 3 期。

③ 参见方之光、崔之清《论洪秀全思想的矛盾结构及其演变》，《南京大学学报》1984 年第 1 期。

的雏形。[①] 邱远猷认为，洪仁玕的法制观不仅坚决扬弃了中国几千年封建主义法律制度的流毒，也和日益严重封建化的太平天国法律制度相区别，其采行的是西方资本主义国家的法律制度。[②] 陈淑珍将洪仁玕的法制思想与古代法家的法治主张作了比较，认为法家法治的着眼点是刑，强调暴力镇压；洪仁玕则强调建立和健全各方面的规章制度，强调法的遵守，其中有不少资产阶级民主主义的因素。[③] 姜秉正指出，洪仁玕向西方“学习邦法”，希望通过立法促进和保护资本主义生产方式，促进国家政体的民主化与保护人权的刑律改革，洪仁玕还提出具有民主色彩的执法思想，揭开了中国近代法制思想近代化的第一页。[④] 一种意见强调了洪仁玕政治、法制思想的封建局限。有学者指出，洪仁玕在《资政新篇》中提出“禁朋党之弊”是为了防止弱本强末，克服分散主义和加强中央集权，维护君权。[⑤] 有学者指出，洪仁玕没有也不可能像西方资产阶级那样，把实行法制作为限制君主权力、反对封建专制的手段，而是提倡“奉行天法”“权归于一”。[⑥]

关于经济思想。《资政新篇》中没有提到农民最为关心的土地问题，对此，有的学者指出不能因此而认定洪仁玕忽视农民的土地问题。《资政新篇》要求发展资本主义，需要摆脱封建束缚，废除封建土地所有制。从此种意义上说，它与《天朝田亩制度》并不矛盾。[⑦] 有学者则指出，《资政新篇》忽略了横在发展资本主义道路上的封建主义土地制度问题，未能提出一套切实可行的方案不能不说是一个严重的缺陷。[⑧]

关于文化思想。韩学儒指出，洪仁玕对太平天国革命颇多建树，而思

① 参见林庆元《洪仁玕和他的〈资政新篇〉》，《历史教学》1979 年第 5 期。

② 参见邱远猷《洪仁玕与中国法律近代化》，《中州学刊》1993 年第 6 期。

③ 参见陈淑珍《洪仁玕的“法制”思想述论》，《南开大学学报》1987 年第 1 期。

④ 参见姜秉正《中国近代法制思想的开篇》，《人文杂志》1982 年第 3 期。

⑤ 参见艾力云《论洪仁玕》，《近代史研究》1981 年第 1 期；韩学儒《〈资政新篇〉别议》，《西北大学学报》1988 年第 2 期。

⑥ 参见唐自斌《洪仁玕法律思想述评》，《求索》1990 年第 6 期。

⑦ 参见闻平《读洪仁玕的〈资政新篇〉》，《南京大学学报》1978 年第 2 期。

⑧ 参见王明勋《评〈资政新篇〉的若干经济思想》，《吉林大学社会科学学报》1982 年第 1 期；焦贤能《从〈资政新篇〉看洪仁玕的经济思想》，《争鸣》1983 年第 4 期。

想文化方面的贡献则更为突出：主张学习西方，走在当时中国进步思潮的最前列；对儒道佛各家及鬼神迷信思想进行了批判和匡正，改变了太平天国以往对儒家那种简单粗暴的态度；注重文学内容的改革，提倡朴实明晓的文风；改订《天历》并与革除旧俗联系起来。[①] 王翔指出，洪仁玕主张打破传统的天道观、夷夏观、义利观、公平观、本末观、价值观和人治观，要求革故鼎新，主张中外平等，鼓励求利致富，提倡自由竞争，呼吁大办工商业，向往西方物质文明及强调资产阶级法治。他试图运用西方资本主义的先进思想文化来对中国的封建思想进行反思和批判，以建立起一种与资本主义大生产和商品经济相适应的思想观念和精神状态，并以思想观念的更新来保证和促进经济政治方面的改革。[②]

关于历史定位。一种意见认为洪仁玕是洋务思想的先导。黎仁凯认为:“洪仁玕的思想虽已孕育着维新思想的胚胎，但主要还是作为洋务思潮的先导。”“这并不否认洪仁玕是近代中国学习西方、谋求国家富强的先进人物，正是肯定了他顺应时代发展的趋势，在思想史上有着承先启后的历史地位。”[③] 一种意见认为“洪仁玕是近代中国维新思想的创始人”。“洪仁玕的《资政新篇》与维新派的变革主张具有一脉相承的特征”，“戊戌维新运动正是沿着洪仁玕要求发展资本主义的思想脉络发展的”。[④] 还有一些论文对洪仁玕与其他思想家作了比较，如章友德的《变革中的艰难探索——洪仁玕、冯桂芬的经济变革方案比较》（《上海大学学报》1996年第5期）、《简论洪仁玕、冯桂芬思维方式的异同》（《历史教学问题》1998年第5期），耿弘、袁峰的《〈资政新篇〉与〈校邠庐抗议〉比较》（《上海师范大学学报》1992年第3期），关威的《洪仁玕与容闳思想异同论》（《晋阳学刊》1990年第2期），夏春涛的《洪秀全与洪仁玕宗教思想之比较研究》（《近代史研究》1992年第3期），谭群玉、曹又文的《洪仁玕与马建忠维新思想比较》（《历史档案》1998年第

---

① 参见韩学儒《洪仁玕与太平天国思想文化》，《西北大学学报》1986年第4期。

② 参见王翔《关于〈资政新篇〉的文化学思考》，《浙江学刊》1987年第2期。

③ 黎仁凯:《近代中国社会思潮》，河南人民出版社1996年版。

④ 陈伟芳:《洪仁玕是中国近代维新思想的创始人》，《广州日报》1986年6月5日；龙锦阳:《洪仁玕与戊戌诸君变革图强的时代脉络》，《湘潭大学学报》1985年第1期。

4 期）等。

其他思想人物。关于姚莹。龚书铎考察了姚莹结交的政治、学术、文学等方面的友人，通过这一群体探究鸦片战争时期的风尚和趋向。[①] 朱仲玉指出，姚莹是个有眼光、有魄力的人，论思想，他早就看出了封建末世的内忧外患，并力图开出济世良方；论武功，他在鸦片战争时驻守台湾，五次打退英国侵略军的进攻；论文才，他是桐城派的后继者，著作极其繁富。像姚莹这样的人物，在他同时代人中并不多见，他可以与龚自珍、林则徐、魏源等并列。[②] 陈进忠指出，姚莹是近代著名的爱国者和第一批主张“开眼看世界”的代表之一，他撰写的《康辅纪行》是近代初期第一批开眼看世界的著作之一。[③] 陈进忠、刘经发、韩子佩等撰文论述了姚莹在鸦片战争中对保卫台湾的贡献和被清政府革职逮问的经过。[④]

关于徐继畬。吴嘉勋指出，徐继畬是睁眼看世界的又一先驱人物，其著作《瀛环志略》是近代国人自著的开创性世界史地专书，其地位可与《海国图志》交相辉映。[⑤] 潘振平指出，清人徐继畬所著《瀛环志略》十卷，是近代中国人探求外部世界知识过程中的一部重要著作，是代表当时中国最高水平的世界地理著作，在 19 世纪后 50 年中一直被奉为了解世界的标准读本，对这一时期世界知识观念的变化有过长久的影响。[⑥] 唐锡仁指出，《瀛环志略》同成书时间相近的《海国图志》并列为中国最早自编的两部世界地理著作，可以说是毫不逊色的。[⑦]

关于包世臣。陈正炎等指出，包世臣可以说是鸦片战争前后一个不折不扣的保守派，他提出的“着业”“归农”“屯田”“本末皆富”“天下之

---

① 参见龚书铎《姚莹交游述略》，《北京师范大学学报》1982 年第 5 期。

② 参见朱仲玉《论姚莹》，《安徽史学》1984 年第 6 期。

③ 参见陈进忠《姚莹与〈康辅纪行〉》，《四川师范大学学报》1986 年第 1 期。

④ 参见陈进忠《略论“台湾之狱”》，《西南民族大学学报》1985 年第 3 期；刘经发《姚莹与台湾》，《安徽史学》1984 年第 1 期；韩子佩《姚莹在鸦片战争中对保卫台湾的贡献》，《江淮论坛》1983 年第 5 期。

⑤ 参见吴嘉勋《近代睁眼看世又一人——论徐继畬与〈瀛环志略〉》，《社会科学》1986 年第 1 期。

⑥ 参见潘振平《〈瀛环志略〉研究》，《近代史研究》1988 年第 4 期。

⑦ 参见唐锡仁《徐继畬与〈瀛环志略〉》，《自然科学史研究》1983 年第 3 期。

富在农”等观念，表面看有积极意义，实际上却落后保守。[1] 孙小著指出，论者在研究包氏其人时，大多侧重于探讨他的经济思想。实际上，他提出的某些改革主张并不限于经济方面。他既看到了外来侵略的危险，也看到了内部危机的深重，并从这两方面来考虑如何维护与巩固封建统治的大局。他企图对传统的封建本末观念进行修正，针对海运、盐法、钞币等问题提出一些改革主张，力主抗英并为之出谋划策。他想恢复和重建一个理想的封建社会，并想把带有资本主义生产方式性质的近代商品经济纳入这个体系中。他是一位处于末世的地主阶级思想家和近代历史开篇的杰出的爱国主义者。[2]

二 洋务时期的思想人物

曾国藩。著作有易孟醇的《曾国藩传》（贵州人民出版社1987年版）、章继光的《曾国藩思想简论》（湖南人民出版社1988年版）等。曾国藩在以往是被全面否定的人物，但在进入改革开放新时期后对其评价发生了一些分化、变化。一种意见是基本坚持原来的意见，基本否定。姜铎认为曾国藩镇压了太平天国农民起义，过大于功，属基本上应否定的政治人物。[3] 李兴发指出，严格地说，曾国藩不是思想家。他没有系统的哲学著作。他的哲学著作主要是《答刘孟容书》《书学案小识后》和《顺性命之理论》诸篇；一些片段的论述，则散见于书信和日记。但是，他的哲学思想贯彻在他的政治实践中，使他成为顽固的封建卫道者，镇压太平军和捻军起义的刽子手。他的虚伪的道德修养，在新中国成立前的长时期里，也着实迷惑过不少的人。[4] 一种意见提出要摆脱以对农民起义的态度为标准来评价历史人物的框架，认为曾国藩举办洋务，客观上促进了近代工业的兴起，代表了历史发展的方向。[5] 一种意见强调了曾国藩的两面

---

① 参见陈正炎、刘伯涵《略论包世臣的经济思想》，《江西社会科学》1982年第6期。

② 参见孙小著《包世臣经世思想简说》，《江淮论坛》1983年第6期。

③ 参见姜铎《略论曾国藩其人》，《社会科学》1989年第2期。

④ 参见李兴发《曾国藩思想杂论》，《安徽大学学报》1981年第2期。

⑤ 参见王少普《曾国藩洋务思想的形成、性质和作用》，《历史研究》1983年第2期；许山河《也谈曾国藩与洪秀全》，《社会科学》1989年第2期。

性。杨国强撰文论证了曾国藩的矛盾性格：既维护传统又超越传统，既是封建文化的自觉代表，又是自强新政的始作俑者，不自觉地为西方资产阶级文化的引入开了门洞。[①] 对曾国藩的评价尤为集中在办洋务的目的与外交思想两个方面。关于其办洋务的目的，有的学者强调他办洋务是为了镇压农民起义，维护封建统治，是反动的；多数学者认为他办洋务既有镇压农民起义的一面，又有抵制侵略的一面。[②] 关于其处理外交的评价，一种意见认为他委曲求全、妥协退让[③]，一种意见认为是妥协与对抗兼而有之[④]。谢庆奎认为，曾国藩的一生深深地打上了地主阶级的烙印，同时也能适应时势变迁而带有时代的标记。[⑤]

李鸿章。80 年代初还有文章把他作为反面人物加以否定。但有的文章开始对其作了充分的肯定。有的学者指出，李鸿章办洋务，在一定程度上阻止或限制了外国经济侵略势力的扩张，延缓而不是加速了中国半殖民地化的进程，也就是在最重要的方面对民族资本主义的发展起了有益的作用。[⑥] 陈旭麓称其为“向中国近代化迈出第一步的代表人物”，在认识世界、了解世界方面比曾国藩、左宗棠还要高出一筹。[⑦] 刘学照认为，在鸦片战争时期，龚自珍、魏源等地主阶级改革派屡屡发出“更法”“改革”的呼吁，但真正把有近代含义的“变法”“改革”首次提上议事日程的是包括李鸿章在内的洋务派官僚，而在主张“借法自强”的洋务派首领人物中，文祥、曾国藩前期即病故，张之洞后期方崛起，奕䜣“柔软”且后又被长期置闲，而能与洋务运动相终始，站在这股潮流前端尽力呼吁“变法”的厥唯李鸿章一人。[⑧] 章鸣九指出，在 1874 年参加海防讨论的官

① 参见杨国强《曾国藩简论》，《历史研究》1987 年第 6 期。

② 参见喻盘庚《试析曾国藩办洋务的主观因素》，《湘潭大学学报》1988 年第 2 期；许山河《曾国藩是爱国者》，《湘潭大学学报》1989 年第 1 期，等等。

③ 参见冬青《曾国藩的一生》，《山东师范大学学报》1983 年第 1 期。

④ 参见邓亦兵《曾国藩的洋务思想》，《史学月刊》1980 年第 2 期；成晓军《论曾国藩对外交涉的两面性》，《求索》1986 年第 4 期；许山河《论曾国藩与天津教案》，《中华文史论丛》1986 年第 3 期。

⑤ 参见谢庆奎《曾国藩思想散论》，《贵州文史丛刊》1987 年第 4 期。

⑥ 参见胡滨、李时岳《论李鸿章的洋务思想》，《吉林大学学报》1980 年第 3 期。

⑦ 参见陈旭麓《李鸿章：向中国近代化迈出第一步的代表人物》，《安徽史学》1989 年第 1 期。

⑧ 参见刘学照《论李鸿章的“内须变法”主张》，《学术月刊》1988 年第 7 期。

员中，只有李鸿章、郭嵩焘、丁日昌、沈葆桢四人，在主张引进西方的船炮、机器、近代科学技术的同时，要求对旧的制度进行某些改革，这四个人的主张可称为“变法自强”。在这四个人中，唯有李鸿章的奏折公开提出了“变法”的观念，其见识不仅远出乎顽固官僚之上，在当时的洋务官僚中也是最开明、最激进的。[①] 出版的著作主要有苑书义的《李鸿章传》（广东人民出版社 1988 年版）。

左宗棠。著作、论文集有罗正钧的《左宗棠年谱》（岳麓书社 1982 年版）、董蔡时的《左宗棠评传》（中国社会科学出版社 1984 年版）、杨东梁的《左宗棠评传》（湖南人民出版社 1985 年版）、杜经国的《左宗棠西征记》（甘肃人民出版社 1984 年版）、湖南人民出版社编《左宗棠研究论文集》（湖南人民出版社 1986 年版）等。王少普撰文认为，左宗棠的洋务思想与曾国藩、李鸿章有重要的区别。如果说曾、李的洋务思想与鸦片战争期间形成的以穆彰阿为代表的投降派集团的思想有千丝万缕的联系，那么左宗棠的洋务思想则明显以林则徐等地主阶级改革派的思想为嚆矢。[②] 其他论述其洋务思想的论文有邓亦兵的《论左宗棠的洋务思想》（《东岳论丛》1982 年第 5 期）、徐梁伯的《左宗棠的洋务思想值得肯定》（《湖南师范大学社会科学学报》1985 年第 3 期）、李舒瑾的《自强・自主・自立——论左宗棠的洋务思想特色》（《南都学坛》1989 年第 4 期）、林庆元的《论左宗棠与洋务运动》（《社会科学战线》1986 年第 1 期）等。

张之洞。相关著作有马东玉的《张之洞大传》（辽宁人民出版社 1989 年版）等。张之洞是在 19 世纪 80 年代初由清流派转化为洋务派的，关于这种转变的具体时间点，一种意见认为其洋务思想形成于 1881 年担任山西巡抚前后或更早一些[③]，一种意见认为其洋务思想形成于中法战争期间或之后，如马帆撰文指出，张之洞以“洋务派”的正式身份出现是中法

---

① 参见章鸣九《论李鸿章的变法思想》，《历史研究》1989 年第 6 期。

② 参见王少普《论左宗棠的洋务思想》，《史林》1986 年第 1 期；《论左宗棠的洋务思想的进步作用》，《湖南师范大学社会科学学报》1985 年第 3 期。

③ 参见刘建一《张之洞在清流时期的政治思想》，《晋阳学刊》1987 年第 5 期；赵晓雷《论张之洞的洋务思想》，《社会科学战线》1989 年第 1 期，等等。

战后的事。中法战前，他思想的基点为儒家的传统思想。在十载学官任内，他曾明确宣布“通经为世用，明道守儒珍”，1882年升任山西巡抚以后他提出的一些治晋纲领，如激浊扬清、整顿吏治、垦荒积谷、开源节流、整理财政、广兴学校、修明边政等也都是“儒术经常之规”，表明他并没有跳出传统思想的魔圈。① 这一时期，学者们关注较多的是张之洞的经济思想。对于“官督商办”，一种意见认为“官督商办”是其“中体西用”思想在兴办近代企业问题上的具体表现，促进了中国工业近代化的进程。② 赵晓雷、陈钧等学者也对其经济思想多有肯定。③ 一种意见认为“官督商办”戕害了当时正在蓬勃发展的资本主义。④ 对于其“引进外资”思想，严仲义撰文认为，他的举借外资有买办性质，为企业的挥霍浪费提供了物质条件，为外资的入侵打开了方便之门，给清廷财政造成了沉重的负担。⑤ 马东玉认为，张之洞的“引进外资”是高利贷性质的。⑥ 曹均伟则撰文肯定了利用外资兴办实业所取得的成效。⑦

郭嵩焘。熊月之指出，郭嵩焘是一个悲剧人物，他是当时中国最有世界眼光的第一个驻外公使，身为进士，学识出众，官至二品，为政清廉，但一生却是在如涛似浪的谩骂声中度过的。郭嵩焘与一般洋务派的思想不完全一样，他批评单学军事方面，提倡全面学习；不满官督商办，主张商民自办；认为政教为本，主张取法西方政治制度。郭嵩焘是资产阶级改良派的先驱。⑧ 钟叔河撰文认为，郭嵩焘在19世纪70年代中期就已经突破了“办洋务”的水平，首先在封建庙堂上“循习西洋政教”，成为士大夫

---

① 参见马帆《张之洞洋务思想浅探》，《山东大学学报》1989年第1期；《张之洞洋务思想的形成》，《社会科学战线》1989年第1期。

② 参见高路《张之洞“官督商办”思想辨析》，《湖北大学学报》1989年第6期。

③ 参见赵晓雷《张之洞经济思想论析》，《学术月刊》1987年第8期；陈钧、陈放《张之洞经济思想散论》，《历史研究》1991年第4期；陈钧《张之洞商业思想简论》，《江汉论坛》1985年第11期。

④ 参见王熙《试论洋务派官督商办企业的性质与作用》，《历史研究》1993年第6期。

⑤ 参见严仲义《略论张之洞经济活动的效果》，《经济研究》1981年第5期。

⑥ 参见马东玉《也谈张之洞洋务活动的经济效果问题》，《经济研究》1982年第2期。

⑦ 参见曹均伟《张之洞利用外资的思想》，《学术研究》1986年第3期；《张之洞利用外资新论》，《江西师范大学学报》1990年第1期。

⑧ 参见熊月之《论郭嵩焘》，《近代史研究》1981年第4期。

阶层中最早主张向西方寻找真理的人物。他极有可能将资本主义的货色与封建主义的货色进行比较，进一步具体认识到资本主义的优越性和封建主义的落后性。这是中国近代维新思想萌芽时期具有历史意义的一桩大事。① 论及郭嵩焘思想的论文还有马春庆的《郭嵩焘思想评价》（《文史哲》1987年第4期）、曾永玲的《郭嵩焘思想简论》（《史学集刊》1989年第4期）、崖丽娟的《郭嵩焘思想新论》（《广西师范大学学报》1990年第2期）等。出版的著作主要有曾永玲的《中国清代第一位驻外公使郭嵩焘大传》（辽宁人民出版社1989年版）。

论及其他洋务派思想家的还有郑享清的《论奕䜣的洋务思想》（《山东师范大学学报》1988年第2期）、杨明的《刘坤一与洋务运动》（《文史杂志》1990年第3期）等。

冯桂芬。进入80年代后，学界对冯桂芬的研究不再局限于此前有关他的思想属性的讨论，而是从不同角度、不同侧面探讨其思想内涵与历史价值。李永协认为，冯桂芬的思想中，“自强”的意识有着重要的意义：他明确提出了通过“自强”的方法来解决中华民族与外来侵略势力的矛盾，这正是当时社会最主要的问题；他明确提出了把向西方学习当作自强的道路，其关于“西学”的思想是他的思想最有价值成就的部分。② 李祖龙就冯桂芬的人才观和历史观进行了探讨，认为冯桂芬看重人的作用，主张学习世界上先进的科学知识，革除弊政。冯桂芬虽然有着受进化论影响的痕迹，但归根到底还是英雄创造历史的唯心主义历史观。③ 陈为民发表了《论冯桂芬经济思想的过渡性》（《北京大学学报》1986年第6期）、《略论冯桂芬经济思想的矛盾性》（《江淮论坛》1986年第6期）、《冯桂芬经济思想的历史地位》（《经济科学》1988年第3期）等系列论文，研究冯氏的经济思想。论述冯桂芬政治思想的则有陈纯仁的《冯桂芬的政治思想》（《南京师大学报》1987年第3期）等。《校邠庐抗议》是冯桂芬的主要著作，是研究的重点领域，这方面的论文有李侃、龚书铎的

① 参见钟叔河《论郭嵩焘》，《历史研究》1984年第1期。

② 参见李永协《自强与西学——论冯桂芬的革命思想》，《暨南大学学报》1981年第1期。

③ 参见李祖龙《论冯桂芬的人才学》，《历史知识》1981年第4期；《冯桂芬〈校邠庐抗议〉中的历史观》，《历史教学》1982年第2期。

《戊戌变法时期对〈校邠庐抗议〉的一次评论》（《文物》1978 年第 7 期），张增智的《〈校邠庐抗议〉及冯桂芬的几点进步思想》（《新疆石油教育学院学报》1987 年第 2 期），阎中恒的《〈校邠庐抗议〉的作者冯桂芬事略考》（《江西图书馆学刊》1990 年第 4 期）、《〈校邠庐抗议〉考》（《江西图书馆学刊》1991 年第 1 期）等。

王韬。朱英认为，王韬是中国近代最早提出变法口号的思想家。① 孙必有认为，王韬是中国近代史上第一个提出君主立宪政治主张的思想家。② 忻平也指出，中国近代最早提出君主立宪制的不是容闳和郑观应，而是王韬，他的君主立宪制的思想在 19 世纪 70 年代前半期已形诸文字。③ 袁鸿林对“王韬最早说”提出了质疑，而坚持其“容闳最早说”。④ 刘学照撰文比较详尽地论述了王韬的洋务政论思想，包括鼓吹洋务是最大的“时务”，同时批评洋务派“徒袭皮毛”，提出“变法自强”，充实和校正洋务运动。⑤ 陈祖声指出，王韬不仅是清朝末年的改良主义政论家，也是中国日报最早的创办人之一，他的办报思想，对中国近代报刊思想的发展起了奠基和启蒙作用。从戊戌变法前后许多改良主义者的办报思想中，都能看到王韬所留下的痕迹。例如梁启超将报刊比喻为“喉舌”，陈衍主张报刊的“所有持论，专为中国自强”，就都是王韬以报“立言”思想的发展。⑥ 夏良才根据其在香港大学所见的，从英、日等国复制的《循环日报》缩微胶卷本，分析了王韬创办该报前后的思想情况。指出王韬的近代舆论意识和他创办《循环日报》，都是他通识、求变、图强活动的组成部分，通过这些言论与行为的分析，有利于我们进一步认识王韬资产阶级变法自强思想的实质。⑦ 吴桂龙对王韬的成名作《普法战纪》进行了

① 参见朱英《中国近代最早提出“变法”口号的思想家》，《史学月刊》1982 年第 6 期。

② 参见孙必有《中国近代史上第一个提出君主立宪政治主张的是谁?》，《文史丛刊》（社会科学战线丛刊）1980 年第 2 辑。

③ 参见忻平《中国最早提出君主立宪制的是王韬》，《华东师范大学学报》1983 年第 6 期。

④ 参见袁鸿林《再谈谁在中国最早提出君主立宪》，《史学月刊》1985 年第 4 期。

⑤ 参见刘学照《论洋务政论家王韬》，《华东师范大学学报》1983 年第 1 期。

⑥ 参见陈祖声《简论王韬的办报思想》，《学习与思考》（中国社会科学院研究生院学报）1981 年第 6 期。

⑦ 参见夏良才《王韬的近代舆论意识和〈循环日报〉的创办》，《历史研究》1990 年第 2 期。

研究，较为仔细地考证了此书的撰写经过、出版时间、编撰思想和编撰特点，并就此书呈现的王韬思想发展的踪迹作了论述。指出《普法战纪》是中国第一部专门记述海外战争的著作，也是近代“睁眼看世界”的一部重要著作，王韬在此书中评论了君主、民主、君民共主三种政体，最早提出君民共主的政治主张。① 张炳清指出，关于王韬思想的研究，史界有“冻结”一说，意谓新中国成立以来对王韬思想研究“裹足不进”或“进展甚微”，其原因与对王韬早期资料发掘和重视不够有关。由湖南整理出版的王韬早年“东泛扶桑”所写的一部日记体游记——《扶桑游记》，则正补王韬“西极”英法所写八十则《漫游随录》之不足，也为今人研究王韬及其维新思想提供了一重要资料。②

薛福成。冯丽蓉撰文探讨了薛福成变法思想的由来、变化过程、主要内容及历史作用。以出使四国为界标将其思想分前、后两个阶段：前期变法的主张主要反映在经济方面，提出了发展工商业的要求；后期开始由经济而政治，内容更加丰富。③ 余德仁认为，薛福成是清代继洪亮吉、汪士铎之后又一位著名的人口论学者。与洪、汪两氏一样，他也认为清代的人口增殖过多、过快，存在“人满之患”。不过，他主张用发展资本主义工商业的办法，“用机器殖财养民”，同时对外移民。④ 论及薛福成人口思想的论文还有吴申元的《论薛福成的人口思想》（《西北人口》1981 年第 1 期）、李世平的《薛福成、严复和梁启超是中国近代人口思想的启蒙者》（《社会科学研究》1983 年第 5 期）等。单强等指出，关于人才问题的论述是薛福成改革主张的重要内容之一，薛福成的人才思想有其十分鲜明的特色，如主张培养“适变求存”之才（工商人才、外交人才、专业人才）的时代性，全面关注重视人才与人才的培养、选拔、使用各个环节的系统

① 参见吴桂龙《王韬思想发展探微——读〈普法战纪〉》，《上海社会科学院学术季刊》1988 年第 1 期。

② 参见张炳清《王韬〈扶桑游记〉史料价值发微》，《绥化师专学报》1985 年第 1 期。

③ 参见冯丽蓉《浅谈薛福成的变法思想》，《中州学刊》1988 年第 6 期。

④ 参见余德仁《发展资本主义工商业可以解决晚清“人满之患”吗?》，《人口与经济》1983 年第 5 期。

性，认识到全国范围内宏观管理人才的全局性。[①] 薛福成是著名的洋务派理论家，又是中国第一代杰出的外交家，韩昱撰文将其外交思想概括为："以和为体，以作可战之势为用"的对外军事方略；着眼于收回已失利权，提高中国的国际威望；论证了内政与外交的关系，强调外交对于国家利益的重要性。[②]

郑观应。夏东元在郑观应思想研究中做出了开拓性的突出贡献，他于1981年出版了第一部研究郑观应的专著《郑观应传》，编辑出版了《郑观应集》，并在70年代末至80年代连续发表多篇论文探讨郑观应的思想。《郑观应思想发展论》一文指出，郑观应思想的精髓，首先是他的变法救国和重点防俄；其次是注重兵战，更注重商战。还通过郑观应兴办企业所采取的形式，反映郑观应对帝国主义和封建主义既有抵制的一面，也有依靠的一面。对于郑观应不同时期的设议院行立宪主张，指出甲午以后郑观应主张缓行立宪，这与康、梁等人为了避免维新运动的阻力暂不把设议院提到日程的思潮以及迎合江苏藩司邓华熙的意见有关。而1900年郑观应又力主速行立宪，这固然与维护风雨飘摇的清政府有关，但在当时的历史环境下，郑观应的立宪以收民心，也有一定的可取之处。[③]《论郑观应的一身四任——再论郑观应》则通过对郑观应既是外国洋行的买办，又是民族资本家和资产阶级改良主义者，并兼任洋务企业的重要职务等四种交叉身份的剖析，指出买办可以变为自己的对立物民族资本家和改良主义者，而民族资本家、改良主义者同洋务派也有着同一性。郑观应能从一个买办变为民族资本家和改良主义者，主要是由于他在青年时就有较为强烈的爱国思想。至于郑观应参与洋务运动，则是民族资本家和改良主义者参与洋务活动来实现其富强救国的主张的。作为主导面，郑观应是民族资本家和改良主义者。[④]《郑观应是揭开"民主"与"科学"序幕的思想家》一文通过对近代先进的中国人对救国道路的探求的勾勒，以及郑观应"富强救国"思想的形成和发展的分析，指出郑观应把君主立宪的政治制

① 参见单强、陈信芳《试论薛福成人才思想的特色》，《苏州大学学报》1987年第4期。

② 参见韩昱《论薛福成的外交思想》，《山东师大学报》1987年第4期。

③ 参见夏东元《郑观应思想发展论》，《社会科学战线》1979年第2期。

④ 参见夏东元《郑观应的一身四任——再论郑观应》，《学术月刊》1979年第8期。

度和学习西方科学技术以发展近代工商业，作为达到“富强救国”的两根杠杆。这两根杠杆实际上就是五四新文化运动中提出的“民主”与“科学”两面旗帜的胚胎。①

吕杰把郑观应的思想概括为：倡言商战以卫国，为本国资本主义辟路；学习外国经验，促进本国资本主义发展；主张政治改革，为资产阶级争取参政权。他指出，郑观应的思想尽管有诸多的局限，但它对摧毁封建顽固思想的堡垒，传播爱国主义，争取民主和社会进步，促进新生产关系的产生起了很大的作用，并且在19世纪末的思想界起到了承前启后的作用。② 汪熙指出，就思想格局而言，郑观应继承了鸦片战争以来有识之士的“变局”思想，主张以西学培养人才，否定以孔孟之道为基础的封建科举制度；提倡议会政治，否定封建君主专制；鼓吹既学习西学的“长技”，也学习西方的人文科学，包括资产阶级上层建筑的政法制度，从而达到他的前辈和同辈所未能达到的认识高度。以这种体用观为基石，郑观应提出了他的政治和经济纲领，那就是君主立宪的体制下的民富和国强。发展资本主义是他的“民富”与“国强”的灵魂。其最大功绩是向外国资本主义和本国封建主义进行猛烈的批判与揭露，并提出自己的方案，为中国资本主义的发展呐喊开路。③ 史全生认为，郑观应提出的通过发展科学技术和文化教育促进生产，充分发挥商业在国民经济中的桥梁作用等一系列经济理论，基本上反映了国民经济发展的客观要求，具有一定的科学因素。④ 汤照连指出，郑观应相当完整地提出了学习西方、建立和发展民族资本主义经济的改革方案；在一定程度上揭露了外国资本主义对中国的经济侵略；抨击了李鸿章等洋务派官僚在洋务运动中实施的官督商办、压制和排挤民族工商业的行径，主张在政治上经济上采取有利于发展民族经济的政策措施；要求以商为中心全面发展国民经济，并对商、工、农等各

① 参见夏东元《郑观应是揭开“民主”与“科学”序幕的思想家》，《江海学刊》1982年第4期。

② 参见吕杰《一部资产阶级的福音书——郑观应和他的〈盛世危言〉》，《南开史学》1981年第1期。

③ 参见汪熙《论郑观应》，《历史研究》1982年第1期。

④ 参见史全生《论郑观应的经济思想》，《南京大学学报》1980年第2期。

经济部门之间的相互关系作了初步论证。其见解和主张，可以说是对19世纪六七十年代产生和发展起来的代表新兴民族资产阶级利益的经济思想所做的全面总结，并为稍后戊戌变法运动中维新派的经济纲领奠定了基础，这在当时的历史条件下是有进步意义的。① 徐元基批评学术界往往摘取《商务叹》中“名为保商实剥商，官督商办势如虎”两句，就给官督商办制度结案，却不去进一步探究这首诗是在什么历史背景下写的，它抨击的具体对象到底是谁。他通过考证指出，甲辰（1904）稿本的《商务叹》与以后的乙酉本那首，文句内容上有差异，并无大家最感兴趣而常引用的“名为保商实剥商，官督商办势如虎”两句，表明郑观应对官督商办制度的认识是有一个历史过程的。1900年以前，郑观应本人始终为官督商办企业尽心效力，仅对官督商办制度的弊病作了一定程度的批评；1900年以后，开平、电报、招商三局相继发生一系列重大变革，郑观应才写了那样极度愤慨的诗句。② 常汝琪指出，郑观应经济思想的主要特点就是提出了“商战论”，其“商战论”有下列几个特点：主张跟外国资本主义国家进行针锋相对的商业竞争，抵制外国侵略；强调“以商立国”，发展资本主义的国民经济；提倡西学，学习西方先进的科学技术和经济制度。“商战论”的进步意义体现在以下几个方面：它始终贯穿着反抗外国资本主义侵略而主张富强救国这一爱国主义思想主张；符合资本主义经济发展和商品生产发展的客观规律，推动民族经济的发展，为以后的资产阶级维新派奠定一定的思想理论基础，而且影响了以后许多杰出的爱国者和革命者。③ 郑学益认为，为反抗西方列强的侵略，郑观应不但提出加强国防力量，以“兵战”防御外国的军事侵略的主张，而且还要求大力发展中国的资本主义生产和流通以增加“商战”能力，有效抵抗外国的经济侵略，并且强调要把“商战”放在首位。郑观应的“商战论”并不局限于单纯的狭义的商业范围中同资本主义列强进行斗争，而是要求以商业尤其是对外贸易为中心，在国民经济各主要部门发展资本主义经济。④

---

① 参见汤照连《郑观应学习西方发展民族经济的思想》，《经济研究》1981年第12期。

② 参见徐元基《从〈商务叹〉看郑观应对官督商办的态度》，《历史研究》1984年第5期。

③ 参见常汝琪《郑观应的商战论》，《学术研究》1984年第5期。

④ 参见郑学益《郑观应的商战论》，《经济科学》1984年第2期。

还有其他思想人物。

关于奕䜣。翟厚良指出，奕䜣是洋务运动发起人之一，其洋务思想的发端，与他在第二次鸦片战争中及战后咸丰皇帝去世前几个月的经历很有关系。[①] 宝成关指出，奕䜣是清廷统治集团中最早提出“自强”口号、最早形成洋务思想并提出洋务运动方针的人，是洋务运动的积极倡导者和领导者。[②] 郑享清指出，奕䜣是清朝统治集团中最早提出洋务运动方略并积极付诸实践的大臣之一，是洋务派在清朝中央政府中的首要代表，他的洋务思想对洋务运动的发起和发展具有全局性的领导作用。[③] 董守义认为，奕䜣首倡“自强”口号，是第一个近代化纲领的制定者和提出者，并率先带动或给予推动，他的认识曾经领先于曾、左、李，他的许多做法给他们以启示。[④]

关于马建忠。张守军指出，马建忠写成了《富国说》，以其对西方资本主义经济的理论认识为根据，主张发展对外贸易以振兴中国资本主义经济，可以说是中国近代最早出现的发展外向型经济的理论，在中国近代经济思想史上占有重要地位。[⑤] 李喜所指出，马建忠是中国近代著名的早期改良主义思想家和精通万国公法的外交活动家。和郑观应等改良主义思想家相比，他精通多国语言，熟知西方政治理论和文化典籍，又注意中西文化的比较研究。在19世纪80年代前后，能够融合中西文化，并形成自己一系列思想观点者，马建忠是佼佼者之一。[⑥]

关于陈炽。曾丽雅指出，陈炽认识到为了反抗西方资本主义侵略，必须学习当时先进的西方，在中国发展资本主义，使中国富强起来。为此，他提出了一系列学习西方、改革中国社会的具体变法措施。陈炽没有也不可能找到真正的救国方案，但其思想在当时不失其进步意义。[⑦] 李正中指

---

① 参见翟厚良《第二次鸦片战争时期的奕䜣》，《汕头大学学报》1986年第2期。

② 参见宝成关《奕䜣与洋务运动》，《吉林大学社会科学学报》1986年第1期。

③ 参见郑享清《论奕䜣的洋务思想》，《山东师范大学学报》1988年第2期。

④ 参见董守义《奕䜣是第一次近代化运动的倡导者》，《社会科学战线》1990年第4期。

⑤ 参见张守军《中国近代发展外向型经济的思想——马建忠的富民说》，《辽宁师范大学学报》1989年第2期。

⑥ 参见李喜所《马建忠与中西文化交流》，《中州学刊》1987年第4期。

⑦ 参见曾丽雅《从〈庸书〉看陈炽的改良主义思想》，《江西社会科学》1984年第4期。

出，陈炽不仅是中国早期资产阶级启蒙的思想家，也是近代中国重商思想的开拓者，他强调商业是国家富强的关键，是国民经济各个环节的枢纽，提出设立商部、制定商法等保护与促进商业发展的措施，已突破了王韬、薛福成等人的片面的商务思想。[①] 赵树贵等指出，陈炽虽历任户部郎中、军机章京等低小官职，但在戊戌变法舞台上，却扮演了一个重要角色：留心天下利病，深究富强要策；撰书时有影响的《庸书》《续富国策》；参加发起并“总董”北京强学会；协助振聋发聩的《时务报》的筹建、组稿工作；热心维新事业，参加变法运动……种种劳举，可谓影响非小。[②]

此外，徐溥对宋育仁一生主要的政治活动与其改良主义思想作了探索[③]，杨堪分析了何启、胡礼垣在戊戌变法前后的民权和法律思想[④]，等等。

三 戊戌时期的思想人物

康有为。出版的著作有：汤志钧的《戊戌变法史》（人民出版社 1984 年版），孔祥吉的《康有为变法奏议研究》（辽宁教育出版社 1987 年版），马洪林的《康有为大传》（辽宁人民出版社 1988 年版），钟贤培主编的《康有为思想研究》（广东高等教育出版社 1988 年版），黄明同、吴熙钊主编的《康有为早期遗稿述评》（中山大学出版社 1988 年版）等。

孔祥吉指出，多年来，史学界研究戊戌变法和康有为的思想，主要依据康的弟子麦仲华辑录出版的《戊戌奏稿》（以下简称《奏稿》）。近年来，随着对清代文书档案研究的深入，先后发现《杰士上书汇录》《日本变政考》《波兰分灭记》等康有为著作的手写原本，以及他代别人草拟的许多奏折。参照档案，检讨异同，发现《奏稿》所辑康有为戊戌变法时之奏折二十篇，进呈编书序五篇，除去在政变之前已发表过的两篇外，其余各篇，均有不同程度的改动，不少篇章亦系后来补缀，文句与原折几无

---

① 参见李正中《近代中国重商思想的开拓者陈炽》，《齐鲁学刊》1989 年第 2 期。

② 参见赵树贵、曾丽雅、曹春荣《有关维新志士陈炽几个问题的考辨》，《江西社会科学》1987 年第 1 期。

③ 参见徐溥《早期改良主义思想家宋育仁》，《社会科学研究》1979 年第 5 期。

④ 参见杨堪《何启、胡礼垣的民权和法律思想》，《中南财经大学学报》1986 年第 5 期。

共同之处。[1] 陈敦伟指出，心学是康有为思想体系的有机组成部分，也是他的世界观和方法论的主导方面，正是在这一意义上有了“南海之思想，以陆王心学为体，史学西学为用”的说法。但是，这并不是说康有为就是陆王的复活，可以将康有为的思想与陆王心学等量齐观。康有为的思想体系是中国早期资产阶级的思想体系，他对封建的伦理纲常和君主专制制度进行了猛烈的抨击，他主张通过自上而下的变法使中国缓慢地实现向资本主义的过渡，并为此提出了一套政治经济纲领，设计了一个实质上是理想化的中国资本主义社会的蓝图。[2] 袁伟时指出，以《实理公法全书》为代表的万身公法书籍是19世纪中国所有文献中最彻底的民主主义纲领。目前学术界断定它作于80年代没有足够的根据，它不但在思想方法和基本内容上与康有为写于80年代的《内外篇》《教学通议》等大相径庭，就是拿它同1895年公车上书前的作品相比较也风格迥异。康有为的思想是在甲午战后进入一个新阶段的，到1897—1902年他才有可能写出万身公法书籍。[3]

郑克强指出，康有为自幼好学，博览群书、古今兼收、中西并蓄，形成一个庞杂的思想体系。以“变”为核心的哲学思想是他整个思想体系中精华之所在，这种哲学的特点在于：它既是对1840年以来先进的知识分子希望改变“诸国环伺，岌岌待亡”的局势，要求救危立国、变法自强的思潮的总结，又作为政治变革的前导，指导着1898年戊戌维新运动。[4] 陈伟桐指出，康有为哲学思想表述上的一个特点是：大量借用古代和西方哲学及自然科学的名词、概念来阐述自己的思想，这就决定了康有为思想形式的模糊性质。但是，与康有为借用西方自然科学的术语相比，他更多的是沿用中国古代一些重要的哲学概念和范畴。在中国古代的哲学里，本来就存在着哲学思维的模糊倾向。到了康有为，又借用旧概念去说明新的世界观，在同一概念上旧内容与新含义往往并陈着，而人们又往往习惯于用原来的意思和规定去理解这些概念，这就加强了康有为思想的模

① 参见孔祥吉《〈戊戌奏稿〉的改篡及其原因》,《历史研究》1982年第5期。
② 参见陈敦伟《心学与康有为的变法思想》,《宁波师专学报》1983年第2期。
③ 参见袁伟时《万身公法书籍与康有为前期思想》,《中山大学学报》1989年第4期。
④ 参见郑克强《论康有为哲学思想的特点》,《复旦学报》1982年第6期。

糊性。[①] 孙国华指出，康有为的思想体系正如他的政治生涯一样，是相当驳杂的；他的伦理观也有许多前后相悖、自相矛盾和中西杂糅的地方。他后期主张“以孔教为国教”，不遗余力地用“旧道德”反对“新道德”，都说明封建道德在他头脑中居于很突出的地位。然而，康有为早期的伦理观，却基本上属于资产阶级性质。他公开否定“义理之性”的存在，就是对封建道德从根基上的否定。如果说康有为所领导的维新运动是中国资产阶级革命的前奏，那么，他的理欲观则是中国近代以破除封建道德、建设资产阶级道德为主要内容的伦理思想变革的先声。[②]

李泽厚在《文史哲》1955 年第 2 期上发表《论康有为的〈大同书〉》一文后，汤志钧对李提出的《大同书》“进步”说提出质疑，认为该书的思想基本上是反动的[③]，从而引发了一场学术争鸣。80 年代，这场争议仍有余波。陈慧道不同意汤志钧关于《大同书》“只是以典型的资本主义社会为蓝本”的说法，认为“《大同书》所设想的‘大同’世界，不是资本主义社会，而是与资本主义社会有天壤之别的、纯粹空想的、最美妙的社会，是一种空想社会主义”。[④] 蒋玮指出，《大同书》是康有为一生中的主要著作，康有为所设想的通往“大同世界”之路，始终与妇女命运紧密相连，而且他把“明男女平等各自独立之权”作为去“九界”、进入“太平之世”的起步之点。因此，实现男女平等、争取妇女解放，不仅是《大同书》的主要内容之一，也是康有为全部思想体系中的重要组成部分。[⑤] 徐允明指出，康有为是近代中国在西方文化冲击面前第一个建立了完整的思想体系的思想家，《大同书》则是其思想体系的集中表现。这部书反映了作者赶上西方、超过西方的愿望，以及关于如何实现这一愿望的若干思考。[⑥] 陈正夫认为，《大同书》幻想一个所谓“无邦国、无帝王、人人平等，天下为公”的大同社会，并企图以“不忍人之心”为思想基

① 参见陈伟桐《对康有为哲学体系的思考》，《东岳论丛》1988 年第 2 期。

② 参见孙国华《康有为理欲观初探》，《齐鲁学刊》1986 年第 3 期。

③ 参见汤志钧《关于康有为的〈大同书〉》，《文史哲》1957 年第 1 期。

④ 陈慧道：《论康有为设想的“大同”世界》，《华南师范学院学报》1982 年第 31 期。

⑤ 参见蒋玮《试评康有为〈大同书〉中的妇女解放思想》，《东岳论丛》1988 年第 2 期。

⑥ 参见徐允明《〈大同书〉的深意》，《北京社会科学》1988 年第 4 期。

础，用改良主义的方法去实现这个社会。[①]

就康有为的历史地位而论，汤志钧指出，以1898年戊戌维新失败为分界线，在此之前，康有为的思想反映了要求发展资本主义的愿望，值得充分肯定；但等到戊戌后资产阶级革命运动迅速兴起，他的思想仍停留在原位上，拉车向后，日趋堕落，沦为封建余孽，成了“由好变坏”的典型。[②] 徐高阮既不同意称康有为是资产阶级改良主义思想家和政治家，也不同意把康有为分割为前、后两个阶段，视为“由好变坏”的典型，而以“一个向西方学习的先进中国人”定位，指出“他在戊戌后的长期海外生活里还为中国的再造作了新的建设性的思考，尝试拟定了他在维新运动中还不能设想的成系统的计划”。戊戌后康有为走向世界，以其亲身的感受和独特的思维方式，直接对西方世界进行观察与思考，并以西方富强之术为参照系，撰写了《物质救国论》和《理财救国论》，对物质与社会生产力进行了经济学意义的思考，提出了许多值得中国借鉴的经验与教训，使他的思想更具有开放性、现代性和世界性。[③] 董士伟称康有为是“近代中国启蒙第一人”，指出早在19世纪80年代，康有为受西方思想的启发，就从人道主义和进化的社会历史观两个方面突破了封建思想的樊篱，形成了比较完整的近代型启蒙思想体系。特别是他标出的一系列人道主义课题，真正涉及了近代启蒙思想的核心和本质，不但辉映着中国启蒙运动的道路，而且至今仍存有深刻的现实意义。[④]

梁启超。出版的著作主要有孟祥才的《梁启超传》（北京出版社1980年版）。熊月之认为，梁启超是康有为的得意门生和主要助手，思想受康有为影响最大，但仍有自己的思想特色，而且是舆论界最活跃的人物。其思想可以用六个字来概括：变法、民权、救国，救国是根本目的，变法是救国手段，民权是变法的核心内容。民权思想包括：宣传变专制制度为议会制度是变法的本源；宣传民权代替君权是历史的必然；提出地方自立的

---

① 参见陈正夫《评康有为〈大同书〉的人道主义思想》，《江西社会科学》1984年第1期。
② 参见汤志钧《论康有为和保皇会》，《近代史研究》1981年第3期。
③ 参见徐高阮《戊戌后的康有为——思想的研究大纲》，《学术研究》1988年第1期。
④ 参见董士伟《康有为：近代中国启蒙第一人》，《教学与研究》1989年第1期。

主张。[①] 胡伟希认为，戊戌变法失败以后，梁启超的思想不是向后倒退，而是继续向前发展。他吸取了维新运动失败的教训，把变法成功的希望从皇帝和少数当权官僚身上转到“开民智”和要求“民权”方面。百日维新的失败是梁启超思想转变的契机，从他在《戊戌政变记》一书中对变法失败所做的深刻的反省中，我们可以看到他这种思想转变的轨迹。梁启超的民权思想在他1897年主讲时务学堂时就已萌发，而作为较系统的民权观的形成，则体现在他1902—1903年所写的《新民说》论著中。[②] 沈世峰将梁启超对孔教的态度分为四个时期：从万木草堂到《清议报》停刊（1890—1901）为主张保教时期；自《清议报》停刊到辛亥革命前夜（1901—1911）为反对保教时期；辛亥至欧游之前（1911—1918），在新文化与复古思潮之间折中两是；欧游之后至去世（1919—1929），在主张中西调和论下走向保守。[③] 周行易指出，梁启超对开创中国中西文化比较研究新学科所做出的贡献是重大的。可以说，当时的学术界，还没有谁能在比较的广度和深度上与他相颉颃。他从比较的专门性、比较的自觉性、比较的理论性、比较的全面性四个方面，对梁启超关于中西文化所作的比较，进行了深入的分析。[④] 有学者指出，梁启超是近代最早介绍外国歌曲的人。就他的音乐思想和理论活动而言，可以说超出了同时期很多音乐家，居于独特的重要地位；他的音乐思想、理论、意见和主张，构成了当时进步的音乐思想的主流，冲击着封建音乐文化。[⑤]

严复。出版的著作主要有《论严复与严译名著》（商务印书馆1982年版），张志建的《严复思想研究》（广西师范大学出版社1989年版），陈越光、陈小雅的《摇篮与墓地：严复的思想与道路》（四川人民出版社1985年版）等。毛丹指出，学术界通常认为甲午至戊戌，是严复最进步的时期，这只能界定为：它是严复政治热情最昂盛，并且站在时代思潮最

---

① 参见熊月之《论戊戌时期梁启超的民权思想——兼论梁启超与康有为思想的歧异》，《苏州大学学报》1984年第3期。

② 参见胡伟希《戊戌变法失败后梁启超的思想转变》，《史学月刊》1983年第2期。

③ 参见沈世峰《梁启超与保教》，《学术界》1990年第4期。

④ 参见周行易《论梁启超对我国中西文化比较研究的贡献》，《学术研究》1988年第1期。

⑤ 参见达威《梁启超、曾志忞对近代音乐文化的贡献》，《人民音乐》1983年第2期。

前列的时期。倘以严复本人思想而论，戊戌以后仍在深化与发展，政治观点如此，文化观更是如此。戊戌以后十余年，经历了消沉期、回升期、退潮期，退中有进，进中有退，进退交织。辛亥以后，转向强人政治，连锁反应般引起文化观的沉沦。但其晚年极不合理的倒退，也包含着若干合理的因素。[①] 商聚德对任继愈在《中国哲学史》第4册所提出的“《天演论》上半部是唯物论，下半部是唯心论；上半部讲达尔文的生物进化论，下半部讲反动的社会达尔文主义”的说法提出质疑，认为《天演论》上、下两部分的基本思想内容是大体一致的，都是从自然界的生物进化讲起，而重点讲人类社会的进化发展。作为自然科学家的赫胥黎，在自然观上有自发的唯物主义倾向；在他的社会政治思想中，虽然总体上陷入唯心主义，但也包含一些唯物主义观点。这两种哲学倾向上、下两部分都有，并不是两部分各有截然不同的哲学思想。[②] 汤奇学认为，康有为、严复是近代杰出的改良主义思想家。他们的思想有相同的基本点，又各具特色。他们的思想具有戊戌资产阶级改良主义的基本特征，如主张社会进化，倡导民权，希望建立议会，未超出资产阶级改良主义范畴。但有各自的特点，如康有为的进化论具有一定的突变思想，严复则没有丝毫突变思想；严复猛烈批判封建君主专制制度与儒家思想，康有为要懦弱得多；康有为主张“托古改制”，严复主张全面学习西方。[③] 陈国庆认为，孙中山与严复在思想主张与政治态度上有“革命”与“改良”、“实行”与“启蒙”的不同。严复的“思想启蒙”与孙中山的“革命实行”在近代中国社会起到了互补的作用，两者有鲜明的同一性并且殊途同归。[④] 蔡乐苏指出，严复在中国近代思想史上的崇高地位是普遍公认的。他不仅是一位卓越的翻译家，而且是中国近代著名的启蒙思想家。正是他，大大缩短了中国思想与世界近代思想之间的距离。[⑤] 何晓明认为，严复在政治观、哲学观、科学方法论等广阔的领域进行资产阶级思想启蒙。在资产阶级思想启蒙中，维

---

① 参见毛丹《严复思想轨迹的再认识》，《学术月刊》1987年第11期。

② 参见商聚德《〈天演论〉基本思想辨析》，《河北学刊》1984年第4期。

③ 参见汤奇学《戊戌变法时期康有为严复思想之异同》，《安徽大学学报》1983年第2期。

④ 参见陈国庆《孙中山与严复思想之比较研究》，《西北大学学报》1988年第3期。

⑤ 参见蔡乐苏《严复启蒙思想与斯宾塞》，《清华大学学报》1989年第1期。

新派比革命派做得更多；而在维新派中，保守的严复比激进的康、梁、谭贡献更大。当孙中山和康有为积极投入用不同方式变革封建制度的实际运动时，严复却反复强调首先对人民进行资产阶级的教育。从政治上看，严复要“右”得多，但是，康、孙的先后失败，恰恰又从另一方面证明了严复主张的根本意义。①

谭嗣同。出版的学术著作主要有徐义君的《谭嗣同思想研究》（湖南人民出版社1981年版），邓潭州的《谭嗣同传论》（上海人民出版社1981年版）、李喜所的《谭嗣同评传》（河南教育出版社1986年版）、黄卫平的《思维的悲剧与悲剧的思维——谭嗣同思想研究》（云南教育出版社1989年版）等。研究谭嗣同的思想，必然会涉及《仁学》。陈庆坤指出，平等观念是《仁学》体系的基石，谭嗣同的仁学体系初看起来似乎是庞杂和矛盾的，但仔细研究，便可发现，有一个主导的思想，贯穿《仁学》的始终，那就是资产阶级的平等观念。② 李泓认为，谭嗣同虽然为君主推行新政曾不辞劳苦，但其政治思想已冲破君主立宪的界标，含有革命民主主义的因素。③ 关于谭嗣同的佛学思想，主要有两种观点：一种观点认为，谭嗣同的佛学思想是他悲观失望的反映；一种观点认为，谭嗣同的佛学思想是他从事变法的思想武器。谭嗣同之所以重视佛学，有一个重要原因，就是佛学在他看来是充满勇敢精神的。他勇于为变法献身，受佛学献身于信仰的影响很大。当然，佛学毕竟是一种宗教，必然会给谭嗣同带来消极影响。④ 天祥指出，谭嗣同“穷天人之奥”，以世界最普遍的问题为研究对象，因此可以说是哲学的；但他的终极关怀还是社会生活的现实问题，所以更应当说是政治的。他对事物的认识是思辨的、逻辑的，尤重视经验的和实证的。所以，谭嗣同的理论与其说是哲学的，不如说是政治

① 参见何晓明《严复与近代思想启蒙》，《福建论坛》1986年第2期。

② 参见陈庆坤《平等观念是理解谭嗣同〈仁学〉的钥匙》，《社会科学辑刊》1983年第5期。

③ 参见李泓《谭嗣同的政治思想含有革命民主主义的因素》，《吉林师范大学学报》1989年第2期。

④ 参见徐义君《谭嗣同思想研究》，湖南人民出版社1981年版，第122—126页；胡啸《谭嗣同佛教思想略议》，《复旦大学学报》1982年第1期。

的；他的思想与其说是书斋思辨的，不如说是应用的或经世的，它是会通儒释，融聚中西，杂采庄墨，以“心”“识”为体，以救世为用，以平等为内涵，以日新为宗旨的经世佛学逻辑结构。①

还有其他思想人物。

关于黄遵宪。陈其泰指出，黄遵宪的《日本国志》是近代第一部有系统地记述外国当代史的著作，该书与戊戌变法的准备与进行都有着密切的联系，以明治维新史为中国的鉴戒，在思想上明确要求发展资本主义，介绍日本、欧美的制度、文化，批判封建专制，具有很高的时代价值。②陈其泰还探讨了发生在黄遵宪与梁启超之间的中西文化争论，当梁启超因计划创办《国学报》，写信给黄遵宪，提出“保存国粹”的主张，黄遵宪毫不含糊地立即表示反对，提出“大开门户容纳新学”的主张。③ 王晓秋指出，黄遵宪的《日本国志》是中国近代第一部深入系统研究日本的著作，也不愧是清代研究日本的集大成的代表作。④ 陈宗海指出，黄遵宪的《日本国志》是近代中国研究日本史（特别是明治维新史）的一部值得重视的历史著作，对后来的戊戌维新曾产生过深刻的影响。⑤ 张海元指出，黄遵宪是近代资产阶级改良派的重要政治活动家和诗人，他的改良主义思想的确立，是在写作《日本国志》前后，而不是在日本与王韬结交之时。⑥ 葛玉岗指出，黄遵宪不仅是我国近代一位“明于识、练于事、忠于国”的杰出外交家和爱国诗人，还是一位立志改革、献身改革的资产阶级改革家。黄遵宪在康有为等人发动的维新运动中，尤其在湖南新政中，卓有成效地发挥了自己的政治才能，做出了重要贡献。⑦

关于唐才常。黄静指出，自立军起义是以勤王为形式的未成熟的资产

---

① 参见天祥《谭嗣同经世佛学的逻辑结构》，《中州学刊》1989年第4期。

② 参见陈其泰《简论黄遵宪〈日本国志〉的时代价值》，《北京师范大学学报》1988年第6期。

③ 参见陈其泰《黄遵宪与中西文化论争》，《河北学刊》1989年第3期。

④ 参见王晓秋《黄遵宪〈日本国志〉初探》，《近代史研究》1980年第3期。

⑤ 参见陈宗海《黄遵宪的〈日本国志〉》，《史学史研究》1983年第3期。

⑥ 参见张海元《黄遵宪改良主义思想的形成及时限质疑》，《中山大学学报（哲学社会科学版）》1987年第3期。

⑦ 参见葛玉岗《黄遵宪与湖南新政》，《安徽师大学报（哲学社会科学版）》1984年第2期。

阶级革命，它兼具革命与勤王两重性质；唐才常的思想基本倾向革命，但始终未能突破忠君保皇思想的束缚。[①] 朱国栋认为，在戊戌变法失败以后，唐才常并没有实行由改良到革命的转变。他的言行始终没有超出资产阶级改良的范畴，其所属的派别，应是接近康、梁的资产阶级改良派。[②]

四　辛亥时期的思想人物

孙中山。出版的著作主要有张磊的《孙中山思想研究》（中华书局1981年版）和《孙中山论》（广东人民出版社1986年版），肖万源的《孙中山的哲学思想》（中国社会科学出版社1981年版），韦杰廷的《孙中山哲学思想研究》（湖南人民出版社1988年版），本书编写组的《孙中山军事思想与实践》（军事科学出版社1989年版），张启承、郭志坤的《孙中山社会科学思想研究》（安徽人民出版社1985年版），刘兴华的《孙中山思想论稿》（黑龙江人民出版社1985年版），刘枫、曹均伟的《孙中山的民生主义研究》（上海社会科学院出版社1987年版），尚明轩的《孙中山传》（北京出版社1988年初版，文化艺术出版社2008年再版），等等。

孙中山早年是主张改良还是主张革命，这一直是学术界争论的热点问题。林增平认为，孙中山1894年上书李鸿章是志在改良维新的政治实践，檀香山兴中会还不是革命团体，所传1894年檀香山兴中会入会誓词（“驱除鞑虏、恢复中华、创立合众政府”）并不存在，1895年广州起义还不具有资产阶级革命性质。[③] 黎澍则认为，孙中山早期思想的发展没有经过维新改良，他上书李鸿章是一次革命活动，因为上书的目的是劝说李鸿章造反。[④] 耿云志认为，上书李鸿章是孙中山革命思想和活动逐渐发展成熟过程中的一个环节。[⑤] 苑书义则认为，孙中山上书李鸿章只是想“求

---

① 参见黄静《论自立军的性质和特点——兼论唐才常的矛盾思想》，《合肥工业大学学报》1985年第2期。

② 参见朱国栋《唐才常是什么派》，《四川大学学报》1985年第1期。

③ 参见林增平《孙中山民主革命思想的形成》，《历史研究》1987年第1期。

④ 参见黎澍《孙中山上书李鸿章事迹考辨》，《历史研究》1988年第3期。

⑤ 参见耿云志《孙中山早期思想和活动的几个问题》，《历史研究》1989年第5期。

知当道”，绝没有劝李造反之事。[①]

民族主义。关于孙中山民族主义思想的源流，有以下说法：“一源”说。张正明等人认为，孙中山的民族主义“导源于传统的华夏民族意识”，“说远一点，是内中国而外四裔、贵华夏而贱夷狄的民族正统观念；说近一点，是明朝遗老和江南会党反清复明、扑满兴汉的思想”，进而“用西欧、美国、日本的资产阶级革命思想革新了传统的华夏民族意识而形成”。[②]“二源”说。章开沅、林增平主编的《辛亥革命史》认为，孙中山民族主义思想的渊源有二，“一是农民阶级朴素的民族反抗思想”，“二是西方资产阶级民族主义思想”。[③]“三源”说。林家有从社会背景、阶级基础与思想源流三方面加以探讨。他说：“帝国主义的疯狂入侵和清政府走狗面目的彻底暴露，是20世纪初孙中山提倡民族主义的社会原因。”“随着民族资产阶级阶级意识和政治要求的确立，民族资产阶级革命派的民族觉醒日益提高，是20世纪初孙中山提倡民族主义的阶级基础。”“继承中国近代以农民为主的革命‘先民’的反清革命传统，吸收欧美和亚洲各国民族独立的革命思想，作为争取中国民族独立和民主的思想武器，是20世纪初孙中山提倡民族主义的思想渊源。”[④]对孙中山民族主义思想的内涵，有如下概括：林家有认为主要有三：反满、独立、平等。“反满，即打倒清政府，用资产阶级共和国代替君主专制的清政府。在反满革命斗争中，要把满族人民和满族贵族区别开来，不以仇杀为事。”“独立，即建立一个不受外人控制的、由资产阶级独立行使主权的共和国。”“平等，即在推翻清政府，建立共和国之后，国内各族人民一律平等，皆可参政权，国际上，则要与各国处于平等地位，共同维持世界和平。”[⑤]钟卓安提出可将孙中山民族主义的“主要内容和特点”概括为三个方面：“驱除鞑虏，恢复中华”，或曰“排满而兴汉”，“汉家天下，

---

① 参见苑书义《“孙中山劝李鸿章革命”说质疑》，《历史研究》1991年第2期。

② 张正明、张乃华：《论孙中山的民族主义》，载《纪念辛亥革命70周年学术讨论会论文集》下册，中华书局1983年版，第1795—1797页。

③ 章开沅、林增平：《辛亥革命史》下册，人民出版社1980年版，第32页。

④ 林家有：《孙中山的民族主义思想与辛亥革命》，《中山大学学报》1979年第4期。

⑤ 林家有、秦通海：《论同盟会的民族主义纲领》，《民族研究》1983年第1期。

政由己出”；“以反满为救国手段”；“在反满斗争中严格区分满洲贵族和满洲普通群众”。[①] 黎明认为主要有四：要救国必须推翻清朝；能发愤就能消除外侮；五族共和，平等联合；国家独立，天下为公。[②] 李华兴概括成四条：“突破了狭隘的‘种族复仇’主义和笼统排满思想”；“和推翻卖国政府、拯救民族危亡、摆脱瓜分危机联系在一起”；“主要以资产阶级的民族构成学说为思想依据”；“对太平天国和秘密会党反满、反侵略要求的继承与发展”。[③] 贺陆才等概括的“四项内容”是：“建立‘中国人’的民族国家”；“种族革命与政治革命同时进行”；“以优等的多数民族（汉族）吸收少数民族，使之同化”；“寓反对帝国主义侵略于反满革命中”。[④] 在孙中山民族主义的评价方面，耿云志强调，尽管孙中山等人“确非真正意义上的反满论者”，但他们身上的民主主义能量并不很多。[⑤] 林家有指出，由于孙中山所倡导的民族主义“还包括了‘五族共和’民族平等主张”，“也能够号召包括满族在内的其他少数民族响应革命”。[⑥]

民权主义。关于民权主主义的思想渊源，张磊强调，“西方的资产阶级民主主义才是孙中山民权主义的主要渊源”，“古代中国某些政治思想和政治制度的个别环节，也为孙中山所借用”。建立资产阶级共和国，就是民权主义的核心；对封建专制主义进行尖锐的批判，乃是民权主义的一个重要组成部分。[⑦] 关于五权宪法，有的学者将其内涵概括为主权属于国民全体、间接民权与直接民权相结合、五权分立、中央与地方之权限采均权主义四个方面[⑧]；有的学者概括为五权分立、权能分治、革命

① 钟卓安：《辛亥革命与反满思潮》，《广东社会科学》1991 年第 5 期。

② 参见黎明《论孙中山前期的民族主义》，《南京师院学报》1980 年第 3 期。

③ 李华兴：《中国近代思想史》，浙江人民出版社 1988 年版，第 380—382 页。

④ 贺陆才、杨美珍：《论辛亥革命前的民族主义思潮》，《河南大学学报》1991 年第 4 期。

⑤ 参见耿云志《论清末的反满革命思潮》，载《辛亥风云与近代中国》，贵州人民出版社 1991 年版，第 70—75 页。

⑥ 林家有：《孙中山的民族主义思想与辛亥革命》，《中山大学学报》1979 年第 4 期。

⑦ 张磊：《论孙中山的民权主义》，《历史研究》1980 年第 1 期。

⑧ 参见黄汉升、曹孔六《简论孙中山的“五权宪法”思想》，《杭州大学学报》1981 年第 3 期。

民权三项[①]。五权宪法是分权制还是集权制？传统观点认为是分权制，80年代仍有部分学者坚持这种意见。张磊认为，“五权宪法”实质上仍是以“三权分立”的欧美宪法作为范本。王辉认为，“这一理论是对西方资产阶级三权分立学说的进一步发展和完善，二者的理论体系和制约平衡原则都是一脉相承的”。[②] 但有学者认为五权分立是一种集权学说。五权学说是“为了反对西方议会‘专制’或‘独裁’”。“监察权和考试权的分立，是为了削弱议会对行政权的牵制作用，结果是加强行政权力。五权与三权的关系，要作‘逆定理’式理解，这里完全适用逻辑学上的排中律，对分权主义的否定，即是对集权主义的肯定。”[③] 关于政党政治，有的学者指出，孙中山晚年放弃了原先坚持的政党政治的主张[④]；有的学者指出，孙中山晚年没有反对政党政治，“不仅不否定在宪法颁布以后仍将实行政党政治，而且，它之实现的需要正是为了在革命时期结束、宪政时期到来之后，真正实现政党政治的目标”[⑤]；有的学者认为，孙中山在晚年很少谈到政党政治的问题，偶然几处，也有褒有贬，所以“很难下一个断然的结论”[⑥]。关于权能区分，邵德门认为，国民掌握政权，政府实施治权，这种权能分立学说，比西方资产阶级分权学说更为进步。[⑦] 孙志亮认为，权能分立学说主张“把治权交给有‘能’的人，无能的人不得掌权，掌权者必须有能。单从政府组成的成分来考虑，这无疑是正确的”。[⑧] 李育民指出，“权能区分”是孙中山在辛亥革命遭到挫败之后，对西方资产阶级民主有了更深的认识后提出的；从思想渊源来看，继承了卢梭的“主权在民”及与之相关的人民与政府的关系等思想，以及孟德斯鸠的分权

① 参见王宏治《孙中山五权宪法思想探究》，《河北师院学报》1987 年第 3 期。

② 王辉：《孙中山先生的五权宪法理论探略》，《安徽大学学报》1986 年第 2 期。

③ 谢刚：《论〈中华民国训政时期约法〉的理论来源》，《华东师范大学学报》1984 年第 6 期。

④ 参见齐植璐《〈孙中山的“政党政治”论〉质疑》，《团结报》1989 年 2 月 11 日；王继洲《论孙中山“以党治国”思想的演变与发展》，《广东社会科学》1989 年第 3 期。

⑤ 郭铁桩：《孙中山晚年反对“政党政治”吗？——与齐植璐同志商榷》，《团结报》1989 年 6 月 24 日；陈先初：《孙中山政党政治论新析》，《湖南师范大学学报》1995 年第 6 期。

⑥ 朱宗震：《孙中山论政党政治和革命党执政》，《团结报》1989 年 6 月 20 日、24 日。

⑦ 参见邵德门《论孙中山的民主共和思想》，《东北师大学报》1982 年第 1 期。

⑧ 孙志亮：《孙中山民权主义思想初探》，《人文杂志》1983 年第 5 期。

学说，是它们二者的混合；“权能区分”采用了较为彻底的民主主义的方式，来解决人民与资产阶级之间的矛盾，具有较孙中山的资产阶级前辈更高的民主性，“在形式上已经接近了无产阶级民主”。[①]

民生主义。关于民生主义与社会主义的关系，林家有认为，孙中山的民生主义吸收了某些社会主义学说，但不能因此说“民生主义就是社会主义”，因为这两种学说在阶级基础、产生的条件和实行的方案等方面都有很多根本性的不同之处。[②] 胡绳指出，在中国近代社会历史条件下产生的孙中山的主观社会主义，反映了他对于国家富强和人民幸福的强烈愿望，并使他终于在晚年坚定地实行同共产党合作的政策。但孙中山虽然表示接受社会主义思想，却不打算在中国实行社会主义革命，而且设法避免社会主义革命。[③] 何振东认为，孙中山把发展资本主义和实行社会主义这两者“兼容并包”，是他对社会主义中国化的一种大胆探索。[④] 关于民生主义和民粹主义的关系，姜义华不同意列宁关于孙中山是民粹主义者的论述，他用列宁概括的民粹派的五个特点去验证孙中山，认为孙中山并不具有这五个特点。[⑤] 郑大华也指出，旧民主主义不具有民粹主义色彩，主要理由是民生主义的出发点、内容和归宿都不反对资本主义，只是反对资本主义垄断，这与认为资本主义在俄国是衰落、退步的民粹主义不同。[⑥] 张达明则认为，孙中山有使中国避免走资本主义道路的社会主义空想和实行激进的土地改革计划，这两点与民粹派很相似。[⑦]

文化思想。龚书铎不赞成某些人把孙中山的革命思想基础归结为“中国的道统”，认为孙中山思想主要渊源于西方文化，其革命思想基础

---

① 李育民：《论孙中山的“权能区分”》，《学术月刊》1987 年第 11 期。

② 参见林家有《孙中山对民生主义与共产主义关系的论述》，《孙中山研究论丛》第 4 集（1980 年），1986 年。

③ 参见胡绳《论孙中山的社会主义思想》，《历史研究》1987 年第 1 期。

④ 参见何振东《孙中山——近代时期社会主义中国化的最早探索者》，《徐州师院学报》1987 年第 1 期。

⑤ 参见姜义华《孙中山与民粹主义研究述评》，《江海学刊》1986 年第 4 期。

⑥ 参见郑大华《旧民生主义不具有民粹主义的色彩》，《湖南师大学报》1986 年第 3 期。

⑦ 参见张达明《也谈列宁的“孙中山与民粹派相似”说》，《东北师大学报》1987 年第 5 期。

是效法美利坚、法兰西。[①] 陈旭麓认为孙中山对待中西文化的态度可以用他自己的话来概括，即“因袭（继承）—规抚（引进）—创获”。[②] 章开沅系统地考察了孙中山与传统文化的关系，并对这一关系作了“动态概括”：从离异开始，以回归终结；离异之中经常有回归，回归之中继续有离异。[③]

章太炎。著作主要有：姜义华的《章太炎思想研究》（上海人民出版社1985年初版，中国人民大学出版社2009年再版），唐文权、罗福惠合著的《章太炎思想研究》（华中师范大学出版社1986年版），章念驰的《章太炎生平与思想研究文选》（浙江人民出版社1986年版）和《章太炎生平与学术》（三联书店1988年版），李润苍的《论章太炎》（四川人民出版社1985年版），何成轩的《章太炎的哲学思想》（湖北人民出版社1987年版）等。

1978年，《历史研究》发表了唐振常的《论章大炎》和李泽厚的《章太炎剖析》两文，两篇文章都批判了“四人帮”把章太炎说成是“法家”、辛亥革命的“旗手”以诋毁孙中山的谬论。但对章太炎的思想倾向和评价问题，分别提出了不同的见解。唐振常指出，章太炎参加革命，并不意味着他是一个真正的资产阶级革命家。他并不具备一般资产阶级革命家应有的民主革命思想。他只是从狭隘的民族观念出发，主张革命；所谓革命，便是排满逐满，便是反清复明。他是“中华民国”的发名者，“中华帝国”的向往者，言革命而不赞共和，晚年回到尊孔。观其一生，对革命有功有过，思想上有瑜有瑕。[④] 李泽厚把章太炎的一生分四大段：1900年以前，基本追随和从属于康、梁改良派；从1900年“解辫发”到1908年《民报》停刊，与改良派进行了尖锐的斗争；从1908年到1913年，大闹分裂，反对孙、黄；1914年以后，日益离开政治、思想舞台，成为“国学大师”。章太炎思想的特色除了从历史、文化角度反满，还有

---

① 参见龚书铎《论孙中山的文化观》,《北京师范大学学报》1986年第6期。

② 参见陈旭麓《因袭—规抚—创获——孙中山的中西文化观论纲》,《解放日报》1986年11月5日。

③ 参见章开沅《从离异到回归——孙中山与传统文化的关系》,《历史研究》1987年第1期。

④ 参见唐振常《论章太炎》,《历史研究》1978年第1期。

反资本主义。章太炎思想有其进步的一面，又有其落后以至反动的一面。如强调道德作为革命动力，是唯心论；反对资产阶级的经济和文化，则不符合历史发展规律。反代议民主固然揭露资产阶级伪民主是尖锐的，但同时也付出了高昂的现实代价。① 他们的观点引起了学术界的讨论。李润苍指出，章太炎，不失为有影响的民族资产阶级的代表人物之一。在辛亥革命时期，他的《驳康有为论革命书》和他主编的《民报》对推动革命起过较大的作用。他晚年仍不失为一个爱国的知识分子。② 罗耀九指出，章太炎对自由、平等、民主宣传不够，反对议会制度，否定民主选举制度，反对政党制度，拥护封建官僚、反对资产阶级革命家，贬斥资产阶级，不能称为资产阶级民主主义者，而是地主阶级反满派的思想家。③ 林庆元认为，章太炎反对资本主义发展，否定代议制，不是来自封建地主阶级思想意识，而是来自小资产阶级的思想意识。辛亥革命后民主思想大大褪色，但他并不是倒退到地主阶级的怀抱里，只是一度对民主制表现出了动摇。他始终是一个小资产阶级民主主义者。④

朱执信。著作主要有肖万源的《朱执信思想研究》（人民出版社 1985 年版）等。黄烈义指出，作为革命家和理论家的朱执信，在民族主义的阐发和运用上起到重大作用。他在民族理论方面所表现出来的深刻性、创造性和战斗性，在同时代的中国革命家中是较杰出的。⑤ 陈哲夫指出，朱执信早期受到马克思主义的影响，并接受了马克思主义的个别观点，对劳动人民表示了深厚的同情，这是他不断前进的思想基础。在十月革命以后，特别是在五四运动以后，朱执信接受了马克思主义的一系列基本观点，他赞成公有制、主张废除私有制的思想，主张阶级斗争，以阶级斗争为手段消灭阶级的思想，承认马克思主义关于剩余价值的学说，其政治思想在后期超出了资产阶级的樊篱。⑥ 关捷指出，朱执信是中国旧民主主义

① 参见李泽厚《章太炎剖析》，《历史研究》1978 年第 3 期。

② 参见李润苍《章太炎是什么派？——与唐振常同志商榷》，《历史研究》1979 年第 7 期。

③ 参见罗耀九《辛亥革命时期章太炎思想的阶级属性的再认识》，《学术月刊》1982 年第 1 期。

④ 参见林庆元《章太炎是小资产阶级思想家》，《历史研究》1985 年第 5 期。

⑤ 参见黄烈义《朱执信民族观初探》，《广东民族学院学报》1987 年第 2 期。

⑥ 参见陈哲夫《朱执信的共产主义思想因素初探》，《北京大学学报》1987 年第 3 期。

革命向新民主主义过渡时期杰出的理论家和活动家。他在短暂的一生中，为挽救民族危亡、振兴中华做了许多有益的工作。尤其他对马克思主义进行探索和传播，并运用马克思主义的部分理论，同资产阶级保皇派论战，是他革命生涯中最光辉的部分。①

秋瑾。诸庆清指出，爱国主义是秋瑾思想的出发点和精神所在；革命排满和反对封建礼教，是秋瑾思想并列的两大主题和具体内容。从历史的眼光看，秋瑾这一代知识分子的思想业绩，正在于踏倒了千年以来建筑在人们心灵上的封建礼教的藩篱，从而把人们久被禁锢的精神带向一个开阔的境界。1900 年为起点，中国革命进入新的阶段，带来了新的特征，其实主要还在知识分子对封建纲常的否定。没有这一点，反封建专制的革命是不可能的。② 王祖献认为，秋瑾前期诗作虽大部分为咏物写景感事抒怀、思亲念友之作，然而从具体内容看，它们并非一般的"风花雪月、闲愁离恨"，而是反映了那个特定时代、环境中青年女性的生活、思想，同时与后期诗作又有着密切的联系。③ 晓缃认为，秋瑾是中国近代史上一位伟大的女性，是一个站在旧民主主义革命运动前列的坚强战士，也是那个时代妇女中为民族解放事业和妇女解放事业献出头颅的第一人。她的民主革命思想包含着一些光辉的、有价值的内容，而她又以自己毕生的奋斗和实践丰富了这些内容。推翻帝国主义的走狗清王朝君主专制的反动统治，挽救中国的危亡，是秋瑾一生奋斗的主要目标，也是她民主革命思想的重要体现；对妇女解放事业的宣传和实践，是她民主革命思想的另一重要内容；此外，她还主张以革命的武装推翻清王朝。④ 还有多篇文章论及了秋瑾的妇女解放思想。⑤

陈天华、邹容。林增平指出，陈天华、邹容是中国近代两位卓越的民

---

① 参见关捷《论朱执信对马克思主义的传播》,《辽宁大学学报》1986 年第 4 期。

② 参见诸庆清《秋瑾反礼教思想琐论》,《杭州师院学报》1984 年第 3 期。

③ 参见王祖献《试论秋瑾前期的诗歌及其思想》,《安徽大学学报》1982 年第 4 期。

④ 参见晓缃《秋瑾的民主革命思想及其实践》,《云南社会科学》1987 年第 5 期。

⑤ 参见成毓华《秋瑾的妇女解放思想》,《河北师范大学学报》1987 年第 3 期；汪郁琳《秋瑾的妇女解放思想》,《安徽师大学报》1989 年第 2 期；余丽芬《论秋瑾的女学思想》,《浙江学刊》1989 年第 6 期，等等。

主革命宣传家，他们在呼唤反帝爱国、反清革命、歌颂民主共和的舆论阵地上，均以词锋犀利、先声夺人的气势而彪炳史册。[①] 吕涛指出，陈天华的反帝爱国思想，给人们留下了不可磨灭的印象。“我们要想拒洋人，只有讲革命独立”，就是陈天华在《警世钟》一书中提出的名言。《警世钟》宣传的反帝反清思想，对于唤醒中华民族起了很大的作用。[②] 肖万源从反帝反封建思想、以进化论为基础的无神论思想、唯物主义思想三个方面，对陈天华的思想进行了较系统的分析。[③] 龙华指出，陈天华是资产阶级民主革命时期的思想家和宣传家，同时也是一位杰出的文学家，他创作的杂剧《黄帝魂》表现了强烈的反帝反封建的斗争精神，在当时具有宣传资产阶级革命派政治理想的积极意义。[④] 王鉴清等指出，陈天华是辛亥革命前夕的著名宣传家，他为辛亥革命作了重要的舆论准备，且为在中国实现资产阶级民主共和国而奋斗了一生。[⑤] 20 世纪初期，在要革命还是要立宪的问题上，中国资产阶级革命派与改良派曾以小说为武器，展开了激烈的斗争。改良派发表了《新中国未来记》《宪之魂》《未来世界》等小说，鼓吹“君主立宪”；革命派也在 1903 年发表了提倡“民族主义”的《洗耻记》和痛斥“君主立宪”是缓和革命的《自由结婚》等小说；尤其是出色的革命宣传家陈天华在 1905 年写出了小说《狮子吼》，歌颂革命党，直接批驳《新中国未来记》。[⑥]

宋教仁。唐文权通过《宋教仁日记》（这部日记起于 1904 年 10 月 30 日，止于 1907 年 4 月 7 日，除中间缺失 1904 年底的半个多月和 1905 年 9 月下旬至年底的 100 天左右），分析了宋教仁同盟会倡始时期的心态。[⑦] 燕国桢指出，由于各方面的原因，主要是由于不同时间、地点、条件，片面强调武装斗争“左”的思潮的影响，过去我国史学界对于宋教仁的评

① 参见林增平《邹容和陈天华——中国近代两位卓越的民主革命宣传家》，《史林》1987 年第 2 期。

② 参见吕涛《敲醒警世钟的陈天华》，《史学月刊》1984 年第 1 期。

③ 参见肖万源《陈天华思想研究》，《晋阳学刊》1982 年第 2 期。

④ 参见龙华《陈天华与〈黄帝魂〉杂剧》，《中国文学研究》1987 年第 3 期。

⑤ 参见王鉴清、钱元凯《陈天华的反清反帝思想》，《社会科学》1981 年第 5 期。

⑥ 参见王鉴清《陈天华〈狮子吼〉批驳梁启超〈新中国未来记〉》，《求索》1983 年第 4 期。

⑦ 参见唐文权《同盟会倡始时期宋教仁心态研究》，《近代史研究》1988 年第 4 期。

价贬多于褒，甚至列举诸如对袁世凯“抱幻想、软弱妥协、把同盟会拉向倒退（指在同盟会的基础上建立国民党——作者）”“醉心通过议会道路建立责任内阁制”“同袁世凯争夺个人权力”等错误，硬把他描绘成国民党的“右翼”，人为地降低他应有的历史地位。[①] 陶季邑不同意宋教仁“开始同意实行总统制”，“但不久之后，他变成了一个责任内阁制的坚决主张者”的观点。认为宋教仁从来就主张内阁制，未曾主张过总统制。早在日本留学期间，宋教仁就潜心研究了西方资本主义政治制度，并将内阁制与总统制做了比较研究，从而指出：“内阁制之精神实为共和国之良好制。”武昌起义前，宋教仁曾指出内阁在“国家权力之机关”中的重要地位和作用，并热烈赞颂了葡萄牙新内阁的成立。[②] 鲁广锦指出，“政党与政党政治论”是以宋教仁为代表的资产阶级革命民主主义政治思想的重要组成部分，其目的是要在中国建立议会政治体系，实现完整意义上的资产阶级“民主政治”。长期以来，人们在评价宋教仁的“政党与政党政治论”时，往往是以简单的否定代替具体的分析，过多地指摘取代科学的批评。应该看到，对于处在20世纪初的一个半殖民地半封建的旧中国来说，尤其是中国共产党未出世以前，“政党与政党政治论”毕竟是一种先进的思想，特殊的政治形势曾赋予其积极进取的精神，一时成为影响中国社会思潮的主流。宋教仁为在中国实现民主政治而捐躯，但他的思想在中国近代历史上不应因此而被湮灭。[③] 段国卿指出，邹容是辛亥革命前重要的革命家，以著《革命军》名震中外。他在孙中山先生公开提出三民主义前，已大致确立了民族、民权和民生三大主义的基本思想，成为系统地从理论上阐述民主革命思想的第一人，同盟会成立前中国思想界的泰斗。[④] 刘子平等论述了邹容民主革命思想的源流，包括吸取了改良派思想的积极成分，又接受了中外民主思想的影响。[⑤]

杨度。唐文权指出，杨度生活在“中体西用”口号产生和流布极广

---

① 燕国桢：《关于宋教仁评介的几个问题》，《求索》1988年第2期。

② 参见陶季邑《宋教仁从来就主张内阁制》，《求索》1988年第4期。

③ 参见鲁广锦《宋教仁的“政党与政党政治论”试析》，《东北师大学报》1989年第1期。

④ 参见段国卿《试论邹容的社会政治思想》，《齐鲁学刊》1986年第3期。

⑤ 参见刘子平、邹礼洪《邹容民主革命思想探源》，《新疆师范大学学报》1987年第3期。

的时代，他前半生的思想政治中呈现出调停二者的种种迹象："帝王之学"为体，政法新学为用；非常之人为体，西方之宪为用；功名权欲为体，组社结党为用。[①] 谷穗指出，杨度的大部分政治生涯，是致力于君主立宪。鼓吹之，辩论之，笃行之。然而，由于逆历史潮流而动，他一而再、再而三地碰壁，而且碰得头破血流。在碰得头破血流后，晚年转向了共产主义。[②] 杨念群指出，在中国近代佛教史序列中，杨度可以说是一位往往被人忽视的佛学改造者。他从叱咤风云的政治人物，一变而为参禅论佛的居士，把静谧的佛学沉思和社会政治状况互相参证，而重新校正自己的政治轨迹。杨度把自己的佛学理论归结为真，这就最终跳出了禅宗一味求空的窠臼，也为他从主观唯心主义向唯物主义过渡架起了桥梁。[③]

刘师培。陈奇指出，刘师培投身革命的时期，他的经学成为资产阶级民族民主革命宣传的工具。传统经学就其基本内容来说当然是封建性的，但也不可否认其中某些内容确实包含民主性的因素。封建士的出身和浓厚的经学熏染，使刘师培得以利用经学中某些民主性的成分，对传统经学中的三纲说及天命观进行了猛烈的批判。[④] 经盛鸿指出，刘师培是中国近代文化史上一位重要的思想家、经学家和语言文字学家，"扬州学派"的殿军，又是清末民初政坛上的一位风云人物。他虽只活了36岁，却写下了大量的政论文章和学术论著，参与了许多重大政治活动，在当时与以后都有重大的影响。尤其是他一生政治立场与政治思想的三次重大变化，即从反清革命，到宣传无政府主义，再到成为封建卫道士，民初又堕落为"筹安会六君子"之一，引起人们的注目与深思。[⑤] 他前期从一个封建的书香世家的子弟，走上了资产阶级革命的道路，他对资产阶级民主主义领

① 参见唐文权《杨度与清末立宪运动散论》，《华中师范大学学报》1988年第3期。

② 参见谷穗《评杨度的"君宪三败"——兼评杨度入党"投机"说》，《零陵师专学报》1989年第1期。

③ 参见杨念群《杨度的佛学思想与晚期思想转变》，《求索》1986年第6期。

④ 参见陈奇《刘师培的经学与资产阶级民主宣传》，《贵州师范大学学报》1987年第4期；《刘师培对传统经学的批判》，《贵州师范大学学报》1989年第2期。

⑤ 参见经盛鸿《论刘师培的三次思想变化》，《东南文化》1988年第2期。

会是不深的，根底是不牢的，既受到民主主义的影响，又不能摆脱封建主义、无政府主义的影响。[①]

五　五四时期的思想人物

陈独秀。出版的著作主要有曾乐山的《五四时期陈独秀思想研究》（福建人民出版社1983年版）、魏知信的《陈独秀思想研究》（南京大学出版社1987年版）、唐宝林的《从总书记到反对派》（上海人民出版社1989年版）等。十一届三中全会后，对陈独秀的评价从以往的批判为主趋于实事求是。70年代末，林茂生等率先指出：五四新文化运动时期，他是激进民主主义者和思想界的明星；建党时期，他是社会主义的宣传者和党的发起者；大革命时期到被开除出党前，他是右倾机会主义者和取消主义者；托派时期，他是党和人民革命事业的背叛者。[②] 80年代初，唐宝林指出，陈独秀从1929年春到1942年逝世，与托派有一个相结合、争吵、分离的复杂过程，认为陈独秀出任托派中央领导人期间，曾领导托派进行过许多重大的"反蒋抗日"革命行动；抗战爆发后，也做过许多抗日工作。所以，不能称其为取消革命的"取消派"，更不能视为"反革命"。[③] 王洪模指出，陈独秀是五四运动的总司令，但不是一个好的马克思主义者；他是中国共产党的主要创建人之一，是党的早期的主要领导人，但不是一个称职的领导人；他从新文化运动到第一次大革命中期为革命做出了很大贡献，他在第一次大革命中期的一些关键时刻已经犯了严重错误，而到后期就犯了成为完整路线的右倾投降主义错误，给党的事业造成严重危害；大革命失败后他由马克思主义者蜕变为托洛茨基主义者，提出了一套取消主义和托派理论，加入了托派组织并成为总首领；出狱后，他没有再从事托派组织活动，但思想上徘徊歧途，日益消极悲观。[④]

李大钊。出版的著作主要有朱乔森、黄真的《李大钊传》（人民出版

① 参见经盛鸿《论刘师培的前期思想发展》，《徐州师范大学学报》1988年第2期。

② 参见林茂生、王树棣、王洪模《略谈陈独秀》，《历史教学》1979年第5期。

③ 参见唐宝林《试论陈独秀与托派关系》，《历史研究》1981年第6期。

④ 参见王洪模《关于陈独秀一生活动的评价》，《中国社会科学》1985年第5期。

社 1979 年版），吕明灼的《李大钊思想研究》（河北人民出版社 1983 年版），等等。杨树升认为，李大钊在留学日本期间主要受了安部矶雄的社会主义思想的影响。[①] 刘伟认为，李大钊早期是处于“自在阶段”的无产阶级思想家。[②] 多数学者认为，1918 年 7 月李大钊《法俄革命之比较观》的完成，是其由激进民主主义者开始转向社会主义者的标志。董世明对此提出了不同看法，他认为 1916 年 9 月《青春》一文的发表标志着李大钊已经有了人民民主主义的思想基础，开始了向马克思主义者的转变。[③] 刘伟对将《我的马克思主义观》作为李大钊已成为成熟的马克思主义者之标志的传统观点提出了质疑，指出在这篇文章中，李大钊对被恩格斯称为马克思的两大发现之一的历史唯物主义尚缺乏十分明确的认识，对科学社会主义的认识也有些模糊。在他看来，1920 年初发表的《由经济上解释中国近代思想变动的原因》才是李大钊走上成熟的马克思主义的标志。[④] 张静如认为，李大钊是在解决了三个关键性问题后，于 1921 年中国共产党成立的前夕才开始成为一名马克思主义者的。这三个关键问题是：对社会发展规律的认识；对阶级斗争和无产阶级专政学说的认识；对人民群众在历史上起决定作用原理的认识。[⑤]

胡适。新中国成立以来，胡适一直是大陆思想界批判的对象，这种情况到 70 年代末以后得到了改观。耿云志成为大陆第一个真正从学术角度研究胡适并给予实事求是评价的学者，其《胡适研究论稿》（四川人民出版社 1985 年初版，社会科学文献出版社 2007 年再版）成为第一部系统地实事求是地研究胡适的著作。书中收入了《胡适与五四时期的新文化运动》（《历史研究》1979 年第 5 期）等 10 篇专题论文和一个简明的《胡适年谱》。他认为，胡适是中国新文化运动的重要领袖之一，是资产阶级

① 参见杨树升《李大钊在日本接受社会主义思想考》，《党史资料通讯》1987 年第 10 期。

② 参见刘伟《李大钊早期思想的阶级属性》，《社会科学辑刊》1985 年第 4 期。

③ 参见董世明《从〈青春〉看李大钊革命民主主义的思想倾向》，《东北师大学报》1986 年第 1 期。

④ 参见刘伟《论李大钊从急进民主主义者向共产主义者的转变》，《徐州师院学报》1985 年第 1 期。

⑤ 参见张静如《论李大钊同志由民主主义者向共产主义者的转变》，载韩一德、王树棣编《李大钊研究论文集》下册，河北人民出版社 1984 年版。

著名学者，在文学、史学、哲学以及教育学等领域，都曾有过重要的贡献。例如，胡适是白话文运动的首倡者，而白话文运动不但在文学革命运动中占有突出地位，而且在整个新文化运动中也有不容忽视的重要作用；胡适在提倡个性解放、提倡妇女解放、鼓吹社会自由方面表现出了一定程度的反封建主义进步性；他宣传实验主义是有两重性的，“一方面，作为资产阶级唯心论哲学，它是与马克思主义对立的。另一方面，它在一定程度上也是反封建思想的武器”；他提倡疑古的思想，对于打破对古书的迷信，打破封建学者“信古”“泥古”的陈腐偏见，进而对于破除封建思想和儒家经典的束缚，都具有一定的积极意义。胡适在政治上虽然不赞成中国共产党的暴力革命路线，但一直坚持改革，不应将其与北洋政府、国民党政府的统治集团看成完全是一回事。其后，更多的学者对胡适展开了比较客观、公正的研究。孙昌熙、史若平认为，“胡适对新文学运动、特别是这一运动的前期所作出的贡献，不管你承认它与否，它是客观存在的”。主要包括“首举义旗之急先锋”“白话文学的倡导者”“积极的文艺主张”“大胆尝试的成果——《尝试集》和《终身大事》”。而且，“五四时期，胡适的贡献不仅在新文学上，在哲学、史学、教育、文字改革，以及古典文学的研究和考证等方面，都有一定的成就”。他们也指出，“胡适是资产阶级在新文学运动中的典型代表”，“具有资产阶级的两面性”。[①] 欧阳哲生认为，胡适在政治上虽然“从杜威走向蒋介石”，但他的政治道路发展的阶段性和政治思想内涵的双重性表明，他在思想体系上与反动政治势力尚存在一定差异，不可一概而论。因而即使单纯从政治的角度，对胡适取全盘否定的态度也是值得商榷的。而且胡适的主要事业是在文化思想和学术研究方面，他对中华民族的主要贡献亦在此。概而言之，首先，胡适在诸多文化领域创造的成就，是前无古人的，可谓中国新文化事业的开拓者之一。其次，胡适积极传播文化观念，坚持民族文化的近代化路线，坚定不移地同一切旧的文化势力进行针锋相对的斗争，不愧为中国新文化战线的一员健将。最后，胡适毕生从事文教活动，为培养一大批新型知识分子，推动中国新文化等事业的发展，付出了辛勤的汗水，其功

---

① 孙昌熙、史若平：《试论五四新文学运动中胡适的历史作用》，《文史哲》1979年第3期。

不可没。[①] 潘光伟指出，胡适受传统影响的西化论者，其思想有三个基本特征：深受赫胥黎和杜威的影响，毕生坚守“进化思想模式”；是杜威的忠实信徒，但不是一个“好”的实用主义者，在中美两国不同的文化背景下，他移植来的学说，引起了“桔逾淮而北为枳”之效；摒弃了传统的“排拒”意识，不懈地追求“独立”意识——不依附任何党派，主张言论自由、民主秩序、思想意识的宽容等。[②] 蔡尚思十分肯定“胡适在新文化运动中的反封建精神”，认为主要表现在“首倡白话文”“打孔家店”“引进西方文明”“力行学术民主”，胡适“在中西学、中英文各方面都有相当根抵，颇象严复；有时比较浅薄，颇象梁启超。他大力提倡白话，功不可没。他的思想，在新文化运动时期起了相当积极的作用”。[③]

鲁迅。出版的著作主要有林非的《鲁迅前期思想发展史略》（上海文艺出版社 1978 年版）、张琢的《鲁迅哲学思想研究》（湖北人民出版社 1981 年版）、易竹贤的《鲁迅思想研究》（武汉大学出版社 1984 年版）、金宏达的《鲁迅文化思想探索》（北京师范大学出版社 1986 年版）等。国民性思想是鲁迅思想研究的重点。王瑶在《谈鲁迅的改造国民性思想》一文中认为：“所谓改造国民性，包括两方面的内容，一方面是揭露和批判国民性的弱点，一方面是肯定和发扬国民性的某些优点，虽然他对国民性问题认识的深度和侧重点前后其有所不同，但这两个方面的内容无论前期或后期都是存在的。”[④] 鲍霁将鲁迅思想发展分为三个时期，“早期（1920 年前后），前期（特别是五四运动前后到 1925 年）和后期”。早期探讨的是“心灵的启蒙和个性的解放”。前期“一方面把改造国民性的任务，同他所执行的反帝反封建的思想革命有机地结合起来。另一方面逐渐扬弃了他早期那种崇尚天才，轻视物质文明的偏颇”。后期“在立场、方法、观点上与前两个时期有根本不同，并有了重大发展”。[⑤] 陈早春将鲁迅改造国民性思想分为四个阶段：第一阶段，即鲁迅留学日本时期。主要

---

① 参见欧阳哲生《重评胡适》，《湖南师范大学社会科学学报》1988 年第 2 期。

② 参见潘光伟《胡适思想三题》，《中国人民大学学报》1989 年第 5 期。

③ 蔡尚思：《胡适在新文化运动中的历史作用》，《青海社会学》1989 年第 3 期。

④ 王瑶：《谈鲁迅的改造国民性思想》，《文学评论》1981 年第 5 期。

⑤ 鲍霁：《论鲁迅改造国民性思想的发展》，《社会科学辑刊》1981 年第 5 期。

探讨“怎样才是最理想的人性”。这时的鲁迅是个民族民主主义者。第二阶段，即五四时期。主要探索的是国民性的“病根何在”的问题。此时的鲁迅是个激进民主主义者。第三阶段，即从五四退潮至第一次国内革命战争失败前夕。其思想已属于新民主主义思想的范畴。第四阶段，即鲁迅思想发展的后期。这时，他已经成为马克思主义者，能够以更为明确的语言对“国民性”问题提出历史唯物主义的、阶级论的分析。[①] 郑欣淼认为:“鲁迅改造国民性思想经历了长期变迁、发展的过程，逐渐克服了其中的弱点和不足，最后建立到科学世界观的基础之上。这一过程可分为四个阶段:第一阶段，从留学日本到五四新文化运动前夕，是他改造国民性思想的滥觞期。第二阶段，五四新文化运动到第一次国内革命战争前夕。这一阶段进行的是攻击封建传统的思想革命，通过广泛的‘文明批评’，扫荡旧的意识形态，打碎反动统治的精神枷锁，疗救病态的国民性。第三阶段，第一次国民革命战争时期。鲁迅经过短暂的彷徨和思想上的矛盾斗争，正确地解决了改造国民性与改造社会思想革命的关系，把改造国民性思想建到了唯物史观的基础上。第四阶段，第二次国民战争时期，即上海十年。作为一个成熟的马克思主义者，鲁迅建立在唯物史观之上的改造国民性思想，更加成熟，更臻完善，视野也更加开阔。”[②] 冯天瑜认为，鲁迅所揭示的国民性弱点的原因，一是由于中国经历了漫长的封建社会，造成社会生活的闭塞、钝滞、狭隘，二是由于资本主义列强的入侵，造成的失败主义情绪，以及奴才与暴君、自卑与自大相混合的病态心理，造成了中国统治者的共同精神状态，而这种状态同样在劳动人民身上表现出来。[③] 陈鸣树指出，“鲁迅认为中国国民性弱点形成的第一个原因是由于中国是农业社会”。这种单一的农业经济和落后的经营方式不能不反映到民族心理上，“成为一种节奏缓慢、不珍惜时间、狭隘保守的民族精神状态”。“第二个原因是在政治方面，即‘历受游牧民族之害’。他们的统治

① 参见陈早春《对鲁迅的改造“国民性”思想的初步探讨》，《中国社会科学》1981年第6期。

② 郑欣淼:《文化批判与国民性改造》，陕西人民出版社1988年版，第50页。

③ 参见冯天瑜《“国民性”的一面秋毫毕现的镜子》，《湖北大学学报》1979年第4期。

方式曾给人们心理上蒙上了阴影。”[1]

梁漱溟。一直到20世纪70年代末，提到梁漱溟，还多是大批判的语言。对梁漱溟的学术研究，在他晚年亦即80年代后期，随着文化热的兴起而逐渐增多起来。郑大华将梁漱溟定位为五四时期最著名的文化保守主义者、现代新儒学的开山鼻祖，分析了其思想经历“西洋功利派的人生思想”—“古印度人的出世思想”—“中国儒家思想”三个时期而转变为文化保守主义者的过程，指出其《东西方文化及其哲学》是五四时期文化保守主义的代表作，它从文化渊源、人生哲学的角度对新文化运动进行总的清算，比梁启超的《欧游心影录》更有理论性和原创性。[2] 郑大华还分析了梁漱溟对中国文化的认识，指出：“中国文化早熟”说是梁漱溟认识中国文化的钥匙和立论之本；依据“中国文化早熟”这个总特征，梁漱溟又考察了中国文化的十四个特征；探索复兴儒家的道路，谋求中华民族的前途，是梁漱溟一生关切的主要问题。[3] 方松华指出，梁漱溟在1921年发表的《东西方文化及其哲学》，奠定了其作为当代新儒家的代表在现代中国哲学史上的地位；梁漱溟文化哲学的立论之本与他解答东西文化问题的钥匙是他的“三大文化路向”或“三种人生态度”说；对中国文化的评估与对世界未来文化的预测是梁漱溟文化哲学的主题和核心，也是当代新儒家的基本理论之一。[4] 郭齐勇指出，梁漱溟是中国文化哲学和比较文化园地的开拓者，他以“身的文化”与“心的文化”为轴心，设计了一套中西文化比较的参照系；还以“伦理本位”和“个人本位”作为概括中国文化与西方文化的比较模式。[5]

吴虞。马自毅指出，新文化运动期间，吴虞因其曾经发表猛烈抨击儒家纲常名教、家族制度的文章，被誉为“只手打倒孔家店的老英雄”；其后的一些论著也多半把吴虞视作反封建、反传统的代表人物，与陈独秀、

---

① 陈鸣树：《关于鲁迅论国民性的几个问题》，《天津社会科学》1981年第1期。

② 参见郑大华《梁漱溟与五四时期的文化保守主义》，《求索》1987年第4期。

③ 参见郑大华《梁漱溟对中国文化的认识与探讨》，《北京师范大学学报》1988年第6期；郑大华《梁漱溟与中国传统文化》，《中州学刊》1988年第3期。

④ 方松华：《梁漱溟文化哲学述评》，《学术月刊》1987年第5期。

⑤ 参见郭齐勇《梁漱溟的文化比较模式析论》，《武汉大学学报》1988年第2期。

李大钊、鲁迅等人并列，称为“资产阶级节命派”“彻底的反传统派”等，予以高度评价。但他认为，吴虞写了些反孔非儒的文章，但称其“资产阶级节命派”是戴错了桂冠。[①] 钟海谟指出，吴虞是在新文化运动中造就出来的名震五四前后的历史人物。他在沧海横流之际，与古老中国的顽固封建势力及其统治工具进行了英勇顽强的搏击，曾成为中国现代史上的著名战士，却以佛教居士为归宿，确是一类典型。[②] 贾顺先指出，当康有为、梁启超主张的变法维新思潮传入四川后，吴虞是成都地区主张“新学”的第一人。他一面在成都教书，一面反对封建礼教，主张家庭革命和社会革命，不顾当时一批封建遗老和政客等的反对和“鄙笑”，四处“搜访弃笈，博稽深览，十年如一日”，到处搜寻被封建遗老等人认为是“弃笈”的新书和报纸，加以深入的研究和广博的考证之后，形成了自己的思想。五四时期主张“打倒孔家店”，批判为封建专制服务的儒学。由于采取形式主义方法对待孔子，后来落后于形势。[③] 王杰指出，吴虞对儒家思想的评判是多方面的，他对儒家思想的批判很大程度上是在道德—政治领域即批判旧礼教旧道德，对儒家家庭—国家同质同构学说也作了细致入微的剖析，还批判了儒教毒化国民、摧残人性。[④]

其他人物思想。周作人。舒芜认为，在五四新文学和新文化运动当中，周作人在外国文学的翻译介绍方面，在新的文学理论文学批评的建设方面，在思想革命的号召和实行方面，在新诗的创作和理论探索方面，在小品文的创作方面，成就和贡献都是当时第一流的、开创性的、别人无可代替的，将永远成为中国新文学宝库的一个极重要的部分。周作人后来之所以消极颓唐，终于陷进叛国附敌的泥潭，是由于他的精神结构之底层，始终是贵族式的优越、冷漠的中庸主义。而中国文化本是自我调节型的，是中庸主义的好的土壤。在民族存亡的关头，本来需要的是震撼突破，根本改造文化的形式、实现文化革命，鲁迅一生走的就是这条反中庸主义的道路。周作人走的是另一条道路，他乘着中庸主义的小舟涌上历史的潮

---

① 参见马自毅《戴错了桂冠》，《读书》1989年第11期。

② 参见钟海谟《吴虞反儒思想分析》，《暨南学报》1987年第4期。

③ 参见贾顺先《论吴虞“反孔”的是与非》，《社会科学研究》1986年第2期。

④ 参见王杰《吴虞对儒家封建礼教的评判》，《孔子研究》1988年第4期。

头，后来新的潮头迎面打来，他还想用这小舟力挽狂澜，既不可得，乃以颓废自保，并以导人，从反封建文化的前驱，一退而去继承封建的异端派的衣钵，再退而与封建妖孽汉奸政客同流了。周作人的悲剧，乃是民族文化新生过程中不该毁灭的东西陪着古老传统一起毁灭的悲剧。[①]

① 参见舒芜《周作人概观》，《中国社会科学》1986 年第 4、5 期。

第四章

20世纪90年代初至2014年：走向繁荣(上)

受1989年政治风波、苏东事件和学术自身发展规律的影响，进入20世纪90年代后，中国近代思想史的研究重心发生变化，从研究思想启蒙到研究保守主义，从研究思想家到研究学问家，从研究革命进步思想和运动到对革命进步思想和运动的批判，即所谓反激进主义，并出现了所谓“思想家淡出，学问家兴起”的局面。与此同时，随着西方观念史、新文化史、社会史等研究理论和方法的引入，越来越多的学者把他们的研究兴趣和精力转到了观念史、新文化史、社会史和思想史视野下的新闻报刊史的研究上，并取得了丰硕成果。关于思想史学科自身的理论建设在进入新世纪后也日益引起学术界的重视，相继发表了一大批讨论中国近代思想史的研究对象、研究方法、逻辑起点、历史分期、发展动力等问题的文章，在某些问题上学者们取得了一些共识。这一切，都推动了中国近代思想史研究在80年代恢复与发展的基础上开始走向繁荣。

具体来说，在资料整理方面，文集、日记、年谱、学术史资料等各种文献大量出版，魏源、李鸿章、张之洞、康有为、孙中山、蔡元培、胡适、李大钊、梁漱溟等重要思想家的全集纷纷面世，尤其是文献资料的数字化，如“中国期刊网”、民国报刊数据库、民国文献数字化等项目的开发和建设，为研究者利用资料与掌握研究动态提供了便捷的条件。宏观体系的构建有了新的探索，与80年代以前的通论性教材、论著多以“政治思想史”命名不同，进入90年代尤其是21世纪以后，通论性教材、论著则多以“思想史”或“思想史论”命名，如郑大华的《晚清思想史》《民国思想史论》和《民国思想史续论》，启良的《20世纪中国思想史》，雷广臻的《中国近代思想史论》等，这反映了学者们试图匡正以往思想史偏重于政治思想的缺陷或不足。中国近代思想史的学科建设与学科理论研究越来越为学术界所重视，前者如已连续举办五届的“中国近代思想史国际学术研讨会”为代表的学术研讨活动的组织化，后者如进入21世纪以来围绕近代思想史研究对象所展开的讨论。思想进程的研究取得了新的成果。思想人物的研究进一步深化，一方面，许多之前没有或少有人关注的思想家，尤其是比较温和和保守的思想家，开始进入研究者的视野；另一方面，过去研究较多的思想家的研究进一步深化和细化，提出了许多新的观点。如果说80年代以前，那些以“中国近代思想史”或“中国近代政治史”命名的著作，基本上是各个时期一些主要思想家思想的汇编的话，那么，从90年代初开始，思潮研究异军突起，蔚然成风，近代思想史著作越来越多地以社会思潮而不是以思想家为主线来架构，以前很少涉及的民族主义、社会主义、激进主义、保守主义、自由主义等一些重要社会思潮的专题研究成果丰硕。在思潮史研究蔚然成风的同时，学术思想史研究也逐渐成了学术热点，近代学术史流变中的传统学术思想的近代走向和现代学术之建立等问题已引起越来越多的学者的关注。受西方观念史、新文化史、社会史等研究理论和方法的影响，90年代以来尤其是21世纪以来，中国近代思想史研究的一个新的趋向，就是研究视线的下移，将社会生活与思想史相关的领域纳入视野，从广阔的社会生活背景中去考察近代思想的发展历程，观念史、新文化史、社会史以及思想史视野下的新闻报刊史研究成了新的学术增长点。这些都是中国近代思想史开始走向繁荣的重要标志。

这一时期，因自然律规的作用，梁漱溟、冯友兰、侯外庐、蔡尚思、冯契等老一辈学者先后退出了中国近代思想史的研究队伍；陈旭麓、李泽厚等一批为80年代中国近代思想史研究的恢复和发展做出过巨大贡献的学者，同样为这一时期中国近代思想史研究的走向繁荣做出了巨大贡献，其中陈旭麓等先生因积劳成疾，先后辞世，这无疑是中国近代思想史学界的重大损失，健在的李泽厚等先生至今仍然笔耕不辍，发挥着重要的影响力；一批80年代已崭露头角的学者以及比他们年轻一些（出生于60年代）的学者成了这一时期中国近代思想史研究的中坚力量，他们在某种程度上引领着中国近代思想史研究的趋向；一些以中国近代文学史、中国近代哲学史和西方近代哲学史为专业的学者在这一时期也先后（或某一时段）加入了中国近代思想史研究的队伍行列，并以他们的跨学科优势，丰富了中国近代思想史的研究内容。

一些专门研究中国近代思想史学术机构的设立，也对这一时期中国近代思想史研究的走向繁荣发挥了重要作用。例如，中国社会科学院近代史研究所思想史研究室，自1992年成立以来，尤其是自2002年被评为中国社会科学院首批重点学科以来，在推动中国近代思想史研究方面就做了大量工作。据统计，仅2002年以来，该研究室联合国内有关高等院校和科研机构，就先后召开了五次国际学术研讨会，十余次国内学术研讨会，就民族主义、社会主义、保守主义、激进主义、自由主义、中国传统文化的近代转型、中国近代思想史研究方法、思想家与中国近代思想、西方思想在近代中国、戊戌变法与晚清社会转型、辛亥革命与清末民初思想、近代中国人的国家观念与世界意识等一些重大的社会思潮和学术前沿、热点问题组织国内外专家学者展开学术讨论，进行学术交流。同时，该研究室还于2004年创办了国内第一份以书代刊的中国近代思想史研究刊物——《中国近代思想史研究集刊》，每年一辑，每辑50万字左右，目前已出版10辑。2005年，该研究室经过精心筹备，成立了全国性的非实体的学术研究机构——中国近代思想研究中心，思想史研究室的资深研究员、中国社会科学院学部委员耿云志担任中心理事长，思想史研究室主任、学科带头人郑大华担任中心主任，并聘请李文海、丁守和、龚书铎、张岂之、刘桂生等著名学者担任顾问，郑师渠、熊月之等国内多位近代思想史研究领域学有专长的学者担任理事，并组成理事会，作为中心最高管理机构。中心成立后，积极开展活动，取得了很好的社会和学术效果。例如，在《光明日报》“史学版”的支持下，研究中心先后组稿“关于中国近代民族主义的对话”（《光明日报》2006年3月28日“史学版”）、“关于中国近代自由主义的对话”（《光明日报》2008年5月10日“史学版”）、“关于中国近代史上的保守与激进的对话”（《中华读书报》2010年9月27

日)，以及“如何辩证地看待中国传统思想的近代转型”（《光明日报》2007年11月30日“史学版”）以及“继承五四　超越五四——纪念五四运动九十周年的对话”（《光明日报》2009年4月28日“史学版”），就中国近代思想史上的一些重大社会思潮和历史事件，邀请有关专家进行讨论，引起了较大的学术和社会反响。

第一节　通论

一　资料的整理出版

进入20世纪90年代后，继续整理和出版了一些相关资料，其中通论性质的思想史资料集有：张岱年主编的《中国启蒙思想文库》（辽宁人民出版社1994—2000年版），共20册，包括《尊隐——龚自珍集》《默觚——魏源集》《采西学议——冯桂芬、马建忠集》《使西纪程》《弢园文录外编》《新政真诠——何启胡礼垣集》《砭旧危言》《筹洋刍议——薛福成集》《盛世危言——郑观应集》《大同书——康有为》《强学——戊戌时论选》《论世变之亟——严复集》《新民说》《仁学——谭嗣同集》《民声——辛亥时论选》《新潮——民初时论选》《訄书》《建国方略》《猛回头——陈天华、邹容集》《睡的人醒了——朱执信集》。其中，何启、胡礼垣的《新政真诠——何启胡礼垣集》是第一次点校和整理出版。黄克剑、吴小龙编纂的《当代新儒学八大家集》（群言出版社1993年版），每集均分三部分编纂：生平、思趣、人格、境界；撰述原委与措思线索；论著选粹，展现了现代新儒家学者梁漱溟、熊十力、张君劢、冯友兰、方东美、唐君毅、牟宗三、徐复观等人的思想。方克立、李锦全主编的《现代新儒家学案》（中国社会科学出版社1995年版），是一部研究现代新儒家的资料性著作。方克立主编的《现代新儒学论著辑要》丛书（中国广播电视出版社1995、1996年版），收录有《孔子学说的重光——梁漱溟新儒学论著辑要》《生命理想与文化类型——方东美新儒学论著辑要》《儒家传统的现代转化——杜维明新儒学论著辑要》《极高明而道中庸——冯友兰新儒学论著辑要》《儒家思想的新开展——贺麟新儒学论著辑要》《现代新儒学的根基——熊十力新儒学论著辑要》《儒家思想与现代化——刘述先新儒学论著辑要》《默然不说声如雷——马一浮新儒学论著辑要》《道德理想主义的重建——牟宗三新儒学论著辑要》《文化意识宇宙的探索——唐君毅新儒学论著辑要》《中国人文精神阐扬——徐复观新儒学论著辑要》《内在超越之路——余英时新儒学论著辑要》《精神自由与民族文化——张君劢徐复观新儒学论著辑要》。汤一介主编的“20 世纪中国文化论著辑要”丛书（中国广播电视出版社 1995、1999 年版），主要有《国故新知论——学衡派文化论著辑要》《时代之波——战国策派文化论著辑要》《知识与文化——张东荪文化论著辑要》《知识与价值——成中英文化论著辑要》《走出东方——陈序经文化论著辑要》《超越心性——20 世纪中国道教文化学术论集》《本色之探——20 世纪中国基督教文化学术论集》《人间关怀——20 世纪中国佛教文化学术论集》等。谢遐龄主编的“中国近现代思想家论道”丛书（上海远东出版社 1995 年版），收录有《国性与民德——梁启超文选》《民权与国权——孙中山文选》《向着新的理想社会——李大钊文选》《德赛二先生与社会主义——陈独秀文选》《文化融合与道德教化——蔡元培文选》《疑古与开新——胡适文选》等 10 种。丁守和主编的《中国近代启蒙思潮》（社会科学文献出版社 1999 年版），按时间顺序分为三卷，第一卷从 1840 年的鸦片战争前后到 1915 年《新青年》创刊之前，第二卷从《新青年》创刊到 1923 年底“科学与人生观论战”的基本结束，第三卷从 1924 年到 1949 年中华人民共和国成立。每卷之始，有该卷编者撰写的前言；每卷之中，按内容分为若干专题，每个专题之前有介绍本专题的说明文字。这是一部值得重视的研究近代启蒙思潮的资料性著作。此外，还有《中国思想史参考资料集》（晚清至民国卷）（清华大学出版社 2005 年版）、《中国社会思想史史料选辑》（广西出版社 2007 年版）、《中国思想史资料丛刊》（中华书局 2009 年版）等思想史资料集整理出版。

思想家个人的文集和全集也得到了大量的整理和出版，如《晏阳初文集》3 卷（四川教育出版社 1990 年版）、《胡适文集》12 卷（北京大学出版社 1998 年版）、《胡适书信集》3 卷（北京大学出版社 1996 年版）、《章士钊全集》10 卷（文汇出版社 2000 年版）、《张澜文集》（四川教育出版社 1991 年版）、《瞿秋白全集》（人民出版社 1985—2001 年版）、《汤用彤全集》7 卷（河北人民出版社 2000 年版）、《熊十力全集》10 卷（湖北教育出版社 2001 年版）、《陈寅恪集》14 卷（三联书店 2001 年版）、《三松堂全集》14 卷（河南人民出版社 2001 年版）、《林则徐全集》10 卷（海峡文艺出版社 2002 年版）、《魏源全集》20 卷（岳麓书社 2004 年版）、《胡适全集》44 卷（安徽教育出版社 2004 年版）、《傅斯年全集》7 卷（湖南教育出版社 2004 年版）、《黄遵宪全集》2 卷（中华书局 2005 年版）、《梁漱溟全集》8 卷（山东人民出版社 1993、2005 年版）、《李大钊全集》5 卷（人民出版社 2006 年版）、《康有为全集》12 卷（中国人民大学出版社 2007 年版）、《张之洞全集》12 卷（武汉出版社 2008 年版）、《李鸿章全集》39 卷（安徽教育出版社 2008 年版）、《宋教仁全集》（湖南人民出版社 2008 年版）、《丁文江文集》7 卷（湖南教育出版社 2008 年版）、《王国维全集》20 卷（浙江教育出版社 2009 年版）、《陈垣全集》23 卷（安徽大学出版社 2009 年版）等。思想家的文集和全集是解读思想家思想的第一手资料。它们的出版给中国近代思想家的研究奠定了坚实的文献基础。

日记和年谱也是研究思想家思想的重要资料之一，90 年代以来，尤其是 21 世纪以来，出版与近代思想家相关的日记主要有：《吴宓日记》（10 册，三联书店 1998 年版）、《胡适日记》（8 册，安徽人民出版社 2001 年版）、《薛福成日记》（2 册，吉林文史出版社 2004 年版）、《黄炎培日记（1911—1949）》（10 册，华文出版社 2008 年版）。在年谱方面，主要有鲁迅博物馆鲁迅研究室的《鲁迅年谱》（4 册，人民出版社 2000 年版），孙应祥的《严复年谱》（福建人民出版社 2003 年版），罗耀九、林平汉、周建昌的《严复年谱新编》（鹭江出版社 2004 年版），樊克政的《龚自珍年谱考略》（商务印书馆 2004 年版），袁英光等人的《王国维年谱长编》（天津人民出版社 2005 年版），夏东元的《郑观应年谱长编》（2 册，上海交通大学出版社 2009 年版），朱文通的《李大钊年谱长编》（中国社会科学出版社 2009 年版），吴剑杰的《张之洞年谱长编》（2 册，上海交通大学出版社 2009 年版），来新夏的《林则徐年谱长编》（上海交通大学出版社 2011 年版），等等。大量的日记和年谱的出版，为研究谱主提供了新的文献材料。

与从80年代的“文化热”到90年代的“国学热”的转变相适应，一些与学术史相关的资料在90年代后也得到了整理和出版。大型丛书有刘梦溪主编的“中国现代学术经典”（河北教育出版社1996年版），第一批收有：陈寅恪卷、章太炎卷、熊十力卷、廖平·蒙文通卷、太虚卷、唐君毅卷、萧公权卷、钱宾四卷、汤用彤卷、梁漱溟卷、胡适卷、李济卷、黄侃·刘师培卷、鲁迅·吴宓·吴梅·陈师曾卷、钱基博卷、杨文会·欧阳渐·吕澂卷、余嘉锡·杨树达卷、方东美卷、康有为卷、郭沫若卷、赵元任卷、金岳霖卷、冯友兰卷、顾颉刚卷、严复卷、傅斯年卷、王汝弼卷、陈垣卷、马一浮卷。“民国学术经典文库”（东方出版社1996年第1版，2012年重版），其中“思想史类”有郭沫若的《十批判书》、杨东莼的《中国学术史讲话》、梁启超的《先秦政治思想史》、顾颉刚的《汉代学术史略》、容肇祖的《魏晋的自然主义》、吕思勉的《理学纲要》、陈钟凡《两宋思想述评》、嵇文甫的《晚明思想史论》、梁启超的《清代学术概论》、梁启超的《中国近三百年学术史》等，另有“文学史类”和“历史类”多种。王元化主编的“近人学术述林”（浙江人民出版社1998年版），共12册，其中有《梁启超学术论著》《王国维学术论著》《章太炎学术论著》《刘师培学术论著》《陈序经学术论著》《胡朴安学术论著》《李石岑学术论著》《蔡元培学术论著》《陶鸿庆学术论著（读诸子札记）》《孟森学术论著》《鲁迅学术论著》《太虚学术论著》等。戴逸主编的《20世纪中华学案》（北京图书馆1999年版），共10册，大体按学科、学派、年代分卷，计有综合2卷、哲学4卷、史学2卷和文学2卷。每卷由导言、案主简介、论著选要三部分组成，论著选要按学术观点分类编排，功按论著类别编排，视案主情况而定，各卷不统一，但每卷大体一致。

二　文献资料的数字化及其影响

文献资料的数字化，简而言之，即是将原来存储在各种物理载体上的信息，转化为计算机可以识别的数据进行加工、处理和存储。文献资料数字化的终极形式为数字图书馆。所谓数字图书馆，即是指“利用现代信息技术对有价值的图像、文本、语音、音响、影像、影视、软件和科学数据库等多媒体信息进行收集，组织规范性的加工和压缩处理，使其转化为数字信息，然后通过计算机技术进行高品质保存和管理，实施知识增值，并通过网络通信技术进行高效、经济的传播、接收，使用户可以在任何时间、任何地点，从网上得到各种服务，为公民的终身学习机会做出贡献，成为国家的知识基础设施”。[①] 当前，文献资料的数字化实现形式主要有两种：一是采用扫描录入的方法，将文献资料按原貌逐页扫描，存储为图像文件；二是以文本方式存储文献资料内容，再在其基础上建立相应的全文检索系统，构成全文检索数据库。第一种方式适合古籍善本和以往出版文献的数字化，第二种适合新出版文献资料的数字化。

中国文献资料的数字化始于台湾。1984 年，台湾“中央研究院”历史语言研究所和资讯所的研究人员合作制订“史籍自动化计划”，尝试将二十四史中的《食货志》输入电脑，制成数据库。1988 年，香港中文大学中国文化研究所启动了中国古代文献资料库项目，到目前为止，该所已经完成了近 3500 万字的建库工作，出版了“汉达古籍资料库”光盘，并已提供约 1100 万字的古籍网络检索服务。大陆的文献资料的数字化工作则始于 20 世纪 90 年代末期，文渊阁《四库全书》电子版的推出，标志着我国在文献整理的数字化方面取得了较大的技术进展。1997 年，北京图书馆作为国家图书馆，启动“中国试验型数字图书馆”项目，同年 12 月，北京世纪超星信息技术有限公司创建了“超星数字图书馆”，成为国内首家以图像存储为主的数字图书馆。此后，国家连续实施了“中国数字图书馆工程”和“中国数字图书馆示范工程”，国内各大图书馆和高校纷纷跟进，掀起了一股数字化潮流。中国国家图书馆数字古籍平台、汉达文库、台湾“中央研究院”历史语言研究所资料库成为国内三大古籍数字化资源平台。“中国期刊网”“万方数字化期刊网”和“维普中文科技期刊全文数据库”几乎囊括了国内出版的所有重要期刊。

---

① 2002 年数字图书馆国际论坛及工程项目洽谈会网站，数字图书馆的历史与演变［EB/OL］（http://www.dlibforum.com/information1.htm）。

进入90年代尤其是新世纪以后，民国报刊数字化取得突出成绩，一大批民国报刊的数据库得以建立。如上海图书馆出版的《民国期刊全文数据库》（部分出版）、《晚清期刊全文数据库》（1911—1949）、《晚清期刊篇名数据库》（1833—1910）、《民国时期期刊篇名数据库》（1911—1949）和《北华捷报/字林西报全文数据库》（1850—1951），重庆图书馆的《清末民初报刊篇名索引》，广东省立中山图书馆的《民国报刊与古籍全文数据库》，爱如生的《申报》和《中国近代报刊库》，商务印书馆的《〈东方杂志〉期刊全文检索数据库》，尚品大成的《大成老旧全文数据库》，瀚堂公司的《瀚堂近代报刊数据库》，青苹果公司的《华文报刊文献数据库》，等等。

缩微数字化进展顺利。国家图书馆完成民国时期文献数字化转换34806种计935万页；上海图书馆完成民国时期文献数字化转换13195种；南京图书馆转换民国时期图书1500种，共计3200册45万页；而重庆图书馆则完成了馆藏全部民国时期图书、期刊、报纸的数字化转换。另外，广东省立中山图书馆、云南省图书馆等多家图书馆也加快了缩微数字化转换的步伐。

民国文献题录数据库建设工作迅速推进。全国图书馆联合编目中心建成《国家图书馆民国期刊书目数据库》《国家图书馆民国时期中文图书书目数据库》《国家图书馆新善本书目数据库》；湖北省图书馆建成《馆藏民国时期中文图书书目数据库》；北京师范大学图书馆建成《馆藏解放前期刊目录》《北京师范大学图书馆馆藏师范学校及中小学教科书书目库》。

专题数据库建设得以起步，重点成果包括：南京图书馆的《中国近代文献图像数据库》等多个民国系列专题数据库，上海图书馆的《近代民国时期中医药专题数据库》，首都图书馆的《旧京戏报数据库》和《旧京图典》，广西壮族自治区图书馆的《广西民国照片》和《广西民国人物》等。民国图书数字化虽进展不大，没有建成专门的数据库，但“维库民国电子资源数据库”“大学数字图书馆国际合作计划”和“读秀”中也包含了部分民国图书。

最后，值得重视的还有“国家档案文献库”。该档案库是超星公司通过商业运营方式，把中央档案馆、中国第一历史档案馆、中国第二历史档案馆的馆藏重要档案文献进行数字化，建立专门的档案数据库。内容包括明清至1995年最具权威性的150多万页重要档案文献资料。

文献资料的数字化，对学术研究当然也包括中国近代思想史研究产生了重要的影响。

随着数字技术和计算机技术的发展和普及，数字化的信息载体会给传统文献学带来巨大的变革，文献书写方式、收藏方式、阅读方式、出版方式都出现重大变革。这一时代变革自然也会对史学研究产生深远的影响。其一，文献资料的普及化。对于历史研究而言，占用尽可能多的文献资料作为得出结论的前提。传统时代，大量文献资料，特别是珍稀资料被少数个人和机构所垄断，绝大多数研究者无法接触，自然也无法进行相应的研究，而进入资料数字化时代后，对于史学各个领域而言，新进入相关领域的研究者同已有多年积累的研究者相比，其在文献占有的数量上几乎是相等的，文献资料占有对研究者的客观限制几乎消失。其二，史料的综合化与个性化。对于历史学研究而言，新材料的发现是重要的学术突破口，在纸质文献资料时代，文献资料的查阅不仅需要耗费研究者大量心力，而且很难做文献资料的综合比对，而进入史料数字化时代后，研究者可以对特定主题和关键词在不同学科、类型的数据库之间高速高效地搜索相关文献资料，并对史料进行分类整理和综合比对，形成综合的个性化专题文献资料体系。其三，解读的碎片化。传统时代的史学研究，研究者往往在史料固有的历史背景与语境中对其进行有序阅读。而在数字化时代，由于建立属于研究者的专题数据库成为可能，使得史料收集向数据收集转化，史学研究更多从史料汇编开始进行，其史料阅读从有序阅读更多转向为无序阅读。另外，基于数据库搜索产生的资料往往会脱离其既有的历史背景和原有语境。此二者往往导致对史料“只见草茎，不见根须”的碎片化解读。其四，考证数字化。对史料进行考证，是史学研究的基本功。在数字化时代，一方面，数据库全库检索本身就能成为考证重要手段；另一方面，工具书被大量数字化，如辞典网络版的推出，《瀚堂典藏》数据库对中国传统小学工具及古代类书的数字化，以及新浪爱问、百度知道、雅虎知识堂、天涯问答等互动式知识平台的发展，使得很多问题的考证成为一种省时省力的技术性操作。

三　通论性近代思想史论著、教材

90 年代仍以 1840 年、1919 年为上、下限的“近代政治思想史”著作或教材有：王有光的《中国近代政治思想史》（知识出版社 1993 年版），刘健清、李振亚的《中国近代政治思想史》（南开大学出版社 1995 年版），田海林主编的《中国近代政治思想史》（山东大学出版社 1999 年版）。以 1840 年、1949 年为上、下限的“近代政治思想史”“近现代政治思想史”著作或教材有：谭双泉的《中国近代政治思想史（1840—1949）》（湖南师范大学出版社 1995 年版），许光怅的《中国近现代政治思想史》（南京大学出版社 1990 年版），陈哲夫、江荣海、谢庆奎、张晔的《现代中国政治思想流派》上、中、下册（当代中国出版社 1999 年版）等。俞祖华主编的《中国现代政治思想史》（山东大学出版社 1999 年第 1 版，2008 年第 2 版），其上、下限是 1919 年、1949 年。以“思想史”命名的论文集，主要有许纪霖等主编的《20 世纪中国思想史论》（东方出版中心 2000 年版），系统地汇集了研究思想史的一些学者自 1980 年以来关于 20 世纪中国思想研究的重要成果，全书分上、下两卷，分四辑，收录了 23 篇论文：第一辑为五四专辑，从经济伦理、自由与保守、启蒙与救亡、理性主义与浪漫主义等多个角度解析了五四这个复杂而矛盾的大时代，探讨了 20 世纪中国社会思想变化的根本原因；第二、三两辑重点讨论了 20 世纪中国思想史上风起云涌的各种观念与论战；第四辑则梳理了五四以来激荡中国的各种思潮。

90 年代出版的专门思想史领域的通史性论著有张晋藩的《中国法律的传统与近代转型》（法律出版社 1997 年版）、陈其泰的《中国近代史学的历程》（河南人民出版社 1994 年版）、田震亚的《中国近代军事思想》（商务印书馆 1992 年版）、胡大春的《中国近代新闻思想史》（山西教育出版社 1996 年版）、徐宗勉主编的《近代中国对民主的追求》（安徽人民出版社 1996 年版）、刘增杰的《中国现代文学思潮研究》（河南大学出版社 1996 年版）等。

进入 21 世纪以来，在通论性论著的撰写方面呈现出新的动向和特征。

雷广臻的《中国近代思想史论》（北京师范大学出版社 2012 年版）对晚清洋务派、太平天国、维新派和梁启超的思想进行了论述。王尔敏的《中国近代思想史论》（社会科学文献出版社 2003 年版）、《中国近代思想史论续集》（社会科学文献出版社 2005 年版）则对近代思想史范畴的一系列观念、概念、思想、思潮的创生、衍变、发展及其历史作用，分别进行了认真的别开生面的考论，展现了近代知识分子对中国近代思潮的反应与理解。汪荣祖的《从传统中求变——晚清思想史研究》（百花洲文艺出版社 2002 年版）主要关注晚清变法思想、康有为和章炳麟思想的研究。汪学群、武才娃的《清代思想史论》（中国社会科学出版社 2007 年版）对清代的学术思想、哲学思想、伦理道德思想、宗教思想、经学思想，以及政治思想进行了研究。启良的《20 世纪中国思想史》（花城出版社 2009 年版）从大历史和人性的角度重新审视 20 世纪的中国各种思想，提出 20 世纪的中国思想史，实为自由主义、保守主义、激进主义三种思想并存、斗争、实践并发展变化的历史。黄顺力的《中国近代思想文化史探论》（岳麓书社 2005 年版）内容涉及传统心态与鸦片战争、曾国藩与洋务思潮、人物思想刍议、海洋观探微、史学漫谈五部分。李华兴的《民主与近代中国》（上海社会科学院出版社 2006 年版）和汤奇学的《中国近代思想文化史探索》（安徽大学出版社 2005 年版），内容涉及近代人物思想和时代思潮。谢世诚、朱小玲的《中国近现代思想史论》（黑龙江人民出版社 2008 年版）内容涉及近现代各政治派别的思想。郑大华先后出版了《晚清思想史》（湖南师范大学出版社 2005 年版）、《民国思想家论》（中华书局 2006 年版）、《民国思想史论》（社会科学文献出版社 2006 年版）、《民国思想史论续集》（社会科学文献出版社 2011 年版）等研究近代思想史的著作，其中《晚清思想史》分六章分别考察了晚清思想的演变，与以往的中国近代思想史著作或以思想家的思想为主，或以各种思潮的演化为主不同的是，该书将思潮史与思想家结合起来进行研究，即以近代思潮的演化脉络为经，以主要思想家的思想和活动为纬、经纬交织，一方面以思想家的思想来见证思潮的演化，另一方面又以思潮的演化来加深对思想家思想的解剖。在“结语”部分，该书用近六万字的篇幅对晚清留下的思想遗产进行了认真梳理，认为晚清给后人留下了三个遗产，即（1）反对帝国主义侵略的爱国思想；（2）对民主与科学的追求；（3）强烈的"振兴中华"的使命感。这是其他中国近代思想史著作没有的内容。同时该书对目前学术界争论较多的太平天国与中国早期近代化的关系，冯桂芬的思想属性，清末立宪的性质，民族救亡与思想启蒙的关系，改良与革命的评价等都提出了自己的看法，对其他中国近代思想史著作很少涉及的 20 世纪初的启蒙运动以及《新政真诠》等都辟有专章或专节论述。《民国思想史论》涉及民国思想史的特点、西学在民国时期的传播、第一次世界大战对民国思想文化的影响、西化思潮和文化保守主义思潮、五四时期的思想文化论争、九一八事变后知识分子的思想变动、20 世纪 30 年代思想界关于中国向何处去的争论、抗战时期的新儒家、民国时期的乡村建设运动等问题。《民国思想史论续集》则对第一次世界大战对五四思想界的影响、五四时期的文化保守主义派别、九一八事变与思想界的应对以及 30 年代的中国思想界、九一八事变后中国民族主义的新变化、苏联"一五计划"对 30 年代中国知识界的影响以及 1949 年后留在大陆的现代新儒家与马克思主义的关系等问题作了深入探讨。2012 年郑大华又出版了《中国近代思想史学术前沿诸问题》一书（湖南师范大学出版社 2012 年版），该书分"理论与方法""热点与难点""交流与碰撞"和"回顾与展望"等六编，对中国近代思想史研究的一些重大理论、方法和热点、难点问题进行了研究，提出了不少新观点、新见解，多有创新。

从以上这些论著中我们可以发现，进入 21 世纪后，思想史的通论性著作的撰述除了对思潮史的继承外，更多的是学者试图结合思潮以外的一些变量和因素，从各个侧面对思想史进行描述，使得通论性思想史的撰述更加全面和深入。

四　思想史学科的理论研究

中国近代思想史学科是五四以后随着中国现代学术体系的建立而逐步形成的。中国近代思想史学科的历史虽然不短，但学术界却一直缺乏理论上的自觉，缺乏对中国近代思想史学科自身的研究，对于思想史研究的内容与方法，思想史与文化史、哲学史等学科的关系、思想史历史分期等问题都缺乏深入的讨论，思想史本身的学科建设并未受到人们的重视。20世纪90年代以来，尤其是进入21世纪后，随着思想史学科的不断发展，思想史学科建设也越来越引起学者们的关注。2001年南开大学举办了“思想与社会”学术讨论会。与会者强烈呼吁打通思想史与社会史。2002年中国社会科学院近代史研究所思想史研究室与《历史研究》编辑部共同举办了“中国近代思想史研究方法学术讨论会”。2004年，中国社会科学院近代史研究所思想史研究室与其他单位联合主办了第一届中国近代思想史国际学术研讨会，这是“以整个中国近代思想史学科为内容”的第一次会议。与会学者肯定了社会史研究方法之于思想史研究的价值，主张将思想史研究向下移到民间思想研究上，创造新的研究范式。同年10月21日，《中国社会科学院院报》邀请了一些思想史研究专家对思想史的学科建设发表自己的意见，刊登了郑大华和贾小叶的《中国近代思想史研究进一步深入》、李文海的《进一步拓展中国近代思想史的研究领域》、耿云志的《中国近代思想史研究的对象及发展条件》、郑大华的《中国近代思想史研究中的三个误区》等文；《光明日报》“史学版”也持续关注有关思想史学科建设的讨论，先后发表了王法周的《近代思想史研究方法的拓展》(2002年11月26日)、郑大华的《如何进一步深化中国近代思想史研究》(2005年1月25日)、张宝明的《中国近代思想史起点之我见》(2007年2月9日)、郑大华的《中国近代思想史的逻辑起点之我见》(2007年8月26日)、郑大华的《论中国近代思想史的历史分期》(2009年8月18日)等文；《郑州大学学报》(哲学社会科学版)从2007年第3期起，连续多期约请郑大华与张宝明对思想史学科进行梳理与盘点，就思想史的研究内容、起点、方法与其他学科的关系等学科建设问题进行对话。①

① 参见郑大华、张宝明《学术对话：中国近代思想史学科盘点之一——关于中国近代思想史的研究内容》，《郑州大学学报》2007年第3期；《学术对话：中国近代思想史学科盘点之二——关于中国近代思想史的开端问题》，《郑州大学学报》2007年第4期；《学术对话：中国近代思想史学科盘点之三——关于近代思想史的研究方法》，《郑州大学学报》2008年第4期；《学术对话：中国近代思想史学科盘点之四——关于近代思想史的发展动力》，《郑州大学学报》2008年第6期。

早在20世纪90年代，为改变哲学史笼罩下的思想史研究，拓展思想史研究的思路与视野，部分学者即开始重新思考思想史的研究对象与方法问题。葛兆光首先提出，思想史在研究“精英”与“经典”的同时，应关注“一般知识、思想与信仰世界”，关注下层民众的生活观念。这一主张引起了学术界极大的反响。此后，葛兆光又撰写多篇文章，重申其思想史研究应关注下层民众、研究“一般思想”的观点。他强调，新的思想史研究，应当回到历史场景，在知识史、思想史、社会史和政治史之间，更不必画地为牢。[①] 他关注日本学界对日本近代思想史研究，认为其研究本国近代思想史的思路、视角和方法，有三个方面值得深思。首先，思想史研究应当真正注意“古层”“执拗低音”，从哲学的捆绑中解脱出来，强化对思想的社会和历史背景的研究。其次，关于“倒着看”还是“顺着看”的问题，即反对从现代思想的后设价值立场“倒着看历史”，而要从中国自身的资料和自身的历史脉络来追溯思想史。最后，世界或亚洲史视野。[②] 他还指出，随着思想史研究观念的这种转变，思想史的资料范围将大大拓宽，许多边缘化的资料如历书、图像、档案、类书、蒙书乃至小说话本唱词，都可以纳入思想史研究者的视野中。[③] 黄兴涛对葛兆光“一般思想史”的提法表示赞同，并提出了自己对“一般思想史”的理解。在他看来，所谓的“一般思想史”应该有两个指向：一个是从文化的维度着眼，指向各种类型、各门学科、各个领域的专门思想背后共同的思想根据，即那种旨在打破各专门思想彼此界限的“一般思想”；一个是从社会的维度着眼，指向那些对现实社会生活产生了重要影响的普遍思想意识，而不是只停留在书斋中的某个人的想法和某些人局限于一定圈子内的可能很有意义的观念。具体地说，它大体包括体现时代特点的思维方式、基本价值观念、重要社会思潮等的历史背景、内在形态和外在效应之类组

---

① 参见葛兆光《为什么是思想史——“中国哲学”问题再思考》，《江汉论坛》2003年第5期；《回到历史场景：从宋人两个说法看哲学史与思想史之分野》，《河北学刊》2004年第4期。

② 参见葛兆光《谁的思想史？为谁写的思想史》，《中国社会科学》2004年第3期。

③ 参见葛兆光《什么可以成为思想史的资料》，《开放时代》2003年第4期。

成部分。[1]

胡伟希则认为，思想史的对象仍应是“精英思想”。因为，精英思想家的思想观念能够更准确、更有效地表达一般社会思想及其动向。要探测一个历史时代的思想，无疑精英思想家们的思想观念提供了研究的最好材料。而沉淀于社会习俗、礼仪等方面中的社会思想，由于其分散性和具有杂质，难以典型地展现一个时代的思想观念和精神风貌。值得注意的是，胡先生同时提出了思想史研究要特别注意的三个问题：首先，要区分思想史上的“意识形态”与“乌托邦”。其次是思想史研究的分层。他认为，思想史虽然以思想观念为研究对象，但并不意味着对观念的研究仅仅停留于观念本身，必须对形成特定思想观念的思维方式特征进行揭示，并对其中寄寓着的精神气质类型进行描述。只有这样，思想观念如何影响并支配社会群众的生活方式与行为方式，才变得可以理解和有迹可循。否则，仅停留在思想观念本身来就思想论思想，它既脱离例如一般思想史存在的初衷，本身丰富多彩的思想史实际也变得异常贫乏，这是当前思想史研究陷入困境的重要根源。最后是思想史研究的方法问题。他认为，思想史研究有两种方法与进路，即说明的思想史研究方法与理解的思想史研究方法。前者倾向于对思想观念作实证的、近科学的研究，立足于对于思想观念的形成、内容及思想影响进行客观的分析；而后者则倾向于对历史上的思想观念作移情的理解，更多地考察历史上思想家们提出其思想观念的主观心境与深层动机，并且要求对其思想观念的价值层面加以挖掘。[2] 应当说，胡伟希所强调的三个方面，为长期以来以“思想家的思想观念”为研究对象之思想史研究所忽视。也因此，长期以来的思想史研究抽象化、单一化，为越来越多的人所不满。耿云志也认为，思想史，包括近代思想史，仍应以思想家的思想为主要研究对象。因为，思想是应对时代挑战而产生的，能够对时代课题有深入思考并提出应对的主张，仍只有思想家能够胜任。但必须注意思想家思想应对时代环境和人民生存状态的紧密关系、各

---

① 参见黄兴涛《近代中国新名词的思想史意义发微——兼谈对于“一般思想史”之认识》，《开放时代》2003 年第 4 期。

② 参见胡伟希《思想史的定位：对观念的观念》，《新视野》2003 年第 1 期。

家思想的内在连续性以及思想家思想与大众观念之间的互动关系。[1]

罗志田强调了视角转换对思想史研究的重要性，认为“视角的转换常可以‘盘活’许多原来不为人所重视的史料，史学理解也就更进一层”。他主张运用社会视角来研究思想史。这样，“思想史的研究就不仅要认真研读经典文本的内容，还要具体考察文本所在的语境以及文本和语境的互动，更要具体考察文本在其时代语境中起什么作用及其怎样起作用”。[2]

尽管学界对于思想史研究对象、方法问题的认识还存在分歧，但对于这一问题的深入讨论已经取得了明显的成果，即思想史学界在努力倡导一种更为开放、更具包容性的思想史研究，反对就思想论思想的、抽象的、哲学化的思想史研究。他们强调思想史研究不能脱离特定的历史场景，一致认为思想产生的社会、历史背景，思想的社会作用，精英思想与大众思想的互动等，都应当成为思想史研究的重要内容。郑大华在《如何进一步深化中国近代思想史研究》[3] 一文中，强调了加强中国近代思想史学科自身研究的必要性，认为学界在中国近代思想史自身的学科问题上，缺乏理论上的自觉，缺乏必要的研究，对其研究对象与范围，中国近代思想史与其他中国近代史分支学科及其他专门思想史的联系与区别等，缺乏应有的讨论。因而直至今日，对于中国近代思想史究竟写什么，学者们没有统一的认识。对此，作者提出了自己的看法，主张中国近代思想史研究的内容应由近代中国所面临的主要任务决定。如果说近代中国面临的主要任务是民族独立与社会进步的话，那么，中国近代思想史研究的主要内容就是研究各个时期人们围绕民族独立与社会进步所提出的思想、观念和主张，这些思想、观念和主张提出后对社会所产生的实际影响以及其途径，并总结其经验和教训。而在此过程中，作者认为必须正确处理好三种关系，即思想家思想与人民大众思想的关系、思想理论与社会实践的关系、思潮史研究与思想家研究的关系。而在思想家思想与大众思想的关系问题上，文

① 参见耿云志《关于中国近代思想史研究对象和方法的思考》，《广东社会科学》2003年第2期。

② 罗志田：《史无定向：思想史的社会视角稗说》，《开放时代》2003年第5期。

③ 参见郑大华《如何进一步深化中国近代思想史研究》，《光明日报》2005年1月25日。

章强调思想史研究一方面要重视以思想家的思想，至少要以思想家的思想为研究的切入点；但另一方面也要重视人民大众的思想，尤其要重视人民大众思想对思想家思想的影响。可见，作者还是认同将大众思想纳入中国近代思想史的研究。

张宝明的《重新改写还是重新打造——关于建立中国近现代思想史学科体系的思考》一文，在深入反思学界关于中国近代思想史研究对象问题的相关讨论的基础上，围绕中国近代思想史学科主体性和独立性确立的焦点、难点和重点等问题展开讨论。文章指出，目前中国近现代思想史研究存在着研究对象、范围和方法的分歧，争论的焦点在于精英思想与民众观念、主流与边缘、浓缩与扩张的关系上。在他看来，思想史研究应该注重精英思想的来龙去脉，其中包括个案、“文本”、群体等知识流向的考察和分析。而一部民众观念史无论如何也难以成为地道的思想史，而在思想史研究的领地中，它永远只能是一个跑龙套的角色。因此，他明确反对将精英思想与民众思想的互动纳入思想史研究的领地，反对思想史学科盲目扩张边界，认为“无所不包的扩张其实正是自我消解的开始”，“对目前的思想史研究来说，确立自我边界比盲目扩张要紧迫得多”，只有如此，方能确立思想史学科的独立性和主体性。如何圈定思想史的研究领地，进而确立思想史学科的独立性与主体性？在他看来，就内在规定性而言，思想史与生俱来的批判性、吊诡性和当代性构成了作为思想史学科内倾、自敛的基本诉求。因此，思想史并不存在“改写”不“改写”的问题，关键还在于如何潜心打造。就外延而言，思想史同样需要一种内倾、自敛的基本诉求。具体地说，人文关怀及其外化是思想史搜罗的重中之重。思想史研究的内在的质的规定性时刻制约着也应该制约其外延的圈定。[①] 在思想史研究日趋纷杂的今天，张宝明的思考发人深思，而且他所提出的思想史当压缩编制、凸显个性的思路，对于正在苦苦寻求思想史学科路径的同人而言，无疑是一个更为切实可行的回答。

许苏民对思想史学科建设问题也提出了自己的思考，在他看来，中国

---

① 参见张宝明《重新改写还是重新打造——关于建立中国近现代思想史学科体系的思考》，《天津社会科学》2005 年第 4 期。

近代思想史的学科建设有三大问题需要解决，在解决这三大问题时需要处理好九大关系。一是如何解决近代省辖市的独立的学科属性问题。这就必须正确处理近代思想史与哲学史、文化史、学术史三大关系，既要从各自特殊的研究对象和范围来确定其严格严格的学科分野，又要兼顾其互动关系；二是如何解决在近代思想史研究中确立价值中立原则的问题，正确处理事实判断与价值判断、主流话语与非主流话语、思想史与社会演进史三大关系，把历史分析与价值分析建立在价值中立的逻辑分析的基础上；三是如何解决在近代思想史研究中体现当代中国的时代精神问题，合理解决民族主义与世界主义、经验主义与理想主义、传统与现代三大关系，从不同思想流派中吸纳一切合乎中国当代时代精神的合理思想因素。唯有如此，思想史才能成为“在她的高贵的女主人的面前擎着火炬”的“侍女”，具有独立之人格、自由之思想的一门学问。[①]“擎着火炬的侍女”，这即是许先生对中国近代思想史学科身份的定位，其比喻是形象的，其思考也是深刻的。

值得注意的是，近年来学界除了对思想史内容与方法进行讨论外，近代思想史研究的逻辑起点问题也逐渐进入人们的视野，讨论日兴。郑大华在其著作《晚清思想史》中不赞成以 1840 年的鸦片战争为中国古代思想史和中国近代思想史的分界线，认为这没有凸显思想史与政治史研究的区别，更没有重视中国内部思想发展演进之于近代思想变迁的重要性，多少有外因决定论之嫌。鉴于此，他在对晚清思想史的宏观把握的基础上，提出了应将整个嘉道年间作为中国近代思想史的开端，因为嘉道年间复兴的经世思潮使中国传统思想具备了向近代转型的可能性，而发生于此时的鸦片战争，又给经世思潮注入了新的内容，从而使这种可能性成为现实性。正是在嘉道年间，中国传统思想开始迈出了向近代转型的第一步，并对晚清思想产生过重大而深远的影响。此后，他又在《光明日报》2007 年 8 月 26 日的“史学版”上发表《中国近代思想史的逻辑起点之我见》一文，进一步阐述他以整个嘉道年间作为中国近代思想史的开端的

---

① 参见许苏民《“一位擎着火炬的侍女”——论中国近代思想史学科建设中的三大问题与九大关系》，《南京大学学报》2005 年第 2 期。

观点。他的观点引起了学界的广泛讨论,《人民日报》《光明日报》和其他一些报刊相继发表了一些讨论文章,有的赞同,有的反对。但无论赞成与否,其提法本身可以引起我们对思想史研究的一种反思,在一些约定俗成的观念前,我们能否打破常规,多种思路,以推进思想史学科的繁荣与发展。

随着思想史研究的深入和越来越细化,随着思想史研究与其他学科的交叉,研究中会呈现越来越多的问题,学科建设本身将得到学界越来越多的关注,在学者们的关注和思考下,学科建设才能逐渐走向成熟。

第二节　思想进程研究取得新成果

自 90 年代初以来,思想进程研究在 80 年代的基础上取得了新的成果。学者们或从宏阔的视野出发,对思想进程展开新的研究,如对洋务思想,涉及了鸦片战争前后洋务思想的萌芽、甲午战争后洋务思想的发展、反洋务思想等领域;或从新的角度分析、评论近代思想进程,如从近代社会转型、近代思想转型和近代学术转型的角度来讨论经世思潮的发展和影响,重新评价清末的立宪和革命思想;或从史实考订入手,对一些思想史上的文化事件进行考订、厘清,如有的学者对是否真发生过作为戊戌思潮兴起的标志性事件——“公车上书”提出了质疑,并引发了热烈的讨论;或根据从时代发展获得的灵感对近代思想进程做出多元的解读,全新的阐释,如对五四新文化运动的兴起原因、发展进程以及历史意义的多重解读。

一　经世思想

20 世纪 90 年代以来,鸦片战争时期的经世致用思想继续受到学者们的关注。他们围绕经世致用的背景、内涵、特点等各个方面,进行分析、研究。孙功达、王劲认为,经世思想在晚清的复活,首先得益于今文经学的复现激活了儒家思想体系的经世致用思想;同时也有社会背景,即嘉道年间的严重社会腐败引起的社会危机和民族危机。马积高认为,不应夸大今文经学派在推动经世致用学风的形成中的作用，推动这种学风的形成主要是当时的现实，一些不属今文经学派的思想家如包世臣、陶澍、林则徐、冯桂芬也都向这个方向转变。[①] 李细珠认为，经世思潮兴起的思想理论基础不仅仅限于今文经学这一个因素，还包括乾嘉汉学、浙东史学、桐城派古文学、程朱理学、陆王心学以及诸子学，甚至佛学与道教思想。[②] 张昭君认为，在清代学术史研究中，人们往往给予公羊学过高的评价，把公羊学复兴与改革、维新混为一谈。其实，在当时大多数思想家心目中公羊学并不居于支配地位，在当时诸多学术流派中公羊学也不居于主流，至多不过是与古文经学、理学等并列的学术派别之一而已。龚自珍经世思想的形成也并非像有人认为的那样仅是今文经学影响所致，古文经学、理学、史学也发挥了相当重要的作用。[③] 曾光光考察了桐城派与嘉道年间兴起的经世思潮的关系，指出：嘉道年间的社会危机，使经世致用成为笼罩中国的时代思潮。在时代浪潮的冲击下，以姚莹、方东树、梅曾亮、刘开、管同等为代表的姚门弟子在鸦片战争前后并非一味“鼓吹休明”“清真雅正”，而是发扬了桐城派的经世传统，在社会大变局中转向应变求新、经世致用的探索，顺应了经世致用的时代思潮。[④] 胡维革认为，经世致用包括三层内涵：积极入世的世界观，政治本位的人生观，佐君教民的事业观。其主要内容可以概括为学习西方、批判现实、改革弊政、研究边疆史地。[⑤] 黎仁凯认为，对经世致用思潮应以鸦片战争为界分开评价：鸦片战争前，其所能达到的高度只是龚自珍所说的“药方只贩古时丹”，但已敏锐地感觉到脱离现实的汉学已经不能适应统治阶级的需要，空谈义理的宋学也无力解决现实的政治问题。鸦片战争后，经世致用的重点转向西方。[⑥] 赵炎才认为，近代经世致用思想是中国文化特别是儒家文化一种传

---

① 参见马积高《清代学术思想的变迁及文学》，湖南出版社1996年版，第249—258页。

② 参见李细珠《试论嘉道以来经世思潮勃兴的传统思想资源》，《广东社会科学》2005年第3期。

③ 参见张昭君《龚自珍经世学术思想渊源考论》，《齐鲁学刊》2004年第4期。

④ 参见曾光光《桐城派与嘉道时期的经世致用思潮》，《江淮论坛》2003年第5期。

⑤ 参见胡维革《中国近代社会思潮》，东北师范大学出版社1994年版，第80—89页。

⑥ 参见黎仁凯《鸦片战争时期的社会思潮及其特点》，《河北学刊》1991年第3期。

统思想的内在发展，且与中国传统社会近代转型相吻合，处于不断演化过程中，内涵比较丰富。其体现的基本特征主要有四个：外在形式时代性与超越性互动，主体意识自发性与自觉性结合，内在实质疑古、复古与创新统一，客观效果积极性与消极性并存。这些特征在一定程度上反映了中国传统社会近代转型的历史必然性、复杂性、艰巨性和长期性。①

有的学者倾向于将经世致用作为一种学术风气与思想倾向，把对经世致用思潮的考察延伸到19世纪末20世纪初。陈振江认为，近代出现了经世致用思潮、洋务思潮、改良思潮、民主革命思潮、新文化思潮等。由于社会动荡而又来势凶猛，往往一种思潮刚刚形成且尚未完善，另一种思潮又接踵而起，于是在一段历史时期内就出现几种思潮并存、争衡或分化、组合的复杂局面。然而，近代各种社会思潮是由初期的经世致用思潮发展与演变而来，其轨迹是十分清晰的。第二次鸦片战争结束后，在失败羞辱的刺激下，迎来了经世思潮演变的高潮——洋务思潮（即自强思潮）。直至戊戌变法前后，康、梁的变法主张、论著及其实践，标志着经世思潮演变的终结。② 田永秀等认为，经世致用是儒家经邦治国的指导思想，道光年间再度复兴的经世致用思想仍然具有体系封闭、华夷观念浓厚以及重农轻商等传统特征，在鸦片战争的冲击下，经过经世致用派人物自觉或不自觉的探求，经世致用思想逐步实现了体系的开放、华夷观念的突破以至淡化，并始倡兴利求富，到1861年前后，经世致用思想完成了由传统向近代的转变。③ 黄长义将晚清经世实学的演变分为“三种路向”和“四个阶段”，“三种路向”是今文学的路向、宋学的路向和古文学的路向；“四个阶段”是嘉道年间的复兴期，第二次鸦片战争后（洋务时期）的高潮期，19世纪80年代后（早期维新思潮）的蜕变期和甲午战争后（戊戌维新）的终结期。④ 王宏斌认为，“经世”的词义在中国古代文献中本来是非常明确的，从不与“致用”一词搭配使用，自从梁启超开始使用后，“经世

① 参见赵炎才《中国近代经世致用思想基本特征刍议》，《安徽史学》2003年第2期。

② 参见陈振江《近代经世思潮的演变》，《历史研究》1991年第3期。

③ 参见田永秀、刘斌《经世思想由传统向近代的转变》，《四川师范大学学报》1994年第3期。

④ 参见黄长义《晚清经世实学的流变》，《光明日报》2004年1月20日。

致用”一词便频繁出现。其实，“经世致用”的提法是不妥的，“经世派”存在的现实根据也不足，就连“经世”观念与“师夷制夷”之间的历史逻辑联系也是值得怀疑的。①

关于经世思想的历史作用。冯天瑜认为，经过经世派的努力，中华文化传统从中古式的封闭走向近代式的开放的第一步，是中国人面对工业化西方挑战的第一个积极反应，其间自然也包含着若干局限性。对于经世派介绍并赞赏“西政”的言论，不可忽视，但不宜过高评价。② 郑大华分析了晚清社会转型和思想转型过程中嘉道经世思潮所发挥的重要影响。就社会转型而言，他指出：在政治上，早在鸦片战争前嘉道经世思想家就对封建专制制度进行过批判，鸦片战争后他们在开眼看世界的同时，又介绍过西方的民主政治制度，他们的批判和介绍推动了传统的封建专制制度向近代的民主政治制度的转变；在经济上，嘉道经世思家于鸦片战争前即突破了传统的“农本商末”思想以及建立在此基础上的“重农抑商”或“重本抑末”政策对人们的禁锢，充分认识到工商业在整个国民经济中的重要地位，鸦片战争后他们不仅萌发了重商主义的意识，而且还提出了发展民族主义工矿业的主张，这对后来的洋务运动产生过重要影响；在思想和学术上，经世思想家批判“宋学”“汉学”，主张学术经世，提倡一种注重研究和解决当下一些重大社会问题的新学风，这种新学风对中国思想和学术从传统向近代的转换起了重要的桥梁作用。③ 从思想转型来看，他认为，首先，嘉道经世思想家提出的社会改革思想及其方案，是对“天不变，道亦不变”这一中国传统思想的核心价值观念的冲击和否定，不仅在当时具有振聋发聩的思想解放意义，而且“对于鸦片战争后一切谋求富国强兵救亡图存的思想家来说，尤其是对于戊戌时期的维新派来说，是起了极为重要的启蒙作用的”。其次，嘉道经世思想家的“开眼看世界”，在客观上是对“华夏中心”观和“华尊夷卑”观的否定，有利于国人从“天朝上国”的虚骄自大的心态中解脱出来和近代世界意识的形成。再

① 参见王宏斌《关于“经世致用”思潮的几点质疑》，《史学月刊》2005年第7期。

② 参见冯天瑜《试论道咸间经世派的开眼看世界》，《近代史研究》1991年第2期。

③ 参见郑大华《嘉道经世思潮与晚清社会的近代转型》，《史学月刊》2008年第1期。

次，嘉道经世思想家提出的“师夷之长技以制夷”的主张，既在一定程度上冲破了传统的“夷夏之辨”或“夷夏大防”的观念对人们的桎梏，开启了晚清学习西方的新潮流，同时又在一定程度上动摇了传统的轻视科技的价值观念对人们思想的束缚，有利于西方科学技术在近代中国的传播。[①] 王先明认为，源远流长的中国传统学术文化发展到近代，无论是从其历史走向上还是从其形态和内容上来看，都发生了根本性的变革，其结果是导致一种既不同于传统中学亦非西学的所谓“不中不西、即中即西”（梁启超语）的，充满着新的认知形式、新的价值观念的近代“新学”的逐步形成。“新学”的形成，与西学的浸润有关，但传统文化学术本身就蕴含着由“旧学”走向“新学”嬗变更新的内在动因——“经世致用”。[②] 张昭君认为，经世思潮在晚清兴起的积极意义自不待言，但不能忽视其负面影响。如从张之洞从“经世致用”到“中体西用”文化观的发展变化，就可以看出经世思想具有双重性，既蕴含着走向近代化的可能，有利于西学在中国的传播；又承纳着卫护封建道统的本然，严守“中学为体”，成为中国近代化的障碍。[③] 左玉河认为，经世之学对西学输入起到了重要的引导作用，同时也使之在西学的影响下产生了种种弊端，如过分的实用性和功利性，严重影响了学术独立。后经章太炎、王国维等学者大加矫正，使清末民初学风从“明道致用”走向“求真求是”，并追求创建西方那样独立于政治之外的“学界”。[④] 孙占元认为，经世致用是儒学的传统。在晚清学术史上，无论是治今文经学的魏源，还是力主宋学的曾国藩，或是兼宗汉宋的张之洞，不论是强调公羊学的康有为，还是宗师汉学的章太炎，他们都踏上了经世之途，顺应了近代中国社会发展的要求，促成了晚清经世思潮的兴起。[⑤]

---

① 参见郑大华《嘉道经世思潮与晚清思想的近代转型》，《南京大学学报》2007 年第 6 期。

② 参见王先明《“经世学”与近代“新学”的发端》，《社会科学战线》2000 年第 4 期。

③ 参见张昭君《从“经世致用”到“中体西用”——张之洞对传统儒学的调适和锢蔽》，《孔子研究》2004 年第 4 期。

④ 参见左玉河《西学东渐与晚清学风嬗变》，载郑大华、邹小站主编《中国近代思想史研究集刊》第 2 辑《西方思想与近代中国》，社会科学文献出版社 2005 年版。

⑤ 参见孙占元《晚清学术与经世思潮》，《理论学刊》2004 年第 3 期。

二　洋务思想

20世纪90年代后，洋务思想研究的进展首先体现在两部专著、论集的出版：一是“洋务思潮”研究的“始作俑者”刘学照的论集《洋务思潮与近代中国》（山西高校联合出版社1994年版），共收入作者从70年代末到90年代初十余年间关于洋务思潮的21篇文章；二是丁伟志、陈崧的《中西体用之间》（中国社会科学出版社1995年初版，2011年增订版）。

洋务思潮的发生发展。黄毅指出，近代经世思潮和洋务思潮是中国近代史上两大重要社会思潮。比较两者，可以看出：近代经世思潮批判现实，倡言改革，振兴实学，而且关注夷情。洋务思潮继承和发展了近代经世思潮，提出了变局观、自强求富观和人才观，以更加理性和客观的眼光“开眼看世界”和“师夷长技”。近代经世思潮向洋务思潮的转换是中国近代社会文化思潮曲折前进发展的必然结果。① 高学军指出，甲午战争失败后，洋务派人士提出“洋务救国论”的思想，它是甲午战前的洋务思潮在新的历史条件下的继续和发展。经济上主张废除“官办”和“官督商办”企业，发展“商办”的资本主义民营企业；政治上，要求皇帝纡尊降贵，通达下情；军事上，主张改革军事制度，建立近代化的陆海军；文化上，废科举，兴学堂，学西方，以培养适应发展洋务事业的新式人才。② 黄领霞指出，甲午中日战争前后洋务思想的发展以发展民族工商业为主要议题，思想上突破了传统的“贵义贱利”观念，接受了某些西方资产阶级的价值观。同时，学习西方资本主义国家议会制度的问题也提上了议事日程。此时期，洋务思想虽发展到了顶点，但是，在帝国主义列强及国内人民革命运动的打击下，清王朝的统治已经日薄西山，其灭亡已成为历史必然，洋务派企图仍以“中体西用”之策来求振兴已是穷途末路、无力回天。③

---

① 参见黄毅《近代经世思潮与洋务思潮之比较》，《许昌学院学报》2006年第1期。

② 参见高学军《甲午战后的洋务思潮》，《大连近代史研究》第3卷（2006年）。

③ 参见黄领霞《甲午中日战争前后洋务思想的发展》，《晋城职业技术学院学报》2010年第5期。

“中体西用”思想。洋务思想研究重点仍集中在“中体西用”的形成、内涵与其是否为洋务运动的指导思想上。苏中立提出“中体西用”不仅是洋务运动的指导思想和政治原则，而且是戊戌维新和清末新政的指导思想和政治原则。[①] 但丁伟志等认为，维新派的所谓“中体西用”论有其特殊性。康有为辈不过是借以表明他们对中学西学持并重而不偏不倚的态度，这只能看作是一种表态式的言辞罢了，其实他们的思想行为对于“中体西用”论的突破已经无从掩饰，再做什么拥护“中体西用”之类的声明，也难以使人相信了。尽管维新派思想家们还时常得用“中体西用”的口号，尽管为时代条件所限他们着力新建的文化观中还包含着众多的杂质、惊人的混乱、纷纭的歧见，以及随着政治气候的变化而不断产生摇摆与分化，但是应当说，作为维新思潮主体的康梁“新学”，就其实质而不就其声明来看，它已经不是“中体西用”论的拥戴者，事实上已成为其掘墓人。[②]

有越来越多的学者对把“中体西用”作为洋务运动的指导思想提出了质疑。孙占元认为，洋务运动属于一次“求强”“求富”运动，洋务论者的“求强”“求富”观实际上成为洋务活动的指导思想，而“中体西用”则是服务于求强、求富主旨的一种理论。[③] 季云飞指出：“19 世纪 40 年代至 90 年代的半个多世纪中，没有比‘中体西用’更进步的思想来代替它的历史地位”，因此，“它是发展变化着的革新进取思想，是符合中国国情的思想”。[④] 周辉湘认为“中体西用”只是洋务运动的分纲领，贯穿于洋务运动始终并构筑洋务思想框架的主干是“自强图存”。[⑤] 戚其章指出，在洋务运动期间的三十多年间，洋务政治家和洋务思想家在论及中学与西学的关系时，在大多数情况下是用“本”“末”这对相对的概念来

① 参见苏中立《“中体西用”是晚清三次新政的指导思想和政治原则》，《高等函授学报》1995 年第 5 期。

② 参见丁伟志、陈崧《中西体用之间》，中国社会科学出版社 1995 年版，第 242 页。

③ 参见孙占元《洋务活动的指导思想应是“求强”“求富”》，《人文杂志》1991 年第 1 期。

④ 季云飞：《清末“中体西用”思想新议》，《求索》1991 年第 3 期。

⑤ 参见周辉湘《论洋务运动的爱国主义蕴义》，《安徽史学》1995 年第 3 期。

表达的，居主流地位的还是“中本西末”论，这样，就不好硬说“中体西用”是洋务运动的指导思想了。他还不同意多数学者有关“中体西用”思想发轫于冯桂芬，最早表述见于沈寿康、张之洞是集大成者的说法，认为最早提出这一思想的是薛福成。① 贾小叶认为，洋务运动发生于19世纪60年代到90年代中期，而“中体西用”论形成于甲午战后；洋务运动遵循“师夷长技以制夷”的思路，而“中体西用”论却突破了单纯学习“西技西艺”的限度。两者在时间上不重合，在内容上又有本质区别，因此，“中体西用”论不可能是洋务运动的指导思想。②

对于“中体西用”的历史作用，多数学者主要肯定了其积极性，认为它在当时有利于西学的传入与传播，有助于中国文化的近代化，对中国早期现代化曾有过积极的影响和作用。③ 马克锋认为，“中体西用”是近代中国学人在建构新文化过程中一种形态比较完备的理论或模式，内涵外延明确，具有可操作性，反映了东方民族的思想智慧，是20世纪中国知识精英的普遍选择，具有历史与现实的合理性。所谓“中学为体”，就是中国特色，强调民族文化为主体，是其历史合理性；所谓“西学为用”，就是学习西方，重视与认可西方近代文化的价值和作用，具有现实合理性。④ 有的学者突出强调了“中体西用”模式的消极性。王双印在分析“中体西用”思想的基础上，进而阐述其对甲午战争局势的制约，认为清政府在甲午战争中失败的原因很多，而“中体西用”思想的束缚是重要的原因之一。⑤ 有的学者则强调了其两重性，或认为它是一种由积极走向消极的社会思潮。丁伟志认为，“中体西用”在洋务运动时期，“对于传播西方近代文明，对于中国文化的近代化，起的是积极作用。不过，随着

① 参见戚其章《从“中本西末”到“中体西用”》，《中国社会科学》1995年第1期。

② 参见贾小叶《“中体西用”论不是洋务运动的指导思想》，《北京师范大学学报》2001年第5期。

③ 参见李少莉《简论“中体西用”的历史作用》，《辽宁师范大学学报》1994年第1期；连燕堂《论洋务运动时期两个口号的思想文化意义》，《山东社会科学》1995年第2期；张同奇《“中体西用”对早期现代化的积极影响》，《山东师范大学学报》1995年第2期，等等。

④ 参见马克锋《“中体西用”说与近代文化建构》，《教学与研究》2007年第10期。

⑤ 参见王双印《“中体西用”思想的制约与甲午之败》，《吉林师范大学学报》2012年第6期。

国家危机的日益加深，随着人们对于中国贫弱症结所在认识的加深和对于资本主义国家富强成因认识的加深，‘中体西用’这种论式的局限性便日益显露出来”。[①] 何继龄则将“中体西用”分为中法战争前后两个时期进行考察，认为：前期“它在冲破顽固保守思想的禁锢，提倡向西方学习的思想斗争中，起着解放思想的进步作用”；后期，“特别是 1894 年中日战争以后”，“它逐渐丧失其历史进步意义，成为中国社会经济继续近代化的思想障碍”。[②] 还有学者认为，洋务运动“中体西用”的指导方针根本上是错误的。[③] 杨锦銮认为，“中体西用”文化观的发展是伴随着对中西学认识的逐渐深化而展开的。在这一过程中，“中学”呈现着外延不断缩小的趋势，从几乎无所不包到最后只剩下儒教内核；“西学”的外延则不断扩大，终使“中体西用”模式无法存在。作为一种文化观，“中体西用”论在中国近代文化史上具有不可抹杀的地位。它对当时中国所面临的要不要接纳西学的重大论题做出了积极、肯定的回答，在中西文化两极相逢的近代初期，对中国文化近代化起到了启动和推进作用。但这种文化模式人为割裂中西学的“体”“用”，“中体西用”文化观所固有的内在缺陷决定了其文化选择的成果相对有限，具有明显的历史过渡性。[④] 赵燕玲认为，“中体西用”是中国最早的现代化理论，它指导了晚清的三次现代化运动，促进了中国早期现代化的进程。但是，“中体西用”也存在着一定的落后性和保守性，在一定程度上制约了早期现代化的深入。[⑤]

---

① 丁伟志:《“中体西用”论在洋务运动时期的形成与发展》,《中国社会科学》1994 年第 1 期。

② 何继龄:《再论洋务派的“中体西用”思想》,《江汉论坛》1996 年第 2 期。

③ 参见郭镇海《中西碰撞中的文化选择——析“中体西永”与“全盘西化”》,《长春市委党校学报》2001 年第 4 期；罗玲玲《洋务思想——一个时代的潮流》，《遵义师范学院学报》2002 年第 4 期，等等。

④ 参见杨锦銮《晚清“中体西用”文化观演变的阶段性特征探论》,《华南师范大学学报》2007 年第 2 期。

⑤ 参见赵燕玲《论“中体西用”与中国早期现代化》,《学术交流》2002 年第 4 期。

三　维新思想（包括早期维新思想）

早期维新思想。90 年代以来，学者们继续撰文探讨早期维新思想与洋务思想的关系。一种意见继续强调早期改良主义思想不过是洋务思想的一部分。罗肇前指出，这种思想可以说就是北洋幕府的洋务思想，该思想的代表人物是北洋幕府中的郑观应、薛福成、马建忠及幕府外围的王韬等，他们的学习和引进西方先进技术，振兴商务、举办实业，收权分利，采用商办、官督商办等思想，与李鸿章本人一致。[①] 赵芳指出，早期维新思潮与洋务思潮从性质上、内容上到影响上都不存在根本差异，实为同一社会思潮。[②] 另一种意见认为，早期维新思想与洋务思想既非完全对立，也非完全相通，二者既有联系又有区别。郭汉民指出，洋务思想兴起于 19 世纪 60 年代，早期维新思想产生于 19 世纪 80 年代，两种思想都是在民族矛盾激化、洋务运动开展的历史大背景下发生的，二者有着一批共同的代表人物，而且在一系列重要问题上有着共同的认识，有着共同的时局观，对当时中国所面临的任务亦有较多的共识，还奉行着共同的文化政策，即“中学为体，西学为用”，以调和中西文化的激烈冲突。早期维新思潮又有高于洋务思潮发展水平的地方，其思想特色至少有如下两个方面：一是主张护商富民，支持商办企业；二是主张君民共主，实行议院制度。早期维新思想是从洋务思想的母体中孕育出来的，是洋务思想发生分解的产物。[③] 何继龄认为，形成于 19 世纪 60—70 年代的早期维新思想，在 1884 年中法战争以前，曾附属和依存于洋务思想，但由于两者在对待“中学”与“西学”态度上的差异，因而从 1884 年中法战争后开始从洋务思想中分离出来，表现出更多的资本主义倾向。这种分离的过程是从批评和抨击洋务运动开始的，到 1895 年甲午中日战争之时，已形

---

① 参见罗肇前《早期改良主义思潮就是北洋幕府的洋务思潮》，《史学月刊》1997 年第 1 期。

② 参见赵芳《试评〈早期维新思潮与洋务思潮异同论〉》，《太原职业技术学院学报》2010 年第 3 期。

③ 参见郭汉民《早期维新思潮与洋务思潮异同论》，《湖南师范大学社会科学学报》1993 年第 5 期。

成一个影响巨大的独立的政治派别。其显著特征是强烈的爱国主义思想与政治上的“君民共主”和经济上的“以商为本”。早期维新思想的形成为资产阶级维新变法运动准备了思想条件。① 陈瑛指出，洋务思潮和早期维新改良思潮是同（治）光（绪）时期两种社会变革思潮，它们有着千丝万缕的联系，后者是对前者的承续与超越。二者最根本的分歧在于不同的变革诉求：洋务思潮是一种封建地主官僚性质的社会变革思潮，它谋求的是封建专制政权的巩固和长久；早期改良思潮是具有资产阶级自由派特征的启蒙维新思潮，谋求的是打破封建专制体制，发展资本主义经济。②

国家主权思想。万恒军指出，早期维新派是19世纪60年代到90年代初期中国最先进的思想派别，他们的国家主权观的内容十分丰富。基于对国家主权的认识，他们还提出了一系列维护国家主权、收回已失去的权利的设想和主张。这些思想和主张在开风气、启民智方面起到了极大的作用，但同时又有不可否认的局限性。③ 曹英等指出，早期维新派是最早具有近代国家主权观念的中国知识分子，他们的国家主权观念主要源于现实民族危机的刺激和国际法输入的影响。其具体表现为：对不平等条约的反对，对中国主权沦丧原因的分析以及对维护主权、收回利权办法的探讨。他们的国家主权观念代表了当时中国知识分子对国家主权的最高认识，是中国知识分子近代民族意识觉醒的标志，是中国近代爱国主义的重要内容，具有十分积极的意义，但其局限性也是非常明显的。④

君主立宪思想。宋德华指出，早期维新派的议院观有三个层次，即对西方议院制的了解和介绍，围绕设议院提出的政治思想观点，具体设计的

① 参见何继龄《试论早期维新思想与洋务思想的分离》，《西北师大学报》1997年第2期。

② 参见陈瑛《承续与超越——同光时期两种社会变革思潮之比较》，《社科纵横》2008年第11期。

③ 参见万恒军《试论早期维新派的国家主权观》，《青岛大学师范学院学报》2001年第3期。

④ 参见曹英、刘苏华《论早期维新派的国家主权观念》，《长沙理工大学学报》2004年第4期。

中国式议院方案。其中，具有指导意义、处于核心位置的主张是“通下情”而不是行宪政。据此而设计的议院虽多少具有限制君权的作用，但并不具有立法权，不能称之为君主立宪。实际上，早期维新派的权力意识还相当薄弱，更未产生明确的民权思想。这反映了他们的历史局限性。[①] 吴湉南认为，君主立宪思想在近代中国落脚和发展，是几代先进中国人努力学习西方并谨慎借鉴的结果。冯桂芬思想明显带有民主倾向，在中国政治思想的近代化过程中，向前迈出了关键的质的一步。真正具有近代意义的民主要求的君主立宪思想是由早期资产阶级维新派提出并逐步加以发展的。[②] 李丹指出，尽管早期维新思想家们在鼓吹议会制度的同时，不得不竭力把自己的主张和封建专制的政治教条调和起来，但他们注入封建专制制度机体中的不再是中国传统的东西，而是从西方移植过来的议会政治，这种政治理论一经出现，就会随着经济的进步、资产阶级的成长及民族危机的加深和封建统治的腐朽而日益发展和传播，并必然导致专制政体的衰萎和死亡。早期维新思想家们虽然宣称自己的脚步仍踩着专制主义的政治轨道，但他们的言论实际上已经在冲击着封建主义的基石。这是早期维新思想家的巨大贡献。[③] 卢向国指出，“民权”概念作为西方“民主”概念在近代中国的变种，在近代中国的流变经历了三个阶段，即君民共主是早期改良派民权思想的核心主张，君主立宪是资产阶级改良派的核心主张，而主权在民则是资产阶级革命派的核心主张。但无论是早期改良派、资产阶级改良派，还是革命派，都以民本比附民权，这体现了近代中国民权思想与传统民本思想的勾连。其结果，一方面，使民权思想容易为中国人理解和接受；另一方面，使中国人没能掌握民主思想的真正含义。[④] 徐小明指出，晚清君主立宪思想，最早可以追溯到19世纪七八十年代早期改良派的“君民共主”主张。但是，这种“君民共主”缺乏近代立宪国家的基本特征，只是君主立宪思想在近代的最初发端而已。戊戌维新时期，君

---

① 参见宋德华《早期维新派议院观若干问题辨析》，《暨南学报》1991年第2期。

② 参见吴湉南《简论早期维新派的君主立宪思想》，《贵州文史丛刊》1998年第5期。

③ 参见李丹《早期维新思想家的君主立宪思潮》，《吉林师范大学学报》2005年第5期。

④ 参见卢向国《近代民权思想及其与传统民本思想的勾连》，《山西师范大学学报》2011年第5期。

主立宪思想有了较大的发展，初步具备了资产阶级宪政国家的基本内涵。晚清君民共主到君主立宪思想的递进发展，从一个侧面反映了处在内忧外患局势下知识分子心态变化的历程。①

重商思想。早期维新派的重商思想，主要集中在对重本抑末、闭关自守、反对言利等封建主义经济和传统经济观念的批判，以及主张以商立国，振兴商务，发展资本主义经济等方面。申满秀指出，虽然早期维新思想家的思想体系还不太成熟，但这些经济思想的提出说明“中国士人中的先进分子群体已经从观念上完成了从传统的‘重农抑商’向近代‘重商主义’的转变，标志着中国近代资产阶级经济思想的基本形成”。② 张怀宁等认为，早期维新思想家比较突出的是重商思想，重商思潮在中国近代有着爱国、救国、富国的积极意义。③ 在张步先看来，以王韬、马建忠、薛福成、郑观应、陈炽等为代表的早期维新思想家，为了维护民族利益，通过对“重本抑末”“重农轻商”等传统观念的批判，提出了“士商平等”“商为国本”“由商及富，由富而强”的一系列具有反抗外来侵略性质的重商主义思想。认为重商主义的产生既是当时经济状况和社会矛盾的反映，又是封建经济向资本主义经济过渡过程中的必然产物。④

历史作用。中国近代改良派早期维新思想是指形成于 19 世纪 70 年代至 90 年代前期以开明封建士大夫为主体的传统社会上层的早期资产阶级自由主义的时代思潮，它反映了当时新兴的民族资产阶级势力的各种要求，主张用和缓渐进，不对封建制度作根本变动的方法对中国的政治、经济、文化等各个方面作全方位的改革。他们的思想对解放当时人们的思想，推动维新变法运动开展起了积极作用。⑤ 刘国军等论述了早期维新思

---

① 参见徐小明《从君民共主到君主立宪》,《浙江学刊》2007 年第 6 期。

② 申满秀:《从“抑商”到“重商”观念的转变——龚自珍、魏源、王韬、郑观应经济思想个案简析》,《贵州社会科学》1999 年第 6 期。

③ 参见张怀宁、李兴业《试论中国近代维新派重商思潮》,《甘肃社会科学》1991 年第 6 期。

④ 参见张步先《论早期改良派的重商主义思想》,《山西师大学报》1995 年第 1 期。

⑤ 参见江铁《浅论中国近代改良派早期维新思想的形成》,《湖湘论坛》2009 年第 5 期。

想家的文化贡献，指出鸦片战争到甲午战争的半个世纪，是中国从传统社会走向现代社会的重要阶段。在这一时期，早期维新知识分子为了实现国家的发展和进步，放眼世界，著书立说，积极向国内传播世界先进文化，努力向西方介绍中国文化，并在批判中国社会诸多弊端和保守思想的过程中，大胆阐述和大力宣传资产阶级新文化，在文化领域的许多方面为中国社会的新陈代谢做出了重要贡献，同时也表现出诸多局限性。①

戊戌维新思想。戊戌维新思想，是对早期维新思想的继承发展。对于戊戌维新思想的研究，主要涉及以下一些方面：关于戊戌思潮的思想渊源。继吴廷嘉的“双源说”后，90 年代又提出了“三源说”“五源说”等新说。徐绍清提出的“三源”包括：戊戌思潮是在晚清经世致用思想的基础上演变和发展而来的；19 世纪 60—80 年代早期维新思想是戊戌思想的又一重要思想源头；近代西方科学文化的输入和传播是戊戌思潮的又一源头。② 桑咸之提出，戊戌思潮的思想渊源有“五源”：今文经学的勃兴，明末遗民思想的复活，王学价值的重估，佛学研究兴趣的浓厚，先秦诸子学的渐成显学。这是立足于传统文化本身从内动力角度所做的分析。桑咸之并未忽视外力的作用，指出维新派多主张中西会通说。③ 宝成关侧重分析西学的影响、西方的因素，他指出戊戌维新思潮的兴起和发展，固然是中国民族资本主义初步发展与甲午战后帝国主义瓜分危机刺激的产物，不过若从思想渊源考察，则与新教传教士在华传播西学，宣扬变法维新思想有着密不可分的关系，换言之，新教传教士在戊戌前后，围绕“醒华”而进行的一系列“西学启蒙”，对戊戌维新思潮的引发与推进，产生了不容忽视的影响和作用。④

关于“公车上书”。以往一直把“公车上书”作为戊戌思潮兴起的标志性事件，但近些年来不断有学者对近代史上是否真发生过此事提出质

① 参见刘国军、张桂珍《论早期维新知识分子的文化贡献》，《求索》2012 年第 6 期。

② 参见徐绍清《论戊戌思潮的发生与近代思想解放》，《社会科学战线》1999 年第 6 期。

③ 参见桑咸之《戊戌维新思潮渊源初探》，《中国人民大学学报》1994 年第 2 期。

④ 参见宝成关《论新教传教士对戊戌维新思潮的引发、推进与制约》，《社会科学战线》1995 年第 1 期。

疑，提出上书可能并未上递都察院，康有为也不是“公车上书”的领袖。[①] 1999年7月23日，姜鸣在《光明日报》上刊文认为，并不是都察院拒收了康有为的“万言书”，而是康根本就没有去递。因而，作为历史事件的“公车上书”并不存在，顶多只能称作“公车集会”或者“公车拟上书”而已。[②] 12月，汤志钧在《光明日报》上发表反驳姜鸣观点的文章，他引用《汪康年师友书札》、天津《直报》等材料，指出当时确有“公车上书”一事。[③] 2005年，茅海建认为，有两个不同概念的“公车上书”，其一是由政治高层发动，由文廷式等京官暗中策动组织，由梁启超、陈景华等公车直接参与的上书，共计31次，参加的人数达到1555人次；这一概念的“公车上书”，对当时的政治决策起到了微弱的作用。其二是由康有为组织的号称18省举人联衔的上书，那是一次流产的政治活动，对当时的政治生活并无作用。“公车上书”是由翁同龢等政治高层发动的，康梁本人是被策动的对象而非运动的领袖。康将上书的失败归罪于都察院，但并非是都察院不收，而是康有为根本没有去送。[④] 对此，房德邻进行辩驳。他指出，“并没有证据能够证明翁同龢等政治高层在三月二十一日有意向外泄露消息，以鼓动京官和举人们上书反对议和”，所以此次上书不是被人策动而是自发进行的。康有为不仅是乙未年公车上书的鼓动者，而且还是18省举人联合上书的倡议者、主持者、上书起草人。以康有为当时的名望，领导“公车上书”是足以胜任的。康是“公车上书”当之无愧的领袖。都察院曾有拒收上书的记录，而拒绝康有为的理由很可能是上书言辞过于激烈。他还援引天津《直报》、曹和济《津门奉使纪闻》、胡思敬《戊戌履霜记》以证明康有为可能曾赴都

① 参见黄彰健《论今传康戊戌以前各次上书是否与当时递呈原件内容相合》，《戊戌变法史研究》，第587—592页，台北：“中央”研究院历史语言研究所专刊之54，1970年；孔祥吉《康有为变法奏议研究》，辽宁教育出版社1988年版，第75—88页；汪叔子《康有为领导“公车上书”说辨伪》，《安徽史学》1987年第3期；王凡《〈公车上书记〉刊销真相》，《江西社会科学》1990年第4期。

② 参见姜鸣《真有一次“公车上书”吗》，《光明日报》1999年7月23日。

③ 参见汤志钧《公车上书答客问》，《光明日报》1999年12月17日。

④ 参见茅海建《“公车上书”考证补》，《近代史研究》2005年第3、4期。

察院上书。①

关于戊戌思潮的内容。政治思想方面，马洪林认为，戊戌变法时期维新派提出开国会、定宪法、兴民权的主张，突破了传统政治体制的束缚，开启了政治近代化的闸门，没有戊戌时期近代化思潮的传播与影响，就不会有辛亥革命后中国近代化的展开，也不会有五四新文化运动的兴起。②徐怀东、张茂泽指出，在宪政体制和宪政思想的引进方面，与西方以人权抗衡神权不同，维新派采取了以民权对抗君权的特殊形式，但是，其左右两翼的思想主张又有所不同，即使同为维新派的左翼也有分歧。左翼的谭嗣同激烈反君权，但对民权问题几乎没有涉及；而左翼的梁启超、严复则主张在君权和民权之间折中调和，主张君主立宪。作为维新派的右翼，康有为侧重于尊君权兴绅权。③ 隋淑芬以严复、梁启超、谭嗣同为例，探讨天赋人权说在中国近代的两难困境。她指出，天赋人权说是西方启蒙思想家对人存在合理状态的解释模式，既是架构自由、民主、平等思想的基石，也是启蒙思想的核心理念。但是当中国近代启蒙思想家引入这一模式时，却陷入理解上的两难困境。他们一方面把天赋人权与自由、民主作为一个系列的理念加以接受，另一方面又不断地质疑、否定天赋人权说。进化论、制度思维、实证思维三种思维范式使启蒙思想家思考天赋人权时陷入认知误区。自由民主与天赋人权的割裂，造成了启蒙思想的弱化与转向。④ 经济思想方面，董贵成等认为，维新派认识到从农业社会到工业社会的转变是一个不可逆转的世界潮流，初步为中国勾画了一幅从农业国变为工业国的发展蓝图。尽管这个蓝图是粗线条的，也缺乏系统的理论支撑，但这在中国历史上还是第一次，具有崭新的社会内涵和

① 参见房德邻《康有为与公车上书——读〈“公车上书”考证补〉献疑》，《近代史研究》2007年第1、2期。

② 参见马洪林《略谈戊戌变法的“保守”与“激进”》，《文史哲》1998年第5期。

③ 参见徐怀东、张茂泽《评维新派的“民权说”——兼析西方人权理论在近代中国的命运》，《北京大学学报》2001年第1期。

④ 参见隋淑芬《生命理念的缺失：近代天赋人权说的两难困境——严复、梁启超、谭嗣同合论》，《天津师范大学学报》2009年第3期。

鲜明的时代特色。[①] 张彩玲、王延涛、张守君、贾孔会等认为，康有为、梁启超、严复、谭嗣同等都提出在中国实行大机器生产与自由主义经济，实现国家工业化的主张，并从社会发展的角度探讨了近代股份制经济产生的必然性。[②] 社会文化思想方面，徐启彤指出，戊戌维新思潮是中国近代一股强烈的思想解放潮流，它对近代社会的进步有着不可低估的深刻影响。在这股思潮中，中西会通思想有着特别重要的地位，它顺应了时代发展的进程，推动着社会政治改革向纵深发展，对教育变革起了巨大作用，以至维新教育从思想理论到具体实践都体现了中西会通之特色，从而推动了中国近代教育制度的形成。[③] 郑春奎考察了戊戌维新时期的妇女解放思想后指出，戊戌维新是中国妇女被启蒙的他觉阶段，妇女被解放的价值更多地体现为它在民族危急关头的工具性需要上，但他觉是自觉的起点，就此而言，戊戌维新在中国妇女的解放史上占有重要的历史地位。[④] 梁景和从戊戌变法中维新派站在资产阶级文化高度批判中国传统婚姻陋俗的角度，肯定了维新派对中国 19 世纪进步婚姻观的重要推动。[⑤] 朱义禄指出，以康有为、严复、谭嗣同等为代表的维新派，具有强烈的变革意识，这与他们长期接受西方自然科学有关，他们从“政治之变”是“基于科学”的视野，系统地介绍了进化论与资产阶级的民主思想，为国人提供了一个崭新的世界观与方法论。[⑥] 李丽指出，中国近代思想家对西方自然科学的认识经历了由器物层面到制度层面，再到观念层面的转变过程。观念层面上的科学观在主要的维新思想家那里体现出了明显的形上意蕴。他们不只是关注自然科学的探索本身，而是把科学作为一个价值体系、一个方法体

① 参见董贵成、赵志伟《维新派与洋务派经济思想之比较》，《河北师范大学学报》2005 年第 2 期。

② 参见张彩玲《康有为关于实现国家现代化的思想》，《辽宁师范大学学报》2007 年第 3 期；王延涛《论梁启超的经济思想》，《辽宁大学学报》2007 年第 3 期；张守君《谭嗣同的经济思想》，《东北财经大学学报》1999 年第 1 期；王尧基《严复经济思想的复合性特征及其意义》，《中州学刊》2001 年第 3 期；贾孔会《梁启超股份制经济思想浅析》，《安徽史学》2002 年第 3 期。

③ 参见徐启彤《维新教育与中西会通》，《苏州大学学报》1993 年第 3 期。

④ 参见郑春奎《戊戌维新时期的妇女解放思想》，《学术界》2010 年第 6 期。

⑤ 参见梁景和《近代中国陋俗文化嬗变论纲》，《首都师范大学学报》2000 年第 6 期。

⑥ 参见朱义禄《西方自然科学与维新思潮》，《学习与探索》1999 年第 2 期。

系和一种理性精神加以崇尚和信仰。而且，这种形上理解中包含了维新思想家建构以民主、平等、自由为核心价值的现代性方案的尝试。① 张越指出，戊戌维新思潮对于促进中国史学近代化具有重要意义。进化史观的传播，打破了以往陈旧的历史观念，引进了西方先进的历史思想，开始了对中国历史的阶段性认识。戊戌维新思潮还引发了对旧史学弊端的批判，提倡重视“民史”，要求“史界革命”，以及对史学功能的初步认识。对外国历史的介绍和对西方史学理论方法的引入，也成为戊戌思潮大力传播西学的一个重要方面，前者的直接目的尽管是变法维新，但在客观上对突破单一的本国史研究有积极意义，而后者对于中国史学近代化具有直接的促进作用。② 邹小站研究了戊戌时期西学输入的内容及特点，指出戊戌时期的西学输入发生了明显的转向，这不仅表现在输入主体和目的与此前明显不同，即输入主体由洋务时期的以官办译书机构与教会为主体转变为戊戌时期的以民间士人为主体，输入之目的由洋务时期的“欲明制造”变为“输入文化挽救危亡”，而且西学输入的基本方向也转向多译西方政学、多译日本书的轨道上来。③

关于戊戌思想的传播。以《时务报》在广州地区的销售为主例，探究维新思想在粤省穗府传播、涌涨的具体情形，通过统计《时务报》的派报处所、发售版本与寄销数量，从而比较确切地评估了维新思想在广州地区广泛迅速的传播程度。指出珠江三角洲客观上已具备有优于别地的有利人文条件；甲午战后，康、梁等广府士子事实上已居全国维新运动中的率先地位；为维新思想在广州地区的升腾涌涨预先铺垫下了历史台基。④

关于戊戌思想的特点和历史作用。李书有将戊戌启蒙思想的特点概括为：第一，时间的晚生性。中国的启蒙思想不仅与西方启蒙思想相比，而且与东方日本启蒙思想相比，都表现了时间的晚生性。第二，任务的艰巨

① 参见李丽《维新思潮中科学的形上意蕴》，《自然辩证法通讯》2011 年第 6 期。

② 参见张越《戊戌维新思潮与中国史学近代化》，《史学史研究》1998 年第 4 期。

③ 参见邹小站《戊戌时期西学输入及其转向》，载郑大华等主编《中国近代思想史研究集刊》第 6 辑《戊戌变法与晚清思想文化转型》，社会科学文献出版社 2010 年版，第 90—108 页。

④ 参见汪叔子《维新思潮的涌涨——以〈时务报〉在广州地区的销售为例》，《学术研究》2004 年第 4 期。

性。表现在面对的封建势力的强大，所依靠的资本主义又相对弱小。第三，作用的双重性。变法维新运动在制造舆论的同时，也为革命运动作了准备；既为革命的发展设置障碍，又为革命发展作了思想理论准备。[①] 李娅玲将戊戌思潮的特点概括为四个方面：比较彻底全面的变法改制思想，在中西文化问题上的独立思考与创新，重视改造提高国民素质，进取性与保守性相交织。[②] 1998 年是戊戌变法 100 周年，在此前后，学术界发表多篇论文论及戊戌思潮在中国近代思想史上的地位。俞祖华指出，戊戌启蒙思想家从“大变”与体制改革入手，致力于民主启蒙宣传与民主政治进程，在近代以来中国人追求民主的历程中，维新派迈出了坚实、悲壮的第一步。他们对诸如民主、自由、平等、博爱、法治等的体认是深刻的。他们揭示了与“为民做主”的传统民本思想截然不同的、近代民主的底蕴——主权在民、由民作为；揭示了自由是“天之所畀”，是人生不可让渡的权利；张扬了平等的原则，认为一切人际关系只应以朋友之道贯之。他们的政制改革很快被超越，但他们的民主启蒙宣传则在一定程度上弥补了革命派的不足。[③] 陈国庆认为，戊戌思潮的政治主题是爱国、民主、进步，伦理主题是黜俭、免苦、合群，哲学主题是变易、进化、唯物，维新思潮“不仅为辛亥革命时期资产阶级革命派的宣传奠定了基础，而且开启五四新文化运动提倡民主与科学，反对专制与迷信的先河，因而它在中国思想史册上，写下了新的篇章”。[④] 张锡勤指出，救亡、变革、启蒙是戊戌思潮的主题，批判与创新是戊戌思潮的根本精神。这就决定了它对中国的近代化进程产生了巨大的积极影响。这主要表现在，它使变革观念在中国深入人心，使变革成为近现代中国不可抗拒的历史潮流。它使人们认识到，当时中国的变革乃是社会的转型，而在此过程中，人的近代化至关重要。它对推动中国近代的观念变革、文化革新，哺育一支新型的知识分子队伍，也曾起到重要作用。但是，由中国近代特殊的国情所决定，戊戌思潮在理论上带有明显的不成熟性和急躁情绪。同样是由中国近代特殊国

① 参见李书有《戊戌启蒙思潮再探讨》，《探索与争鸣》1998 年第 10 期。
② 参见李娅玲《戊戌维新思潮思想特色初探》，《云南师范大学学报》1999 年第 4 期。
③ 参见俞祖华《维新派对发展民主的追求》，《光明日报》1998 年 10 月 30 日。
④ 陈国庆：《近代思想史的丰碑：戊戌思潮》，《人文杂志》1998 年第 4 期。

情所决定，在戊戌时期思想启蒙与政治变革是同步展开的，因考虑服从现实斗争，也势必要影响思想启蒙的深入。[①] 进入21世纪以后，学界从思想解放、现代化等视角对戊戌思潮的意义进行了肯定。杨天石指出，维新派继承早期改良主义者的思想，但是，在若干方面又有发展：一是提出“民权、平等”之说，用以挑战君主专制思想。中国社会长期认为“君权天授”，维新派则认为“君权民授”，可以公举，也可公废。二是批判纲常名教。儒学长期视“三纲五常”为天经地义，而维新派则指责其“惨祸烈毒”。三是提出“以西学为要图”，认为“救亡之道在此，自强之谋在此”。在维新派的推动下，近代中国出现了第一次思想解放的潮流。[②] 吴海红指出，维新思潮是探索中国现代化发展中重要的一环。它经历了三个阶段的演变：早期—成熟时期—衰落时期。在近代中国现代化由器物到制度，再到文化的三次选择中，维新思潮起着承前启后的重要作用。它的演变过程也体现了中国现代化推进中继承与超越的关系。[③]

20世纪90年代以来，出版的著作主要有张锡勤的《戊戌思潮论稿》(黑龙江教育出版社1998年第1版、中国财富出版社2012年修订版)、《戊戌维新与近代中国的改革：戊戌维新一百周年国际学术讨论会论文集》(社会科学文献出版社2000年版)和郑大华、邹小站主编的《戊戌变法与晚清思想文化转型》(《中国近代思想史研究集刊》第6辑，社会科学文献出版社2010年版)等。

四　立宪与革命思想

出版的著作有：韦庆远、高放、刘文源的《清末宪政史》(中国人民大学出版社1993年版)，侯宜杰的《二十世纪初中国政治改革风潮——清末立宪运动史》(人民出版社1993年版)，张连起的《清末新政史》(黑龙江人民出版社1994年版)，卞修全的《立宪思潮与清末法制改革》(中国社会科学出版社2003年版)，汤毅平的《民国宪法思想史论》(中

---

① 参见张锡勤《戊戌思潮的积极影响与不足》,《求是学刊》1998年第5期。

② 参见杨天石《戊戌变法的历史意义》,《北京日报》2010年9月22日。

③ 参见吴海红《继承与超越——从维新思潮的演变看中国现代化的推进》,《芜湖职业技术学院学报》2001年第2期。

央广播电视大学出版社 2002 年版），李卫华的《报刊传媒与清末立宪思潮》（社会科学出版社 2013 年版），严昌洪的《癸卯年万岁：1903 年革命思潮与革命运动》（华中师范大学出版社 2011 年版），等等。

卞修全指出，清末十年，立宪思潮是与民主革命思潮并行的社会思潮。与民主革命思潮的持续激进相比，立宪思潮有一个由缓行到激进的发展轨迹。造成这种转变的主要原因是日益发展的革命形势、更加严重的民族危机和范围更大的权力之争。① 刘小林指出，清末立宪思潮是 20 世纪初在中国大地兴起的一股强劲的思想潮流。关于立宪，清末思想界作了多方探讨，其中包括宪政与中国政治发展的关系、宪政诸要素的基本内涵、实行宪政的程序步骤等。清末立宪思潮是对中国封建专制制度的否定与批判，是近代中国在学习西方道路上的一次跨越；它极大地推动了近代中国政治体制变革的进程。② 张海鹏等指出，清末立宪思潮是维新思潮的继承与发展，又与资产阶级革命思潮具有对立统一的关系。两者同为推翻中国的封建专制制度努力。③

饶传平指出，在中国英文“Constitution”一词早期曾被译为“国例”“例制”“国法”“章程”“国律”等中文词。中国近代立宪意义上的“宪法”一词，最早见于王韬和郑观应的著作，但他们只是一提而过，并未做深入的阐述。维新期间的康有为、梁启超也多次提到“宪法”一词，但他们只是把宪法当作一般的律法看待，并无立宪含义的认知，更谈不上提出了立宪的主张。学界长期使用的史料、康有为《请定立宪开国会折》中“立宪法”“三权鼎立”的内容是后来改篡添加的。戊戌时期康、梁的政治主张主要集中在兴民权、设议院上，并非如学界长期认为的那样，已经成为立宪主义者。康、梁真正成为立宪主义者，要在逃亡日本、大量阅读日译或日著的宪法著作之后。在日本，“Constitution”早期也被译为“国宪”“政体”等词。日本近代立宪主义上的“宪法”一词，最早出现在明治初年对西方宪法的翻译中，后经立宪进程的推展而成为公定用语。

① 参见卞修全《清末立宪思潮的发展轨迹》，《天津师大学报》1999 年第 2 期。
② 参见刘小林《论清末立宪思潮》，《学术论坛》1999 年第 5 期。
③ 参见张海鹏、李丹《清末立宪思潮》，《兰台世界》2007 年第 16 期。

中国近代对宪法概念首次展开深入分析的，是流亡日本后的梁启超于1899 年撰写的《各国宪法异同论》一文。英文“Constitution”和具有立宪主义含义之“宪法”概念，正是经“同文同种”之日本学者的翻译、梁启超以及留日学生的转述而在中国真正广泛传播开来。随着日俄战争中日本取胜，“立宪救国论”随之而起，中国立宪的进程才真正得以开启。[①]

对于革命思想的研究，主要涉及以下一些问题：思潮名称。对清末革命思潮，学界有种种提法，如“资产阶级民主革命思潮”“资产阶级革命民主主义思潮”“资产阶级革命思潮”“革命民主主义思潮”“排满革命思潮”等。刘学照提出，辛亥革命的根本性质是一场反帝反封建的资产阶级民主革命，但就其主要内容和主要特征来说，是一次实践“民主共和国”的“共和革命”，应该在中国近代史上为“共和革命”立名；相应地，作为辛亥革命在意识形态领域的准备和表现的清末革命思潮，可以称为共和革命思潮。[②] 思潮形成。靳进发等认为，1900 年自立军起义失败后，以维新变法为内容的改良思潮经过短暂的复兴迅速走向衰落，被以民主思想为内容的革命思潮所替代，资产阶级革命派在向西方学习和同清政府斗争的过程中，逐渐形成了以民族、民权、民生三民主义为主要内容的一整套的资产阶级民主思想。以孙中山为首的资产阶级革命派的民主思想，又经历了一个由民本到民权最后到民主的演变过程。[③] 思潮内容。陈卫平指出，资产阶级的改良派和革命派，都以进化论作为构造思想体系的理论骨架。然而，革命派的进化论有着与改良派的进化论相区别的思想特征。这些特征是：把进化和革命相联系；把大同思想和社会主义相联系；把破除经学与保存国粹相联系。突出社会制度的革命，是革命派进化论的优点，但又带来了忽视思想领域革命的缺陷；提出了超越资本主义充分发展的阶段而进入社会主义的理论预见，但存在着忽视中国社会进入社会主

---

① 参见饶传平《从设议院到立宪法——晚清 Constitutionhanhan 汉译与立宪思潮形成考论》，《现代法学》2011 年第 5 期。

② 参见刘学照《从本义为共和革命思潮立名》，《学术月刊》1996 年第 6 期。

③ 参见靳进发、甄进忠《进化与回归——论资产阶级革命派的民主思想》，《中州大学学报》1994 年第 2 期。

义有些必要环节是无法超越的问题。① 李育民指出，革命派的民主共和、立宪派的议会制君主立宪制和清政府的二元制君主立宪制这三个方案的矛盾斗争，构成了清末政治的主要内容。三个方案在改变旧的政治体制、实行政治近代化方面具有某种共同性，但在实行什么样的政治近代化方面又有着重大不同。革命派主张通过暴力手段推翻现政权，立宪派和清政府主张通过现政权进行自上而下的改革。② 李喜所探讨了辛亥革命时期的国粹主义思潮，指出国粹主义作为一种思想理论指导，其既有推进资产阶级民主革命的积极的一面，也有传播封建毒素的消极的一面。辛亥革命时期的国粹主义思潮瑕瑜互见，是特定的中国社会产生的一种矛盾集合体。③ 郑师渠认为，以章太炎、刘师培为首的晚清国粹派，既是革命派的一翼，又是一个以古文经学为中坚的学术派别。此种一身二任的特性，决定了其经学思想包含着两个层面：一是倡大古文，以与康有为立宪派的经学根据即今文抗衡，反映了革命与改良在经学领域的斗争；二是主张"夷六艺于古史"，将治经归入单纯的学术研究的范畴，体现了传统经学向近代的转换。国粹派的经学思想体现了革命性与时代性的统一，即在更加完整的意义上，体现了传统经学的终结。④ 他还指出，之所以被称为国粹派，从根本上说，是由于他们提出了独具特色的文化理论与主张，在 20 世纪初年独树一帜，产生了广泛的影响。国粹派的文化观反映了民族民主革命的时代主题，揭示了关于中西文化的新思路，提出了复兴中国文化的主张。但它忽略了文化的时代性。⑤ 陶季邑指出，辛亥时期，以孙中山为首的资产阶级民主革命派就已投入探索社会主义的热潮之中。此时期，他们自称"中国社会主义者"，并将他们的民生主义也看成是社会主义。孙中山等人社会主义的内容不只是平均地权，还包括对欧美资本主义的揭露与批判，对未来社会即社会主义的描述，对实现社会主义途径的设想规划等。

---

① 参见陈卫平《论中国近代资产阶级革命派进化论的特征》，《哲学研究》1991 年第 7 期。

② 参见李育民《二十世纪初年中国政治近代化的三个方案及其命运》，《湖南师范大学社会科学学报》1991 年第 5 期。

③ 参见李喜所《辛亥革命时期的国粹主义思潮》，《理论与现代化》1991 年第 11 期。

④ 参见郑师渠《论晚清国粹派的经学思想》，《孔子研究》1992 年第 1 期。

⑤ 参见郑师渠《晚清国粹派的文化观》，《历史研究》1992 年第 6 期。

这套社会主义思想，按期性质来说，属于小资产阶级社会主义，但并非空想。[①]

革命派与立宪派的论战，是辛亥革命时期思想史研究的重要内容。侯宜杰指出，革命派反对在中国实行君主立宪的观点包括：不能拥戴“异族”君主实行立宪；认为君主立宪就是专制甚至比专制还坏；受无政府主义影响，认为不需要立宪；以农民的平均主义、空想社会主义反对立宪；以“平民主义”反对立宪，等等。革命派反对在中国实行君主立宪的各种理论看来振振有词，实际上只有个别人和个别问题值得肯定，绝大多数都无科学性，难以成立。[②] 王劲指出，大论战结束后，资产阶级革命派的宣传声势并不曾减落。这种宣传正带着新的特点更具影响力地展开着，这些特点有：在国内建立了众多的宣传基地，人民群众成了革命宣传的直接对象，报纸成了主要的宣传工具，宣传方式的多样化，等等。正是它造成的明确的舆论导向，呼唤起了1911年中国民主革命的斗争高潮，结束了封建帝制在华夏大地上的统治。[③] 耿云志指出，以往的历史著作，凡谈及清末革命党与立宪派的论战的，绝大多数都以为民主问题是其争论的中心，认为革命党坚持建立民主制度，而立宪派则反对建立民主制度。争论的结果是革命派的民主论战胜了立宪派的反民主论。这种说法是很有问题的，至少是过分简单化了。根据争论双方的文字，无论是从思想逻辑上看，还是从争论文字的数量上看，其争论焦点是暴力革命与反满问题，真正讨论民主问题的文字，在双方都只占极小的比重。透过他们的争论可以看出，革命党把建立民主共和制度看得太简单、太容易，而立宪派则把实行民主共和制看得高不可攀。但值得注意的是两派在思想认识上却有着某些共同点：（1）两派在必须改变君主专制，确立某种形式的近代民主制度的问题上，并无根本分歧。（2）两派都受到现成的西方民主制度模式的局限，对如何结合中国国情，从现有起点上逐渐建立中国的民主制度

① 参见陶季邑《辛亥时期资产阶级民主革命派的社会主义思想新论》，《求索》1993年第4期。

② 参见侯宜杰《革命派反对在中国实行君主立宪理论之评议》，《史学集刊》1992年第2期。

③ 参见王劲《大论战结束后中国资产阶级革命派的宣传活动》，《兰州大学学报》1990年第2期。

思考得不够深入。革命派只见其易，立宪派只见其难。(3) 双方都意识到从专制到民主需要一个过渡时期，革命派提出分三步的设想，立宪派提出以开明专制为过渡。(4) 双方都没有找到在中国推动民主宪政的真实动力。所以一方耽于理想，一方陷于悲观。[①] 许纪霖指出，20 世纪初年，由于权力、权威一体化的君主专制发生了危机，权力与权威也由此发生分离。当时中国的各种力量几乎都希望有一场大变革。革命派与立宪派所抓住的，分别是权力与权威的两端。革命派与立宪派的论战，其实质不仅仅在于争论应当在体制外革命，还是在体制内改良，更是争辩两套不同的新秩序方案。简单地说，革命派关心权力的革命，立宪派在意权威的变迁。革命派相信，只要国体变了，人民推翻君主掌握了国家权力，由君主制变为共和制，便能带来民主共和的新秩序。立宪派则更重视国家如何统治，是否按照宪政的原则统治，至于共和政体，还是君主立宪政体，则是次要的问题。只要确立了宪政原则，即使保留了君主制，国家的权威也会从君主转移到宪法。换言之，这场论战是一场民主与宪政之争。民主与宪政之间一向存在张力，因为前者关乎权力，后者关乎权威。民主涉及某一具体的统治权力（某个朝廷或政府）的正当性问题，即统治者是否得到人民的授权，其施政是否符合被统治者的利益和愿望；而宪政涉及某一政治共同体的根本的、长时段的正当性问题，即什么样的共同体组成原则和制度方式是可以被自愿接受的，是合乎统治者和被统治者共同意志的。后一种正当性在于公共权力的权威，亦即是否符合共同体成员公认的“法”。这里所说的“法”，在传统社会往往表现为“神法”或“天理”。到了近代，则转换为某一政治共同体的根本大法——宪法。[②]

2011 年是辛亥革命 100 周年，围绕辛亥革命学术界发表了大量文章。就思想史方面的文章来看，无论选题还是观点，与之前比较都有大的推进。何卓恩分析了辛亥革命时期“主义”的“共生”现象。他认为，民族主义、自由民主主义、社会主义三大思想系统在中国形成思潮是同时发

① 参见耿云志《从革命党与立宪派的论战看双方民主思想的准备》，《近代史研究》2001 年第 6 期。

② 参见许纪霖《晚清新政如何催化辛亥革命》，《中国改革》2011 年第 8 期。

端于辛亥革命时期的短短几年间。这三大主义各自分出不少流派，形成前所未有的新型思潮涌动格局。不过这时“主义”之间的关系，却没有出现五四以后那样彼此分庭抗礼、互相否定的激烈斗争状况，而是呈现出各种“主义”大体和谐共生的态势。三民主义实系革命者对于三大主义蜂起于中国之反映，它既是革命领袖着意创造的革命“原理”，更是革命志士尽力结合热衷于各种“主义”的知识精英和感召社会民众之策略，具有很强的社会动员属性。① 高瑞泉研究了辛亥革命与平等观念，他认为，辛亥革命时期是现代“平等”观念在中国确立的重要时期，它与革命派中两类思想有密切的关系：刘师培、章太炎等的无政府主义，孙中山的三民主义。刘师培采取卢梭式的激进的平等主义路径。主张全面而彻底的平等，并且要根本上祛除国家政权，对于儒家传统的纲常则予以激烈的否定。章太炎从追求“毕竟平等”出发，也具有无政府主义倾向，他借佛学和庄子来论证平等的形而上学，走排遣名相的抽象路径，并没有完成“平等如何可能”的哲学论证，反而导致虚无主义。孙中山领导的辛亥革命第一次在国家根本大法层面上肯定了“平等”的价值，并承诺将其转变为社会政治法律方面的制度安排。但是孙中山主张机会平等，反对实质平等或结果平等，其经济平等的诉求远比其政治平等的要求激进，并且主张依赖“全能政府”来实现平等。他的权威主义与国家社会主义的特征，与无政府主义虽然呈现为对立的两极，但同样都表明“平等”的嬗变尚在途中。② 郭双林考察了五四平民主义思潮兴起之前、辛亥革命时期知识界浓厚的平民意识，他认为辛亥时期的平民观念主要包括下层民众和Democracy两个层面。革命的动力是平民，革命的性质是平民革命，革命的目标是建立平民政治；此时期的平民意识并非民粹主义的一种表现。③

郑大华、朱蕾对辛亥革命时期的国民观进行了研究，认为国民观是清末知识分子在内忧外患的社会背景下探索救国救民的道路时对一国之民应该具有的特质做出的思考，是伴随着臣民观的瓦解和新国家观念之主权意

---

① 参见何卓恩《辛亥革命时期“主义”共生现象探析》，《江海学刊》2011年第6期。

② 参见高瑞泉《辛亥革命与平等观念的现代嬗变——以两类革命派的思想为中心的考察》，《学术界》2011年第7期。

③ 参见郭双林《论辛亥革命时期知识界的平民意识》，《近代史研究》2012年第3期。

识的确立而逐渐产生的，其内涵是认为国与民之间应该以国家为本位，人民享有权利并担负义务但是必须重义务轻权利、重国家利益轻个人利益，国与民是内在的统一体，但国家优先于个人。① 就渊源而言，“国民”一词是清末知识分子从日本辗转假借而来的，带有近代德国学派思想的痕迹。近代中国知识分子的国民观念有机地融合了中国传统思想、不同时期的西方近代思想和日本近代思想，注重民族主义和国家主义，并具有浓厚的道德主义和精英主义倾向。国民观念对清末时局的发展产生了重大的影响，并促进了近代中国人主体意识的初步觉醒。但民初宪政实践的失败促使中国先进知识分子开始对国民观进行反思。通过反思，他们认识到清末梁启超等人对国民劣根性的批判只涉及爱国主义和国家主义的层面，而未能对儒家传统伦理价值观的核心，即“三纲五常”和家族主义思想进行批判，而这正是国民观念对民初的乱局束手无策的根本原因。在对国民观的反思和对臣民观的更深入批判中，新文化派知识分子萌生了对以个人为本位的公民观的向往。国民观在中国近代思想史中的地位也由此而奠定：国民观是从臣民观念到公民观念的桥梁。② 李育民在《排外与惧外：辛亥时期两大对外观念论析》一文中指出，“排外”观贯注于清末社会及其政治理念之中，近代民族主义思潮则脱胎于“排外”且具有“惧外”的痕迹。这两大观念在辛亥时期的变异或崛兴，给民国历史带来深刻影响。③ 李帆通过对康有为、刘师培有关《春秋繁露》“晋伐鲜虞”和“邲之战”两事不同解读的考察，分析了“夷夏之辨”解说传统在他们那里的延续和更新。康有为延续了以往今文学者的解说，具有文化民族主义色彩；刘师培则较少依托经学传统，具有种族民族主义色彩。④

林家有指出，中华民族自在实体的形成极为复杂，但中华民族自觉实体的形成是辛亥革命的结果。中华民族是与中华民国同时诞生的、在民族

---

① 参见郑大华、朱蕾《论国民观在清末的兴起》，《学术界》2011 年第 6 期。

② 参见郑大华、朱蕾《国民观：从臣民观到公民观的桥梁》，《晋阳学刊》2011 年第 5 期。

③ 参见李育民《排外与惧外：辛亥时期两大对外观念论析》，载郑大华、邹小站主编《中国近代思想史研究集刊》第 9 辑《辛亥革命与清末民初的思想》，社会科学文献出版社 2012 年版。

④ 参见李帆《辛亥革命时期的“夷夏之辨”——以康有为、刘师培对〈春秋繁露〉两事的不同解读为例》，《近代史研究》2011 年第 6 期。

“五族共和”共建新国的基础上形成的民族共同体。[①] 郝时远认为，一百年前的辛亥革命推翻了延续两千多年的封建王朝，中国开始步入现代民族国家的行列，在这个转型的过程中，出现了“中华民族”这一国家民族概念。围绕这一概念，中国的仁人志士、社会各界进行了“种族”“五族共和”“汉族中心”“宗族”等民族主义的论说，都在试图阐释中华民族的内涵。但是，孙中山领导的资产阶级革命没有解决这一问题。中国共产党在新民主主义革命的实践中，为中华民族赋予了科学、准确的内涵，实践了中华民族对帝国主义的民族自决，建立了统一的多民族国家，走上了中华民族伟大复兴之路。[②] 彭武麟强调辛亥革命平民革命的性质决定了其核心内容是解决近代以来中国由传统王权国家向现代民主国家转型的国家重建问题。清末的维新派、革命派、立宪派在国内民族关系问题的认识上大致殊途同归，使得辛亥革命之后“五族共和”顺理成章成为社会各界的共识。而“五族共和”理论上的粗糙、具体认识与实践中的大汉族主义传统思想和民族同化政策以及边疆民族地区的严重危机，也成为辛亥革命时期国家转型及其民族关系建构中的主要问题和局限。[③]

熊月之剖析了华盛顿形象在中文语境中的解读过程，认为它经历过译名的雅化与形象的圣化。清末解读华盛顿形象的突出现象是颂扬他在抗英战争中不避艰困而成就大业。道德层面打了天下而不做皇帝、带有尧舜形象的华盛顿最深入人心，而民主思想层面、严守法制的华盛顿一般人则不甚了了。[④] 巴斯蒂（Marianne BASTID-BRUGUIèRE）考察了普世价值观对辛亥革命精神的引发作用，指出在义和团运动之后的几年中，自由、民主观念，以及相对较少程度的人权观念，这些普世价值就已成为鼓动青年学生和知识分子革命精神的主要灵感；而1905年之后发生转折，包含着国家特色的“国情”概念大受欢迎。以国家为中心的民族主义观点与尊重

---

① 参见林家有《辛亥革命与中华民族自觉实体的形成》，载郑大华、邹小站主编《中国近代思想史研究集刊》第9辑《辛亥革命与清末民初的思想》，社会科学文献出版社2012年版。

② 参见郝时远《辛亥革命与中华民族内涵之演变》，《民族研究》2011年第4期。

③ 参见彭武麟《辛亥革命对中国近代国家转型及其民族关系建构的贡献》，《中国民族报》2011年3月12日。

④ 参见熊月之《华盛顿形象的中国解读及其对辛亥革命的影响》，《史林》2012年第1期。

普世价值的民主观点间的对立，贯穿了中国20世纪的政治史。[①] 张玉法论述了西方社会主义与民生主义形成的关系，认为阐述孙中山的民生主义，初以“平均地权”为口号，到1905年同盟会成立时正式采为革命的主义。孙中山及其党人阐述民生主义之初，受到立宪派梁启超的抨击，革命党人在与梁启超辩论过程中，为民生主义建立了深广的基础，于土地国有之外，加上大企业国营。[②]

郑大华针对学界对革命历史作用质疑的观点，强调了革命派的历史作用，认为革命派的革命宣传，对于动员广大汉族官僚、知识分子和下层民众参加辛亥革命起了巨大的积极作用；其武装起义和暗杀活动，加剧了本已严重的社会危机，造成统治者的极大恐慌，为辛亥革命准备了必要的军事力量；其“五族共和”的建国主张，尤其是以革命和国家为重的大局意识，对辛亥革命的成功具有十分重要的意义，就此而言，“没有革命派，也就没有辛亥革命”。[③] 李良玉反思了因长期以来受意识形态影响而对辛亥革命做出的“失败论”评价，提出了截然相反的观点。李文认为，列宁、斯大林有关十月革命和民族与殖民地国家革命运动的理论，对于中国共产党人产生了两点深刻的影响：第一，为把中国民主革命划分为新旧两种类型的革命提供了理论依据；第二，为判断辛亥革命是软弱的资产阶级领导的失败的革命提供了理论前提。在1921年至1949年的28年间，在革命意识的支配下，共产党人大多对辛亥革命抱持批评态度。他们的批评意见，形成了根深蒂固的价值标准。这些看法，既有合乎历史实际的性质，又带有根据革命形势需要提出新的任务、指示新的方向的性质，从而与史学研究中的学术评价标准有相当差异。必须注意提高理论修养，科学地理解和运用这些看法，而不能照搬。新中国成立以来，一般认定辛亥革命属于旧民主主义革命；它有成功之处，又是一场失败的革命，这样的总

---

① 参见巴斯蒂（Marianne BASTID-BRUGUIèRE）《论普世价值观对辛亥革命精神的引发作用》，载郑大华、邹小站主编《中国近代思想史研究集刊》第9辑《辛亥革命与清末民初的思想》，社会科学文献出版社2012年版。

② 参见张玉法《西方社会主义与民生主义的形成》，载郑大华、邹小站主编《中国近代思想史研究集刊》第9辑《辛亥革命与清末民初的思想》，社会科学文献出版社2012年版。

③ 参见郑大华《论革命派在辛亥革命中的历史作用》，《高校理论战线》2011年第10期。

体评价基本没有改变。笔者认为，辛亥革命是一场伟大的民族民主革命，是中国皇权专制社会向近代民主社会转折的关键，是中华民族走向民族独立、建设现代国家的重要开端，是亚洲民族解放运动的重大标志，是一个世界性的重大历史事件。对于辛亥革命失败论，应该进行必要的甄别和纠正。[①]

五　五四启蒙思想

出版的著作、论文集主要有：李龙牧的《五四时期思想史论》（复旦大学出版社 1990 年版），萧超然的《北京大学与五四运动》（北京大学出版社 1995 年版），朱志敏的《五四民主观念研究》（北京师范大学出版社 1996 年版），许纪霖的《五四运动与二十世纪中国》（社会科学文献出版社 2001 年版），高力克的《五四的思想世界》（学林出版社 2003 年版），耿云志主编的《开放的文化观念及其他——纪念新文化运动 90 周年国际学术研讨会论文集》（国家图书馆出版社 2009 年版），牛大勇、欧阳哲生主编的《历史中的五四与五四中的历史——北京大学纪念五四运动 90 周年国际学术研讨会论文集》（北京大学出版社 2010 年版），中国社会科学院近代史研究所编的《纪念五四运动九十周年国际学术研讨会论文集》（社会科学文献出版社 2012 年版），等等。就研究的内容，主要涉及以下一些问题。

五四新文化运动的源流、兴起及性质。张锡勤认为："五四新文化运动的两面旗帜——民主与科学，两个中心——道德革命与文学革命，为实现这些而发动的反孔斗争和国民性改造，均发端于戊戌"。[②] 欧阳哲生将五四新文化运动推溯到明代，认为"没有明代以来，数代学者大师孜孜不倦、不懈追求的古籍整理和复古解放作为历史基础，很难设想新文化运动这样一场声势浩大，颇具成效的思想解放运动"。[③] 有的学者从外来文化的角度追寻新文化运动的起源，如高力克认为，"新文化运动崇尚的法

---

① 参见李良玉《失败的革命？——中国革命意识形态中的辛亥革命评价》，《徐州师范大学学报》（哲学社会科学版）2011 年第 4 期。

② 张锡勤：《论五四新文化运动对戊戌思潮的继承与超越》，《哲学研究》1999 年第 5 期。

③ 欧阳哲生：《试论新文化运动的传统起源》，《社会科学战线》1992 年第 2 期。

国式民主和科学主义，构成了五四启蒙不同于戊戌启蒙的激进色彩”。[①] 王桂妹认为，中西文化的巨大落差造成的对西方各种哲学、社会思潮的吸纳，成为五四文化激进主义的一个重要思想资源。[②] 耿云志强调，五四新文化运动既具有启蒙运动的性质，也带有文艺复兴的特点，将五四新文化运动与欧洲的文艺复兴运动相比拟，并无大不妥。五四新文化运动之于中国近代文化转型，无疑是一大枢纽。[③] 李新宇指出，五四启蒙思潮的形成以西学东渐和中国近代社会变革为其思想渊源，但无论是中国传统思想中的某些异质音响，还是洋务派的富国强兵战略，都与五四启蒙思想相去甚远；近代维新派思想家严复、梁启超等人提出“开民智”“新民说”，孙中山提出“三民主义”，一致把“新民”看作强国建国的手段而不是目的；五四一代启蒙思想家借助西方社会契约理论确立了以“立人”为目的的启蒙思想，从而为中国现代文化启蒙树立了“人学”标志，并由此确立了国家与个人的新型关系原则。这种关系准则是现代社会关系最本质的标志。[④] 王奇生考察了新文化如何“运动”起来的过程，他指出，《新青年》从一“普通刊物”发展成为全国新文化的一块“金字招牌”，“新文化”由涓涓细流汇成洪波巨浪，都经历了一个相当的“运动”过程。“新文化运动”以五四为开端，是当时人较为普遍的看法。但细察《新青年》之立论，高悬“民主”“科学”两面大旗，意在震慑和封堵“非难”者。新文化人对“新文化”的内涵其实并未形成一致的看法。今人所推崇、所眷顾的一些思想主张，在当时未必形成多大反响，而当时人十分关注的热点问题，却已淡出后来史家的视野。对于同一个《新青年》，办刊人的出发点，反对方的攻击点，与局外人的观察点不尽一致；对于同一场“新文化运动”，新文化人的当下诠释与后来史家的言说叙事更有相当的出入。[⑤] 杨琥对《新青年》与《甲寅》月刊的渊源关系进行了考察，认

---

① 高力克：《五四的思想世界》，学林出版社 2003 年版，第 28 页。

② 参见王桂妹《五四文化激进主义寻踪》，《吉林大学社会科学学报》2001 年第 3 期。

③ 参见耿云志《关于五四新文化运动的几个问题》，《社会科学战线》2009 年第 10 期。

④ 参见李新宇《论五四启蒙思潮的形成》，《齐鲁学刊》2000 年第 3 期。

⑤ 参见王奇生《新文化是如何“运动”起来的——以〈新青年〉为视点》，《近代史研究》2007 年第 1 期。

为1915年9月创刊的《新青年》，在其创刊之初，与《甲寅》月刊之间，在主编、撰稿人队伍、发刊宗旨、栏目设置、刊物风格等方面存在着很深的渊源关系。厘清它们之间的这种关系，有助于更深入而全面地认识五四新文化运动的形成和发展。①

五四“民主”与“科学”内涵。郑大华指出，中国人追求民主与科学并非始自五四新文化运动，但从五四新文化运动开始，中国人才将民主与科学作为近代新文化的核心观念或基本价值加以追求和崇尚。在此之前，人们主要是把民主与科学作为一种实现国家富强和救亡图存的工具或手段追求的。五四新文化运动将民主与科学作为近代新文化的核心观念或基本价值加以追求和崇尚，这不仅体现在它以民主与科学为自己的旗帜上，也体现在它对民主与科学的认识和理解上。就五四新文化运动对民主的认识和理解来看，首先，民主是一种个人独立自主的观念；其次，民主贯穿于社会各个方面，体现了平等自由的精神。至于五四新文化运动所认识和理解的科学，不仅仅是科学技术或科学思想，更是一种广义上的世界观和方法论，一种与迷信、盲从、愚昧相对立的崇尚实证的理性精神。正因为五四新文化运动是将民主与科学作为近代新文化的核心观念或基本价值加以追求和崇尚的，再加上这种追求和崇尚又与对封建专制主义、迷信愚昧思想以及旧伦理、旧道德乃至整个传统文化的批判与反思联系在一起，因而它极大地促进了人们的思想解放，推动了思想文化的变革。同时，民主与科学从此也逐渐深入人心，并开始成为一种社会意识或价值观念。这具体表现在以下几个方面：首先，追求民主、崇尚科学的运动和思潮继续向前发展。其次，民主与科学的追求和崇尚开始贯穿于社会的各个方面。最后，再没有人敢公开非难和反对民主与科学。② 李维武考察了民主观念在新文化运动时期的变化，他指出，1915—1924年新文化运动时期，民主观念与科学观念相伴随，成为新文化运动的旗帜、口号与价值认同。1919年五四运动的发生，对新文化运动产生了强烈而深刻的影响，

① 参见杨琥《〈新青年〉与〈甲寅〉月刊之历史渊源——〈新青年〉创刊史研究之一》，《北京大学学报》2002年第6期。

② 参见郑大华《五四新文化运动与近代中国人对民主和科学的追求》，《光明日报》2006年9月18日。

促使中国人重新思考追求民主、实现民主的道路，进而促使中国人对民主观念的理解和阐释发生了重大变化，由新文化运动初期的对欧美民主政治的单一性理解，转变为新文化运动后期的对民主政治的不同追求。陈独秀对“民主”内涵的新阐释，孙中山对“民权”道路的新探索，胡适力主从“问题”入手实现“民主”，梁漱溟强调在儒学基础上认同“民主”，这些都是对民主政治不同追求的有代表性的体现，民主观念的这一变化，具有多方面的合理性，在20世纪中国思想史上有着积极的值得肯定的意义。① 一些学者注意到五四后期民主思想存在民粹化因素。胡伟希指出，中国不少的马克思主义者，其思想的早期大都经历过信仰无政府式的民粹主义这个阶段。② 顾昕指出，中国知识分子（无论他们在政治上属于什么派别）倾向于把民主思想（尤其是卢梭式民主思想）中所包含的人民主权论观念推向极致，从而走向了一种民粹主义与乌托邦式的民主。“民粹主义民主”是一种激进版的民主观念。③ 许纪霖探讨了五四时期关于政治正当性的讨论并指出：从《甲寅》到《新青年》，五四思想家的思考重心逐渐从权力的制度性安排转移到政治背后的核心价值和伦理精神，由此提出了重建个人的命题；但对个人之间如何形成政治共同体，则从原先的“公理”观念转向以“公意”为核心的研究。从陈独秀到李大钊，“公意”逐步以良知论为基础，走向人民意志的自由选择。当各种意识形态所操控的“民意”冒充“公意”成为政治正当性基础的时候，便加剧了政治的动荡和无序。作者还另文分析了五四时期个人主义的起源问题，认为这个时期的个人主义资源最为丰富，是“个人的崛起”的时代。这样的个人主义传统，尽管与西方的“权利个人”大异其趣，但以其独特的方式，获得另一种现代性。④ 徐辉对海外新儒学学者将五四科学思潮与科

① 参见李维武《五四运动与民主观念在新文化运动时期的变化》，《学术探索》2011年第4期。

② 参见胡伟希《中国近现代的社会转型与民粹主义》，《战略与管理》1994年第5期。

③ 参见顾昕《“五四”激进思潮中的民粹主义主题（1918—1922）》，《公共论丛》1999年第6辑。

④ 参见许纪霖《国本、个人与公意——五四时期关于政治正当性的讨论》，《史林》2008年第1期；许纪霖《个人主义的起源——“五四”时期的自我观研究》，《天津社会科学》2008年第6期。

学主义联系起来并加以批判不以为然，他指出五四科学思潮与科学主义有着本质的区别，五四科学思潮是一种人文主义性质的学术思潮，是一种进步性、革命性的学术——社会思潮，没有理由把它贬斥为“思想的歧途”。[①] 他还指出，以往的研究主要涉及人文学者如陈独秀、鲁迅、胡适的科学活动。五四时期还存在另一类科学活动，即科学家的科学活动。两种科学活动既有区别，又有联系，相辅相成，共同构成五四新文化运动的一个重要方面。[②]

五四时期的思想论争。1919 年发生的“问题与主义”之争，长期以来一直是学界关注的热点，也取得了很多有价值的研究成果。罗志田在已有研究的基础上，对这一问题作了更系统的梳理，对争论的焦点问题进行了更深入的研究。关于问题与主义之争的起因问题，他指出，胡适等新文化人之所以有意区分“问题与主义”，主要是针对当时主导北京政权的安福系。当“新舆论界”受社会主义、无政府主义等各种世界思潮影响而盛谈“主义”时，安福系也将社会主义与无政府主义等“主义”作为其研究对象。安福系的这样一种主动介入，引起了“道统”方面警觉。在胡适看来，既然“主义”方面已经到大家不太分得出彼此的程度，则回过头来研究具体问题或不失为一种选择。于是便有了胡适《多研究些问题、少谈些“主义”》的发表。[③] 关于中国问题是局部解决还是整体解决的问题，既存的研究已有所关注。但在罗志田看来，这一问题实际涉及的面相更为宽广，支持者和反对者的社会构成与具体思路都相当复杂，难以用简单的二分法涵盖之。本来五四前后思想界的主要特征就是各种流派的混杂难分，当时中国的“马克思主义者”和“自由主义者”群体尚在形成之中，各自皆难看出系统一致的看法。而倾向于整体或根本解决中国问题的人相当普遍，其中不少人甚至不那么激进；另外，在主张根本解决的人中间，也有反马克思主义者。对于相当一部分人而言，中国问题的整体或局部解决并不对立，可能还是互补的。基于此种认识，他对五四后几年

---

① 参见徐辉《五四科学思潮与科学主义》，《民主与科学》1993 年第 6 期。

② 参见徐辉《五四时期的两种科学活动及其意义》，《厦门大学学报》1999 年第 4 期。

③ 参见罗志田《因相近而区分：“问题与主义”之争再认识之一》，《近代史研究》2005 年第 2 期。

间时人在此问题上的思辨进程作了系统的梳理，逐一分析了毛泽东与新民学会、少年中国学会、中共党人及诸多新文化人的主张。[①] 五四时期中国思想界曾爆发过一场规模空前、影响深远的东西文化论战。这场论战已成为思想文化界研究的重点之一。据笔者的初步统计，仅 20 世纪 90 年代以来思想文化界就发表有关研究论文有百篇之多。钱婉约以第一次世界大战为分界线，将东西文化论争划分为两个阶段：前一阶段的中心是关于东西文化特质的讨论，而后一阶段的中心则转移到两种文化能否调和、能否互相补济的讨论。[②] 但大多数研究者都把五四东西文化论争分为三个阶段。谭双泉将这三个阶段界定为：五四前夜以杜亚泉为代表的复古派改变以前简单的排外主义策略，而与新文化运动倡导者陈独秀、李大钊等人进行东西文明关系的论争；五四运动爆发后以章士钊为代表的“新旧调和”论与新文化人士的争论；五四运动以后马克思主义成为新文化运动主流后的新一轮“新旧思想的大激战”。[③] 马立新则将三阶段表述为：从 1915 年《新青年》创刊到五四运动爆发，以陈独秀为代表的新文化主流派与以杜亚泉为代表的《东方》杂志派展开了东西文化异同优劣的争论；1919 年五四运动之后进入第二阶段，论争以新旧、中西文化能否调和为中心；第三阶段因梁启超发表《欧游心影录》、梁漱溟出版《东西文化及其哲学》引发激烈的文化论战。[④] 关于论战的内容，郑大华认为主要是围绕东西文化差异的性质、如何看待新旧文化的关系和中国文化向何处去这三个问题展开。[⑤] 高力克指出，这场文化论战的焦点在于东西文化的性质及其优劣的批判问题。[⑥] 而董恩强则认为是如何对待中国传统伦理道德问题，实际

---

① 参见罗志田《整体改造与点滴改造：“问题与主义”之争再认识之二》，《历史研究》2005 年第 5 期。

② 参见钱婉约《两种人与两种文化态度——评五四时期的东西文化论争》，《江汉论坛》1990 年第 10 期。

③ 参见谭双泉《五四时期的东西文化论战——为纪念五四运动 80 周年而作》，《湖南师范大学学报》1999 年第 6 期。

④ 参见马立新《“五四”东西文化论战新探》，《山东师范大学学报》2004 年第 2 期。

⑤ 参见郑大华《重评五四前后的“东西文化论战”》，《湖南师范大学学报》2003 年第 4 期。

⑥ 参见高力克《重评杜亚泉与陈独秀的东西文化论战》，《近代史研究》1994 年第 4 期。

上也是如何对待西方文化的问题。[①] 在论战中知识界形成了三大思想或文化派别，用郑师渠的话说，缘于国人对欧战的感悟不同，战后中国社会文化思潮由原先新文化运动一枝独秀衍化成了东方文化派、自由主义者和马克思主义者三派各领风骚的格局和呈现出多元演进的态势。[②] 曾长秋也将五四时期知识群体分为三大派别：以胡适、钱玄同等为代表的“全盘西化派”，以梁启超、梁漱溟等为代表的试图以儒学为框架来吸收西方文化的群体，以陈独秀、李大钊等为代表的《新青年》派。[③] 许纪霖则认为五四时期存在着三种启蒙：陈独秀及其创办的《新青年》为代表的主流的激进启蒙；杜亚泉和他主持的《东方》杂志为代表的科学启蒙和温和改革；以梁启超、张君劢、张东荪等人为代表，以《解放与改造》和《晨报》副刊、《学灯》副刊为阵地的又一种温和的、二元论式的思想启蒙。五四时期东西文化论战其实是对启蒙的不同理解的分歧。[④]

新文化运动的评价。自80年代李泽厚提出“救亡压倒启蒙”说后，“救亡与启蒙”的关系就一直是学术界讨论的问题。高力克指出，“救亡压倒启蒙”说不是一种严谨的学术观点，李泽厚的“救亡”概念含混地包括民族救亡运动和国民革命、共产革命等完全不同的政治运动。而且这种政治与文化关系的外在解释，忽略了启蒙的内在矛盾和自我瓦解。在中国现代化史上，救亡与启蒙难解难分。自严复始，中国的启蒙即源于救亡，救亡是中国启蒙的深层动因。与法国启蒙运动相比，中国启蒙运动毋宁是一种落后民族寻求富强之道的“救亡型启蒙”。因而，以“救亡”与“启蒙”对举，本身有一个历史语境错置的问题，似乎中国有一个欧洲式的纯粹的“启蒙”。“五四”以后，新思潮经历了一个从思想启蒙到“直接行动”、从“价值重估”到“社会改造”的转变，由此革命运动代新文化运动而兴。这种文化运动与政治运动的消长，与其说是“救亡压倒启

① 参见董恩强《杜亚泉的文化思想——兼评杜、陈文化论争》，《华中师范大学学报》2000年第2期。

② 参见郑师渠《论欧战后中国社会文化思潮的变动》，《近代史研究》1997年第3期。

③ 参见曾长秋《新文化运动中的知识群体——1919年前后的中西文化观》，《党史纵横》1999年第5期。

④ 参见许纪霖《转型中的思想分化》，《史学月刊》2004年第7期。

蒙”，毋宁说是“启蒙转化革命”，它本身亦为启蒙逻辑演化的结果。郑大华也不赞成“救亡压倒启蒙”说，他指出，说五四后期救亡压倒了启蒙，主要是说五四后期马克思主义的传播和新民主主义革命的兴起及发展，淡化甚至中断了新文化运动前期对西方民主、自由的宣传。实际上这种观点是不能成立的。因为，第一，马克思主义的传播本身就是五四新文化运动的重要内容，我们不能说宣传西方的民主、自由是新文化运动，传播马克思主义就不是新文化运动。所谓新文化，是相对于中国的旧文化而言的，马克思主义理所当然地属于新文化的范畴。第二，马克思主义的传播没有压倒或中断新文化运动的启蒙，因为马克思主义也反对封建主义，实际上五四时期激烈批判封建主义的不是以胡适为代表的自由主义者，而是以陈独秀、李大钊为代表的早期马克思主义者；马克思主义也主张民主和自由，不过马克思主义主张的是人民民主和阶级、民族自由。从个性解放、个人自由到阶级解放、民族自由，这是启蒙的深化和提高。第三，中国需要民主和自由，但国际和国内、历史和现实等多方面的原因，决定了中国要实现民主和自由就不能走西方资本主义的老路。所以，新民主主义革命的兴起和发展不是启蒙的中断，而是以一种更适合中国国情的形式进行的启蒙。对于广大下层民众，尤其是广大农民来说，他们不是从胡适等人那里知道民主、自由的，而是在参加新民主主义革命中（如抗战时期边区的民主改革）知道民主、自由的，并学会了如何行使民主的权利。[①] 关于五四反传统，一些学者认同海外学者林毓生等提出的五四新文化运动“全盘反传统”的观点。如陈来认为，五四文化运动开始了激进主义“横绝天下”的历史。[②] 多数学者并不否认五四启蒙思想家曾经猛烈地抨击、批判封建文化，但认为不能简单地批评其“全盘反传统”。郑大华指出，五四新文化运动虽然反儒学，反孔教，但对于孔子本人及其学说并没有采取简单地全盘否定的态度。假如我们不囿于儒家中心主义的成见，不把儒学看成是唯一的传统，更不把儒学之礼教与传统等同起来，而承认传统是

① 参见郑大华等《继承“五四”，超越“五四”——纪念五四运动 90 周年的对话》，《光明日报》2009 年 4 月 28 日。

② 参见陈来《20 世纪文化运动中的激进主义》，《东方》1993 年第 1 期。

我们先辈们所创造并发展至今的一切文化形式，那么显而易见，五四新文化运动并没有“全盘性的反传统”。[①] 严家炎认为，把五四称为全盘反传统在三个层面说都是不恰当的。第一，这种说法把儒家这一百家中的一家，当作了传统文化的全盘。第二，把三纲为核心的伦理道德当作了儒家学说的全盘。第三，这种说法不承认即使在儒家思想内部本来就有非主流、反主流的成分存在。[②] 王东指出，五四新文化运动的主要精神领袖是蔡元培、陈独秀、胡适、李大钊和鲁迅。“打倒孔家店”并非五四运动的口号，激进主义只是“五四”的支流，多元文化的综合创新才是“五四”的精神主潮。[③] 耿云志指出，如果说在新文化运动中，部分青年或知识界个别分子，有过过当的言论或过当的行为，应当加以批评或纠正，那完全可以理解。但把整个运动归结为“全盘反传统”“全盘西化”，那是没有根据的。正是五四新文化运动为中国文化的复兴开辟了道路。新文化运动的领袖们找到了中西结合、创造新文化的途径，并在许多领域做了开创性的贡献。[④] 他还论述了新文化运动对建立中国与世界文化关系的意义，认为只是在鸦片战争后，一种在总体上显示出优越性的外国文化才逐步展现在中国人面前。此后，经历许多尝试、挫折和反省，以追求建立中国与世界文化的密切关系为基本目标之一的开放的文化观念，在一部分先觉分子中逐渐形成，并在新文化运动中成熟起来、展现开来，而且成为新文化运动最重要的内在驱动力。[⑤]

五四传统的多元解读。郑师渠认为，新文化运动根本的思想取向在追求现代性，但它毕竟发生在欧洲人反省自身文化和欧洲现代思潮发生了深刻变动的大背景下，因此无论自觉与否，新文化运动的主持者们不同程度上都在借鉴和吸纳反省现代性的合理内核，从而弱化了新文化运动初期明

---

① 参见郑大华《“五四”是“全盘性的反传统运动”吗——兼与林毓生教授商榷》，《求索》1992 年第 4 期。

② 参见严家炎《“五四”·“文革”·传统文化》，载李世涛编《激进与保守之间的动荡》，时代文艺出版社 2000 年版。

③ 参见王东《五四新文化运动若干问题辨析》，《哲学研究》1999 年第 4 期。

④ 参见耿云志《应当怎样评估五四新文化运动》，《东岳论丛》1999 年第 2 期。

⑤ 参见耿云志《新文化运动：建立中国与世界文化密接关系的努力》，《学术研究》2008 年第 2 期。

显存在的极端功利主义、绝对化、简单化的非理性倾向，为新文化运动打上了反省现代性的印记。[①] 郑师渠还考察了“五四”后关于“新文化运动”的讨论，他指出，五四后，随着“新文化运动”一词的产生，出现了一场关于“新文化运动”的热烈讨论。时人在概括身在其中的新文化运动本质的基础上，探讨了文化运动与社会运动、现实政治的关系以及中国的根本出路等重大的问题，并合乎逻辑地引出了关于运动发展趋向的三个不同取向：普及文化、提升学术与转向社会革命。从后来的历史发展看，三者虽不应等量齐观，但无疑都有自己的合理性。新文化运动不仅催生了中国新民主主义革命的善果；从长时段看，新文化运动依文化发展自身的逻辑，沿着普及与提高两个向度纵深发展，以至于成为常态，有力地奠定了现代中国学术文化发展的基础；从广阔的视野看问题，在很大程度上，也可以说，它同样为中国现代文明政治的发展奠定了一个长期起作用的“非政治的”即文化思想的基础。[②] 章清的《五四思想界：中心与边缘——〈新青年〉及新文化运动的阅读个案》一文，对五四思想界进行了新的审视，指出身处不同地域、不同身份的个体对《新青年》及新文化运动的“阅读”颇具差异，呈现出新文化运动的多姿多彩性及中国社会的多样性。[③] 俞祖华、赵慧峰指出，在“后五四时代”，激进主义、自由主义、保守主义三大思潮从各自角度对“五四意义”进行了解读和诠释，从而形成不同的“五四话语”诠释系统。激进主义从革命斗争的现实需要出发，着重于从政治、救亡、民族民主革命的革命范式与政治框架去解读和诠释“五四意义”，建构了突出政治意义的五四革命话语诠释系统，后随着改革开放的深入，这种“革命范式”“政治范式”开始向“发展范式”“现代化范式”过渡；自由主义建构了凸显文化变革、突出个性解放的启蒙话语诠释系统，表现为褒新文化运动贬学生运动，把文化运动向政治运动的发展视为“干扰”“救亡压倒启蒙”；保守主义赞成文化运

① 参见郑师渠《新文化运动与反省现代性思潮》，《近代史研究》2009 年第 4 期。

② 参见郑师渠《“五四”后关于“新文化运动”的讨论》，《北京师范大学学报》2010 年第 4 期。

③ 参见章清《五四思想界：中心与边缘——〈新青年〉及新文化运动的阅读个案》，《近代史研究》2010 年第 3 期。

动的路径但反对新文化运动的激进反传统主义，其经历了从接纳民主、科学“新外王”的“返本开新”到五四“文化断裂”的话语诠释系统转变。三大思潮对五四启蒙的不同程度认同以及对“五四意义”的多向诠释，进一步凸显了五四精神的多元性与开放性。[①]

六　马克思主义传播、中国化与新民主主义理论

王桧林主编的《中国新民主主义理论研究》（党建读物出版社 1998 年版），全面阐述了新民主主义理论的体系，包括新民主主义理论的来源与发展，新民主主义理论的产生、发展和成熟的进程，新民主主义革命理论的思想体系，新民主主义革命的规律、路线、纲领和基本政策，新民主主义革命道路，新民主主义社会的理论，等等。

“农村包围城市道路”理论。鲁振祥不同意许多学者把毛泽东《中国的红色政权为什么能够存在?》作为“农村包围城市”道路理论基本形成标志的观点，也不认为《星星之火，可以燎原》是这一理论基本形成的体现。在他看来，经过长期的斗争和探索，到 1938 年 5 月毛泽东发表《抗日战争的战略问题》、10 月发表《论新阶段》、11 月发表《战争和战略问题》才全面阐明了农村中心观，党的六届六中全会决定把党的主要工作放到战区和敌后，标志着“农村包围城市”道路理论最后形成，并确立为党的指导方针。[②] 但王福选不同意鲁的观点，他指出《星星之火，可以燎原》之所以没有明确提出乡村中心观，是由很多原因所致，是行文问题，从毛泽东此前的众多论述中，已有乡村中心的思想，《星星之火，可以燎原》提出了以农村为中心的见解，表明“农村包围城市”道路的理论已基本形成了。[③] 他进一步提出要对“农村包围城市道路”理论

---

① 参见俞祖华、赵慧峰《被多向解读与不断诠释着的“五四意义”》，《求是学刊》2009 年第 3 期。

② 参见鲁振祥《略谈“农村包围城市”道路理论的形成与确立》，《中共党史研究》1990 年第 6 期;《再谈“农村包围城市”道路理论形成问题——答王福选、阮守应》，《中共党史研究》1993 年第 1 期。

③ 参见王福选、阮守应《也谈“农村包围城市”道路理论的形成》，《中共党史研究》1992 年第 4 期。

的形成与确立为党的指导思想加以区分，因为理论的形成和确立为党的指导思想这是两个不同的概念，学者们提出的1930年下半年到1931年形成说、1936年形成说、1938—1939年形成说都没有把二者加以区别。事实上，毛泽东提出“农村包围城市道路”理论后，自己还去打大城市，其原因就在于，这一理论不仅没有为党中央所接受，还遭到了批评，根本不可能成为党的指导思想。作者认为，此理论确立为党的指导路线应有三大标志：一是理论本身必须完备；二是此理论须为党中央所接受，并确定为指导方针；三是在思想上全党要对“农村中心论”的正确和“城市中心论”的错误有明确的认识。按照这一标准，“农村包围城市道路”理论经历了1930—1945年党的六届七中全会长期发展，才最终被确立为党的指导路线。[①] 王桂琴指出，“农村包围城市道路”的革命理论是马克思列宁主义普遍原理同中国革命的具体实践相结合的产物，是毛泽东思想的重要组成部分。文家市会师是农村包围城市道路的开端，“工农武装割据”思想的提出标志着“农村包围城市道路”理论的产生，《中国的红色政权为什么能够存在?》标志着“理论”的初步形成，《星星之火，可以燎原》标志着“理论”的正式形成。[②] 陈忠萍等指出，“农村包围城市”革命道路理论是中国革命史上第一条独具中国特色的道路，它于土地革命战争时期初步形成，在抗日战争时期生根开花，在解放战争时期结出丰硕的果实。[③] 黄少群等认为，毛泽东“农村包围城市道路”理论的形成是一个复杂艰难的创新过程。建立井冈山革命根据地，提出“红色政权”理论和赋予“工农武装割据”思想以完整、系统而科学的内涵，是他创建农村根据地的第一次实践，是“农村中心论”的开篇之作；出击赣南闽西的过程中，确立了建立农村大根据地的战略决策，为创建中央革命根据地迈出了实际的步伐。《反对本本主义》一文的发表使“农村中心论”有了更加坚实的思想基础；古田会议后，统一了建立农村大根据地的思想认识，

① 参见王福选《“农村包围城市”道路理论是怎样确立为党的指导路线的》，《党史研究与教学》1992年第3期。

② 参见王桂琴《论“农村包围城市道路”的理论形成》，《山东大学学报》2001年第1期。

③ 参见陈忠萍、刘洪彪《农村包围城市道路理论形成过程研究》，《重庆大学学报》2003年第4期。

给“农村中心论”确定了根本前提；在毛泽东“农村中心论”的指导下，伟大的中央革命根据地正式创建成功。①

新民主主义革命与社会理论。关于新民主主义理论的历史地位，除了其对中国革命的指导意义，近年学界又强调了其对中国现代化建设、中国特色社会主义理论的开启与奠基作用。李向勇指出，新民主主义理论体系和中国特色社会主义理论体系是马克思主义中国化的两大理论成果。从新民主主义理论体系到中国特色社会主义理论体系，体现了中国共产党指导思想的发展历程，反映了马克思主义中国化的历史轨迹，贯穿着一脉相承、与时俱进的理论品质。② 卢洁指出，对新民主主义革命时期毛泽东创立的新民主主义理论与中国现代化的关系的考察，表明新民主主义理论初步解决了中国现代化建设的现实道路和途径，初步确立了中国现代化的基本目标，完整地提出了中国现代化的基本内容，并明确了中国现代化的社会主义发展方向，提出了当时历史条件下中国现代化的基本经济政策。新民主主义理论及其实践，开启了中国现代化建设的历史进程。③

在新民主主义理论研究中，讨论的焦点之一是“新民主主义社会理论”。鲁振祥认为，中国共产党的新民主主义理论尽管在抗战时期达到了系统化、成熟化，但在解放战争时期中国共产党人的新民主主义思想仍有重大发展，表现在：第一，对“新民主主义社会阶段的必然性和必要性的”深刻认识；第二，形成了“新民主主义政权的理论”；第三，提出了“新民主主义的经济形态和经济政策”。④ 雍涛认为，毛泽东的新民主主义理论包括“新民主主义革命论”和“新民主主义社会论”两个密切不可分的组成部分。“新民主主义革命论”回答了俄国十月革命后，半殖民地半封建社会的东方国家应该怎样进行革命、如何进行革命的一系列问题，

---

① 参见黄少群、赖宏《毛泽东“农村包围城市”理论和实践述论》，《中国井冈山干部学院学报》2008 年第 1 期。

② 参见李向勇《从新民主主义理论体系到中国特色社会主义理论体系》，《江汉论坛》2008 年第 4 期。

③ 参见卢洁《毛泽东新民主主义理论与中国现代化——兼评毛泽东思想是关于革命的理论而不是关于建设的理论的观点》，《党的文献》2007 年第 1 期。

④ 参见鲁振祥《新民主主义理论在解放战争时期的重要发展》，《文史哲》1991 年第 4 期。

发展了马克思列宁主义关于无产阶级在民主革命中的领导权的思想，解决了武装夺取政权的具体形式和策略问题。但从基本内容来说，它并没有超越马恩列斯所阐述过的理论范围。“新民主主义社会论”则是过去马克思主义著作中从来没有涉及的问题，它提出半殖民地半封建社会国家在新民主主义革命胜利之后，可以通过“新民主主义社会”这样一个相对独立的社会形态过渡到社会主义社会，找到了实现革命转变的具体途径，是马克思主义社会发展形态理论的重大创新。[①] 关于新民主主义社会理论的重大意义，有学者提出它是“新民主主义理论最光辉顶点”，因为“新民主主义革命论固然解决了中国无产阶级通过实现对民主革命的领导权进而掌握国家政权这个革命的根本问题，而新民主主义的社会论更解决了半殖民地半封建社会的中国经过新民主主义走向社会主义社会这个中国社会向何处发展以及如何发展的根本问题”。[②] 杨熙曼等认为，新民主主义社会理论包括了三大理论体系：其一，新民主主义社会和国家性质的理论。毛泽东明确指出新民主主义社会和国家是与社会主义共和国相区别，又与资本主义的共和国相区别的“第三种形式”。其二，关于新民主主义社会和国家的主要矛盾的理论。毛泽东指出，在新民主主义社会，无产阶级与资产阶级的矛盾和不同要求必然存在，在整个新民主主义阶段，这一矛盾可以得到调和。其三，关于新民主主义社会和国家所担负的历史任务的理论。在毛泽东思想中，新民主主义社会和国家作为一种过渡形式，一个中间站，所担负的历史任务就是为实现向社会主义过渡做好必要的准备。[③] 蒲国良指出，新民主主义社会理论极大地丰富和发展了马克思主义关于社会发展阶段的理论，把马克思主义关于落后国家走向社会主义的理论探索推进了一大步；同时，作为中国共产党的第一个社会建设性纲领，它在毛泽东思想的理论体系中占有不可取代的地位；它是中国特色社会主义理论的

① 参见雍涛《从新民主主义到中国特色社会主义——新民主主义理论的历史命运及其现实启示》，《重庆邮电大学学报（社会科学版）》2009 年第 1 期。

② 王荣丽：《试析新民主主义社会论》，《武汉大学学报》1996 年第 5 期。

③ 参见杨熙曼等《论毛泽东的新民主主义社会理论》，《中共党史研究》1993 年第 5 期。

滥觞，为中国社会主义建设理论的探索提供了一笔巨大的可资借鉴的财富。[①] 陈其胜指出，新民主主义社会理论，是以毛泽东为首的中国共产党人在新民主主义革命过程中创造性提出的落后国家走向社会主义的社会发展理论，是毛泽东思想的重要组成部分，是对马克思主义理论的极大丰富和发展，是邓小平理论的重要理论来源。[②] 对毛泽东提前结束新民主主义社会，于光远指出，“过渡时期总路线的提出，标志着‘新民主主义社会论正式放弃’”。并指出在总路线提出过程中，“毛泽东把刘少奇作为主要对象进行批评。这种批评实质是批评了毛泽东自己创立和多年中有所发展的‘新民主主义社会论’”，建立了一个“早产儿”“畸形儿”式的社会主义。[③] 李伟指出，有人编造“新民主主义社会理论”，把它说成是毛泽东的理论。部分学人将其当作学术上的新发现和理论上的新观点加以宣传，欺骗了读者，毒化了学风。“新民主主义社会理论”与毛泽东创造的新民主主义理论即新民主主义革命理论是性质根本不同和对立的两种思想体系。目前思想界关于“新民主主义革命理论”与“新民主主义社会理论”的学术分野，已经转变成当代中国向何处去的一场斗争。“新民主主义社会理论”不仅是国内某种政治力量用来否定我国社会主义革命和建设的理论纲领，也是用来颠覆我国的社会主义道路的政治纲领，理论上不能成立，政治上极为有害。[④] 黄爱军指出，“新民主主义社会论”是被学术界普遍认同的观点，但它却是后人杜撰出来的所谓理论。新民主主义理论包含一个相对独立的“新民主主义社会”，所谓“新民主主义社会论”并没有形成一个可以和“新民主主义革命论”并提的成熟的理论体系，“新民主主义社会论”论的是新民主主义革命的性质、步骤和前途，是“新民主主义革命论”不可或缺的内容。新民主主义理论服务于现实革命

① 参见蒲国良《毛泽东新民主主义社会理论的历史地位》，《中共福建省委党校学报》2006年第8期。

② 参见陈其胜《毛泽东新民主主义社会理论的历史地位》，《云梦学刊》2008年第3期。

③ 于光远：《“从新民主主义社会论”到“社会主义初级阶段论”》，人民出版社1996年版，第6、7页。

④ 参见李伟《“新民主主义社会理论”不能成立》，《探索》2008年第4期。

斗争需要的有关政策与策略，不能用“新民主主义社会论”来解读。[①]

早期马克思主义者与马克思主义中国化。姜迎春指出，五四运动对马克思主义中国化起了重要的推动作用，正是从这个意义上说，五四时期是马克思主义中国化的重要阶段。这一时期马克思主义中国化已经表现出其群众性、实践性和批判性特点，正是这些特点使马克思主义在同其他思潮的竞争中彰显了自己的独特优势。[②] 王素莉认为早期马克思主义者陈独秀、李大钊、毛泽东等人对中西文化的态度既互相联系又有某些差别，他们在中西文化冲突与融合、民族性与时代性辩证综合的基础上，开辟了马克思主义中国化的历史道路。研究这一段历史，将为提升中华民族的“文化自觉”提供宝贵经验。[③] 孔朝霞、田克勤认为从建党前后到全面抗战初期，中国共产党人还不时有意识地将马克思主义与中国实际相结合，但为进一步探索马克思主义中国化奠定了重要的思想和实践基础。[④] 周良书认为“马克思主义中国化”是中国共产党思想史上的一个核心命题。中共创建时期的“问题与主义”之争和“理论与实践”之争，对这一命题的形成和发展有很大影响。[⑤] 陈留根提出，可以将发生学等新的研究方法引入早期马克思主义中国化研究中。[⑥] 学界还开始重视中共早期领袖对马克思主义中国化的贡献。首先是李大钊。王晓荣、张楠指出，俄国十月革命胜利后，李大钊认真研究十月革命的指导思想——马克思主义，并以此为指导来探寻中国社会发展道路，形成了弥足珍贵的中国化马克思主义理论成果：通过整合决定论和能动论，正确解决了“中国向何处去”的问题；把普遍性与特殊性相结合，积极探索中国革命“应该怎样去做”

---

① 参见黄爱军《“新民主主义社会论”的说法值得商榷》，《探索》2010 年第 5 期。

② 参见姜迎春《论五四时期马克思主义中国化的主要特点》，《马克思主义研究》2009 年第 6 期。

③ 参见王素莉《在中西文明的冲突与融合中开辟马克思主义中国化的历史道路》，《中共党史研究》2003 年第 6 期。

④ 参见孔朝霞、田克勤《马克思主义中国化早期探索论析》，《党史研究与教学》2009 年第 3 期。

⑤ 参见周良书《从“问题与主义”之争到“理论与实践”之争——关于早期“马克思主义中国化”的思考》，《科学社会主义》2008 年第 3 期。

⑥ 参见陈留根《以发生学方法架构早期马克思主义中国化研究》，《社会科学论坛》2009 年第 2 期。

的问题，对新民主主义革命理论的形成做出了重要贡献；紧扣社会主义的根本特征和本质，初步阐释了“什么是社会主义”的问题，提出了许多很有价值的思想，对今天的中国特色社会主义建设具有重要启示。[①] 谢开贤指出，主观上李大钊日趋科学的群众观以及客观上马克思主义与中国工农群众运动相结合的双向需求，决定了李大钊必然会选择以唤起工农群众作为他探索马克思主义中国化的历史起点。李大钊对马克思主义与中国工农群众运动的结合进行了一系列艰辛的探索，为马克思主义中国化做出了开拓性的贡献。[②] 陈增辉认为，李大钊坚持中国革命必须以马克思主义为指导，马克思主义必须与中国实际相结合，以及通过他对中国革命问题的分析，为新民主主义革命的理论形成做出了贡献，而他对未来社会主义问题的探讨，对建设中国特色社会主义理论的形成也有补益，从而对马克思主义中国化做出了贡献。[③] 全燕黎指出，李大钊率先在中国举起马克思主义的旗帜，开始传播和宣传唯物史观，并从理论上对马克思主义与中国实际相结合进行了最初提示，开创了马克思主义在中国确立的历程，是马克思主义在中国确立阶段的奠基者。但是，由于历史和自身的局限，李大钊并未能使马克思主义基本理论得到完整传播，对马克思主义与中国实际必须“相结合”也没有达到理论自觉的程度。因此，李大钊不是马克思主义中国化阶段的开创者。[④] 关于李达，朱传荣从李达早年、中年和晚年的三部论著入手，详细分析了李达对马克思主义中国化的贡献。[⑤] 关于瞿秋白，谢建芬指出，马克思主义中国化经历了一个不断全面和深入发展的历史过程，在此过程中，瞿秋白起着承前启后的作用。瞿秋白对马克思主义中国化的主要贡献在于：（1）积极宣传和捍卫马克思主义理论，为马克思主义在中国的传播和扩大影响做出了巨大贡献。（2）瞿秋白积极探索

---

① 参见王晓荣、张楠《李大钊与马克思主义中国化》，《社会主义研究》2010 年第 2 期。

② 参见谢开贤《唤起工农群众：李大钊探索马克思主义中国化的历史起点》，《湖南师范大学社会科学学报》2010 年第 1 期。

③ 参见陈增辉《李大钊与马克思主义中国化》，《贵州社会科学》2000 年第 5 期。

④ 参见全燕黎《再论李大钊在中国马克思主义发展进程中的历史地位》，《中共党史研究》2009 年第 11 期。

⑤ 参见朱传荣《论李达的三部著作在马克思主义中国化历史中的重要地位》，《马克思主义哲学研究》2005 年专刊。

把马克思主义与中国革命的具体实践相结合的道路，是开创这一道路的先驱。(3) 瞿秋白丰富的著作及其蕴含的思想，是毛泽东思想的重要组成部分，是我们党思想宝库中的重要内容。① 刘国华认为，郭沫若首次提出马克思主义必须与中国儒家文化相结合的崭新思想，开创了马克思主义的中国史学，以及在无产阶级革命文艺理论的艰辛开拓等方面的工作，从而为马克思主义中国化做出了自己的贡献。②

第一代领导集体与马克思主义中国化。李君如指出，“马克思主义中国化”的科学命题和伟大实践，是由毛泽东提出和开拓的，是由邓小平、江泽民、胡锦涛坚持和发展起来的。经过我们党领导的中国的革命、建设、改革的实践检验，已经被证明是正确可行的中国化马克思主义，包括毛泽东思想、邓小平理论、“三个代表”重要思想以及科学发展观。③ 鲁振祥指出，“马克思主义中国化”概念是在总结正、反两方面历史经验基础上，在反对把马克思主义教条化、把共产国际决议和苏联经验神圣化的错误倾向的斗争中提出的，但它又同共产国际七大改变领导方法的决定密切相关；这一概念在中共六届六中全会上由毛泽东正式提出并在会上达成共识；此后相当长时间，它同“马克思主义普遍真理与中国革命具体实践相结合”的命题一起，在党内广泛使用，其内涵也逐步扩展和深化，“中国化的马克思主义”“毛泽东思想”等概念相继提出；中共七大对马克思主义中国化第一次历史性飞跃做了系统总结；主要由于外部原因的影响，在《毛泽东选集》中的提法有所改变，实际含义未变，后在中苏两党论争的背景下，毛泽东曾在中央会议上重提“马列主义中国化”问题；改革开放后，在“建设有中国特色的社会主义”命题的启示下，“马克思主义中国化”概念重新被广泛使用。④

孔德生、张远新等关注了中共第一代领导集体、延安理论工作者群体

① 参见谢建芬《论瞿秋白对马克思主义中国化的贡献》，《东岳论丛》2001 年第 5 期。

② 参见刘国华《论郭沫若对马克思主义中国化的贡献》，《郭沫若学刊》2000 年第 2 期。

③ 参见李君如《马克思主义中国化若干问题研究》，《中共中央党校学报》2008 年第 1 期。

④ 参见鲁振祥《“马克思主义中国化”解读史中若干问题考察》，《中国特色社会主义研究》2006 年第 1 期。

与马克思主义中国化关系的研究。[①] 有200多篇论文涉及了毛泽东与马克思主义中国化问题。周向军分析了毛泽东之所以能把马克思主义中国化所具备的自身素质条件，他认为崇高的理想、科学的世界观、顽强的奋斗精神、优良的学风、优化的知识结构、良好的思维品质、杰出的创新意识、非凡的才能等，是毛泽东素质条件的基本方面。[②] 周由强认为马克思主义中国化是一个同中国革命和建设的伟大实践密切相连的重大理论问题。三代领导人对马克思主义中国化都做出了重大贡献。毛泽东最先举起反对“本本主义”和“教条主义”的大旗，是马克思主义中国化的开拓者和奠基人。[③] 庄福龄指出，毛泽东在马克思主义中国化方面有四大创举：中国革命胜利道路的开辟，是从中国革命实际出发、实事求是的结果，是对列宁提出的东方各族人民所面临的特殊任务的重大理论创新；在明确提出马克思主义中国化的基础上，通过深入细致的整风学习，既成功地更换了思想路线，又实现了全党对指导思想的新抉择；创造性地以社会主义社会矛盾学说为指针，寻求一条同斯大林路线不同的符合中国国情的社会主义道路；从毛泽东依靠民主“新路”到进一步贯彻社会主义的民主集中制，力图扭转形势，实现马克思主义同中国国情更好地结合。毛泽东的重大贡献可归结为：对中国革命和建设事业的开创、理论内涵的丰富和创新、精神上坚持与时俱进、面向未来的蓬勃朝气。[④] 谭献民、郭国祥认为，张闻天是我党较早地对“什么是社会主义，如何建设社会主义”进行艰辛探索的先驱者之一。张闻天对社会主义的历史地位、基本动力、本质特征作了正确的分析，对建设中国特色社会主义的几个重大关系问题进行了实事求是的论述，这些分析和论述对马克思主义中国化的第二次历史性飞跃做

---

① 参见孔德生《中共第一代领导集体与马克思主义中国化》,《毛泽东思想研究》2005年第1期；张远新、吴素霞《试论延安时期党的理论工作者对马克思主义中国化的探索与贡献》,《毛泽东邓小平理论研究》2007年第4期。

② 参见周向军《论毛泽东把马克思主义中国化的主体条件》,《毛泽东思想研究》2003年第2期。

③ 参见周由强《三代领导人对马克思主义中国化的贡献》,《中共济南市委党校学报》2003年第3期。

④ 参见庄福龄《毛泽东与马克思主义中国化》,《北京大学学报》2004年第1期。

出了重要的理论贡献。[①] 张远新指出，延安时期，张闻天对马克思主义中国化的必要性和重要性、马克思主义中国化的内涵、马克思主义中国化的实现途径及马克思主义中国化的伟大成果——毛泽东思想等问题，都进行了深入的探索和研究，做出了突出的贡献。这些探索与贡献，对推动当时党内兴起的马克思主义中国化运动，确立毛泽东思想在全党的指导地位起到了积极的作用，对反对当时党内存在的教条主义错误倾向也具有重要意义。[②]

七　新民主主义革命时期中间派别的思想

国家主义派。闻黎明指出，20 年代中叶，随着工读实验和无政府主义的破产，国家主义一度成为流行于中国知识阶层中的一种社会思潮。这种既不赞成马克思主义阶级斗争学说，又对三民主义联俄联共政策持有异议的思潮，在大革命失败后无可挽回地走向没落。他认为，最初一些青年知识分子是由于“外抗强权内除国贼”的激励，方鼓吹国家主义的，并非出自意识形态的分野，如为新民主主义献身的闻一多，就曾与大江会，与“大江的国家主义”，特别是与“中华文化的国家主义”紧密相连。闻一多虽然提倡国家主义，但说到底是反侵略斗争。[③] 孙德高指出，闻一多一生都坚持民族主义的立场和观点，只是在对其认识上，前后期发生了很大的变化。初期，他主张民族主义主要是出于爱国热情与对民族传统文化的偏爱；后期，经过对古代文化的长期研究，加上对抗战时期大后方残酷的现实的深刻体会，使他在继续坚持民族主义立场的同时，对民族主义有了全新的认识。[④] 田嵩燕认为，整个 20 年代，在曾琦、李璜等国家主义派理论家那里，对于国家与个人的关系的论述，理论上倾向于以个人为目

① 参见谭献民、郭国祥《张闻天对马克思主义中国化的理论贡献》，《湖南师范大学社会科学学报》2000 年第 6 期。

② 参见张远新《论延安时期张闻天对马克思主义中国化的探索与贡献》，《马克思主义研究》2006 年第 7 期。

③ 参见闻黎明《闻一多与“大江会”——试析二十年代留美学生的“国家主义”观》，《近代史研究》1996 年第 4 期。

④ 参见孙德高《再论闻一多的“文化国家主义”》，《贵州社会科学》2005 年第 2 期。

的，以国家为工具，工具服务于目的。但国家主义对作为手段的国家的意义也视之甚重。九一八事变后，中国面临着空前的国家危机，国内各政治派别纷纷探索救国之道。国家主义派此时指出，近代的国际斗争是整体国力的斗争，当前的中国只有将国家整合成一个整体，才能动员整个国力，抵御外侮。这种主张反映在国家主义派的国家观上，就是开始放弃“个人为目的，国家为工具”的观点，逐步转向主张“国家与个人合一”。这种转变首先体现在余家菊的思想中，陈启天对它作了极端化的发展，他认为，在国内政治意义上，主权国家内国家与社会的关系要以国家为中心；在国际政治意义上，国际社会中主权国家与人类共同体的关系也要以国家为中心。因此，无论对内还是对外，国家的权威都是毋庸置疑的，它拥有全面的、最高的权力。① 敖光旭指出，“醒狮运动”之初，国家主义派致力建构中西杂糅之文化保守主义体系，以为其运动之意识形态。其现代学理是以欧陆玄学为基础的历史文化哲学及实证哲学和实证学科（包括实证主义历史学、社会学、人类学、生物学、心理学等）。玄学与实证本相冲突，且因移植国家主义之中西时空错位，导致醒狮派理论之困境及内在紧张，并驱动其由消极强调国家主义之自在性，走向积极营建“新理性主义”哲学体系，并最终促使醒狮派呼唤和回归“五四精神”，走向了文化激进主义。② 吴小龙指出，国家主义的理论家们在形成其理论的过程中，考察了国家主义理论在西方历史进程中的演变和发展，分析了它对中国国情的适合程度，在此基础上提出中国应实行国家主义的论据，并由此进而提出，应当把国家主义确立为中国当时的中心思想，用以凝聚人心，团结国民，鼓舞民心士气。应当说，当他们进行这些理论思考时，确实体现着他们对民族和国家的强烈责任感，这是值得肯定的，不能因为他们对其他党派的政治态度而影响对其探索的真诚做一种历史的客观评价。他们试图用国家主义的口号，用提倡国家意识来唤起民心，整合社会，挽救积弱，渐至复兴；他们既反对阶级斗争和无产阶级专政的模式，又反对劳资

① 参见田嵩燕《国家主义派的国家观》，《学术交流》2004 年第 6 期。

② 参见敖光旭《1920—1930 年国家主义派之内在文化理路》，《近代史研究》2006 年第 2 期。

冲突、贫富悬殊的西方资本制度；既有选择地认同中国传统中有价值的一面而力图保存之，又有保留地赞成社会主义的理想而愿意吸收；大体上，则倾向于以国家社会主义为旗号的、俾斯麦加社会党的社会政策（但这不是希特勒式的“国家社会主义”）。因此，从某种意义上，我们也不妨视之为对“第三条道路”的一种初步探讨，尽管他们并未以“第三条道路”自称。[①]

“人权派”。鲍和平指出，“人权派”的代表人物是当时在上海任大学教授的胡适、罗隆基、梁实秋等人，他们大都留学欧美，对西方资本主义国家的一套民主政治制度较为熟悉，对中国的国情则不甚明了。因而，他们便以其所接触到的西方民主政治制度为蓝本，以“保障人权”为旗帜，发起了一场较具规模的“人权运动”，“人权派”因此得名。“人权派”针对国民党的专制独裁统治，提出了“保障人权”和“思想言论自由”、施行“法治”和“专家政治”等政治主张，在当时的社会上产生了较大的影响。[②] 张连国认为人权派的《人权论集》是“中国资产阶级自由主义者第一次系统的人权宣言，具有一定的历史意义。其历史局限是‘功能主义人权观’，忽略‘天赋人权’的‘超验之维’，并企图脱离反帝反封建的时代主题”[③]。石毕凡等指出，实行民主宪政一直是近现代中国先进分子梦寐以求的目标。20 世纪二三十年代之交，以胡适、罗隆基为代表的自由主义知识分子以《新月》月刊为阵地，向国民党一党独裁发起挑战，要求以民治代替党治，实施法治以保障人权，在思想界掀起了一场颇具影响的“人权运动”。[④] 成平认为，人权派认为，法治的真义是政府守法。他们要求制定宪法，规定政府的权限，约束政府的行为，矛头所向，直指国民党独裁统治。但是企图叫专制独裁的国民党走上法治的轨道，无异与虎谋皮，是注定行不通的。[⑤] 赵慧峰指出，反蒋又反共，试图以和平

① 参见吴小龙《“国家主义”理论评析》，《中国青年政治学院学报》2004 年第 3 期。

② 参见鲍和平《论“人权派”的政治主张》，《民国档案》1991 年第 2 期。

③ 张连国：《中国自由主义迟到的人权宣言——1929—1931 年人权运动简评》，《南京社会科学》1999 年第 4 期。

④ 参见石毕凡、舒建国《论二三十年代人权派的宪政观》，《安徽史学》2000 年第 4 期。

⑤ 参见成平《中国人权派的法治思想探析》，《湖南人文科技学院学报》2005 年第 1 期。

的手段在中国实现资产阶级民主政治，发展资本主义经济，是人权派政治思想的根本特色。[①] 李腊生指出，土地革命时期的人权派是一个代表民族资产阶级利益的政治派别。人权派的出现有着深刻的社会历史原因，其政治主张和言论既有消极乃至反动的一面，又有顺应历史潮流的值得肯定的一面，我们应该进行具体分析，给予客观、公允的评价。[②] 马建红指出，“人权派”揭露和批判在国民党训政之下，人民权利得不到保障的现状，主张国家的功用和目的在于保障人权。为实现这一目标，就必须实行民主政治，用约法或宪法来约束、规范政府行为，最终建立一个个人尊严得到充分尊重、个人价值充分实现的社会。“人权派”以制定约法（或宪法）为起点，以实行法治为手段，以保障人权为鹄的，形成了一套完整而严密的思想体系，为我们今天的宪政实践提供了有益的借鉴。[③] 他又指出，“人权派”从功用的角度出发，揭示了思想言论自由之于个人与社会的价值，指出作为人权的思想言论自由就是批评政府及现政权所赖以建立的理论基础的自由，认为这项人权应“绝对不受法律的限制”，“绝对不受何种干涉”。人权派关于思想言论自由的主张有积极意义，但有关二者均属“绝对自由”的结论的局限性、片面性。[④] 张义认为人权运动“是中国历史上唯一纯正的人权运动。人权派存在的时间虽然非常短暂，其本身的理论也有诸多不足，并且与当时中国现实存在隔膜，但其思想在 20 世纪中国思想史上应占有重要的地位”[⑤]。

“战国策派”。20 世纪 40 年代初，正值抗日战争期间，出现过很有特色的文化思想流派——“战国策派”。这是一个在史学革命尝试、文化重建构想中极富理论个性的学派，主要代表人物有林同济、陈铨、雷海宗等，他们在昆明创办《战国策》半月刊并因此而得名。因为战国策派激烈的国家主义主张，一度被视作为国民党统治张目，甚至有“法西斯主义的倾向”。90 年代以来，学界对战国策派评价渐趋客观、中性。江沛的

① 参见赵慧峰《浅析人权派政治思想的基本倾向》，《烟台师范学院学报》1994 年第 4 期。
② 参见李腊生《土地革命时期人权派及其政治主张》，《人文杂志》2003 年第 1 期。
③ 参见马建红《“人权派”宪政思想探析》，《山东大学学报》2006 年第 1 期。
④ 参见马建红《“人权派”思想言论自由及其局限性》，《山东大学学报》2000 年第 2 期。
⑤ 张义：《浅析人权派的人权思想》，《石油大学学报》2003 年第 1 期。

《战国策思潮研究》(天津人民出版社 2001 年版)一书,对战国策派进行了较全面、客观的研究。论著中指出,战国策派从西方引入的文化形态史学并非历史循环论,他们在引入过程中加入了自己的观念,不仅用以观察世界文化,也以之考察中国历史发展的特点。他们运用这种理论准确地预见了第二次世界大战以后两三个大国"称霸世界"的国际政治局势和欧洲国家走向"大一统时代"的前景。这一学派对传统伦理的抨击与五四运动对传统伦理的批判存在内在的逻辑关系,只是倡导的重点不同而已,前者强调个性解放,后者更多是希望民族在伦理上将家族的孝转为对国家的忠,团结一致打败日本侵略者。该书认为人们指责战国策派"宣扬法西斯主义"并非完全空穴来风,但绝不能论定他们"宣扬法西斯主义"的目的是"为国民党统治提供学理依据",实际上他们宣扬"尚力"主义,"英雄崇拜"是为了改造中国文化的柔弱气质和国民委顿、颓废的弱点。该书也指出了战国策派思想理论上的负面因素,诸如他们虽不反对民主政治,却认为民主政治必然带来个人主义散漫等问题,不利于抗战,因而主张民主政治缓行等。江沛还以"战国策派"为例,考察了在民族危机日益严重的背景下自由主义与民族主义的纠缠,指出在近代中国社会发展中,拯救民族危机与向现代转型是发展的两条主线,由此形成了要反对西方侵略、维护民族尊严,就要倡导中国文化独立性,反对西方文化传入,要开放中国,学习西方以融入世界,就必须反对民族主义思潮,批判传统文化的相互矛盾的双线走向。在九一八事变后民族危机上升为中国社会主要矛盾,"战国策派"主要人物与追求自由主义信仰的众多知识界人士一样,在思想理念上发生了迎合民族主义思潮的转变,倡导"国家至上、民族至上",呼吁个人自由暂时让位于民族自由,为时势所迫主张集权政治,并将民主政治与民主主义硬性割裂。救亡与启蒙的两难,观念与现实的冲突,自由主义内核与民族主义外衣的交织,在战国策学人论述中表现十分突出,也是那个动荡时代知识群体中思潮繁杂现象的典型反映。[①] 暨爱民认为"战国策派"是中国近代"文化民族主义的独特个

① 参见江沛《自由主义与民族主义的纠缠——以 30—40 年代"战国策派"思潮为例》,《安徽史学》2013 年第 1 期。

案”，作为民族拯救历史的一个重要参与，战国策派一反恢复儒家传统主张而要求通过重建战国文化强化民族的文化认同，塑造“列国型”的民族性格，以适应充满竞争的“战国时代”。这种建构性的民族主义，在严肃思考中国民族与文化命脉的过程中体现出了时代关怀。[①] 黄岭峻认为，战国策派是与保守主义相对立的两种非理性的民族主义派别之一，他们反对传统文化，但反对的目的也是想扫除他们所认为的存在于儒家道德中的假仁假义，提倡尚武风气，从而抗战到底。“战国策派”与保守主义者在对战争与传统的看法上都不相同，如保守主义强调战争应分“义战”与“不义之战”两种；而“战国策派”则认为战争只有“取胜之战”与“歼灭之战”的区别，无所谓正义与否。二者都是非理性的，但这种非理性的民族主义毕竟缺乏严格的学理基础，尽管它一时也能激发人们的爱国情怀，却由于其非理性的病疾，这种爱国情怀终难持久。事实上，无论是保守主义，还是“战国策派”，都存在难以自愈的“硬伤”，因此不可避免地也影响到其爱国主义功用的正常发挥。[②] 田亮指出，抗战时期兴起的“战国策派”是一个民族主义学术团体。他们用“文化形态学”来解释中国历史文化和世界格局，惊呼“战国时代的重演”，批评中国柔性主义文化传统和国民劣根性，大力倡导尚力精神和英雄崇拜，主张恢复战国时期文武并重的文化，以适应激烈的民族竞争，并主张战时在政治上实行高度集权。尽管其历史观有非理性倾向，但其文化重建思想和对世界局势的判断具有思想史价值。[③] 尹小玲考察了“战国策派”的改造国民性思想，认为“战国策派”极力揭露国民性的劣根性，是为了改造国民性，为了实现中国文化的再造，以争取抗战的胜利，改变中华民族的悲惨命运。因此林同济、雷海宗运用历史形态学，从历史考察中引发对文化弊端的分析，对民族性格的反省。[④] 宫富就“民族主义”与“战国策派”文艺进行了

① 参见暨爱民《“文化”对“民族”的叙述——“战国策派”之文化民族主义建构》，《湖南师范大学学报》2009 年第 2 期。

② 参见黄岭峻《试论抗战时期两种非理性的民族主义思潮——保守主义与“战国策派”》，《抗日战争研究》1995 年第 2 期。

③ 参见田亮《“战国策派”再认识》，《同济大学学报》2003 年第 1 期。

④ 参见尹小玲《论战国策派的改造国民性思想》，《四川理工学院学报》2009 年第 10 期。

辨析，他不赞成长期以来学术界所持的那种将“民族主义”文艺和“战国策派”文艺在中国现当代文学史上是相提并论，并被斥为具有“法西斯主义”倾向流派的观点，而是认为它们是两个性质迥异的流派，因为通过对其成员组成、文艺观、时代观以及理论渊源几个方面的辨析表明，“民族主义”文艺派是为国民党政治统制“代言”，“战国策派”文艺则为中国民族文学在世界文学殿堂中赢得一席之地而“立言”，同时还是实现该派“战时文化反思和重建”主旨的一支重要力量，自觉承担着五四以来改造国民性的重要任务。① 王应平从“战国策派”与民族国家文学的现代建构的视角指出，抗战时期兴起的“战国策派”从应对民族危机和改造积贫积弱的国民性出发，大力提倡“尚力”主义和“英雄崇拜”，提出关于民族国家的建构理想：改造旧有的柔弱衰萎民族而成生命力充沛的进取民族，改造受欺凌的民族国家而成具备强大生存竞争力的民族国家。战国策派对传统文化的批判虽有矫枉过正的偏颇性，但其挽救民族危亡的文化重建思想仍有超越时代的历史价值。②

解放战争时期的“中间路线”。陈任远指出，中间路线在中国政治舞台活动的整个历程，大致可以分为四个时期，即淡入期、整合期、凸显期与淡出期。之所以如此划分，是因为一方面，根据中间路线的观点与组织变化和发展来确认，另一方面，根据其在中国政治舞台上所处的地位与作用来判定。因为不难发现，中间路线的观点与主张，在其整个过程中，经历了一个由分到合，再由合到分的周期；它在中国政治舞台上的地位与影响也同样经历了一个由边缘到中心，再由中心到边缘的轮回。③ 章清指出，战后中国自由主义的发展确有值得重视的地方：出现了不少明确标榜“自由主义”立场的刊物；也不乏讨论“自由”及“自由主义”的专书出版。尤其重要的是：“自由主义”作为一股政治势力也有所表现，而不只是部分知识分子醉心的理想。可以说，作为一种政治“话语”，“自由

---

① 参见宫富《“代言”与“立言”——“民族主义”文艺与“战国策派”文艺辨析》，《内蒙古师范大学学报》2007年第5期。

② 参见王应平《“战国策派”与民族国家文学的现代建构》，《江西社会科学》2004年第11期。

③ 参见陈任远《中国中间路线发展脉络析论》，《求索》2011年第2期。

主义是什么”“自由主义往何处去”到战后才引起各方热烈讨论。游离于此，要重建中国自由主义的基本史实，是难以想象的。[①] 左玉河指出，1948年1月，《大公报》发表了社评《自由主义者的信念》，在中国思想界迅速引起一场关于自由主义的讨论。这场讨论，内容涉及广泛，讨论的双方就个人自由与大众民主关系、计划经济与思想自由关系、革命与改良的关系、自由获得方式等问题展开了激烈的争论。在国家命运面临抉择之时，《大公报》树起“自由主义”旗帜，显示了难得的道德勇气和批判精神，堪称中国自由主义的“绝唱”。[②] 黄尚力指出，解放战争时期，民族资产阶级及其知识分子，特别是民主党派中一部分人，主张建立资产阶级共和国。这是近代中国继戊戌变法、辛亥革命之后的第三次走资本主义道路的呼声。这场争论以资产阶级共和国方案的破产而告结束。[③] 王卫华指出，在中国新民主主义革命时期，一直存在着两条路线的激烈斗争，即以大地主大资产阶级为代表的半殖民地半封建的反革命路线和以无产阶级为代表的新民主主义革命路线的斗争。此外，还存在着一条介于两者的中间路线。中间路线是在中国特定历史条件下产生的具有代表性的资产阶级政治路线，代表了民族资产阶级、上层小资产阶级及其知识分子的利益。解放战争时期，中间路线虽然对中国革命有一定的消极影响，但也对中国革命起到了重要的促进作用。历史已经证明，在半殖民地半封建的中国，中间路线只能是一种不切实际的幻想。[④] 抗日战争胜利以后，资产阶级民主党派发展成为国共两党之外活跃在中国政治舞台上举足轻重的势力集团。在中国的前途及建国构想问题上，奉行一条折中调和、改良的，既不是资本主义又不是共产主义的新社会主义的中间路线，认为只有兼采资本主义制度中之政治自由与共产主义制度中之经济平等两大原则，调和而为一种

---

① 参见章清《中国自由主义的“正名”——战后自由主义的浮现及其意义》，《华东师范大学学报》2011年第2期。

② 参见左玉河《最后的绝唱：1948年前后关于自由主义的讨论》，《四川大学学报》2008年第4期。

③ 参见黄尚力《资产阶级共和国幻想的破灭——论解放战争时期中间路线的活跃与破产》，《党政论坛》1991年第4期。

④ 参见王卫华《解放战争时期中间路线评析》，《天中学刊》1996年第2期。

新的主义、新的路线，才能够把人类引入真正的和平幸福之境。然而不幸因其弱小，作为中间路线中流砥柱的民盟于1947年10月被当局强逼解散，这在史学界被称为“中间路线的破产”。多数论者在研究其“破产”的原因时，普遍认为，中间路线那种糅合欧美式的民主自由与苏联的经济平等为一体的政治主张，希望通过不流血的和平道路建立起不纯粹是社会主义的共和国方案，不符合中国国情，是行不通的，因此难逃“破产”的厄运。但他认为，这条路线具有相当的新民主主义、社会主义色彩，与中共的若干政策具有相通之处，从而消除了民主党派对共产党和社会主义、共产主义的偏见和误解，主动走上与中国共产党长期合作的道路；同时，在中共过渡时期的政策中也能看到中间路线一些政治主张的痕迹，因此中间路线不应当被冠以“破产”之贬词。①

第三节　思想人物研究进一步深化

思想人物的思想研究是思想史研究的永恒主题。许多近代思想史著作大多是以思想家的思想为主线来架构的。随着思想史研究的深入，自90年代初以来，学术界对思想家思想的研究仍然是思想史研究的重点，并有了长足进步，这主要表现在两个方面：第一，在思想家的选择上，研究者的视野越来越开阔，改变了80年代研究一些主要或所谓进步的思想家，而对许多次要的或所谓反面的人物关注不够的倾向。许多过去没有或少有人关注的思想家，尤其是比较温和的和保守型的思想家，如曾国藩、倭仁、张之洞、林纾、梁漱溟、林语堂、杜亚泉、章士钊、张君劢、张东荪、罗家伦、傅斯年、吴宓、陈序经、储安平等，开始进入研究者的视野，并取得了显著成果。例如，郑大华的《张君劢传》（中华书局1997年版）和《梁漱溟传》（人民出版社2001年版），高力克的《杜亚泉思想研究》（浙江人民出版社1998年版），左玉河的《张东荪传》（山东人民出版社1998年版），李细珠的《倭仁思想研究》（社会科学文献出版社

① 参见沈绍根《中国资产阶级民主党派中间路线“破产”正议》，《求索》2009年第3期。

2001年版），邹小站的《章士钊社会政治思想研究：1903—1927年》（湖南教育出版社2001年版），刘集林的《陈序经文化思想研究》（天津人民出版社2003年版），谢泳的《储安平与〈观察〉》（中国社会出版社2005年版），高旭东的《梁实秋与中西文化》（中华书局2007年版）、张世保的《陈序经政治哲学研究》（人民出版社2007年版）等。对过去研究较多的思想家的研究进一步深化、细化，并提出了许多新的观点。思想家的思想是多方面的，除了对学术、政治、文化有自己的见解外，其对生活、交友、待人接物、家庭婚恋等也有自己的认知，这些认知是其思想的重要组成部分。同时，除了对学界与政界等有影响外，思想家还可能因为自己的社会活动与社会渠道渗透到民间社会中，探寻精英思想是通过什么方式和渠道渗透到民间社会以及他们的思想与民间的互动关系也是21世纪以来思想家研究的一个重要思路。例如，尤小立的《胡适的婚姻及其新婚时的心态》（《民国档案》2005年第1期）、徐希军的《角色冲突：胡适思想多歧性的一个社会学解释》（《安徽大学学报》2005年第1期）、李建军的《“多党民主”与“国民党自由分化”：胡适的“大胆假设”与“小心求证”》（《安徽史学》2006年第2期）以及胡明的《胡适思想与中国文化》（广西师范大学出版社2005年版）等在对胡适的文学思想、政治思想、哲学思想、文化思想细致、具体的研究上，对胡适的心态变化、家庭婚恋、人际交往等进行了关注，展现了一位更加立体和生动的胡适。虽然21世纪以来，关于思想史研究对象的讨论不断深入，呼吁思想史研究在关注精英思想的应同时应“关注民众观念”的学者大有人在，但就具体的研究而言，精英思想家的思想仍然是学界关注的重点。因此，我们选择的也是对那些最具代表性的思想人物的思想进行研究的成果展开综述，它们或开辟了新的研究路向，或引入了新的研究视野，或对重要议题的既有认识予以推进和纠谬，一些对重要问题进行持续研讨、辩难的论文亦可见学者的积累和推进。

一　鸦片战争前后的思想人物（包括太平天国）

包世臣。包世臣是清嘉（庆）道（光）年间重要的思想家，但长期以来学术界缺乏对他的深入系统的研究，90年代以前，很少有论文专门研究他的生平和思想，这与他在中国近代思想史上的地位很不相称。1999年郑大华撰写的《包世臣》作为《中国历史思想家丛书》之一种问世（台湾商务印书馆出版），这是学术界出版的第一本研究包世臣的著作。同年，郑大华发表《不应被忽略的思想家》一文，呼吁学术界加强对包世臣的研究。[①] 之后，他相继发表了《论包世臣在嘉道经世思潮中的历史地位——兼与龚自珍、魏源的比较》《包世臣与嘉道年间的学风转变》《包世臣与嘉道时期的禁烟和抗英斗争》《包世臣的文论、诗论和文学成就》《论包世臣的吏治思想》等系列论文，对包世臣的学以致用的经世思想、农商并重的经济思想、为官爱民的吏治思想、利国利民的改革思想、反对侵略的爱国思想以及他的文论、诗论和文学成就进行了全面系统的研究。他指出，包世臣是嘉道年间学风转变的代表人物之一。这主要表现在以下三个方面：第一，他的经世思想形成早。早在1800年前后，包世臣的经世思想即已形成并趋于成熟，其标志是1801年他《说储》上、下两篇的成书。这至少要早于龚自珍和魏源的经世思想的形成20年左右。第二，他的经世思想具有代表性。就包世臣的经世思想来看，具有两个显著的特征：一是批判旧学，摆脱汉学宋学的束缚；二是强调学以致用，重视社会实践。这两个特征也正是嘉道时期学风转变的显著标志。第三，他的经世思想影响较大。包世臣的经世思想主要通过三条途径产生影响：一是入幕；二是交友；三是著述。包世臣对于嘉道时期学风的转变具有承上启下的作用。所谓“承上”，是继承了“清初诸老”的“实用之学”；所谓“启下”，是开启了嘉道时期的“经世之学”。[②] 包世臣是最早认识到鸦片之害的中国人之一，早在1820年（嘉庆二十五年），他就论述过鸦片引起的社会问题。就他对鸦片问题的认识来看有两点值得重视：一是他最早认识到鸦片泛滥造成的白银大量外流是引起银贵钱贱、物价上涨的重要原因；二是他虽然主张通过“撤关罢税”严禁鸦片，但他并不主张断绝与外国的一切往来。他也是鸦片战争前极少数留心夷务、关注夷情的思想

① 参见郑大华《不应被忽略的思想家》，《中国社会科学院近代史所青年学术论坛》2000年卷。

② 参见郑大华《包世臣与嘉道年间的学风转变》，《安徽史学》2006年第4期。

家。鸦片战争爆发后，他积极为当局出谋划策，承认“英夷”有“战舰”和“火器”的“长技”，并先于魏源提出了类似于“师夷之长技以制夷”的主张。他还主张利用人民群众的力量来抵抗英军侵略，反对签订丧权辱国的《南京条约》。鸦片战争结束后，他对中国失败的原因进行了总结，认为既不是船炮，也不是军民，而是那些愚昧无知、自毁长城的清朝统治者应对战争的失败负责。[①] 包世臣是嘉道年间著名的文论家、书画家和诗人，他认为为文除要严守文法，做到“其言有序”外，还要做到“其言有物”，他的一个基本观点是认为“文字之教”的基本功能是“成其俗”。因此，他主张文学家要介入社会，关心国计民生。包世臣诗论的核心，是儒家的诗教原则。当然，作为嘉道年间的重要诗人，包世臣也特别重视诗的艺术性。首先，他认为写诗要直抒胸臆，“言为心声”；其次，他主张华实结合，朴质得宜，反对华而不实，尤其反对“侈于声色”；最后，他虽然反对“侈于声色”，但不反对韵律，认为写诗要讲求平仄。基于上述见解，包世臣将诗分成上、次、下三类。包世臣的文学成就，主要表现在两个方面，一是文，二是诗。尤其是他的诗，无论形式的多样性，还是题材的广泛性，以及内容的思想性与艺术性的统一，在嘉道年间的诗人中都是一流的。[②] 在吏治方面，首先，包世臣认为，为官要为民爱民，而要为民爱民，就必须通民情，为民兴利除弊。其次，他主张慎选官吏，把培养和选拔好的官吏特别是州牧县令视为整饬吏治的关键，因为州牧县令的为政好坏，是为民爱民，还是残民以逞，是兴利除弊，还是贪赃枉法，无不关系着封建统治秩序的稳定和人民群众的切身利益；再次，他认为官吏要精通史事，应努力提高自己的为政能力和统治技巧；最后，他要求清除腐败，认为清除腐败是整肃吏治、缓和当时尖锐社会矛盾的当务之急，并就如何清除腐败提出了自己的主张和建议。[③] 就包世臣而言，与龚自珍比较，无论是对社会的批判，还是倡导社会的变革，他都要早得多，虽然他对社会的批判不如龚氏尖锐和激烈，也没有像龚自珍那样明确提出法后王

① 参见郑大华《包世臣与嘉道时期的禁烟和抗英斗争》,《安徽史学》2007 年第 2 期。

② 参见郑大华《包世臣的文论、诗论和文学成就》,《安徽史学》2008 年第 4 期。

③ 参见郑大华《包世臣的吏治思想》,《安徽史学》2009 年第 3 期。

的思想，但他的具体改革主张则远在龚自珍之上。与魏源比较，论漕盐实政、务实重行，二人难分伯仲，但由于他年长魏源19岁，有先于魏源倡导漕运、盐法改革之功，对于其他“实政之学”的探讨，他也要稍胜魏源一筹，但在向西方学习方面，魏源因于鸦片战争后著《海国图志》，明确提出“师夷长技以制夷”的思想，而开近代学习西方文化的新风，但他没有在原来对“西方长技”之认识的基础上再前进一步，魏源又远胜于他，因而论对近代中国社会的贡献，他很难和魏源相提并论。这就是包世臣在嘉道经世思潮中的历史地位。①

除郑大华的研究成果外，张岩有《包世臣与近代前夜的“海运南漕”改革》《包世臣盐法改革思想及其近代性》《论包世臣河工思想的近代性》等系列论文发表。他指出，雇商海运漕粮，是清代道光年间漕运制度中具有新意的重大变革。包世臣的雇商海运思想虽非首创，却有着更加鲜明的时代特色。雇商海运最终能在道光年间付诸实施，是当时社会政治、经济、文化综合发展的产物，更是经世派官僚士子上下一致共同努力的结果。身为幕僚的包世臣为此奔走呼吁，付出了大量努力，以其敏锐的洞察力和务实精神，开启了道光朝大政改革重视私商力量的先河。包世臣在近代前夜的“海运南漕”改革中所起的实际作用，远超魏源。② 包世臣的盐法改革思想是在鸦片战争前夜中国经济土壤上自发生成的一种具有浓厚近代性的改革思想，是中国在尚未受外力的影响下，自发地、自下而上地从官商垄断向市场经济迈进的一次可贵尝试。③ 张锡勤认为，包世臣是清代著名的实学思想家，对当时社会情况、民间疾苦、诸般时弊有比较深入的了解。欲全面认识清代实学思想、经世思想，对包世臣的思想应予关注。由于那时中国封建制度的种种弊端尚未充分暴露，新的经济、政治力量尚未产生，新思想尚未传入中国，因此，包世臣对“致弊之源”的认识是表层、肤浅的，他所提出的“救弊之策”也多属枝节，难以治疗当时的“天下之病”。包世臣早年作的《说储》一书提出过一些“创意改制”的

① 参见郑大华《论包世臣在嘉道经世思潮中的历史地位——兼与龚自珍、魏源的比较》，《中国近代思想史研究集刊》2005年第1集。

② 参见张岩《包世臣与近代前夜的“海运南漕”改革》，《近代史研究》2000年第1期。

③ 参见张岩《包世臣盐法改革思想及其近代性》，《江海学刊》2000年第4期。

主张，其中，建立“审官院”的建议颇有价值。他呼吁士人自觉以“民事”为事，使儒学满足社会人群的需要，解决社会现实问题，所表述的乃是改造传统儒学，使儒学实学化的诉求，具有重要的现实意义。[①]

龚自珍。出版的著作主要有陈铭的《龚自珍评传》（南京大学出版社1998年版）、陈铭著《剑气箫心：龚自珍传》（浙江人民出版社2005年版）等。批判社会，是龚自珍思想的一大特色。学者们撰文对龚自珍所谓“山中之民”到底代表哪个阶级进行了讨论。传统观点认为是农民阶级，冯契则认为“山中之民”应当是要求改变现状的地主阶级中的健康势力，也包括农民起义这部分力量。[②] 陈其泰认为“山中之民”实际上应包括隐于野的有不满思想的知识分子和数量众多的农民群众。[③] 方迎九认为把“山中之民”仅仅理解为农民，或仅仅理解为有才能的地主阶级、有革新意识知识分子都是不妥的，革命力量一般来说从来都是由多种阶级、阶层的人组成的。[④] 对其社会批判思想的评价，茅海建认为，龚自珍的社会批判仍是用中国传统之是，来非当时的中国社会，有着人人皆可感受到的浓郁的复古主义味道，并指出，儒、道、法、释杂糅且以儒家为主的龚自珍思想中，他的理想社会，仍是三代之类的境界，仍未脱离中国传统的窠臼。他所倡导的经世致用之学，力图用中国传统的思想和方法来解决当时社会中的传统类型的问题，一开始就与时代要求不相和谐。[⑤] 黄开国指出，社会批判是龚自珍思想中最有价值的部分，衰世论则是龚自珍社会批判的出发点。龚自珍既有对衰世的揭露，也有对造成衰世根源的分析。龚自珍对衰世的揭露，重在从事实层面对统治阶层的无耻、无能、腐朽进行抨击；而对造成腐朽的根源的剖析，则从制度层面且与封建君主专制的制度联系起来。而人才是衰世论关注的焦点所在，但是龚自珍不清楚能够带来时代风云变幻的人才究竟是谁，所以，他的理想人才只能归结为

① 参见张锡勤《包世臣经世思想述评》，《学术交流》2010年第7期。

② 参见冯契《中国近代哲学史》上册，上海人民出版社1989年版，第67页。

③ 参见陈其泰《公羊三世说与龚自珍的古代社会史观》，《浙江学刊》1997年第3期。

④ 参见方迎九《〈尊隐〉三谈》，《学术界》2001年第4期。

⑤ 参见茅海建《龚自珍和他的时代》，《社会科学》1998年第1期。

“隐‘而未露的’山中民”。[①] 外贸思想方面，冯天瑜等认为，龚自珍在世界已经进入资本主义时代的背景下，还期望通过“绝夷舶”“撤海关”来排除外国侵略的威胁，无疑是眼光浅陋的一厢情愿。[②] 陈挥则认为，龚自珍反对进口钟表、燕窝的所谓的不急之物的目的是保护中国刚兴起的资本主义萌芽，这种外贸思想对后来的“提倡国货，抵制洋货”的爱国主义运动起了巨大的启蒙作用。[③]

在学术思想方面，路新生认为，乾隆间汉、宋兼采学风的潜滋暗长，根育出了庄、刘、宋的常州今文一派，此为有清一代学术发展之一变局。下至定庵，恰处在世纪袭变之交，大厦将倾未倾之际，是故定庵学兼“小”“大”，汉、宋不别；“古”“今”杂糅，恰是旧新交替时势之征兆。[④] 张广生指出，“今文经”是清代儒家在追问什么是真正的儒学的过程中，逐渐开辟出的一个思想空间。在这条反思的路途中，龚自珍对西汉经学的继承和弘扬没有落入壁垒森严的门户窠臼之中。他截断众流，直探本源，重新思考了儒家经典教诲的根本精神，深入揭示了儒学综汇经史、贯通天人的完整意蕴。[⑤] 对龚自珍的史学思想，多数学者认为其“公羊三世说”是一种典型的历史循环论，但陈其泰对此提出不同看法，认为其“公羊三世说”对公羊学说进行了革命性的改造，摆脱了以往经注的束缚，具有崭新的内容，反映出民族危机的紧迫感，在某种程度上突破了历史循环论的束缚，具有进化论的鲜明特色。[⑥] 陈鹏鸣认为，龚自珍的“公羊三世说”中既有进化观点，又有循环论的因素，实质上是进化论与循环论的混合物。[⑦] 张昭君认为，在清代学术史研究中，人们往往给予公羊

① 参见黄开国《“将萎之花，惨于槁木”——试探龚自珍的社会批判思想》，《四川师范大学学报》2009 年第 5 期。

② 参见冯天瑜、周积明《中国实学思想史》下卷，首都师范大学出版社 1994 年版，第 145—147 页。

③ 参见陈挥《龚自珍的爱国主义思想》，《上海师范大学学报》1997 年第 2 期。

④ 参见路新生《论龚自珍学风》，《华东师范大学学报》1997 年第 3 期。

⑤ 参见张广生《经学、政治与历史：龚自珍的儒学之思》，《中国人民大学学报》2009 年第 6 期。

⑥ 参见陈其泰《公羊三世说与龚自珍的古代社会史观》，《浙江学刊》1997 年第 3 期。

⑦ 参见陈鹏鸣《龚自珍与常州学派》，《江汉论坛》1996 年第 11 期。

学过高的评价，把公羊学复兴与改革、维新混为一谈。其实，在当时大多数思想家心目中公羊学并不居于支配地位，在当时诸多学术流派中公羊学也不居于主流，至多不过是与古文经学、理学等并列的学术派别之一而已。龚自珍经世思想的形成也并非像有人认为的那样仅是今文经学影响所致，古文经学、理学、史学也发挥了相当重要的作用。[①] 黄开国指出，在《古史钩沉论》中龚自珍提出了史无所不包的观念，将历代置于史之上的五经统统归属于史的范畴，并由此得出“经为史之大宗”的结论。龚自珍还以史之大宗、小宗来区分五经、诸子，将经、子都纳入史的范围，并据以提出仲尼未生，先有六经之说，否定了孔子对六经的著作权。龚自珍对经史关系的这一定位说明，龚自珍的经学绝不仅仅是今文经学。[②] 黄阳兴指出，龚自珍堪称近代中国思想解放的精神先驱。当激进的改革要求遭受挫折后，龚自珍便将沉沉心事投向了佛学。佛学赋予的智慧和普度众生的济世观念使龚自珍受益颇深，一方面找到了一种崇高的精神依托，另一方面也可以借此学说以伸张自己励志改革的决心。在龚自珍那里，佛学兼具理性与信仰的双重情感，它具有宗教性，但更是龚自珍批判礼教、倡导经世致用之学的理论渊源之一。而这一自佛学中汲取营养的学术风气后来渐至发扬光大，终于形成了一股强大的社会改良思潮，也开启了近代佛学的思辨之路。[③] 王俊义认为，龚自珍是在清代的统治由盛转衰之际，也是中国社会由古代向近代转变的历史转折时期，涌现的一位具有超前意识的启蒙思想家。他的历史功绩不在于其对经学研究的具体成就，也不在于他那些关于变法革新的具体改革主张，而主要在于通过其思想和著作所起的承前启后，继往开来，开创一代风气，推动晚清思想解放的作用和影响。[④]

魏源。出版的著作主要有：刘泱泱等编的《魏源与近代中国改革开

---

① 参见张昭君《龚自珍经世思想学术渊源考论》，《齐鲁学刊》2004 年第 4 期。

② 参见黄开国《龚自珍对经史关系的定位》，《中国社会科学院研究生院学报》2008 年第 6 期。

③ 参见黄阳兴《龚自珍狂便谈禅，悲还说梦——龚自珍教思想管窥》，《宗教学研究》2006 年第 1 期。

④ 参见王俊义《龚自珍与晚清思想解放》，《中国社会科学院研究生院学报》2000 年第 4 期。

放》（湖南师范大学出版社1995年版），高虹的《放眼世界：魏源与〈海国图志〉》（辽海出版社1997年版），李少军的《迎来近代剧变的经世学人：魏源与冯桂芬》（湖北教育出版社2000年版），李瑚的《魏源研究》（朝华出版社2002年版），彭大成、韩秀珍的《魏源与西学东渐：中国走向近代化的艰难历程》（湖南师范大学出版社2005年版），易孟醇的《魏源评传》（湖南大学出版社2007年版）等。关于魏源的历史定位。陈胜粦指出，“魏源是标志古老中国走向近代的里程碑式人物，是鸦片战争前后中国社会思潮从中世纪向近代的转型的界标，是将这一时期社会进步思潮推向前进的最全面的代表”；他睁眼看世界，“迈出了龚自珍未能迈出的最重要的一步”，“完成了林则徐未能完成的最关键的事业”。[①] 陈其泰认为，“给魏源以历史定位，就是：他是开启近代打破封闭状态、奖励对外观念，因而支配国民心理长达半个多世纪的进步思想家，是集爱国者、哲人、改革实行家三者于一身的杰出人物”。[②] 杨全顺、刘春华指出，魏源是中国近代史发轫时期的思想家、史学家和学者，是古今社会转型时期界碑式的人物。[③] 罗清和指出，魏源是中国古代经济思想向近代经济思想转变时期的具有承前启后作用的代表人物，其经济思想包括“重本”而并不“抑末”，“除弊”也要注意“兴利”，主张上层统治者“黜奢”和贫困劳动人民“崇俭”，以及“利国”必先“利民”、“益上”必先“益下”等思想。[④] 如何评价魏源提出的向西方学习的思想，这是给魏源历史定位的关键。多位学者肯定了魏源“师夷长技”思想明显突破了传统的“夷夏”观念，突破了“华夏中心观”，开辟了近代中国向西方学习的时代新风气，拉开了中国近代化思想的序幕，成为中国近代改革开放的先驱。严亚明认为，魏源的可贵之处在于破除了传统的“夷夏之辨”的樊篱，在壁垒森严的夷夏世界秩序封闭圈上打开了一个缺口，这是他作为杰出思想家的贡献所在。他在论述“师夷”问题时呈现出的民族意识具有

---

① 陈胜粦：《论魏源的历史定位——鸦片战争前后中国社会思潮转型的界标》，《船山学刊》1994年第2期。

② 陈其泰：《魏源社会改革思想的时代特点》，《江海学刊》2002年第5期。

③ 参见杨全顺、刘春华《魏源及其学术思想再认识》，《理论学刊》2013年第8期。

④ 参见罗清和《论魏源的经济思想》，《深圳大学学报》1991年第4期。

极强的务实性、针对性，以反抗外来殖民侵略为中心，其指向主要趋于维护清王朝统治秩序，维护领土的完整，抗拒西方列强的渗透，消除外来侵略威胁。魏源的“师夷”论是把民族意识纳入理性轨道的杰出典范。[①] 王令金指出，魏源提出的“师夷长技以制夷”思想，纠正了国人故步自封的心理病态，吹响了向近代化进军的号角。[②] 还有学者进一步肯定了魏源对西方民主政治的介绍，如张磊、张苹强调，“魏源对西方社会政治制度的肯定性介绍有不容忽视的启蒙意义，它冲击了封建君主制度万古长存的僵化观念，成了资产阶级维新派、革命民主派引进西方社会政治学说的先声”。[③] 章鸣九提出了不同意见，他认为《海国图志》在对中西文化的认识上不如徐继畬的《瀛环志略》，思想比较陈旧，但这并不能否定魏源在中国近代思想史上的地位。徐继畬的《瀛环志略》不论是它的学术价值，还是它的内容，都超过了魏源的《海国图志》，但徐继畬与《瀛环志略》饱受“谤议”，魏源和他的《海国图志》却蜚声不绝，其原因在于《海国图志》所坚持的中国处于世界中心的观念迎合了士大夫的文化优越感。[④] 郑大华从三方面比较了魏源的《海国图志》与徐继畬的《瀛环志略》，并得结论：《瀛寰志略》中对世界大势所做的介绍，无论是资料的准确性，还是叙述的科学性，在当时所有的中国人编撰的世界历史地理书中，都无出其右者，这当然也包括魏源的《海国图志》。《瀛寰志略》的历史地位也就在于此。但《瀛寰志略》没有明确提出向西方学的主张，甚至没有表达过这方面的含义。而魏源的《海国图志》对西方历史地理知识的介绍虽然存着这样或那样的问题及错误，无论是资料的准确性，还是叙述的科学性，都无法与《瀛寰志略》相提并论，但它明确地提出了“师夷长技以制夷”，亦即向西方学习的主张。在今天看来，这是非常普通的主张，没有人会提出异议，然而在那个时代，这可是“石破天惊”之论，

① 参见严亚明《“师夷长技”与魏源的民族意识》，《宁夏社会科学》2001年第5期。

② 参见王令金《魏源“师夷长技以制夷”的思想价值及影响》，《山东师范大学学报（人文社会科学版）》2002年第47卷第4期。

③ 张磊、张苹：《魏源思想刍论——纪念魏源诞辰200周年》，《学术研究》1994年第6期。

④ 章鸣九：《〈瀛环志略〉与〈海国图志〉比较研究》，《近代史研究》1992年第1期。

它开启了向西方学习的新潮流。而向西方学习，可以说是自鸦片战争以后近代中国的时代主题。这也是魏源和他的《海国图志》越来越为人们所重视并成为显学的重要原因。[①] 李少军就魏源、冯桂芬与日本的横井小楠富国思想作了比较，提出中日先驱思想家魏源、冯桂芬与横井小楠都以富国作为追求的目标，但思想却有质的不同：（1）在对富国思想起支配作用的经济理念上，魏、冯尚未突破农本商末观念，而横井则形成了以当时的西方国家为样板、普遍实行商品交换、各产业广泛发展的经济理念。（2）在富国思想的立足点上，魏、冯主要立足于“国”，并不是将与“国”之需要没有直接关系的民间经济发展作为理想和希望，主张“民”助“官”；横井的富国思想则以富民为基础，主张政府扶助民间发展经济。（3）在对外经济联系方面，魏、冯与横井都认为正常的外贸有助于富国，但魏、冯并不认为本国经济发展需要通过加强对外联系来促进，而横井则完全突破了本国自足地发展经济的狭隘眼界，着眼于世界经济体系，为日本产品寻求海外市场。[②]

魏源不仅是最早开眼看世界的先进中国人之一，也是嘉道时期复兴的经世思潮的代表人物之一。陈其泰、刘兰肖认为，魏源继承明末清初经世致用的思想精蕴，大力针砭空疏学风和八股取士制度，揭示出“经世之学”学术范畴的学术研究、社会实践、个人修养三个方面相互联系、彼此生发的内容，探讨了以摆脱传注而直观经义与调查研究相辅而行的治学方法，初步确立了晚清经世之学兼容并包的学术色彩、以“行”为根本，以“变革”的核心内容以及“功利”“实用”的价值取向，并将“西学”第一次引入中国传统“经世之学”的研究范畴，代表着中国传统学术文化历史性的重大转向。[③] 刘兰肖还提出，魏源编辑或撰写的《圣武记》《元史新编》《道光洋艘征抚记》《海国图志》等一系列史学著述，不仅体现出鲜明的时代特色，为晚清以来的社会改革提供了重要的思想资源，而且代表着嘉道时期史学的新成就，其经世致用与爱国御侮的编撰宗旨，

① 参见郑大华《〈瀛环志略〉与〈海国图志〉之比较》，《晋阳学刊》2008 年第 6 期。

② 参见李少军《魏源、冯桂芬与横井小楠富国思想之比较》，《江汉论坛》2000 年第 9 期。

③ 参见陈其泰、刘兰肖《晚清社会危机中的学术转向——魏源对“经世之学”义理的阐发》，《求索》2004 年第 1 期。

在外国史著述体裁方面的探索与尝试，以纪事本末体撰述当代史的成功范例及对纪传体史书体例的扬弃与创新，在历史编撰学方面亦具有一定的价值和借鉴意义，开启了传统史学向近代史学转变之枢机。[①] 舒习龙肯定魏源是晚清在史书编纂方面开风气之先的人物，他利用传统历史编纂的思想和资源，并结合道咸时期的时代潮流，对晚清历史编纂学进行了有价值的探索。史论与纪事本末体相结合和高超的历史编纂艺术，反映了魏源纪事本末体史书编纂的成就；“以西洋人谭西洋”的编纂原则和以志为主体，结合志、史论、图、表四体，多种体裁相配合来弥补传统典志体的不足，体现了魏源典志体编纂的新思路；“传以类从”和将传统正史纪、传、表、志前后顺序加以调整，是魏源关于纪传体史书编纂的新尝试。[②] 杨全顺、刘春华指出，魏源经世学术思想的演变和发展轨迹先是以学习、研究经学为主，以经学为治术，以求裨益于当世；后由经学而史学，以史学为经世之术，开创传统史学向近代“新史学”过渡之先河；晚年安身立命于佛教，专心于佛学。作为中国走向现代世界的先驱者，他的思想具有了现代意识的“异端”色彩。[③] 申屠炉明探讨了魏源“春秋公羊学”及其对康有为“三世说”的影响，认为魏源上承刘逢禄，下启清末的康有为，是近代经今文学史上的关键人物。[④]

林则徐。主要著作主要有林庆元主编的《林则徐经世思想研究》（中国文史出版社2002年版）、杨国桢的《林则徐传》（人民出版社2004年版）、林庆元的《林则徐评传》（南京大学出版社2011年版）等。民本思想是林则徐思想的重要方面。陈胜粦指出，贯穿林则徐一生的民本思想，在不同时期有不同的内容和表现形式，林则徐对传统的民本思想有继承，也有发展。他继承、发展和丰富了中华文化中强调以“民惟邦本”为重点的传统的民本主义，适应形势的剧变，不但丰富了“安邦”的内容，而且增添了新的内容——以依恃民众抵抗“侵略的西方”为主要特色的、

① 参见刘兰肖《魏源的历史编撰思想与实践》，《求索》2007年第3期。

② 参见舒习龙《魏源历史编纂学成就析论》，《史学史研究》2009年第2期。

③ 参见杨全顺、刘春华《魏源及其学术思想再认识》，《理论学刊》2013年第8期。

④ 参见申屠炉明《论魏源“春秋公羊学”及其对康有为“三世说”的影响》，《江苏社会科学》2010年第1期。

视“民”为“卫邦之本”的内容；以保护商民利益、发展民族经济和接触“近代世界”、学习“先进的西方”为主要特色的，视“民”为“兴邦之本”的内容。林则徐在中国开始走向世界、走向近代的历史时刻，继承了中华优良传统文化中的民本主义，并使之得到延伸和发展，在对西方双重挑战做出爱国主义的回应的过程中，走完了养民安邦、恃民卫邦、率民兴邦和残民保邦的全部历程。他是一位民本主义思想哺育出来的典型的清官、忠臣和爱国者。[①] 林庆元认为，林则徐的“民本”思想，是把民当作国家的基础的，而以“民力”作为国家的“元气”。他认为“下恤民生正所以上筹国计”，要使国家富强、社会安定，必须“保民”“恤民”“足食安民”。在阶级矛盾为基本矛盾的时期，林则徐的民本思想，表现为对民的同情，并把民看作国家发展的基础。而到了民族矛盾上升时期，林则徐的民本思想，从重视民心之向背而发展为“民心可用”，从民众的爱国热情中汲取信心和力量。林则徐的民本思想，是传统文化中以“民本”为核心的爱国主义的精华，是封建社会爱国主义所能达到的最高峰。[②] 吴其全、姜蕙认为，处于古今中外交汇之际的林则徐，正视西方国家的双重挑战，审时度势，与时俱进。他所继承的民本主义思想，随着以恃民兴邦、恃民卫邦为中心的救亡图强斗争实践的变化发展而不断发展升华，这就是从恤民生以筹国计到恃民力兴民利抓固本之根本的升华；从传统的富民强国之方到商农并举，开眼看世界，着力扶持新的生产力发展的升华；从恃民兴邦到足民实边，恃民卫邦，实现民本主义在与爱国主义并进中的升华，这就是林则徐这位近代伟大的民本主义思想家、爱国者和民族英雄留给后人的宝贵财富。[③] 来新夏考察了林则徐对传统文化的接受与奉献，指出林则徐通过家庭、师友、前人和时贤的渠道受到传统文化优良部分的培育和灌输，汇聚融合成指导他一生言行的思想资料。林则徐不仅是传统文化优良部分的受益者，也对传统文化有所扬弃而奉献了若干可贵的内涵，如施行许多仁政，在鸦片战争中形成

① 参见陈胜粦《论林则徐的民本主义——以“民惟邦本”为中心》，《中山大学学报》1998年第4期。

② 参见林庆元《林则徐的经世思想与爱国主义》，《福建论坛》1996年第1期。

③ 参见吴其全、姜蕙《林则徐民本思想在实践中的升华》，《江淮论坛》2004年第1期。

的“恃民”思想，视民心为可用，丰富了“民本”思想，不泥古、守旧，接受外来事物，参读西书西报，成《四洲志》，开启研究边疆史地的新思潮和海防塞防并重的国防思想，对中国传统文化的更新起了重要作用。①

和魏源一样，林则徐也是嘉道年间复兴的经世思潮的代表人物。林庆元有系列文章研究林则徐的经世思想。他的《论林则徐经世思想产生的时代背景及其主要内容》一文指出，林则徐深受传统思想教育，加上家境贫寒，父母正直，富有同情心，这些都使林则徐比较容易在从政经历中感受社会现实中民众生活状况，了解民众生产的层面，从而形成以经世和爱民为内容的早期政治思想。西方侵略者的叩关大炮又把林则徐推向反侵略斗争的前线，其爱国主义精神由此产生。重民和爱国、经世和反侵略浑然一体地结合并贯穿于林则徐的一生活动之中。他的《林则徐经世思想的形成及基本内容》一文认为，林则徐经世思想的形成主要受出身和所受教育的影响。出身儒学世家，家道贫寒，因此产生同情人民的思想；在鳌峰书院受师友的影响，产生经世思想。其经世思想的基本内容包括：主张汉宋兼容，儒学百家兼备；“足食安民”与民本思想；爱国思想；学习西方思想。他的《论林则徐经世思想中的海防观念》一文强调，林则徐的经世思想也体现在他的海防观上。在抗英斗争中，林则徐认识到敌人的“坚船利炮”，从而产生了必须制船造炮、建立外海水师控制海面的思想。虽然当时还没有“制海权”的概念，但林则徐是提出建立外海水师的先驱，比洋务派在19世纪70年代提出早二三十年。他的“制海权”思想萌芽，是我国军事思想史上一次有着重要意义的突破。② 陆炎对林则徐与魏源的经世思想做了比较，指出林则徐和魏源分别作为官员经世和学者经世的不同代表人物，是清代嘉庆、道光年间经世致用学风复兴的倡导者和实践者。其共同特点是主张学习与实践的结合，提倡经世思想中的“力行”观，在河工、漕运、盐政经世三大政方面各有建树，进而由传统的

---

① 参见来新夏《林则徐对传统文化的接受与奉献》，《福建论坛》1996年第6期。

② 以上各文见林庆元主编的《林则徐经世思想研究》，中国文史出版社2002年版。

经世思想向近代思想转型，开中国近代化思潮之先河。[①]

林则徐是嘉道年间著名的改革者，其改革思想一直为学术界所关注。晏爱红考察了林则徐的漕务改革思想，提出林则徐主张改革运法，以“县督帮收”替代行之二百年之久的官收官兑，旨在将官府权力限制在行使监管职能，而让运军与粮户直接接触以减少腐败。[②] 张笃勤考察了林则徐的盐政改革，认为林则徐的改革只是在维护纲法的前提下的某些调整。当时盐政的种种弊害都是纲盐制度的产物，那么，在不废弃纲法下进行的任何改革，即便成功，也只会是镇痛剂，而非去病药。林则徐虽认识到了这一点，但由于多方面的原因，却又不敢彻底改变纲法，根除病源。萧致治就林则徐对两湖盐务的整顿做了探讨，认为林则徐在湖广总督任上，尽管为时不到20个月，但由于发扬了他一贯真抓实干的作风，“督同盐道悉心筹议，立定章程，广疏导之方，严贿纵之禁，并将各处卡巡酌量更易，务使堵缉疏销，事事胥归实在”，整顿取得了较好的结果。同时针对过去盐销不合理旧规，采取一些补救措施，终使淮盐疏销大有起色，堵缉私盐的效果也不错。[③] 曾杰丽对林则徐的农业改良思想进行探讨，认为林则徐非常重视农业生产技术的改进，他倡导江南种早稻，重视“区田”的新式耕作，赞赏仿西农具，不仅对当时农业增产进行积极的探索，也为今天农业的发展提供有益的借鉴。[④] 另还有学者对林则徐的治税观[⑤]、货币思想[⑥]、民营思想[⑦]、教育思想[⑧]、科学思想[⑨]等作了探讨。

---

① 参见陆炎《论林则徐与魏源的经世思想》，《山东师范大学学报》2002年第47卷第2期。

② 参见晏爱红《林则徐漕务改革思想刍议》，《东南学术》2011年第5期。

③ 参见萧致治《评林则徐对两湖盐务的整顿及其成效》，《武汉大学学报》2009年第11期。

④ 参见曾杰丽《林则徐的农业改良思想》，《社会科学家》2005年10月增刊。

⑤ 参见邱远猷《民惟邦本、统筹兼顾国计与民生——林则徐的治税观》，《首都师范大学学报》2008年第4期。

⑥ 参见史全生《论林则徐的货币思想》，《福建论坛》2007年第9期。

⑦ 参见刘阁春《林则徐魏源民营思想产生的历史条件及其影响》，《现代财经》2005年第1期。

⑧ 参见陈汉才《林则徐教育思想初探》，《教育研究》1997年第5期。

⑨ 参见周济《林则徐的科学思想》，《自然辩证法通讯》1997年第1期。

研究林则徐思想，当然会涉及对他的评价。黄保万提出，林则徐是中国历史从古代社会转向近代社会时期的杰出爱国主义者。他的爱国主义是在回答西方殖民侵略和西方文化的两重严峻挑战中形成、发展起来的。因而具有反对外来侵略和对内改革、对外开放的丰富内容，成为当时中华民族民族精神的集中体现。[①] 徐光仁指出，从鸦片战争开始，我国历史进入了资产阶级民主革命准备阶段。在从封建社会开始沦为半殖民地半封建社会的时代剧变中，林则徐正处于承先启后的历史地位：他继承了中国封建文化优秀传统的“往”，开启资产阶级民主革命的“来”；他既是“中国封建文化优良部分的代表者”，又是“满清时代开眼看世界的第一人”，可说是中国近代承前启后、继往开来的杰出的爱国主义典型人物。[②] 邵雍认为，林则徐无疑是中国禁烟运动的先驱、中华民族的杰出代表。[③] 顾俊彦引用陈奎元的话指出：“林则徐用心谋求兴国之道，是一位具有世界眼光的思想家，是中国近代启蒙思想的先驱者。”[④]

徐继畬。在相当一段时间里，除美国学者德雷克在 1975 年推出的《徐继畬及其瀛环志略》和中国台湾地区学者方闻在 1987 年出版《清徐松龛先生继畬年谱》外，大陆学者尚未出版关于徐继畬的学术专著。任复兴先在 1989 年将德雷克的《徐继畬及其瀛环志略》译成中文出版，后又主编了论集《徐继畬与东西方文化交流》（中国社会科学出版社 1993 年版）。研究徐继畬的思想，自然会涉及他的《瀛环志略》。付才武认为，徐继畬《瀛环志略》的主旨是探索中华民族的御侮自强之道，与魏源的“师夷长技以制夷”的自强思想相比，徐继畬不但看到了中西方技术上的差异，而且看到了整个中国社会包括政治制度、伦理道德都远远落后于西方世界，强调学习西方先进的物质技术的同时，也必须借鉴西方先进的政

---

① 参见黄保万《论林则徐的爱国主义》，《福建学刊》1990 年第 4 期。

② 参见徐光仁《林则徐——近代中国承先启后的爱国主义典型》，《华南师范大学学报》1986 年第 1 期。

③ 参见邵雍《林则徐广州禁烟与美国人的关系》，《广东社会科学》2010 年第 4 期。

④ 顾俊彦：《林则徐：精神遗产及其现实意义》，《福建论坛》2010 年第 6 期。

治制度。[①] 张士欢考察了徐继畬与魏源之间的学术交流，认为徐继畬在写作《瀛寰志略》时参考了魏源的《海国图志》，魏源在增订《海国图志》时也比较充分地吸收了徐继畬的学术成果；徐继畬对《海国图志》进行了理性的学术批评，魏源对此采取了平和、虚心的态度。[②] 刘天纯比较研究了徐继畬与日本近代启蒙思想家福泽谕吉，认为徐继畬是具有现实主义思想的开明士大夫，然受限于阶级条件与知识视野的约束，最终没有成为像福泽谕吉那样的资产阶级文化的先驱者。[③] 虞和平认为徐继畬的《瀛环志略》开始注意到资本主义的物质文明与民主制度，开始意识到世界资本主义化的发展大势，对于中国近代化的思想启蒙做出了贡献。[④] 吴义雄研究了徐继畬的中外外交原则以及西方传教士对《瀛环志略》的评论，认为徐继畬在对外交涉中坚持理性原则，对传教士采取了宽容态度，西方传教士因而对《瀛环志略》持充分肯定的态度，并希望它的刊行能够在知识和思想的层面帮助他们的在华事业。[⑤] 郑大华专文探讨了“徐继畬是爱国者还是卖国者”的问题，认为徐继畬不仅在鸦片战争中尽职尽责地抵抗外来侵略，而且在鸦片战争后秉持理性外交政策，成为中国最早“开眼看世界”的先进人，堪称爱国派的典型代表。[⑥] 贾小叶认为徐继畬在1850年神光寺事件中之所以主和是基于对敌强我弱之势的清楚认识，其主和是“势”不敌人的不得已之举，虽不免屈辱妥协的成分，但也不乏“卧薪尝胆”“以屈求伸”的隐衷，说其妥协退让、屈辱求和则可，说其卖国投降则不可。[⑦] 冀满红、吕霞研究了徐继畬任职总理衙门时期（1865—1869）的政治作为，认为徐继畬作为总理衙门大臣政治实绩并不

---

① 参见付才武《〈瀛环志略〉：一部自强的启蒙书》，载任复兴主编《徐继畬与东西方文化交流》，中国社会科学出版社1993年版。

② 参见张士欢《论徐继畬对魏源的学术批评》，《史学月刊》2009年第10期。

③ 参见刘天纯《徐继畬与近代化——兼与福泽谕吉的〈西洋事情〉比较》，载任复兴主编《徐继畬与东西方文化交流》，中国社会科学出版社1993年版。

④ 参见虞和平《徐继畬与中国近代化的思想启蒙》，载任复兴主编《徐继畬与东西方文化交流》，中国社会科学出版社1993年版。

⑤ 参见吴义雄《西方人眼里的徐继畬及其著作》，《清史研究》2009年第1期。

⑥ 参见郑大华《从徐继畬看中国近代史上的爱国与卖国》，《晋阳学刊》2009年第2期。

⑦ 参见贾小叶《理势之辨、战和之争与中国近代史上的爱国、卖国——以徐继畬为中心的考察》，《晋阳学刊》2009年第2期。

显著，然其在同文馆进行的系列改革奠基了中国近代高等教育的雏形，其早期著作《瀛寰志略》也因其政治地位的提高而受到重视。[①] 杨国桢认为，徐继畬的舆地考证从西北到东南、从陆地到海洋的转向，是他尝试贯通中外历史地理、介绍海外新知识的联结点。利用中国海洋图书与雅裨理的口述相对接，以中国海洋经验验证西方知识，是《瀛环志略》取得成功的重要因素。重新"发现"中国海洋史，含有冀望中国在海洋突围再起的深意。借鉴历史，反思对策，反映了徐继畬海洋意识的感悟与觉醒。[②]

洪秀全。出版的著作有陈华新主编的《洪秀全思想研究》（广东人民出版社 1991 年版），崔之清、胡臣友的《洪秀全评传》（南京大学出版社 1994 年版）等。90 年代以来出现了一些从宏观角度讨论"洪秀全思想"的论文。段云章指出，洪秀全思想产生于封建中国向半殖民地半封建中国转型初期。它具有古代农民战争转进到近代农民战争和农民政权向封建政权蜕化而又呈向资本主义性的开明专制政体转进的两大转型特征，贯穿于这两大转进中的是洪秀全、洪仁玕等太平天国领袖人物，为适应鸦片战后新形势，对西方资本主义东来采取了抗拒与吸纳相结合的应变方针，其前进方向是要求中国独立和实现近代化。[③] 经盛红对洪秀全早期反清革命思想的产生与基督教影响的关系提出了新的看法：既不是基督教唤起了洪秀全的反清革命思想，也不是洪秀全自觉地利用基督教发动农民革命，更不可能洪秀全有一段"纯粹的宗教家"的思想历程。基督教对早年洪秀全的影响与作用，只是为这位欲举大事而又十分迷信的农民革命领袖提供了极其需要的、新的"君权神授"的内容与依据，有力地促进了他的农民革命思想体系的成熟与定型。[④] 焕力指出，洪秀全对待儒学的态度和采取的行为颇为复杂，即前期并不反儒，1853 年开始实行焚烧儒学经典，后来则是采取删改颁行儒家经典的反儒方式。但是，他一方面在反对儒学，

---

① 参见冀满红、吕霞《革新与图治：略论总理衙门时期的徐继畬（1865—1869）》，《甘肃社会科学》2009 年第 5 期。

② 参见杨国桢《被动对外开放与徐继畬的学术转向》，《社会科学战线》2010 年第 6 期。

③ 参见段云章《洪秀全思想与广东》，《中山大学学报》1992 年第 1 期。

④ 参见经盛红《洪秀全早期思想与基督教关系新论》，《南京师大学报》2002 年第 5 期。

另一方面又把一些儒家的基本理念奉为信条。从洪秀全在儒学问题上的矛盾表现，可以揭示洪秀全反对儒学的本质：他反对儒学不是反对封建主义，而是在维护拜上帝教的权威。所以，他的反儒活动不具备进步的思想和政治意义。[①] 何晓明指出，曾国藩、洪秀全在政治、军事方面是拼死相争的对手，但从文化史的角度看，又同为中西文化大交汇初期中国知识分子的代表人物。洪秀全代表了“草根”阶层，集两千年农民战争、农民革命思想之大成；曾国藩代表了传统士大夫阶层，儒家修、齐、治、平的经世致用之学，在他这里发挥到了极致。他们都是中国传统文化终结式的人物，都是近代中西文化会通的前驱先路人物。他们的文化品格都对近代中国的政治史、思想史、文化史进程产生了深刻的影响。[②]

洪仁玕。关于洪仁玕思想的历史地位，夏春涛认为，洪仁玕撰写的《资政新篇》代表了19世纪60年代以前国人在探索近代化道路方面的最高水准。太平天国内部学习西方的代表性人物并不是洪秀全，而是洪仁玕。但洪仁玕对西方的认识仍存在着致命的缺陷，还不能够既认识到西学的先进和学习西方的必要，同时又能洞察列强在华的险恶用心。另外，洪仁玕始终对儒学持温和态度，主张糅合儒耶（中西）。从香港投奔天京后，环境的改变直接导致了洪仁玕新旧观念的此消彼长，具体表现为其旧有的忠君思想和宗族意识的日益膨胀。[③] 张苹、张磊则肯定洪仁玕不愧为近代中国向西方寻求真理的农民阶级的代表，同时也体现出处于社会下层的知识分子的最初探索。洪仁玕的思想和纲领带有清晰的农民阶级的印记，他对西方的学习也大体停留在物质、制度文化层面，较为浅陋和不完整，但其进步意识是显而易见的。在当时的历史条件下，以资本主义的某种发展去代替外国帝国主义和本国封建主义的压迫，不但是一个进步，而且是一个不可避免的过程。[④] 刘敬东认为，洪仁玕在《资政新篇》中提出的建立近代国家的构想之系统全面，所透露出的理念之合乎近代世界民主

---

① 参见焕力《洪秀全反儒学本质论析》，《学海》2012年第4期。

② 参见何晓明《政治对手，文化同路——曾国藩洪秀全合论》，《天津社会科学》2008年第5期。

③ 参见夏春涛《洪仁玕的思想特征及其历史地位》，《福建论坛》2001年第6期。

④ 参见张苹、张磊《洪仁玕简论》，《学术研究》2003年第7期。

与科学潮流，直至今日也仍令我们感到惊讶。他的事有常变、革故鼎新的辩证发展观念，以民主、科学为新政事业之主导灵魂的自觉的近代化主张，为封建观念和农业意识弥漫的太平天国注入了一丝清新绚丽的资本主义之光。[①] 90 年代以来，论述洪仁玕文化观的论文相对较多。刘圣宜认为，对西方文化的整体接受是洪仁玕西学观的特征，他是近代中国倡导全面学西方的第一人。他既不同于洋务派，也有别于维新派，其提倡学西方，一入手便体用并进，器道并学。[②] 邵雍认为，洪仁玕与西方传教士的关系在某种程度上反映了太平天国的文化取向，作为拜上帝教的最初信徒和作为太平天国后期第二号领袖人物的洪仁玕与西方传教士的关系是大不相同的。洪仁玕与西方传教士的关系是太平天国外交关系的晴雨表。拜上帝教与正统基督教的争论和矛盾既是文化方面的冲突，更是政治方面的抗衡。[③] 何植靖认为，洪仁玕以儒家思想为主，融合中西文化，用以拯救中国；他是敬重儒学的，还把儒家思想与基督教结合；他承认西洋文明之优越，认清了世界发展的趋势，主张向西方学习、发展资本主义。[④] 酆张翼认为，洪仁玕批判地接受外来文化，利用其对本国的政治文化制度进行改革。其原则正如洪仁玕自己所说的："凡涉时势之字，极深思索，故于古所无者兴之，恶者禁之，是者损益之。"[⑤] 黎仁凯指出洪仁接受了中西文化并皈依上帝，其文化观具有浓厚的宗教色彩。他既有对西方文化多方位接受和认同的趋新意识，又有对传统文化的恋旧情结，试图用附会中西的办法来规范中西文化。他的文化观极具开放性和前瞻性，但又有自相矛盾和不成熟的局限。[⑥]

其他思想人物。姚莹是鸦片战争前后一位重要的历史人物，学界对其研究以其《康辅纪行》和他抗英保台的海国思想、军事思想、游民政策

① 参见刘敬东《民主与科学的追求：洪仁玕的近代理念及其悲剧》，《哲学研究》2000 年第 6 期。

② 参见刘圣宜《洪仁玕西学思想的再评价》，《学术研究》1997 年第 7 期。

③ 参见邵雍《洪仁玕与西方传教士》，《上海师范大学学报》2001 年第 3 期。

④ 参见何植靖《洪仁玕的中西文化观》，《江西社会科学》1990 年第 1 期。

⑤ 酆张翼：《略论洪仁玕的近代化思想》，《安徽大学学报》1993 年第 2 期。

⑥ 参见黎仁凯《论洪仁玕中西文化观之特色》，《河北大学学报（哲学社会科学版）》2002 年第 2 期。

等为主要研究对象，同时涉及所蕴含的经世思想和边防思想。施立业指出，在姚莹研究中，比较流行的观点是：姚莹坚决支持林则徐、魏源提出的关于向外国学习的主张，也是近代初期了解西方、学习西方的代表人物。他通过研读姚莹著述，发觉这一观点需要修正，认为姚莹只是一位"睁眼看世界"的人物，并未主张向西方学习，不能视为向西方学习的代表人物。[①] 张代芬论及，姚莹的《康辅纪行》是其贬官四川后为解决藏僧纠纷两次奉使乍雅途中的札记汇编而成，以全面介绍藏族考及藏外印度、尼泊尔以及英、俄等国情况为基本内容，对西南地区边疆形势进行了考察，揭露了英国侵略者对西藏的觊觎，为加强祖国西南边防提供了有益借鉴。[②] 欧阳跃峰等指出，鸦片战争后，姚莹被发往四川，曾两次奉命入藏，撰写了《康輶纪行》这部传世之作。对西藏的历史、地理、政治、宗教以及风俗习惯等做了比较全面的考察，对与西藏毗邻的一些国家以及英、法等国的情况都尽可能地作了介绍，尤其是涉及英国的政府机构与官员设置情况，对议会制度表现了浓厚的兴趣。该书表达了姚莹的满腔爱国热忱，体现了经世致用思想与严谨的治学态度。尽管姚莹对西方的认识存在着局限性，但他对西方的了解已经超过与他同时代的林则徐、魏源、夏燮等人，代表着当时的最高水平。[③]

陶澍是一个处于中国古代与近代之交的临界人物，以往被忽视。1989年10月17日至19日，在陶澍的故乡安化县召开了首次陶澍学术讨论会。此后，对陶澍的研究渐被重视。陶用舒对陶澍与魏源进行了比较，指出：陶澍和魏源同为清道光时期卓有成效的改革家。陶澍官至两江总督，终老任所，道光帝晋赠太子太保，并谥"文毅"。魏源则长期为幕僚，宦海浮沉，仅官至高邮知州，且蒙冤革职，其志未伸。现在，魏源被公认为中国近代著名的思想家、改革家、爱国者。陶澍则无人问津。可见，陶澍与魏源在生前和死后的遭遇完全相反。但是，陶、魏二人又同为近代地主阶级改革派的领袖和核心，思想相近，观点相同，友谊深厚，心心相印，是志

① 参见施立业《关于姚莹历史地位的再认识》，《安徽史学》1997年第4期。

② 参见张代芬《姚莹〈康辅纪行〉述论》，《西藏民族学院学报》2005年第5期。

③ 参见欧阳跃峰、吴梅《略论〈康輶纪行〉的成书与基本内容》，《黄山学院学报》2007年第4期。

同道合的好朋友。[①] 他们都生长于湖南的资江之泮，既有深厚的友谊，又以幕主和僚属的关系长期共事。陶澍事业的成功，有魏源参赞谋划之力；魏源思想的成熟，则有陶澍提携培养之功。[②] 陶用舒还对陶澍与曾国藩进行了比较，指出陶澍和曾国藩都是近代中国的著名人物，生平却未能谋面；但陶澍对曾国藩的影响非常深刻。在理学经世、改革弊政、整顿吏治、育才用人等诸多方面，曾国藩都继承和发展了陶澍的思想。曾国藩对陶澍也很尊敬，引为行政做人之师。可以说，曾国藩是陶澍思想和事业的继承者与发扬者。[③] 周小喜等指出，陶澍和魏源同为古梅山人，均是清代叱咤风云的人物，道光年间联手为东南三政做出了突出贡献。他们以幕主和幕僚的特殊关系共事十数载，两人有着甚多相同处：清代实学通经致用为其思想和行动的基石和指南，他们爱国恤民、重践履、不拘一格擢育人才，在经济思想上崭露近代意识，体现了非凡的见识和胆略。陶澍对魏源影响巨大，魏源的“师夷”主张是二人经世思想在特定历史条件下的延续、深化和升华。[④]

张穆是古代与近代之交经世思潮的又一重要思想人物。陈亚洲指出，在张穆诸多作品中，其《蒙古游牧记》成就最高，此书是张穆在蒙古地理历史和西北史地领域经心研究的结晶，它成为最早的研究边疆史地的著作，在当时和后世均有影响。[⑤] 吕文利指出，1839 年，正是鸦片战争的前夜。而对于张穆来说，这一年却是他人生中转折的一年。他踌躇满志地参加了顺天乡试，结果却“被斥退场”，永远不准考试，被排斥在主流话语权力之外。从此之后，他走上了以学术扬名的道路。换句话说，1839 年前的张穆和 1839 年后的张穆分道扬镳。他后来倡议修建顾炎武祠，撰修《顾亭林年谱》《阎潜邱年谱》以及撰写《蒙古游牧记》等一系列活动都

---

① 参见陶用舒《陶澍和魏源之比较研究》，《求索》1990 年第 1 期。

② 参见陶用舒《“每欲追风去，甘为汗漫游”——试论陶澍和魏源》，《安徽史学》2007 年第 4 期。

③ 参见陶用舒《“国藩之成就，赖陶澍之喤引”——试论陶澍和曾国藩》，《益阳职业技术学院学报》2007 年第 2 期。

④ 参见周小喜、肖立生《梅山双璧——陶澍、魏源经世思想研究》，《湖南城市学院学报》2010 年第 6 期。

⑤ 参见陈亚洲《张穆及其〈蒙古游牧记〉刍议》，《塔里木大学学报》2006 年第 3 期。

是他追求学术话语权的生动表现。[①]

二　洋务时期的思想人物

曾国藩。著作主要有董蔡时的《曾国藩评传》（苏州大学出版社 1996 年版），李育民的《曾国藩传统文化思想研究》（湖南师范大学出版社 2006 年版），梁绍辉的《曾国藩评传》（南京大学出版社 2006 年版），张云、韩洪泉著《曾国藩与湘军》（辽宁人民出版社 2008 年版）等。作为洋务派的主要代表人物，朱东安对曾国藩的洋务思想进行了评价，他认为对曾国藩的洋务思想应一分为二，肯定其合理因素，排除其荒谬成分。曾国藩将魏源的“师夷长技以制夷”的思想付诸实施，率先造船制炮，兴办近代军工及相应科学技术，是应当肯定的；对其所兴所造不用于“制夷”，而专用以“制民”，是应该坚决否定的。[②] 成晓军从文化角度分析了曾国藩洋务观的产生和形成，指出他在第二次鸦片战争后产生了强烈的危机意识，产生了以摆脱危机为宗旨的避害反应，这种反应较为集中地表现在对西方文化中“技艺”和“术数”的功用的积极肯定上。[③] 李丹等认为，曾国藩洋务思想前后并不一致。他初入官场时恪守“夷夏大防”；19 世纪 60 年代一改初衷，积极主张“师夷长技”，表现出一定的爱国热忱；然而 19 世纪 70 年代在处理天津教案过程中，又被舆论斥为“汉奸”“卖国贼”。曾国藩洋务思想的前后变化体现了中国近代知识分子面对变局时的思想发展轨迹。[④] 汪林茂探讨了曾国藩的理学经世思想，并将其与龚自珍、魏源的经世思想进行了比较，指出：以龚自珍、魏源为代表、打着今文经旗号的经世派思想，具有变革、发展，着眼于国计民生问题，追求“富强”实效的经世内容，“实事求是”的思想方法，符合时代精神的功利主义价值观，外向的、前进的思想发展方向，是一个开放的、不断发展的思想体系；而以曾国藩为代表的打着理学旗号的经世派思想，则具有以

① 参见吕文利《1839 年：张穆学术人生转折若干问题》，《清史研究》2007 年第 1 期。

② 参见朱东安《曾国藩的洋务思想与中国传统文化》，《船山学刊》1996 年第 2 期。

③ 参见成晓军《危机意识与避害反应——试析曾国藩洋务观的产生和形成》，《贵州社会科学》1990 年第 8 期。

④ 参见李丹、张海鹏《浅谈曾国藩洋务思想的发展变化》，《松辽学刊》2001 年第 2 期。

“理学”为目的，着眼于解决威胁封建统治的“世道人心”问题，致力于“礼治”秩序稳固并永久化的经世内容，唯心主义的思想方法，“德行”高于一切的价值观，是一个内向、保守的思想体系。[①] 武道房认为，曾国藩是晚清理学复兴的中坚人物，但他的学术观念与传统的程朱理学有很大的不同。他在继承理学基本观念的同时，又对清代理学的困境进行了深刻反思，试图再造理学。他广泛吸收当时的显学汉学以及百家杂学，甚至是西学，以此增强理学的经世功能，使晚清理学从僵死衰落中重新焕发出生机，并使咸同时期一度出现了理学复兴的局面。然而吊诡的是，由于曾国藩学术体系的博杂，也为晚清理学的终结埋下了伏笔，并给晚清社会带来深刻的影响。[②] 余龙生指出，曾国藩作为晚清名臣和理学中兴的代表人物，其“理治”思想是在继承和发扬程朱“理学治国”思想的基础上，融合德治、礼治和法治的合理因素，结合晚清经世致用思想而形成的，是对中国传统治国方略的总结。其主要内容包括理学执政、理学治军、理学持家三个方面，体现出保守性、中庸性和集成性三个显著特点。为实现理学治国的梦想和挽救清王朝的覆亡，曾国藩进行了一生的实践和努力。但由于自身的阶级局限性，这种理想最终走向了破灭。曾国藩理治思想的合理内核也为后人提供了可资借鉴的历史经验。[③] 蒋广学认为太平天国运动给曾国藩信奉的理学以回光返照的机会，而在此返照之中，它增添了经世致用的新内容，于是在曾国藩的影响下，形成了一种中学为体、西学为用的思想与学术结构，这一思想奠定了近代政治和文化保守主义的理论基础。[④] 朱汉民、吴国荣以曾国藩的礼学为重点，探讨了他的学问与治术之间的内在联系，认为曾氏“无所不窥”的学问追求中，礼学一直是他关注的学术重心，并包括了礼经学、礼仪制度考订、礼学理论等各个方面。他的礼学所以体现出“兼综汉宋”的学术旨趣，其实均源于他以礼治人

---

① 参见汪林茂《曾国藩经世思想初探》，《浙江学刊》1992 年第 1 期。

② 参见武道房《曾国藩对理学的反思、再造及其对晚清社会的影响》，《中国哲学史》2007 年第 4 期。

③ 参见余龙生《曾国藩的“理治”思想探论》，《江淮论坛》2011 年第 5 期。

④ 参见蒋广学《曾国藩：近代中国政治与文化保守主义思潮的奠基者》，《江苏社会科学》2005 年第 5 期。

的经世理念。[1] 李育民对曾国藩的“天人观”进行了剖析，认为曾国藩的天人观在其思想体系中有着极其重要的地位，其一生的成败得失、荣辱毁誉与此密切相关，可以说是他自强不息而又谨慎持重的精神支柱！他承续了古人的天命观，更通过自己的人生阅历形成了“畏天命”的思想。天命与人的主观能动性是一对矛盾，曾国藩没有陷入宿命论的窠臼，而是承继了传统文化中自强不息的精神，在相当程度上正确地处理了两者的关系。一方面同意天命的存在；另一方面又主张应该努力奋斗，并产生了不求回报的思想！结合人生历练，曾国藩将天的自然性质引申为避免厄运灾祸的启示和指导，并承袭“老庄自然之道”和“虚静”思想，将持盈保泰作为重要的处世准则，从知天乐命、宽阔胸襟的角度来修身处世。对此做一探讨，有助于认识传统文化对品格塑造的作用，并对当今提供有益的启示。[2] 何晓明从文化史的角度对洪秀全和曾国藩进行了对比研究，认为曾国藩、洪秀全在政治、军事方面是拼死相争的对手，但从文化史的角度看，又同为中西文化大交汇初期中国知识分子的代表人物。洪秀全代表了“草根”阶层，集两千年农民战争、农民革命思想之大成；曾国藩代表了传统士大夫阶层，儒家修、齐、治、平的经世致用之学，到他这里发挥到了极致。他们都是中国传统文化终结式的人物，都是近代中西文化会通的前驱先路人物。他们的文化品格都对近代中国的政治史、思想史、文化史进程产生了深刻的影响。曾国藩之所以值得肯定，既在其形而下层面的“洋务”文化行为，推进了中国现代化的进程，更在其形而上层面的“求实”文化品格，鼓舞了仁人志士改造中国的信心与斗志。[3]

李鸿章。著作主要有苑书义的《李鸿章传》（人民出版社 1991 年版），王承仁、刘铁君的《李鸿章思想体系研究》（武汉大学出版社 1998 年版），谢世诚的《李鸿章评传》（南京大学出版社 2011 年版）等。关于李鸿章的洋务思想，刘铁君等认为，李鸿章的洋务纲领不是“外须和戎，内须变法”，而是“外须和戎，内要自强”，自强是目的，变法是达到目

① 参见朱汉民、吴国荣《曾国藩的礼学及其经世理念》，《中国哲学史》2007 年第 1 期。

② 参见李育民《曾国藩的天人观探析》，《中国文化研究》2011 年第 3 期。

③ 参见何晓明《政治对手　文化同路——曾国藩洪秀全合论》，《天津社会科学》2008 年第 9 期。

的的手段。他的变法主张的主要内容是科举、兵制和官制的改革，但这些改革都没有冲破封建统治所允许的范围，没有达到御侮的目的，却加强了对人民的统治，导致封建割据势力膨胀，没有代表中国社会的发展方向。[①] 高仁立指出，李鸿章与早期维新派关系密切，早期维新派的重要人士多为李鸿章招揽的洋务人才，李鸿章对早期维新派人士能够予以信任、重用和帮助。李鸿章有发展工商业与富民的思想，有不断发展的“变法”思想，这是他同情早期维新派的思想基础，李鸿章的这些思想越到晚年越见明显，其主张“变”的内容已超出了洋务运动的范围。[②] 陈勇、王大明认为，李鸿章是中国晚清洋务运动的首领之一，他不但创立了中国现代意义上的“外交”，而且开启了中国军队近代化的先河。他不但通过大力办“洋务”，初步对中国工业、经济实施了近代化，为中国近代工业的发展打下最早的基础，而且通过创办新式学校、开新科取士、倡导留洋等，成为中国教育近代化的创始者之一。因此，称李鸿章为“中国近代化之父”，并不为过。[③] 王喆则从晚清儒学思想的视角对李鸿章的洋务理论与实践进行了探讨，认为李鸿章在晚清儒学变革的大背景下，作为具有先进思想的封建士大夫，他的儒学思想对洋务运动的指导思想、官督商办、用人制度等几个方面产生了至关重要的影响，一方面成为洋务运动兴起的助力，另一方面也成为洋务运动进一步发展的桎梏。总体上看，李鸿章的儒学思想是洋务运动兴起和失败的重要思想根源。[④] 张洪波认为，李鸿章清醒地意识到世界大势发生了亘古未有的变化，认识到必须学习西方，变法自强，又以“求富”作为自强的辅助，提出振兴民族经济，形成了一定程度的开放思想，堪称向近代化迈出第一步的代表人物。[⑤] 关于李鸿章的“官督商办”思想，江秀平认为官督商办对中国民族资本的产生和发展客

---

① 参见刘铁君、王成仁《李鸿章洋务纲领和变法思想探索》，《武汉大学学报》1994 年第 4 期。

② 参见高仁立《李鸿章与早期维新派》，《吉林大学社会科学学报》1994 年第 4 期。

③ 参见陈勇、王大明《李鸿章与洋务运动》，《自然辩证法通讯》2011 年第 5 期。

④ 参见王喆《李鸿章的洋务理论与实践初探——以晚清儒学思想为视角》，《思想战线》2010 年人文社会科学专辑第 36 卷。

⑤ 参见张洪波《李鸿章的经济改革思想浅析》，《经济改革》1994 年第 5 期。

观上起到了一定的促进作用，而更重要的方面，由于李鸿章等变本加厉地对官督商办企业加强了“官督”，使中国失去了一次发展资本主义的机遇。[①] 关于李鸿章的外交思想、“和戎”思想，张富强认为，李鸿章外交思想的典型特色是“弱国”“和戎”四字。它大致可以包括“外交内政表里论”“诚信相交论”“明是和局而必阴为战备论”“以夷制夷论”“权宜变通和通情款论”“弃藩保疆（本）土论”等几个方面的内容。[②] 对其“和戎”思想的评价，一种意见认为李鸿章的“和戎”观完全是消极的妥协投降。沈兼方指出，李鸿章的这一思想是无原则退让，助长了敌人的气焰，造成了重大损失。[③] 王双印认为，清政府甲午战败的原因固然很多，而李鸿章奉行妥协退让的“和戎”外交方针是导致甲午战争失败的重要原因。[④] 一种意见认为李鸿章“和戎”思想有一定的合理性、积极性。戚其章认为，李提出“外须和戎”是基于中外力量的现状和对比及远东局势的，这不能与“投降卖国”画等号，其长期的目标是希望中国将来立足于世界强国之林，用意至为深远。[⑤] 欧阳跃峰认为，李鸿章的“和戎”观是建立在对中外实力进行比较分析基础之上的。由于李鸿章对中外大局的认识是客观的、理性的，对敌强我弱形势的判断是符合历史事实的，因而他对外主和较之于对外主战更适合当时中国的国情，他的“和戎”观具有一定的合理性。[⑥] 崔薇圃认为，李鸿章提出“外须和戎，内须变法”完整纲领，试图对外“力保和局”，争取一个和平的外部环境，赢得变法自强的时间，对内大办洋务，使中国早日进入世界强国之列。因此，他的“外须和戎”思想包含着一定的爱国意识，不能等同于妥协投降的卖国思想。[⑦] 刘虹、叶自成对李鸿章的对日外交思想进行了梳理，认为李鸿章最早主张与日本建交，1874 年日本侵台事件后李鸿章的“联日”思想一度

① 参见江秀平《李鸿章的心态与洋务运动的得失》，《中国社会科学院研究生院学报》1994 年第 6 期。

② 参见张富强《李鸿章的“弱国”“和戎”思想》，《安徽史学》1992 年第 3 期。

③ 参见沈兼方《李鸿章的国防思想》，《探索与争鸣》1995 年第 2 期。

④ 参见王双印《李鸿章“和戎”外交与甲午之败》，《江西社会科学》2013 年第 10 期。

⑤ 参见戚其章《李鸿章的近代化纲领》，《社会科学研究》1989 年第 5 期。

⑥ 参见欧阳跃峰《论李鸿章的“和戎”观》，《近代史研究》1995 年第 3 期。

⑦ 参见崔薇圃《论李鸿章的“外须和戎”思想》，《齐鲁学刊》1997 年第 3 期。

动摇。1879年日本正式吞并琉球之后，李鸿章开始对日本采取强硬的立场。中日甲午战争后，李鸿章无论在外交还是在军事上都遭到惨败，他转而求助于“联俄拒日”。由于种种原因，李鸿章的对日外交最后都不可避免地遭到了彻底的失败。[①]

张之洞。著作主要有冯天瑜、何晓明的《张之洞评传》（南京大学出版社1991年版），蔡振生的《张之洞教育思想研究》（辽宁教育出版社1994年版），黎仁凯、钟康模的《张之洞与近代中国》（河北大学出版社1999年版），丁永刚的《张之洞近代化思想研究》（陕西人民出版社2007年版），任晓兰的《张之洞与晚清文化保守主义思潮》（法律出版社2009年版），冯天瑜、陈锋主编的《张之洞与中国近代化》（中国社会科学出版社2010年版）等。冯天瑜、何晓明认为，1881年张之洞外放山西巡抚，开始了由清流党向洋务派的转变，其文化思想也发生重大变化，由专注修齐治平的儒学大经，转向兼取洋务新知，由通经致用转向中体西用。[②] 马东玉认为，张之洞洋务思想主要形成于1884—1885年的中法战争期间。他举办洋务的思想是多元的、复杂的，用一种思想是无法涵盖的。[③] 姜铎认为，1882年张之洞升任山西巡抚，治晋期间向洋务派靠拢了一步，但总的思路和措施，仍然未能越出儒家治国平天下的旧传统，尚未完成向洋务派的转化。中法战争后，张之洞才完成了从清流健将向洋务新秀的转化过程。[④] 欧阳跃峰认为，由清流派到洋务派，张之洞的思想并未发生重大变化。早期属于清流派，但不是顽固派，他反对的只是洋务派的妥协外交，至于一般的洋务活动，虽然也对其“糜耗”而不能改变中国的积弱之势表示不满，却并未笼统地加以反对，他本人还具有一定的洋务思想。他于20世纪80年代兴办洋务时，后来居上，很快赶上并超过了其他洋务派，维新运动兴起后写成《劝学篇》，其对西学、中学及其相互关系的认识，都达到了一个洋务派官僚所能达到的最高层次，再前进一步，

① 参见刘虹、叶自成《试论李鸿章的对日外交思想》，《中州学刊》2003年第2期。

② 参见冯天瑜、何晓明《张之洞从清流派到洋务派的思想转变》，《历史研究》1991年第3期。

③ 参见马东玉《试论张之洞洋务思想的多元性》，《文史哲》1992年第4期。

④ 参见姜铎《后来居上的新洋务派张之洞》，《学术月刊》1992年第11期。

就超出了洋务派的界限，步入维新派的行列。但他始终没有跨出这一步。[①] 王先明认为在晚清新旧学更替的历史进程中，张之洞扮演着重要的角色。人们通常认为张的立场是“先新后旧”，但深入剖析张氏由旧趋新的学术思想历程和他学术思想的内在联系，则不难发现他于“新学”的一贯原则始终未变，尽管由于时势的变化其侧重点有所不同。他在新学制的创设和推行过程中的作用是不容低估的。[②] 范文明以张之洞督鄂期间的教育政策为依据，从张氏鼓励绅士兴教助学、接受新知、留学东洋三方面着手，对张氏督鄂期间鼓励绅士办学兴鄂的政策进行了研究，揭示出他对绅士这一特殊阶层兴学办教的重视，同时也阐明了清末大员在清王朝大厦倾圮之前的补苴罅隙之举，认为张之洞“绅士兴教”之教育思想，特别是其派遣绅士留学东洋等措施，其声势之大、规模之盛可谓空前，在鄂楚一方乃至中国近代教育之发展过程中，功不可没。[③] 石文玉以《劝学篇》为中心，对张之洞的政治思想进行了探讨，认为张之洞的政治思想尽管是以君臣之纲为基石的德治主义，但并不影响他在事实层面上对民权事业的实质推动，对于德治主义的信守，并不妨碍他成为他那个时代最重要的有思想的政治改革家。[④] 衡爱民对张之洞“变法不变道”的变法观进行了探析，认为“中体西用”下“变法不变道”的法治构想，从近现代中国政治文化发展的方向来看，有其历史之必然性，是近代民主、法治下以“变法不变道”为取向的法治构想，在理论和实践上对其所处时代的政治变革以及中国法律向近代化迈进起到了推波助澜的作用，但这一法治构想中西杂糅，开拓与因循并存。[⑤] 张艳国对张之洞的中国文化自信论进行了探讨，认为张之洞面对中西文化冲突碰撞，对中国文化充满自信，试图寻找一条会通中西文化的有效途径，从而解决中国文化面临的危机与困境。

---

① 参见欧阳跃峰《张之洞洋务思想论析》，《安徽史学》1994 年第 4 期。

② 参见王先明《张之洞与晚清“新学”》，《社会科学研究》2000 年第 4 期。

③ 参见范文明《论张之洞“绅士兴教”之思想及其历史贡献——以张之洞督鄂期间的教育政策为考据》，《东南学术》2012 年第 2 期。

④ 参见石文玉《张之洞政治思想初探——以〈劝学篇〉为中心》，《史学集刊》2008 年第 2 期。

⑤ 参见衡爱民《张之洞“变法不变道”的变法观新探》，《法学评论》2012 年第 1 期。

我们在评价张之洞中国文化自信论时，不应对它进行简单的否定和肯定，而是要走进当时的历史情景中进行同情与理解式的解读。①

郭嵩焘。著作主要有王兴国的《郭嵩焘评传》（南京大学出版社 1998 年版），张静的《郭嵩焘思想文化研究》（南开大学出版社 2002 年版）等。关于郭嵩焘洋务思想，刘泱泱分析了其发展阶段、思想来源、本末观及其具体主张，并对他的"以政教为本""以商贾为本""以风俗人心为本"的三个"为本"的思想进行了分析，指出他既是洋务运动的积极鼓吹者，又是现实洋务运动的批评者。他批评洋务运动单纯学习军事的不足，提倡全面向西方学习；不满封建官府控制经济的官办和官督商办政策，主张商民自办企业；揭露科举制度的弊端，呼吁注重教育，讲求"实学"；还赞美西方国家的政治民主制度，批判封建君主政体。郭嵩焘是洋务运动中最为激进的思想家，并孕育了早期维新思想的萌芽，但总的来说并没有超出"中学为体、西学为用"的范围。② 丁平一指出，郭嵩焘的中西体用观已突破了洋务派的"中体西用"思想，同时也比早期资产阶级改良派高出一筹，并为后来维新派所继承。③ 庞世烨指出，郭嵩焘是中国近代史上从宏观上、总体上最早认识到西方文化比中国文化先进的人；他对文化结构的认识综合为"心—政教—器"，和我们今天关于文化结构分三层面的认识不谋而合；他对中西文化进行比较，认识到西方和中国政治制度的显著区别在于"法治"和"德治"。他是那个时代最敏锐、最有世界眼光的中国人。④ 邹红霞指出，郭嵩焘作为清朝最早亲历西方世界的高级知识分子，他是近代史上较早从华夏文化中心论、本末之序、专制主义、教育思想、人心风俗等方面对中国传统文化进行尖锐批判，并认为需要加以改造的人。其许多思想文化观念不但与当时正统的封建士大夫大相径庭，而且并非一般洋务派人士所能比肩，甚至成为后来维新思想的先导。⑤ 张良俊指出，郭嵩焘因思消除"洋患"而开始关注洋务。他通过

① 参见张艳国《简析张之洞中国文化自信论》，《江汉论坛》2010 年第 1 期。

② 参见刘泱泱《略论郭嵩焘的洋务思想》，《湘潭工学院学报》2000 年第 1 期。

③ 参见丁平一《郭嵩焘中西体用观简论》，《湖南社会科学》1991 年第 3 期。

④ 参见庞世烨《郭嵩焘中西文化观初探》，《天津师范大学学报》1993 年第 5 期。

⑤ 参见邹红霞《论郭嵩焘对传统文化的批判》，《湖南师范大学社会科学学报》2000 年第 2 期。

"读书观史"和对西方的考察，从对洋务的"茫无所知"变而"确有所得"，对西方国家有了较多的真切了解。洋务新知，帮助他克服了封建士大夫的虚骄习气，抛弃了"用夏变夷"的僵死教条。① 吴祖鲲指出，郭嵩焘步入仕途时，中国封建社会急剧解体，天朝帝国万世长存的迷信受到了致命的打击，野蛮的、闭关自守的、与文明世界隔绝的状态被打破了。传统观念因此开始动摇，知识群体也开始走向分化。郭嵩焘一生的实践使他对当时世界的认识，特别是对西方文明的认识，远远超过了同时代人，特别是在"西学东渐"——西方思想文化向中国传播中发挥了积极作用，为他身后蓬勃兴起的维新变法思潮开了先河。② 李育民分析了郭嵩焘的外交思想，指出郭嵩焘主张建立信任关系，以诚相孚，避免战争，维持相安无事的局面，是其和平外交思想的基本内容；另一基本内容是在承认现状的前提下，采取正当的、合理的外交手段，维护国家利益。郭嵩焘的和平外交思想，是其所处时代的反映，既含有积极因素，又有种种缺陷。③ 徐立望对郭嵩焘晚年思想进行了探讨，认为郭嵩焘作为程朱理学的坚定信仰者，他赞美西方，绝非是想把中国变成西方，而是着眼于中国的内部弊端。在他看来，西方的制度所包含的实质精神（如求实、便民等）与中国的圣人之教有相通之处。他通过对西方社会的赞美和当时中国现状的抨击，力图重建秦汉以来失落几千年的真正的儒家圣人之治。④ 邵华分析了郭嵩焘史学思想的渊源，阐述了作为其史学理论哲学基础的历史观，认为郭嵩焘以"礼"代"理"的历史主义态度，"人心风俗"观以及"复古即褚新"的古今观是其历史观的核心，他在史学方法上提出的重视地理沿革、图志合一、重视家谱族谱在历史研究中的作用和在史学研究中引进中西对比研究等方法，体现了传统史学向现代史学转型这样一个嬗变的历史过程。⑤ 罗检秋对曾国藩与郭嵩焘的礼学思想做了对比研究，认为曾国

---

① 参见张良俊《论郭嵩焘学习西方的思想》，《安徽史学》1994 年第 4 期。

② 吴祖鲲：《中西文化交流的先行者——"西学东渐"中的郭嵩焘》，《社会科学战线》1995 年第 2 期。

③ 参见李育民《郭嵩焘的和平外交思想简论》，《贵州社会科学》2000 年第 5 期。

④ 参见徐立望《郭嵩焘的晚年思想》，《学术研究》2003 年第 8 期。

⑤ 参见邵华《嬗变中的传承——论郭嵩焘的史学思想》，《史学史研究》2008 年第 2 期。

藩倡导以礼学沟通汉、宋，影响非一般学者所及；而郭嵩焘一度专注于《礼记》研究，更深入地汲取了汉学营养，礼学造诣较深，改良礼俗的议题也较为广泛。尽管如此，他们都深受晚清学术潮流的濡染，既传承宋学，又对宋学主题加以发展，不同程度地汲取汉学方法和思想，在咸同年间都明显地体现了因应时势、调和融会的学术特征，并提出了一些改良礼俗的主张。这是他们对晚清的社会变局表现得较为务实、灵活的思想基础，也是郭嵩焘晚年的中西文化观得以超越一般士大夫的一个原因。[①] 熊乡江则比较了郭嵩焘与严复的中西文化观，认为二者既有相似之处，又呈现出不同的特色。相比较而言，郭嵩焘侧重于以传统文化为基点，来融会、贯通西方文化；严复则侧重于以西方文化为参照系统，来挖掘传统文化的现代价值，重构新的文化系统。[②]

冯桂芬。著作主要有李少君的《魏源与冯桂芬》（湖北教育出版社 2000 年版）、周菊坤的《冯桂芬传》（哈尔滨出版社 2001 年版）、熊月之的《冯桂芬评传》（南京大学出版社 2004 年版）等。《校邠庐抗议》是研究重点。丁伟志认为，冯桂芬从“制洋器”起步，进一步提出了“采西学”的观点，意味着他的思想迈上了一个向西方先进文化学习的新阶段。与稍早于他的魏源、林则徐等人相比，他的思想认识大大突破了“师夷长技以制夷”的狭窄范围，在我们今天看来，无论是他对“西学”内涵的认识，还是在思想上的肯定程度，都可以说标志着中西近代文化交流史上产生了一个阶段性的进展。[③]《校邠庐抗议》一书对戊戌变法有着十分重要的影响，孔祥吉的《晚清知识分子的悲剧——从陈鼎和他的〈校邠庐抗议别论〉谈起》（《历史研究》1996 年第 6 期）是这方面研究的代表性成果。相关论文还有耿弘、袁峰的《〈资政新篇〉与〈校邠庐抗议〉比较》（《上海师范大学学报》1992 年第 3 期），贺素敏的《冯桂芬〈校邠庐抗议〉中的进步思想》（《历史教学》1995 年第 12 期）等。关于冯桂芬思想的属性，学术界或认为他是洋务派的思想家，或认为他是地主阶级

---

① 参见罗检秋《学术调融与思想改良——曾国藩、郭嵩焘的礼学思想述论》，《天津社会科学》2007 年第 3 期。

② 参见熊乡江《郭嵩焘与严复中西文化观之比较》，《求索》2006 年第 5 期。

③ 参见丁伟志《〈校邠庐抗议〉与中国文化近代化》，《历史研究》1993 年第 5 期。

改革思想家，或认为他是早期维新思想的先驱。但郑大华在他的《晚清思想史》中对此提出了不同的看法，认为冯桂芬是嘉道年间复兴的经世思潮的继承者和发展者，同时又是同光年间兴起的洋务思潮的开启者和影响者，如果套用人们对文艺复兴时期的意大利诗人但丁的评价（既是旧时代的最后一位诗人，又是新时代的第一位诗人），冯桂芬既是最后一位有影响的经世思想家，又是第一位有影响的洋务思想家，他的《校邠庐抗议》一书，是连接经世思潮与洋务思潮的桥梁。黄鸿山、王卫平探讨了冯桂芬的慈善理念及其活动，认为冯桂芬不仅积极改革近代社会，也致力于慈善救助，其论理和实践都有可圈可点之处，特别是太平天国运动前后，由于身受西学影响和社会形势的急剧变化，冯桂芬在从事传统慈善活动的同时，大胆提出对传统慈善事业的改革设想。正是以冯桂芬的慈善理念及其活动为标志，中国的传统慈善事业开始了近代转型的历史进程。① 李志茗对冯桂芬的行政改革思想进行了研究，指出冯桂芬是晚清较早指摘现行行政体制弊端并提出改革方案的思想家。冯桂芬的行政思想和主张切中时弊，颇具针对性和实用性，其中不少都在清末新政时期的行政改革中得到了落实。②

王韬。著作有忻平的《王韬评传》（华东师范大学出版社 1990 年版），张海林的《王韬评传》（南京大学出版社 1993 年版）、王立群的《中国早期口岸知识分子形成的文化特征：王韬研究》（北京大学出版社 2009 年版）等。朱健华认为王韬是中国早期资产阶级改良思想家，过去人们在论及其思想时，往往专注于他的“变法自强”主张，而对他强调的“治中以驭外”未予充分重视，“治中以驭外”正是他改良思想的主旨，是他孜孜以求的政治理想，“变法自强”只是“治中以驭外”这一宗旨一个方面的具体内容。在“治中”方面，他要求对中国的政治、经济进行全面的改良，包括改良国家政体，实行“君民并治”，发展资本主义经济；在“驭外”方面，包括对外开放、实现自强、平等外交、不对列

① 参见黄鸿山、王卫平《晚清思想家冯桂芬近代慈善理念的确立及其实践》，《江海学刊》2009 年第 1 期。

② 参见李志茗《在复古与学西之间——论冯桂芬的行政改革思想》，《福建论坛（人文社会科学版）》2010 年第 6 期。

强抱不切实际的幻想、选择得力的外交人才等。[①] 江沛认为，王韬既反对盲目排外又反对崇洋媚外的社会变革意识，初萌于鸦片战争后中国社会亟待变革的现实背景下，成长于上海这一特定的通商口岸城市，定型于他在香港和英国的游历中，代表了这一时期先进的中国士大夫阶层对于社会危机的应变能力和由封闭到开放的心路历程，上承魏源的“师夷”思想，下启戊戌变法的政治变革，是中国近代社会变革史上的里程碑。[②] 王一川认为，王韬既是中国现代知识分子中体验西方世界的先行者，更是中国最早的集中、全面而系统地觉察到现代性问题的思想家。他首创中文报纸和现代报刊政论文体，大力鼓吹变法思想，还在游记散文和文言小说文体方面作了富于原创意义的现代性转变尝试，并以此表达个人对中国的现代性境遇的独特体验和沉思。尤其是他有关中国的现代性“创局”境遇的独创性分析，富于远见卓识，在“全球化”的今天仍有着不容忽视的启迪价值。[③] 张海林在他的系列文章中指出，王韬是继冯桂芬之后，以更加激烈的语言、更加广泛的视角、更加有效的报纸手段，向国人传递危机意识的一位思想家。他提出通过深层次的政治变革，挽回民心，并表达了对西方议会民主的向往。在中国近代经济思想史上，王韬是一位里程碑式的人物。一方面，他传承了林则徐、魏源“师夷之长技以制夷”的主张，把开放改革的呼唤传遍中国知识界；另一方面，他站在更高的基点上，以更广阔的视角，触及许多林、魏等不曾触及的课题，开拓出中国近代资产阶级经济思想的崭新天地。在外交思想方面，王韬突破了传统夷夏观念、传统外交观念的樊篱，以其特有的世界意识和开放眼光，倡导“尚通”“崇简”“贵和”和“重势”的外交原则，从而开创了务实主义外交思想的先河，把传统形态的外交思维推进到近代形态。[④] 周德丰考察了王韬的改革开放思想，指出王韬是中国近代提出改革开放思想的一位先驱者，他在

---

① 参见朱健华《“治中以驭外”——王韬改良思想的主旨》，《贵州大学学报》1996年第1期。

② 参见江沛《王韬社会变革意识评析》，《社会科学辑刊》1998年第3期。

③ 参见王一川《王韬——中国最早的现代性问题思想家》，《南京大学学报》1999年第3期。

④ 参见张海林《论王韬的危机意识和政治改革思想》，《南京师大学报》1993年第1期；《论王韬经济思想的时代特征》，《苏州大学学报》1992年第2期；《论王韬“华夷观”的变化及其近代外交思想》，《江苏社会科学》1992年第1期。

19世纪七八十年代提出一系列改革开放的哲学理念，对中国社会产生了重要而长久的影响，并在中国近代哲学史上占有重要的一席之地。[①] 王增智对王韬的变法思想作了论述，认为作为一个深受中国传统文化熏陶的思想家，王韬的变法思想自然烙下了儒学的印记。他变法思想的原则是“变其所当变者，非变其不可变者”。这一原则既有中国特色，又充满西方政治色彩，体现出变法者思想上的矛盾。[②] 王玫黎探讨了王韬的国际法思想，指出王韬的国际法思想是复杂的、非系统的、矛盾的。他一方面希望通过外交途径解决相关纠纷，另一方面又怀疑国际法的有效性；在中国由朝贡体系进入条约体系后，他一方面希望通过条约界定各国之间的关系，另一方面又看到了条约背后的强力。王韬的思维已远远超离了“中体西用”的范式。当其他人热衷于讨论维护中国旧信仰的新方法时，王韬却暗示了中国信仰应作变革以图生存的政治主张。他冷静地比较了中西文明，脱离了文化上的优越感，进而滋生了政治上的民族主义和国家主权的国际法观念。而他对国际法的吊诡态度，显然也是局内人的一种无奈。[③]

薛福成。著作主要有丁凤麟的《薛福成评传》（南京大学出版社1998年版）、刘悦斌的《薛福成外交思想研究》（学苑出版社2011年版）等。沈嘉荣分三个方面论述了薛福成的社会改革思想：历史发展观与社会进化论，是其改革理论；学习西方，借鉴日本，全方位地、深层次地推进中国近代化，变落后的农业国为先进的工业国，变君主专制之国为君民共主之国，是其改革方案；振兴中华，富强祖国，是其改革目的。[④] 经济思想尤其是商本思想，是薛福成思想研究中的一个重点。林曦认为，薛福成是中国近代早期维新派思想家，他的“商握四民之纲”“工体商用”“机器殖财养民”等重商主义的经济学说，为中国的工业近代化提供了一些理论

① 参见周德丰《论王韬的改革开放思想》，《天津师范大学学报（社会科学版）》2002年第3期。

② 参见王增智《论王韬的变法思想》，《江淮论坛》2006年第4期。

③ 参见王玫黎《儒家民族主义者——王韬的国际法思想》，《现代法学》2002年第24卷第2期。

④ 参见沈嘉荣《近代改革家薛福成》，《江南论坛》1995年第1期。

依据，在客观上促进了中国近代资本主义的发展。[①] 王晓冰考察了薛福成的西学思想，指出薛福成通过自己对西方的多方位体验、观察与思考，表达了对中西文化的独特认知，并提出了中西文化融合的主张。他试图为西方文化在中国文化中寻找根源，变外来为内在，以便更好地吸收西方文化。薛福成对待西方文化所采取的这种理性主义态度，开启了其后维新变法一代人的思想先河。[②] 肖志伟探讨了薛福成的护侨思想，认为薛福成继承了前人的护侨主张，又形成了自己以民族主义思想为指导的护侨思想。薛福成的护侨思想是其维新思想的重要组成部分，是其“商战”思想的自然延伸，也是 19 世纪下半叶中国时代潮流发展的必然反映，具有重大的进步意义。[③] 王开玺对薛福成的人口思想进行了探析，指出薛福成的人口思想虽仍不免带有中国传统人口思想的痕迹，但因其曾出使国外，使之有可能将中国人口问题放在世界人口的大环境中加以分析，基本上突破了封建士大夫的思想窠臼，具有了“横览地球”“盱衡全局”的世界性眼光，提出了“导民生财”“海外移民”等“补偏救弊之术”，呈现出与前人迥异的时代色彩。与“君民共主”的政治改革思想，“以工商立国”的经济改革思想，共同构成了中国迈向近代化的全景蓝图。同时，薛福成的这一人口思想，也初步具有了近代人口学的基质，因此他在中国近代政治思想史和近代人口学中，皆应占有一席之地。[④] 邬秋龙对薛福成的设领思想作了论述，指出在中国向海外添设领事的问题上薛福成是有独到见树的。薛福成抱定“收利权于西国，念流窝于南洋”的宗旨，把添设中国领事当成保护海外华侨利益、提高中国国际地位、收回利权的重要措施。他针对当时华侨分布状况和实际处境，借鉴前人经验，提出自己一系列的有关设置领事的主张，形成了一整套的设领思想体系，使之和张之洞一起

---

① 参见林曦《论薛福成的经济思想》，《湘潭大学学报》2000 年第 2 期。

② 参见王晓冰《从〈出使英法意比四国日记〉看薛福成的西学思想》，《清华大学学报》2010 年增 2 期（第 25 卷）。

③ 参见肖志伟《薛福成护侨思想对晚清侨务政策的影响》，《求索》2005 年第 6 期。

④ 参见王开玺《略论薛福成的人口思想》，《福建论坛》2004 年第 4 期。

成了中国近代第二期设领护侨热潮的“带队人”。[①] 周德丰、张娇认为，薛福成作为中国近代改良思想家，在眷守中国传统文化的同时，认真察取西方先进文化，并力求对中西文化进行初步的整合。在政治上，他赞赏西方“君民共主”的体制，主张变法革新；在经济上，他引进西方一系列与发展资本主义工商业相适应的进步理念；在教育上，他参酌传统经世致用思想，强调新的时代需大力培育“适变求存”、深谙汽光电化的专门人才。他的文化视野与改革思想在康梁变法之前是最开阔、最领先的，有着不容忽视的地位和影响。[②]

郑观应。著作主要有夏东元的《郑观应》（广东人民出版社 1996 年版）、易惠莉的《郑观应评传》（南京大学出版社 1997 年版）、刘圣宜的《近代强国之路的探索者：郑观应》（广东人民出版社 2006 年版）等。夏东元是研究郑观应的专家。他指出，郑观应所处时代的中国近代化，就是引进和学习西方先进科学技术来发展本国的资本主义工商业，并相应地进行政治、军事、文化教育等一系列改革，其中尤其是变封建专制为民主制即君主立宪议会制的改革。郑观应的思想不仅与此潮流相吻合，且有不少超前设想，具体体现在集抵御外侮、振工商、改良政治于一体的思想体系；突出“商战”的重要地位，主张“大开门户”，兴办“万国公共商场”。[③] 苗宏慧、么巧亭对郑观应的实业救国思想进行了梳理，指出郑观应所著《盛世危言》，在早期改良派“商为国本”的基础上，提出并论述了“商战固本”的“商战”理论，把“商为国本”思想提高到了一个新的阶段。1893 年，郑观应又在“振兴商务”的基础上，进一步提出“振兴实业”的主张，并在《盛世危言后编》中进行了系统而全面的论述，从而形成了实业救国思想的理论体系，且在社会舆论界和工商界产生了极具震撼力的影响。[④] 刘仁坤认为，郑观应破除传统观念，提出了“国以商为本”的思想主张，进而提出了建立上至“商部大臣”，下到各级“董

① 参见邬秋龙《略论薛福成的设领思想——兼与张之洞相比较》，《学术月刊》2000 年第 11 期。

② 参见周德丰、张娇《薛福成的文化视野与改革思想》《南开学报》2013 年第 2 期。

③ 参见夏东元《郑观应与中国近代化及其超前意识》，《社会科学》1992 年第 11 期。

④ 参见苗宏慧、么巧亭《评郑观应的实业救国思想》，《社会科学战线》2013 年第 7 期。

事”的完全独立于政治体系之外的自成体系的商务管理体制，并就改进股份制、市场竞争、市场营销提出具体的新设想，为中国近代经济思想史增添新的内容。[①] 杨华山分析了郑观应经济思想的政治功利、借鉴创新、思想超前、中西圆融的时代特点和个性特征。[②] 黄先峰等研究了郑观应的政治思想，认为郑观应是中国资产阶级早期维新思想家，其维新改革思想体系涵盖政治、经济、文化等各个领域，特别是他第一个明确提出在中国仿行西方资本主义议会政治的主张，为中国近代政治思想注入了一股新的活力。郑观应的议院思想，从哲学层面分析是基于社会规律上的进化论思想，社会发展动力上的“民贵君轻”思想，社会发展速度上的进化论思想。郑观应从三个方面对议院地位进行了界定：从“体”与“用”的角度，议院是西方社会的“体”，也是西方国家富强之本；从渊源的角度，议院乃中国固有的“三代以上之遗风”；从与其他国家机构关系的角度，议院是体现民意的立法机关。在近代史上，明确提出在中国实行议院政治，郑观应是第一人。[③] 方志钦认为，郑观应以《道器》作为其代表作《盛世危言》一书的首篇，实为点缀门面以防御顽固分子攻击之作；《道器》篇虽然反映了郑观应世界观中保守的一面，但与其诸种改革主张并无直接联系，不管郑观应认为书中提供变的是“道”还是“器”，总之是希望把中国变成资本主义的君主立宪国家，这才是变的实质。[④] 龙天贵对郑观应的法律思想作了探讨，认为郑观应的法律思想主张主要有提倡民权、设立议院、实行君主立宪、恤刑狱、改革法律从业者制度、审判公开公正、对犯人实行人道主义管理等。作为一个集封建官僚、改良主义者、实业家于一身的历史人物，郑观应的法律思想尽管具有不可避免的局限性，然而对于转型时期的中国法律思想观念近代化的启蒙与推动作用却不

---

① 参见刘仁坤《略论郑观应的市场经济意识》，《北方论丛》1996年第3期。

② 参见杨华山《论中国近代早期经济思想的时代特点——郑观应个案研究》，《华中师范大学学报》1999年第4期；《郑观应近代经济思想的时代特点探论》，《社会科学辑刊》2000年第4期。

③ 参见黄先峰、涂爱品、五邦佐、马洪林《郑观应议院观的哲学基础和思想地位》，《上海师范大学学报》1995年第2期。

④ 参见方志钦《郑观应〈道器〉平议》，《史林》1992年第4期。

容忽视。[①] 刘圣宜指出，郑观应是中国近代著名的改革思想家，他以世界的眼光审视中西文化，把两种文化置于平等地位。他对中西两种文化的态度，总的倾向是中西融合而不是中西冲突和对抗。他认为西方文化“由外而归中”，与中国文化相融合可生成一种“本末具、虚实备、理与数合、物与理融”的新文化。郑观应的“仿泰西，复三代之法”，重点在于引进西方文化，因为西法是具体而翔实可行的，三代之法是遥远而含糊的。可以说，郑观应对西方文化持全方位多层次的开放吸取的积极态度，是近代中国最重要的西学东渐的先驱人物之一。[②] 汪菁华对郑观应的外交思想作了论述，认为郑观应的外交思想是中国近代这一特殊历史阶段的产物，也是中西两种异质文明碰撞、交汇的结果。尽管他的外交思想仍不可避免地存在着不足和矛盾，但它为推动中国近代化尤其是外交近代化准备了深厚的精神资源，鲜明体现了中国新兴资产阶级强烈的民族与民主意识，反映了中华民族顽强坚韧的开拓精神，从而成为中国近代思潮中一簇骄傲的浪花。[③]

倭仁。著作主要有李细珠的《晚清保守思想的原型：倭仁研究》（社会科学文献出版社2000年版）。倭仁是晚清理学名臣。李细珠探讨了倭仁理学思想的渊源与流变，以及其在道咸同时期理学复兴过程中的地位，认为倭仁早年崇尚王学，后来受到唐鉴的影响而改宗程朱。倭仁对于程朱理学的贡献主要表现为身体力行、躬行践履，然亦按照程朱理学的观点阐述了一些重要的理学范畴与命题，如在理气论方面强调理先气后，在知行观方面强调知先行后。倭仁笃守程朱，辟斥王学，以翰林院掌院的身份推动了程朱理学在道咸同时期的复兴。然倭仁以维护程朱理学正统为己任，门户之见较深，在近代中西文化交流之中，终于沦为保守派的代言人。[④] 史革新指出，倭仁理学思想的基本内容包括四个方面：尊崇程朱学说，墨守

---

① 参见龙天贵《郑观应法律思想述评》，《贵州社会科学》2005年第2期。

② 参见刘圣宜《郑观应与中西文化》，《华南师范大学学报（社会科学版）》2002年第4期。

③ 参见汪菁华《郑观应外交思想述论》，《安徽史学》2001年第3期。

④ 参见李细珠《倭仁与道咸同时期的理学》，载郑大华、邹小站编《思想家与近代中国思想》，社会科学文献出版社2005年版。

义理成规；以诚、敬为核心的理学道德论；完备而系统的道德修养功夫；强调力行的道德实践论。与唐鉴、曾国藩等同时期的理学家相比，倭仁理学思想的特点在于潜心于程朱道德论的探究，着重阐发诚、敬、慎独、居敬穷理等思辨性的理论范畴。① 宫明研究了倭仁和曾国藩在学术、政治上的关系，认为两人在政治上发生分歧的重要原因与两人治学态度的不同有关：曾国藩侧重研究社会实际问题，而倭仁则坐谈性理。② 赵之恒细致分析了倭仁在咸同政局中所扮演的不同角色，认为倭仁在咸丰朝是希图凭借咸丰皇帝来实现他的思想主张，进入同治朝则试图利用自己显赫的地位来大力倡导理学，推行以理学治理天下的施政主张。③

其他思想人物。关于马建忠，俞政将其经济思想与严复作了比较，指出：马建忠深受西方重商主义影响，而严复接受了亚当·斯密的经济自由主义。在外贸方面，马主张“多出口少进口”，而严认为顺逆差问题无关紧要。在海关税方面，马主张“重征进口货而轻征出口货”，而严在赞成“轻出”的同时却反对“重进”。关于借洋债发展民族工商业，马、严思想比较接近。在如何发展本国工商业问题上，严复提倡民办同自由竞争观念结合在一起，而马建忠在提倡民办时却对自由竞争有所恐惧。总之，马是为了保护本国资本家的利益，而严则企图寻找经济发展的一般规律。④ 石蕾指出，马建忠明确提出了既要反对外国资本主义经济侵略，又要对外开放，学习西方富强之本，以发展本国资本主义经济的理论。他为当时发展中国社会经济设计了五项方案：改革经济体制，保护商会，设立公司；大力发展对外贸易；实行保护关税政策；举借外债，利用外资；重视实业开发。⑤

关于何启、胡礼垣，侯杰等指出，《新政真诠》是近代思想家何启、胡礼垣合著的政论集，包含很多西方资本主义先进思想和政治观念，反映了中国民族资产阶级的利益和要求，可以称得上是近代社会改革与进步的

---

① 参见史革新《倭仁与晚清理学》，《中州学刊》1997年第4期。

② 参见宫明《倭仁与曾国藩》，《近代史研究》1990年第2期。

③ 参见赵之恒《理学家倭仁与咸同政局》，《清史研究》1999年第1期。

④ 参见俞政《论马建忠的经济思想》，《苏州大学学报》1996年第3期。

⑤ 参见石蕾《论马建忠的经济思想》，《江苏大学学报》2002年第4期。

先声。在书中，何、胡二人批判专制统治，倡行议会制度，呼吁废科举纳捐以选拔人才，提出了很多政治改革辅助措施。这些政治思想是何、胡二人对中国政治近代化进行的有益探索，对中国政治近代化产生了深远的影响。① 庞志伟指出，学习西方议会制度曾被晚近的中国有识之士锁定为一条救国强国的明路。由于受到东西方文化的深刻浸润，港人何启、胡礼垣发展了传统士大夫的议会设想。他们最早将公平、民权和君民共主的观念与议会制度相连，并且提出了具体的践行形式，引领了时代的先潮，这一思想的提出使得中国的议会之路走得更有声势。② 张礼恒指出，何启、胡礼垣是近代中国著名的改良主义思想家，他们提出了一个特色鲜明、系统完备的社会改革方案，而民权思想在其整个思想体系中占有最重要的地位，是其政治改良思想的核心。中国传统民本思想是何启、胡礼垣民权思想的重要来源之一，而西方的天赋人权思想则是何、胡二氏民权思想来源的主渠道。康有为曾自视为近代中国首倡民权思想的第一人，事实上，何启、胡礼垣才是中国民权思想的首倡者。③

三　维新变法时期的思想人物

康有为。著作主要有林克光的《革新派巨人康有为》（中国人民大学出版社 1990 年版），臧世俊的《康有为大同思想研究》（广东高等教育出版社 1997 年版），李剑萍的《康有为教育思想研究》（辽宁教育出版社 1997 年版），马洪林的《康有为评传》（南京大学出版社 1998 年版），王晓秋主编的《戊戌维新与近代中国的改革》（社会科学文献出版社 2000 年版），宋德华的《近代思想启蒙先锋——康有为》（广东人民出版社 2005 年版），方志钦、王杰的《康有为与近代文化》（河南大学出版社 2006 年版），等等。研究康有为，首先要涉及的便是他的变法思想。宝成关指出，康有为作为戊戌维新的领袖和近代启蒙大师，其思想体系一直被

---

① 参见侯杰、胡伟《论何启、胡礼垣的政治思想——以〈新政真诠〉为核心的探讨》，《青岛大学师范学院学报》2005 年第 2 期。

② 参见庞志伟《简论近代港人何启、胡礼垣的议会观》，《三门峡职业技术学院学报》2010 年第 2 期。

③ 参见张礼恒《何启、胡礼垣民权思想探源》，《理论学刊》2013 年第 9 期。

视为“不中不西、亦中亦西”的混合体。应当承认，梁启超此语确实较为准确地概括了康有为思想体系的特点。康有为维新思想体系的理论基础是充满进化论思想的自然观、历史观和充满人性平等思想的自然人性论，前者主要为反对泥古守旧，主张变法维新提供理论根据，后者则为变法维新为什么一定要建立君主立宪制提供理论依据。[①] 严安林指出，康有为的变法立足点是地主阶级，他不是资产阶级的真正代表，而是地主阶级开明士大夫的代表人物，所倡导的变法旨在改善与加强清朝统治，发展资本主义经济是其拯救“大清”之危难的一种手段，改良君主制度是形势逼迫下不得不作的让步。[②] 贾小叶系统梳理了康有为《新学伪经考》与《孔子改制考》在戊戌时期所引发的不同反响，指出以往论及“两考”，往往混一而论，没有作必要的区分。事实上，“两考”内容侧重不同，所引发的反响也不尽相同。前者没有涉及太多“孔子改制”等微言大义，故时人的评论基本上是从学术研究的角度提出的；而后者因其鲜明的“改制”主旨，时人的评论也由学术转向政治。[③]

关于康有为变法思想的来源。马洪林指出，贯通康有为一生的思想是人道主义和民主主义，而不是改良主义和皇权主义。在哲学上以西方进化论，而不是以今文经学作为变法维新的理论基础；在方法上继承龚、魏以经学议政的遗风，强调“实测”，反对“虚测”；在文风上由古渡今，交融中西，开创影响一代人的新学派新文风。[④] 吴义雄认为，作为传统文化重要内容的理学深刻地影响了康有为的思想发展。康有为秉承岭南理学的传统，对理学及其演变过程做过系统的探究。理学对康有为思想的意义，主要通过康氏的早期著作，他在万木草堂的教育活动以及他对“四书”的注解表现出来。他的“四书”注表明了将维新思想和大同学说与传统理学相融合的努力。在与理学学派的关系方面，康有为对程朱和陆王均有

---

① 参见宝成关《论“西学”在康有为思想体系中的地位与作用——维新派理论本源探析》,《长白学刊》1994年第5期。

② 参见严安林《康有为维新思想动因新探》,《学术月刊》1991年第2期。

③ 参见贾小叶《戊戌时期的学术与政治——以康有为“两考”引发的不同反响为中心》,《近代史研究》2010年第6期。

④ 参见马洪林《康有为思想本体论》,《益阳师专学报》1999年第1期。

所褒贬，但较为亲近程朱。[①] 蔡乐苏认为，《康子内外篇》和《实理公法全书》是康有为早期思想的两部代表作，这两部代表作就像两株饱满的胚芽，隐孕着后来康有为庞大思想体系的核心信息。康有为思想的基本框架是由“义理”与“制度”两大部分组成的。“人道”观念是“义理”与“制度”交叉点上的轴心。[②] 陶清指出，康有为的思想发展具有一个始终一贯的思维路径，这就是坚持经世致用的经学方向。因此，康有为的经学思想及其意义，应该是把握康有为思想的唯一现实的理论尺度；同时，经世致用的思维指向，又始终贯彻了由中外矛盾诱发的关于传统和现代化关系问题的理论思考和实践旨归，又是主导其经学方向的一贯精神。[③] 黄开国、唐赤蓉通过对《教学通义》内容的分析，发现不只是康有为的“两考”受过廖平的影响，《教学通义》中《春秋》以后的部分也较多地杂糅了康有为后来的经学思想，其内容多出于廖平经学前二变，也有受廖平经学第三变影响的痕迹。据此，作者对前人的相关研究提出了商榷。[④] 但房德邻则认为，长期流传的康“两考”（《新学伪经考》《孔子改制考》）抄袭廖“两篇”（《辟刘篇》《知圣篇》）之说乃是不实之词。康有为于光绪十二年（1886）前后写的《民功篇》和《教学通义》受到今文经学家龚自珍的影响，表现出某些今文经学观点。光绪十四年（1888）、十五年（1889）康在京师进一步转向今文经学，这是受到了喜好今文经的当朝权臣翁同龢、潘祖荫等的影响，也受到了廖平所著“平分今古”的《今古学考》的影响。光绪十五年、十六年（1890）之交康在广州会见已经转向今文经学的廖平，受廖平谈话的影响，他完全转向今文经学。随后，康在弟子们协助下写出“两考”。广州会见时廖平并没有给康看过他的“两篇”，所以抄袭之说不成立，这一百年来的学术公案应该有所了

---

① 参见吴义雄《康有为与理学初探》，《中山大学学报》1996 年第 4 期。

② 参见蔡乐苏《康有为早期思想中的人道观念片议》，《清华大学学报》1997 年第 1 期。

③ 参见陶清《康有为经学思想的意义阐释》，《中国文化研究》1995 年第 3 期。

④ 参见黄开国、唐赤蓉《〈教学通义〉中所杂糅的康有为后来的经学思想》，《近代史研究》2010 年第 1 期。

断。[1] 汤志钧指出，社会进化思想是戊戌维新中康有为变法理论的重要组成部分，体现康有为这一思想的"大同三世"说形成于西方达尔文主义思想输入中国之前，确切地说是在严复翻译的《天演论》正式出版之前。因此，康有为的社会进化思想不是导源于西方进化论，而是来自儒家今文经学。[2] 马永康对康有为的"三世"说做了新的探析，提出"三世"说在康有为的思想中有一个发展过程：其确立大致经历了戊戌前的侧重"三统"再到"三统""三世"并重，戊戌后再进一步强化对"三世"的强调；内容亦从戊戌前简单机械的"三世"说发展为戊戌后的包括"三统"在内的"三世三重"说。强调重心从"三统"向"三世"的转移，是因为戊戌前要打破"天不变道亦不变"的观念要变；而从简单的"三世"发展到"三世三重"，不仅与增强"三世"说理论的解释力相关，而且与其反对革命派的政治主张相关。[3] 宋德华认为，"大同三世"由古老的名词术语发展成为康有为社会历史发展观概称的过程，实质是对今文经学不断改造、使其旧有的概念形式被赋予日渐增多的新思想内容的过程。戊戌政变后康有为重新解释"三世"内涵，明确添入原所未有的君主立宪主张，仍有其积极意义，不宜说成思想"蜕变"。[4]

关于《大同书》研究。有的学者重视其海外游历及接受傅立叶思想的影响，认为《大同书》是中国空想社会主义诞生的标志[5]，有的学者注意考察传统文化、孔子大同思想对其的影响[6]，强调《大同书》的东方文

① 参见房德邻《论康有为从经古文学向经今文学的转变——兼答黄开国、唐赤蓉先生》，《近代史研究》2012年第2期。

② 参见汤志钧《再论康有为与今文经学》，《历史研究》2000年第6期。

③ 参见马永康《从"三统"、"三世"到"三世三重"——论康有为的思想》，《华东师范大学学报》2010年第3期。

④ 参见宋德华《康有为"大同三世"说新探》，《华南师范大学学报》2003年第4期。

⑤ 参见陈秀湄《康有为的国外游历与〈大同书〉》，《史学月刊》1996年第1期；何金彝《傅立叶〈新世界〉与康有为〈大同书〉之比较》，《上海师范大学学报》1996年第1期；郑祖铤《〈大同书〉——中国空想社会主义诞生的标志》，《求索》1994年第5期。

⑥ 参见党明德《孔子的大同思想及其对中国社会的影响》，《东岳论丛》1996年第2期；汪建华《〈大同书〉对儒家传统政治思想的扬弃》，《船山学刊》2001年第2期。

化色彩[①]，还将其与洪秀全、孙中山的思想进行比较[②]。何一民针对学界对康有为大同学说的否定，认为康有为在批判封建主义与资本主义的基础上，构建自己的理想社会模式，将大同学说作为自己的奋斗目标，与西方空想社会主义者有本质区别，具有一定的合理性和进步意义。陈鹏鸣强调指出，康有为的大同理想是中国传统文化的一朵奇葩，是对中国古代大同理想的继承与创新，对于中国近代社会主义思潮的发展，对于中国共产党迅速夺取全国政权，建设社会主义和共产主义，都有着极其重要的基础作用。[③] 高瑞泉则比较了康有为的《大同书》和谭嗣同的《仁学》对平等主义的阐释，认为《大同书》是中国第一个全面阐释平等主义的纲领，它和努力衍绎其平等主义思想的《仁学》一道，共同构成了现代平等主义的早期经典。正是从康有为开始，平等观念的古今之变呈现出历史性的飞跃，建立在“人的相同性”基础上的“平等”观念，从单纯的形而上学或境界论转变为基本的价值和实践的原则。康有为不仅将儒、释、道和基督教关于平等的玄谈引向现实的规范，而且将农民“均贫富”的诉求转变为具有社会主义色彩的经济平等，在“大同”社会的价值排序中，全面平等不但具有普遍主义的特征，而且明显优先于自由，由此凸显其平等主义的重要性及其价值。[④]

关于康有为的其他思想。单世联认为，康有为的“物质救国论”虽然在反对民主革命和文化革命方面显得“保守”，却准确地把握了近代以来中国一再失败的直接原因，实际上提出了经济、政治与文化之间的关系及中国现代化的道路问题，为我们今天深入理解“硬力量”与“软力量”的关系问题提供了有益的借鉴。[⑤] 苟小泉对康有为的国民意识作了探讨，认为康有为是中国最早对国民意识进行深入思考和探索的思想家之一，其

---

① 参见任军《康有为大同思想的东方文化色彩》，《历史研究》1993 年第 6 期。

② 参见臧世俊《论洪秀全、康有为、孙中山的理想社会的异同》，《学术研究》1997 年第 1 期；李社军《太平天国、康有为和孙中山大同思想之比较》，《社会科学论坛》1998 年第 3 期。

③ 参见陈鹏鸣《试伦康有为的大同理想》，《安徽史学》2000 年第 4 期。

④ 参见高瑞泉《平等主义的纲领及其衍绎：〈大同书〉〈仁学〉的一种解读》，《社会科学》2011 年第 11 期。

⑤ 参见单世联《“文明”与“武明”之辩证——康有为“物质救国论”的意义》，《学术研究》2011 年第 10 期。

关于国民意识的哲学思考，既具有中国传统文化的内涵，又吸纳了外国优秀文化的成分，具有独到的见解和深刻的内涵；从实现国民意识的实践看，由于康有为主张全体国民共奉孔教，这使他似乎显示出保守的一面，但其主张中其实暗含着国民意识问题最终体现为宗教或信仰问题，而这一重要的问题恰恰是中国在塑造现代性的国民意识中所极其欠缺的。[①] 郭良婧比较了孙中山与康有为的伦理思想，指出康有为和孙中山都借鉴了西方自由、平等、博爱的道德原则，力图改造中国传统伦理原则，但他们对自由、平等、博爱的具体阐释有所不同。康有为和孙中山在批判中国封建伦理的同时，都不约而同地在努力建构理想的伦理世界，而且都把自己心目中理想的伦理世界指向了大同之世的设计。他们的大同之世在原则上有许多共同之处，在进程上则存在明显差异：康有为把重点放在了构想理想大同社会的美好蓝图上，孙中山则着力寻求实现大同之治的实践路径。康有为和孙中山的伦理思想都具有中西结合的鲜明的时代特色，都表现出较强的双重文化性和文化混杂性。[②] 吴康对康有为的“智学之复兴”作了探讨，提出在传统儒家文化的仁、义、礼、智、信五大范畴中，康有为把“智”提到前所未有的地位，提出“智学复兴”的现代文化变革思想；他着眼于人，进一步将“智”推衍为人的生存境界——“识见”，人只有改变自己的文化识见，才能成为现代“新民”。由此，康有为开启了以国民思想改造为根基的现代文化变革的历史潮流。[③] 朱洪军探讨了康有为复兴儒学的思想，认为康有为试图通过对儒学内部仁、礼二元结构和外部政教合一的社会结构的解构，并融合中西在儒学中注入西方现代精神，创建孔教，使儒学摆脱专制主义的纠缠，使之深入国人的日常生活和灵魂，以实现儒学的真正复兴。康有为对儒学内部仁礼二元结构的解构反映出近代儒学中人面对新形势对传统取其精华舍其糟粕的主观努力；对儒学外部政教合一的社会结构的解构表现出他们要求冲破传统樊篱追求国家近代化的勇气；融合中西，创立孔教，表现了他们作为传统国家的中流砥柱积极吸纳

---

① 参见苟小泉《康有为对国民意识的哲学思考》，《人文杂志》2011 年第 6 期。

② 参见郭良婧《康有为孙中山伦理思想比较研究》，《江海学刊》2010 年第 5 期。

③ 参见吴康《论康有为“智学之复兴”》，《湖南师范大学学报》2004 年第 33 卷第 3 期。

西方先进文化复兴民族文化的开阔的视野和深邃的思想。[①] 马洪林分析了康有为的文化观，认为康有为的文化观代表着近代中国社会转型时期的一种过渡文化形态，它开启了近代中国新文化运动的先河。康氏是中国传统文化的继承者，更是吸纳外国优秀文化的先行者，他在向西方寻找文化真理时并未丧失对中国传统文化的认同。[②]

关于康有为的历史地位。李翔海注意到了康有为思想的矛盾性，指出康有为既是维新变法、学习西方的先驱，又是反对革命、拥君复辟的主将，晚年的康有为，早已被时人视为保守落伍，但他秘而不宣的《大同书》却表达了一个富于批判性的激进的社会理想。康有为熔保守主义倾向、自由主义倾向、激进主义倾向于一炉，但既不具备自由主义成熟形态的基本特征，也不具备保守主义成熟形态的基本特征，更不可能是成熟形态的“激进主义”。[③] 在吕明灼看来，康有为在中国现代化过程中起了重要作用，具体表现在：一是促进了政治制度的现代化；二是提出了“大同”空想社会主义，一种超前的社会理想；三是对传统儒学进行改造，“托孔改制”，成为现代新儒学的鼻祖。[④] 房德邻认为，康有为作为戊戌变法核心人物和维新运动领袖的历史地位不容怀疑，因为他对主持戊戌变法的光绪皇帝有决定性影响。正是在他的影响下，变法有了比较明确的发展方向，即以日本明治维新为法，并使变法围绕开制度局这一改变专制政体的政治改革开展下去，从而使从洋务运动开始的改革运动进入政治层面，并具有了比较鲜明的资产阶级色彩。[⑤] 但江中孝在《关于康有为和戊戌维新的指导思想问题》一文中指出，以往有关戊戌维新历史的著述总把康有为视为戊戌维新运动的领袖，康氏的《新学伪经考》《孔子改制考》也理所当然地成为戊戌维新的指导思想和理论基础，这不符合历史事实。百日维新时期光绪皇帝为推行新政所颁发给京城内外臣工的上谕，除各项改

---

① 参见朱洪军《解构与重建——试析康有为复兴儒学的思想》，《安徽史学》2004 年第 2 期。

② 参见马洪林《康有为文化观蠡测》，《学术研究》2003 年第 10 期。

③ 参见李翔海《康有为思想的内在矛盾及其文化指向》，《学术研究》1993 年第 3 期。

④ 参见吕明灼《康有为对中国现代化的贡献》，《东方论坛》1996 年第 4 期。

⑤ 参见房德邻《论维新运动领袖康有为》，《清史研究》2002 年第 1 期。

革措施外，就书籍而论仅有冯桂芬的《校邠庐抗议》和张之洞的《劝学篇》影响最大，光绪帝所强调的戊戌变法的指导思想也与这两本书的主张基本契合。康有为在资历、品性、学术上都难以令人信服，其思想学说在规模空前的维新实践中也难以起到理论指导作用。①

梁启超。著作主要有刘振岚等的《梁启超政治法律思想研究》（学苑出版社 1990 年版），李喜所、元青的《梁启超传》（人民出版社 1993 年），蒋广学的《梁启超和中国古代学术的终结》（江苏教育出版 1998 年版），罗检秋的《新会梁氏：梁启超家族的文化史》（中国人民大学出版社 1999 年版），潘强恩等的《被历史“遗忘的角落”：梁启超的新民学说与经济思想》（新华出版社 1999 年版）和郑匡民的《梁启超启蒙思想的东学背景》（上海书店出版社 2003 年版）等。研究梁启超，就不能不研究他的政治思想。学术界主要围绕以下三个问题进行：一是对其戊戌变法前后“兴民权”思想的探讨。刘振岚认为，梁启超用民权思想否定封建专制制度，抨击君权至尊，主张“以群术治群”实现“人人有自主之权”。这些为中国社会播下了民主思想的种子，从而在真正意义上开始了中国近代化的过程。② 管彦波则认为，梁启超的民权思想是充满矛盾的：一方面担心不兴民权便无以服众，另一方面为了防止革命又把兴民权巧妙地转化为兴民智，其目的是防止和限制人民革命。③ 王艳勤认为在梁启超的民权思想中，国权与民权犹如一个椭圆的两个焦点，是不可偏废的，极端的国权主义与极端的民权主义都是不可取的，而个人自由与国家独立、民主、富强在近代中国是互为表里的，是一个问题的两个方面。因此，梁启超为了回应时代的要求而汲汲于在国权与民权之间求得平衡。④ 二是梁启超政治思想的“善变”轨迹及评价。关于 20 世纪初年的转变，郭驰认为，梁启超流亡日本期间倡导革命言论，并不是为了骗取孙中山等革命派

① 参见江中孝《关于康有为和戊戌维新的指导思想问题》，《社会科学战线》2009 年第 6 期。

② 参见刘振岚《论戊戌时期梁启超的民权民智思想》，《北京师范学院学报》1990 年第 3 期。

③ 参见管彦波《梁启超民权思想》，《晋阳学刊》1992 年第 4 期。

④ 参见王艳勤《国权与民权调和：梁启超的自由主义民权观》，《求索》2011 年第 10 期。

的信任，而是自身认识深刻变化的结果，是完全真实和可靠的。梁启超一生的思想从未脱离过“救亡图存”这一时代主题，爱国之心、立宪之志和新民思想是他一生思想发展中不变的三个因素。① 侯宜杰认为，以梁启超为代表的立宪派和以孙中山为代表的革命派之间的分歧，是同一个阶级之间的事情，立宪派与革命派都是为了救亡图存，推翻封建制度，建立资本主义制度，目的相同，从事的都是资产阶级民主运动。他们的分歧不在宗旨目的，而在策略手段。② 1903 年梁启超北美之行后，不再倡导“破坏主义”而极力主张实行“开明专制”。董方奎、吴春梅等认为，导致梁启超这一转变的主要根源是外在的因素，包括康有为、黄遵宪等师友劝诫他“革命共和”的严重危害性；在美国考察了共和政体的优劣，认识到美式共和政体不适合中国国情；思想上深受德国政治学家伯伦知理的“因于习惯而得共和政体者常安，因于革命而得共和政体者常危”理论和西方民族主义思潮尤其是日本高昂的民族主义情绪的影响。③ 彭南生认为，梁启超主张的“开明专制”主要是以“客体”（即国家和人民）的利益为准则，它虽然采取了封建专制的外壳，但注入了一定的资产阶级民主内涵，是对封建大一统主义的一种否定，它弥补了革命派的民主共和理想之不足，在中国近代民主思想史上有着不可替代的意义和价值。④ 高力克研究了梁启超的“新民说”与民族主义之间的关系，认为梁启超新民说之要旨，在于民族认同的建构与公民精神的启蒙，其所倡言的公德、国家意识、权利、义务、自由、自治、合群、政治能力等，皆为中华文明所匮缺的公民身份之必备元素。对于梁来说，公民身份是民族认同的关键要素，更是建构中国民族主义的中心目标。在梁的公民民族主义中，自由主义、民族主义与社会进化论熔于一炉，其徘徊于卢梭民主主义与伯伦知理国家

① 参见郭驰《也论梁启超的“流质易变”》，《学术月刊》1992 年第 7 期。

② 参见侯宜杰《应为康梁和立宪派正名》，《近代史研究》1994 年第 2 期。

③ 参见董方奎《梁启超为什么放弃美式共和方案》，《华中师范大学学报》1991 年第 3 期；吴春梅、方之光《戊戌变法失败后梁启超政治思想的演变》，《江苏社会科学》1994 年第 2 期。

④ 参见彭南生《梁启超的“开明专制”思想新探》，《华中师范大学学报（哲学社会科学版）》1991 年第 3 期。

主义之间的理论矛盾，表征着一种后发展政治理论的深刻困境。[①] 吴爱萍就梁启超的宪政思想进行了探讨，认为梁启超宪政思想之“变”主要表现在他对近代中国宪政模式的选择和设计上，从君主立宪到民主共和，再回归君主立宪，走向开明专制，最后拥护共和立宪，这反映了梁启超对近代中国宪政之路的理性思考；“变”的背后“不变”的，是梁启超的爱国思想和坚持民主宪政、坚持渐进改良道路、坚持国民性改造的一贯主张。“变”与“不变”，既有主观原因，又有客观因素，为我们今天的宪政建设提供了宝贵启示。[②] 三是梁启超民国初年从拥袁到反袁的变化。姜波认为这反映出梁启超在政治上和实践中存在着深刻的矛盾，这种矛盾表现在：其一，理论上他主张在中国实行西方式的两党制，但实践过程中却不能像西方资产阶级的不同派别那样在与封建势力的斗争过程中去求同存异而走上轮流执政的道路，他在帮助袁世凯击败国民党的同时也瓦解了自己所努力为之奋斗的政治目标，与国民党一同走向失败。其二，梁启超拥袁的目的是要将袁世凯带上民主宪政之路，最终实现改良派掌握国家政权的愿望。但实际上，他却不自觉地帮助袁世凯走上了独裁专制之途。[③] 林家有认为，梁启超与袁世凯的结合有着共同的政治和思想基础，这个基础就是梁袁双方共同排拒同盟会在政权中的地位，由立宪派和旧官僚掌控政权，瓜分肥缺。不过梁启超对袁世凯并不是一开始就十分相信而依附他，成为袁世凯的御用工具，相反在建政和治国等关键性问题上，他们一开始就存在着分歧，潜伏着危机。后来袁世凯帝制自为，梁启超及其进步党人失去了政治活动的立足地，他便成为袁世凯身边第一个公开揭起反袁护国旗号的重要人物。[④]

关于梁启超的文化思想。梁启超的文化思想同样是充满矛盾与不断变化的。对此，关健瑛认为，造成梁启超爱国文化观矛盾善变的主要根源是他的爱国主义思想基础和调和主义的文化原则。他的善变是“为国而善

---

① 参见高力克《梁启超的公民民族主义及其困境》，《政治思想史》2011年第3期。

② 参见吴爱萍《论梁启超的“变”与“不变”——梁启超宪政思想再评说》，《江西社会科学》2005年第7期。

③ 参见姜波《梁启超与民国初年政党政治》，《江苏社会科学》1992年第1期。

④ 参见林家有《论梁启超由拥袁到反袁思想的演变》，《文史哲》1994年第4期。

变”，无论他提倡的是中学为主还是西学为主抑或是复归传统，都是要求对中西文化进行调和。[①] 在刘福祥看来，包括梁启超在内的晚清士大夫阶层向西方学习，不是来自对西方文化理性思考后的肯定，而是为了挽救亡国灭种的危机所采取的应急措施，因此带有强烈的复仇心理和功利主义色彩，不可能形成坚定不移的政治信仰。又由于传统文化强大的同化能力，使他们学习西方“不能学其所长而尽袭其短”，产生了许多异化现象。[②] 蒋广学对梁启超晚年的所谓回归传统进行了考察，认为梁在晚年对传统文化和西学的认识比较客观，认识到传统文化一定会在现代化过程中获得新的发展，遂强调传统文化向现代过渡，本质上是先秦思想、佛教哲学与近代西方学术的结合。[③] 李大华指出，梁启超早年基本上是以进化论为圭臬，以破坏、否定为己任来批判中国古今文化的，对本土文化的肯定是不自觉的，而晚年他以建设、肯定为己任来清理古今中西文化。他的所谓“回归传统”实际上是一种翻新和进步，是新的历史下的整合。[④] 郑师渠认为，梁启超的文化取向，在欧游前与新文化运动相一致，欧游归来则增加了反省现代性的思想支点，与新文化运动原主持者间的关系是求同存异。他坚持反对“科学万能”论，反对全盘否定中国传统文化，主张借助西方科学的精神与方法，重新估价和整理国故，以发展新文化。因此，梁由反省现代性归趋于整理国故，仍不失其独立的地位。[⑤] 耿云志在重新解读《欧游心影录》之后，对梁启超五四后关于中国文化建设的思考也提出了新的见解。他认为，过去将《欧游心影录》看作保守主义的宣示，把梁启超认作五四保守主义营垒的人，是很不正确的。事实上，五四以后，梁启超基于对中西文化结合这一趋势的认识，提出了“世界主义的国家”观念。这与新文化运动的主流大体一致。梁氏强调“尽性主义”和思想解放。这与五四新文化运动的主要领袖们的主张也是一致的，其尽

---

① 参见关健瑛《试论梁启超文化思想的内在一贯性》，《求是学刊》1993 年第 3 期。

② 参见刘福祥《梁启超中西文化观的演变》，《东岳论丛》1990 年第 2 期。

③ 参见蒋广学《论梁启超对中国文化向现代发展的探讨》，《东方论坛》1996 年第 3 期。

④ 参见李大华《梁启超文化观寻与反思》，《江汉论坛》1994 年第 4 期。

⑤ 参见郑师渠《梁启超与新文化运动》，《近代史研究》2005 年第 2 期。

性主义即个性主义，思想解放即是思想自由。[①] 郑大华、哈艳的《也谈“五四”后梁启超的思想属性——以〈欧游心影录〉为中心的分析》一文不同意用保守主义或自由主义来概论五四后梁启超的思想属性，而是认为在文化取向上五四后梁启超逐渐回归传统，主张以中国文化为本位的“中西文化调和”论，成了一名保守主义者，但在其政治取向上仍向往资产阶级的民主政治，渴求在中国推行宪政，不改自由主义者的本色。这种文化取向与政治取向的不一致，并非出现在梁启超身上的个别现象，而是近代特别是进入 20 世纪以来中国一部分政治家和思想家存在的共同特征。[②]

关于梁启超的学术思想。文学方面，孔范今强调梁启超所积极倡导的“诗界革命”“文界革命”与“小说界革命”，事实上构成了中国文学现代转型的开端。[③] 新史学思想方面，蒋俊、龚郭清等认为，他的以进化而非循环为历史演变模式、以民族而非王朝或家族为历史本位、以国民而非帝王为历史主体等新理论，为中国近代史学的确立奠定了基础，他也成为中国近代史学理论的奠基人。[④] 张越就梁启超史学思想的变化进行了探讨，认为从《新史学》到梁启超后期史学思想的变化，这一过程反映了五四前后中国史坛在接受西方史学并开始致力于中西史学结合过程中的一种现象。如果说梁启超前期以《新史学》为标志充当了批判旧史学的勇士的话，那么，梁启超后期则是建立新史学、开创现代史学新局面的成就卓著的建设者。他以丰富的史学研究成果，为转型中的中国史学做出了重要贡献。[⑤] 宋学勤把梁启超与马克·布洛赫“新史学”思想做了比较研究，认为马克·布洛赫与梁启超两位史学巨匠的治史理念“不谋而合”。梁启超在其中西融会与古今贯通的学术背景下，在如何回答“研究什么”

---

① 参见耿云志《五四以后梁启超关于中国文化建设的思考——以〈欧游心影录〉为中心》，《广东社会科学》2004 年第 1 期。

② 参见郑大华、哈艳《也谈“五四”后梁启超的思想属性——以〈欧游心影录〉为中心的分析》，《中州学刊》2005 年第 5 期。

③ 参见孔范今《梁启超与中国文学的现代转型》，《文史哲》2000 年第 2 期。

④ 参见蒋俊《梁启超早期史学思想与浮田和民的〈史学通论〉》，《文史哲》1993 年第 5 期；龚郭清《梁启超新史学与“究当世之务”》，《历史教学问题》1995 年第 2 期。

⑤ 参见张越《梁启超史学思想的变化》，《学术研究》2002 年第 12 期。

和“怎样研究”这两个史学上的最根本的问题上，不仅是在国内发时代之先声，而且也是站在当时的“国际前沿”的，以此也可以进一步窥见梁启超新史学久远影响力的奥蕴。[①] 路新生则对梁启超的“史界革命”持否定看法，认为《新史学》这一篇漏洞百出的文字在彻底摧毁传统史学的同时，引导历史学走的并不是一条“正路”，以至于造成了历史学特别是通史性、断代史著作“空洞化”以及漠视“人”和“人性”的大弊端。[②] 李孝迁考察了梁启超早年新史学思想的来源，认为梁启超早年新史学的主要内容是取“家谱”说以批判“君史”，倡导“民史”，而“家谱”说和“君史”“民史”概念的形成又与西方史学存在着学缘关系。斯宾塞的史学理论构成了梁氏早年新史学思想的核心，同时他又直接受到康有为思想的启示，康在梁早年新史学思想形成过程中具有举足轻重的地位。[③] 张昭军从文化史的角度对“新史学”进行了考察，提出从文化史角度看，梁启超所构建的“新史学”理论体系，以文明史立根基，以普遍史致广大，以专门史为核心，以文化为历史的决定性力量。梁启超的文化史研究既体现了中国现代学术建设过程中由博到专、分工趋细的特点，又可看出文明史—广义文化史—狭义文化史—文化史观之间的逻辑关联。这一逻辑结构对理解和反省当下的中国文化史研究有一定的启示。[④] 王也扬认为梁启超是中国最早对历史认识的主体性问题给予重视和研究的学者，他第一次从认识论的高度阐述了主体意识，并肯定其在历史认识中的积极作用；指出写历史的目的在于“将过去的真事实予以新意或新价值，以供现代人活动之资鉴”[⑤]。马克锋考察了梁启超对传统墨学的挖掘与梳理，认为梁启超作为近代墨学复兴的领军人物，就传统墨学的时代价值及其深刻内涵作了系统发掘和梳理。梁启超研究传统墨学的现代意义是：第一，

---

① 参见宋学勤《梁启超与马克·布洛赫“新史学”思想比较研究》，《山东社会科学》2012 年第 3 期。

② 参见路新生《梁启超“史界革命”再审视——对〈新史学〉线性进化论与“四弊二病”说的批判》，《河北学刊》2013 年第 5 期。

③ 参见李孝迁《梁启超早年新史学思想考源》，《史学月刊》2007 年第 3 期。

④ 参见张昭军《梁启超的“新史学”是文化史》，《史学理论研究》2010 年第 2 期。

⑤ 王也扬：《康梁与史学致用》，《近代史研究》1994 年第 2 期。

复兴传统墨学，意在弥补中国传统学术之短处，以求与世界学术发展同步；第二，复兴墨学，是对孔子儒学至尊地位的挑战和否定；第三，传统墨学的牺牲精神和高尚人格，可以成为挽救民族危机和重塑国民性的精神力量。[①] 陈来考察了梁启超的"私德"论，认为《新民说》中后写的《论私德》，对公德说作了很大的补充和修正，更加深刻地思考了私德在整个道德结构中的基础意义和重要价值。《论私德》不仅深化了他个人在《新民说》初始的道德论，而且对由启蒙推动的道德反思的限度，在五四新文化运动的十年前，便作了根本性的揭示，显示出思想家的深刻洞见。同时，《论私德》根本确立了梁启超作为近代新儒家的思想立场和方向，也奠定了儒家道德论在近代的调适和发展的典范。[②]

严复。出版的著作主要有王中江的《严复与福泽谕吉——中日启蒙思想比较》（河南大学出版社 1991 年版），苏中立的《救国·启蒙·启示——严复与中西文化》（东北师范大学出版社 1992 年版），崔运武的《严复教育思想研究》（辽宁教育出版社 1993 年版），张志建的《严复学术思想研究》（商务印书馆 1995 年版），杨国荣的《从严复到金岳霖：实证论与中国哲学》（高等教育出版社 1996 年版），杨正典的《严复评传》（中国社会科学出版社 1997 年版），刘桂生、王宪明编的《严复思想新论》（清华大学出版社 1999 年版），黄克武的《自由的所以然——严复对约翰·弥尔自由思想的认识与批判》（上海书店出版社 2000 年版），董小燕的《严复思想研究》（浙江大学出版社 2006 年版），黄克武的《惟适之安：严复与近代中国的文化转型》（社会科学文献出版社 2012 年版），等等。其中黄克武的《自由的所以然——严复对约翰·弥尔自由思想的认识与批判》通过对比严复所译《群己权界论》与穆勒原著 *On Liberty*，分析了严复对于穆勒自由论的理解以及影响严复理解的原因，提出了一些不同于以往的新观点，其研究路径值得重视。《惟适之安：严复与近代中国的文化转型》则是作者继《自由的所以然：严复对约翰弥尔自由思想的

① 参见马克锋《梁启超与传统墨学》，《安徽史学》2004 年第 6 期。

② 参见陈来《梁启超的"私德"论及其儒学特质》，《清华大学学报（哲学社会科学版）》2013 年第 1 期。

认识与批判》和2008年的英文专著《自由的意义：严复与中国自由主义的起源》(*The Meaning of Freedom*: *Yan Fu and the Origins of Chinese Liberalism*)之后又一本关于严复的作品。与前两本书专注严复对约翰·弥尔自由思想的译介及其在现代中国自由主义发展上的意义不同，此书聚焦严复思想中的“反启蒙”面相，包括：抽鸦片、纳妾，肯定“孔教会”“宗圣会”的尊孔读经之举及撰文附和“上海灵学会”的鬼神观念等；严复从建设海军、为国“立功”的发展方向，转移到以翻译来“立言”的人生转折；严复的翻译工作对中国近代新语汇、新思想的影响及他对“东学”“东语”传播的抵制。作者认为，严复一生的思想有其连续性，他思想中的“反启蒙”面向体现了他的现代性方案与终极关怀之间具有内在凝聚性与一致性。他的思想并非单纯的复古，相当部分来源于柏克(Edmund Burke)、摩利(John Morley)肯定传统的看法，赫胥黎(Thomas Henry Huxley)、斯宾塞(Herbert Spencer)的“不可知论”及欧战后反科学的时代气氛。严复思想可谓五四时期调适型启蒙的重要源头。

关于严复的政治思想。李华兴指出，严复的国家学说以“自强保种”和谋求富强为崇高目标，而以开民智和教民知学为根本手段。但从政治实践考察，传播先进理论的严复却由维新变法的稳健派，一变而为辛亥革命的反对派，再变而为拥袁称帝的“六君子”。[①] 王宪明指出，20世纪初年，严复曾经就如何建立一个既顺应世界潮流又符合中华民族特性的现代国家进行过探讨，他在《社会通诠》《政治讲义》中，对甄克思宗法国家、神权国家、军国国家的三段论进行了详细的说明与发挥，对西方现代军国社会的产生形成的主要途径、手段及特点进行了剖析；指出中国当时是一个“宗法而兼军国”的社会，希望能像西方国家那样出宗法、入军国，建立真正的国家。民国成立以后，他强调“国性”在现代国家中的重要地位，为此提倡尊孔读经。严复的建国构想中确实包含着若干可能被别有用心的政客官僚利用的消极因素，但从近代以来世界强国建立和发展的经历来看，建立和保持民族文化的独立性，确实是最基本的成功经验之

① 参见李华兴《论严复的国家学说》,《复旦学报》1998年第1期。

一。[1] 史革新对严复科学民主思想的内涵作了不同层次的剖析，认为严复的科学观内涵是丰富的，包括狭义科学、广义科学、科学方法论以及科学精神等几个不同层面。其对近代民主思想理论同样做过诸多的介绍与阐发，涉及天赋人权论、民权说、平等自由说、法制建设学说、社会进化论等方面。其理论视野之开阔非时人所及。更为可贵的是，严复还用自己的语言较早提出并阐述了“于学术则黜伪而崇真，于刑政则屈私以为公”、科学与民主并举的思想，表现了其在近代新学方面的高深造诣，标志着国人对科学民主认识的新高度，从一个侧面论证了新文化运动奠基于戊戌的观点。[2] 吴向红、杜力夫就严复的宪政法治思想作了探讨，认为严复所介绍和主张建立的资产阶级民主宪政制度，对中国近代的历史发展影响巨大。他对建立资产阶级民主宪政艰巨性的认识不是保守，而是睿智。[3] 辜庆志探讨了严复的政治思想与中国政治的近代转型，指出严复对自由的执着追求与向往，对君主立宪的政治信念始终如一，对国民性改造的持之以恒，但面对国情世局的急剧变动、民众意识的不断觉醒，严复的政治思想并没有及时跟进，造成不被社会认可和当局所采纳。在中国政治的近代转型中，严复的政治思想观念虽然未能始终适应中国现实，引导中国到达其理想的彼岸，但他的政治思想及其思考问题的路径却值得省思。其一，严复倡导渐进稳健的改革思想不乏有其合理性；其二，严复的自由观念在学术史上仍有可取之处。[4]

关于严复的中西文化观和哲学思想。马克锋指出，严复在对中西文化的认识上，与同时期的维新人物相比较，其远见卓识显然高出一筹。对于当时流行的“西学中源”说，严复深恶痛绝，非常反感，给予这种说法以辛辣的讽刺、尖刻的批评。他对“西学中源”说与“古已有之”说的剖析批判，都是十分深刻与精辟的。[5] 在李承贵看来，严复哲学的产生主

---

① 参见王宪明《严复的建国思想述论》，《清华大学学报》1999年第3期。

② 参见史革新《严复科学民主思想议略》，《北京师范大学学报》2005年第2期。

③ 参见吴向红、杜力夫《严复宪政法治思想初探》，《福建论坛》2007年第8期。

④ 参见辜庆志《严复政治思想与中国政治的近代转型》，《河北学刊》2010年第30卷第3期。

⑤ 参见马克锋《“西学中源”说及严复对其批评与反思》，《福建论坛》1993年第2期。

要是为了解决近代中国面临的如何对待西学、变法和如何对待西方列强侵略等课题，从而使哲学的唯物唯心性质不突出，而哲学功用性质特别明显；就其对中国思想界的作用看，可称为启蒙哲学。[①] 张锡勤认为，中国近代哲学变革的成就和不足、优点和缺点，都同严复有一定的关系。严复哲学思想构成了对中国旧哲学的清理参照，对改造中国传统哲学，起到了开先河的作用。但他一直强调渐进，“这种来自斯宾塞的庸俗进化论不仅妨碍人们正确认识事物发展进化的过程，而且在政治上势必引出渐进主义的结论”。[②] 阮青指出，近代中国思想家面临双重的启蒙任务：既要解放个性以反对封建专制统治，又要强化整体以抵抗帝国主义侵略。严复回应时代所提出的启蒙课题，形成具有自身特色的人生哲学体系。他通过改造达尔文、赫胥黎、斯宾塞等人的进化思想，又吸收中国传统人生哲学素养，形成以突出人的因素在世界进化过程中的作用为特征的天演观。这是其人生哲学的理论基础。他总结甲午战争失败的经验教训，明确提出“民”为国之“本”，救国之“根本”在于“鼓民力、开民智、新民德”；强调“民”是个体与整体的统一。这是其人生哲学的核心内容。他站在中国新兴资产阶级的立场上，把卢梭和霍布斯“天赋人权论”的思想与中国传统学说熔于一炉，为在中国建立资本主义制度提供人学的论证。这是其人生哲学的理论目的。严复思想促进了中国人生哲学由古代形态向近代形态、由地主阶级人生哲学向资产阶级人生哲学的转变。[③] 兰梁斌指出，面对民族危局，严复一面选择性吸收介绍西学，一面对中国传统进行批判、反思，并在中西对比中开拓了中国传统的现代意义，形成了初步的中国传统观。他对中国传统的认识过程在20世纪的中国思想界具有代表性，对当前全球化背景下，多元文化并存的格局里，发展、推进中国传统亦有启发意义。[④] 牛田盛考察了严复的现代化观念，认为严复在《天演论》及其他著述中所宣扬的进化史观和工具理性的认识方法，以及自由、

① 参见李承贵《建国以来严复思想研究综述》，《学术月刊》1995年第10期。

② 张锡勤：《严复对近代哲学的复杂影响》，《孔子研究》1994年第1期。

③ 参见阮青《解放个性与强化整体的双重变奏——严复人生哲学论纲》，《齐鲁学刊》1999年第4期。

④ 参见兰梁斌《论严复的中国传统观》，《中国文化研究》2011年夏之卷。

民主、合群等现代理念无疑对解决近代中国现代化问题具有启蒙意义。基于进化史观，严复的现代化方案是一种渐进改良的现代化方案，其现代化方案的局限性也源于其进化史观的局限性。[①] 黄克武从近代文化转型的角度对严复进行了探讨，指出严复对科学、民主、爱国主义、反传统思想的反省可以显示严复对中国未来的构想有其系统性或理论上的整合性。严复与五四思想家之差异不是“传统”与“现代”的不同，而是中国现代性内部自由与保守之争、反传统与肯定传统之辨，严复开创的是中国现代史上政治与文化的保守主义。严复的整合性的观点与他对五四启蒙论述的反省，对中国文化转型来说，都深具启蒙的价值。[②]

关于严复的思想轨迹。传统的观点认为，严复是早期进步，后期转向落后、反动。进入20世纪90年代以后，对严复晚年思想的估计、评价出现了较大的改变。一种意见认为，严复思想前后是一致的，晚期思想与早期相比并没有什么质的变化。文化上，一生都持中西融合论，前期没有全面否定传统、倾向西化，晚年没有彻底抛弃西方，没有“完全回到封建主义怀抱中去”[③]；政治上，“可以看到他晚年对其以前坚持的政治保守主义的忠信与执着，不仅无节可变，还可以说做到了忠信不移”，从“三民”思想的逻辑出发反对革命也是自然的[④]。一种意见认为，严复晚年思想相对于早年发生了一些变化，但不能以“顽固反动”的概念简单评定。马勇认为，严复晚年主张有条件地吸收西方文化，有拣择地继承传统文化，有选择地损益旧法，其思想见解虽不免有一定程度上的守旧、“复归”之嫌，但从总体上看既合乎其思想发展的内在逻辑，又与当时的社会背景、近代以来中国问题的根本症结密切相关，具有相当的参考价值和

① 参见牛田盛《论严复现代化观念的原创意义及其局限性》，《求索》2007年第10期。

② 参见黄克武《严复与近代中国的文化转型》，《华东师范大学学报（哲学社会科学版）》2011年第1期。

③ 刘桂生：《严复中西文化观前后期的一贯性》，《炎黄文化》1999年第1期；俞祖华：《严复与传统文化》，《烟台师范学院学报》1992年第4期。

④ 参见俞祖华《论严复的激进与保守》，《中州学刊》1992年第5期；林家有、赵立彬《论严复的“三民”思想》，《广东社会科学》1999年第4期。

启迪意义。[①] 欧阳哲生对辛亥革命时期严复的思想演变及其抉择作了探讨。[②] 学者们还具体分析了严复思想前后变化的原因：有的强调阶级局限[③]；有的强调局势变化令其失望[④]；有的强调是其重新反思传统文化与西方文化的结果[⑤]；有的强调是着眼于国性、立国精神与道德关怀[⑥]，等等。

严复与其他启蒙思想家的关系。熊乡江从对待西方文化的态度、中西文化比较的内容以及学习西方文化的方法与模式等方面，比较了郭嵩焘与严复的中西文化观，认为二者的文化观既有相似之处，又呈现出不同的特色。相比较而言，郭嵩焘侧重于以传统文化为基点，来融会、贯通西方文化；而严复则侧重于以西方文化为参照系统，来挖掘传统文化的现代价值，重构新的文化系统。[⑦] 李双璧比较了康有为与严复变革思想的差异，指出康有为是用中国传统治经方法（“今文经学”）和传统思维模式（复古主义）探寻救国之路的最后一人；而严复则是以输入新思想、新观念、新方法为职志，为中国人的思想启蒙第一人。康有为的方法虽旧，但政治思想却是新的；严复的方法虽新，但政治头脑却有些守旧。康有为的《新学伪经考》和《孔子改制考》在指导实践方面确是不足称道，但在倡导疑古精神开辟一代学术新风方面，却有着恒久的价值；严复译述的《天演论》虽然未在变法实际活动中产生直接的社会效益，但在开启一代人的心智、唤醒中国人的麻木神经方面，却起到了不可估量的作用。[⑧] 欧阳哲生对严复与康有为的学术思想进行了比较，认为他们学术思想的歧义主要体现在以下方面。（1）“格义”方式的不同。康有为以中学为主，对

---

① 参见马勇《严复晚年思想演变之重估》，《哲学研究》1992 年第 4 期。

② 参见欧阳哲生《辛亥革命时期严复的思想演变及其抉择》，《北京大学学报（哲学社会科学版）》2011 年第 5 期。

③ 参见李自辉《严复政治态度变化及其原因》，《湘潭大学学报》1997 年第 2 期。

④ 参见陈孝华《试论严复晚年的政治思想》，《福建师范大学学报》1999 年第 1 期。

⑤ 参见丁四新《譬彼舟流，不知所届——严复晚年心象分析》，《江汉论坛》1995 年第 4 期。

⑥ 参见顾士敏《严复“筹安”考》，《云南民族大学学报》1992 年第 2 期；艾洪鹏、张水勇《严复民主思想的道德视角》，《华中科技大学学报》2001 年第 4 期。

⑦ 参见熊乡江《郭嵩焘与严复中西文化观之比较》，《求索》2006 年第 5 期。

⑧ 参见李双璧《康有为严复变革思想比较》，《历史研究》1990 年第 3 期。

西学进行格义；严复以西学为主，对中学进行格义。（2）对经学态度有别。康有为未摆脱“中体西用”的桎梏，以今文经学为变法武器；严复激烈批判“中体西用”与传统经学。（3）对西学的理解程度与兴趣所在不同。康有为对西学的把握失之肤浅，有时甚至是误解；严复对西学的阐释相对要全面、深刻。（4）在治学方式上，康有为主要是治传统经学，严复则偏重于开拓新学。① 俞祖华指出，严复和梁启超是 19、20 世纪之交中国最有影响的两位启蒙思想家。他们提出“鼓民力、开民智、新民德”的三民思想和新民理论，都意识到了人的近代化的历史课题，进行了大量的启蒙宣传工作，促进了资产阶级改革和革命的发展。但他们的启蒙宣传又各具特色：严终身坚持启蒙，梁则在启蒙与变革之间“多变”；严的西学素养与思想深度，非梁所能及；但由于严文字艰深，其思想影响在当时有些不及采用新文体的梁启超。② 高瑞泉对梁启超、严复的平等观进行了认真梳理，认为在平等观念的古今嬗变中，梁启超、严复代表了早期自由主义的一翼，与同时代激进的平等主义一翼有诸多不同：他们主要依靠外来观念与对现代社会生活的直观体验获得平等意识的觉醒，同时借助传统观念的“变形”来建构新的社会规范；在现代性价值排序中以自由为中心，坚持自由对于平等的优先性，认为假如人们没有自由，甚至不能提出平等的主张，更没有实践平等的权利；不是将“平等”视为全盘性改造社会的激进方案，而主张听任服从进化规律的人类社会的自然演进，因为是自由竞争而不是理性设计，才构成社会进步的动力；在分配问题上，他们通常拒绝平均主义和结果平等，更多地关注政治平等和机会平等。③ 苏中立认为，严复和孙中山的理想社会都是其爱国思想的逻辑发展；他们都把现代化和均平作为其理想社会的主要目标，但在均平的侧重点上却有所不同；他们都论述了社会主义兴起的原因，但对理想与现实的

---

① 参见欧阳哲生《戊戌时期严复与康有为学术思想之歧义述评》，《中州学刊》1995 年第 4 期。

② 参见俞祖华《启蒙的两种类型：严复梁启超比较论》，《烟台师范学院学报》1994 年第 1 期。

③ 参见高瑞泉《早期自由主义视域中的平等——以梁启超、严复为中心的考察》，《上海师范大学学报》2011 年第 6 期。

关系的认识上则有差异。[①] 赵慧峰、俞祖华指出，严复、胡适是近代中国自由主义思潮发展史上的旗帜性人物。从严复到胡适，自由主义思潮既一脉相承、薪火相传而又不断发展、不断调整：严复较多关注了“个体与群”这对矛盾中的群体一端，胡适则比较倾向、认同西方文化的个体本位传统。他们均主张渐进主义，反对急进而骤变的革命，赞同渐进而温和的改革，但严复强调自由为体、自由为先、自由为本，反对将民主宪政作为即时目标，反对遽行民主，主张先行自由思想的启蒙，胡适以自由与民主并重甚至更彰显民主，提出了“幼稚园民主说”，认为民主宪政并非高不可攀，在迈上“宪政”的起始之处宪政即可开始。严复所认同并加以移植的是古典自由主义的经济放任思想，而胡适所赞同与推崇的是新自由主义的社会主义倾向。二人均从“自己争取”与社会“容忍”的角度讨论思想言论自由，但严复侧重从国势兴衰的角度强调思想言论自由的意义，胡适则比较突出思想言论自由对于人性完善、人格发展与人权保障的重要性。[②]

关于严复的历史地位。张汝伦指出，《天演论》的出版，标志着现代中国思想的开始。严复的命运与他是《天演论》的译者有关。因为他翻译了《天演论》，他的名字将永远留在中国思想史上；也因为他是《天演论》的译者，他自己独特的思想及其对中国现代思想史的贡献往往被人忘却。[③] 蔡少卿、皮后锋认为，戊戌维新时期，严复在实地考察和中西比较研究的基础上认识到西方的富强与中国的贫弱这一巨大反差。他从国民素质、学术传统、政治司法制度、思想观念等多方面深入探讨了西方富强的奥秘之所在；另外，以西方为参照，以西学为武器，对中国的国民性、专制制度、传统文化和科举制度均作了有力的批判，提出了“鼓民力、开民智、新民德”的救世方略，成为当时对西方认识最深刻，最了解中

① 参见苏中立《辛亥革命时期孙中山和严复的理想社会模式比较》，《华中师范大学学报》2001 年第 4 期。

② 参见赵慧峰、俞祖华《从严复到胡适：近代自由主义思潮的传承与调适》，《文史哲》2010 年第 6 期。

③ 参见张汝伦《理解严复——纪念〈天演论〉发表 100 周年》，《华东师范大学学报》1998 年第 5 期。

国的国情民性、对中国现实批判最深刻的思想家。他以传播西学为己任，译介了大量的西学理论和西学背景知识，在中国知识界起到了重要的启蒙作用。尤其是《天演论》一书，以“物竞天择，适者生存”的残酷法则敲响了民族危亡的警钟，为救亡运动注入了强大的动力，使严复成为中国近代史上最杰出的启蒙大师。[①] 萧功秦认为，严复经验主义的政治观的思想贡献在于，他比同时代人更早认识到那种以抽象的理念为社会蓝图与口号、力求整体性地解决社会变革问题的主义，将会导致对现存秩序的人为的摧毁与破坏，并带来事与愿违的历史后果。他还认识到，只有在尊重现存秩序的历史连续性的前提下，渐进地求得新机制在旧机体内的生长，才能实现中国的富强与现代化。早在 20 世纪初，当他的同时代还对经验论与唯理论之争一无所知的情况下，他就从学理上把握了唯理主义与经验主义之争的实质，并对唯理主义的社会政治观的僭妄进行了相当具有说服力的批判。正是在这个意义上，严复可以说是中国政治现实主义思想家中的先行者。然而，严复对唯理主义的政治解决方式的危险性做出“超前”的警告，这在当时不能为中国大多数知识分子所理解，又由于严复的文章风格过于艰深，他的深刻厚实的分析长期以来一直没有受到人们应有的重视。[②] 王岗峰认为，中国思想文化发展过程经历两种截然不同的路径：一是在中国思想文化传统基础上的创新、发展，如汉儒学和宋理学；二是外来文化的中国化，如严复以儒家思想中的合理内核来诠释西方现代思想文化。严复与真正意义上的近代思想家，包括地主阶级思想家（如张之洞）和资产阶级思想家（如康有为）有本质上的不同，他们均为“中体西用”论者，而严复是批判“中体西用”论的。他是中国第一位真正的现代思想家，是中国思想文化发展史上继孔子、朱子之后又一座里程碑。[③]

谭嗣同。著作主要有贾维的《谭嗣同与晚清士人交往研究》（湖南大学出版社 2004 年版）、张灏的《烈士精神与批判意识：谭嗣同思想的分

---

① 参见蔡少卿、皮后锋《严复与戊戌维新》，《江苏社会科学》1998 年第 6 期。

② 参见萧功秦《近代思想史上的“主义与问题”之争的再思考——严复与胡适的经验论思想比较及其启示》，《开放时代》1997 年第 1 期。

③ 参见王岗峰《论严复在中国思想史上的定位》，《福建师范大学学报（哲学社会科学版）》2010 年第 3 期。

析》（新星出版社2006年版）等。《仁学》是谭嗣同思想的核心与主体，也是学者们解读的重点。马洪林等指出，中华仁学是开放的而非封闭的，是动态的而非静态的，是新陈代谢的而非一成不变的。康有为论仁，尤其是谭嗣同著《仁学》一书是把儒学近代化，用近代价值观念对古代儒学进行了新的诠释和重建，把儒学的思想核心仁从传统引向近代，康有为是新仁学的奠基人，谭嗣同是新仁学的集大成者。① 刘敬东指出，谭嗣同仁学哲学的主题是对民主与科学的追求，由此就从根本上奠定了它的启蒙哲学的性格。但他走向近代通向未来的哲学理念，却采取了托古改制的古典形式，其启蒙哲学的发挥及其展开，是通过仁学体系的创造性阐释而得到了体现，是以"仁—通"的古典语言形式开辟了中国哲学从传统走向近代的道路。② 东方朔指出，"通"与"塞"乃中国近代思想之基本主题，自鸦片战争与西方文化照面以来，人们便在古今、中西之通与塞之间强探力索。作为最早向儒家价值系统发难的谭嗣同，其所著之《仁学》正要借"仁即通"之命意，寻求古今之通和中西之通，然而结果表明，谭氏根本未达成这一目的，欲通还塞，愈通愈塞，倒成了他的宿命。③ 张重岗从近代精神视域的角度，指出谭嗣同仁学的最大意义，就在于建构了一个独立而自觉的近代精神视域雏形。他的以心救心之术，首次以近代的方式提出了精神的课题并试图做出自己的解答。这一精神视域上承康有为，下启章太炎，进而为现代精神视域的建构做好了准备。④

关于谭嗣同的政治思想。萧致治等指出，在戊戌思想解放运动中，冲击封建思想最猛烈的是谭嗣同，他呼吁冲决一切网罗，尤其是冲决君主之网罗与伦常之网罗，向存在几千年的君主专制制度、维护君主专制的纲常名教发动了猛烈的批判，对清朝统治者的种种罪恶进行了大胆的揭露。⑤

---

① 参见马洪林、何金彝《康有为谭嗣同的新仁学》，《上海师范大学学报》1995年第1期。

② 参见刘敬东《谭嗣同：以"仁—通"开启近代》，《哲学研究》1998年第6期。

③ 参见东方朔《〈仁学〉之通与塞——谭嗣同与古今中西之辨》，《复旦学报》2001年第6期。

④ 参见张重岗《谭嗣同与近代精神视域的建立》，《中国社会科学院研究生院学报》2004年第3期。

⑤ 参见萧致治、刘振华《评戊戌维新中的谭嗣同》，《武汉大学学报》1998年第4期。

吴乃华认为，谭嗣同在《仁学》中阐述了其民权平等思想，他所主张的“人生而平等”和“主权在民”的平等观，突破了“君治民”和“主权在君”的传统理论的局限，他所主张的人民参与国家政治生活的“公民观”，突破了人民与国家关系上的“臣民论”和“奴隶观”的束缚，为民主政治取代封建专制提供了有力的武器。[①] 宝成关、颜德如认为，谭嗣同的民权思想经历了三个发展阶段：第一阶段，谭嗣同全面地剖析权力结构（君民、官民、士民）关系并进行民权设计，同时也注意个人自由之弘扬；第二阶段，转向权力结构关系尤其是君（臣）民关系的新阐释，大力鼓吹其民主思想，对个人自由采取笼而统之的态度；第三阶段，主要关心权力结构中的官民关系和全力依托于学会来改善这种关系，在名实之辨中达到实际的维新变革，伸张民权之呼声较弱，个人自由排除在他的关切之外，民主的理想仅成为维护伦常的应有之义。可见谭嗣同的民权观迥异于西方自由主义，其原因在于他对民权的价值评判既“是目的还是手段”。家国一体的致思起点，很难让其民权思想游离振衰起弱这一工具性的强烈急务，这是造成他疏离自由主义的根本所在。[②]

关于谭嗣同的文化思想。周德丰指出，谭嗣同是中国近代史上的杰出人物，以《仁学》为代表的谭氏思想在中国近代社会改革艰难行进的背景下，具有难能可贵的创新性、突破性。[③] 张永春论及谭嗣同与墨家思想的关系，认为谭嗣同对墨家的推崇，与其早年的性格及学习经历密切相关，更深受甲午战争的刺激及西学、康有为思想的影响。其胸怀大同之治的理想，欲以墨家兼爱平等观念沟通诸教，以复兴孔教仁学之真精神。至于援引墨家观念抨击儒家纲常名教，乃基于秦汉之后儒学非真孔学的认知，而其舍身以利天下的“任侠”精神，实受墨家及佛教的双重影响。[④] 李一寒考察了谭嗣同的佛学思想，指出谭嗣同在南京与著名佛教居士杨文会结识后，从其研习佛法，思想学问由此大变。他以佛教唯识宗、华严宗、禅宗的思想为基础，著成《仁学》一书，其所谓“别开一种冲决网

① 参见吴乃华《戊戌变法谭嗣同的民权思想》，《江西社会科学》1998年第9期。

② 参见宝成关、颜德如《谭嗣同民权观新探》，《史学集刊》2000年第2期。

③ 参见周德丰《论谭嗣同思想文化观念的创新性》，《南开学报》1999年第6期。

④ 参见张永春《谭嗣同与墨家思想》，《安徽史学》2012年第6期。

罗之学”，当是谭氏身体力行的“应用佛学”，以至于可把《仁学》当作“佛书”来读。[①] 王兴国强调，谭嗣同和梁启超都是为了现实运动的需要，而到佛教中寻找理论根据的。他们创立应用佛学，不是基于迷信，而是基于理性的思考；不是为了追求个人的解脱，而是为了挽救社会于衰败，拯救国家、民族于危亡。[②] 东方朔认为谭氏虽以“仁学”名其书，而究其实，亦不过是一本精装的佛法而已。谭氏取资于佛教，虽不能说只是为求个人的解脱和了别，或仅仅为躲避实存世界的盘缠纠结，不过在求取民族血路的通途上却并无多大的助益。[③]

罗福惠就梁启超、章太炎、谭嗣同与近代文化社团的相关问题作了探讨，认为强学会封禁之后，梁启超、章太炎、谭嗣同各自撰写了为“学会”鼓呼的文章，分析了学会在中国的命运，高度评价学会的作用，并对组建学会、开展活动作了设想。三人在学会背景下从事的学术研究，基于共同的民族危机和文化危机时局，服务于改革救亡的目标，因而能把批判专制制度与讨论学弊结合，批评老学，主张民族文化反省和强调民本位观念。但是三人在对待儒学、西学、孔教与佛教的态度上存有差异，对学会工作的重点以及如何处理学会内部的人际关系看法亦有所不同。[④] 邵汉明对谭嗣同与严复启蒙思想进行了比较，认为作为近代著名的启蒙思想家，谭嗣同和严复均注重民主启蒙而把批判的矛头指向了“君为臣纲”和君主专制，这使他们的思想呈现出明显的一致性：第一，阐述君主由来，申明民本君末。第二，抨击专制君主背离了君主的原初职责，成为天下之害。第三，提出废除君主专制的方案。这些构成了两人启蒙思想的主体内容。而谭嗣同和严复启蒙思想的一致性显示了两人之间的默契和共识，同时也拉开了他们与其他近代思想家之间的学术分野，具有鲜明的近

---

① 参见李一寒《佛教精神之承继与高扬——谭嗣同的“应用佛学”及价值取向》，《上海大学学报》1993 年第 5 期。

② 参见王兴国《谭嗣同与梁启超的应用佛学》，《船山学刊》1997 年第 1 期。

③ 参见东方朔《〈仁学〉之通与塞——谭嗣同与古今中西之辨》，《复旦学报（社会科学版）》2001 年第 6 期。

④ 参见罗福惠《梁启超、章太炎、谭嗣同与近代文化社团》，《华中师范大学学报（人文社会科学版）》2004 年第 43 卷第 5 期。

代特征，是对早期启蒙思潮的深化和推进。[①] 如果说邵汉明关注的是谭嗣同与严复启蒙思想的一致性的话，那么，高志文、魏义霞则对其差异性作了分析。他们指出，在中国近代的启蒙思想家中，谭嗣同、严复都将批判的矛头指向了“君为臣纲”和君主专制，致使民主启蒙成为其启蒙思想的中心内容。但两人的民主启蒙思想具有明显的差异：第一，价值旨趣不同：谭嗣同对君主专制的批判围绕着平等展开，严复对君主专制的批判贯彻着自由原则；第二，解决君主专制以及拯救中国的方案有别：谭嗣同幻想“超出体魄之上而独任灵魂”，实现平等的途径是消除国界，世界大同，严复主张实行君主立宪，开议院，兴民权；第三，思想侧重迥异：谭嗣同始终侧重思想启蒙，严复则关注制度启蒙。[②] 张天杰、肖永明就谭嗣同《仁学》与基督教思想的关系做了探讨，认为基督教思想对《仁学》的建构有重要意义，除从中引入“以太”概念外，他还将“灵魂”概念引入“仁学”体系，加深了对“仁”的思想阐发，引入“博爱”与“平等”的观念，形成“仁—通—平等”这一“仁学”体系的核心思想。[③]

其他思想人物。关于宋恕，张锡勤指出，就政治倾向而言，宋恕属于维新派。同时，他也是一位在戊戌前后有过一定影响的思想家。在戊戌维新运动中，宋恕的地位影响自然不如康、梁、严、谭，但是他的思想很有特色。宋恕关于变法维新的主张，涉及各个方面，如改革八股取士的科举制度、创办新式教育、翻译西书、传播西学、改革官制、设立议会、发展资本主义工商业等。宋恕政治上的激进只是表现在文字上，而在实际斗争中所提出的一些具体方案较康、梁软弱。宋恕思想的激进之处表现在对程朱理学乃至秦汉以来儒学所做的尖锐、激烈的批判，以及改造儒学的方案。[④] 蔡克骄指出，宋恕于1892年5月上书李鸿章，提出改革要从更官制、设议院、改试令始，而在此三始之前，又必须从易西服始。这便是著

① 参见邵汉明《论谭嗣同、严复的启蒙思想》,《社会科学战线》2009年第7期。

② 参见高志文、魏义霞《平等与自由——谭嗣同严复民主启蒙思想比较》，《学术界》2012年第2期。

③ 参见张天杰、肖永明《谭嗣同〈仁学〉与基督教思想》，《世界宗教研究》2008年第4期。

④ 参见张锡勤《宋恕思想简论》,《中国哲学史》1995年第5期。

名的“三始一始”说，它集中体现了宋恕的维新变法思想。1897 年《万国公报》发表该文后，对当时的维新运动产生了广泛的影响。[①] 贾艳敏指出，宋恕是 19 世纪 90 年代苏、浙、沪维新人士圈子里的核心人物之一。他提出了“三始一始”的社会改革思想和在上、中、下三策中只能执行居中之策的变法主张。与康有为相比，他的维新思想理论根底更深厚，也更为温和渐进。但是当时国人的躁动情绪，注定了温和的社会改革方案很难被接受。[②]

关于宋育仁，罗毅等指出，宋育仁是清末著名维新思想家，他积极地投身新闻出版业，是四川第一家近代报纸《渝报》的创始人。《渝报》是宋育仁维新事业的重要组成部分，宋育仁在《渝报》上发表了一系列文章，鼓吹维新变法思想。[③] 张杰、曹德权称宋育仁为“成都办报第一人”“四川报业第一人”[④]，而武松乔则称其为四川“睁眼看世界第一人”[⑤]。

四　辛亥时期的思想人物

孙中山。著作主要有：韦杰廷的《孙中山民生主义新探》（黑龙江教育出版社 1991 年版），林家有的《孙中山与中国近代化道路研究》（广东教育出版社 1999 年版）和《孙中山与近代中国的觉醒》（中山大学出版社 2000 年版），邵德门的《孙中山政治学说研究》（东北师范大学出版社 1992 年版），李默海的《探寻宪政之路：孙中山的宪政思想及实践问题研究》（中央编译出版社 2011 年版），卢珂的《“万能政府”下的民权：孙中山分权学说研究》（湖北人民出版社 2011 年版），姚锡长的《孙中山的三民主义与马克思主义中国化》（中国社会科学出版社 2011 年版），王杰

---

① 参见蔡克骄《论宋恕的“三始一始”说》，《温州师范学院学报》1998 年第 4 期。

② 参见贾艳敏《宋恕维新思路新探》，《学术论坛》2003 年第 3 期。

③ 参见罗毅、钟盛、李飞《〈渝报〉与宋育仁的维新事业》，《中华文化论坛》2008 年第 1 期。

④ 张杰：《宋育仁：成都办报第一人》，曹德权：《宋育仁：四川报业第一人》，《自贡日报》2005 年 5 月 11 日。

⑤ 伍松乔：《四川“睁眼看世界”第一人》，《自贡日报》2008 年 12 月 16 日。

的《孙中山民生思想研究》（首都经济贸易大学出版社 2011 年版），郑淑芬、蔡文学的《孙中山民主共和理论与实践研究》（黑龙江人民出版社 2012 年版），贾乾初的《孙中山民生社会主义思想研究》（中国书籍出版社 2013 年版），韩剑锋的《裕民、齐民、新民：孙中山民生主义思想研究》（上海三联书店 2013 年版），等等。研究孙中山的思想，主要是研究他的三民主义。90 年代以前，在革命化的话语体系下，大陆学术界关注得更多的是孙中山的旧、新三民主义以及旧、新三民主义的转换。进入 90 年代后，大陆的三民主义研究逐步淡化了革命化话语体系的色彩，同时研究的重点也发生了改变。

民族主义研究。关于民族主义产生的社会背景、阶级基础和思想渊源。沈茂骏认为，孙中山民族主义提出的社会根源，是中华民族灾难日甚一日，清朝政治腐败不堪，以及流传会党中的“反清复明”的民族意识，而不是源于现实的满汉民族矛盾。[①] 尹全海也认为孙中山民族主义源于会党。他指出，孙中山曾在《中国革命史》中说：“盖民族主义，实吾先民所遗留。”但孙说的先民是谁？学界说法有三种：洪秀全、朱元璋和华夏民族意识。他根据民族主义的基本内容及其演进过程否定了以上三说，认为洪门会党才是孙中山所说的先民，即孙中山民族主义之源。[②] 史革新提出，中国历史上反对民族压迫的传统的民族思想、欧美资产阶级革命时期的民族主义思想，构成了孙中山民族主义的基本思想理论来源。[③] 张晖则认为，孙中山的民族主义思想渊源来自西方进化论、自由平等观念以及改良派关于民族与国家的理论探索和中国传统的民族平等观念等。[④]

关于民族主义的内涵。林家有提出，孙中山民族主义的内涵包括救亡图存，振兴中华、复兴亚洲，爱国主义与国际主义相结合三大内容。[⑤] 何

---

① 参见沈茂骏《孙中山民族主义的几个问题》，《华南师范大学学报（社会科学版）》1990 年第 3 期。

② 参见尹全海《论孙中山民族主义之“先民”》，《史学月刊》1999 年第 2 期。

③ 参见史革新《孙中山民族主义思想探索》，《福建论坛》2009 年第 10 期。

④ 参见张晖《孙中山民族主义的思想渊源及学术解析》，《西北大学学报（哲学社会科学版）》2006 年第 1 期。

⑤ 参见林家有《孙中山民族主义思想的特征——兼论孙中山民族主义思想产生的文化因素》，《中山大学学报论丛》1994 年第 1 期。

耀华也认为，孙中山民族主义的内容有三个：一是以中华民族文化之精华作为根基，继承和弘扬反映中华民族精神和本质的固有文化传统，以强化中华民族意识，振奋中华民族的民族精神，激励民族气节，增强民族自尊心、自信心和自豪感；二是以各民族平等共处作为内涵，建立五族共和的中华民国；三是以维护主权和实行对外开放为外延，建成与西方诸国并驾齐驱的强国。[①] 史革新则把孙中山的民族主义思想概括为四点：反对清朝实行的民族压迫，主张国内各民族一律平等；反对列强侵略，维护民族尊严，争取民族独立；与民主主义紧密结合，始终贯穿近代民主精神；以弘扬民族精神为实行民族主义、复兴中华民族之精神动力。[②] 崔志海认为孙中山的民族主义思想在其发展过程中具有三个鲜明的特点：（1）在处理国内各民族关系上，承认民族平等，维护民族团结；（2）继承中国大一统的传统，始终将谋求国家的统一作为民族主义的核心内涵；（3）在处理与其他民族国家的关系上，反对以强凌弱，提倡“济弱扶倾”，寻求民族主义与世界大同理想的辩证统一。[③]

关于民族主义思想的演进过程及其原因。廖大伟认为，孙中山民族主义思想有三个发展阶段：第一个阶段为辛亥革命前，从提出“反满”到强调“反清”，实现了其民族主义思想发展的第一次飞跃；第二个阶段为辛亥革命后，强调“五族共和”“五族一家”，主张维护国家统一和民族团结与平等，孙中山民族主义思想发展到一个新高度。第三个阶段为五四运动以后，提出对外反对帝国主义压迫，争取中华民族的独立和解放，对内主张实行民族平等、自决、自治和联合，使其民族主义大放异彩。[④] 耿云志也持基本相同的看法：同盟会成立前，孙中山的民族主义以反满为主要特征；同盟会成立后，孙中山已确立以民族建国为目标的近代民族主义，但仍未能完全摆脱反满的历史局限；民初，孙中山在国内民族关系的问题上有过一些不很正确的提法，带有一定的大汉族主义色彩；五

① 参见何耀华《论孙中山的民族主义》，《云南社会科学》1999 年第 4 期。

② 参见史革新《孙中山民族主义思想探索》，《福建论坛》2009 年第 10 期。

③ 参见崔志海《论孙中山民族主义思想的几个特点》，《史林》2007 年第 4 期。

④ 参见廖大伟《论孙中山的民族主义》，《上海师范大学学报（哲学社会科学版）》2004 年第 5 期。

四新文化运动时期，孙中山明确阐明了争取建立各民族一律平等的国际新秩序的思想和主张，其民族主义有了质的飞跃。① 慕向斌分析孙中山民族主义演进的原因有四点：（1）孙中山在前期只提反满而不提反帝是受时代局限性的制约；（2）现实斗争的需要使孙中山不能提出反帝的口号；（3）在前期只注重“反满”而忽略“反帝”是和孙中山的民族主义观念分不开的；（4）国内环境的变化，最终促成了孙中山反帝思想的形成。②

关于民族主义的评价。学界对民族主义的评价分两个方面：一是对其历史价值的评价；二是对孙中山民族主义当代意义的阐发。对于孙中山的民族主义的历史价值学术界基本上持的是肯定看法。史革新认为：“与其同时代的思想家比起来，孙中山提出的民族主义是相对成熟而完备的思想理论体系，在中国近现代思想史上占有举足轻重的历史地位。”③ 当然，也有学者在充分肯定民族主义历史价值的同时，指出了其历史的局限性。王力平指出，民族主义色彩的过分渲染，不仅使这场旨在建立独立民主国家的“民族革命”放过了一个真正的民族敌人——外国侵略者，而且也放过了中华民族内部的一个大敌人——封建主义。因而虽然推翻了清王朝，但旧有的一切没有得到改变，民主革命的真正目的没有达到。更令人困惑的是，民族凝聚力淡化的现象不仅未能得到扭转，反而因为中央大一统集权统治秩序的被打破，更以军阀割据的分裂形式使之表现得淋漓尽致。④ 而对于孙中山民族主义的当代意义，学术界主要是从为中华民族的振兴、国家现代化和现代化建设提供借鉴的角度加以阐发。刘焕云认为，孙中山的民族主义是以中华文化为根本，追求国家的大统一，并希望中国人恢复自信心，弘扬中华文化，使中国进入先进国家之列，这些思想在今天仍然是中国人的瑰宝，特别是在 21 世纪全球化时代，海峡

---

① 参见耿云志《孙中山民族主义思想的历史演变》，《广东社会科学》2007 年第 1 期。

② 参见慕向斌《从反满到反帝——谈孙中山民族主义思想的演进及原因》，《内蒙古师范大学学报（哲学社会科学版）》2004 年第 1 期。

③ 史革新：《孙中山民族主义思想探索》，《福建论坛》2009 年第 10 期。

④ 参见王力平《从孙中山民族革命实践的悲剧意识看近代民族凝聚力的思想误区》，《暨南学报（哲学社会科学版）》1995 年第 1 期。

两岸追求和平统一之际，更应以中山思想为基础，通过交流与对话，促进中华民族之统一与振兴。[①] 林家有指出，孙中山的民族精神既包含实现民族统一的奋斗精神，也包含争取民族自由、平等和博爱的献身精神，既包含争取实现民族融和、共同进步的精神，也包含爱好和平与发展，实现“天下为公”“世界大同”的理想，还包含“济弱扶倾”相互帮助，实现世界民族互助、共同发展的精神等。这些精神对于当今建设和谐社会、和谐世界具有积极的意义。[②]

关于孙中山的民族主义思想与其他人的民族主义思想的比较。黄顺力比较了孙中山与章太炎的民族主义思想，认为辛亥革命时期，章太炎以传统观念看待“异族”统治者，引经据典宣传反满，在推动革命爆发的同时，又模糊了革命的最终目标。孙中山则把反满口号与建立资产阶级共和国的目标始终联系在一起，而且还把民族革命与政治革命紧密结合起来，在提高国人近代民族意识觉醒程度的同时，也为辛亥革命规定了基本正确的发展方向。[③] 董淮平认为，辛亥革命前章太炎与孙中山的民族主义思想有同有异，互为补充。他们在阐发民族主义理论时，均具政治实用性这一思想特征。但两者最根本的差异，即章太炎观察问题的视线多投向往古历史，故长于纵向考察思维方法，孙中山则对世界各地政治经济现状做全景式鸟瞰，因此擅长横向思维方法。这一差异使之在分析问题时依据不同的参照标准，两者的民族主义思想从而各呈特色。这一差异又与其各自学养，即知识背景之差异密切相关。[④] 陶季邑在对孙中山和邓演达的民族团结思想进行探讨后指出，孙中山和邓演达对民族团结问题进行了可贵的探索，主张国内各民族同心协力，共同振兴中华民族，将中国建成“世界第一文明大国”，还主张中华民族联合世界其他民族，共同抵抗帝国主义

① 参见刘焕云《21世纪孙中山民族思想与中华民族之振兴》，《湖北民族学院学报》2011年第5期。

② 参见林家有《孙中山的民族精神对中国社会建设的启迪》，《河北经贸大学学报（综合版）》2010年第2期。

③ 参见黄顺力《孙中山与章太炎民族主义思想之比较——以辛亥革命时期为例》，《厦门大学学报》2001年第3期。

④ 参见董淮平《章太炎与孙中山早期民族主义思想异同论》，《湖南师范大学社会科学学报》1992年第3期。

的入侵，实现“大同世界”。他们的民族团结思想既是一贯的，也是有原则性的，对我们今天实现中华民族伟大复兴，推进中国完全统一进程，国内各民族共同构建“和谐社会”，中外共建“和谐世界”都颇有启示。①另外，类似的论文还有朱炳旭《孙中山与邹容民族主义思想之异同》等。

民权主义研究。关于民权主义的内涵。学术界的主流意见认为，孙中山的民权学说是一套严密的民权政治思想体系，包括“全民政治”、自由、平等、博爱等基本政治价值观和权能分立、五权宪法等具体的政治设计。比如程美东就指出，孙中山的民权理论包括主权在民，革命建立民主政体、革命程序论、平等自由论、权能区分论、全民政治论和五权宪法论、地方自治论几大块内容。② 宋德华把民权主义总结为：“取法乎上”的理想追求；中西合璧的理论创造；国为本位的价值取向；预定程序的政治方略。③ 郑宪把孙中山的民权主义分为比较抽象的理论和比较具体的政体方案两部分，认为平等观与自由观是民权理论的基石，“五权宪法”是完美的民主共和国政体方案，民权主义的国体就是“资产阶级共和国”。④然而也有个别学者持不同看法，郭世佑认为孙中山的民权主义思想较为简单，“民权，即人民的权利，包括公权与私权两个方面。公权即人民的参政权，私权即人民个人的平等、自由等基本人权”。⑤

关于民权主义的发展阶段。在此问题上学术界有两种看法：一是“两阶段论”。胡义成提出，孙中山的民权主义大致可以分为两个阶段：第一阶段是与他从事旧民主主义的宣传和革命实践紧密相连的，时间大致在 20 世纪初年，以 1905 年《同盟会宣言》为其理论顶峰；第二阶段是辛亥革命后，以他在国民党第一次全国代表大会上重新解释的新民权主义

① 参见陶季邑《孙中山和邓演达的民族团结思想及其启示》，《广东社会科学》2008 年第 1 期。

② 参见程美东《孙中山的民权主义理论》，《北京科技大学学报（社会科学版）》2006 年第 22 卷第 1 期。

③ 参见宋德华《孙中山民权主义思想演进的特点》，《广东社会科学》2009 年第 5 期。

④ 参见郑宪《浅谈孙中山的民权思想》，《中央社会主义学院学报》1998 年第 2 期。

⑤ 郭世佑:《孙中山的民权理念与辛亥革命》，《学术月刊》2001 年第 9 期。

为代表。[①] 二是“三阶段论”。李永伦认为孙中山的民权主义经历过三个发展阶段：从1894年11月孙中山在檀香山兴中会盟书中首次提要“创立合众政府”到1916年7月护国运动结束，是孙中山民权主义发展的第一个阶段；1916年7月15日，孙中山在上海尚贤堂茶话会上对在沪的参众两院议员发表演说，首次提出实行四大直接民权的观点，到1923年底，是孙中山民权主义发展的第二个阶段；从1924年1月国民党一大到1925年3月孙中山逝世，是孙中山民权主义发展的第三个阶段。[②] 李国青、侯永峰也将孙中山的民权主义的演进划分为“民权主义初步形成阶段”“民权主义深化阶段”“民权主义新发展阶段”三个阶段。[③]

关于“五权宪法”。（1）关于“五权宪法”的内容。李国忠、王永祥在《孙中山五权宪法思想内涵辨析》中提出“五权宪法”的内容可以分为两个层次：一是关于理想共和国的整体方案，二是蕴含在这一方案中的基本原则，主要包括人民有权、政府有能、五权分立、权能分治。[④] 牛彤认为五权宪法的宪制模式包含直接民权和政府的治权两大部分，体现这个“权能分治”思想的治国机关体系具体包含以下内容：县治、省治、国民大会和政府。[⑤] 王祖志认为孙中山先生“五权宪法”思想体系的构成要素包括：“五权宪法”的法理——三民主义；“五权宪法”的形式——五权分立制：“五权宪法”的基础——“权能分开说”；“五权宪法”的实现——“革命程序论”。[⑥] 章开沅则提出，“五权宪法”包括一整套国家体制的具体设计：一是以“权能分离”作为理论基础；二是将“五权分立”具体化为五院政府的规划；三是更加明确地规定县一级行使四大

① 参见胡义成《孙中山先生的民权主义》，《黔东南民族师专学报（哲学社会科学版）》1997年第1期。

② 参见李永伦《孙中山民权主义的发展》，《云南师范大学学报》2002年第1期。

③ 参见李国青、侯永峰《孙中山民权主义的历史演进》，《东北大学学报（社会科学版）》2004年第4期。

④ 参见李国忠、王永祥《孙中山五权宪法思想内涵辨析》，《南开学报》1993年第2期。

⑤ 参见牛彤《孙中山宪政思想研究》，华夏出版社2003年版。

⑥ 参见王祖志《试论孙中山先生“五权宪法”思想体系的构成要素》，《政法论坛》2000年第5期。

直接民权；四是国民大会代表全国人民行使政权，并授权政府行使治权。[①]（2）关于“五权宪法”的演进。王祖志将五权宪法思想的演进划分为：酝酿（1894 年左右至 1906 年）、产生（1906 年冬至 1911 年底）、发展（1912 年至 1919 年春夏间）、成熟（1920 年至 1925 年）四个时期。[②] 臧运祜认为，孙中山的五权宪法思想基本形成于辛亥革命以前，在维护“临时约法”并以之作为反对北洋军阀统治的武器的过程中，其五权宪法思想继续发展。到第二次护法运动期间，孙中山的五权宪法思想近乎成熟。1922 年 6 月，叶夏声奉命起草的《五权宪法草案》，可以说是反映孙中山五权宪法思想的珍贵文本。[③]（3）关于“五权宪法”的特质及其评价。王永祥、李国忠认为，从政体模式来说，五权宪法思想所体现的是既区别于代议制政体又不同于苏维埃体制的一种新型政体；这种政体贯彻的基本原则，既不是三权分立制中的分权制衡，又有别于苏维埃制度中的民主集中制，而是另具含义的民主主义的集权制，是具有中国特色的新的宪法学说和新式的政体，具有重大的理论价值和实际意义。[④] 林家有认为，“五权宪法”和“三权分立”无论就其权力关系还是目的都有所不同。三权分立以消极限制行政权或立法权为目的，五权宪法则以积极造成万能政府，实行三民主义为目的，不以间接民权的代议政治为满足。但二者本质上都是体现资产阶级的意志，集权、分权不过手段而已。[⑤] 耿云志在《孙中山宪法思想刍议》一文中指出，孙中山宪法思想的长处在于其理想主义，其短处亦在于其理想主义。从理想的角度看，应当承认它对西方民主主义思想有所突破，有相当的进步意义和历史价值，然而其宪法思想却脱离了中国实际，忽略了限制政府权力和权力制衡的深刻意义。[⑥] 王贵松、邱远猷认为五权宪法的根本目的在于造就一个人民希望的而又不惧

① 参见章开沅《艰难的探索——对五权宪法的再认识》，《中山大学学报论丛》1995 年第 5 期。

② 参见王祖志《孙中山五权宪法思想研究新见》，《法学研究》1999 年第 4 期。

③ 参见臧运祜《孙中山五权宪法思想的演进》，《史学月刊》2007 年第 8 期。

④ 参见王永祥、李国忠《孙中山五权宪法思想评价新论》，《南开学报》1994 年第 4 期。

⑤ 参见林家有《孙中山与中国近代化道路研究》，广东教育出版社 1999 年版。

⑥ 参见耿云志《孙中山宪法思想刍议》，《历史研究》1993 年第 4 期。

怕的万能政府，然而理想与现实之间出现了隔阂。五权宪法追求一个善的目的，却缺乏对政府权力的警惕，过分强调权力之间的协调合作，走向了贤人政治。①

关于民权主义的性质及其评价。学界一般都认为民权主义思想属于资产阶级民主主义的范畴，比如谢俊美的《略论孙中山的民权主义思想》一文就认为，民权主义的核心是还政于民，由人民当家做主，成为国家的主人。但是，孙中山渴望建立的五权宪法的国民政府，并不是全民政府，实质上只是资产阶级专政的一种形式，他所宣称的新政治也并非全民政治，而是资产阶级的民主政治。② 但也有个别学者对此提出了不同看法。郭世佑在《辛亥革命的历史结局及其实质》一文中提出，革命党人的某些重要理念与行为恰恰不利于资产阶级，结合辛亥革命的历史结局可知，就辛亥革命的实质或性质而言，与其说它是资产阶级革命，还不如说是以反满为主题的国内民族革命与变君主政体为民主政体的政治革命的有机结合。③ 至于民权主义的评价，部分学者在承认其局限性的同时，肯定其历史意义。上引谢俊美的文章认为，从中国近代社会变迁的大势来看，孙中山的民权主义在中国无疑具有重大的反封建意义和历史的进步性。但由于其民权主义渴望建立的是资产阶级民主政治，又有着很大的局限性和狭隘性。然而孙中山抓住了当时人们最感痛切的社会政治问题，民权主义仍对一般民众具有极大的说服力和吸引力，仍在较大范围内反映了当时大多数人们的利益和要求，具有极大的革命意义，在近代中国社会政治领域产生过重大的革命作用。也有学者对其持消极看法。宋德华在《民国建立前后孙中山民权主义的起落及其原因》中指出，孙中山的民权主义与现实革命任务联系得过于紧密，容易导致两者的混同，以致用直接的革命任务来代替丰富的理论内涵，造成政治思想的简单化。此外，孙中山的民权主

① 参见王贵松、邱远猷《善之途多歧路：五权宪法的理想与现实》，《首都师范大学学报》2004 年第 6 期。

② 参见谢俊美《略论孙中山的民权主义思想》，《华东师范大学学报（哲学社会科学版）》1997 年第 1 期。

③ 参见郭世佑《辛亥革命的历史结局及其实质》，纪念辛亥革命 90 周年国际学术研讨会论文，日本神户，2001 年。

义比较偏重于政权制度建设方面的内容，而对于民权主义当中应具有的启蒙精神、民主理论等方面，还显得很不足。加上孙中山政治思想上存在“先知觉后知”等观念，这使得其民权主义在彻底性和深刻性上打了较大的折扣。① 江秀平的《宏观的理想主义与程序的现实主义——对孙中山民权主义政体设计的探析》一文也认为，尽管孙中山民权主义的宏大理想在革命斗争中产生过积极的效应，但它具有主观空想因素，在现实中很难实现，尤其是它抽象的直接民权理论，只停留在口号和形式的阶段，无助于民主政治的实践。②

民生主义研究。关于民生主义的内容及其性质。20 世纪 90 年代以来，对民生主义的性质作了集中探讨。黄明同提出了“民生主义多维性”，认为孙中山对民生主义做的多种界定，赋予了民生主义多种属性，而民生主义多维性来源于所有制的非单一性。孙中山认为，它既不是单一的公有制，又不是单一的私有制，它是在“国有”的主导下，允许私有经济成分存在的非单一的所有制形式。黄明同没有确定孙中山社会主义的根本属性，但可以明显肯定她并不想把民生主义划入“资本主义”和“资产阶级主观社会主义”的范畴。③ 李华兴指出，在三民主义学说体系中，民生主义的发轫虽晚于民族主义和民权主义，但却凝聚了孙中山防患于未然的战略考虑和谋求人民“共同繁荣昌盛”的崇高理想。以“振兴实业”和“创造新财源”为民生主义的物质基础，以“均富”“同富”和大同社会为民生主义的目标与理想，以“平均地权”“节制资本”为实现民生主义的具体办法，是孙中山建设民生主义的重要指导原则。④ 杨天宏则考察了孙中山民生思想中的资产权属理念，认为作为具有“社会主义”倾向的政治家和思想家，孙中山曾极力宣传“土地国有”“节制资

① 参见宋德华《民国建立前后孙中山民权主义的起落及其原因》，《华南师范大学学报》2001 年第 4 期。

② 参见江秀平《宏观的理想主义与程序的现实主义——对孙中山民权主义政体设计的探析》，《厦门大学学报》1994 年第 3 期。

③ 参见黄明同《孙中山民生主义性质的再研究——论民生主义的多维性》，《辛亥革命与孙中山》，广东人民出版社 1991 年版。

④ 参见李华兴《孙中山民生主义思想剖析》，《上海社会科学院学术季刊》1995 年第 2 期。

本”，对私有制度多有微词，以致不少学者认为他是要废除土地私有制，并以国有资本为主构建现代企业制度。但孙中山对“平均地权”与“土地国有”所做范围限制以及他对私人资本与国家资本所做权重设置并不支持此类见解，而倾向于支持系以私有制为主的认知。就前者而言，孙中山在土地所有制问题上主张并不单一，如果用“因地制宜，公私并存，以私为主”来概括其土地权属理念，应当与其思想实际相去不至太远；就后者而言，在公、私两种企事业所有制的权重衡量上，孙中山始终是将私有制放在主导位置。孙中山的政治理想是西方式的自由民主制度，其民生思想中的资产权属理念与其政制选择是同构的，即孙中山在经济上偏重私有制度的“民生”选择与他在政治上偏重民主自由的“民权”选择象征了一种相互支撑的同构关系。然而由于孙中山对自己思想主张的实用主义表达，加之政治实践及研究中存在的实用主义倾向，其思想的概念边界变得模糊，对其思想主张的理解也意见迭出。① 黄彦在《试论孙中山的社会主义理想》一文分析了孙中山社会主义思想表现在四个方面：一是严厉批判资本主义制度；二是解决贫富不均的问题，反对资本家专制；三是实行国家社会主义，发达国家资本；四是建立社会主义国家和造成共产世界的理想。他认为孙中山的思想主张，虽然有别于科学社会主义，也应属于社会主义的思想范畴。② 张海鹏在《孙中山社会主义思想研究评说》一文中指出，分析孙中山社会主义思想的全部逻辑可以看出，他要在中国建立的不是无产阶级领导的社会主义国家，而是资产阶级领导的国家社会主义即资本主义。作者认为孙中山的民生主义是谋求避免社会主义革命的社会主义或者资产阶级的社会主义。③ 郑大华则对此提出了不同意见，认为把孙中山的“民生主义”仅仅理解成为“平均地权”和“节制资本”，这是对孙中山的“民生主义”的误读误解，“民生主义”包含但不等同于“平均地权”和“节制资本”，“平均地权”和“节制资本”只是“民生主义”整个思想体系的一部分。孙中山的“民生主义”实际上包括重视

① 参见杨天宏《孙中山民生思想中的资产权属理念》，《史学月刊》2009 年第 11 期。

② 参见黄彦《试论孙中山的社会主义理论》，载王杰主编《辛亥革命与中国民主进程》，北京燕山出版社 2001 年版。

③ 参见张海鹏《孙中山社会主义思想研究评说》，《历史研究》1991 年第 5 期。

民生、发展实业、贫富均等以及“平均地权”和“节制资本”，这四方面有着密切逻辑联系的内容。就这四方面的内容来看，说孙中山的民生主义是“社会主义”，这并没有错，因为所谓“社会主义”，其实质就是在大力发展社会生产力以满足全体国民对物质和文化的需要日益增长的同时，实现社会的公平与正义，引导全体国民走共同发展、共同富裕的道路。①

关于民生主义的思想来源与评价。学界大致认为民生主义有两大思想来源：一是对传统文化的继承。如董四代、冯超英认为，孙中山之所以接受社会主义，并把它改造成为具有中国特色的民生主义，与中国源远流长的大同思想有密切的关系。② 何兹全指出，孙中山民生主义具有浓厚的中国传统文化“大同世界”和“中庸之道”的色彩，受中国古代井田制、均田制以及孔子“不患寡而患不均，不患贫而患不安”的影响。另外，农民起义“均贫富”的思想和太平天国也都对中山先生的思想有着显著的影响。③ 还有论者指出孙中山思想的建构，尤其是民生主义，与儒家经济伦理有着十分密切的承继关系。④ 二是对国外思想的借鉴。夏良才则认为，孙中山通过多年的探索，接受了亨利·乔治的单税论，又参照中国古代土地公言学说，形成了以平均地权为核心的民生主义。⑤ 何兹全认为19世纪初到20世纪初欧洲的社会主义思想影响孙中山先生的思想，他的民生主义是他到欧洲后，受欧洲社会主义思想的影响才逐渐形成的。⑥ 盛跃明、毕霞认为孙中山广泛接触西方各种经济学理论，从马克思的资本论到亨利·乔治的土地国有和单税社会主义理论都对其民生主义思想产生了影响。在资本问题上，孙中山受资本论影响较深，尤其体现在其节制资本的

① 参见郑大华《论“民生主义”的内容及其评价》，《学术研究》2009年第7期。

② 参见董四代、冯超英《国际社会主义运动的影响与孙中山民生主义的发展》，《内蒙古大学学报（人文社会科学版）》2000年第4期。

③ 参见何兹全《纪念孙中山先生诞辰130周年——民生主义的真谛》，《北京社会科学》1996年第4期。

④ 参见胡成《儒家经济伦理与孙中山民生主义思想的建构》，《史学月刊》1997年第6期。

⑤ 参见夏良才《论孙中山与亨利·乔治》，《近代史研究》1986年第6期。

⑥ 参见何兹全《纪念孙中山先生诞辰130周年——民生主义的真谛》，《北京社会科学》1996年第4期。

措施。[①] 至于民生主义的评价，学界基本上持肯定态度。董四代认为从明清之际启蒙思想家的新民本主义到孙中山的新民生主义，体现了中国现代化追求和社会主义选择的一致性。它从历史发展的要求和方向上，为科学社会主义在中国的传播和中国人民根据民族发展要求，实现对马克思主义的再创造奠定了理论基础，也开了中国特色社会主义的历史先河。[②] 韦杰廷指出孙中山的民生主义，不仅于他在世之时起了动员、组织和鼓舞革命人民群众的革命作用，而且在他去世之后还对中国社会乃至第三世界国家产生巨大的影响。[③] 耿云志指出，孙中山的土地国有主张，如果真能实行，确实有利于促进资本主义的发展，摧毁农村封建经济关系。但孙中山主观上反对资本主义，厌恶资本家，他提出民生主义的重要动机就是要避免两极分化，防患于未然。孙中山的资本主义性质的经济纲领以社会主义的形式表达出来，或者说，其资产阶级的纲领会披上社会主义的外衣。民生主义是中国社会旧的统治阶级已经没落，而新的阶级尚未成长起来的情况下产生的一种独特思想，它是西方社会主义在中国被扭曲的形式，是中国古代均平思想的近代版，是下层劳动群众要求摆脱困苦的学理化的反映，是落后的条件下超越现实的思想。这种性质决定了它缺乏现实的阶级基础，得不到广泛的群众支持。[④]

关于孙中山的民生史观。黄敏兰指出民生史观是用“民生”来解释历史发展原因的一种历史观。它的基本理论可以用以下两句话来概括：人类社会是不断向前发展的，这种发展是必然的，有一定规律的。推动社会历史发展的动力是人们为解决民生问题而做出的各种努力。孙中山的民生史观是一个内容丰富，范围广泛，富有时代气息和现实意义的完整理论体系。同时，孙中山的民生史观是从中国国情出发的理论与实践相结合的产物。民生史观不是一种纯学术的理论，而是指导革命实践的理论。孙中山

① 参见盛跃明、毕霞《由民生主义看孙中山的社会主义思想》，《江西社会科学》2002 年第 8 期。

② 参见董四代《从新民本主义到新民生主义——中国社会主义思想的历史前提》，《甘肃社会科学》2006 年第 4 期。

③ 参见韦杰廷《论孙中山民生主义的社会作用》，《广东社会科学》1991 年第 6 期。

④ 参见耿云志《论辛亥革命时期孙中山的民生主义》，《广东社会科学》1996 年第 5 期。

建立民生史观是为了探讨如何解决中国人民的实际生活问题，而不是为了抽象地探讨人类历史的发展规律。所以，民生史观最基本的原则是从中国国情出发的实际原则，而不是某一哲学学派的一元或多元、唯物或唯心的纯学术原则。[①] 蒋大椿认为孙中山民生史观的基本含义有二：一为民生是历史的重心，表明孙中山对社会历史内容和基本结构的见解，突出了历史主体的人；二为人类求生存是社会进化的定律，表明孙中山对历史发展规律及其动力的认识。民生史观是多元动力的主体进化史观。[②] 刘学照认为孙中山所说的“民生”是一个以社会经济为本义的词语，其基本内涵是经济的、物质的，但在外延上又有较大的包容性。民生史观的重要特点是借“民生”这个习用的旧词讨论社会经济问题，言近旨远，较少书斋味。它力图从群众日常生活问题去解释历史的进化，提出了一种切实生动的历史动因论，这是一种自觉地“从经济学中去寻找”社会变迁“终极原因”的有意义的尝试。[③]

三民主义的整体评价。韦杰廷认为，孙中山的三民主义政治纲领，在当时社会历史条件所能允许的范围内，最全面、最系统、最深刻地反映了中国人民力求使中国由贫弱变为富强的强烈愿望，反映了中国人民力图使中国快速近代化、快速汇入人类世界主流文明的迫切要求。正因为这样，孙中山的三民主义政治思想在 20 世纪初，成了中国先进政治思想的主流。[④] 曾宪林通过对新三民主义与中国共产党的最低纲领的比较，以及“联俄、联共、扶助农工”三大政策的梳理，确定了新三民主义的新民主主义性质。[⑤] 宋进的《新三民主义概念的提出过程考析》一文，考察了新三民主义概念提出的过程。[⑥] 沈渭滨探讨了“三民主义”理论中国家与社会的关系，认为“三民主义”是一种建设近代国家和近代社会的理论。

---

① 参见黄敏兰《孙中山的民生史观及其从国情出发的实践原则》，《人文杂志》1996 年第 3 期。

② 参见蒋大椿《孙中山民生史观析论》，《中国社会科学》2000 年第 2 期。

③ 参见刘学照《重议孙中山的民生史观》，《学术研究》2002 年第 1 期。

④ 参见韦杰廷《孙中山三民主义历史地位论》，《文史哲》1997 年第 5 期。

⑤ 参见曾宪林《论新三民主义的新民主主义性质》，《江汉论坛》1997 年第 2 期。

⑥ 参见宋进《新三民主义概念的提出过程考析》，《中共党史研究》1990 年第 5 期。

就国家和社会的关系看，民生主义的目标和民权主义的政府建构，是自相矛盾的两极：民生主义本质上是一个以培育中产阶级为目标的社会改造方案，民权主义设计的却是个“大政府小社会”模式。由于理念上的矛盾和缺乏付诸实施的条件，社会改造无法实现，而“大政府小社会”模式，则为国家权力挤压社会自治空间留下隐患。它在而后实践中产生的弊端，值得人们思考和总结。① 陈剑安对“三民主义”的文化内涵和社会功能进行了分析，指出孙中山的三民主义，具有构建中华民族新型精神、制度、物质文化的丰富内涵，从深层反映了中华民族与时俱进的要求。因此，它能使孙中山成为众望所归的革命领袖，并释放出凝聚中华民族共趋“救亡图存、振兴中华”之大业的巨大社会功能。② 何卓恩以殷海光为例对三民主义的包容性及其限度进行了探讨，指出孙中山的三民主义，具有构建中华民族新型精神、制度、物质文化的丰富内涵，从深层反映了中华民族与时俱进的要求。因此，它能使孙中山成为众望所归的革命领袖，并释放出凝聚中华民族共趋“救亡图存、振兴中华”之大业的巨大社会功能。三民主义是孙中山领导辛亥革命的旗帜，也是国民党一直标榜的政治符号。国民党从发动反清革命到反抗北洋军阀建立国民政府，再到领导全国抗战的过程中，三民主义是联合各种社会政治力量和知识分子的重要思想基础，显示了较强的统一战线功能和思想包容性。但是，抗日战争结束后，随着国民党的日趋腐败和独裁，越来越多的社会政治力量和知识分子与国民党分道扬镳，对三民主义失望，三民主义的统一战线功能越来越弱，思想包容性的限度相应地日益呈现。③

学术界评价孙中山的三民主义时，还把它与世界上类似思想进行比较。李一平比较了孙中山的三民主义与苏加诺的“建国五原则”，认为两者在民族主义、国际主义、大亚洲主义、三大政策与“纳沙贡”、举民族

① 参见沈渭滨《论“三民主义”理论中国家与社会的关系》，《复旦学报（社会科学版）》2005 年第 5 期。

② 参见陈剑安《略论三民主义的文化内涵及其社会功能》，《江西社会科学》1996 年第 10 期。

③ 参见何卓恩《三民主义的包容性及其限度——以殷海光从三民主义到自由主义的演变为例》，《浙江学刊》2007 年第 1 期。

革命（政治革命）、社会革命毕其功于一役与“马尔哈恩主义”上具有一致性，而在民生主义与社会公平、民权主义与协商制、“国民革命”论与不合作思想、“信仰神道”上存在较大差异，并对其原因作了分析。[①] 崔志鹰比较了韩国独立党的“三均主义”和孙中山的三民主义的理论，认为二者的共同之处是都强调民族观、平等观和民生观，其缘由是一致的社会文化背景；不同之处则是理论体系不完全相同，“三均主义”提出了均等的教育观，而三民主义没有，其原因是不同的历史条件。[②] 陈从阳从思想渊源、理论体系、基本内容等方面比较了孙中山三民主义和纳赛尔主义，指出两者都是传统民族文化与近现代西方资产阶级文化、社会主义思潮的混合物，都是一种与时俱进、不断发展的理论体系；两者在民族主义思想、革命后的政权建设等方面有诸多相似之处；两者同属资产阶级民主革命纲领范畴，民生空想社会主义和纳赛尔社会主义本质上是一种激进的民族主义思潮。[③] 张皓、黎德黄的《从认识、吸收到践行：胡志明与孙中山的新三民主义》一文，论述了孙中山新三民主义对胡志明的影响。[④]

除三民主义外，孙中山与中国传统文化的关系，也受到了学术界的广泛关注。宋志明认为孙中山总体上是以现代的眼光和开放的心态对待儒家文化，既注意清除儒家思想的僵化躯壳，又努力提炼其精华，使之适应中国社会发展的需要，对于现代新儒家思潮的兴起发挥了前导和先驱的作用。[⑤] 桑兵考察了孙中山的教育背景及其文字阅读水平，认为孙中山的英文强于中文，所受国学教育也有限，其对传统文化采取了既不墨守成规也不轻言否定的态度。[⑥] 郭齐勇考察了孙中山文化思想形成与发展的历史线索：孙中山早年西化趋向比较明显，对中华文明颇有离异之意；1900—

---

① 参见李一平《浅析孙中山三民主义思想与苏加诺“建国五原则”的异同》，《青海社会科学》1991 年第 5 期。

② 参见崔志鹰《韩国独立党的三均主义与孙中山的三民主义之比较》，《史林》1996 年第 3 期。

③ 参见陈从阳《三民主义与纳赛尔主义之比较》，《西亚非洲》2000 年第 1 期。

④ 参见张皓、黎德黄《从认识、吸收到践行：胡志明与孙中山的新三民主义》，《中共党史研究》2012 年第 7 期。

⑤ 参见宋志明《孙中山与现代新儒家思潮》，《学习与探索》1994 年第 6 期。

⑥ 参见桑兵《孙中山与传统文化三题》，《近代史研究》1995 年第 3 期。

1911年，开始重视传统文化资源，注重发掘传统文化中的现代性因素；民元至五四前，文化民族主义与文化保守主义情结同步增长；晚年出现了明显的文化复归倾向。[①] 胡成认为孙中山的民生主义以政在养民为立论基础，以大同世界为道德理想，这与儒家经济伦理有着十分密切的承继关系。[②]

章太炎。著作主要有陈平原的《中国现代学术之建立——以章太炎、胡适为中心》（北京大学出版社1998年版）、张昭君的《儒学的近代之境——章太炎儒学思想研究》（社会科学文献出版社2002年版）、姜义华的《章炳麟评传》（南京大学出版社2002年版）、王玉华的《多元视野与传统的合理化——章太炎思想的阐释》（中国社会科学出版社2004年版）、郭应传的《真俗之境——章太炎佛学思想研究》（安徽人民出版社2006年版）、孙毕的《章太炎〈新方言〉研究》（华东师范大学出版社2006年版）、张春香的《章太炎主体性道德哲学研究》（中国社会科学出版社2007年版）、陈雪虎的《“文”的再认：章太炎文论初探》（北京大学出版社2008年版）、汪荣祖的《康章合论》（中华书局2008年版）等。20世纪90年代初以来，章太炎研究的一个重要特点，是从80年代的生平传记研究转向到对其儒学、佛学、语言学、文学等学术思想的专题研究，并取得丰硕成果。张昭军的《儒学近代之境——章太炎儒学思想研究》、王玉华的《多元视野与传统的合理化——章太炎思想的阐释》、张春香的《章太炎主体性道德哲学研究》从儒学的近代化、章太炎与荀子学的纠葛、道德的主体性问题等视野出发，探究章氏的儒学思想。张勇认为，章太炎早年并不是一个经古文学者，其经学主张也不像有些论者所说具有“明显的经古文学倾向”，以经今、古文的对立来概括戊戌时期章、康“论学”的歧异是不准确的。戊戌时期，章太炎的确对康有为所宣扬的“经今文学”的某些观点持反对态度。但章氏之所以如此，并非以经古文来反对经今文，而是出于对民族历史文化传统与社会变革的关系的深

---

① 参见郭齐勇《孙中山的文化思想述评》，《中国社会科学》1996年第3期。

② 参见胡成《儒家经济伦理与孙中山民生主义思想的建构》，《史学月刊》1997年第6期。

沉思考。[①] 罗检秋指出，章太炎是近代著名思想家和国学大师。他对先秦诸子，尤其是儒、道、墨、法等家学说有深入的研究，他在近代历史条件下重新认识诸子的是非和文化价值。他较早否定了儒家宗师孔子的至尊地位，主要从学术上、思想上阐释诸子，把近代诸子学从比较功利的层次上升到比较理性的学术整理阶段。他置身于中、印、西三大文化系统中，尝试从学术上以佛学为中心来融汇三大文化系统，在中国传统文化向现代转化的过程中，独辟了一条既不依靠儒学，又非完全西化来改造传统的蹊径。[②] 刘巍围绕《訄书》的修订探讨了章太炎早年经学思想的演变，认为章太炎早期的经学立场经历了从“援今入古、以古统今”到“专宗古文”的演变，而《訄书》的修订正是其经学思想大转折的关键期。孔子为“良史”说的宣示，从孔子、左丘明、司马谈及司马迁父子到刘歆之学一脉相承的“历史之学”的新谱系的建构，“六艺皆史”论的发轫，意味着章太炎独立的新古文经学的奠基。其前后变迁呈现出“从援今文义说古文经到铸古文经学为史学”的清晰轨迹。[③] 夏金华的《章太炎易学蠡测》(《上海社会科学院学术季刊》1992年第4期)和张昭军的《章太炎对〈周易〉义理的多维阐释》(《周易研究》2004年第3期)等论文，探讨了章太炎对《易经》义理的阐释。孙毕的《章太炎〈新方言〉研究》统计分析了《新方言》的今通语与今方言词汇，并从传统汉语方言学、现代语言学、海外汉语研究三个角度来考察《新方言》在汉语方言学史上的地位。陈雪虎的《“文”的再认：章太炎文论初探》重点分析了章氏“以文字为文”所体现的崇尚求实的文学观念，这一文学观念表明章太炎探求人事与历史的真相，基于传统朴学立场和角度来批判现实的革命精神。同时，章太炎调停雅俗文化之间的落差，深受以不齐为齐的“齐物平等”哲学的影响。郭应传的《真俗之境——章太炎佛学思想研究》立足于近代佛学复兴的大背景，来研讨一向被视为章太炎思想中最为艰涩的佛学思想。全书相对完整地呈现了章太炎佛学思想的全貌。一方面，从纵

---

① 参见张勇《戊戌时期章太炎与康有为经学思想的歧异》，《历史研究》1994年第3期。

② 参见罗检秋《章太炎与诸子学》，《北京师范大学学报》1995年第2期。

③ 参见刘巍《从援今文义说古文经到铸古文经学为史学——对章太炎早期经学思想发展轨迹的探讨》，《近代史研究》2004年第3期。

向的清理入手，爬梳章太炎从否定佛教，到以佛教为主立宗教信心，再到对佛法的宗教性质提出质疑的过程及原因；另一方面，着眼于横向的比较，对章太炎援西入佛、借佛解庄、以佛释儒等各阶段的关键理论术语进行了辨析，分析章太炎如何运用法相唯识学的八识、三性、四分学说来解说西方的唯意志论、唯物主义的经验论、基督教的有神论及黑格尔的唯理论，并运用佛学的自在、平等创造性地发掘庄子逍遥、齐物之旨，建构了自己“齐物平等”的哲学。

章太炎研究的另一个重要特点，是从特定问题意识出发，以他者为参照对象来审视章太炎的思想，并开掘新的研究领域。这方面最具代表性的研究成果是陈平原的《中国现代学术之建立——以章太炎、胡适之为中心》一书。该书以晚清与五四两代学者的代表章太炎、胡适之为中心，“讨论学术转型期诸面相，揭示已实现或被压抑的各种可能性，为重新出发寻找动力乃至途径”。[①] 该书认为，现代学术的建立表面上受到西潮东渐的影响，骨子里则是旧学化育出新知的过程。而现代学术建立的中心是学者逐步走向专门家之路。学者走向专门家之路，背后关涉学术与政治、学科与方法、授业与传道、为学与为人多个连锁的问题。汪荣祖的《康章合论》着眼于讨论康有为、章太炎二人对于近代中国文明方向的设计，康有为倡导中国逐步走向世界性的大同文明，章太炎则主张文化多元论，建立有特色的中国文明。他们既是传统思想学术的大师，又是近代反传统的第一代。汤志钧的《改良与革命的中国情怀——康有为与章太炎》（香港：商务印书馆 1990 年版）同样并论康章，侧重点则在二者政治思想的对立。章太炎平生三赴日本，《訄书》初刻本、重订本，《国故论衡》《齐物论释》《新方言》等代表作都与他的日本经历息息相关，而他在东京主持《民报》，更和日本社会及思想界有广泛的对话。章太炎思想与日本的关系，是章太炎研究中最具挑战性的领域。彭春凌近年来发表了《章太炎对姉崎正治宗教学思想的扬弃》[②]《章太炎在台湾与明治日本思想的初

---

① 陈平原：《中国现代学术之建立——以章太炎、胡适之为中心》，北京大学出版社 1998 年版，第 2 页。

② 参见彭春凌《章太炎对姉崎正治宗教学思想的扬弃》，《历史研究》2012 年第 4 期。

遇——兼论戊戌后康有为、章太炎政治主张之异同》[①]《以“一返方言”抵抗“汉字统一”与“万国新语”——章太炎关于语言文字问题的论争（1906—1911）》[②]《章太炎革命时期的儒教思想（1900—1911）》[③]《中国近代批儒思潮的跨文化性：从章太炎到周氏兄弟》[④] 等一系列论文，以中日所代表的东亚儒教圈面临西洋思想的近代挑战为背景，探讨了戊戌前后和章太炎思想形成期所受到的日本“国体论”的刺激和影响、章太炎革命时期的思想与日本以姊崎正治为代表的宗教学思想之间的关联、与日本国粹保存主义的瓜葛等。可以说，在中国学界此前几乎是空白的领域，这一系列文章耕耘出了一片沃土，收获了令人欣喜的成果。

此外，20 世纪 90 年代以来，在章太炎的史料收集、史实还原以及著作校注方面也取得较大的成绩，其中徐复的《訄书详注》（上海古籍出版社 2000 年版），庞俊、郭诚永的《国故论衡疏证》（中华书局 2008 年版）和汤志钧的《章太炎年谱长编（增订本）》（上、下册）（中华书局 2013 年版）最具代表性。《訄书详注》有两大特点：其一，以传统文字音韵训诂的方式来训释《訄书》的文辞和典故，可以明确《訄书》相关用典、文字的来源、本义及章太炎所取之义；其二，注重前后左右采择章太炎其他著作中的例子和观点来解释《訄书》，以章释章，有助于融会贯通理解章太炎整体的思想，外加引入同时代相关材料作为背景或辅助的知识，有助于读者把握章太炎思想的由来及影响。《国故论衡疏证》不仅疏通了原作的文意，还对章太炎的思想观点多有阐发，为后人留下了又一部研究章太炎必备的参考书。《章太炎年谱长编》（增订本）集作者毕生章太炎资料收集整理工作之大成，相比于原来的《年谱长编》（中华书局 1979 年版），增补本增订了约 40 万字的内容。

---

① 参见彭春凌《章太炎在台湾与明治日本思想的初遇——兼论戊戌后康有为、章太炎政治主张之异同》，《近代史研究》2013 年第 5 期。

② 参见彭春凌《以“一返方言”抵抗“汉字统一”与“万国新语”——章太炎关于语言文字问题的论争（1906—1911）》，《近代史研究》2008 年第 2 期。

③ 参见彭春凌《章太炎革命时期的儒教思想（1900—1911）》，《哲学门》总第 26 辑，北京大学出版社 2012 年版。

④ 参见彭春凌《中国近代批儒思潮的跨文化性：从章太炎到周氏兄弟》，《鲁迅研究月刊》2011 年第 10 期。

杨度。出版著作主要有蔡礼强的《晚清大变局中的杨度》（经济管理出版社 2007 年版）。沈其新认为杨度早在 1907 年发表的论著《金铁主义》中就阐述了政党内阁制的宪政思想，堪称近代中国“政党内阁制”的首倡者，其宪政思想与康梁保皇派存在三个重要区别：对君主的态度不同；对人民群众的态度不同；资本主义化的程度不同。[①] 李里峰考察了辛亥革命时期杨度的民族国家思想，认为杨度对清末民族问题的认识主要包括三个要点：（1）蒙、回、藏等族因国民程度低下而极易分裂；（2）满汉矛盾起因于清朝统治政策的失误和满汉之间的双重误解；（3）驳斥革命派的“亡国”论和“排满”论，强调中国只可行君主立宪而不可行民主共和。[②] 江铁对杨度政治思想的嬗变过程及原因进行了研究，认为杨度早年研习传统的帝王之学，后力主君主立宪，民国初年支持袁世凯实行帝制，失败后又毅然追随孙中山为实现民主共和而奔走，晚年又接受共产主义思想；指出危急的国家局势和民族命运是促使杨度思想变化的外部社会环境因素，强烈的爱国主义情怀是其思想转变的内部精神因素，敢于否定、勇于求新的性格特征是其思想变化的心理因素。[③] 左玉河对辛亥革命前后杨度从主张君主立宪转而赞同民主立宪的原因作了深入考察，认为这一转变只是一种暂时策略，并非其政治主张发生了根本改变，杨度仍然是君主立宪的信奉者，不过立宪君主不再是清帝，而是袁世凯。[④] 陈先初、刘峰考察了辛亥革命前后杨度宪政思想的变化，认为辛亥革命前杨度曾肯定革命的进步意义，表露出某种激进色彩，然而他并不赞成共和革命，而是主张通过君主立宪，为打造经济军事强国提供制度保障。辛亥革命之后，杨度一度拥赞共和，但很快就站到了共和的对立面，并以“君宪救国”为由，拥袁助袁，鼓吹帝制。[⑤]

---

① 参见沈其新《杨度是“政党内阁制”的首倡者》，《求索》1991 年第 5 期。

② 参见李里峰《杨度对清末民族问题的认识》，《华中师范大学学报》1999 年第 1 期。

③ 参见江铁《君宪乎？共和乎？——论杨度政治思想的嬗变》，《船山学刊》2010 年第 1 期。

④ 参见左玉河《立宪乎，共和乎：辛亥革命前后杨度的心路历程》，《安徽史学》2013 年第 4 期。

⑤ 参见陈先初、刘峰《杨度宪政主张的正途与歧变》，《湖南师范大学学报》2012 年第 3 期。

刘师培。出版的著作主要有方光华的《刘师培评传》（百花洲文艺出版社 1996 年版）、朱冠华的《刘师培春秋左氏传答问研究》（光明日报出版社 1998 年版）、陈奇的《刘师培思想研究》（贵州人民出版社 1999 年版）、李帆的《刘师培与中西学术》（北京师范大学出版社 2003 年版）和《章太炎、刘师培、梁启超清学史著述之研究》（商务印书馆 2006 年版）等。郑师渠研究了刘师培的史学思想，认为通史致用和倡言新史学建设是刘师培史学思想的两大特色，其新史学思想的主要内容是：（1）史家当确立新的进化的历史观；（2）打破封建的正统观念。[①] 李洪岩、仲伟民认为刘师培的历史观主要由民族主义史观、反封建君主专制的思想、历史进化史观、古文经学思想等四个方面构成。[②] 石井刚考察了刘师培和章太炎对于“天籁”一词的不同解读，揭示两人哲学思想的差异：刘师培认为“天籁”是一种自然内在的和谐秩序，并据此而构建了一元论的大同主义的历史发展观；章太炎认为“天籁”体现了人类的主观认知作用，并从语言转化的无穷性质的角度否定了一元论的生成观。[③] 路新生考察了刘师培治《左传》学的政治及学术意义，认为刘师培驳斥了康有为的“刘歆造伪说”，这不仅在政治上批判了保皇、改良之陈说，而且对于学术界反疑古一派的形成产生了重要影响。[④] 李帆根据刘师培 1905 年发表的《南北学派不同论 · 南北考证学不同论》指出，从今文、古文分派的角度谈对古文经的看法，应属宋翔凤的创造，时间上早于通常所认为的廖平之《今古学考》。[⑤] 李帆还细致考察了刘师培、康有为对《春秋繁露》“晋伐鲜虞”和“邲之战”的不同解读，认为古/今文经学的学术传承以及单

---

① 参见郑师渠《刘师培史学思想略论》，《史学史研究》1992 年第 4 期。

② 参见李洪岩、仲伟民《刘师培史学思想综论》，《近代史研究》1994 年第 3 期。

③ 参见石井刚《敢问“天籁”：关于章太炎和刘师培哲学的比较研究》，《开放时代》2011 年第 6 期。

④ 参见路新生《刘师培的〈左传〉学研究及其现代史学意义》，《华东师范大学学报》2005 年第 4 期。

⑤ 参见李帆《今古文分派之说始自何人——从刘师培的一则文字谈起》，《史学史研究》2012 年第 2 期。

一/多民族国家认同理论是造成不同解读的主要原因。① 李孝迁从“清学的渊源与流变”“‘学以域分’学术命题的提出”“整理与研究扬州学派”“清学的‘得’与‘失’”“关于清代诸学者及学派的评价”五个方面全面检视了刘师培对于清学史研究的成就与影响。②

宋教仁。出版的著作主要有刘景泉的《宋教仁与民国初年的议会政治》（河北人民出版社 1998 年版），迟云飞的《宋教仁与中国民主宪政》（湖南师范大学出版社 2008 年版）和《宋教仁思想研究》（湖南师范大学出版社 2010 年版），刘晓民的《法治的迷思：宋教仁案与中国法治困局的历史诠释》（中央编译出版社 2013 年版），等等。宋教仁的民主宪政思想对民初政治影响深远。姚琦认为“主张健全法制”“提倡议会政治”以及“注重发展地方自治”是宋教仁民主宪政思想的基本内容。于沛霖将宋教仁宣传和创建资产阶级法制的活动分成三个阶段：（1）从 1904 年底赴日留学到 1912 年 1 月南京临时政府成立，这一阶段宋教仁的主要活动是抨击清朝统治者的立宪骗局，宣传和介绍西方资产阶级民主法制。（2）南京临时政府成立，宋教仁出任第一任法制院总裁，这一时期宋教仁主要参与《中华民国临时约法》的创制。（3）从 1912 年 7 月辞去农林总长职到 1913 年 3 月遇刺，这一时期宋教仁的主要活动是从事议会活动，推行政党政治。③ 杨逢银评价了宋教仁与孙中山的内阁制与总统制之争，认为宋教仁的内阁制有利于限制大总统的权力以及打击封建旧官僚势力，而孙中山的总统制构想不仅有扩大政府权力的趋势，而且具有人治化缺陷。④ 闾小波从政党营销的角度考察了民初宋教仁的国会竞选活动，认为民初政治生活中的黩武主义是导致宋教仁宪政理想破灭的重要原因。⑤ 叶美兰、张忠山考察了宋教仁的农业现代化思想，认为宋教仁对农业教育、农业人

① 参见李帆《“夷夏之辨”之解说传统的延续与更新——以康有为、刘师培对〈春秋繁露〉两事的不同解读为例》，《近代史研究》2011 年第 6 期。

② 参见李孝迁《刘师培与近代清学史研究》，《东南学术》2001 年第 4 期。

③ 参见于沛霖《宋教仁与民初法制》，《南京社会科学》1992 年第 5 期。

④ 参见杨逢银《论孙中山与宋教仁的政体分歧》，《浙江学刊》2002 年第 6 期。

⑤ 参见闾小波《放大的公共领域与流产的政党营销——以“宋教仁案”为考察点》，《天津社会科学》2002 年第 2 期。

才的重视及其利用外资为农业发展服务的思想，对当前中国新农村建设具有一定的借鉴意义。① 侯宜杰根据现代刑法原理探讨了“宋教仁案”的凶犯问题，认为刑法实行疑罪从无、无罪推定的原则，没有确凿证据证明有罪的不得确认任何人有罪，研究宋案也要坚持这一原则，缺乏确凿证据就不能认为赵秉钧或袁世凯是刺杀宋教仁的主谋。② 宋教仁的学术思想、学术成就受到了关注。迟云飞考察了宋教仁对于边疆史地的研究，认为宋教仁为保卫中国领土而撰写的《间岛问题》展现出较深的学术功底以及比较完备的知识结构，如运用国际法理论、现代语音学知识对领土问题进行论证。③ 习五一分析了宋教仁对待阳明心学的复杂态度，认为宋教仁借鉴了阳明心学的道德修养论和真理观，最为赞赏的成分是主观唯心主义的宇宙观，对阳明心学的认识论则持批判态度。④ 迟云飞考察了宋教仁与 20 世纪初社会主义思潮的关系，认为宋教仁接受了社会主义的洗礼，他赞成国家社会主义，主张利用国家的力量迅速发展经济，不同意在当时中国实行无政府主义和共产主义主义。⑤

章士钊。出版著作主要有邹小站的《章士钊社会政治思想研究（1903—1927 年）》（湖南教育出版社 2001 年版）、丁仕原的《章士钊与近代名人》（中国文史出版社 2006 年版）等。邹小站研究了《甲寅》时期章士钊在自由主义理想与民初政治现实之间摇摆不定的思想经历：章士钊一方面渴望强有力的政府，另一方面又重视个人的自由权利；一方面主张中国应当走民主政治的道路，另一方面又认为尚不具备实现民主政治的现实条件；一方面希望中国能够以和平有序的方式实现政治的转型，另一方面又在现实的逼迫下承认革命的正当性。⑥ 杨琥从报刊编辑学的角度指出中国近代报刊设置“通信”栏始于章士钊主持的《甲寅》杂志，认为

① 参见叶美兰、张忠山的文章，《江海学刊》2009 年第 6 期。

② 参见侯宜杰《暗杀宋教仁的主谋尚难定论》，《史林》2013 年第 1 期。

③ 参见迟云飞《宋教仁的边疆史地研究》，《求索》2008 年第 6 期。

④ 参见习五一《宋教仁与阳明心学》，《历史研究》1990 年第 1 期。

⑤ 参见迟云飞《宋教仁与社会主义思潮》，《中国文化研究》2010 年第 3 期。

⑥ 参见邹小站《章士钊〈甲寅〉时期自由主义政治思想评析》，《近代史研究》2000 年第 1 期。

“通信”栏的开设促进了编者与读者的互动，对于批判袁世凯的专制统治，传播民主主义思想，发挥了重要的社会功能。①杨天宏研究了章士钊逻辑学素养对其政制思想的影响，认为章士钊提出的国会“院制”设计、政党与政党内阁建构、政治宽容的制度规范等，以及所界定的诸如“共和”“内阁”“政党”及“革命党”等政治概念，抓住了西方近代政制思想内在逻辑，对于辛亥前后亟待建设现代国家却时常感到无所适从的国人，作了良好的思想启蒙。②白吉庵从政治思想、文化思想、学术研究等三个方面比较了章士钊与胡适的异同：两人早年都希望在中国实现资本主义政治制度，在政治上的主张基本上是一致的，然而到了20年代初期，当胡适提倡“好人政府”，鼓吹“联省自治”时，章士钊却一反常态，回过头来宣扬“农业立国论”；两人在文化思想上是严重对立的，胡适信仰实验主义，主张革新，而章士钊则鼓吹新旧调和，主张守旧；学术方面，两人治墨方法大致相同，但在许多具体问题上却存不同见解。③郭华清研究了五四时期章士钊的文化学理论，认为章士钊强调各个民族历史与文化的具体性、独特性，与新文化派所持的一元进化论和西方文化中心论根本不同，因此章士钊理所当然地站在了新文化运动的对立面。④

其他思想人物。关于汪精卫。李志毓指出，汪精卫以“烈士”登上历史舞台，却以“汉奸”结束政治生命，在貌似“多变”“矛盾”的政治选择背后，潜藏着他“一贯”的性格，即在行动中常带着一种近于妄想的偏执与自信，且不乏付诸行动的勇气。然而一旦身陷困境，就自暴自弃，缺乏强韧的意志和圆融折中的智慧。汪精卫在民族生存最艰难的时刻，没有坚持战斗的勇气，接受日本人的诱降条件，幻想以媾和赢得一个偏安之局，最终“被诱而亡”，身败名裂。他大起大落的政治命运与他的

① 参见杨琥《章士钊与中国近代报刊“通信”栏的创设——以〈甲寅〉杂志为核心》，《安徽大学学报》2012年第4期。

② 参见杨天宏《逻辑家的政制建构逻辑——辛亥前后章士钊的政制思想研究》，《近代史研究》2011年第6期。

③ 参见白吉庵《略论章士钊与胡适》，《社会科学战线》1996年第2期。

④ 参见郭华清《五四时期章士钊的文化学理论——兼谈这一时期章士钊的历史观》，《安徽史学》2009年第4期。

性格密不可分。[①] 李志毓另文认为，汪精卫在民国初年宣布“不做官吏”，退出政治，投入留法教育运动，在思想上是出于对无政府主义的认同。信奉无政府主义，促使汪早年崇尚暗杀，继而将教育视为比武装革命更为根本的救国手段，并与孙中山产生了严重的分歧。但国内政治的危机局面，使汪又不能忘情于现实政治，内心充满苦闷挣扎，最终重返政治，放弃了无政府主义理想。[②] 谢晓鹏指出，汪精卫一生的政治思想复杂而多变。他以主张民族民主革命和宣扬三民主义始；以鼓吹“和平反共建国”及歪曲三民主义终。其政治思想的特点有三：一是以复杂多变为表象；二是以权力斗争为中心；三是以“党义”“党统”为工具。其政治思想的实质是日益走向扭曲蜕变的三民主义理论。[③] 张雪娇指出，汪精卫一生的思想、行为复杂多变。从1905年他在《民报》上发表文章，至抗日战争时期，其对三民主义及三大政策的认识也经历了一个复杂的演变过程：《民报》时期大力宣扬三民主义；国民党改组时期对三大政策由不甚理解到坚决捍卫、执行；蒋、汪对峙时期对三民主义进行实用性和功利性歪曲；抗日战争时期实行亲日卖国的所谓“三民主义”。至此，汪精卫对三民主义的歪曲和肢解，表明他彻底背叛了三民主义，并彻底背叛了中华民族，成为中华民族的败类。[④]

关于朱执信。宋凌迁指出，朱执信是一位激进的资产阶级民主主义者。在他短暂的革命生涯中，充满着追求真理的战斗精神。他比较早地接触到马克思、恩格斯及其学说，为马克思主义在中国的传播做出了独特的贡献。囿于主客观因素，他始终未能真正掌握马克思主义的科学世界观和方法论，趋于理想而忽于现实，没有和当时反帝反封建的革命任务结合起来。他即使在生命的最后时期，也未冲破资产阶级民主主义的思想樊篱而

① 参见李志毓《汪精卫的性格与政治命运》，《历史研究》2011年第1期。

② 参见李志毓《从“不做官吏”到争做官吏——汪精卫早年的无政府主义思想及其蜕变》，《安徽史学》2012年第2期。

③ 参见谢晓鹏《汪精卫政治思想的演变及特点》，《郑州大学学报》2005年第1期。

④ 参见张雪娇《汪精卫对三民主义认识的历史蜕变》，《江汉论坛》2009年第2期。

成长为真正的马克思主义者。[①] 龙士云等指出，朱执信是资产阶级民主革命的重要人物，但他对马克思主义在中国的传播起过重要作用。他指出了马克思主义是与空想社会主义相区别的科学社会主义，介绍了阶级斗争、剩余价值理论等马克思主义的重要观点，初步理解和接受了社会存在决定社会意识的唯物主义思想，以积极的眼光看待和研究十月革命。其局限性在于对马克思主义主要观点的理解在总体上还比较肤浅，对马克思主义的介绍也缺乏全面性和系统性。[②] 徐启彤等指出，朱执信在十月革命后，以其独特的革命敏锐感和胆识，为三民主义注入了激进的内涵，率先对"联俄、联共、扶助农工"的重大理论问题进行了比较深入的探索。他敏锐地觉察到苏俄是中国革命的真正朋友，确立了"以俄为师"的信念；他在寻求同盟者的过程中，产生了以列宁建党原则组成的苏俄共产党式的政党作为盟友的思想；他还走在同时代资产阶级革命党人的前头，系统地阐述了关于工农群众中蕴藏着巨大革命力量，应当扶助和依靠他们的理论。朱执信是三大政策富有成效的研究和宣传的先驱，对孙中山三大政策思想的形成产生过可贵的影响。[③] 董德福等指出，早期革命党人对新文化运动的态度以五四运动为界，前此对之漠然视之，此后则充分认识到其价值，积极参与这一运动。朱执信作为早期革命党理论家中的佼佼者，五四运动后发表了一系列赞助新文化运动的言论。其言论避免了不加分辨地否定传统的弊害，在保守与激进之间谋一中道，为国民党的改组作了理论铺垫。他对五四新文化运动的批评，尤见功力，至今仍有其价值。[④]

关于胡汉民。陶季邑指出，辛亥时期，胡汉民不仅主编前五期《民报》，而且还在该刊撰文多篇，成为当时著名的资产阶级革命理论家和宣

① 参见宋凌迁《试论朱执信对马克思主义的认识与传播》，《广西社会主义学院学报》2004年第2期。

② 参见龙士云、王家武《朱执信与马克思主义的传播》，《湖南行政学院学报》2003年第6期。

③ 参见徐启彤、卢伯炜《朱执信与三大革命政策的形成》，《广西师范大学学报》1994年第1期。

④ 参见董德福、史云波《早期革命党理论家与五四新文化运动——以朱执信为个案的研究》，《学术研究》2003年第12期。

传家。[①] 李育民指出，辛亥时期，胡汉民提出了颇具时代特色的排外观。胡汉民认为，发生排外现象的原因，是由于汉族的种族思想、清政府实行的内外方针，以及列强对中国的侵略。他主张区分不正当和正当两种不同性质的排外，其判断标准是国际法。他认为正当排外便是主张国家权利，同时又认同合法的主权限制。在他看来，要达到正当排外的目的，其根本之计在于排满革命。胡汉民和革命党人致力于反清革命，而对如何解除帝国主义压迫问题有所忽略，未能从根本上解决这一问题。[②] 陈峰指出，20世纪20年代的胡汉民在唯物史观的输入传布过程中扮演了一个先驱者的角色。他不但正面推介唯物史观的原理和方法，还批驳了一些欧美学者对唯物史观的非难攻击。胡汉民把唯物史观归结为“经济史观”，对阶级观点阐发较少。胡汉民1919—1920年的哲学史研究和井田制研究，是马克思主义传入中国后在史学领域的首次实验，意味着唯物史观开始从学理介绍向具体研究过渡，中国马克思主义史学由此萌芽。[③]

关于王国维。李明辉撰文探讨了王国维对康德哲学思想的吸纳与评介，指出康德哲学于19世纪开始传入中国，大致经历了两个阶段：第一阶段其传入主要凭借日文书刊之转介，以康有为、梁启超、章太炎等人为代表；第二阶段中国知识界不再以日文书刊为媒介，而是开始直接阅读德文原典，甚至有人亲赴德国学习康德哲学，其代表人物有蔡元培、张君劢、郑昕等。而王国维对于康德哲学的吸纳介乎第一、第二阶段之间：他一方面借由日本学者的著作了解康德哲学，另一方面阅读康德著作的英、日文译本。在此基础上，王国维不仅翻译了不少与康德哲学有关的论文，并自作了一些介绍康德及其哲学的论文，其中不乏王国维融汇康德美学以建立理论的用意，更为重要的是他借用康德的哲学概念来诠释中国哲学，如借用康德的知识论架构讨论中国传统的人性论，借用康德的理性学说讨论“理”的问题，借用康德的自由理论讨论“命”的问题。尽管王国维的这种尝试未免生硬，但其对康德哲学的理解已远远超过他同时代的康有

① 参见陶季邑《胡汉民与〈民报〉》，《益阳师专学报》1992年第3期。

② 参见李育民《辛亥时期胡汉民的排外观》，《湖南师范大学社会科学学报》2011年第5期。

③ 参见陈峰《胡汉民与中国马克思主义史学的发轫》，《齐鲁学刊》2007年第4期。

为、梁启超、章太炎等人。[①] 刘延苗运用文献研究方法分析了王国维的人生观念、生活经历以及时代背景，指出王国维自沉之原因在于：王国维认为天才越大，痛苦就越大，他的人生态度是悲观的，而对尘世的热情进一步导致了他异于常人的敏锐感受和强烈痛苦；他恪守着忠与义的人生信念，而家庭成员的过多离去使得他对死亡不再恐惧；时世的混乱与多变使得敏锐而忠义的王国维悲哀而无奈；他要保留自己的忠义与信念，更不愿意让别人侮辱他的忠义与信念，于是他选择了离去。[②]

五　五四时期的思想人物

陈独秀。著作主要有唐宝林的《陈独秀》（中国青年出版社 1994 年版），任建树的《陈独秀大传》（上海人民出版社 1999 年版），贾立臣的《陈独秀思想发展轨迹》（中国档案出版社 2003 年版），石钟扬的《文人陈独秀：启蒙的智慧》（陕西人民出版社 2005 年版），沈寂的《陈独秀传论》（安徽大学出版社 2007 年版），唐宝林和陈铁健的《陈独秀与瞿秋白》（团结出版社 2008 年版）以及金焕玲的《陈独秀伦理思想研究》（中国社会出版社 2009 年版）等。研究五四时期的陈独秀，就不能不研究他的民主与科学思想。梁柱指出，五四时期，陈独秀等人是把民主和科学作为改造社会、挽救颓废的良方提到国人面前的。但是，受时代限制，其政治视野未能超越资产阶级民主的范畴。当马克思主义开始在中国传播，俄国十月革命胜利以后，陈独秀等人就开始赋予民主以新的时代内容，他们抛弃了对资产阶级民主的幻想，而主张民众运动和社会改造。马克思主义的传播使陈独秀的民主观发生了质的变化，即由旧民主主义开始转向新民主主义，从而把民主的精神提到一个新的高度。[③] 冯天瑜则指出，在五四时期，陈独秀主编的《新青年》是宣示民主精义的主要阵地，《新青年》的民主诉求是中西文化相激相荡的产物，同时也反映了陈独秀民主思想的特点，即外铄的、激进的、批判的、观念突进的和精英式的。陈独秀的民

① 参见李明辉《王国维与康德哲学》，《中山大学学报》2009 年第 6 期。
② 参见刘延苗《从王国维的思想看王国维之自沉》，《长安大学学报》2008 年第 4 期。
③ 参见梁柱《五四时期民主与科学内涵的演进》，《党的文献》1999 年第 3 期。

主思想源自西洋文明，并且摆脱了近代中国先进知识分子追求民主时“托古改制”的故辙，对民主的激情批判在实践中又体现为强调探讨民主政治的内在精神，寻求观念的突进。[①] 杨乐平认为，五四时期陈独秀的民主思想存在着缺陷和不足：第一，把儒家思想等同于封建旧伦理道德，扛民主大旗对之全盘否定，这不免失之偏颇；第二，民主宣传和接受仅仅局限于少数知识分子，且又局限于理论宣传；第三，移植西方资产阶级民主未能顾及中国国情；第四，只强调了政治层面上的民主，而忽视了经济层面上的民主；第五，过分强调“民权”和重视国民运动，缺乏对具体的民主制度和机制的重视。[②]

关于陈独秀的伦理和文化思想。徐国利指出，伦理革命是陈独秀领导的新文化运动的首要目标和中心内容。陈独秀伦理思想的来源主要是西方近代的民主主义、功利主义和进化伦理观；陈独秀的伦理思想在继承近代资产阶级维新派和革命派伦理思想的基础上，又对此作了发展。他的伦理革命观具有时代意义和贡献，然而，其思想体系又存在着许多逻辑上的悖论和混乱。[③] 金焕玲指出，作为新文化运动的主要发起人之一，陈独秀为了建立新型的伦理文化进而实现国家独立和人的解放的目的，以西方的民主、科学思想为主要思想武器对中国国民道德进行了毫不留情的批判，较为全面和深刻地揭露了中国国民道德的劣性，与鲁迅主要以文学形式进行国民性批判产生了异曲同工之效用，对于唤起广大国民尤其是青年们的爱国意识、独立意识、科学意识和民主意识起到极为重要的作用。[④] 周建超考察了五四时期陈独秀的改造国民性思想，指出陈独秀关于中国国民性改造思想是在辛亥革命后中国文化转型的过程中提出的，全面深刻地剖析了中国国民性的种种弊端及其生成原因，深刻阐述了重塑新国民的迫切性、目标模式以及具体途径，其基本的理想目标是通过对中国国民劣根性的彻

① 参见冯天瑜《新青年民主诉求之特色》，《北京大学学报》1999 年第 4 期。

② 参见杨乐平《陈独秀前期民主思想浅议》，《浙江社会科学》2004 年第 6 期。

③ 参见徐国利《陈独秀“伦理革命”思想的再认识——兼论新文化运动的首要目标和中心内容》，《安徽史学》2005 年第 4 期。

④ 参见金焕玲《新文化运动中陈独秀对国民道德的批判》，《安庆师范学院学报》2009 年第 5 期。

底揭露和批判，以唤醒愚弱的国民，奋而追求现代文化理念下的民主、自由、平等的独立人格，重塑现代新国民，实现人的解放，从而为推进近代中国人的现代化进程做出了重大贡献。①

关于陈独秀转向马克思主义的原因。沈寂指出，陈独秀一生经历了康党—乱党—共产党的角色转变，也经历了改良主义—激进民主主义—马克思主义的精神飞跃。早在日本留学时代，他就已经接触到了马克思主义，当时西方的民主主义与社会主义同时传入中国，但陈独秀依然是“正统的”民主主义者。后来，三个方面的原因致使其思想转变为社会主义：一是第一次世界大战后半殖民地半封建的中国欲求民族解放与民主政治之成功的急切形势促使其改变方略；二是苏俄革命的成功使其把共产自由天堂的美丽前景“附会于”十月革命后的苏维埃政权而促使他政治理念革命化；三是1919年在狱中被关押八十多天里，他对《圣经》的研读使其精神发生转变而产生革命人道主义。② 吴忠良认为，陈独秀从激进的资产阶级民主主义向马克思主义转变固然是多种因素合力作用的结果，但国际因素在其中发挥了重要作用，直接促成陈独秀思想的转变。由于向往欧美式民主，相信威尔逊总统是世界上第一个好人，1919年初的陈独秀并不热衷宣传十月革命，也不信仰马克思主义。中国外交在巴黎和会彻底失败后，他对威尔逊总统彻底失望，追寻救国真理的目光开始由法兰西转向苏俄，开始信奉马克思主义，开始宣传十月革命。1920年共产国际代表维经斯基来华，直接促成陈独秀转变为马克思主义者。③

关于陈独秀的评价。欧阳哲生在《陈独秀对新文化运动的思想贡献》一文中指出，在新文化阵营中，陈独秀是一位不忘情于现实政治的思想家。陈独秀又是一位极具现代意识的思想家，他对传统的反叛，他对个人主义、思想自由、科学观念、民主政治、革命思想的阐释，反映了他对现代性的强烈追求。他将现代化简化为民主、科学，为新文化运动树立德先生、赛先生两面大旗，也反映了他对建构一种新的现代意识形态的追求。

① 参见周建超《论五四时期陈独秀的改造国民性思想》，《江海学刊》2004年第6期。

② 参见沈寂《陈独秀传论》，安徽大学出版社2007年版，第366—374页。

③ 参见吴忠良《陈独秀转变为马克思主义者的国际因素》，《安庆师范学院学报（社会科学版）》2009年第7期。

陈独秀对传统的批判、对现实政治的批判，都建立在他对建构现代意识形态的自觉上，这是他超越同时代思想家之处。陈独秀思想这种现实性、现代性和批判性的特征正是新文化运动本身的主体特征。作为新文化运动的发动者，陈独秀思想粗犷，他的理论修养既不如年长的蔡元培，也不如年轻的胡适；在革命理论修养方面，陈独秀又不如他的同志李大钊。他激情有余而理性思考不足，破坏太甚而实际建树却少，行动果敢而思想并不周全。从他的真正兴趣所在和表述的思想内容来看，他实为一位思想倾向行动，政治重于文化的政治思想家。新文化运动之转变为一场政治运动，与他的个人取向有着相当密切的关系。①

李大钊。著作主要有杨纪元的《李大钊研究论札》（中共中央党校出版社 1992 年版）、李大钊研究会编的《李大钊与中国社会主义道路》（北京大学出版社 1994 年版）、朱成甲的《李大钊早期思想与近代中国》（人民出版社 1999 年版）、晋荣东的《李大钊哲学研究》（华东师范大学出版社 2000 年版）以及吴汉全的《李大钊与现代中国学术》（河北教育出版社 2002 年版）等。李大钊早年所处时代正值中国社会大变动时期，受当时社会大环境影响，他不仅受到来自西方各种文化思潮的冲击，也受到当时中国现实政治的影响。这一时期李大钊的思想是很丰富的，也是很复杂的，因此这一课题也备受学界青睐。刘桂生指出，民彝思想是李大钊早期政治思想的核心，主要内容有：民彝是一个民族的全体人民在其历史发展过程中，通过其社会生活实践形成积累起来的全部智慧、才能、德性等的禀赋，也是一个民族生存和发展的意志和愿望；民彝是发展变化的；民彝是一个民族的群体精神意识，但它的本性也尊重强调个体“己”的自由发展。② 侯且岸认为，民彝思想的形成是李大钊早期政治思想趋于成熟的标志。在李大钊整个思想演变的进程中，政治思想的变化是最显著的，而政治思想的变化又是以民彝思想为基轴的，即使李大钊成为马克思主义者

---

①　参见欧阳哲生《陈独秀对新文化运动的思想贡献》，《史学月刊》2009 年第 5 期。

②　参见刘桂生《“宗彝”故训与“民彝”新诠》，载中共中央党史研究室科研局编《李大钊研究文集：纪念李大钊诞辰 100 周年》，中共党史出版社 1991 年版。

以后，在思想上也仍然保留着民彝思想的精华。[①] 龙敏贤等分析了《言治》月刊时期章士钊在集权与分权、一院制与两院制等问题上对李大钊的影响后认为，李大钊在理论上主张民主政治，但在实际上却往往走向了反面。李大钊抱着强烈的爱国热情，渴望国家和平、统一、稳定，所以一度在裁撤都督、弹劾等问题上公开支持袁世凯，反对国民党，希望能通过支持袁世凯把国家带上民主政治的轨道。但同时他又是民主共和的坚定信仰者，因而他的拥袁不是绝对的，潜伏着反对袁世凯的因素。[②]

把马克思主义引入中国并促使其广泛传播，从而在一个古老的东方大国兴起社会主义运动，这是李大钊的不朽功勋。张静如、朱志敏指出，李大钊率先系统地介绍马克思主义，在理论上为马克思主义辩护，是第一个把马克思主义的引进、信仰、宣传和实践结合起来的人。李大钊在研究和宣传马克思主义的过程中有几个特点：强调马克思主义是科学理论，注重其学理上的严密性和科学研究方面的普遍指导意义；在宣传马克思主义的过程中对非马克思主义者和非马克思主义思想表现了少有的宽容态度；把马克思主义引进高等课堂，为马克思主义在中国传播做出了他人所无法取代的贡献，在把马克思主义与中国实际结合方面做了初步努力，尽管在这方面的工作尚不完美，却为后人做出了榜样。[③] 左玉河等认为，李大钊不仅最早系统地宣传马克思主义，而且最早进行了马克思主义中国化的尝试。这种尝试主要从三方面进行：对马克思主义理论进行阐释、改造，使之适合中国实际需要，即马克思主义理论内容的中国化；马克思主义理论运用于中国实际，在实际中丰富和发展马克思主义；倡导马克思主义理论宣传的通俗化。[④] 朱文通认为，李大钊为马克思主义中国化做了四方面的努力：把马克思主义的理论体系介绍给中国人民，这是李大钊将马克思主

---

① 参见侯且岸《李大钊民彝思想与中国近代民主政治建设》，《北京党史研究》1994 年第6期。

② 参见龙敏贤、王易放《章士钊对李大钊政治思想的影响（〈言治〉月刊时期）》，《清华大学学报》1999 年第 3 期。

③ 参见张静如、朱志敏《李大钊与马克思主义旗帜在中国的树立》，《北京党史》1999 年第 6 期。

④ 参见左玉河、王瑞芳《李大钊与马克思主义理论中国化》，《史学月刊》1993 年第 1 期。

义中国化的基础工作；初步倡导了马克思主义中国化的方法论——理论联系实际的原则；批驳了马克思主义不适合中国国情的错误论调，为马克思主义中国化扫清了障碍；对中国革命的诸多问题进行了卓有成效的探索，对马克思主义中国化进行了初步尝试。[①] 王志刚的《五四时期李大钊对马克思主义中国化的历史贡献》一文认为，对经济基础和上层建筑、生产力和生产关系的辩证理解，对阶级斗争学说和人民群众创造历史观点的辩证把握，对中国马克思主义史学的开创性贡献，这三个层面的内容充分体现了李大钊在马克思主义中国化的历史进程中的重要作用。[②]

李大钊作为中国马克思主义的先驱，其独特贡献就在于最早传播唯物史观，而他对唯物史观的理解和把握直接影响到中国早期马克思主义的理论形态，对后来中国马克思主义的发展有着不可低估的影响。张小平指出："李大钊对唯物史观的性质、方法、意义所进行的探究表明他在对马克思主义的理解中，在把马克思主义作为工具解决中国面临的理论、实践问题中所具有的思想的独特性、创造性。他对马克思主义的理解充满辩证性、实践性而没有教条主义与机械主义的特征。李大钊所理解的马克思主义作为中国马克思主义的最初形态对后来马克思主义在中国的发展具有深远的影响。"[③] 把李大钊的学术思想与中国现代化建设结合起来进行研究，进而探讨其思想的现代意义，这是20世纪90年代以来尤其是新世纪以来研究李大钊思想的一大特色。吴汉全认为："李大钊是中国马克思主义的先驱，他在继承中国近代进步的学术传统的同时不仅在中国引入唯物史观，为中国学术提供了新的学术观念，而且还运用唯物史观率先进行学术研究。他在马克思主义指导下所形成的学术观，不仅是对五四时期学术观念的总结和提升，而且对中国现代学术观念的发展产生重大影响。李大钊推动了五四时期中国学术观念的更新，是中国马克思主义学术的开

① 参见朱文通《李大钊是马克思主义中国化的初倡者》，《党校教育》1994年第1期。

② 参见王志刚《五四时期李大钊对马克思主义中国化的历史贡献》，《高校理论战线》2007年第3期。

③ 张小平：《李大钊对唯物史观的认识及其影响》，《中国社会科学院研究生院学报》2002年第2期。

创者。”[①]

胡适。中国大陆的胡适研究，是与“改革”“开放”的同步进行的，二者存在着一种相辅相成的关系：中国开放的程度越高，越易于推动胡适研究；而对胡适的研究越深入，越能为中国的开放与现代化建设提供借鉴的意义。自20世纪90年代初以来，胡适研究已经从80年代侧重于对胡适的“翻案”“正名”和“重评”，开始向纵、深、广的研究方面发展，并取得了大量成果。出版的著作主要有耿云志主编的《现代学术史上的胡适》(三联书店1993年版)、欧阳哲生的《自由主义之累——胡适思想的现代阐释》(上海人民出版社1993年初版，江西教育出版社2003年再版)、胡晓的《胡适思想与现代中国》(安徽人民出版社1993年版)、易竹贤的《胡适与中国现代文化》(武汉大学出版社1993年版)、罗志田的《再造文明之梦——胡适传》(四川人民出版社1995年版)、耿云志的《胡适新论》(湖南出版社1996年版)、胡明的《胡适传论》(人民文学出版社1996年版)和《胡适思想与中国文化》(广西师范大学出版社2005年版)、宋剑华的《胡适与中国文化转型》(黑龙江人民出版社1996年版)、章清的《“胡适派学人群”与现代中国自由主义》(上海古籍出版社2004年版)、欧阳哲生的《探寻胡适的精神世界》(北京大学出版社2012年版)、周质平的《光焰不熄：胡适思想与现代中国》(九州出版社2012年版)等。

研究胡适思想，当然会研究胡适的文化观。学界对胡适文化观的研究主要集中在他的西化主张与传统文化观方面。20世纪80年代学术界的主流观点是认为胡适是中国近代史上“全盘西化”和“民族虚无主义”论者。比如耿云志在《评胡适的中西文化观》一文中就认为，胡适的文化主张的“根本宗旨在于推进资产阶级的西化运动”，具体主张就是所谓“‘全盘西化’与‘充分世界化’”，他的传统文化观“常常流露出民族虚无主义的倾向”。[②] 这种观点在90年代以后越来越为学者们所质疑。胡明的《关于胡适中西文化观的评价》一文认为，“胡适既不是‘全盘西化’

① 吴汉全：《李大钊与五四时期中国学术观念的更新》，《江西社会科学》2003年第6期。

② 耿云志：《胡适研究论稿》，四川人民出版社1985年版。

论的‘始作俑者’，更不是‘全盘西化’派的‘挂帅人物’。由于他‘用字不小心’，又由予他表态太性急，更由于他对中国传统文化深刻的矛盾表现，在‘全盘西化’的问题上造成了一些错觉”。他并且为胡适的“民族虚无主义”做“辩解”，指出胡适对中国传统文化并未采取“完全否定的态度——虚无主义的态度”，“他的否定对象主要是腐朽没落的封建思想观念与意识形态，他对中国的三千年学术文化却自始至终持冷静的分析态度”。胡适对中国传统文化的尖刻指责“实在是出于一种热肠”。[①] 郑大华在《胡适是“全盘西化论者”?》中也指出：“五四新文化运动时期，胡适反对用所谓西方‘新文化’来全盘取代中国‘旧文化’，主张中西文化和中西哲学的结合；他也没有全盘性的反传统，他和传统的关系可以说是形离而神合。五四新文化运动后，他主张的是‘充分西化’或‘全力西化’，而不是‘全盘西化’。”[②] 欧阳哲生认为：“胡适在五四时期以及以后虽发表过不少批判传统文化的激越之词，但我们却没有丝毫理由证明他是一个民族文化的虚无主义者。他对传统文化的批判始终是同建设新文化结合起来，把它看做是振兴民族精神，‘再造文明’的必要手段，这种批判本身就贯注着理性精神和建设意义，并非非理性的否定和虚无主义的全部扔弃。”[③] 也有一些学者从思想家思想的复杂性出发，主张动态地发展地认识胡适的文化观。张利民认为：“大致说来，从留美后期到20年代中期，胡适是一个坚定的西化论者，但还算不上‘全盘西化’论者，20年代中期到30年代中期胡适则不仅是西化论者，而且也成为‘全盘西化’论的主要代表。30年代后期，胡适的观点又有一定的变化，逐渐趋于温和。”指出“我们说胡适是‘全盘西化’论者时，是就其思想发展过程中的某一阶段而言”。而且“承认胡适是‘全盘西化’论者（这是要经过限定的），并不意味着完全否定他的文化变革的实践以及文化思想”。[④] 王鉴平认为，胡适的中西文化观大致可以区分为三阶段：第一阶段，登上理论舞台至20年代末，自觉提出中西汇合说；第二阶段，30年代至40

① 胡明：《关于胡适中西文化观的评价》，《文学评论》1988年第6期。

② 郑大华：《胡适是“全盘西化论者”?》，《浙江学刊》2006年第4期。

③ 欧阳哲生：《胡适与中国传统文化》，《中国现代文学研究刊》1991年第4期。

④ 张利民：《胡适与“全盘西化”论》，《哲学动态》1997年第10期。

年代，提出全盘西化或充分西化，但以中西融合为归宿，因而可以说是自发的中西汇合说；第三阶段是 1949 年至 1962 年，胡适表现出极为矛盾的文化心态。[①] 李磊明对胡适早期文化思想——“中西汇合论”作了具体考察，“从一个侧面证明胡适的中西文化观并不是凝固不变的，它同样有个发展演绎的过程”。[②] 尤小立认为，“人们不要过分纠缠于胡适‘是’与‘不是’‘全盘西化’论者之上，不免笼统、简单化”。在他看来，胡适的“全盘西化”论“既有偶然性，又寄存着必然性，但无论怎样，它都是具体语境中的产物，离开了具体语境来谈胡适‘是’或者‘不是’‘全盘西化’论者都是没有意义的”。[③] 耿云志认为，胡适有四个重要的文化观念值得充分肯定：（1）胡适认为中国人置身于世界文化中，肯定感到不适应，而如何解决适应世界文化的问题是关键，吸收现代世界的新文化是否有效和成功，要看能否让新文化与旧有的文化找到一致性，从而能够相协调并继续发展。（2）胡适强调人类文化的一致性。与大多数学者强调文化之民族、地域的差别不同，胡适更着重强调文化的历史发展之程度的不同。耿氏认为这是胡适基于对时代议题的认识和知识领袖的历史使命感。当然，胡适也看到东西文化的民族性差别。（3）文化交流是自由切磋、自由选择的过程。胡适认为，文化变动是全民族、全社会参与的过程，因此它绝非是某个人或某些人的主观意志所能操控的。（4）文化的本位是那无数无数的人民。而认清了文化的本位乃是无数无数的人民，则一切有关于“全盘西化”“本位文化”以及各种折中主义的论调都变得没有意义。[④]

在研究胡适文化观的同时，学者们还对胡适与同时代其他思想家思想进行了比较。郑大华的《文化的民族性与时代性——五四时期梁漱溟与

① 参见王鉴平《中西汇合与全盘西化——胡适中西文化观演变的一点分析》，《中州学刊》1989 年第 1 期。

② 李磊明：《胡适“中西汇合论”思想述评》，《宁波师院学报（社会科学版）》1992 年第 4 期。

③ 尤小立：《胡适与“全盘西化”论再思》，《江苏社会科学》2002 年第 4 期。

④ 参见耿云志《胡适关于中国近代文化转型的几个重要观念》，载《重新发现胡适》，外语教学与研究出版社 2011 年版。

胡适的东西文化之争初探》一文，以胡适与梁漱溟作为西化派与文化保守主义的代表，对两派的东西文化观作了比较。指出以胡适为代表的西化派一般都十分重视中西文化的时代落差，而对中西文化的民族特征很少理会，乃至将西方文化的一些民族特征误作为普遍真理强我所求，同时又将中国文化的民族特征视为敝履加以抛弃；与此相反，以梁漱溟为代表的文化保守主义者却过分看重各文化之间的类型差别，非常珍惜中国文化之民族特征，不赞成把中国文化的民族性等同于落后性，而对中西文化的时代差异拒不承认，反对全面地向西方学习。[①] 郑大华还比较了胡适和梁漱溟的文化心态，并指出胡适具有民族文化自卑的文化心态，与梁漱溟的民族文化优越感形成了对照。早在五四新文化运动期间，胡适在与梁漱溟等人就东西方文化问题进行争论的时候，就已流露出了民族文化自卑感，尽管这种自卑感当时还不十分明显和强烈。到了五四新文化运动以后，由于国内政治社会危机的进一步恶化，尤其是他 1926 年 7 月到 1927 年 5 月因故到欧美各国又跑了一圈，战后西方资本主义的高速发展，尤其是美国"摩托车文明"与中国"轿子文明和人力车文明"所形成的巨大反差，使胡适的民族文化自卑感有了迅速滋长。[②] 欧阳哲生的《胡适与陈独秀思想之比较研究》一文认为，胡适和陈独秀的共同思想认识是"要求'重估一切价值'，呼唤个性解放，反对传统偶像，倡导文学革命"，而思想歧异表现在"对进化论的改造""对欧美近代思潮的取舍""对待新文化运动的路线认识""处理传统文化的方式""改造中国的政治方案"诸方面。[③] 耿云志认为，"在以批判的态度对待旧传统，以开放的态度对待西方文化的问题上"，胡适与鲁迅"仍然基本上站在同一条战线上"。并且，在民族文化复兴的大方向上，"一直保持基本一致的立场"。[④] 高力克剖析

---

① 参见郑大华《文化的民族性与时代性——五四时期梁漱溟与胡适的东西文化之争初探》，《求索》1991 年第 1 期。

② 参见郑大华《自卑与自大：两种不健全的文化心态——胡适和梁漱溟的文化心态比较论》，《中州学刊》1991 年第 1 期。

③ 欧阳哲生：《胡适与陈独秀思想之比较研究》（上篇），《中国文化研究》1995 年总第 10 期。

④ 耿云志：《从民族文化复兴的大视角看胡适与鲁迅》，《鲁迅研究月刊》2007 年第 10 期。

了陈独秀、胡适、梁漱溟的“五四”观，认为三者分别代表了民初思想界之激进主义、自由主义、保守主义三种不同的政治观点。“对于五四运动，陈的民主与民族之思，胡的个人与国家之分，梁的公义与法律之辩，分别以民主、自由、法治来规约爱国主义，体现了五四知识分子对爱国主义的理性思考。”①

胡适是近代中国自由主义思潮的代表人物。欧阳哲生在《自由主义之累》一文中考察了胡适自由主义思想的历程，即形成于留美时期，五四前后登上历史舞台，在40年代中期以后真正发挥和系统表述，“他晚期思想不仅未改初衷，而且变得浑厚、深沉、圆熟”。该文认为，“胡适把自由主义由一种朦胧意向的文化探索推向自觉意识的思想建构；谋求在社会政治层面，而不仅仅是在文化学术的范围，展现自由主义的性格；进而在思想理论和行为规范上，为自由主义提供了一套范型”。其“毕生事业之二就是在中国传播自由主义的真谛”，“胡适一生，特别是在晚期，为实现这一目标，不遗余力地奔走呼号，成为中国自由民主运动的精神脊梁”。肯定了胡适作为一个自由思想启蒙者的历史价值：“胡适的精神生命不是以几十年来衡量的，胡适的思想价值也不是由片断的历史所决定的，不管胡适是他自己信仰的祭品，还是时代的牺牲品，他所奋力开拓的自由民主运动，实已成为中国现代化事业的重要组成部分。”② 耿云志分析了胡适的著名论断“容忍比自由还更重要”，认为这一论断并非胡适的一贯的明确主张；从自由主义理论原则上说，“容忍比自由还更重要”不构成自由主义的一般原则；这句话只有策略上的较高重要性，而不能提升到理论原则的高度。③ 陈先初、刘旺华强调，胡适是现代中国自由主义的精神领袖和形象代言人，自五四时期开始他即投身于日益兴起的自由主义运动；胡适所领导的自由主义运动遵循着“独立的言论立场”“善意的批评态度”“渐进改革的路径选择”和“民主政治的目标定位”的基本理念。④ 在许纪霖看来，胡适等人主张的“好政府主义”是20年代中国自

① 高力克：《陈独秀、胡适、梁漱溟的五四观》，《浙江社会科学》2010年第8期。

② 欧阳哲生：《自由主义之累》，《开放时代》1999年第4期。

③ 参见耿云志《也谈胡适的〈容忍与自由〉》，《现代中文学刊》2011年第6期。

④ 参见陈先初、刘旺华《胡适与现代中国的自由主义》，《求索》2008年第3期。

由主义的政治乌托邦。无论是“好人政治”的鼓吹者，还是其批评者，都未意识到它只不过是中国儒家政治思想中一种源远流长的道德理想主义——圣王精神。[①] 章清基于概念史的视野，对胡适与“自由主义”问题作了深入辨析，梳理了胡适与自由主义的结合历程，指出胡适作为自由主义者的身份来自国共两党的命名。“大致说来，约至 20 世纪 30 年代，胡适与自由主义以及中国自由主义才算完成正名的工作。”“胡适作为自由主义的代表，对实际政治的介入还是有限的，更多是在思想文化层面上用力，所谓‘学术社会’。”[②] 石元镐认为，胡适的自由观带有以社会政治的、消极的和外在的自由为主的特征；胡适在有些问题上也涉及了积极的或内在的自由，但总体上他主张消极而外在的和社会政治的自由，伸张、发挥个性自由、思想言论自由，进而主张容忍异己的思想和反对党。[③] 何卓恩研究了胡适在《自由中国》上的言论，指出胡适对《自由中国》的参与和在《自由中国》的言论，表现出很明显的矛盾心态。这种心态主要归因于胡适身负自由主义领袖和流亡“政权”同盟者的双重角色，体现出在非常情势下一个老派自由主义者思想意识中“国权”与“人权”的紧张。[④]

关于胡适的早期思想，吴果中通过《竞业旬报》来考察胡适的早期思想，发现其主要包含“无神论”“教育救国论”“政府批判和爱国论”“国民劣根性的批评论”思想，认为“胡适早年是徘徊于改良和革命之间的思想生存，可以说是时代和社会、也是个人和家庭酿制下的一种思想气质”。[⑤] 张利民的《略论胡适留美时期的思想变迁》一文探讨了胡适留美时期的思想变迁，指出这些变迁表现在文化、伦理、政治、学术等各个方

① 参见许纪霖《中国自由主义的乌托邦——胡适与“好政府主义”讨论》，《近代史研究》1994 年第 5 期。

② 章清：《胡适与自由主义：一个概念史的分析》，载耿云志、宋广波主编《纪念胡适先生诞辰 120 周年国际学术研讨会专辑》，社会科学文献出版社 2012 年版。

③ 参见石元镐《胡适自由观的特征与演变》，《中国哲学史》2004 年第 4 期。

④ 参见何卓恩《思想与角色：胡适在〈自由中国〉的言论解读》，《安徽史学》2009 年第 5 期。

⑤ 吴果中：《徘徊于改良与革命之间的职业生存——〈竞业旬报〉与胡适早期思想述评》，《船山学刊》2005 年第 4 期。

面，认为胡适“归国后，全力从事新文化运动，倡导文学改良，并写下大量论著，介绍西方文化，抨击封建主义，宣传资产阶级的民主和自由，显然，这是他在留美时期探求的结果和继续”。[①] 赵润海认为胡适青少年时期的思想包括“无神论”“重视思想方法”“社会与个人”“爱国意识”“对女性的态度”“中西文明之比较”“朋友之义”“个人美德的追求”，指出“无神论思想不但是少年胡适思想的中心，也是胡适一生思想的中心”。[②] 李磊明考察了胡适早期的文化观，认为早期胡适在文化问题上持“中西汇合论”观点。“胡适主要是通过输入学理和整理国故两个途径来沟通中西文化，从而实现中西汇合、再造文明的目的，在此意义上，整理国故与输入学理都具有更新文化传统、建构新文化的深刻意蕴；但是胡适中西文化观的某些内在缺陷，使得胡适的‘中西汇合论’思想发生歧异，进而显示了滑入全盘西化的指向。”[③]

随着研究的深入，关于胡适的评价也更加客观和辩证。耿云志早在20世纪80年代就指出胡适是中国近现代史上影响最大的资产阶级学者之一。进入21世纪后，他在《胡适思想的现代意义》一文中将胡适界定为“我国近代著名的思想家、教育家和学者，毕生从事教育、学术和文化工作，同时积极关注国家民族的前途和发展”，并概括了胡适思想的影响和意义：“第一，作为新文化运动的中心人物，胡适为新文化运动的发展作出了突出性的贡献；领导白话国语运动取得成功；倡导个性解放，提出‘健全的个人主义’的界说；大力推进教育改革；提倡科学思想，反对武断迷信；创立新学术典范等。第二，在中西文化交流及中国文化的发展走向上，胡适最早提出建设中国新文化的纲领性意见，对中西文化交流持开放性的态度，反对所谓本位文化观，主张中国文化与西方文化进行深入全面的交流，通过充分的文化交流实现中国文化的变革和发展。第三，在政治变革上，胡适并不绝对地反对暴力革命，但更主张通过和平的改革来创建新的制度，促进社会的发展。第四，在对待外国列强的态度上，胡适既

① 张利民：《略论胡适留美时期的思想变迁》，《贵州社会科学》1999 年第 3 期。

② 赵润海：《胡适的早期思想（1906—1909）》，《鲁迅研究月刊》2000 年第 10 期。

③ 李磊明：《胡适“中西汇合论”思想述评》，《宁波师院学报（社会科学版）》1992 年第 4 期。

反对帝国主义对中国的侵略和压迫，同时又主张理性的民族主义，反对情绪化地简单排外。”[①] 余英时认为，胡适是 20 世纪中国学术思想史上的一位中心人物，“无论是誉是谤，他始终是学术思想界的一个注意的焦点”，在中国近代史上占据着“枢纽地位”。“从思想史的观点看，胡适的贡献在于建立了库恩（Thomas S. Kuhn）所说的新典范（paradigm）。”余英时也指出了胡适的局限，即“他的‘科学方法’——所谓‘大胆的报设，小心的求证’——他的‘评判的态度’，用之于批判旧传统是有力的，但是它无法满足一个巨变社会对于‘改变世界’的急迫要求”。[②] 欧阳哲生考察了“中国现代哲学史上的胡适”，认为其主要贡献有二：“在西方哲学介绍方面，大力传播美国哲学——实验主义，在北大首开西方哲学史课程，系统评介西方当代哲学。在中国哲学史研究方面，他发表《中国哲学史大纲》一书，成为中国哲学史这一学科的奠基者。”然而，“他以汉学家的方法研治中国哲学史”又限制了其哲学研究。[③] 丁守和的《对胡适研究的再认识》一文，对过去胡适研究中的有关问题，如文学革命、个性解放与反封建、打倒孔家店、推动科学化和民治化、抨击国民党专制、要求人权与自由等进行了重新思考或再认识，充分肯定了胡适对现代中国社会进步所起的积极作用。[④] 旷新年分析了“中国现代思想史上的胡适”，认为“胡适以他的思想力量转移了中国的传统，他是从‘传统的中国’转向‘现代的中国’的一个明显的标志”。也指出了“胡适思想的匆忙性和方便性”。[⑤] 罗志田的《新旧文化过渡之使命：胡适反传统思想的民族主义关怀》一文，遵循胡适反传统观念产生发展的内在理路，重建其由原本主张爱国应当知传统到认为救亡不得不反传统这一激烈变化的心路过程，特别强调胡适的传教士身份认同及其伴随的宗教性使命感在这个激变

① 耿云志：《胡适思想的现代意义》，《学术探索》2006 年第 2 期。
② 余英时：《重寻胡适历程——胡适生平与思想再认识》，广西师范大学出版社 2004 年版。
③ 欧阳哲生：《中国现代哲学史上的胡适》，《学术界》2006 年第 1 期。
④ 参见丁守和《对胡适研究的再认识》，《安徽史学》2003 年第 1 期。
⑤ 旷新年：《中国现代思想史上的胡适》，《读书》2002 年第 9 期。

中的重要作用。[①]

近年来有的论文从新的角度，如精英思想与民间社会的关系切入，对胡适的思想进行分析。尤小立的《胡适的婚姻及其新婚时的心态》(《民国档案》2005年第1期)、徐希军的《角色冲突：胡适思想多歧性的一个社会学解释》(《安徽大学学报》2005年第1期)、李建军的《“多党民主”与“国民党自由分化”：胡适的“大胆假设”与“小心求证”》等文，对胡适的心态变化、家庭婚恋、人际交往等进行了关注，展现了更加立体和生动的胡适。

梁漱溟。90年代以来，梁漱溟的生平和思想始终是学术界的研究热点，出版著作主要有马勇的《梁漱溟文化理论研究》(上海人民出版社1991年版)、《梁漱溟评传》(安徽人民出版1992年版)和《梁漱溟教育思想研究》(辽宁教育出版社1994年版)，郑大华的《梁漱溟与胡适：文化保守主义与西化思潮的比较》(中华书局1994年版)、《梁漱溟学术思想评传》(北京图书馆出版社1999年版)和《梁漱溟传》(人民出版社2001年版)，景海峰、黎业明的《梁漱溟评传》(百花洲文艺出版社1995年版)，曹跃明的《梁漱溟思想研究》(天津人民出版社1995年版)，郭齐勇、龚建平的《梁漱溟哲学思想》(湖北人民出版社1996年版)，李善峰的《梁漱溟社会改造构想研究》(山东大学出版社1996年版)，朱汉国的《梁漱溟乡村建设研究》(山西教育出版社1996年版)，熊吕茂的《梁漱溟的文化思想与中国现代化》(湖南教育出版社2000年版)，李宁琪的《梁漱溟伦理思想研究》(湖南人民出版社2002年版)，柳友荣的《梁漱溟心理学思想研究》(安徽人民出版社2004年版)，崔运武的《梁漱溟评传：一个现代政治变革者的理想与践行》(人民出版社2013年版)等。

研究梁漱溟，首先要解决的是他思想的属性问题，即梁漱溟是新儒家还是新佛家？这个问题是一些学者提出来的。他们根据梁漱溟晚年在回答访问时一再声明自己“一直是持佛家的思想，至今仍然如此”，“持佛家精神，过佛家的生活”，是自己终身的“心愿”，认为梁先生是现代新佛

---

① 参见罗志田《新旧文化过渡之使命：胡适反传统思想的民族主义关怀》，《传统文化与现代化》1995年第6期。

家，而非现代新儒家。大多数学者基于梁漱溟一生思想和实践的主导倾向，都将其归入现代新儒家的行列，但具有浓厚的佛家思想色彩。郑大华指出，梁漱溟具有现代新儒家共同具有的一些思想特征：第一，具有“为往圣继绝学，为万世开太平”的强烈使命感和道德忧患意识；第二，以儒家学说为中国文化之正统和代表；第三，他曾告诉过自己的弟子：“我觉得我有一个最大的责任，即为替中国儒家作一个说明，开出一个与现代学术接头的机会。”但无论是对中西文化的认识，还是对人生问题的探讨，梁氏的思想又具有浓厚的佛学色彩，“是一个宗教气味很浓的人”。①

作为现代新儒家的代表人物，梁漱溟的新儒学思想及其在现代新儒学发展历程中的地位，理所当然地为学术界所重视。冯友兰在《中国现代哲学史》中指出，梁漱溟的新儒学思想是“接着”，而不是“照着”陆王讲的，他把陆王派没有讲清楚的讲清楚了，因而比以前的陆王派进了一步。郑大华具体考察了梁漱溟是如何“接着”陆王讲，站在现代新儒家的立场上阐释阳明心学的。② 曹跃明认为，梁漱溟新儒家思想的基本特征在于建立了一个新的文化比较模式，打破了过去以“体用”学说为代表的旧的“范式”，开创了一个对中国文化，特别是对儒学研究的新境界，将以往肤浅的比较和解释深入本体论和人类存在意义的层次。③ 李善峰认为梁漱溟新儒家思想的核心主题是探讨中国文化与现代化的关系，梁漱溟对以儒家为主体的中国文化进行了全新的价值重估，力图以价值理性来批判西方现代化进程中出现的工具理性的过分膨胀以及由此带来的人性的疏离、意义的迷失等问题，主张以儒家文化作为现代化的主要思想资源，企图在传统文化框架内实现中国社会的现代化，反对全盘西化与激进变革，代表的是一种不同于西方式的以工业化为主导的现代化道路。④ 郑大华指出，梁漱溟分别从批判科学主义、认同陆王心学的进路、“援西学入儒”

① 郑大华：《梁漱溟与现代新儒学》，《求索》2003 年第 2 期。

② 参见郑大华《梁漱溟与阳明心学》，《孔子研究》1990 年第 2 期。

③ 参见曹跃明《近代中西文化问题与梁漱溟的文化观》，《天津社会科学》1994 年第 1 期。

④ 参见李善峰《传统儒学现代化的一次努力——以梁漱溟的理论和实践为个案的研究》，《孔子研究》2004 年第 5 期。

的范式以及“同情的理解”中国历史和文化等方面开启了现代新儒学。[①]韩强强调，梁漱溟用理性为体理智为用改造了传统儒学的心性论，使之提高到现代哲学认识论的水平，并且用唯识无境和真善美的价值作为连接理智与直觉的环节，从而为现代新儒学的进一步发展提供了理论上的新方法。[②]颜炳罡在《仁·直觉·生活态度——梁漱溟对孔子哲学的创造性诠释》（《东岳论丛》2004年第5期）中认为：梁漱溟以直觉释仁，力图超越理智主义的限定而体悟天理流行之生活本真，以刚的生活态度释仁，旨在探求中西文化最深层处的契合点，以实现民主精神与科学精神同儒家最深层的对接，使孔子生命与智慧重新活转于现代，这在当代新儒学发展史上具有范式意义。

梁漱溟是20世纪30年代兴起的乡村建设运动的主要发起者和理论家。关于梁漱溟的乡村建设思想，朱义禄指出它的哲学基础是调和论，是以无差别同一的“理性”为指导的，其理论主要源自两个方面：一是中国传统文化的伦理道德；二是中西杂糅的主观唯心主义与改良主义。[③]朱汉国重新探讨了梁漱溟乡村建设思想的性质，认为梁漱溟的乡村建设运动是在“中体西用”的总原则下，试图以传统的儒家文化来进行改造农村和建设社会的运动，并未触动旧的阶级关系，因而是一场改良主义运动。[④]袁洪亮认为梁漱溟的乡村建设思想在目的层次上表达了强烈的现代化取向，但它拘泥于中国社会的所谓特殊性，表面上追求工业化，实质上却“以农立国”，始终无法摆脱传统的羁绊。现代化的目标追求和逆现代化的手段设计，是梁漱溟的乡村建设思想的内在矛盾所在。[⑤]郑大华将梁漱溟的乡村建设思想归纳为四个方面，即：（1）“创造新文化，救活旧农村”；（2）“重建一新社会组织构造”；（3）“促兴农业以引发工业”；（4）“农民自觉”与知识分子作用。他指出，梁漱溟的乡村建设思想为我们描

① 参见郑大华《梁漱溟新儒学思想研究》，《近代史研究》1992年第4期；《谋求儒学的现代转换——梁漱溟与现代中国学术》，《孔子研究》2006年第3期。

② 参见韩强《现代新儒学心性理论评述》，辽宁大学出版社1992年版，第39页。

③ 参见朱义禄《梁漱溟乡村建设思潮述评》，《史林》1997年第4期。

④ 参见朱汉国《梁漱溟乡村建设性质新论》，《史学月刊》1995年第6期。

⑤ 参见袁洪亮《现代化视野中的梁漱溟乡村建设思想》，《孔子研究》2001年第5期。

绘了一幅工农结合，城乡协调，脑体无隔，人支配物，群己和谐，政治、经济、教育相应发展之理想社会的图景，它既充分吸取了西方文化“团体组织”和“科学技术”的长处，又以中国的伦理社会和儒家“人生态度”为本位，实现了“西学”与“中学”、“传统”与“现代”、“人性”与“现代性”的完善统一。然而，这幅图景尽管被梁视为“正常形态的人类文明”，但它只是“可欲的”，而不是“可能的”。被梁漱溟视为“中国民族自救运动之最后觉悟”的“乡村建设”，尽管也取得过一些具体的成就，但它并没有最终解决农民和农村问题。① 徐畅具体分析了梁漱溟乡村建设思想的目标，指出乡村建设的近期目标是救济衰败破产的乡村，终极目标是以乡村为基础，建立真正符合人类心性的新文化、新社会。②

探讨梁漱溟与马克思主义的关系，这是21世纪以来梁漱溟思想研究出现的一个新动向。郑大华对梁漱溟与马克思主义之间错综复杂的内在理路进行了系统梳理与剖析，认为梁漱溟与马克思主义的关系经历了三个阶段：五四新文化运动时期，对唯物史观的批判：30—40年代，反对以马克思主义为指导的中国革命；1949年以后，对马克思主义的汲取、利用和儒化。在郑大华看来，如何正确认识马克思主义与中国传统文化，马克思主义与儒家传统之间的关系，是中国现代化必须解决的理论课题，而认真梳理和反省梁漱溟对马克思主义的态度，尤其是1949年后梁漱溟对马克思主义的探掘、改造与嫁接的努力，可以为我们正确认识和妥善处理马克思主义与中国传统文化特别是儒家传统的关系提供一些有益的经验与教训。③ 祝薇对梁漱溟晚年如何具体吸取马克思主义思想丰富自己的理论体系，力图融合儒家传统与马克思主义哲学的心路历程做了周详深湛的研究。认为梁漱溟马克思主义观经历的变化过程，正是现代新儒学与马克思

① 参见郑大华《论梁漱溟的乡村建设思想》，《民国思想史论》，中华书局2006年版。

② 参见徐畅《梁漱溟乡村建设思想述略》，《天津社会科学》2012年第3期。

③ 参见郑大华《梁漱溟与马克思主义》，《湖南大学学报》2006年第5期；《49年后现代新儒家与马克思主义之关系初探》，《当代中国史研究》2008年第6期。

主义之间相互激荡、碰撞、交流与融会的缩影。① 黄寿松研究了梁漱溟新儒家思想对其认识马克思主义的影响，认为梁漱溟强调任何民族的文化都是一个有机的系统，它既有自身存在的社会根源，又有自身所适应并与之发生作用的历史背景，不赞同人类社会进化的单线历史观，反对不顾中国特殊的历史和文化情境盲目移植西方文化的做法，这导致了他对马克思主义持批评与否定的态度。②

鲁迅。鲁迅是20世纪中国最著名的思想家和文学家，其生平和思想一直是学术界研究的热点。据统计，从1990年到2010年的20年时间里，出版的著作就有近700部③，其中有关思想方面的著作主要有汪晖的《反抗绝望：鲁迅的精神结构与〈呐喊〉〈彷徨〉研究》（上海人民出版社1991年版）、朱晓进的《历史转换期文化启示录：文化视角与鲁迅研究》（辽宁教育出版社1992年版）、王得后的《鲁迅与中国文化精神》（花城出版社1993年版）、高旭东的《文化伟人与文化冲突：鲁迅在中西文化撞击的漩涡中》（河北人民出版社1994年版）、王乾坤的《由中间寻找无限：鲁迅的文化价值观》（陕西教育出版社1996年版）、黄健的《反省与选择——鲁迅文化观的多维透视》（陕西人民出版社1996年版）、张梦阳的《悟性与奴性：鲁迅与中国知识分子的“国民性”》（河南人民出版社1997年版）、李欧梵的《铁屋中的呐喊》（岳麓书社1999年版）、王富仁的《中国文化的守夜人——鲁迅》（人民文学出版社2002年版）、钱理群的《与鲁迅相遇》（三联书店2003年版）、朱寿桐的《孤独的旗帜：论鲁迅传统及其资源》（文化艺术出版社2005年版）、孙玉石的《走进真实的鲁迅：鲁迅思想与五四文化论集》（北京大学出版社2009年版）、张福贵的《“活着的鲁迅”：鲁迅文化选择的当代意义》（社会科学文献出版社2010年版）、李生滨的《晚清思想文化与鲁迅》（中国社会科学出版社

① 参见祝薇《论晚年梁漱溟的马克思主义哲学观》，《马克思主义哲学研究》2004年第1期。

② 参见黄寿松《保守主义视域中的马克思主义：以梁漱溟为中心的考察》，《华南师范大学学报》2010年第4期。

③ 参见葛涛《鲁迅研究著作出版状况的调查与分析》，《中华读书报》2012年5月16日第13版。

2013年版)、杨义的《鲁迅文化血脉还原》（安徽大学出版社2013年版）等。

国民性批判是鲁迅思想的重要部分。冯骥才提出，鲁迅作品的成功之处即在于独特的“国民性批判”，在鲁迅之前的文学史上，我们还找不到这种先例，但这不过是源自1840年以来西方传教士的舶来品，鲁迅从中受到了启发和点拨，却没有看到里面所埋伏着的西方霸权话语。冯骥才进而认为鲁迅没能走出“西方中心主义”和被西方人认作经典的以审丑为主要特征的“东方主义”的磁场。[①] 冯氏的这一观点引起了学者们的激烈争鸣。陈漱渝认为，鲁迅改造国民性思想形成过程中，的确受到美国传教士亚瑟·亨·史密斯《中国人气质》一书的影响，然而，“鲁迅展示中国人的丑陋面，并非印证西方侵略者征服东方的合理性和合法性，而是在展示种种丑陋的过程中渗透了作家的忧患意识和否定性评价，使读者在否定性的体验中获得审美愉悦”。[②] 黄川重点分析了“东方主义”一词的含义和史密斯《中国人气质》一书的详细情况，指出冯骥才把“东方主义”加于鲁迅的头上是“轻率的、不科学的”。[③] 竹潜民强调，冯骥才之所以否定了鲁迅的“改造国民性”思想，原因是他全盘否定了西方传教士在中国的活动，同时对20世纪初期中国在世界的地位作了错误的估计。[④]

由对鲁迅国民性批判的论争，引发了对鲁迅国民性批判之思想渊源的探讨。潘世圣认为：“青年鲁迅的改造国民性思想问题，其实与近代西方，明治日本，他的先辈思想家如梁启超以及与他同时代的留日学生有着多样的联系，鲁迅的思想很大程度上反映着他的时代，他的周边世界的精神倾向。”[⑤] 在程致中看来，鲁迅改造国民性思想的形成不是偶然的，也不是某一单方面的影响，而是多种因素的综合包括资产阶级启蒙思想家的

---

① 参见冯骥才《鲁迅的“功”与“过”》，《收获》2000年第2期。

② 陈漱渝：《由〈收获〉风波引发的思考——谈谈当前鲁迅研究的热点问题》，《徐州师范大学学报》2001年第3期；《挑战经典——新时期关于鲁迅的几次论争》，《文学评论》2001年第5期。

③ 参见黄川《亚瑟·亨·史密斯与东方主义》，《鲁迅研究月刊》2002年第8期。

④ 参见竹潜民《评冯骥才的〈鲁迅的“功”和“过”〉》，《浙江师范大学学报》2002年第3期。

⑤ 潘世圣：《关于鲁迅的早期论文及改造国民性思想》，《鲁迅研究月刊》2002年第9期。

影响、西方启蒙思想的影响、有关国民性的讨论的影响、外国人研究中国国民性的著作的影响以及对中国传统文化的痛切反省和刻骨铭心的生命体验的影响等。[①] 袁盛勇强调，鲁迅的改造国民性思想主要源于一种强烈的自省意识，他看到了我们国人的“古老鬼魂中”还有一个“我”，因而，“鲁迅的国民性话语是一种自我在场的启蒙话语……他把自己拽进话语语场的同时，也一并让读者沉入其间，在自我反省中杀出一条生路”。[②] 刘玉凯则将鲁迅国民性批判思想的来源归纳为三：一是源自鲁迅对于近代中国积弱积贫社会现实的深切体认；二是源自康有为、严复、梁启超、章太炎、邹容等人的启发；三是受到史密斯、安冈秀夫等人的影响。[③] 缪军荣考察了鲁迅对于“看客”人格的批判，认为鲁迅在其小说、散文、杂文中生动地刻画了看客的神态表情与心理活动，更借此批判了麻木、冷漠与冷酷的国民性人格特征。[④] 徐改平考察了鲁迅与梅兰芳的关系，认为鲁迅于 1924 年与 1934 年两度撰文批评梅兰芳，而其批评寄寓着鲁迅在民族危机日益深重的年代里，对梅兰芳及其京剧表演成为国人沉溺于幻想的担忧。但是由于鲁迅对梅兰芳及京剧艺术的严重隔膜，使得他的某些具体论断并不完全符合艺术规律，故而不可能得到梅兰芳及其追随者的认可，却被某些鲁迅研究者奉为艺术的金科玉律。[⑤]

对鲁迅文化观的研究仍然是 20 世纪 90 年代以来一个持续不衰的话题。与以往不同的是，中国学人在深化鲁迅与中国文化的话题时，不再过于注重鲁迅的“反传统”或对鲁迅的“反传统”做偏于一端的简单理解，而是采取了更科学、更辩证、更实事求是的分析态度。王富仁的系列长文《鲁迅与中国文化》认为，鲁迅与中国文化的关系是：鲁迅“并不绝对否定中国古代的任何一种文化，但同时也失望于中国古代所有的文化”，鲁迅“了解中国古代的文化传统，同时也毅然地反叛了中国古代的文化传

① 参见程致中《鲁迅国民性批判探源》，《鲁迅研究月刊》2002 年第 10 期。

② 袁盛勇：《国民性批判的困惑》，《鲁迅研究月刊》2002 年第 10 期。

③ 参见刘玉凯《鲁迅国民性批判思想的由来及意义》，《鲁迅研究月刊》2005 年第 1 期。

④ 参见缪军荣《看客论——试论鲁迅对于另一种“国民劣根性”的批判》，《华东师范大学学报》2000 年第 5 期。

⑤ 参见徐改平《鲁迅与梅兰芳》，《文学评论》2011 年第 3 期。

统”。王富仁还特别注意把鲁迅放在中国文化历史发展的宏大建构中审视鲁迅思想与中国文化主体的内在联系及生成，这对于如何建设中国的现代文化，具有十分深刻的启迪意义。陆耀东在《“五四”时期的鲁迅与传统文化》中指出，“鲁迅当时对以儒家文化为主体的传统文化整体确持否定态度，但对其他文化派别（如墨家）和儒家内部的异化的声音（从屈原到曹雪芹）则有所肯定”。张永泉在《从天地观看鲁迅早期文化思想》中认为，鲁迅留日时期“对以普崇万物特别是敬天礼地为‘本根’的中国传统文化是完全肯定的，对以此为‘始基’的‘一切睿知义理与邦国家族之制’是完全肯定的”。只是到了五四时期才展开对封建家族制度和礼教制度激烈而深刻的批判，并“深刻揭露了中国传统天地观的本质，原来这不过是历代儒者为了推行他们的思想主张而臆造出的骗人的手段”。胡兆铮的《鲁迅笔下的“天”及其他》指出，“天”与“无”在传统文化意义上是相通的，而鲁迅终生坚定不移的战斗目标则是与“天”争斗。①

鲁迅是新文化运动的闯将或主要代表人物之一，比较鲁迅与同为新文化代表人物的胡适等人的思想异同，这是 90 年代以来，尤其是 21 世纪以来鲁迅研究的一个特点。汤景泰研究了鲁迅与胡适在启蒙路向上的差异，指出鲁迅从独异个人与庸众的对立中发现了新形式的专制，在对科学的崇拜中发现了新的迷信，由此为避免独异个人的无谓牺牲而引申出国民性改造的内涵，透露出强烈的精英意味；胡适则号召每个人都要树立科学的人生观，试图通过制度的完善来实现中国人的真正启蒙，显示出鲜明的平民色彩。② 张春田从女性解放的启蒙主题考察了鲁迅与五四启蒙话语之间的复杂关系，认为与胡适高调提倡“易卜生主义”、规划女性解放蓝图不同，鲁迅从一开始就意识到自由与经济存在着不容回避的关联，女性解放的前提是经济的独立，“娜拉出走”所象征的解放不过是摆脱传统的伦理和家庭结构，仍然受到男性主导的经济、社会秩序的支配。这体现了鲁迅

① 以上文字转引自姜振昌王世炎、王寒《新世纪鲁迅研究综述》，《东岳论丛》2003 年第 3 期。

② 参见汤景泰《启蒙的两种路向——论“五四”前后胡适与鲁迅的个人主义思想》，《北方论丛》2006 年第 6 期。

对于启蒙理性的深刻怀疑和拷问。① 庄森比较了鲁迅与胡适自由思想的异同，强调胡适和鲁迅都强调个人主义是自由思想的核心，都把思想自由作为自由思想的内核，然而胡适比较强调容忍，认为容忍是自由的根源，鲁迅则强调绝不宽恕，认为只有抗争才能获得自由。容忍与宽恕延伸到政治态度上，表现为胡适维护体制，主张改良，鲁迅则不与任何权势合作，主张革命。② 朱寿桐研究了鲁迅和《新青年》同仁之间的关系，认为鲁迅在人生道路、人生态度以及文化价值立场等方面均深受《新青年》同仁的影响，然而鲁迅坚持用批判的眼光和审视的态度来看待启蒙，与《新青年》同仁保持了一定的距离。③ 魏韶华、金桂珍比较了鲁迅与胡适易卜生观的不同，认为鲁迅的人生经历与性格倾向使其放大了易卜生思想中独异个人与庸众社会抗争的一面，胡适对易卜生的理解则带有实用主义的理性色彩，易卜生主义被其解读为“健全的个人主义”。④ 刘克敌通过对鲁迅日记的解读，展示了鲁迅投入五四新文学运动之前精神上的迷闷、痛苦与矛盾，加深了对鲁迅开始新文学创作原因的了解。⑤ 邱焕星研究了鲁迅与顾颉刚的关系，认为最初同属《语丝》群体的两人因抄袭事件交恶，顾此后由于反对女师大风潮逐渐疏离《语丝》而倒向《现代评论》和《晨报》，南下之后，双方因厦大人事安排等问题公开决裂，最终以“反民党”诉讼问题而彻底僵化。⑥ 桑兵具体考察了鲁迅与顾颉刚在厦门大学国学院交恶的原因，认为鲁迅不赞成甚至反对过于重视国学研究，与顾颉刚的以学问为主业大有分别。⑦

---

① 参见张春田《从娜拉出走到中国改造——兼及鲁迅与“启蒙”话语之关系》，《文艺理论与批评》2008 年第 2 期。

② 参见庄森《胡适与鲁迅的自由思想比较论》，《文艺理论研究》2003 年第 2 期。

③ 参见朱寿桐《作为鲁迅“思想故乡”的〈新青年〉》，《中国现代文学研究丛刊》2005 年第 5 期。

④ 参见魏韶华、金桂珍《“个人主义”：“五四”一代之“公同信仰”——从鲁迅、胡适的易卜生观切入》，《山东社会科学》2005 年第 8 期。

⑤ 参见刘克敌《“无事可做”的“鲁迅”与“忙忙碌碌”的“周树人”——从日记看民国初年鲁迅的日常生活》，《中国现代文学研究丛刊》2011 年第 3 期。

⑥ 参见邱焕星《鲁迅与顾颉刚关系重探》，《文学评论》2012 年第 3 期。

⑦ 参见桑兵《厦门大学国学院风波——鲁迅与现代评论派冲突的余波》，《近代史研究》2000 年第 5 期。

鲁迅的学术思想受到了关注。杨义研究了先秦诸子在鲁迅思想中的呈现方式，认为鲁迅的诸子观表现为四个维度：启蒙思想家的方式，以《摩罗诗力说》为嚆矢；文学和文化史研究者的方式，以《汉文学史纲要》为标志；以《故事新编》为代表的小说想象方式；一系列杂文中零碎却犀利的杂感批评方式。这四个维度的差异性统一于鲁迅进行文化革新的"现在性"。[①] 高远东考察了鲁迅对墨家思想的创造性阐释，认为鲁迅对墨家思想的理解是在其一向关注的"立人"和"立国"的逻辑范围内进行的，对墨家价值的肯定是在其对于儒家和道家的批判中对照性地确立的。[②]

辜鸿铭。出版的著作主要有黄兴涛的《文化怪杰辜鸿铭评传》（中华书局1995年版），高令印、高秀华的《辜鸿铭与中西文化》（福建人民出版社2008年版），孔庆茂的《辜鸿铭评传》（百花洲文艺出版社2010年版），陈福郎的《国学骑士辜鸿铭》（北京大学出版社2010年版）等。论文方面，张敏考察了辜鸿铭和张之洞的关系，认为两人都信守儒学经义，对传统文化抱有难以割舍的感情，张之洞试图通过奖劝西学而保存中学，这种以新卫旧的中庸路线赢得了辜鸿铭的赞同，后者因而甘愿充当张之洞的幕僚。[③] 朱寿桐认为辜鸿铭与白璧德新人文主义有着诸多相通之处，如两者都倾向于从人文和谐的角度理解激烈的国际冲突和世界事务，都对西方物质文明保持着高度的警惕。[④] 吴景明从身体政治学的角度考察了辜鸿铭文化心态的变化，认为民国建立后辜鸿铭以小帽、长袍、马褂、发辫的装扮示人，表明了他本人从学习西方现代文明转向维护中国传统文化的心路历程。[⑤] 刘鹏考察了辜鸿铭的儒教观对其儒家经典翻译的影响，认为辜鸿铭视儒教为良民宗教，儒家之道不仅是中国国民所尊崇的道德，也是超越东西方，放之四海而皆准的普遍真理，为了突出儒教的道德论特征，辜

---

① 参见杨义《鲁迅诸子观的多维空间》，《中国社会科学》2012年第2期。

② 参见高远东《论鲁迅与墨子的思想思想联系》，《中国现代文学研究丛刊》1999年第2期。

③ 参见张敏《辜鸿铭与张之洞》，《史林》1995年第4期。

④ 参见朱寿桐《辜鸿铭"尊王"观的新人文主义背景》，《福建论坛》2007年第3期。

⑤ 参见吴景明《辜鸿铭的民族身份与文化认同》，《社会科学战线》2013年第1期。

鸿铭引用了歌德、卡莱尔、爱默生、阿诺德和莎士比亚等西方思想家的话来翻译儒家的某些核心概念。[①] 钱桂容、钟克万指出，今后对辜鸿铭英译儒经的研究要注重三个问题：第一，要注重研究辜鸿铭苦心孤诣的独特译法；第二，要注重研究《中庸》辜译本；第三，要注重研究辜译儒经对于中华文化世界传播的贡献。[②]

林纾。出版的著作主要有孔庆茂的《林纾评传》（南开大学出版社1992年版）、张俊才的《林纾评传》（中华书局2007年版）、刘宏照的《林纾小说翻译研究》（上海译文出版社2011年版）、高万隆的《文化语境中的林纾翻译研究》（浙江工商大学出版社2012年版）等。罗志田从思想史的社会学研究取向入手，指出林纾身上存有徘徊于桐城派古文殿军与西洋小说翻译家之间的文化身份认同危机，这种认同危机在一定程度上决定了他在与新文化派的论战中处于不利的地位。[③] 耿传明认为林纾与新文化派在文化价值上的冲突可以理解为传统主义的常识与全能主义的理性之间的对立：前者力图维护的是一种超越时代的道德底线，后者则追求至高的善，以建成一个合理性的社会。[④] 王勇考察了林纾与杜亚泉的关系，认为杜亚泉通过《普通学报》《东方杂志》等刊物，开启了报刊登载林译小说的先河，林纾也以自己的翻译给予杜亚泉编辑的刊物大力支持；五四新文化运动中，两人都因保守的态度及中西文化调和的立场受到了五四新青年派的批判，有着相似的遭遇与结局。[⑤] 段怀清从文学出版与传播的角度考察了林纾及其“林译小说”与现代传播媒介之间的关系，认为商务印书馆通过若干商业市场的促销手段成就了林纾在现代翻译史和文学史上的一个传奇。[⑥] 王济民专文探讨了“林纾到底是不是桐城派”的问题，认

---

① 参见刘鹏《辜鸿铭的儒教观及对其儒经翻译的影响》，《山东社会科学》2009年第7期。

② 参见钱桂容、钟克万《辜鸿铭英译儒经研究：回顾与展望》，《武汉大学学报》2010年第6期。

③ 参见罗志田《林纾的认同危机与民初的新旧之争》，《历史研究》1995年第5期。

④ 参见耿传明《在“新”、“旧”对峙的背后——从林纾看“五四人”与“晚清人”的代际文化心态差异》，《天津师范大学学报》2004年第4期。

⑤ 参见王勇《林纾与杜亚泉》，《福建师范大学学报》2011年第2期。

⑥ 参见段怀清《商务印书馆〈图书汇报〉中的林纾——一种基于文学出版与传播的历史考察》，《福建师范大学学报》2013年第1期。

为在桐城派内部不同作家常有不同风格，林纾古文的风格和桐城古文的基本倾向是一致的，其古文理论批评与桐城派的更是有着一脉相承的关系，因此，可以把林纾看作桐城派的重要成员。① 苏桂宁考察了林纾的文化观对其小说翻译的影响，认为林纾自觉地将拯救中华文化的危机与自己的翻译工作联系起来，其对所译作品进行评价时，大多是从中国传统的政治道德标准与美学价值观出发的。

其他思想人物。关于吴虞“反孔非儒”，伊云指出，其抨击封建纲常名教的基本理论依据并不是近代西方资产阶级思想，而是中国历代反孔非儒思想或儒学异端理论，吴虞的思想从来没有达到过一个资产阶级革命派的高度。② 邓星盈指出，吴虞对儒家的批判是吴虞思想的重要内容，其批判封建专制，宣扬西学，称颂诸子文学及其他思想，都与他对儒学的批判有着某种理论上的联系。研究吴虞的思想，应以其对儒家的批判作为突破口。③ 张耀南指出，处理中西文化关系的“全盘西化”模式，在20世纪的中国影响深远。此一模式的始祖是“四川省只手打孔家店的老英雄”吴虞，而不是学界常说的胡适。理由有二：吴虞是明确摧毁“中体西用”之“体”的第一人；吴虞是明确使用“西式”武器摧毁此“体”的第一人。④ 李蓉指出，吴虞作为五四“反孔非孝”的英雄，一方面受到历史的肯定，而另一方面，他又因写艳情诗、嫖妓等行为而受到历史的怀疑和否定，按照现代性的标准看这确实是一种相悖的行为。然而，历史人物之所以呈现出两面性，与我们判断个体生命与历史对话的价值立场有很大的关系。宏大而庄严的历史叙事往往省略了难以追溯、考证的形而下的动机。在这一意义上，我们既要充分肯定宏大历史叙事对历史真实的一定程度的呈现，同时又要充分发掘被宏大历史叙事所忽略和遮蔽的历史，主要是个人体验的历史。⑤

易白沙是五四时期一位重要的风云人物，在当时的思想界较为活跃并

① 参见王济民《林纾与桐城派》,《华中师范大学学报》2007年第3期。
② 参见伊云《吴虞“反孔非儒”思想新论》,《湘潭大学学报》1993年第1期。
③ 参见邓星盈《吴虞对儒家的批判》,《四川大学学报》1994年第4期。
④ 参见张耀南《“全盘西化”祖于吴虞论》,《北京行政学院学报》2001年第5期。
⑤ 参见李蓉《论“吴虞现象”》,《天府新论》2009年第4期。

多有建树。陈先初撰文分析了易白沙的思想贡献，指出易的政治思想主要体现为对专制主义政治的批判和对民主共和制度的提倡，这方面的言论见之于所著《国务卿》《广尚同》等文，尤其是《帝王春秋》一书；易的文化思想经由他在新文化运动中的言论表现出来，他积极参加了对孔子的批判，是运动开始后公开点名批孔的第一人，他的《孔子平议》发表时间比陈独秀、李大钊等人的批孔文章要早。[①] 张金荣把易白沙的政治思想概括为：痛斥袁世凯政府的腐败与黑暗统治；深刻揭露帝国主义的本质和压迫各弱小民族的罪行；倡导墨学的救世精神与大同社会理想，宣扬民主；高扬救国救世的社会责任感。[②] 刘长林指出，1921 年易白沙自杀后，陈望道称他是“厌见湖南政局”，意在说明他的自杀是对湖南军阀反对孙中山政府的抗议；《大公报》报道称他为抗议污浊社会，杀身成仁；追悼会启事称他是“殉世”；毛泽东说他是“有用之人愤死”；孙中山总统表彰他是“志切报国”；总统秘书说他是“救世”而非“厌世”；学界认为他人品清白，赞扬他“三不要”的抗议不良习俗精神以及献身对人们追求理想社会的警示意义。这些话语与他遗书所说“不能杀贼而死、有何生存价值”的消极表述相比，赋予了积极的社会价值与意义。易白沙蹈海为南方政府的社会动员提供了新资源，也为章太炎反对新文化运动提供了口实，为人们讨论社会问题及其解决之道提供了言说的符号。[③]

关于钱玄同，刘贵福撰文论述了钱玄同在五四新文化运动时期关于思想革命的主张，并对钱玄同思想革命的特点及产生这些特点的社会、思想原因进行分析评价。[④] 他在另文中指出，五四高潮过后，钱玄同对自己的激进思想进行了反思，对仍有很大影响的“一尊”“专制”的传统思维方式做了深刻的思考，对思想自由和思想包容有了进一步深刻的认识。钱玄同以思想自由和包容为原则，应对《新青年》团体分化事件，他倾向自由主义但并不反对马克思主义。《新青年》团体分化后，钱玄同虽然没有直接投身到现实政治斗争中去，但他始终反对北洋政府的思想专制，宣传

① 参见陈先初《五四时期易白沙的思想贡献》，《湖南大学学报》2008 年第 6 期。
② 参见张金荣《论易白沙的政治思想》，《湖南师范大学社会科学学报》2005 年第 4 期。
③ 参见刘长林《易白沙之死的社会意义建构》，《学术月刊》2009 年第 6 期。
④ 参见刘贵福《钱玄同与五四思想革命》，《北京科技大学学报》2000 年第 2 期。

民主思想，从担心危害思想和信仰自由出发，反对大规模的群众运动。[①]李可亭对钱玄同与胡适进行了比较，指出在中国近代思想史上，胡适与钱玄同的关系颇为引人注目。从总体上看，二人同属学术民主、思想自由式人物，但从各自的性格及其对待问题的态度看，胡适更温和、理性一些，而钱玄同则表现出激进、学理性不足的一面；胡适著作等身，思想自成一体，钱玄同多短篇散论，思想跌宕起伏，但却往往振聋发聩。胡适与钱玄同的交往和思想，从某一个方面反映了中国近代思想文化史发展前进的足迹。[②] 褚金勇指出，对于钱玄同，学界往往简单地以激进主义者视之，其实这种标签式的论断遮蔽了其思想的丰富内涵。在新文化运动前期（1917—1919），钱玄同基本上秉持的是"不容讨论"的思想理念，这时他提出的废除旧戏、废灭汉文的主张鲜明地展现了他批判的勇气。及至新文化运动渐至高潮（1920—1922），新文化新思潮已经占领思想高峰，这时"科学容纳"的思想理念自然浮出水面，他提出"用科学的精神，容纳的态度讲东西"。钱氏思想历路的变化事实揭示了在新文化运动中民间复古派与官方反对派对新文化运动的联合打压使新文化运动成果岌岌可危的情况下，先进的知识分子为保卫新文化运动成果所处的两难境遇。[③]

六　三四十年代的思想人物

张君劢。张君劢曾被共产党宣布为最后一名头等战犯，因此20世纪90年代以前，学术界有关张君劢思想研究的成果很少。90年代以后，张君劢研究逐渐引起学术界的重视，出版的著作主要有吕希晨、陈莹的《张君劢思想研究》（天津人民出版社1996年版），刘义林、罗庆丰的《张君劢评传》（百花洲文艺出版社1996年版），郑大华的《张君劢传》（中华书局1997年初版、商务印书馆2012年再版）和《张君劢学术思想

---

① 参见刘贵福《论五四时期钱玄同的自由主义思想》，载郑大华、邹小站主编《中国近代史上的自由主义》，社会科学文献出版社2007年版。

② 参见李可亭《和而不同：中国近代思想史上的胡适与钱玄同》，《河南大学学报》2004年第1期。

③ 参见褚金勇《钱玄同：在激情与理性中演绎"自由"的两难》，《郑州大学学报》2010年第6期。

评传》(北京图书馆出版社 1999 年版),许纪霖的《无穷的困惑——黄炎培、张君劢与现代中国》(上海三联书店 1998 年版),陈先初的《精神自由与民族复兴——张君劢思想综论》(湖南教育出版社 1999 年版),翁贺凯的《现代中国的民族自由主义:张君劢民族建国思想评传》(法律出版社 2010 年版),等等。张君劢的思想大致由三大块组成,即文化上的保守主义、政治上的自由主义和经济上的社会主义。因此,学术界对他思想的研究也基本上集中于这三个方面。

作为现代新儒家的代表人物,郑大华认为张氏的新儒学思想有一个前后发展的过程:五四时期:批评科学主义,主张意志自由;三四十年代:探索文化出路,弘扬民族精神;五六十年代:阐发儒家思想,倡导儒学复兴。张君劢新儒学思想的上述发展,在某种意义上反映了五四以来中国社会文化思潮的演化与变动,具有深刻的思想根源和社会背景。[①] 吴汉全考察了"科学与人生观论战"中张君劢与柏格森哲学的关系,指出张君劢以西方生命哲学特别是柏格森哲学为武器,宣传自己的"人生观"思想,建立了援洋入儒的文化思想体系,为他以后成为中国现代新儒家的代表人物奠定了基础。如果从广阔的文化背景来探讨张君劢在"科学与玄学"之争中的"人生观",便可发现张君劢的"人生观"与柏格森哲学有着内在的联系。[②] 郑大华在《张君劢论儒家思想与中国现代化》一文中指出,张君劢认为儒家思想可以导致一种新的思想方法而成为中国现代化的基础,因此,我们今天要在中国实现现代化就必须从复兴儒家思想入手,换言之,复兴儒家思想是中国现代化的途径。他要人们相信儒家思想是完全可以复兴的,而儒家思想复兴的道路是"自力更生中之多形结构"。[③] 翁贺凯的《张君劢晚年儒家思想复兴论再探析》一文认为,从张君劢关于今后中国文化暨儒家思想发展的总方向——"自力更生中之多形结构"及其对"儒家思想复兴"与"中国现代化"之间的关系的阐释来看,他的儒家思想复兴论在很大程度上仍然可以被视为对儒家思想的一种"现

① 参见郑大华《张君劢新儒学思想的发展历程》,《中州学刊》2004 年第 1 期。

② 参见吴汉全《"科学与人生观论战"中的张君劢与柏格森哲学》,《湖北师范学院学报》1993 年第 4 期。

③ 参见郑大华《张君劢论儒家思想与中国现代化》,《孔子研究》2004 年第 1 期。

代性认证"。他相信：儒家思想复兴最终将为中国的现代化以及东西方之间更深更广的文化交流打下坚实的根基。① 郑大华还梳理了张君劢对西学传播的贡献：在政治学方面，张君劢翻译过约翰·穆勒的《代议政治论》、拉斯基的《政治典范》、费希特的《告德意志人民书》以及有关西方人权思想的文章；在哲学方面，除其师倭伊铿的学说外，还介绍过柏格森、康德、黑格尔、费希特、杜里舒、罗素、怀特海（张又译怀悌黑）、哈德门（张又译哈德猛）、耶斯丕氏，现象学派胡塞尔、存在主义派契尔契加、海德格尔、萨特尔等人的哲学思想，就介绍西方哲学家和哲学流派之多而言，在现代中国哲学家中很少有人能与张君劢相提并论；在文化思想方面，他是较早介绍德国人斯宾格勒的《西方的没落》一书的中国人之一，尤其是对汤因比的《历史哲学》做过比较系统的介绍。张君劢输入西方学理，向中国广大读者介绍西方的政治学、哲学和文化思想，但和西化派不同，他对西方学理并不抱迷信的态度，在输入西方学理的同时，又能提出自己不同的观点。②

关于张君劢的政治思想，郑大华指出，和他的保守主义的文化思想一样，张君劢的自由主义的政治思想也有一个前后发展的过程。概而言之，20年代初，鉴于国内军阀连年混战，他主张"理性政治"，反对"武力政治"；30年代，受国际政治思潮和国内民族危机的影响，他主张"修正的民主政治"；40年代初，面对国民党政权的政治迫害和对人权的践踏，他呼吁保障基本人权；抗战胜利后，他要求实行民主政治，把中国建设成为一个民主国家，而他所说的民主是政治民主与经济民主的统一。③ 翁贺凯以张君劢生平发表的第一篇文章《穆勒约翰议院政治论》为中心考察了他的宪政民主思想的起源，认为《穆勒约翰议院政治论》相当准确地把握了密尔民主理论的精髓，并在很大程度上为张君劢毕生的宪政民主思

---

① 参见翁贺凯《张君劢晚年儒家思想复兴论再探析》，《中国文化研究》2009年第2期。

② 参见郑大华《张君劢对西学传播的贡献》，《中国文化研究》2009年夏之卷。

③ 参见郑大华《论张君劢的思想及其演变》，载郑大华《民国思想家论》，中华书局2006年版。

想奠定了一个基调。① 陈先初对张君劢30年代提出的“修改的民主政治”论进行了研究，认为它是张君劢鉴于西欧议会民主制的弊端以及30年代中国日益深重的民族危机而精心设计的“第三种”政治方案。张君劢的政治设计力图从理论上解决自由与权力的平衡问题，同时通过加强政府的权力以适应民族主义的需要。然而在现有体制内，张君劢的目的不仅无法达到，相反，其偏于一端的权力主义倾向极有可能成为论证现存政权的借口。结果是，民族主义无法实现，民主、自由的价值也必然丧失。② 郑大华的《张君劢与1946年〈中华民国宪法〉》一文指出，张君劢是1946年政治协商会议（旧政协）通过的宪草修改12条原则的主要提出者和《中华民国宪法》的起草人，这部宪法体现了他的宪法思想。与“五五宪草”比较，1946年《中华民国宪法》具有一定的民主性质和色彩。这种民主性质和色彩是中共、民盟以及全国人民和国民党斗争的结果。③

关于张君劢的社会主义的经济思想，郑大华认为张君劢的社会主义思想大致经历过三个时期的演变。五四时期，受第一次世界大战后德国社会民主党人的影响，形成了自己的民主社会主义思想和主张。30年代初，在吸取俄国社会主义计划经济和欧美资本主义自由经济的经验以及教训的基础上，他主张以国家社会主义为中国经济发展道路的选择。根据张君劢的解释，“国家社会主义”是“将公私经济立于国家之下，以造成我国之集合的经济”。抗战胜利后，他又回到了五四时期的民主社会主义的立场，强调实行社会主义要顾及个人的基本自由，使社会主义与法律（保障人权）、智识三者结为同盟，并认为社会主义与民主政治并不构成矛盾，也就是说，完全可以在民主政治下，通过改良的方式，逐步走上社会主义，而不需像苏联那样通过暴力革命，建立起无产阶级专政，然后运用

---

① 参见翁贺凯《张君劢宪政民主思想的起源——以〈穆勒约翰议院政治论〉为中心的考察》，《清华大学学报》2008年第5期。

② 参见陈先初《评张君劢“修改的民主政治”主张》，《湖南师范大学学报》1999年第4期。

③ 参见郑大华《重评1946年中华民国宪法》，《史学月刊》2003第4期；《张君劢与1946年〈中华民国宪法〉》，《淮阴师范学院学报》2003年第2期。

政权的力量来推行社会主义。[①] 丁三青认为张君劢的社会主义思想，既有着深刻的中国传统文化的根底，也有着浓厚的西方特别是德国、英国的哲学背景，并且经历了从社会民主主义到国家社会主义再到民主社会主义的变化过程。他的这一思想，有着深刻而合理的成分，但由于这一理论自身的矛盾性和中国史境的特殊性，最终成为“不可兑现的方案”。[②] 翁贺凯则提出了不同看法。他认为，张君劢 1930 年提出“国家社会主义下之计划经济”的主张，尽管对于国家计划的强调令张君劢这一时期的社会主义思想较之常态的民主社会主义有所偏离，但是在基本的政治、经济和伦理内涵上，张君劢仍能维持民主社会主义的思想格局，较其五四时期的民主社会主义思想虽有所变化，但并不构成一种本质的转变。也就是说，在本质上，张君劢一以贯之的是民主社会主义思想，并不像郑大华所认为的那样存在着演变。[③] 陈先初考察了张君劢的近代化构想，认为在近代中国自由主义者当中，张君劢是少数几位直接关注中国近代化问题的人物之一。张的近代化构想涉及民族国家的建立以及政治的、经济的、文化的建构等多方面。张始终把近代意识的养成即人的近代化视为国家近代化的基础和前提，但缺少对于社会根本改造的应有关注。张在主观上力求探寻一条既不同于英美式的又不同于苏联式的“第三条”近代化道路，实际上并未越出英美式的近代化模式。张所追求的仍然是一种英美式的资产阶级近代化。[④]

张东荪。张东荪是近代中国著名的思想家和社会活动家，但大陆学界对他的关注则是在 20 世纪 90 年代以后。出版的著作主要有左玉河的《张东荪文化思想研究》（中国社会科学出版社 1998 年版）、《张东荪传》（山东人民出版社 1998 年版）和《张东荪学术思想评传》（北京图书馆出版社 1999 年版），周骁男的《自由的无奈——张东荪学术思想片论》（吉林

① 参见郑大华《张君劢传》，中华书局 1997 年版；《张君劢的社会主义思想及其演变》，《浙江学刊》2008 年第 2 期。

② 参见丁三青《张君劢社会主义思想主其流变》，《徐州师范大学学报》2004 年第 5 期。

③ 参见翁贺凯《“国家社会主义下之计划经济”——张君劢 1930 年代的社会主义思想论析》，《福建论坛》2007 年第 8 期。

④ 参见陈先初《张君劢中国近代化构想论述》，《湖南师范大学学报》2001 年第 2 期。

大学出版社2005年版），马秋丽的《张东荪哲学思想研究》（现代教育出版社2008年版）以及张永超的《经验与先验——张东荪多元认识论问题研究》（中央编译出版社2012年版）等。和民国时期的许多思想人物一样，张东荪也成名于五四时期。左玉河考察了五四时期张东荪对中西文化的基本态度和根本观点，认为可用“彻底输入西方文化”来概括，西方文化又主要是“社会主义”（指基尔特社会主义）和“西方哲学”（尤其指西方现代哲学流派）。[①] 高波梳理了张东荪在30年代中国本位文化论战前后有关中西体用关系的论述后指出，张东荪认为西方文化的“体”本就非一元，而存在着希腊与希伯来的两元，他因此希望在德、赛两先生之外，引入作为希腊传统精髓的“费先生”（philosophy），与代表着中国文化传统的儒家思想构成对立的两元，以这种两元对立的新“体”作为引入西学后形成的新文化的基础。这种既区别于西化派又区别于本位文化派（包括后来的新儒家）的对东西文化关系的思考，体现了近代以来中国知识分子对于中西体用关系的思考的丰富性与复杂性。[②] 就40年代张东荪的文化观而言，王瑞芳、左玉河认为可以简称为“沟通论”或“调和论”，与同时代的现代新儒家代表人物贺麟比较，他们在融合中西文化、采纳西方文化精华、争取中国文化上的独立与自主等方面是一致的，但他们的文化观又迥然不同。“这个根本相异之处体现在：中国文化与西方文化在建立中国新文明的地位上，贺麟是典型的‘中体西用’，而张东荪坚决反对‘全盘西化’，也不赞成‘中体西用’。实际上，其文化观是‘西体中用’——以西方民主主义文化为体，以中国文化（内心修养方面）为用。”[③] 张耀南认为张东荪对中国哲学之现代化有重要的贡献。“在20世纪，他给中国哲学贡献了一个完整的哲学体系，第一个把中国哲学家提升到可与西方大哲平等地、建设性地对话的新高度；在中国哲学史上，他贡献了一个‘以知识论居先为方法’的全新的方法论。从具体哲学理论

① 参见左玉河《五四时期张东荪的中西文化观》，《历史研究》1998年第3期。

② 参见高波《超越“中体西用”与“西体中用”——张东荪在中国本位文化论战前后的思考》，《社会科学研究》2012年第2期。

③ 王瑞芳、左玉河：《“化冲突而为调和”——40年代张东荪的中西文化观》，《安徽史学》1997年第4期。

方面，也可以概括为三方面：他独立地打起‘观念论’与‘理性论’的旗帜；他独立地打起‘知识论居先’、‘是何在先’的旗帜；第一个勇敢地建立起独立而自足的知识论体系。”① 左玉河探讨了张东荪哲学思想的渊源、转变及其原因，认为“30 年代中期以后，张东荪的哲学思想发生了重大转向，开始从知识社会学角度讨论知识与文化问题。他通过分析文化对知识的制限作用，将知识论、逻辑学、哲学（形而上学）及道德伦理学融为一体，建构了一套以‘文化主义知识论’为基础和核心，包括文化哲学、政治哲学和社会哲学在内的独特的思想体系”。②

纪文勋在《现代中国的思想冲突——民主主义与权威主义》中，对张东荪的“理性”“思想自由”“民主”“阶级”等观念进行了介绍和分析，特别是对他的“社会主义的民主主义”思想进行了评述，认为张东荪对未来的最高信念就是“渐进”的“社会主义的民主主义”，他热切希望中国会从一个自然演化而成的社会，变成一个依理智规划而建成的社会。左玉河指出，“渐进”的“社会主义的民主主义”，这是张东荪政治思想体系中最深层的、最具特色的部分，其主要内容是：第一，由历史推知现实，认为中国必须彻底实行民主主义。第二，提出民主主义与社会主义同“基型”论，认为中国必须走“渐进”的“社会主义的民主主义”道路。第三，揭示民主主义具有民族特色和实现程度差异的原则，提出在中国实行“渐进”的“社会主义的民主主义”的具体措施和主张。张东荪的这一理论有它深刻的合理性。因为，第一，它初步认识到了中国政治问题的症结所在。第二，它深刻阐述了“民主主义”的科学内涵。第三，民主主义与社会主义同“基型”论，是站在新的高度以新的视角提出的新颖的创造性理论。当然，除了其合理性外，这一理论也具有对中国实行民主主义之主体力量认识上的失误与所取手段和方式认识上的失误两大明显缺陷。③ 宋宏在考察了 40 年代张东荪的社会民主主义思想后指出，张东荪整合自由主义与社会主义的理论努力基本上是不成功的。他所建构的

① 张耀南：《张东荪与中国哲学的现代化》，《首都师范大学学报》1999 年第 3 期。

② 左玉河：《张东荪哲学思想的转变及其原因》，《首都师范大学学报》1999 年第 3 期。

③ 参见左玉河《试析张东荪“社会主义的民主主义”理论》，《史学月刊》1995 年第 2 期。

社会民主主义思想系统，其背后隐含了伯林所说的一元论价值观倾向，即相信人间各种美好的价值可以和谐相处，在终极意义上可以相互结合起来。在张东荪的社会民主主义理念系统中，我们看到的正是这一价值取向，民主、自由、平等、理性、人格、公正、容忍等这些人类美好的价值都被结合起来，宛如在一个大家庭中和睦相处。这里的关键在于，这种乌托邦式的解决在原则上没有缺陷，可以成立，但这样的解决是企图把不可结合的东西结合起来，因此，人们在最终的诸种价值之间，面临着不可避免的选择。① 成庆对张东荪与张君劢的民主观进行比较，认为张君劢以自由意志作为道德之根基，从而推导出人权作为民主哲学上的理据，并以此作为整个宪政架构的基础；张东荪则强调民主作为一种政治正当性的重要性，他将之称作新的“道统”，并不同意宪政主义者将政治制度与伦理分离的取向，而是认为民主需要道德来推动。因此，“张君劢构造的政治制度最终是精英主义取向的议会政治，而张东荪却最终强调民主主义的平等理念”。② 王尤清、申晓云在比较了张东荪与张君劢对民主的认识后指出，“张君劢主张民主是有章可寻的制度，故重视宪法对权力的匡正；张东荪认为民主是一种文明，因而强调培养民主的生活方式。治学兴趣取向和民主思想渊源的不同，导致了他们对民主认知的差异。张君劢对政治学感兴趣，其民主思想倾向于英国经验主义传统；而张东荪以哲学为治学起点，受卢梭以及西方大陆理性派的影响较大。由此引出二人的不同民主理念，加之对时局看法的分歧，最终导致张君劢和张东荪在抗战胜利后的政治选择中分道扬镳”。③

张东荪是五四时期社会主义论战的一方或挑起者。学术界对张东荪有关思想的研究，首先存在着“五四时期的张东荪是不是社会主义的反对者和敌视者”的分歧。传统的观点认为，五四时期的张东荪是社会主义

---

① 参见宋宏《理想的冲突：论20世纪40年代张东荪的社会民主主义思想》，《历史教学问题》2005年第2期。

② 成庆：《自由主义与共和主义：现代中国思想史中的两种民主观——以张君劢与张东荪为例》，《天津社会科学》2005年第4期。

③ 王尤清、申晓云：《和而不同：张君劢与张东荪对民主认知的比较》，《南京大学学报》2012年第6期。

的反对者和敌视者。但近年来越来越多的学者对此提出了不同看法。丁伟志指出：“梁启超、张东荪等所提出的中国应当发展资本主义实业、而不能立即实行社会主义的主张，是基本上符合当时中国的国情的；只是他们不懂得只有谋取到国家的独立主权，中国的资本主义才可能得到发展。”[①] 张宝明也认为，在这场论战中“张东荪道出了两个关节点：一是不要空谈、高谈乌托邦式的理想；二是要从当下的实际、中国的国情出发”。“他是本着研磨学理的态度去求实的。”[②] 马秋丽指出，此时期的张东荪虽然不能说是社会主义者，但也绝非社会主义的敌视者和反对者。相反，他做了大量输入和介绍社会主义思潮的工作，促进了社会主义思想在中国的传播。就论战双方的态度来看，以张东荪为首的论战一方，坚持从学说上介绍、研究社会主义，以求对社会主义有一较全面的理解；以陈独秀为首的论战另一方，则倡导接受并坚定马克思的社会主义之信仰，积极进行社会主义运动。“张东荪等的态度可称为先理解、后信仰派，陈独秀等的态度可称为先信仰、后理解派。”[③] 在胡成看来，“标榜‘稳健主义’的张东荪实际上与主张‘急进主义’的陈独秀有着共同的价值取向和思维方式，即都相信有一根本解决中国近代贫困和孱弱的理想社会模式。然而这对于将自己定位于平和渐进的张东荪来说，其思想就注定会陷于理想与现实的两难窘境，并由此引发内心痛苦和文化矛盾，而这正是近代中国单向度地移植西方观念，尤其是西方近代启蒙思想中理性主义所带来的历史性缺憾”。[④]

陈序经。出版的著作主要有刘集林的《陈序经文化思想研究》（天津人民出版社 2003 年版）、田彤的《转型期文化学的批判——以陈序经为个案的历史释读》（中华书局 2006 年版）、张世保的《陈序经政治哲学研究》（人民出版社 2007 年版）、郑朝波的《固守教坛——陈序经的人生之

① 丁伟志：《辨析国情、选择出路之争——对于“五四”过后发生的社会主义大辩论的再认识》，《中共党史研究》1999 年第 3 期。

② 张宝明：《“中国之前途：德国乎？俄国乎？”——“问题与主义”之后的“主义与主义”之争》，《江苏社会科学》2006 年第 3 期。

③ 马秋丽：《学说上的社会主义与信仰上的社会主义——张东荪社会主义观浅析》，《当代世界社会主义问题》2005 年第 4 期。

④ 胡成：《二十世纪初中国基尔特社会主义的思想矛盾》，《南京大学学报》1996 年第 1 期。

路》(海南出版社2008年版)、赵立彬的《学识渊博的优秀教育家——陈序经》(广东人民出版社2009年版)以及王珍喜的《文明冲突视野下的伦理社会——以梁漱溟与陈序经之比较为中心》(云南人民出版社2011年版)等。陈序经思想中最有影响也最具特色的是他的“全盘西化”论与文化学理论,学术界关于他思想的研究也主要集中在这两个方面。王继平指出,陈序经的“全盘西化”实质上是文化虚无主义,“它的误区在于否定了文化的民族性这一根本特性,且以西方文化作为人类文化发展的理想模式,表现出一种完全的西化价值取向,是对民族文化优秀传统的轻视”。[①] 王珍喜从文化的整体性与可拆解性、文化的时代性与民族性、文化的客观性与可选择性三个角度予以分析,认为“全盘西化”论的理论得失是十分明显的,即“深刻的片面性”与“片面的深刻性”并存。例如陈序经以极端的文化整体性为理论前提,其“全盘西化”的结论也必然是极端的,“只看到文化的时代性而完全否认其民族性的片面主张,是纯粹理想主义的,没有实行的可能”。因而,“在强调中国人要积极、主动地去学习西方先进文化、创造新文化方面,是非常可贵的,也是非常必要的。但他要在全盘否定传统的前提下来‘全盘西化’的看法,既不应该,也没有可能”。[②] 另外,近年也有学者主张全面、历史地评价陈序经,肯定其“全盘西化”的合理之处。启良在《重评陈序经》一文中认为陈序经的全盘西化论虽有偏颇之处,但其文化主张的大旨则是应该肯定的,充分体现了中国知识分子的爱国情怀。[③] 张太原认为陈序经的“全盘西化”论并不仅是由于心理上和感情上的“崇洋”产生的,而是在感性和理性共同作用的基础上形成的,并不是简单的崇洋媚外,而是立足于中国自身,企图改变中国现代化道路的一种不无偏颇的探索。[④] 刘集林较系统地分析了陈序经全盘西化思想的渊源、理论基础,并将其置于特定的社会

---

① 王继平:《论近代中国的文化虚无主义——中国近代文化思潮剖析之三》,《湘潭大学学报》1997年第4期。

② 王珍喜:《陈序经“全盘西化”论简论》,《兰州学刊》2006年第4期。

③ 参见启良《重评陈序经》,《浙江社会科学》1998年第6期。

④ 参见张太原《评陈序经的“文化圈围”理论与“全盘”西化观》,《河北学刊》2002年第6期。

文化潮流中加以评价，认为“全盘西化论”并不是盲从西方，更非唯新是尚，而是在时代社会的需要下对西方文化理论的灵活借取与整合，体现一种可贵的创造精神，同时，指出其“空想倾向”。[①]

关于陈序经的文化学理论，学界肯定了他在中国现代“文化学”的重要地位。赵立彬在对现代“文化学”学科史的分析中，指出陈序经有划定“文化学”与相关学科的边界等贡献，认为真正将“文化学”作为一门学科加以倡导，并努力开展学科构建的实践，黄文山、阎焕文、陈序经等人为主要代表。[②] 黄有东认为，陈序经“是中国最早提倡并积极建设‘文化学’的先驱之一，对现代‘文化学’在中国的发展起到了积极的推动作用。他在对‘文化本身’的研究中，以《中国文化的出路》为源点，以《文化学概观》四卷本为结点，用一套颇有特色的范畴和命题，建构起了他自己的现代文化学体系”。[③] 黄有东还对陈序经与黄文山进行了比较，指出陈序经一般是在探讨他在文化论战时坚守的“全盘西化”文化主张所遇到的理论难题，具有极强的实践性，而黄文山重在理论研究，所以文化学理论体系更加宏大和详备，更加深入，更加具有科学性，对文化学学科建设贡献更大。[④] 郑朝波从文化辩说与科学划分、文化基础与文化圈围等方面梳理了陈序经文化哲学的基本内容，说明其文化哲学体系是以进化论为核心外加文化传播论而构成的。[⑤] 张太原考察了陈序经使用的“文化”一词的词源，指出其合理性在于从文化哲学高度揭示了文化的时代性、整体性、工具性，缺陷则是没有看到文化是内在于人身的东西，忽略了文化的特殊性、传承性和非工具性。[⑥] 此外，学术界还十分注意陈序经的文化理论与西化观之间的联系。杨深对陈序经的文化理论做了总体上

① 参见刘集林《陈序经全盘西化思想成因探析》,《史学集刊》2002年第4期。

② 参见赵立彬《近代知识转型与中国“文化学”的产生》,《华中师范大学学报》2012年第2期。

③ 黄有东:《陈序经与中国现代“文化学”的创建》,《华南理工大学学报》2010年第2期。

④ 参见黄有东《中国现代“文化学”双峰:黄文山与陈序经之比较》,《理论月刊》2010年第7期。

⑤ 参见郑朝波《论陈序经的文化思想》,《天津社会科学》2000年第2期。

⑥ 参见张太原《论陈序经的文化概念》,《海南大学学报》2001年第1期。

的概括，认为其文化观是以西方社会学、人类学和文化学的各种理论为基础的文化一元论，这种一元论文化观具体应用到中西文化问题上，就成为陈序经全盘与彻底西化的理论根据。[①] 赵立彬从“陈序经建立文化学的努力”“陈序经文化学的理论体系”“陈序经全盘西化思想的理论基础和思想渊源”“全盘西化论”四个部分论述陈序经的文化学理论与“全盘西化”论的关系，揭示全盘西化的理论基础。[②] 何卓恩认为，代陈序经的“全盘西化”理论是中国知识分子感知世界一体化和思考中国文化出路问题的早期例证之一。这一理论既有量的规定性，又有质的规定性，呈现出中国文化问题的四个论说向度：变与不变的向度、离异与回归的向度、体与用的向度、现象与本质的向度，是一个多层面的体系。反思此一理论的得失，对于深化全球化情势下的中国文化问题讨论和理论建构，不无意义。[③] 郑朝波指出，陈序经从西方搬来文化、文化圈围的概念用于文化研究，只能得出全盘西化的结论。[④]

此外，张世保有系列论文研究陈序经的个人主义和自由主义的政治思想，认为他的政治思想一方面受西方古典自由主义的影响，另一方面受到中国现实因素的影响，其内容可以从在自由与平等之间、主权与人权的双重诉求、一元与多元的统一等方面加以概括。[⑤] 刘集林考察了陈序经的乡村建设观、他对梁漱溟的乡村建设运动的批评，并比较了他们两人的文化社会思想。[⑥] 田彤分析了陈序经史学研究中的文化学底蕴。[⑦] 他还以文化理论与文化观

---

① 参见杨深《走出东方——陈序经文化论著辑要》，中国广播电视出版社 1995 年版，“前言”。

② 参见赵立彬《陈序经的文化学理论与全盘西化论》，《中山大学学报》2000 年第 3 期。

③ 参见何卓恩《陈序经全盘西化理论的四层涵义》，《广州社会主义学院学报》2005 年第 1 期。

④ 参见郑朝波《论陈序经的文化思想》，《天津社会科学》2000 年第 2 期。

⑤ 参见张世保《陈序经的政治哲学探析》，《广东社会科学》2007 年第 5 期；《陈序经的中国政治思想史研究》，《中南民族大学学报》2007 年第 1 期；《陈序经对个人主义的论述》，《广东社会科学》2006 年第 4 期；《主权与人权的双重述求——陈序经主权思想述论》，《湖北大学学报（哲学社会科学版）》2008 年第 1 期。

⑥ 参见刘集林《西化与乡建——陈序经的乡村建设观与乡建论战》，《中南民族大学学报》2007 年第 1 期；《梁漱溟与陈序经文化社会思想之比较——以陈序经的批评为中心》，《天津师范大学学报》2009 年第 4 期。

⑦ 参见田彤《试析陈序经史学研究中的文化学底蕴》，《江汉论坛》2005 年第 2 期。

为中心，论述了陈序经的独立品格。[①]

罗隆基。罗隆基思想研究真正起步是在进入 21 世纪以后，出版的著作主要有刘志强的《中国现代人权论战——罗隆基人权理论构建》（社会科学文献出版社 2009 年版）、谢泳的《清华三才子——闻一多、吴景超、罗隆基》（东方出版社 2009 年版）等。罗隆基思想研究主要集中在他的政治思想，而人权理论是罗隆基政治思想的核心。刘志强对此有系统的研究成果发表。在《罗隆基与人权论战》一文中，刘志强考察了罗隆基在"人权论战"中的地位，认为他是"人权论战"的主将，"他的人权理论代表了'平社'成员，即'人权派'的思想"。其政治趋向"不仅是反对国民党'党治'的一种手段，也是为中国寻找政治出路的一种探索"。[②]在《论罗隆基的功用人权观》一文中，刘志强从"功用人权观诠释""功用人权观与国家关系""功用人权观与法律关系"三方面考察了罗隆基的功用人权观，认为这是现代中国对人权理论谱系的原创性贡献。"功用人权观是西方诸多政治法律思想的汇总和反应，是典型的实用主义理论。罗隆基功用人权观最大的问题，在于他为了建构人权理论，却没有顾及理论来源所针对的问题和语境，导致了理论与实践之间的短路，以及理论上的片面性与互相抵触。"[③] 在《罗隆基人权理论阐释及其质疑》一文中，刘志强认为："在人权概念上，罗隆基创造性提出了人权是做人的必要条件，并在人权与国家、人权与法律、人权时空性等问题上，构建了一系列人权理论。罗隆基主张人权与反对暴力革命是其人权理论应有之义，目的在于对中国加以改造，使之走上宪政之路。"[④] 在《罗隆基人权理论评析》中，刘志强对罗隆基的人权理论做了较为详细的评价："他的人权理论是那个时代的一座丰碑。从法理而言，他以功用作为视角，认为人权乃是做人的必要条件，创造性提出了人权条件说以及人权的时空范围，并以此为基点构建其人权理论体系。这是他的人权理论的高度。但其局限性也很明

---

① 参见田彤《论陈序经的独立品格——以文化理论与文化观为中心的考察》，《广东社会科学》2005 年第 4 期。

② 刘志强：《罗隆基与人权论战》，《广东社会科学》2005 年第 6 期。

③ 刘志强：《论罗隆基的功用人权观》，《现代哲学》2011 年第 2 期。

④ 刘志强：《罗隆基人权理论阐释及其质疑》，《政法论坛》2012 年第 4 期。

显：他将起源于西方的人权观生搬硬套在中国的现实中，而且过于功利化地解读人权，在实践中难免南橘北枳；就其思想言论自由的主张而言，他也混淆了思想言论自由的界限，在法理上没有考虑到思想与行为的差异，理论与现实的脱节，脱离了中国的现实环境；在政治主张上，他也没有注意到个人自由与经济平等之间的紧张关系。这是他的理论的局限所在。"① 刘志强还特别注意到了罗隆基人权理论中的"言论自由"思想，认为罗隆基"主张思想言论自由，其目的就是提倡一种对政府批评的言论自由"。其思想言论自由主要承续于功利主义理论，"从法理来看，关于罗隆基思想言论自由一体化观点是值得商榷的"。② 此外，有学者对罗隆基政治思想中的法治、宪政思想及人权、法治、宪政三者关系进行了探讨。杨会清在《试论罗隆基的法治思想》一文中考察了罗隆基法治思想的形成："罗隆基提倡在政治关系、政治行为和政治发展方面的法治化，这三个层面的思想构成了一个比较完整的体系。他的法治思想体现了中国一个时代的特征，有其积极意义与不足。""罗隆基以英美的制度为模型，针对中国当时的法治现状而提倡法治，并一定程度上推动了国民党政府在法治方面的改革，实际上构成了当时中国制度重建中的重要一环。"③ 喻中认为罗隆基法哲学思想的三个方面——人权、法治、宪政，虽然可以从学理的角度分别加以论述，但实际上是连成一体的。"在罗隆基的眼里，人权、法治、宪政是相互关联、不可分割的。"④

雷海宗。雷海宗是中国著名的历史学家，毕生从事历史教学和研究工作，其学术思想博大精深，自成体系。王敦书从四个方面论述了雷海宗的学术思想和学术成就：第一，博古通今、学贯中西，擅长人文社会科学的整体把握和跨学科研究方法的交叉运用；第二，以一定的哲学观点来消化史料，解释历史，努力打破欧洲中心论和王朝体系传统，建立起独树一帜的囊括世界、光耀中华的历史体系；第三，热爱祖国，坚决抗日，热情歌

---

① 刘志强：《罗隆基人权理论评析》，《开放时代》2011 年第 5 期。

② 刘志强：《历史与法理视域：罗隆基思想言论自由解读》，《广州大学学报》2009 年第 11 期。

③ 杨会清：《试论罗隆基的法治思想》，《浙江学刊》2004 年第 4 期。

④ 喻中：《罗隆基和他的法哲学》，《炎黄春秋》2010 年第 7 期。

颂中国的历史，积极弘扬中华文化，雷海宗之所以不同于斯宾格勒，提出了中国文化二周乃至三周说，乃是由他的爱国抗日思想决定的；第四，学习西方的科学与文化，追求真理，锐意创新，不断前进，勇于提出自己的独立见解。[①] 冯金朋认为，雷海宗的理论史学和实践史学思想基本体现在他的《历史过去的释义》一文中，他在文中主要谈及或论述三个问题："一、区分'历史'的两种含义，即现实中的历史和史学中的历史；二、分析史学中历史的特性，即主观性、流变性和时代性；三、强调研究历史的现实性及其未来指向性，告诫生活在现实中的人们，不仅要重构过去的旧历史，更要努力创造现在和将来的新历史。"[②] 覃梅溪指出，雷海宗将历史普遍称为"过去"，过去又有绝对、相对之分。在这两种"过去"中，他认为研究第一种"过去"是没有意义的，绝对的"过去"作为一种哲学的见解则可，作为一种文学的慨叹对象也可，然而这却不是普通历史学的历史知识，历史研究的对象是相对的过去，必须是对现实有意义的、有影响的过去才有研究价值，即有瞻前顾后功能的、与现实社会相结合、解决现实问题的历史研究才是历史研究的真正对象。他把历史研究与救国救亡紧密结合，把研究史学当作研究中华民族生命之学。[③] 侯云灏研究了雷海宗的"文化形态史观"，认为作为中国"文化形态史观"（或称"历史形态学"）的主要代表人物，雷海宗在早期学术活动期间，便以德国斯宾格勒的历史哲学为理论基础，结合中国的历史实际，进行了独创性的发挥，得出了著名的中国文化的两周论。在长期的史学实践中，他又以主观唯心主义哲学为指导，继承了西方严格自然科学与人文科学区别的人文主义学派的宗旨，强调史学研究的主观性和实用性。与胡适、傅斯年为代表的新考据学派标榜的唯科学主义形成了明显的对照，推动形成了中国现代史学思想中的人文主义思潮，构成了中国现代史学中不可或缺的一部

① 参见王敦书《中西融汇、古今贯通的雷海宗》，《世界历史》1995年第6期；《雷海宗的生平、治学特点和学术成就》，《历史教学》2003年第2期。

② 冯金朋：《论雷海宗的理论史学与实践史学思想——解析〈历史过去的释义〉》，《重庆社会科学》2005年第6期。

③ 参见覃梅溪《雷海宗史学论探析》，《传承》2009年第5期。

分。其文化思想更为我们今日文化的建设提供了有益的探索。[①] 江沛认为，在第二次世界大战背景下，受欧洲的文化形态学说的启发，雷海宗、林同济等人力图建立一整套独立的对世界及中国文化基本特征及规律的认知体系，他们把世界上曾经出现过的各种文化形态进行分类研究，同时对中国文化发展的脉络进行了清理，雷海宗由此创造性地提出了中国文化独具“两周”的理论。雷、林还认为，20 世纪 30—40 年代的世界正处于类似于中国古代的战国时代，只有努力学习西方先进文化，保持民族文化的个性，坚定抗战信心，才能拯救中国文化于覆亡；雷海宗甚至预言，中国文化将进入第三个发展周期。这些观点，被视为战国策派文化形态学理论的核心理念。[②]

林同济。和雷海宗一样，林同济也是“战国策派”的主要代表人物之一。许纪霖考察了林同济异常复杂的内心世界，认为在现代中国思想史上，林同济作为战国策派的重要成员，是以极端民族主义者的形象出现的。在其一生的心路历程中，林同济体现出了三种境界，即国的境界、力的境界和宇宙的境界。其中，为人们所广泛注意的“国家民族至上”的国的境界是最浅层的；以力本论为基础的力的境界是其思想的核心，却依然不是他的终极理想；林同济所期盼、所追求的最高境界乃是审美的、和谐的、天人合一的自然境界。在这三种境界内部，也充满着饱满的张力：个人与国家、尼采与庄子、儒家与道家、世俗与宗教之间无法完全消解的紧张与冲突。而在紧张与冲突的人生中，试图寻求终极之物的意义，又是林同济个人思想的矛盾与复杂性所在。作者进而指出，林同济的心路历程，证明了民族主义并非中国知识分子的终极价值与关怀所在。[③] 雷文学对林同济在“战国策”时期前后的思想转变进行了考察，指出林同济起初受尼采思想的影响，倡导“力”的学说，以此改造国人，服务抗战；40 年代以后，随着国内外形势和他自身状况的变化，他的思想逐渐回到民族的老庄哲学。但不是简单的“回归”，而是以老庄的超然哲学为基

① 参见侯云灏《雷海宗早期史学思想研究》，《史学理论研究》1992 年第 3 期。

② 参见江沛《战国策学派文化形态学理论述评——以雷海宗、林同济思想为主的分析》，《南开学报》2006 年第 4 期。

③ 参见许纪霖《紧张而丰富的心灵——林同济思想研究》，《历史研究》2003 年第 5 期。

础，糅合尼采的意志哲学和儒家的入世精神，又扬弃了老庄的消极避世、尼采的执着信念和儒家为群的终极理想，将道家的真人、尼采的超人和儒家的圣人凝为一体，铸造出一种新的人格范式，显示了他为中国人寻找一种完美人生哲学的努力。[①] 徐国利、雍振梳理了林同济以及战国策派的"国民性改造思想"，指出林同济以及战国策派的一个基本观点，是认为秦汉以来的历史文化所造就的国民性是导致中国衰败和无法应对抗战民族危机的根源。因此，作为战国策派主将的林同济集中批判了中国国民性中的"士大夫"人格，抨击士大夫官僚传统的"四毒"和"中饱"弊端使国民养成官僚化性格和"官商者模样"，指责传统的忠孝观念导致国民重私德而轻公德，这些都是国民劣根性的集中体现，它无法适应新战国时代"战"和"力"的要求。他因而主张改造落后的国民性，唤回列国时代的"士大夫"精神，构建"战士式"的人生观，增强民族活力，实现全民族的抗战胜利，进而重建中国民族文化。[②] 尹小玲对林同济的文艺观进行了探讨，认为"战国策"派是滥觞于 1940 年抗日战争时期，活跃在大后方昆明、重庆等地的一个文化派别。林同济为"战国策"派文艺方面主要代表人物，他旗帜鲜明地提出了自己的文艺观，在他"恐怖、狂欢、虔恪"的美学意念中，表达了他对生命意义的理解，对刚与力的文学的追求，对西方现代文化精神的追求。认为林同济主要是提倡"恐怖、狂观、虔恪"三种美学境界，这是一种浪漫主义的文艺观，在抗战时期独树一帜。[③] 李红比较了林同济和陈铨的文化观，认为他们都鼓吹力的哲学和英雄崇拜来振奋衰颓的民气，企望在新的战国时代通过一场自救的民族战争来达成民族复兴。这是他们文化观的同一性。但由于两人有着不同的方法论基础，所以在看待历史的视角、批判五四新文化运动的思路和民族文化再造的策略等几个方面都显示出相当大的差异，整体体现为林同济的蕴藉

① 参见雷文学《回归之路：从尼采到老庄——论林同济在"战国策"时期前后的思想转变》，《福建师范大学学报》2011 年第 5 期。

② 参见徐国利、雍振《抗战时期林同济的国民性改造思想述论》，《北京科技大学学报》2013 年第 6 期。

③ 参见尹小玲《林同济的文艺观》，《湖南医科大学学报》2009 年第 3 期。

与陈铨的峻急文化气质的差异。①

陈铨。陈铨是中国现代文学史、现代学术思想史上一位具有多方面建树的作家和学者，同时也是“战国策派”的代表人物之一。丁晓萍就陈铨“民族文学”口号提出的背景、其内涵与理论来源，特别是陈铨的创作与理论的关系进行了考察，认为陈铨提出“民族文学”的构想是与“战国策派”的文化观与历史观紧密关联的，希望能在民族文化、民族性格中注入一种活力，使古老的中华民族走向新生。但“民族文学”的口号缺乏严密的理论支持，只是从“狂飙运动”（德国）中吸取了某些成分，而且他把超阶级的民族意识作为最高的评判标准，其片面性也是显然的。② 宋强认为，陈铨的民族文学运动有高远理想和现实功利两方面的要求，这使他的思想内部充满了天才和民族意识、文学与宣传等诸多悖论。陈铨虽不是国民党政府的成员，但他的这些主张和国民党的政策有很多相通之处，使之具有某种现实共谋性，陈铨及“战国策”派成员对自身身份的确认缺乏现代知识分子的独立性。③ 季进指出，“战国策”派激进的“民族主义”思想，与抗战的时代环境密不可分，因此把“战国策”派等同于法西斯，或者视作国民党的政治帮凶，是有失公允的。但陈铨提出的要建构一个让全民族同胞“利害相同，精神相通”的民族文学，又只能是一个永远无法实现的乌托邦式的文学梦想。④ 王学振比较了陈铨倡导的“民族文学运动”与20世纪30年代的“民族主义文艺运动”的实质区别，认为陈铨的“民族文学运动”提倡的民族意识，是被侵略民族反侵略的民族意识（抗战救国），他所宣扬的民族主义，是平等型的民族主义，这些都有其历史进步性。但是“民族主义文艺运动”有其二重性，它固然有某种程度的反侵略的一面，但它所提倡的民族意识，更多的是一个人种毁灭另一人种的所谓“民族意识”，它所宣扬的民族主义是更多地

---

① 参见李红《试论陈铨、林同济文化观的异同》，《山东大学学报》2004年第2期。

② 参见丁晓萍《陈铨的“民族文学”理论与创作》，《上海交通大学学报》2002年第3期。

③ 参见宋强《陈铨的民族文学运动》，《河南工业大学学报》2006年第1期。

④ 参见季进《论陈铨对“民族精神”与“民族文学”的建构》，《江苏大学学报》2007年第2期。

留有法西斯主义印迹的所谓“民族主义”。[①] 潘显一认为，在国家和民族遭受苦难的时候，作为一个中国人的陈铨，从大节上说是站在中华民族和人民一边的；甚至在抗日战争胜利之后的政治上的大是大非面前，他也没有站到人民的对立面去，最多只是对某些问题认识不清。因此，应该充分肯定其基本立场和一个靠工资稿费吃饭的教授、作家的人格。对于他在文学创作、文学理论、哲学美学等方面所取得的成就，更应该以对待文化人物而非政治人物的标准，给予充分的肯定和相应的地位，在否定过去的偏颇的彻底否定时，做一些恰当的肯定的工作，也是必然的和必需的。[②] 叶向东考察了陈铨的民族主义文学思想，认为陈铨以一种自觉的民族主义意识，建构起自己的民族主义文学思想。由于对文学救亡功能的过分强调，导致他的文学创作表现出了模式化和概念化的倾向。他的民族主义文学思想是中国现代文学思想的重要组成部分，并对中国现代文学思想的建设和发展起到了积极的作用。[③] 苏春生对陈铨的中德文学研究进行了考察，认为陈铨首次研究了中国纯文学对德国文学影响的历史，探讨了世界不同民族国别的文化文学交流影响的规律，评析了德国人译介研究中国文学、借鉴创作文学作品的得失，阐发了中国传统文化文学的精粹。同时，也表现了作者强烈的民族意识觉醒、坚固的民族文学自信和理想的世界文学愿景的东学西渐的文学观。[④]

储安平。出版的著作主要有谢泳的《储安平：一条河流的忧郁》（中国青年出版社 1999 年版）和《储安平与〈观察〉》（中国社会科学出版社 2005 年版）等。储安平是继胡适之后又一位著名的自由主义知识分子，他于抗战胜利后创办的《观察》杂志是当时最有影响的自由主义刊物之一。林建华指出，储安平的自由主义思想带有鲜明的英国特色，即自由是社会进步必不可少的条件，限制自由就是阻碍社会进步；自由不是一种抽象的概念，而是一些具体的不受政治约束的权利，人身自由是一切自由的基础；自由也不等于放纵，必须与守法相结合，法律面前人人一律平等。

---

① 参见王学振《陈铨的“民族文学运动”》，《重庆社会科学》2005 年第 7 期。

② 参见潘显一《陈铨及其创作》，《四川大学学报》1993 年第 2 期。

③ 参见叶向东《论陈铨的民族主义文学思想》，《云南师范大学学报》2002 年第 5 期。

④ 参见苏春生《陈铨的东学西渐文学观》，《文学评论》2006 年第 3 期。

储安平还对政治自由与社会自由进行了区分，认为中国人有社会自由，而无政治自由。“凡涉及政治的，处处受到限制；只要与政治无关的极尽自由。”储安平对两种自由的区分不仅回答了长期以来中国人对自由的误解，而且将两种自由深入浅出地进行了剖析，具有十分重要的思想和现实意义。就此而言，储安平的自由主义思想是一种爱国主义、进步主义、理想主义。① 杨迎平考察了储安平自由主义的思想的一个重要方面——自由开放的编辑思想，认为自由主义的编辑思想是《观察》周刊的指导思想，储安平以知识分子的良知和责任感创办了《观察》周刊，在当时那个沉闷的中国吹响了思想言论自由的号角。② 刘业伟指出，储安平是一个在新闻理论和新闻实践上有过成功尝试的民主报人，他既是一个特立独行的编辑家，又是一个秉笔直书的时评家。作为编辑家的储安平，他先后参与创办或主编了《客观》《观察》和《光明日报》，形成了自由民主的办刊思想；作为时评家的储安平，他写下了许多针砭时弊的政论文章，产生了极大影响。可以说，他是自由主义知识分子以言论参与政治的典型，代表了一代自由主义知识分子的价值观和求索经历。③ 张仁善以“一个旧中国的自由主义者的法治心路——试论储安平的法治观”为题，论述了储安平的宪法观、司法独立观和新闻法治观，透析了储安平法治观的渊源及局限，揭示了储安平及中国“自由主义者”群体对中国法治社会的向往及对中国缺乏法治环境的无奈心态。④ 张玉龙通过对储安平发表在《客观》和《观察》杂志上的论政时文的考察，揭示出一个自由知识分子对 1947 年前后国、共、自由主义阵营三方和美国政府的观感与析评，以及借此透递出的政局变迁信息。储安平的论政时文表明：作为社会政治变迁动力的边缘势力逐渐走向中心和新兴社会阶层的崛起，不仅影响着当时的实际政治运作，也影响着未来社会的政治走向，既是正统衰落、边缘上升的表

---

① 参见林建华《储安平自由主义思想评析》，《史学集刊》2002 年第 2 期。

② 参见杨迎平《论储安平自由、开放的编辑思想与牺牲精神——兼与施蛰存的编辑思想比较》，《湖北师范学院学报》2011 年第 6 期。

③ 参见刘业伟《民主报人储安平研究》，《徐州师范大学学报》2008 年第 2 期。

④ 参见张仁善《一个旧中国的自由主义者的法治心路——试论储安平的法治观》，《华东政治学院学报》2001 年第 2 期。

象，也是这一表象的结果。[①]

施复亮。出版的著作主要有齐卫平的《施复亮传》（华夏出版社 1991 年版）、赵镜元的《施存统的一生》（浙江人民出版社 1987 年版）等。作为中共创始人之一和第一代马克思主义理论家，“改组派”的理论家，抗战后中间路线思潮的领袖人物，施复亮（又名施存统）在中国现代史上留下了深深的足迹。陈国庆等指出，施复亮曾是一位颇有影响的革命者，也是一位复杂多变的历史人物。在漫长的历史岁月里，他的思想发生了几次重大的变化。在五四运动前后，他由一个无政府主义者转变为一名马克思主义的信仰者，并且是中国共产党最早的党员之一。[②] 李俊考察了五四时期施复亮对马克思主义的介绍和研究，指出作为中国共产党上海发起组的核心成员以及日本共产主义小组的主要负责人，施复亮曾翻译过不少日本社会主义学者的论著，并亲自撰写了大量介绍马克思主义的文章，这些工作对于马克思主义在中国的传播无疑起到了巨大的促进作用。[③] 宋亚文指出，施复亮是国共合作实现之前较早加入国民党的共产党人。可以说，他从 1922 年成为跨党党员起就开始接纳三民主义。孙中山逝世后，他开始涉足对三民主义的宣传。国民革命失败后，由于对革命前景的判断失误，他选择留在国民党继续奋斗。从此，他以大量的精力研究三民主义并形成了“革命的三民主义”思想。施复亮“革命的三民主义”思想以实行“革命的三民主义”和复活“革命的国民党”为中心内容，以挽救中国革命为最高宗旨，寄托着施复亮探求中华民族解放道路的全部希望。[④] 宋亚文还另撰文指出，施复亮的抗战思想有着深厚的渊源和丰富的内涵，且在广大民主人士中较具代表性。尽管它有着这样那样的缺憾，但它基本上反映了中华民族抗战到底、抗战必胜的共同要求，因而是值得充分肯定

---

① 参见张玉龙《从“客观”到“观察”——储安平对 1947 年前后中国政局的观感与评析》,《吉首大学学报》2003 年第 4 期。

② 参见陈国庆、刘莲《论施复亮在五四运动前后的思想转变》,《中国海洋大学学报》1997 年第 3 期。

③ 参见李俊《五四时期施存统对马克思主义的介绍和研究》,《党史研究与教学》2004 年第 3 期。

④ 参见宋亚文《施复亮“革命的三民主义”思想》,《聊城大学学报》2005 年第 3 期。

的。[①] 作为40年代后期中间路线的主要倡导者和代表人物，施复亮的中间路线思想不但有着深厚的渊源，而且还有着独特的思想内涵。通过探究他的中间路线思想，可以更好地把握新民主主义革命时期中间路线思想的形成与发展脉络。[②] 杨宏雨指出，施复亮是抗战胜利后宣传和提倡中间路线的代表人物，他的中间路线的基本思想萌芽于20年代，而明确揭橥中间路线则是在抗战胜利之后，尤其是在全面内战爆发以后。1945年12月，施复亮在《我的答案》一文中，首次提出“必须在国共两党以外形成一个进步的民主的中间派的政治力量，其强大到举足重轻的地位，既可以做双方团结的桥梁，又可以做共同团结的基础”。该文是施复亮关于中间路线问题的最早论述。1946年7月，他又在《文汇报》上发表了《何谓中间派》一文，明确提出“中国的中间派，有它自己的社会基础、政治路线、对内对外的明确政策，以及对国共两党的独立态度”。该文中施复亮首次使用了“中间派的政治路线”这样的提法。施复亮中间路线思想包括新民主主义政治，新资本主义经济，兼亲苏美与调和国共等方面。[③] 杨宏雨还撰文分析了施复亮的经济思想，指出其在抗战胜利前后，详细分析和探讨了战后中国经济建设的道路、体制和发展战略等问题，提出了一整套以发展资本主义、实现工业化为核心的经济建设方案。施氏的方案虽在整体上已被历史否定，但其经济思想与政治思想——中间路线一样，包含着许多合理的内核，值得我们在探索中国现代化道路中加以珍视。[④]

① 参见宋亚文《施复亮的抗战思想述论》，《辽宁大学学报》2003年第5期。

② 参见宋亚文《施复亮的中间路线思想述评》，《山西高等学校社会科学学报》2003年第5期。

③ 参见杨宏雨《论施复亮抗战胜利后的中间路线》，《华东师范大学学报》1996年第1期。

④ 参见杨宏雨《抗战胜利前后施复亮经济建设思想述论》，《复旦学报》1997年第6期。

第五章

20 世纪 90 年代初至 2014 年：走向繁荣（下）

第一节　思潮史研究异军突起

近代以来，中国思想发展的一个重要特征就是思潮风起云涌，但此前的研究对此关注不够，虽然一些学者如王忍之、徐宗勉、侯外庐等都曾提出过应当研究近代的社会思潮，但学者们的研究仍多以思想家个案为主，思潮研究的成果比较少。那些以“中国近代思想史”命名的著作，基本上是各个时期一些主要思想家思想的汇编。但从 20 世纪 90 年代以来，思潮研究却异军突起，蔚然成风，近代思想史著作越来越多地以社会思潮为主线。较早以“思潮”命名并论述中国近代思想史的专著，是吴剑杰的《中国近代思潮及其演进》（武汉大学出版社 1989 年版）。此后以“思潮”命名的著作日渐增多，如吴雁南主编的《清末社会思潮》（福建人民出版社 1990 年版）和《中国近代社会思潮》（四卷本，湖南教育出版社 1998 年版），戚其章的《中国近代社会思潮史》（山东教育出版社 1994 年版），胡维革的《中国近代社会思潮研究》（东北师范大学出版社 1994 年版），黎仁凯的《近代中国社会思潮》（河北人民出版社 1996 年版），高瑞泉主编的《中国近代社会思潮》（华东师范大学出版社 1996 年版），郭汉民的《晚清社会思潮研究》（中国社会科学出版社 2003 年版）和《中国近代思想与思潮》（岳麓书社 2004 年版），周积明、郭莹的《震荡与冲突——中国早期现代化进程中的思潮和社会》(商务印书馆 2003 年版),丁守和的《中国近代思潮论》(广东人民出版社 2003 年版),郑师渠的《思潮与学派:中国近代思想文化研究》(北京师范大学出版社 2005 年版),俞祖华、赵慧峰的《中国近代社会文化思潮研究通览》(山东大学出版社 2005 年版),董德福、史云波的《回首五四——百年中国思潮和人物》(人民出版社 2008 年版),郑师渠的《思潮与学派:中国近代思想文化研究》(北京师范大学出版社 2005 年版),龚鹏程的《近代思潮与人物》(中华书局 2007 年版),丁伟志的《中国近代文化思潮》(社会科学文献出版社 2011 年版),等等。这类著作多以思潮为线索,分类撰述。尤其是吴雁南主编的四卷本《中国近代社会思潮》,围绕救亡图存、改造中国、振兴中华这一历史时代的主旋律,对近代 109 年起伏跌宕、异彩纷呈的社会思潮做了比较全面、系统的论述和研究,其涉及的思潮中,既有主导思潮,又有非主导思潮,甚至还有一些消极或反动的思潮,充分体现了中国近代社会思潮发展变化的多样性以及曲折复杂的特点,从广阔视野上探索了中国近代社会思潮的发展轨迹,剖析了各种思潮之间的矛盾、斗争、渗透和影响,从社会思潮角度揭示了百余年间中国社会发展的趋势。除上述这些著作外,彭明、程歗主编的《近代中国的思想历程(1840—1949)》(中国人民大学出版社 1999 年版),虽然没有用"思潮"命名,但就内容来看也是"一本反映近代中国百年思潮演变发展的著作"。和其他著作多以思潮为线索,分类撰述不同,该书将思潮看作由从低到高的认识序列互相联结而成的精神体系,并以此为基础,根据时代主导意识的变化和发展,将中国近代思潮划分为四个阶段加以撰述,中国近代思潮的演化线索在该书中得到了比较好的阐述。思潮是某一时期具有群体特性的思想倾向,反映了该时期普遍的民众心理和思想文化的发展方向。以思潮为线索构架中国近代思想史无疑是对此前研究的重大突破。

与此同时,一些重要思潮的专题研究也取得了丰硕成果,如陶绪的《晚清民族主义思潮》(人民出版社 1996 年版),蒋俊、李兴芝的《中国近代的无政府主义思潮》(山东人民出版社 1991 年版),郑大华的《梁漱溟与胡适:文化保守主义与西化思潮的比较》(中华书局 1994 年版),罗检秋的《近代诸子学与文化思潮》(中国社会科学出版社 1998 年版),曹跃明的《五四以来的保守主义思潮》（西北大学出版社 2000 年版），江沛的《战国策派思潮研究》（天津人民出版社 2001 年版），彭平一的《冲破思想的牢笼——中国近代启蒙思潮》（湖南师范大学出版社 2000 年版），喻大华的《晚清文化保守主义思潮研究》（人民出版社 2001 年版），张世保的《西化思潮的源流与评价》（华东师范大学出版社 2005 年版），赵立彬的《民族立场与现代追求：20 世纪 20—40 年代的全盘西化思潮》（三联书店 2005 年版），麻天祥的《晚清佛学与近代社会思潮》（河南大学出版社 2005 年版），王济民《晚清民初的科学思潮和文学的科学批评》（中国社会科学出版社 2004 年版），张卫波的《民国初期尊孔思潮研究》（人民出版社 2006 年版），等等。90 年代初上海人民出版社推出“中国近代社会思潮丛书”，该丛书包括：高瑞泉的《天命的没落——中国近代唯意志论思潮研究》（1991 年初版，2007 年修订），胡伟希、高瑞泉、张利民的《十字街头与塔——中国近代自由主义思潮研究》（1991 年），杨奎松、董士伟的《海市蜃楼与大漠绿洲——中国近代社会主义思潮研究》（1991 年），唐文权的《觉醒与迷误——中国近代民族主义思潮研究》（1993 年），李向平的《救世与救心——中国近代佛教复兴思潮研究》（1993 年），陈少峰的《生命的尊严——中国近代人道主义思潮研究》（1994 年）。

值得一提的是，自 2005 年以来，中国社会科学院中国近代思想研究中心以近代史上的一种或几种思潮为主题连续召开了几届国际性或全国性的学术研讨会，包括“中国近代思想史上的激进与保守”（2005 年，北京）、“中国近代史上的民族主义”（2006 年，北京、山东烟台）、“中国近代史上的自由主义”（2007 年，山东聊城）、“中国近代史上的社会主义”（2009 年，北京）、“中国近代思想史上的激进与保守”（2010 年，河南洛阳），会议得到了国内外学者的大力支持，他们积极提交会议论文，在会上畅所欲言；会后主办方将会议论文整理成册出版，成为思潮史研究的重要成果。① 会议还带动了学界对这些思潮的关注，发表了一批有较高

① 相关成果有：郑大华、邹小站主编：《中国近代史上的民族主义》（社会科学文献出版社 2007 年版）、《中国近代史上的自由主义》（社会科学文献出版社 2008 年版）、《中国近代史上的社会主义》（社会科学文献出版社 2010 年版）、《中国近代史上的保守与激进》（社会科学文献出版社 2011 年版）。

学术质量的文章。无疑，这种有组织的对某一有重大影响的思潮史的专题讨论推进了思潮史研究的深入发展。2007 年初,《光明日报》和上海《学术月刊》合作，在征求全国广大社会科学工作者的基础上，评选出 2006 年度哲学社会科学研究的十大热点问题，历史学只有“中国近代民族主义思潮研究”入选。其入选的理由是，中国社会科学院中国近代思想研究中心先后举办了两次以“中国近代史上的民族主义思潮”为主题的国内和国际学术研讨会，并以这两次会议为契机，发表了一批高质量的研究中国近代史上的民族主义的学术文章。

思潮是某一时期具有群体特性的思想倾向，反映了该时期普遍的民众心理和思想文化的发展方向，以思潮史构架近代思想史无疑具有突破性的意义。随着研究的发展，思潮史研究也由宏观研究向更为具体的专题研究拓展，这为我们更好地把握近代中国思想史演化的轨迹提供了更广阔的视角。

一 民族主义思潮

民族主义是中国近代的主要社会思潮之一。正如有的研究者指出的那样:“晚清以来一百多年间，中国始终呈乱象，似乎没有什么思想观念可以一以贯之。各种思想呈现出一种‘你方唱罢我登场’的流动局面，可谓名副其实的‘思潮’：潮过即落。但若仔细剖析各类思潮，仍能看出背后有一条线，虽不十分明显，却不绝如缕贯穿其间。这条线正是民族主义。如果将晚清以来各种激进与保守、改良与革命的思潮条分缕析，都可发现其所包含的民族主义关怀，故都可视为民族主义的不同表现形式。”①因而对民族主义思潮的研究，也是 20 世纪 90 年代以来尤其是新世纪以来学术界研究的重点之一。

“民族主义”的界定、内涵及思想来源。李文海不同意《中国大百科全书》中关于“民族主义”是“资产阶级思想在民族关系上的反映，是资产阶级观察和处理民族问题、民族关系的指导原则”的定义，认为它

---

① 罗厚立:《从思想史角度看近代中国民族主义》，载《知识分子立场：民族主义与转型期中国的命运》，时代文艺出版社 2000 年版，第 218 页。

与中国的历史实际不相符合，因为在中国近代历史上，当资产阶级尚未产生以前，民族主义不论是作为一种意识形态，还是作为一种社会心理，就已经存在，并且在社会生活中发挥着重大的作用，同时从理论上看也有不少难以说通的地方，民族主义虽然同爱国主义以及民族精神不能画等号，但二者之间有着不可分割的联系则是事实，我们对历史上和现代的爱国主义与民族精神，一直给予很高的评价和积极的肯定。所以，他主张把“民族主义”定义为：“民族主义是以民族权益和民族感情为核心内容的一种政治观念、政治目标和政治追求。”① 耿云志认为，近代民族必须具有以下几个因素，即：（1）长期共同活动的地域；（2）历史上形成的共同文化；（3）长期紧密联系的经济生活、政治生活和文化生活所造成的国家认同。据此，则凡是维护这些东西，使之不受其他民族之侵害，同时，也不去侵害其他民族这些东西的思想原则，就是近代的民族主义。② 宋志明主张在中性的意义上使用“民族主义”一词，而在负面的意义上使用“狭隘民族主义”一词。至于“中国近代史上的民族主义”，他认为是一个正面的语汇，是指鸦片战争以来“中华民族”观念逐渐形成全民族共识的发展历程，是指促使中华民族精神觉醒的社会思潮。③ 在郑师渠看来，民族主义是以共同文化为背景，要求在政治与文化合一的基础上实现民族认同与发展的一种心理状态与行为取向。其信仰的核心是本民族的优越性及缘此而生的忠诚与挚爱。④

就民族主义的思想来源而言，主要包括了传统资源与西方思想两大部分。传统民族思想资源方面，焦润明认为“固有的华夷观念成为近代民族主义思想直接的理论来源之一”。⑤ 周庆智指出，民族主义深植于民族历史文化的土壤中，具有特定历史文化的鲜明特点。中国传统文化中存在“文化民族主义”，其源头可上溯至先秦时代或更早，华夏民族早就有着

① 李文海等：《关于“中国近代史上的民族主义”的对话》，《光明日报》2006年3月28日“理论周刊”。

② 同上。

③ 同上。

④ 参见郑师渠《近代中国的文化民族主义》，《历史研究》1995年第5期。

⑤ 焦润明：《论中国近代民族主义》，《社会科学辑刊》1996年第4期。

深厚的国家观念、民族意识，有极为普遍和相当发达的历史文化意识。[①] 陶绪指出，传统民族观念中就其与近代关系密切者而言，主要有四个方面的内容：一是华夏文化中心的地理观念，二是华夏文化优于其他民族的文化优越观念，三是华夏文化制约其他民族的“羁縻”观念，四是“夷夏之辨”的观念。[②] 张昭君则通过对中国近代民族主义形成过程中的三位代表人物——梁启超、章太炎和孙中山民族主义思想的具体分析，论证了儒学作为中国传统文化的主流，是中国近代民族主义观念生成最重要的思想资源之一。一方面，儒学的本土性、民族性文化特征及其所蕴含的“夷夏之辨”“天下一家”等内外观念，为近代思想家论证和宣传“民族国家”独立提供了丰富的话语资源和有力支持；另一方面，儒学中所含有的“天下主义”、狭隘种族观念等成分，又成为阐述民族主义思想的负累。而近代思想家传统学术背景和派别归属的差异，则进一步加剧了中国近代民族主义观念生成的复杂性。[③] 近代民族主义也吸收了西方近代的社会政治思想。罗厚立指出，从思想史层面看，近代中国民族主义的形成，可用章太炎的一段话概括之。章氏自述其民族主义思想的形成时说，他幼年读《东华录》，已愤恨“异种乱华”。后来读郑所南、王船山两先生的书，“全是那些保卫汉种的话，民族思想逐渐发达。但两先生的话，却没什么学理。自从甲午以后，略看东西各国书籍，才有学理收拾进来”。也就是说，近代中国民族主义的发端，故来源于传统族类思想，但其成为一种“主义”，却是收拾了日本和西方的学理之后。而彼时日本的民族主义学理，基本也是舶来品。所以中国士人所真正收拾的，不过就是西方的民族主义学理。[④] 王宏斌论述了斯宾塞的竞争进化论对中国近代民族主义形成的影响。他指出，“晚清输入中国的西方进化论主要有两家，即斯宾塞的‘竞争进化论’与赫胥黎的‘互助进化论’”，而我们“仔细阅读清末报刊上的各种论著，可以发现，中国思想界的绝大多数人接受的是斯宾塞的学说。无论是改良派的严复、梁启超，还是革命派的章太炎，无论是主

① 参见周庆智《民族主义与传统价值取向》，《世界民族》1998 年第 4 期。

② 参见陶绪《晚清民族主义思潮》，人民出版社 1995 年版，第 12 页。

③ 参见张昭君《儒学资源与中国近代民族主义观念的生成》，《史学月刊》2006 年第 7 期。

④ 罗厚立：《从思想史视角看近代中国民族主义》，《战略与管理》1998 年第 2 期。

张温和改革的官员代表，还是激进的青年知识分子，他们都深深地打上了斯宾塞主义烙印”，斯宾塞学说的输入，为中国变法改革、合群结社、争取民主、发展经济、民族独立以及社会进步意识的觉醒提供了一套理论根据，对于中国民族主义的形成产生过巨大影响。①

郑大华认为，中国近代史上的民族主义既是我国传统民族主义思想在近代的转型，又是西方近代的民族主义思想在中国的引进，是二者结合的产物。近代中国的思想家，尤其是在晚清时期，大多先接受的是中国传统民族主义，后又接受了西方近代民族主义，其民族主义思想有一个从传统向近代的转化过程，而且在相当长的时间内，这两种民族主义在他们的思想中并存而不悖。就中国传统的民族主义思想而言，它主要体现在三个方面：一是“华夏中心”观，二是“华尊夷卑”观，三是建立在“华尊夷卑”观基础之上的“夷夏之辨”的观念。促使这种传统民族主义向近代民族主义思想转变的原因，是西方的入侵引起的中国人思想观念的变化，人们逐渐认识到，中国只是世界各国中的一国，中华民族只是世界民族中的一员，民族之间的先进与落后不是由种族决定的，而是由军事、社会、经济、文化甚至政治等多方面因素决定的，中国在许多方面就落后于西方国家。这一认识上的进步，是近代民族主义思想产生的重要前提。因为只有认识到中国只是世界各国中的一国，中华民族只是世界民族中的一员，才有可能产生近代意义上的民族认同和民族平等意识；同时也只有认识到民族之间的先进与落后，不是由种族决定的，而是由其军事、社会、经济、文化甚至政治的状况决定的，中国在许多方面都落后于西方国家，才能产生一种民族危机感或民族忧患意识。而近代民族主义就是建立在民族认同、民族平等意识和民族忧患意识的基础之上的。② 张宝明以《安徽俗话报》和《新青年》两个杂志所处的不同时期和追求的价值趋向审视民族主义的发展及与其他思潮的关系时发现，中国民族主义经历过从传统到

---

① 王宏斌：《论斯宾塞竞争进化论在中国的影响》，载郑大华、邹小站主编《中国近代思想史研究集刊》第 4 辑《中国近代史上的民族主义》，社会科学文献出版社 2007 年版，第 349 页。

② 参见李文海等《关于“中国近代史上的民族主义”的对话》，《光明日报》2006 年 3 月 28 日“理论周刊”。

近代或现代的转型。[①]

近代民族主义的类型、特点以及与其他思潮的关系。在探讨近代民族主义时，一些学者对其类型作了划分。郑师渠认为，18世纪欧洲民族主义出现时形成了法、德两种范式：一是以法国大革命为代表，强调民权论的政治民族主义；二是以德国为代表，强调民族精神和文化传统的文化民族主义。中国近代民族主义则是集二者于一身，即政治民族主义与文化民族主义同时并兴。[②] 姜义华认为，在20世纪的中国民族主义中，族类民族主义、政治民族主义及文化民族主义特别发达，相比之下，建立在统一市场基础上的经济民族主义则异常薄弱。这是由于中国近代民族主义的兴起是救亡的急迫需要，而不是根植于民族经济发展和民族统一市场形成的土壤上。[③] 皮明勇认为近代民族主义思潮“无论其中有多少个派别，多少种主张和倾向，它们都围绕着下列两个基本问题：一是对中华民族是否给予整体认同的问题，也就是所谓‘大民族主义’与‘小民族主义’的问题；二是中华民族争取独立和解放的基本手段和根本方法的问题，也就是所谓反传统民族主义与民族保守主义以及对二者综合扬弃问题”。“小民族主义”中较有影响的是“大汉族主义”和民族分裂主义两种。从争取民族独立的途径的角度看，有主张根本否定民族传统的反传统民族主义和与其相反的民族保守主义、排外主义，还有主张以折中的态度对待民族文化的新的民族主义，如孙中山的民族主义就强调继承传统与学习西洋文明的结合。[④] 俞祖华指出，近代中国民族主义有如下几组类型：以汉族为体认单位的排满思潮和以中华民族为体认单位的反帝思想，或称为“小民族主义”与“大民族主义”；传统民族主义与近（现）代民族主义；族类民族主义、政治民族主义、经济民族主义与文化民族主义；革命性的激进民族主义、自由主义的理性民族主义、保守型民族主义与复古型民族主义。从各种类型的民族主义演变、消长的格局中，可以看到近代中国民族

---

① 参见张宝明《阐释与启示：20世纪初年民族主义谱系的嬗变——以〈安徽俗话报〉与〈新青年〉杂志为例》，《郑州大学学报》2006年第2期。

② 参见郑师渠《近代中国的文化民族主义》，《历史研究》1995年第5期。

③ 参见姜义华《论二十世纪中国的民族主义》，《复旦学报》1993年第3期。

④ 皮明勇：《中国近代民族主义的多重架构》，《战略与管理》1994年第3期。

主义的主流价值为“坚持中华民族独立、自主及自尊的、现代的、开放的、理性的民族主义”。[①] 王如绘认为，民族主义层次上可以分为中下层的、民间的民族意识、民族情绪与上层的、精英阶层的民族主义。他还通过对义和团“扶清灭洋”口号的重新解读，提出“扶清灭洋”之“清”，既是“清朝”之“清”，也是“大清国”之“清”，并由此认为义和团具有朦胧的对国家的认同，体现了义和团运动的“民族主义运动”的性质，是下层民众的民族主义发轫的标志，但又带有非理性的色彩，表现出了民众民族主义在民族危机面前所具有的排外情绪。[②] 在柴文华看来，文化民族主义是一种具有世界性的文化现象，在中国近现代表现得尤为突出，出现了众多的文化民族主义派别，其中以顽固派为代表的文化民族主义属于“狭隘的文化民族主义”，以国粹派、东方文化派、学衡派、早期现代新儒家、本位文化派为代表的文化民族主义属于“开放的文化民族主义”。中国近现代的文化民族主义有着自己产生的特定背景，主要是西方近代文化危机、文化激进主义的刺激等。[③]

郑大华则不同意把中国近代民族主义分为政治民族主义、经济民族主义和文化民族主义等不同类型。他认为：第一，如果以民族主义在不同领域的表现来划分，那么除了政治民族主义、经济民族主义和文化民族主义之外，还有教育民族主义、军事民族主义、外交民族主义、宗教民族主义等，并且还可以无限地划分下去，这种划分又有何意义？第二，在近代中国很难找出一个真正纯粹的政治民族主义、经济民族主义和文化民族主义者。因为政治、经济和文化是有连带关系的，不会有人在政治上主张民族主义，而在文化和经济上就不主张民族主义；反之亦然。判断一个人有没有民族主义思想，或者是不是一个民族主义者的标准，不是看他的主张是

① 俞祖华：《近代中国民族主义的类型、格局及主导价值》，《齐鲁学刊》2001年第2期。

② 参见赵慧峰、俞祖华《“第二届中国近代思想史国际学术研讨会”会议综述》，载郑大华、邹小站主编《中国近代思想史研究集刊》第4辑《中国近代史上的民族主义》，社会科学文献出版社2007年版，第433页。

③ 参见柴文华《对中国近现代文化民族主义的反思》，载郑大华、邹小站主编《中国近代思想史研究集刊》第4辑《中国近代史上的民族主义》，社会科学文献出版社2007年版，第74页。

西方化还是东方化，是自由主义还是保守主义，而是看他的出发点是不是为了谋求国家的富强、民族的复兴，为中华民族选择一条强国富民的出路。就此而言，无论是西化派，还是文化保守主义者，或马克思主义者，在本质上都是民族主义者。①

就近代民族主义的特点而言，萧功秦指出，在近代中国“自卫型民族主义”中，务实的民族主义是主流形态，具有以下基本特点：与一些后进国家的“自卫型”民族主义相比较，它不是依托某种宗教传统作为民族认同的凝聚力与基础的；与西方近代民族主义相比较，这种近代民族主义，具有明显的由外部压力激发的“反应性”特点。② 史革新在宏观上将中国近代史上民族主义的特点概括为三个方面：一是反对民族压迫，以争取民族独立为职志；二是始终与民族主义、爱国主义相结合；三是不断克服狭隘民族情绪，理性民族主义占主流地位。③ 胡伟希从严复、梁启超、孙中山等人的民族主义思想的个案分析入手，通过与西方民族主义的比较，考察了近代中国民族主义话语建构的特殊性，并指出，与西方民族主义由法国大革命所酝酿，最后却总演变为与自由主义相抗衡的一种强劲意识形态不同，近代中国的民族主义思想从西方传入之初，即与自由主义思想结下不解之缘，但中国近代民族主义思想与自由主义思想的结合是非常松散的，对于近代中国的启蒙思想家来说，国家富强无论如何都是第一位的，当民族主义或者国家富强的诉求与其心中的民主政治理想发生冲突时，他们无一例外地放弃了民主政治的要求，而追求国家富强。中国近代民族主义与自由主义之间的这种特殊关系，可谓是近代中国民族主义的一大特征。④ 李喜所认为现代性是民族主义的与生俱来的特征，民族主义本身就是世界现代化进程的产物。从这个意义上说，没有现代性就不存在完整意义上的民族主义。中国近代的民族主义也不例外，其发芽、生根的历史过程与中国社会由传统向现代过渡的客观进程是紧密相连的，中国现代化的深度决定着民族主义普及的广度，民族主义与世界主义并

---

① 参见郑大华《中国近代民族主义的形成、发展及其他》，《史学月刊》2006 年第 6 期。

② 参见萧功秦《中国民族主义的历史与前景》，《战略与管理》1996 年第 2 期。

③ 参见史革新《中国近代民族主义特征之我见》，《史学月刊》2006 年第 7 期。

④ 参见胡伟希《体用本末之间：中国近现代的民族主义》，《史学月刊》2006 年第 7 期。

不构成悖论。只要中国的现代化没有完结，现代性就永远是民族主义的灵魂。①

俞祖华等撰文论述了民族主义与激进主义、保守主义、自由主义这三大思潮的关系，指出民族主义是一种具有统领、涵盖、弥漫其他思潮特点的综合性的社会思潮，它蕴藏在每一个现代思潮里。被称为“三大思潮”的激进主义、保守主义、自由主义，与民族主义有着密切的互动与对应关系。民族主义是三大思潮的并生系统，是三大思潮的同源潜流，是三大思潮所共同具有的致思取向、思维特征与“共同观念”。但是，三大思潮对民族主义诉求的表现形式、表达方式却有所不同。三大思潮对民族主义诉求的表达可区分为激进民族主义（革命民族主义）、自由民族主义（理性民族主义）、保守型民族主义（文化保守主义）三种民族主义的次元类型；激进主义与民族主义的基本连接点在于通过激进手段建立民族国家；自由主义与民族主义的交集点是建立自由民主宪政的现代民族国家，争取国家自由；保守主义与民族主义的交集点、契合点最多，以至于有的研究者认为文化保守主义与文化民族主义是一回事。② 冯兆基针对近现代中国民族主义的著述，向来多集中在反满和反帝国主义的问题上，而近现代中国保守主义的研究，又多重视文化方面的表现，至于研究现代性的学者，则多重视现代与传统的关系，很少将民族主义、保守主义和现代性联系起来加以研究的现状，撰写了《中国民族主义、保守主义与现代性》一文，以阐述中国保守主义的文化和政治二重性，尤其是民族主义与保守主义在现代性话语中的相互关系。他指出，民族主义与保守主义具有同样的特性，一方面消极、守旧、本土化、非理性，另一方面又积极、进取、进步、世界化。二者都是对中国社会现代性的回应。保守主义就其内涵文化与政治而言，其目的在于缔造国家：建立一个现代政治机制，一个有中国特色的民族国家，民族自觉、民族再生、文艺复兴、文化创造、思想独立，一切都是建国的工具。中国知识分子，不论服膺什么主义，在某种程

① 参见李喜所《关于民族主义现代性的宏观思考》，《史学月刊》2006年第6期。

② 参见俞祖华、赵慧峰《民族主义与近代中国三大思潮的双向互动》，《学术月刊》2007年第8期。

度上都有传统思想，这其中当然也包括称为民族主义者的那些人。而文化保守者如梁漱溟、张君劢、陶希圣等，又都具有爱国爱民族的情结，他们主张现代化，在面对民族和现代化的挑战时，做出努力，发挥的是民族主义与保守主义的积极性、进取性和现代性。① 何晓明梳理了文化民族主义与文化保守主义的关系，认为二者既有关联，更有区别：一方面，文化民族主义是文化保守主义的基本立场、感情基础和理论的出发点，可以涵盖文化保守主义，故两者有着密切的关联；另一方面，两者又有区别，文化民族主义可以体现为民众情绪、思想观念、理论学说、价值体系、社会运动，而文化保守主义一般只会以社会心理、思想观念、理论学说、价值体系的形式出现。②

近代民族主义的形成时间与发展阶段。研究者多认同19世纪末20世纪初是中国近代民族主义的形成时期的说法，但对具体的标志及酝酿过程，学者们有着不同的描述。徐立望提出，中国近代民族主义是随着华夏中心论的破灭而逐渐形成的，随着洋务运动的展开，早期维新者吸收西方的国家主权和国家平等理论，民族意识在他们身上得到了最早的体现；在甲午战争的刺激下，民族主义正式形成。③ 罗雄飞、赵剑认为，1898年康有为等在北京成立保国会，该会章程提出了“保国”“保种”“保教”的思想，成为当时挽救民族危亡的响亮口号，因此，保国会的成立可以看作近代民族主义形成的标志。④ 王先明对义和团运动和中国近代民族主义关系展开了考察，认为这一运动是从传统民族主义向近代民族主义运动转折的历史界标，以“主权”为核心、以“争利权”为基本诉求的一系列民

① 参见冯兆基《中国民族主义、保守主义与现代性》，载郑大华、邹小站主编《中国近代思想史研究集刊》第4辑《中国近代史上的民族主义》，社会科学文献出版社2007年版，第42页。

② 参见赵慧峰、俞祖华《“第二届中国近代思想史国际学术研讨会”会议综述》，载郑大华、邹小站主编《中国近代思想史研究集刊》第4辑《中国近代史上的民族主义》，社会科学文献出版社2007年版，第433页。

③ 参见徐立望《中国近代民族主义之史的考察——从民族意识到民族主义》，《求索》2001年第5期。

④ 参见罗雄飞、赵剑《十九世纪中后期中国近代民族主义的形成及其特点》，《北京第二外国语学院学报》1998年第4期。

族抗争，构成1901年以后近代民族主义运动的时代表征，这一运动的历史起点则是义和团运动。而以“革命话语”为主导的“新的民族觉醒”的历史转折也始于义和团运动。[①] 许小青认为，1903年前后新式知识分子在19世纪末对民族国家的模糊意识的基础上，围绕民族国家的理论建构进行了热烈集中的讨论，确立了成熟的主权意识，提出了“中国者，中国人之中国”的口号，标志着民族国家理想的诞生。但对“中国人”的认同却朝着“排满建国主义”和“大民族主义”两个方向发展。[②] 王立新指出，大致在1905年前后，近代民族主义作为完整的思想体系在中国已经形成，并迅速发展成为具有一定群众基础的社会与政治运动，其中1905年前后的收回粤汉路权运动和抵制美货运动是民族主义思想发展成社会运动的标志。[③]

郑师渠把近代文化民族主义的发展分为三个历史时期——戊戌时期、辛亥革命时期和五四前后，论述了各个时期的主要内容和特点：戊戌时期集中“保教”，但缺乏学理成分；辛亥革命时期以“存学”为己任；五四前后则是“国粹”学说风行时期，极力维护民族自信力，反对妄自菲薄。[④] 耿云志认为，在中国近代思想史上，民族主义大体经历了三个阶段。（1）鸦片战争前后一段时期，中国人尚未摆脱古代的民族观念，即强调“华夷之辨”，认定“非我族类，其心必异”。当鸦片战争发生时，面对外来的侵略者，绝大多数中国人仍未脱出此种传统的民族观念。（2）过了一段时期，一部分中国人对来侵的西方列强渐渐有所了解。先进分子开始意识到，“今之夷狄，非古之夷狄”。不但看到西人之技艺远过中国，进而还认识到西人治事、治政亦有可法处。但直到民国初年，除少数先进分子，绝大多数中国人仍认为在礼教人伦方面，中国远胜于西方。此点直到五四新文化运动开始，才有根本性的转变。还有更重要的一方面，即近

---

① 参见王先明《义和团与民族主义运动的时代转型——立足于近代民众抗争运动的比较分析》，《历史教学》2011年第2期。

② 参见许小青《1903年前后新式知识分子的主权意识与民族国家认同》，《天津社会科学》2002年第4期。

③ 参见王立新《中国民族主义的兴起与近代中西关系》，《史学理论研究》1998年第3期。

④ 参见郑师渠《近代中国的文化民族主义》，《历史研究》1995年第5期。

代东来的“西夷”，步步进逼，严重威胁到中华民族的生存。在这样严峻的挑战面前，中国人的民族意识被激活。为谋求生存，必须奋起抗争，自求振作。（3）到了20世纪20年代初，因第一次世界大战和俄国十月革命的影响，中国之民族主义增加了新的内容和新的意义，那就是为争取民族平等的世界新秩序而奋争。①

郑大华也把中国近代民族主义的发展分为三个阶段，但在具体的划分上则与郑师渠、耿云志有所不同。他认为清末民初，是中国近代民族主义的形成阶段；五四时期，是中国近代民族主义的发展阶段；“九一八”以后到抗日战争结束，是中国近代民族主义的高涨阶段。与中国近代民族主义发展的三个阶段相联系，中国近代民族主义的理论也经历过不断的建构过程。在清末民初，民族主义的理论主要是围绕建立一个什么样的民族国家而构建的，当时以孙中山为代表的革命派主张“排满”和建立单一的汉民族国家，而以梁启超为代表的立宪派则主张“合满”和建立包括满族在内的多民族国家，双方为此而展开过激烈的论战和斗争，结果是建立一个独立、民主和统一的多民族国家成了革命派和立宪派的共识并得到最终确立。在五四时期，受第一次世界大战后世界民族解放运动和十月革命以及列宁、威尔逊提出的民族自决理论的影响，民族主义的理论构建主要是围绕民族自决以及由此而引起的反帝与反封的关系而展开的，以李大钊、陈独秀为代表的中国早期马克思主义者和以孙中山为代表的中国国民党人都曾为此做出过重要贡献。九一八事变后，受日益严重的民族危机的刺激，这一时期民族主义的理论建构又发生了新的变化，这主要表现为民族复兴思想的提出并成了一种社会思潮，当时的知识界围绕民族复兴问题展开了热烈讨论。② 臧运祜选取近代中日关系史上六个关键年度，考察了中日关系与中国民族主义的演变：1894年爆发的甲午战争是中国近代民族主义的开端，1905年日俄战争前后以孙中山的民族主义为标志，近代民族主义思想正式形成，并在辛亥革命中达到了第一次高潮；1915年日

① 李文海等:《关于“中国近代史上的民族主义”的对话》,《光明日报》2006年3月28日“理论周刊”。

② 参见郑大华《论中国近代民族主义的理论建构及其过程》,《华东师范大学学报》2010年第5期。

本提出二十一条，使民族主义再度高涨，并迅速转向“民族国家”的目标要求；1925 年五卅运动，导致了五四以后中国民族主义运动的持续高涨，在五四时期的“外争主权、内惩国贼”之后，国民革命时期的“打倒军阀、除列强”的口号，成为中国民族主义高涨的标志；1935 年华北事变，将甲午战争以来的民族主义再次推向了高潮，并促成了抗日民族统一战线的迅速建立；1945 年抗日战争的胜利，因抗日御侮任务的基本完成，“以德报怨”的理性对日原则的提出，国共一度共同致力于建设民主国家，近代民族主义也走向了基本的终结。他认为，中日关系史上的这些重大事件很大程度上决定了中国近代民族主义特征、表现形式与积极作用，但同时也制约了中国民族国家的建设步伐。①

近代民族主义的评价。民族主义是既有积极作用又有消极作用的双刃剑，这是学术界的基本共识。具体到对中国近代民族主义的评价也是如此。但到底是积极作用更明显还是负面作用更大一些，学者的意见不尽一致。有的学者更关注民族主义的积极影响。宋志明就认为，中国近代民族主义“是中华民族自我意识走向自觉的理论升华，对于促进中华民族的觉醒、对于克服民族自卑感、对于增强民族凝聚力和向心力起到了积极的作用，应当予以充分的肯定”。具体来说，首先，它促进了爱国精神的觉醒。其次，它促进了改革精神的觉醒。再次，它促进了革命精神的觉醒。最后，它促进了启蒙精神的觉醒。② 郑大华也对中国近代民族主义给予了肯定评价，但他对中国近代民族主义和中国近代史上的民族主义作了区分，认为中国近代民族主义的内容是实现民族独立，建立近代的民族国家；而要实现民族独立，建立近代的民族国家，就必须实现社会进步，推动中国的现代化进程。综观近代以来有关民族主义的一切主张、讨论和斗争，实际上都是围绕这一内容展开的。这其中包括唤起民族意识，以增强民族的凝聚力，民族意识则表现为民族的认同感、民族的自豪感和民族的自信心。所以就性质而言，中国近代民族主义是一种进步的社会思潮，在

---

① 参见臧运祜《近代中日关系与中国民族主义》，载郑大华、邹小站主编《中国近代思想史研究集刊》第 4 辑《中国近代史上的民族主义》，社会科学文献出版社 2007 年版，第 412 页。

② 宋志明：《中国近代民族主义与民族精神的觉醒》，《史学月刊》2006 年第 6 期。

其生成和发展的过程中，对于促进中华民族的觉醒，增进中华民族的认同感、凝聚力和自信心，动员和鼓舞广大中华儿女投身于“振兴中华”的伟大斗争起过积极的历史作用。中国近代史上的民族主义则比较复杂，除近代民族主义外，还有传统民族主义，而传统民族主义往往表现出狭隘的民族意识，其作用与近代民族主义不可相提并论。所以我们在评价中国近代史上的民族主义时，应具体问题具体分析。[①] 有的学者则认为民族主义在现代中国所起的负面作用更多一些。王中江认为民族主义的负面效应主要表现在以下几个方面：一是在为民族解放运动提供推动力和为国家提供凝聚力的同时往往又拒斥、压抑自由主义；二是在反对帝国主义的压迫和侵略的同时又和排外主义相联系；三是它常常导致认同对象的错置：它用文化主义代替政治原则，使保卫国家落脚于保卫传统文化。[②] 马勇指出，近代中国的文化民族主义情结制约了中国的发展与进步，而这一中国遗产直至今日仍在我们的生活中发挥着相当重要的作用。当历史进入 21 世纪的时候，如果我们继续坚守狭隘的文化民族主义立场，我们就有可能因不遵守这个星球的一般规则而被排斥在世界一体化的生活之外。[③]

与上述这两种或主要肯定或主要否定的评价不同，多数学者认为中国近代史上的民族主义既有积极的一面，也有消极的一面，应该具体问题具体分析。金冲及提出，民族主义是两重性的，它可以有两种发展趋势，形成两种不同的民族主义：一种是把本民族的利益放在至高无上的地位，充满民族优越感，而对其他民族采取蔑视的态度，表现出强烈的排他性，甚至不惜损害和牺牲其他民族的利益来满足本民族的利益。这是狭隘民族主义或称民族沙文主义。它可以导致种族仇杀和对外侵略。另一种是对自己的民族怀着深厚的感情，充满民族自尊和自信，注重发扬本民族的优良传统，不断增强民族凝聚力，万众一心地谋求本民族的独立解放并共同走向繁荣富强，而决不能忍受外族强加给本民族的欺凌和侮辱，也不受他们的挑拨和分化；同时，对其他民族采取平等的尊重的态度，和平相处，互惠

① 参见郑大华《中国近代民族主义的形成、发展及其他》，《史学月刊》2006 年第 6 期。
② 参见王中江《现代中国民族主义的误区》，《中国社会科学季刊》1993 年第 5 期。
③ 参见马勇《怎样化解我们的文化民族主义情结》，《史学月刊》2006 年第 7 期。

互利，决不因本民族的利益而任意损害其他民族的利益。这种民族主义，是积极的、进步的。[①] 李文海认为民族主义是一个历史的范畴，不同的历史时期、不同的历史人物及不同的政治派别，民族主义的内容和作用会有很大的差异；即使在同一个人和同一件事上面，民族主义的作用也往往具有双重性，不可一概而论。所以，对民族主义要作具体的、历史的分析。总的来看，中国近代民族主义在历史上起的积极作用是主要的，在民族危机日益加重的近代中国，民族主义往往能激发整个民族的忧患意识和自强意识，提高民族自尊心和自信心，增强民族的凝聚力和战斗力。但我们在肯定民族主义积极意义的同时，也应该注意到民族主义在中国近代史上并非没有产生过消极的作用和影响，不待说农民及下层群众或封建统治阶级中的某些政治派别，就是思想观念在当时处于先进地位的维新派或革命派，他们在处理对内、对外的民族关系上，也存在着这样或那样的局限性，并非尽善尽美。[②] 耿云志指出，近代中国备受帝国主义列强的侵略、压迫和掠夺。因此，反抗帝国主义的斗争一直是民族主义的中心内容之一。在长期斗争中，民族主义有过各种不同的表现形式，产生过各种不同的结果，其中经验与教训不一而足。在清末，反抗帝国主义的斗争有各种层次：有政府（包括中央与地方）行为，有知识阶层与绅商阶层的略有组织的斗争，有下层群众自发的反抗运动。民国时期，这三个层次的民族主义仍然存在。大致说来，第二个层次的斗争成长进步较快，第一个层次，亦较清代有所不同，第三个层次的斗争，纯自发的性质已逐渐减少。"民族主义具有天经地义的合理性，这是首先应该肯定的。但这并不等于说，因具有民族主义的动机，就做什么都可以，怎么做都行。近代民族主义的中心目标是建立独立、统一、民主、富强的近代民族国家，因此，凡是有利于实现这些目标的民族主义思想和行动，就是健全的民族主义，应予完全肯定；否则，就不是健全的民族主义，就不应无条件地给予肯定。"[③]

---

① 参见金冲及《辛亥革命和中国近代民族主义》，《近代史研究》2001年第5期。

② 参见李文海《对"民族主义"要做具体的历史的分析》，《史学月刊》2006年第6期。

③ 李文海等：《关于"中国近代史上的民族主义"的对话》，《光明日报》2006年3月28日"理论周刊"。

近代民族主义的其他问题。除上述这些宏观问题外，关于中国近代民族主义的研究还涉及其他一些问题。黄兴涛研究了清末现代“民族”概念的形成问题，认为现代“民族”概念的萌生与19世纪中西民族的接触和文化碰撞具有一定的历史关联，而其流行得益于日本汉字新词对译西方的用法，是中、西、日文化交流互动的结晶。中国现代意义的“民族”概念的出现与早期运用，是认知民族主义形成和发展的重要内容之一。[①] 郭双林考察了门罗主义与清末国家民族认同之间的特殊关系，指出“中国者，中国人之中国”这一在清末有着重大影响力的民族主义口号是从门罗主义引申来的，也可称之“中国门罗主义”。[②] 梁景和、赖生亮以《黄帝魂》为中心，对清末“尊黄”思潮与民族主义的关系进行了研究，认为清末“尊黄”思潮促进了汉族民族意识的觉醒，推动了革命思潮的发展，这是它积极的一面；它的消极一面，是所表现出来的狭隘的大汉族主义思想倾向及其对彻底清算封建主义的阻碍。[③] 郑大华探讨了清末以梁启超为代表的知识精英们介绍与宣传西方民族主义的三个特点：第一，认为西方近代民族主义的实质就是“民族建国”，而“民族建国”所要建立的是单一民族的国家；第二，介绍和宣传的主要是德国和意大利的民族主义，而不是法国的民族主义；第三，视民族主义为救亡图存、建立民族国家的不二法门。[④] 许小青注意到20世纪初年的新史学革命与民族国家理论建构之间的特殊关系，指出20世纪初年以梁启超、章太炎、黄节、邓实等为代表的晚清新式知识分子，借“史学”的革新，对“民族”“国民”等近代概念进行了界定，有力地促进了中国近代民族国家观念的兴起。具体而言，新史学革命对近代民族国家理论上的贡献主要表现在三方面：史学与民族国家，史学与民族共同体，史学与国民。[⑤] 姜红分析了晚

---

① 参见黄兴涛《清末现代“民族”概念形成小考》，《人文杂志》2011年第4期。

② 参见郭双林《门罗主义与清末民族主义思潮》，《史学月刊》2006年第7期。

③ 参见梁景和、赖生亮《清末“尊黄”思潮与民族主义》，《河北师范大学学报》2007年第1期。

④ 参见郑大华《论中国近代民族主义的思想来源及形成》，《浙江学刊》2007年第1期。

⑤ 参见许小青《20世纪初新史学与民族国家观念的兴起》，《社会科学研究》2006年第6期。

清报刊在民族主义兴起过程中发挥的作用，认为晚清报刊不仅为民族主义的产生提供现实基础和观念前提，更为“想象中国”进行舆论造势，成为民族主义思潮勃兴的引擎和载体。① 李帆探讨了清末的中国人种、文明西来说，指出清朝末年，以法国汉学家拉克伯里为代表的中国人种、文明自西而来的说法颇为流行，博得民族主义者章太炎、刘师培、梁启超等知名学者与思想家的推崇，原因是多方面的。“在政治上，此说有助于民族主义的倡导，尤其是有助于激进民族主义者章太炎、刘师培等人实现他们排满复汉的奋斗目标。在学术上，此说与他们‘借西学证明中学’，从而使国粹获得一种相对普遍的价值而延续下去的主张相吻合，利于中国学术走向世界。”②

郑大华、周元刚研究了五四前后的民族主义思潮及其特点，认为与清末时期的民族主义思潮比较，五四前后的民族主义思潮体现出了“民族主义与世界主义之互动”“民族主义的现代性拓展”和“参与民族主义运动的阶级和阶层更加广泛”这样三个特点。③ 郑大华、周元刚还对五四前后的民族主义与激进主义、自由主义和保守主义之间的互动关系进行了考察。就五四前后的民族主义与激进主义的关系而言，中国在巴黎和会上的失败，尤其是第一次世界大战后世界范围内民族自决或解放运动的高涨和俄国十月革命的影响，促使孙中山民族主义思想发生转变，即从反满转为反帝，并提出了联合全世界被压迫民族的主张，而中国早期马克思主义者既具有国际主义和阶级斗争精神，又具有浓厚的民族主义色彩。从五四前后的民族主义与自由主义的关系来看，一方面自由主义推动了五四时期民族主义的发展，尤其是使它更具有现代性，另一方面民族主义对归属、忠诚以及团结的强调，也推动了自由主义的本土化。但五四时期自由主义的

① 参见姜红《“想象中国”何以可能——晚清报刊与民族主义的兴起》，《安徽大学学报》2011年第1期。

② 赵慧峰、俞祖华：《“第二届中国近代思想史国际学术研讨会”会议综述》，载郑大华、邹小站主编《中国近代思想史研究集刊》第4辑《中国近代史上的民族主义》，社会科学文献出版社2007年版，第433页。

③ 郑大华、周元刚：《论五四前后的民族主义思潮及其特点》，《四川大学学报》2008年第2期。

民族主义由于在寻求民族独立富强的道路上，脱离本国的历史与现状，试图将西方国家实现现代化的传统全盘照搬到中国来，因而在第一次世界大战后激进主义、保守主义等民族主义思潮高涨之时没有找到自己的位置，成为民族主义的主流。至于五四时期的保守主义，在激进的社会形势中以更冷静的视角看待传统文化，深刻地提出自己构建现代化民族国家的理论并积极地进行实践。保守主义对文化的民族性与继承性的重视丰富了民族主义的手段，使之更趋于合理。[①] 何卓恩的《民族主义的内在困境：陈独秀国家观从民族主义到自由主义的转变》一文，通过对陈独秀国家观从民族主义到自由主义的转变，以及转变所呈现的民族主义内在困境的考察，揭示出近代中国民族主义与自由主义存在的某种内在的关联性。[②] 李育民研究了20世纪20年代的废约运动与中国的近代民族主义，指出作为一个民族运动，废约运动凝结了民族主义的各种含义，昭示了民族主义的所有趋向。废约运动要求国家独立和民族解放，阐扬了近代民族主义的基本内涵，即只有废除不平等条约才能实现国家独立，成为人们的共识，这是民族主义成熟的重要体现。它集聚了全国的民族意识，在完整的意义上体现了中华民族具有近代意义的觉醒，反对、废除不平等条约成为全国民族意识的集聚点和全国联合的黏合剂。它采取了民族斗争的理性方式，摒弃了旧式的粗糙模式，在理论策略、组织领导等方面提出了前所未有的新内容。[③]

张太原探讨了以胡适为代表的聚集在《独立评论》周围的自由主义者面对日本的侵略，“主战”或“主和”的游移不定、进退两难，既想最大限度地维护国家利益，又想最小限度地作出妥协，但无论他们是“主战”还是“主和”，都是在试图将中国建设成为一个统一的中华民族的国

---

① 参见郑大华、周元刚《五四前后的民族主义与三大思潮之互动》，《学术研究》2008年第7期。

② 参见何卓恩《民族主义的内在困境：陈独秀国家观从民族主义到自由主义的转变》，《安徽史学》2007年第3期。

③ 参见李育民《废约运动与中国近代的民族主义》，载郑大华、邹小站主编《中国近代思想史研究集刊》第4辑《中国近代史上的民族主义》，社会科学文献出版社2007年版，第393页。

家，这是他们的民族主义思想的一个特色。由于他们没有任何党派背景，没有现实的切身政治利害，因而在对日态度上往往更为洒脱，更为无忌，特别是相对于国民党属下的各派政治力量，他们的民族主义思想似乎更富有独立性。[①] 喻春梅和郑大华则以《东方杂志》和《独立评论》学人为中心，考察了“九一八”后知识界对“战”与“和”的不同抉择，并对其原因作了分析，认为《东方杂志》和《独立评论》学人之所以对“九一八”后“战”与“和”的抉择不同，原因就在于他们对国联及国际法的认识不同、对中日两国实力的认识不同以及与国民党的关系不同。[②] 暨爱民考察了“战国策派”学人的文化民族主义建构，指出，作为中国文化民族主义谱系中一个重要而又独特的组成部分，“战国策派”学人针对中国当时的具体国情，提出了重演“战国时代”、重建和发扬秦以前文化精神的主张，要求批判和改造孱弱的国民性，塑造“战国型”的民族性格，以激发民族的生机，应对危局，其越出“常轨”的思想及其理论，表达了“战国策派”学人对中国文化命脉的严肃思考。[③] 卫春回从四个方面探讨了在20世纪40年代后期自由主义者对美的态度中所表现出来的自由主义与民族主义的特殊关系。一方面，20世纪40年代后期自由主义者对美国的霸权主义和强权政治给予激烈的批评和质疑；另一方面，美国的民主政治和基本价值理念又是他们高度认同的。此种看似不和谐的复杂与矛盾，体现的正是自由主义与民族主义特有的内在困境与张力，也符合中国自由主义者的思想逻辑。[④]

---

① 参见张太原《建立一个民族国家：自由主义者眼中的民族主义——以〈独立评论〉为中心的探讨》，载郑大华、邹小站主编《中国近代思想史研究集刊》第4辑《中国近代史上的民族主义》，社会科学文献出版社2007年版。

② 参见喻春梅、郑大华《“九一八”后知识界对“战”与“和”的不同抉择——以〈东方杂志〉和〈独立评论〉学人为中心的考察》，《史学月刊》2013年第1期。

③ 参见暨爱民《“文化”对“民族”的叙述：“战国策派”之文化民族主义建构》，《湖南师范大学学报》2009年第2期。

④ 参见卫春回《试论20世纪40年代后期自由主义者的民族主义取向》，载郑大华、邹小站主编《中国近代思想史研究集刊》第4辑《中国近代史上的民族主义》，社会科学文献出版社2007年版。

二 社会主义思潮

社会主义是中国近代最主要的社会思潮之一。与此相一致，社会主义研究也是近代中国思想史研究的一项重要内容。在20世纪90年代初，苏联和东欧发生剧变，世界社会主义运动陷入低潮后，面对国内外对社会主义的质疑和困惑，学术界发表了大量论文和论著论述中国选择社会主义道路的必然性，如皮明庥的《近代中国社会主义思潮觅踪》（吉林文史出版社1991年版）、王继平的《中国社会主义思想发展史纲》（广西人民出版社1991年版）等。特别值得注意的是彭明的《从空想到科学——中国社会主义思想发展的历史考察》（中国人民大学出版社1991年版）一书，该书科学而详尽地评析了中国古代“大同”思想和平均主义思想的历史传统，剖析了近代空想社会主义思潮的兴起和破产，揭示了科学社会主义在中国传播和确立的历史过程及其规律，探讨了中国特色社会主义理论的形成和实践，从而廓清了中国社会主义思想发展的历史全貌，深刻地论证了中国走社会主义道路的历史必然性。另外，这一时期，学术界对五四时期的社会主义思潮和基尔特主义、新村主义以及工读互助主义等都有所研究，并逐渐把一些在传播和宣传社会主义方面做出过重要贡献的非马克思主义者，甚至一度被视为反动的人物纳入研究视野。进入新世纪后，在90年代的基础上，学术界梳理了传统思想资源中社会主义因素以及社会主义与其他社会思潮之间的关系，对中国历史上三次社会主义思潮高潮，特别是五四时期的社会主义思潮进行了较为深入的探讨，以前少有研究的三四十年代知识界中兴起的社会主义思潮也开始有越来越多的学者予以涉及，并取得了一定成果。同时，除基尔特社会主义继续得到学术界的关注外，面对世界范围内民主社会主义思潮的兴起，中国近代史上的民主社会主义、国家社会主义等其他非主流（或非科学社会主义）的社会主义流派也开始成为学术界的研究课题。

社会主义是近代中国主要社会思潮之一及其原因。郑大华指出，近代中国有两大最主要的社会思潮，一是民族主义，一是社会主义。就社会主义思潮而言，首先，它与近代中国相始终，从洪秀全的农业社会主义（《天朝田亩制度》），到康有为的大同社会主义（《大同书》），从孙中山的民生社会主义（三民主义中的“民生主义”），到五四时期各种社会主义学说的涌入，从30年代社会主义思潮在知识界中的再度兴起，到抗战胜利后不少党派、团体和个人把社会主义作为一种建国方案的提出，社会主义一直是先进的中国人孜孜不倦的选择与追求。其次，它贯穿于近代各种思潮之中，保守主义、自由主义、激进主义等都或多或少地与社会主义存在着一种剪不断、理还乱的关系，呈现出某些社会主义的色彩或取向，其中的一些代表人物也都是社会主义的思想家或主张者。[①] 俞祖华、赵慧峰在《社会主义：现代中国三大思潮的共同取向》一文中认为，“社会主义”作为一种以均富与平等为重要诉求的人类崇高理想，是对近代各种思潮都有感染力、辐射力的一种“共同观念”。因此，中国近代思想史上的保守主义、自由主义、激进主义，都不同程度地吸纳社会主义的思想元素，呈现出社会主义的色彩或取向，并因其不同的组合与联结方式区隔成与三大思潮对应的三组类型：激进社会主义、民生主义、无政府主义、科学社会主义等，改良社会主义、自由社会主义、社会民主主义等，儒家大同社会主义。[②] 闫润鱼则重点分析了社会主义与自由主义这两大思潮的互动关系，一般来说，社会主义是作为一种否定资本主义的社会思潮而产生的，而资本主义是以自由主义为思想导引，因此二者与生俱来就是相互对立的。她还引入了罗尔斯的“重叠共识”概念，认为在20世纪上半叶的中国思想界，自由主义和社会主义之间的对立并不是主要的方面，相反，两种思潮不同程度地并存于一些思想家的思想当中。因此，在一定意义上，中国的新型知识分子都可命为“自由”的社会主义者或“社会”的自由主义者。这种“重叠共识”不仅存在于工具层面，也存在于价值层面。[③]

社会主义成为近代中国最主要的社会思潮之一，郑大华认为主要有以

---

① 参见郑大华《中国近代社会主义研究的几个问题》，《教学与研究》2010年第11期。

② 参见俞祖华、赵慧峰《社会主义：现代中国三大思潮的共同取向》，载郑大华、邹小站主编《中国近代思想史研究集刊》第7辑《中国近代史上的社会主义》，社会科学文献出版社2010年版。

③ 参见闫润鱼《试析自由主义与社会主义的“重叠共识”，《教学与研究》2010年第10期。

下几个方面的原因：首先，追求社会正义与平等是人类的天性，尤其是在阶级社会里，只要有压迫和剥削的存在，生活在社会底层的被压迫被剥削的广大劳苦大众，就会产生一种“人人有衣穿，人人有饭吃”，“有田同耕，有钱同使”，没有剥削和压迫的平等要求。尤其是中国自古是一个农业国家，存在着一个像汪洋大海一样的小农阶级，进入近代后，外国资本主义的掠夺、近代化进程的启动以及各种各样的天灾人祸的不断发生，使小农大量破产，生活日益贫困，他们对“人人有衣穿，人人有饭吃”，“有田同耕，有钱同使”，没有剥削和压迫的平等要求也就更加强烈。尽管被压迫、被剥削的劳苦大众所自发地产生出的社会主义思想往往是主观的、空想的，甚至是落后的（如洪秀全的农业社会主义思想），但他们对“人人有衣穿，人人有饭吃”，“有田同耕，有钱同使”，没有剥削和压迫的平等追求在客观上为社会主义成为近代中国最主要的社会思潮提供了阶级和社会基础。其次，在中国传统思想和文化中，存在一些类似于或近似于社会主义的思想因素，如儒家的大同思想，道家的无为思想，佛教的极乐世界和西方净土观念等，这些思想的存在为社会主义成为近代中国最主要的社会思潮提供了思想和文化基础。再次，世界资本主义危机的影响，也是社会主义成为近代中国最主要的社会思潮的重要原因。众所周知，自19世纪末20世纪初资本主义完成从自由向垄断的过渡以来，资本主义社会所固有的矛盾和弊端即日益加深，尤其是第一次世界大战、1929年的经济大危机和第二次世界大战，更使资本主义社会所固有的矛盾和弊端暴露无遗，如果说在此之前，走西方资本主义道路还是先进中国人的理想追求的话，那么自此以后，越来越多的中国人则开始认识到，只有作为资本主义的批判者和取代者而出现的社会主义才能救中国。①

从中国传统思想因素中寻找能与社会主义接洽的资源，挖掘传统思想资源中的社会主义因素，是研究社会主义之所以成为近代中国最主要的社会思潮之原因的一项重要内容。臧世俊认为，大同思想为社会主义思想的传播创造了条件，成为社会主义在中国传播的开路先锋。② 董四代指出，

① 参见郑大华《中国近代社会主义研究的几个问题》，《教学与研究》2010年第11期。

② 参见臧世俊《大同思想与中国社会主义思潮》，《学术研究》1993年第5期。

在近代以来的社会变革和现代化追求中，传统的大同思想在进化论的影响下实现了从传统向现代的嬗变，并且在与西方社会主义的共鸣中与之实现了贯通，成为批判封建主义、判断资本主义的根据，为中国人民认同社会主义，以它为目标选择现代化的道路打下了基础。① 胡伟希考察了中国社会主义与儒家社群主义之间的密切联系，认为传统儒家的社会政治思想，与西方社群主义的主张相似，实质上是一种通过参与政治来实现社会乌托邦的社群主义思想体系。因此，那些受到西方社群主义影响的中国近代知识分子与古代的儒家知识分子相比，尽管在价值追求以及参与社会运动的形式与方法上都形成极大的对比，然而从更深层次来看，他们内在的精神品格却是一致的，都是怀抱且追求“乌托邦”的知识分子，并且强调社群具有“德性”的终极价值。② 马克锋探讨了社会主义对传统墨学思想资源的重视和吸纳，在他看来，20 世纪二三十年代的知识精英、早期共产主义者都认识到墨学与社会主义的相似性，并曾试图将二者相结合，而新中国成立后的社会改造与经济建设亦体现了墨学对毛泽东社会主义思想的影响。③ 鲁法芹对中国早期社会主义思潮与传统均贫富思想的关系进行考察后发现，历史上社会主义被很多人界定为公有制基础上的均贫富学说，认为这种认识虽有一定的合理性，但忽视了当时中国的现实国情以及社会主义产生的社会与物质基础。④

社会主义在近代中国的发展历程。社会主义是清末民初传入中国的。关于社会主义思想传入的原因，徐行认为，除受西欧和日本社会主义运动的影响外，它与清末民初中国社会矛盾激化和新兴知识分子群的形成密切相关。⑤ 鲁法芹指出，对清王朝不能照旧统治下去以及欧美资本主义弊端

① 参见董四代《近代以来大同思想的嬗变及其向社会主义的转化》，《吉林师范大学学报》2011 年第 1 期。

② 参见胡伟希《儒家社群主义与中国近现代知识分子》，载郑大华、邹小站主编《中国近代思想史研究集刊》第 7 辑《中国近代史上的社会主义》，社会科学文献出版社 2010 年版。

③ 参见马克锋《传统墨学与现代社会主义》，载郑大华、邹小站主编《中国近代思想史研究集刊》第 7 辑《中国近代史上的社会主义》，社会科学文献出版社 2010 年版。

④ 参见鲁法芹《中国早期社会主义思潮与传统均贫富思想的关系》，《当代世界社会主义问题》2012 年第 3 期。

⑤ 参见徐行《试论社会主义思潮在华传播的起始》，《南开学报》1999 年第 2 期。

的认知，是早期社会主义传入的主要原因。[①] 关于清末民初社会主义思想的特征，张艳国认为，社会主义在中国早期传播有一个突出特点：即是作为求强致富、维新改良、社会革命的附属物被传入中国的，其时它虽不能等同于科学社会主义学说，但又包括了科学社会主义的若干内容。[②] 王明生指出，清末民初社会主义思想的在华传播缺乏科学性、系统性和完整性，掺杂着传播者浓厚的主观意识和功利色彩，传播的社会主义思想带有日本学者诠释的痕迹以及对社会进步影响不大等特征。[③] 在徐行看来，早期社会主义思潮的传播有自身的特点：首先，最早接触和传播社会主义的人物十分庞杂，有洋务派官员、传教士、维新派、资产阶级革命派、小资产阶级知识分子等，他们和社会主义思潮刚刚接触，了解很有限，因此他们对社会主义所作的介绍只是零星的、片面的，有些甚至是错误的；其次，当时参与社会主义传播的资产阶级革命派是站在本阶级的立场来介绍社会主义的，他们力图把社会主义纳入资产阶级的理论体系，使之适合资产阶级的需要；最后，清末民初社会主义思潮的传播虽曾形成一定规模，但其影响只局限于少数知识分子，尚谈不上在社会生活中发挥作用。[④] 关于早期社会主义思想传入的影响，张艳国认为，社会主义思想在清末民初的传入，不仅刷新了近代中国思想文化发展的面貌，而且为中国近代思想文化的演变方向增添了新的内容，尤其是在文化上突出了中国社会处于近代阶段与水平的性格特征。[⑤] 徐行指出，早期社会主义思想的传入，使少数先进的中国人首次知道了社会主义先驱及其主要观点，客观上为中国思想界打开了一扇新的窗户，给沉寂的中国思想界注入了新思维、新活力，有力地推动了中国近代思想启蒙运动和资产阶级革命。同时，也揭露抨击

① 参见鲁法芹《晚清社会主义思潮在中国传播的若干问题》，《当代世界社会主义问题》2012 年第 1 期。

② 参见张艳国《19 世纪社会主义思潮的西来及其中文译名的拟定》，《华中师范大学学报》1999 年第 3 期。

③ 参见王明生《论十月革命前社会主义思潮在华传播的特征》，《江海学刊》2006 年第 2 期。

④ 参见徐行《试论社会主义思潮在华传播的起始》，《南开学报》1999 年第 2 期。

⑤ 参见张艳国《19 世纪社会主义思潮的西来及其中文译名的拟定》，《华中师范大学学报》1999 年第 3 期。

了西方资本主义社会贫富不均的现象，对欧美工人运动表示了某种程度的同情，甚至提出实现社会主义的设想，为五四后科学社会主义的广泛传播作了一定的铺垫和准备。① 陶季邑强调，早期社会主义思潮对以孙中山为主要代表的早期国民党人产生了比较广泛与深刻、积极的影响，早期国民党人当时及以后政治态度与思想方面的转变与这一期间社会主义思潮的影响有着直接的因果联系。②

作为一种社会思潮，社会主义兴起于五四时期。关于社会主义思潮兴起于五四时期的原因，刘德军、耿光连认为，资本主义制度在中国的实验与失败，使中国的先进知识分子抛弃了对资本主义的幻想；中国传统文化中的大同思想，为沟通中国人同社会主义学说之间的联系架起了桥梁。社会主义思潮在中国的传播过程，是马克思主义的科学社会主义同资产阶级、小资产阶级的空想社会主义的斗争过程。在两者斗争中，科学社会主义不断发展，直至胜利。这是中国历史的必然选择。③ 张艳国指出，从社会主义思潮在近代中国变迁的历史角度看，科学社会主义思潮在中国大地上全面兴起，反映了先进中国人围绕社会发展理论进行艰辛的甄别、艰苦的认识、艰难的选择过程，它反映出近代中国社会新陈代谢规律支配思想文化观念竞相嬗变的体相。④ 傅扬、朱广学认为，社会主义思潮之所以能够在五四时期兴起，是因为马克思的阶级斗争理论和阶级分析的方法打动了中国知识分子的心。⑤ 徐行在《重评五四时期有关社会主义的两场争论》一文中指出，传统观点认为五四时期马克思主义与基尔特社会主义和无政府主义的争论，是马克思主义同反马克思主义思潮针锋相对的大论战，也是一场同它们争夺群众的斗争，通过这两场论战，马克思主义取得了全面胜利，而各种反马克思主义思潮纷纷破产。他认为应该重新评价这两场争论。因为在社会主义思潮引进过程中，不同的流派、不同的理论为

① 参见徐行《试论社会主义思潮在华传播的起始》，《南开学报》1999 年第 2 期。

② 参见陶季邑《社会主义思潮对早期国民党人的影响》，《贵州社会科学》1994 年第 5 期。

③ 参见刘德军、耿光连《历史的选择：社会主义由空想到科学——中共创建前的社会主义思潮述评》，《山东师范大学学报》1997 年第 2 期。

④ 参见张艳国《五四时期中国社会主义思潮的历史反思》，《史学月刊》1999 年第 3 期。

⑤ 参见傅扬、朱广学《社会主义思潮在五四期间的变迁》，《社科纵横》2010 年第 2 期。

证明自身存在的合理性，自然要进行相互的争鸣、辩论，这是中西文化交流与融合过程中的必然现象。这两场争论同当时其他思潮的相互争辩一样，是思想领域、学术领域的正常现象。就实际的社会影响来看，它对争取群众虽有一定作用，但争论主要还是在知识界进行的，进步学生、爱国知识分子对此问题关注的程度远远大于农、工、军、商各界。[①] 郑大华、高娟在《〈改造〉与五四时期社会主义思想的传播》一文中，通过对五四时期以梁启超为代表的研究系知识分子和以李大钊、陈独秀为代表的中国早期共产主义者围绕中国应该走资本主义道路还是走社会主义道路之争论的探讨，认为虽然早期共产主义者在争论中取得了胜利，但这场关于社会主义的争论不仅为科学社会主义在中国的广泛传播起到了促进作用，而且也体现了五四时期思想启蒙的复杂性和多元性以及知识分子对于国家前途未来的不同思考，以梁启超为代表的研究系知识分子在学理上对社会主义理论的探索与争鸣对于我们今天的社会主义建设仍然具有重要的借鉴意义。[②] 此类文章还有王存奎的《反思五四时期的“社会主义”问题论战》(《徐州师范大学学报（哲学社会科学版）》2005 年第 4 期）等。

兴起于五四时期的社会主义思潮，后因国共合作的破裂以及国民党推行的文化专制主义政策，而在 20 世纪 20 年代末走向了低落，直到 30 年代初，社会主义思潮才又开始在知识界兴起并走向高涨。借用胡适晚年的话说，谈论社会主义，主张走社会主义道路，在 30 年代初的知识界成了一种时髦。但长期以来，学术界缺乏对 30 年代初社会主义思潮的专题性研究，《近代史研究》2008 年第 3 期发表的郑大华、谭庆辉的《20 世纪 30 年代初中国知识界的社会主义思潮》一文在一定程度上弥补了这方面的不足。该文认为，1929—1933 年的经济危机使资本主义世界深陷经济、政治、信仰灾难的深渊，资本主义的吸引力在危机中日益沉沦；几乎同时，社会主义国家苏联的第一个五年计划却取得了辉煌的成绩，创造了“孤岛繁荣”的奇迹，社会主义的魅力迅速彰显；在危机的打击下资本主

---

① 参见徐行《重评五四时期有关社会主义的两场争论》，《天津师范大学学报》2000 年第 3 期。

② 参见郑大华、高娟《〈改造〉与五四时期社会主义思想的传播》，《求是学刊》2009 年第 3 期。

义国家加强了对华经济掠夺，日本则悍然发动侵华战争，中华民族危机的陡然增加促使人们寻找新的出路。这三者构成了 30 年代初中国知识界的社会主义思潮兴起的直接原因。概而言之，这股思潮大致可以分为热谈苏联和社会主义、探讨苏联社会主义一五计划成功的原因以及追求社会主义这样三个既有联系而内涵又各有不同的层次。与五四时期的社会主义思潮比较，30 年代初的社会主义思潮带有浓厚的计划经济气息和缺少理论上的建树这样两个显著特点。受资本主义经济危机尤其是苏俄一五计划的影响而在中国知识界兴起的这股社会主义思潮，曾对中国历史发展产生过深远的影响。自此以后，计划经济是社会主义的本质属性这一得自对苏俄一五计划的认识，被不少人视为绝对真理而加以信奉，直到改革开放以后，人们才逐渐认识到，无论是市场经济，还是计划经济，实际上都是经济运行的一种方式，它与社会性质是资本主义还是社会主义并无必然的联系，资本主义国家也可以实行计划经济，社会主义国家同样可以有市场经济。[①] 张太原研究了“20 世纪 30 年代自由主义者眼中的社会主义”，并得出结论：20 世纪 30 年代的自由主义者对社会主义有明显的二重性，在特定的语境中，有“同情和赞许”的一面；同时从民族主义的自由主义立场出发，又有“批判和指责”的一面。在逐渐形成两大政治势力对立的中国，随着各自势力的消长，前者可能使一些自由知识分子向“左转”，同共产党进行合作；后者可能使他们向“右走”，投入国民党政府。[②]

新中国成立前夕，在“中国向何处去”的思考与讨论中，知识界又一次把目光投向了社会主义。对此时期知识分子发表在《观察》等报刊上社会主义言论的谈论构成了新世纪以来学界研究的主要内容。卫春回的《1940 年代后期中国学界对苏联经济模式的若干看法》一文指出：20 世纪 40 年代后期以自由主义者为主要构成的中国知识界，对社会主义国家——苏联颇为关注。一方面，他们高度评价苏联的建设成就和计划经济

① 参见郑大华、谭庆辉《20 世纪 30 年代初中国知识界的社会主义思潮》，《近代史研究》2008 年第 3 期。

② 参见张太原《20 世纪 30 年代自由主义者眼中的社会主义》，载郑大华、邹小站主编《中国近代思想史研究集刊》第 7 辑《中国近代史上的社会主义》，社会科学文献出版社 2010 年版。

体制，表现出对经济民主亦即社会主义的强烈向往。另一方面，也有学者充分注意到了苏联计划经济体制的若干问题，尤其是经济权力高度集中而导致的对个人权利和民主政治的损害，体现出自由主义者特有的政治理性和价值判断，颇富启迪意义。① 陈永忠在《在自由与公道之间——1940 年代自由知识分子的社会民主主义思潮》一文中提出，产生于 19 世纪下半叶和 20 世纪初的西方社会民主主义思潮，强调自由、平等、正义、公道等价值的重要性，不仅要争取和扩大传统自由民主主义在政治上的成果，而且要解决资本主义发展带来的一系列社会问题，如剥削、贫困、失业等。受此西方思潮的影响，20 世纪 40 年代的中国自由知识分子也日益具有社会民主主义思想。他以《观察》杂志为视角，分析了 20 世纪 40 年代中国社会民主主义者的理论特征及其内在缺陷，以及在当时的历史环境下，此种思潮所必然面临的历史命运。② 郑瑞峰的《20 世纪 40 年代自由知识分子对社会主义的解读——以〈观察〉周刊为中心》一文认为，20 世纪 40 年代，受英美影响、以追求政治民主和经济自由为宗旨的中国自由知识分子对社会主义进行了较为集中的研究，在社会主义的必要性、社会主义的道路、社会主义的目的、社会主义的领导等问题上取得了一些理论成果。但由于受时代条件、阶级局限和理论方法等因素的制约，其探索还存在许多不足和错误。③

尽管进入新世纪后，学术界对三四十年代知识界中兴起的社会主义思潮的研究取得了一些成果，但总的来看还比较薄弱，尤其是相较于五四时期的社会主义思潮的研究，成果还少得可怜。对此，郑大华在《中国近代社会主义研究的几个问题》一文中，希望学术界加强对五四后尤其是三四十年代知识界中兴起的社会主义思潮的研究。他指出，五四后，中国的社会主义可以分为两个思想谱系，一个便是中国共产党人以及在中国共

① 参见卫春回《1940 年代后期中国学界对苏联经济模式的若干看法》，《当代世界社会主义问题》2007 年第 4 期。

② 参见陈永忠《在自由与公道之间——1940 年代自由知识分子的社会民主主义思潮》，《社会科学战线》2006 年第 1 期。

③ 参见郑瑞峰《20 世纪 40 年代自由知识分子对社会主义的解读——以〈观察〉周刊为中心》，《福建论坛（社科教育版）》2009 年第 8 期。

产党领导下的左翼知识分子的社会主义思想及其实践，另一个则是以报刊编辑、大学教授为中坚的中国知识界的社会主义思想及其追求。如果我们研究中国近代尤其是五四以后的社会主义，只讲中国共产党人以及在中国共产党领导下的左翼知识分子的社会主义思想及其实践，而不讲以报刊编辑、大学教授为中坚的中国知识界的社会主义思想及其追求，这是不完整的，它不仅无法描绘出社会主义在中国传播和发展的全貌，同时也很难说明社会主义为什么能够战胜资本主义而成为近代中国的历史选择。当然，他又指出，我们在研究五四后社会主义的这两个思想谱系时，要注意到这两个思想谱系对于社会主义的不同理解。就中国共产党人以及在中国共产党领导下的左翼知识分子来看，他们是把社会主义作为一种不同于资本主义的社会制度加以理解和追求的，所以社会主义既是一种经济制度，也是一种政治制度，换言之，社会主义在经济上要实行公有制，消灭阶级和剥削，在政治上要建立工农政权，实行无产阶级专政。但与此不同，以报刊编辑、大学教授为中坚的中国知识界基本上是把社会主义作为一种经济制度加以理解和追求的，即从所有制形式、社会分配形式、社会生产等领域来理解社会主义的，这也是他们中的很多人既要求在中国实行西方的民主政治，又主张采纳苏联的社会主义的一个重要原因，也即抗战胜利后中国知识界所主张的西方的政治民主加苏俄的经济民主。①

作为流派的其他社会主义思潮。近代中国是一个思想芜杂、思潮丛生的社会，即便是同一种思潮，也含有不同的形态。社会主义思潮在近代中国也呈现出流派众多的特征。除通常所讲的马克思主义的科学社会主义外，近代中国还曾出现过基尔特社会主义、民主社会主义、国家社会主义三支非主流的社会主义思潮。

关于基尔特社会主义。20 世纪 90 年代，韩承业对基尔特社会主义本身以及在中国的传播作了介绍。② 夏良才探讨了战后基尔特社会主义与孙中山思想的关系问题，认为受基尔特社会主义的影响，孙中山对劳工运动有了新的认识，但同时他对劳工运动的理论指导，有一套自己的思路方

---

① 参见郑大华《中国近代社会主义研究的几个问题》,《教学与研究》2010 年第 11 期。

② 参见韩承业《基尔特社会主义探析》,《历史教学》1990 年第 5 期。

法，即在促进工人运动的同时，强调发挥“相匡相助”的合作精神。这一方面固然与他发扬中国传统的“仁爱”思想有关，而另一方面也与当时欧美社会改良运动中出现的合作思潮，特别是基尔特劳动组合运动所带来的影响分不开。[①] 胡成在《二十世纪初中国基尔特社会主义的思想矛盾》一文中指出，在20世纪初中国思想界关于社会主义的论争中，标榜“稳健主义”的张东荪等实际上与主张“急进主义”的陈独秀等，有着共同的价值取向和思维方式，即都相信有一根本解决中国近代贫困和孱弱的理想社会模式。然而这对于将自己定位于平和渐进的张东荪等人来说，其思想就注定要逡巡在理想与现实的两难窘境之中，由此引发的内心痛苦和文化矛盾，正是近代中国单向度地移植西方观念，尤其是西方近代启蒙思想中理性主义所带来的历史性缺憾。[②] 进入新世纪后，又先后有周鼎的《文化保守主义与基尔特社会主义：中心到边缘——“五四”后期基尔特社会主义思潮研究》和杨阳的《试析基尔特社会主义在中国的传播》等文章发表。前文以梁启超和刘咸炘为中心，较为深入地比较分析了分别处于思想界中心与边缘的两人对于基尔特社会主义的观念认知及其问题意识所呈现出的微妙歧异，并从思想史的内在理路层面揭示了文化保守主义与基尔特社会主义之间颇富吊诡意味的紧张关系，以重新探究基尔特社会主义思潮在五四后期短暂兴衰的思想根源[③]；后文则较为详细地梳理了基尔特社会主义在中国的传播与演变过程[④]。

关于民主社会主义。1998年，许纪霖在《开放时代》第4期上发表《社会民主主义的历史遗产——现代中国自由主义的回顾》一文，开始了近代中国的民主社会主义研究。许文认为，中国的自由主义尽管是西方的舶来品，但也有中国知识分子的自觉选择和加工。影响他们的主要是美国杜威的民主—自由主义和英国拉斯基的费边式自由主义。尤其是后者，由

① 参见夏良才《孙中山与基尔特社会主义》，《近代史研究》1991年第2期。

② 参见胡成《二十世纪初中国基尔特社会主义的思想矛盾》，《南京大学学报》1996年第1期。

③ 参见周鼎《文化保守主义与基尔特社会主义：中心到边缘——“五四”后期基尔特社会主义思潮研究》，《社会科学研究》2006年第3期。

④ 参见杨阳《试析基尔特社会主义在中国的传播》，《广西社会科学》2009年第6期。

于其对自由主义加以社会主义的修正，尤能适应中国知识分子的实际需求，遂成为现代中国自由主义的主流。这条社会民主主义的中间道路，一方面符合现代化变迁的大趋势，另一方面也注意调节变迁中的社会不公正和不平等现象，可惜的是中国历史并未给其以足够的实验空间。尽管如此，它所留下的思想遗产，依然值得后人珍视。进入新世纪后，人们对民主社会主义的研究表示出了更大兴趣，辛岩、萧铁肩、荆世杰、丁兴富、范华亮等人发表文章[①]，从民主社会主义的主要构成、与共产主义知识分子的分歧及三四十年代自由主义知识分子与民主社会主义之间的关系等方面进行了阐释。值得一提的是，作为民主社会主义重要的一支，拉斯基和费边社会主义对近代中国知识分子影响甚大，新世纪以来，学者们开展了对拉斯基和费边社会主义的研究。孙宏云的《民国知识界对拉斯基思想学说的评介》一文指出：拉斯基早年提倡政治多元论，20世纪30年代转变为激进的费边主义者，关注社会平等与正义。这两个方面是民国知识界评介其思想学说的重点。比较而言，对前者，重在研究与评判；对后者，重在译介与致用。[②] 孙宏云的另一篇文章《拉斯基与中国：关于拉斯基和他的中国学生的初步研究》，探讨了拉斯基与他的中国学生之间的关系，包括从学关系，拉氏弟子对其师思想学说的译介，以及拉氏对其弟子的思想影响。王造时在其《自述》中说他受拉斯基影响很深，在师从拉斯基的一年中，钻研的主要对象是费边社会主义，结果自己没有走上无产阶级革命的道路，反而误入了资产阶级改良主义之途。拉斯基的民主社会主义的改良学说也反映在中国民主同盟的政治纲领中，民盟第一届全国代表大会政治报告通篇赞扬了英国的议会政治和英美的人权保障，主张拿苏联的经济民主来充实英美的政治民主，拿各种民主的生活中最优良的传统及其

① 参见辛岩《中国共产党创始人对社会民主主义思潮的批判》，《高校理论战线》2007年第8期；萧铁肩《中国早期共产主义知识分子对社会民主主义的批判》，《中共党史研究》1992年第5期；荆世杰、丁兴富《论近代中国民主社会主义思潮》，《沈阳师范学院学报（社会科学版）》2001年第4期；范华亮《民主社会主义思潮在中国的传播》，《法制与社会》2008年第6期等。

② 参见孙宏云《民国知识界对拉斯基思想学说的评介》，《中山大学学报论丛》2000年第3期。

可能发展的趋势，来创造一种中国型的民主。而这个报告是由拉斯基的中国学生罗隆基执笔起草的。[①] 卢毅的《平社与费边渊源初探——兼论拉斯基学说在中国》一文，就平社与费边社的渊源关系，以及拉斯基学说在近代中国的影响进行了探讨，认为平社在成员构成的知识精英色彩、活动方式的学院书斋色彩、政治主张的温和渐进色彩等方面，明显地受到了费边社的极大熏染，而拉斯基学说在中国的命运则要复杂得多。[②] 翁贺凯的《拉斯基与现代中国：研究概况与前景展望》一文在检视英美学界既往之拉斯基研究及中国学界关于拉斯基及其对中国之影响的相关研究的基础上，阐明了未来进一步深化研究的两大方向：一则，需更为细致地研究拉斯基思想内涵及其发展演变，进而深入探讨民国时期的中国知识分子对其各阶段的思想是否有所选择、取舍；再则，还需对 19 世纪晚期以来的英国社会主义运动的发展与演变、其内部的思想流派异同、拉斯基与其他社会主义重要人物之间的关系有所研究和了解。如此，我们方能较为准确地评估拉斯基对于现代中国政治思想界的具体影响。[③] 研究拉斯基及其思想的文章还有殷叙彝的《拉斯基的多元主义国家观评述》（《当代世界社会主义问题》2004 年第 2 期）、徐木兴的《拉斯基民主社会主义思想探析》等文。总的来看，上述这些文章细化了学界对近代中国民主社会主义的研究。

关于国家社会主义。就性质而言，国家社会主义在近代中国也是一种重要的社会主义思潮，但学术界对于国家社会主义思潮的研究，主要是在研究张君劢的社会主义思想及其演变时，或多或少涉及张君劢的国家社会主义思想产生的根源、内容以及影响等问题，而作为思潮形态的国家社会主义至今尚未有人进行过全面系统的研究。这不能不说是中国近代社会主义思潮研究的一大缺失。郑大华指出，张君劢的社会主义思想大致经历过三个时期的演变。五四时期，受第一次世界大战后德国社会民主党人的影响，形成了自己的民主社会主义思想和主张。30 年代初，在吸取俄国社

---

① 参见孙宏云《拉斯基与中国：关于拉斯基和他的中国学生的初步研究》，《中山大学学报》2000 年第 5 期。

② 参见卢毅《平社与费边渊源初探——兼论拉斯基学说在中国》，《学术研究》2002 年第 3 期。

③ 参见翁贺凯《拉斯基与现代中国：研究概况与前景展望》，《政治思想史》2012 年第 1 期。

会主义计划经济和欧美资本主义自由经济的经验以及教训的基础上，他主张以国家社会主义为中国经济发展道路的选择。根据张君劢的解释，“国家社会主义”是“将公私经济立于国家之下，以造成我国之集合的经济”。抗战胜利后，他又回到了五四时期的民主社会主义的立场，强调实行社会主义要顾及个人的基本自由，使社会主义与法律（保障人权）、智识三者结为同盟，并认为社会主义与民主政治并不构成矛盾，也就是说，完全可以在民主政治下，通过改良的方式，逐步走上社会主义，而不需像苏联那样通过暴力革命，建立起无产阶级专政，然后运用政权的力量，来推行社会主义。[①] 丁三青认为，张君劢的社会主义思想，既有着深刻的中国传统文化的根柢，也有着浓厚的西方特别是德国、英国的哲学背景，并且经历了从社会民主主义到国家社会主义再到民主社会主义的变化过程。他的这一思想，有着深刻而合理的成分，但由于这一理论自身的矛盾性和中国史境的特殊性，最终成为“不可兑现的方案”。[②] 翁贺凯则提出了不同看法。他认为，张君劢1930年提出“国家社会主义下之计划经济”的主张，尽管对于国家计划的强调令张君劢这一时期的社会主义思想较之常态的民主社会主义有所偏离，但是在基本的政治、经济和伦理内涵上，张君劢仍能维持民主社会主义的思想格局，较其五四时期的民主社会主义思想虽有所变化，但并不构成一种本质的转变。也就是说，在本质上，张君劢一以贯之的是民主社会主义思想，并不像郑大华所认为的那样存在着演变。[③]

社会主义与近代中国道路选择。中国对社会主义道路的选择具有必然性，这是学界业已达成的共识，对此的论证也很多。郭长春较早从两方面批驳所谓“自由选择论”：第一，“自由选择论”否认中国社会主义道路具有客观历史必然性，把中国社会主义道路仅仅看成中国近现代社会发展过程中的一种偶然性，或者说仅仅看成与偶然性相联系的一种可能性。这

---

① 参见郑大华《张君劢传》，中华书局1997年版；《张君劢学术思想评传》，北京图书馆出版社1999年版；《张君劢的社会主义思想及其演变》，《浙江学刊》2008年第2期。

② 参见丁三青《张君劢社会主义思想主其流变》，《徐州师范大学学报》2004年第5期。

③ 参见翁贺凯《“国家社会主义下之计划经济”——张君劢1930年代的社会主义思想论析》，《福建论坛》2007年第8期。

种观点实质上是把偶然性和必然性对立起来，否定社会历史发展中的必然性，只承认历史发展中的偶然性，是历史观上的非决定论。第二，“自由选择论”把中国社会主义道路仅仅归结为人们的选择，这样就把社会主体的选择作用和社会发展的客观必然性、规律性对立起来，夸大社会主体的选择作用，否认社会历史的客观必然性、规律性对社会主体选择作用的制约性，是历史观上的唯心论。郭长春认为，中国社会主义道路是中国人民的选择，但是中国之所以走上社会主义道路，归根到底又不是由中国人民的选择决定的，而是由中国近代社会发展的客观必然性、规律性决定的。[①] 何建华从百年中国民主革命史、40 年中国社会主义建设、社会主义道路与资本主义道路的比较三方面论证了中国走社会主义道路的必然性，认为只有社会主义才能救中国，只有社会主义才能发展中国。[②] 徐琛基于社会公正视角予以探讨，认为中国从半封建半殖民社会逾越资本主义充分发展的历史阶段，由新民主主义直接进入社会主义，中国人民对社会公正的不懈追求在这一历史选择过程中起着不可或缺的重要作用。中国共产党和中国人民在充分地考察、对比、认识资本主义不公正丑恶本质和社会主义的公正本质的基础上，充分利用中国历史发展中的有利条件，理性地选择了社会主义道路。[③] 张海鹏从历史发展的角度进行阐释，指出中国走上社会主义道路是近代中国历史发展的结果，是历史的选择。近代以来的历史还表明，马克思主义在中国的发展有其必然性，假设中国走资本主义道路结果如何是毫无意义的，而且中国人对大同理想的追求也有助于他们对社会主义的接受；在中国，革命是社会主义和现代化的前提，社会主义与工业化是同时展开的；在当今形势下，“一个中心，两个基本点”依然是我们开展各项事业的基本路线，将中国特色社会主义与民主社会主义相混

---

① 参见郭长春《中国走社会主义道路的历史必然性——驳所谓“自由选择论”》，《社会科学辑刊》1991 年第 6 期。

② 参见何建华《中国走社会主义道路是历史的选择》，《中南政法学院学报》1991 年第 1 期。

③ 参见徐琛《中国选择社会主义道路的必然性——基于社会公正视角》，《理论月刊》2007 年第 4 期。

淆是违背历史事实的。[①] 除上述这些文章外，论证近代中国选择社会主义道路之历史必然性的，还有叶心瑜的《中国选择社会主义道路是历史的必然》(《青海社会科学》1991年第3期)，尉松明的《试论民主社会主义的实质》(《甘肃社会科学》1993年第4期)，熊思远、杨相诚的《中国现代化道路的历史选择——从新民主主义到有中国特色的社会主义》，(《思想战线》1994年第2期)，周新城的《什么是社会主义?——兼谈科学社会主义与民主社会主义的根本区别》(《甘肃社会科学》1997年第2期)，刘务勇的《浅论传统文化因素对我国社会主义选择的影响》(《甘肃理论学刊》1999年第5期)，刘国荣的《中国选择社会主义的必然性论析》(《延安大学学报(社会科学版)》2000年第3期)，李江的《社会主义的历史命运与我们的选择》(《湖南社会科学》2001年第6期)，李德林的《对中国选择社会主义历史必然性的再认识》(《南京政治学院学报》2001年第5期)，赵学琳、陆静的《对我国选择社会主义道路的历史解读》(《理论探索》2007年第6期)等文章。总的来看，这类文章都似曾相识，除了重复选择社会主义是近代中国历史演变的结果、符合人民群众的意愿、符合中国传统文化思想等"老调"外，没有提出其他有说服力的新的观点。

与此相对应的问题是，为何其他的社会主义流派未能挽救中国?基尔特社会主义在五四时期获得了一定的传播与发展，但是后来便沉寂下来。对个中原因，杨阳在《试析基尔特社会主义在中国的传播》一文中进行了分析。他指出，基尔特社会主义之所以在中国行不通，从理论上看，基尔特社会主义理论本质上是自由主义与社会主义的调和，带有一定的空想色彩，其自治理论与国家理论对立，将个人固定在职业上，使得社会成为一个一元的静止的社会；从在中国的传播缺陷来看，梁启超、张东荪满足于对理论的介绍而未将之用于社会实践中，当时中国国内的形势迫切要求进行革命，具有改良性质的基尔特社会主义学说不能满足现实的需要。这

① 参见张海鹏《近代中国历史发展选择了社会主义道路》，《当代中国史研究》2009年第5期。

些都注定了基尔特社会主义在中国的失败。① 关于“新村主义”的失败原因，李少兵指出尽管从1919年到1921年的两三年间，新村主义在中国知识界一度盛行，但新村主义既没有阐明中国社会的本质和根本矛盾，也没有发现改造中国的规律和有效的办法，更没能找到能够成为新社会的创造者的社会力量，所以它很快被中国先进知识分子所放弃。② 鲜于浩认为“工读互助主义”的失败具有必然性。他指出从理论方面观之，具有无政府主义特征的工读互助主义虽能风靡一时，但其改良的方法和途径不能改变中国半殖民地半封建的社会性质，已为历史一再证明；从实践方面来看，工或读都难以为继的状况均是不可避免的。而且，王光祈倡导的工读互助主义明显地带有空想色彩和随意性，其失败并不令人费解。无论是物质生活需要还是精神生活的欲望，没有相应的经济基础都是不可能得到满足的。当人们生存问题都难以解决之时，工读互助主义的实现已是空中楼阁，乌托邦式的理想就更成侈谈。③

民主社会主义何以在中国失败？学者们多是从民主社会主义与自由主义相关的角度进行解析，认为这种改良的思潮在中国没有阶级基础、经济前提及社会基础等，刘是今则认为，中国缺乏民主社会主义实现的前提。他还对民主社会主义的策略选择进行剖析，认为民主社会主义者推行的是“渗透策略”，同时他们过于倚重政治民主，而忽略了经济民主的要求，经济民主则是中国人民最根本的要求。④ 刘颖涟在《理想与现实的鸿沟——抗战后中间知识分子社会民主主义理想破灭原因再探》一文中着重考察了客观的国际、国内现实与社会民主主义理想之间存在的距离，认为三大矛盾的存在阻碍了其理想的实现，即社会民主主义潮流与美苏冷战格局之间的矛盾、民主宪政理想与一党政治当道之间的矛盾、民生主义需求与代表豪门资本利益的政权之间的矛盾。这些现实的国际、国内问题，不

① 参见杨阳《试析基尔特社会主义在中国的传播》，《广西社会科学》2009年第6期。

② 参见李少兵《“五四”时期新村主义新探》，《史学月刊》1992年第6期。

③ 参见鲜于浩《王光祈与工读互助主义的滥觞及失败》，《西南交通大学学报（社会科学版）》2011年第2期。

④ 参见刘是今《超越与困顿——二十世纪三、四十年代中国自由主义知识分子与民主社会主义》，《湖南经济管理干部学院学报》2006年第4期。

仅极大地影响了中国在1945—1949年这个转折点的走向，还成为中国今后发展中不容忽视的重要问题。[①] 徐崇温指出，中国特色社会主义同民主社会主义是两条道上跑的车。民主社会主义完全抛弃了科学社会主义基本原则，把社会主义制度从人类社会发展的制度选择中排除出去，把资本主义社会中无产阶级争取社会主义的斗争完全局限和融化于资产阶级民主之中，其指导思想也不是马克思主义。如果把民主社会主义引入社会主义的中国，那么，东欧剧变、苏联解体的教训已经告诉人们，这只能导致复辟倒退。[②]

三　保守主义思潮

美国著名汉学家史华慈（B. Schwartz）教授曾经说过："对'保守主义'的研究困难重重，人们不愿意接触这个题目。人们不仅怀疑是否能发现保守主义的'本质'，而且还总担心会事倍功半。可是，我们却不断地使用'保守的'和'保守主义'这个字眼。在中国，这个词一般用来描述一些人物与运动，但由于很少有人研究中国的保守主义，以至于这些人物或运动被忽略了。"[③] 最早研究中国保守主义这一课题是西方学术界。1979年，美国汉学家傅乐诗主编出版了一本关于中国近代思想文化的著作——《变革的限制》，书中收录有美国汉学家史华兹、艾恺，美籍华裔学者林毓生、张灏、杜维明以及傅乐诗本人等研究中国文化保守主义的特征、性质、理论形态的文章，以及梁济、刘师培、章太炎、梁漱溟、熊十力和现代新儒家的几篇文章。该论著出版后，引起台湾学术界的重视。1980年，台湾时报文化出版事业有限公司出版了一套名为《近代中国思想人物论》的丛书，其中一本是周阳山主编的《保守主义》，除《变革的限制》中的一些文章外，该书还收有侯健的《梅光迪与儒家思想》和陈

① 参见刘颖涟《理想与现实的鸿沟——抗战后中间知识分子社会民主主义理想破灭原因再探》，载郑大华、邹小站主编《中国近代思想史研究集刊》第7辑《中国近代史上的社会主义》，社会科学文献出版社2010年版。

② 参见徐崇温《如何认识民主社会主义》，《毛泽东邓小平理论研究》2012年第4期。

③ ［美］史华慈：《论五四前后的文化保守主义》，载《五四：文化的阐释与评价——西方学者论五四》，山西人民出版社1989年版，第149页。

弱水的《梁漱溟与〈东西文化及其哲学〉》等文章。此后，台湾学术界又召开过多次学术座谈会，讨论中国近代保守主义，特别是现代新儒家的相关问题，并陆续发表了一些研究文章。中国大陆对保守主义思潮的研究则起步较晚，大约是从 20 世纪 80 年代末 90 年代初开始，出于各种原因，中国保守主义思潮才引起学术界重视。

保守主义是指主张维持现状，反对激进的政治、经济和社会改革的势力和思想流派。一般认为保守主义思潮的鼻祖是英国思想家埃德蒙·伯克，他在法国大革命后撰写了《法国大革命的反思》一书，该书批评法国大革命是企图切断复杂的人类社会关系的实验，认为它已经演变为一场颠覆传统和正当权威的暴力叛乱，沦为一场大灾难，而非追求代议、宪法民主的改革运动。因此，西方话语中所谓保守主义大多指的是政治上的保守主义。但在近代中国，除政治保守主义外，还存在文化保守主义。就学术界研究的状况来看，除姜义华、萧功秦等少数几位学者较为重视政治保守主义研究外，绝大多数学者主要研究文化保守主义。因此，本书就中国学术界关于中国近代史上文化保守主义作一综述。

保守主义的内涵和特征。何谓保守主义？对该问题的回答构成了中国学术界研究文化保守主义思潮的逻辑起点。由于各自理解文化保守主义的视角不同，学者们对这一问题的回答可谓“仁者见仁，智者见智”。不过大家都不再简单地将“保守”视为落后、反动的贬义词，而是努力对其做出一种更中性、更符合历史实际的解读。雷颐就指出：“‘保守’，是相对于既定状况、秩序而言的。一般说来，要保持、维护既定秩序或事物的原状（这种维护当然包括想使已经发生某种程度变化的事物回到‘原状’的努力）便是‘保守’；反之，要改变既定的状况、秩序，使事物的原状发生变化的努力便可谓之‘改革’。”① 郑大华也指出，中国近代史上真正的顽固守旧是很少的，绝大多数知识分子都主张变革，主张现代化，只是在如何变的问题上才产生了偏于激进或偏于保守这两种趋势和分歧。因此，无论是激进主义还是保守主义都是现代性的概念，是从“前现代传

---

①　雷颐：《什么是保守？谁反对民主?》，《二十一世纪》（香港）1997 年 4 月号。

统社会过渡到现代社会的不同选择”。[①]

欧阳哲生将中国近代的文化保守主义视为对西方近世文明挑战所作出的一种有条件的反动性反应，其具体内容是：坚持以中国传统文化为承接新文化的主体，肯定中国文化历史所蕴含的智慧和价值意义；强调科学与人生价值的两分，崇尚心力、伦理道德、人文精神对调节社会关系、解决社会问题的作用；怀疑乃至排斥现代西方的物质文明，强调传统的以群体而非个人为本位的价值取向；在中国物质文明处于落后的状态时，主张弘扬传统文化的精华，体现出道德至上、人格至尊的精神。[②] 和欧阳哲生的上述观点不同，郑大华则把中国文化保守主义的出现看作中西文化“双重危机”在思想文化领域里的反映，是部分知识分子对中国文化出路的选择。既然中国文化保守主义的出现是中西文化“双重危机”在思想文化领域里的反映，因此它也就不可避免地打上中西文化“双重危机”的深刻印记，并由此规定了它的思想内容：一方面在维护传统的基础上反省传统；一方面又在批判西方的前提下学习西方，主张以中国传统文化为主体、为本位，融会调和西方文化，重建中华民族的文化系统。[③] 马庆钰基本上采用了郑大华对中国文化保守主义的定义，认为文化保守主义是一种有限的社会变革原则，是在鸦片战争后社会危机加剧的背景中凸显出来的政治文化思潮，“中体西用”论及其实践是其主要表现形式。一方面在认同传统文化的基础上批判传统，另一方面又在批判异质文化的前提下学习异质文化，主张以中国文化为本位的中西文化的调和、互补，所以它是介于顽固守旧的传统派和激进主义的西化派中间的文化选择。[④] 胡逢祥也强调文化保守主义是 20 世纪中国社会大转型中涌现的现代文化建构思潮。他始终坚持民族文化本位，强烈主张尊重传统，在继承和改造传统的基础

① 郑大华、何晓明、俞祖华:《关于“中国近代史上的激进与保守”的对话》,《中华读书报》2010 年 9 月 27 日。

② 参见欧阳哲生《中国现代文化保守主义思潮述评》,《求索》1990 年第 1 期。

③ 参见郑大华《现代中国文化保守主义思潮的历史考察》,《社会科学战线》1993 年第 4 期。

④ 参见马庆钰《对于文化保守主义的检省》,《中国人民大学学报》1997 年第 3 期。

上，建立起不失民族文化基本特征的现代文化体系。①

可能是受西方学者尤其是美国学者艾恺的影响，俞祖华把文化保守主义看成一种伴随现代化进程而产生的反现代化思潮。随着现代化的世界性扩张，批评现代化的文化保守主义思潮成为一种世界性的文化现象。正是在反现代化思潮遍及世界的背景下，近代中国的文化保守主义勃然兴起。中国的文化保守主义者的一个基本主张，即认定中国文化在形而上的超越层面上优越于西方的近代文化。② 陈寒鸣、欧阳万钧则对反现代化说提出质疑，认为中国的文化保守主义以传统为依归，并不以反对现代化为根本目的，它高扬的是民族历史文化之旗，凸显的是传统对于现代以至未来社会的意义，注重的是现代化的主体地位问题，追求的是由传统走向现代化。在他们看来，中国近代文化保守主义所代表的乃是一种寻求不尽同于西方式的以工业化为主导的现代化道路的价值取向。③ 俞大华同样认为中国的文化保守主义不是一种反现代化的思潮。在他看来，中国文化保守主义思潮的基本思路是以中为主，调和中西，确立起适合近代特点的民族文化。它在根本点上是与“醉心欧化”的文化激进主义相对立的，同时也不同于虚骄自大、故步自封、尊己卑人的顽固思想。④ 何晓明将保守主义与自由主义、激进主义的内涵加以比较，指出自由主义全面肯定资本主义现代化的价值和意义，但对传统文化的变革持温和的态度。激进主义彻底反传统，主张以革命方式重建全新的文化秩序。保守主义则充分褒扬民族传统文化的本质优长，有限度地接受资本主义现代化的成果，同时猛烈抨击其负面影响，主张以“返本开新”的方式，实现民族文化的现代化。他认为，在世界各地，由于文化、国情之不同，文化保守主义呈现出异彩纷呈的格局，并非一副面孔。就近代中国而论，文化保守主义有四组特征：民族立场与忧患意识；人文精神与反科学主义；道德本体与宗教情

① 参见胡逢祥《20世纪中国文化保守主义的理论特征与实践》，《华东师范大学学报（哲学社会科学版）》2013年第6期。

② 参见俞祖华《文化保守主义思潮的重要转向》，《烟台师范学院学报》1996年第1期。

③ 参见陈寒鸣、欧阳万钧《中国近现代文化保守主义论纲》，《历史教学》1998年第12期。

④ 参见俞大华《晚清文化保守思潮述论》，《天津社会科学》2000年第1期。

怀；变易意向与中庸准则。[①] 胡逢祥则认为保守主义既包含着落后、守旧的贬义，也常常用来指对于社会事物的变迁更倾向于其延续性和渐进性。因此，在近代中国，存在两种文化保守主义，一种为封建的文化保守主义，一种则为近代式的文化保守主义。19 世纪末之前以前者为主导，其后，则为真正具有近代意义的文化保守主义。而作为近代的文化保守主义者，他们不仅能以理性的姿态看待和肯定整个社会的近代化趋势，即使对于所钟爱的传统文化，也不一味偏袒，而是有所反思和批判，其文化观和内涵与关切目标都已显露出一种背离封建的近代文化建设路向。[②] 郑师渠称文化保守主义为文化民族主义。他认为，从普遍意义上说，所谓文化民族主义，实为民族主义在文化问题上的集中表现。它坚信民族固有文化的优越性，认同文化传统，并要求从文化上将民族统一起来。它反对"醉心欧化"，却并不深闭固拒，其核心是主张以固有文化为主题，融合西方文化，发展民族新文化。[③]

从以上诸多学者对保守主义内涵的界定可以看出，由于保守主义内涵本身的复杂性，学者们对保守主义的认识虽然不尽相同，但都力戒简单，而力求客观公正，尤其是将保守主义思潮置于近代中国的特殊历史背景中加以考察和阐释，指出它不同于西方或其他国家与地区的特征，具有一定的说服力。

保守主义是一种国际文化现象，中国近代保守主义具有自己的特征。这种特征是什么？学者们的看法见仁见智。探讨政治保守主义的姜义华等少数学者，将对中国传统政治内核的认同与呼应，即依靠庞大的军事官僚机构，确保行政权力对国家经济、政治、社会、思想、文化的全面控制和全面支配，视为近代保守主义在政治上的基本特征。[④] 关于文化保守主义的特征，一种观点是将其表述为中体西用的理论与实践。认为从张之洞到现代新儒家，"中体西用"是他们处理中西文化关系的共同思维方式。文

① 参见何晓明《近代中国文化保守主义述论》，《近代史研究》1996 年第 5 期。

② 参见胡逢祥《论中国近代史上的文化保守主义》，《华东师范大学学报》2000 年第 1 期。

③ 参见郑师渠《近代中国的文化民族主义》，《历史研究》1995 年第 5 期。

④ 参见姜义华《激进与保守：与余英时先生商榷》，《二十一世纪》（香港）1992 年 4 月号。

化保守主义是一种国际文化现象，但中国近代史上的文化保守主义思潮具有自己的特征。这种特征是什么？学者们的看法也是见仁见智。一种观点是将其表述为中体西用的理论与实践。马庆珏认为从张之洞到现代新儒家，“中体西用”是他们处理中西文化关系的共同思维方式。① 郑大华将文化保守主义的特征概括为三条：一是具有浓厚的民族主义色彩；二是文化取向与政治取向的不完全一致；三是具有强烈的文化优越意识。② 喻大华认为与西方的文化守主义比较，中国的文化保守主义有三个特征：其一，与西方的文化保守主义不同，它不是作为文化激进主义的对立面而产生，而是作为挽救文化危机的对策产生的，它早于文化激进主义出现；其二，与西方的文化保守主义思潮不同，中国的这一思潮不是一种反现代化思潮，相反，其思想家大多是现代化的积极参与者或领导者；其三，西方的文化保守主义者往往反对政治上的激进变革，但中国文化保守主义者多为组织上的积极进取者，表现出了政治取向与文化取向的背离。③ 何晓明提出了四特征说：其一，民族立场与忧患意识是它具备的天然品格；其二，对人文精神高扬和对科学主义反动的合二为一；其三，强调道德本位，彰显宗教情怀；其四，文化建设上取变易与中庸统一的原则。④ 同样将文化保守主义的特征总结为四条的郑荣，在表述上与前述有所区别。他是这样表述的：首先，文化保守主义思潮与文化激进主义相生相伴；其次，保守主义思潮背后往往隐藏着民族主义和爱国主义的情愫；再次，具有动态性，不同阶段、不同时期文化保守主义的具体主张是不同的；最后，开放与致用是文化保守主义思潮的又一品格。⑤

此外，还有研究者指出文化保守主义具有浓厚的民族主义色彩和忧患意识，其文化取向与政治取向不完全一致，并且具有鲜明的人文精神和反

---

① 参见马庆珏《对于文化保守主义的检省》，《中国人民大学学报》1997 年第 3 期。

② 参见郑大华《中国文化保守主义研究的几个问题》，《天津社会科学》2005 年第 2 期。

③ 参见喻大华《晚清文化保守思潮述论》，《天津社会科学》2000 年第 1 期。

④ 参见何晓明《近代文化保守主义述论》，《近代史研究》1996 年第 5 期。

⑤ 参见郑荣《关于文化保守主义思潮研究的几个问题》，《西安外国语学院学报》2001 年第 3 期。

科学主义。[①] 胡逢祥指出，保守主义具有对传统文化既主张尊重和继承，又保持着相当的反思性，而不是毫无原则地一味称颂传统，对西方文化的态度较为理性，并不因维护传统而对之一味排斥，对保守专制政治多持批判态度等特征，但论者指出，反映到不同流派或具体人物身上，这些特征则有所差异。[②]

保守主义的形成时间与发展阶段。关于近代政治保守主义，姜义华梳理了从清末梁启超、康有为的《开明专制论》《虚君共和论》，到袁世凯的洪宪帝制，到国家主义派，到国民党军政、训政的实施，到 20 世纪 30 年代新式独裁论、新法家理论的提出和 40 年代战国策派的登场，到 60 年代、70 年代"文化大革命"林彪、"四人帮"集团法西斯主义的横行，一直到 80 年代后期新权威主义的提出和 90 年代以来日渐活跃的新政治保守主义的整个 20 世纪政治保守主义的发展历程。[③]

关于文化保守主义的开端与发展阶段，主要有以下说法：19 世纪中叶说。何晓明认为，19 世纪中叶出现的早期改良主义思想家和"洋务"实践家，应该算作文化保守主义发生史上的先驱，用"以中国之纲常名教为原本，辅以诸国富强之术"的命题定下文化保守主义基调的冯桂芬思想出现的 19 世纪 60 年代，应该视为文化保守主义的起点。对于保守主义的发展阶段，何晓明是用三大派别、两组过渡人物来概括的，三派即 19 世纪 60 年代的"体用派"，19 世纪末 20 世纪前期的"国粹派"，之后的"新儒学"。两组过渡人物指的是"体用派"和"国粹派"之间的康有为、严复，"国粹派"和"新儒学"之间的吴宓和梅光迪等。并认为伴随着由"体用"到"新儒家"的更替，文化保守主义也实现着其在认识上的不断深入和理论上的日益完善。[④] 喻大华也认同 19 世纪 60 年代出现

---

① 参见方红姣《20 世纪中国的文化保守主义》,《社会科学家》2006 年第 5 期。

② 参见胡逢祥《20 世纪中国文化保守主义的理论特征与实践》,《华东师范大学学报（哲学社会科学版）》2013 年第 6 期。

③ 参见姜义华《激进与保守：与余英时先生商榷》,《二十一世纪》（香港）1992 年 4 月号。

④ 参见何晓明《近代中国文化保守主义述论》,《近代史研究》1996 年第 5 期。

的“中体西用”理论属于文化保守主义的范畴。[①] 郑荣将一百多年来文化保守主义思潮的发展总括为三个阶段：19 世纪 60 年代至 90 年代，是萌生与确立阶段，以冯桂芬、张之洞等洋务知识分子为代表人物；19 世纪 90 年代至 20 世纪 20 年代是继续发展阶段，以章太炎、刘师培等“国粹派”为代表；20 世纪 20 年代至今是深入发展阶段，以“新儒学派”为典型代表。[②] 郑大华则不同意以 19 世纪中叶的洋务运动为中国文化保守主义起源的观点。因为在他看来，19 世纪中叶冯桂芬在《校邠庐抗议》中提出的“以中国之伦常名教为原本，辅以诸国富强之术”的文化主张，虽然是后来洋务派提出的“中学为体，西学为用”这一对中国近代社会影响至远至深的思维模式的最初表述，但在当时它不仅不具有文化保守的性质，相反还是一种相对激进的思想，在当时整个社会对西学缺乏正确的认识、以为学习西学就是“以夷变夏”的情况下，洋务派提出“中体西用”论，一方面强调中学之“体”的主导地位，另一方面又肯定西学之“用”的辅助作用，主张破除成规习见，引进西学以弥补中学不足，从而实现以中学为本位、为主体的中西文化之间的调和或互补。这无疑是对传统的“中体中用”文化观的否定和突破，从而为学习西学扫清了道路。“中体西用”成为保守主义的文化理论，那是后来的事，是后来社会发展了，人们对中学和西学的各自内涵及其相互关系的认识进步了，但在当时它并不具有保守的色彩。[③]

19 世纪末 20 世纪初说。欧阳哲生以 19 世纪末康有为为首的“今文经学”派和 20 世纪初以章太炎、刘师培为代表的国粹派的出现为近代保守主义思潮的发端，认为其发展过程大体经历了近代、现代和当代三个阶段。近代指的是标志发端的“今文经学”派和“国粹派”；现代指的是五四前后，活跃于哲学、文学和史学领域，如梁漱溟、熊十力、梅光迪、周

① 参见喻大华《晚清文化保守思潮述论》，《天津社会科学》2000 年第 1 期。

② 参见郑荣《关于文化保守主义思潮研究的几个问题》，《西安外国语学院学报》2001 年第 1 期。

③ 参见郑大华《中西与新旧之间：中国近代史上的保守与激进》，《学术研究》2011 年第 1 期。

作人、王国维、钱穆等人；当代，则指为港台地区的“当代新儒家”。[①]郑师渠在开端上赞同此说，也将文化民族主义在中国近代的发展分为三个时期，即戊戌变法的“保教”时期、辛亥革命的“存学”时期和五四运动前后的“东方化”时期。[②]郑大华虽然也认为文化保守主义的开端在19 世纪末 20 世纪初，但反对把戊戌时期的康有为说成是中国最早的文化保守主义者，康的《新学伪经考》《孔子改制考》是为“托古改制”亦即维新变法服务的，不具有保守的性质，也不是文化理论而是政治性的论述。他认为，中国近代史上的保守主义发端于 19 世纪末 20 世纪初，而正式形成于五四新文化运动时期。戊戌时期的张之洞因在《劝学篇》中对“中体西用”论的系统阐发而成了中国最早的文化保守主义者，中国近代史上第一个文化保守主义团体是辛亥时期以章太炎为精神领袖的国粹派。国粹派基于对中西文化“双重危机”的反省和认识，既对那种脱离中国文化生命机制的“欧化”主张表示出了严重的不安，也不赞成一味守旧，拒斥西方文化的一切因素，认为中国文化的根本出路就在于以中国文化为本位实现中西文化的折中调和，具体来说就是中国的精神加西方的物质。而这正是中国近代思想史上文化保守主义的思想特征。[③]郑大华还依据对近代中国文化保守主义的界定，把中国文化保守主义的发展分为四个阶段：第一阶段是清末民初，主要代表是清末的章太炎、刘师培等“国粹派”和民初的康有为及其“孔教派”；第二阶段在五四前后，主要代表是杜亚泉、梁启超、梁漱溟、章士钊等“东方文化派”，吴宓、梅光迪等“学衡派”和张君劢等“玄学派”；第三阶段是 20 世纪 30 年代中叶，主要代表有王新命、何炳松、陶希圣等“中国本位文化派”；第四阶段从抗战到现在，代表是“现代新儒家”。[④]俞祖华等认为，戊戌思潮被称为中

---

① 参见欧阳哲生《中国近代文化流派之比较》，《中州学刊》1991 年第 5 期。

② 参见郑师渠《近代中国的文化民族主义》，《历史研究》1995 年第 5 期。

③ 参见郑大华、何晓明、俞祖华《关于“中国近代史上的激进与保守”的对话》，《中华读书报》2010 年 9 月 27 日。

④ 参见郑大华《现代中国文化保守主义思潮的历史考察》，《社会科学战线》1993 年第 4 期。

国三大现代性思潮的自由主义、激进主义与保守主义的共同的思想源头。[①] 他还以“两次转向”与“三份宣言”为节点梳理了文化保守主义的发展轮廓。文化保守主义者有基本相似的文化心态，然而，文化保守主义本身并非一成不变，而是不断随时代背景的变化做出理论调整的。近代中国文化保守主义经历了两次大的思想调整：第一次以从康有为的三世进化史观到梁漱溟的文化三路向说为代表，由开外王转向保内圣，由西学的民主、科学转向儒家心性之学；第二次以从梁漱溟的文化三路向说到牟宗三提出的“三统”之说为代表，重心又转向“由内圣开出新外王”，由内在的心性之学转化出外在的民主与科学。两次转向完成了由外向内、再由内向外，由西学回归传统，再从传统面向西学的逻辑展开过程。两次转向的主要背景分别是第一次世界大战爆发后“西方的没落”和第二次世界大战后东亚“儒家资本主义”的兴起。[②] 又指出，《中国本位的文化建设宣言》《为中国文化敬告世界人士宣言》与《甲申文化宣言》是文化保守主义思潮发展过程中的标志性事件。三份宣言作为文化保守主义的典型文本体现了其相近的文化主张：全球化背景之下的民族文化危机感；以文化的多元性抗衡西方启蒙理性的普适性；能以比较开阔的胸襟、比较开放的心智面对西学；在人类未来文化构建上倾向于人类文化多元共存的生态与中国文化救西论等。其文化主张的前后调整也折射到三份宣言上：民族文化自信心、自豪感不断增强；对异质文明从被动防范到主动开放的态势；政治与文化场域互动体现了政治驱动型、游离超脱型、文化建言型三种不同模式。[③]

区分两种类型的文化保守主义因而有不同的起点。胡逢祥认为，近代时段存在两种不同性质的文化保守主义：一种是固守一切传统的封建文化保守主义，包括近代初期的封建正统派、洋务运动时期的顽固派，以及辛亥革命以后的封建遗老，至于洋务派，对西学虽有一定程度的吸纳，但本

① 参见俞祖华、赵慧峰《戊戌思潮：中国三大现代性思潮的共同源头》，《学术月刊》2009 年第 11 期。

② 参见俞祖华《文化保守主义思潮的两次转向》，《东岳论丛》2004 年第 4 期。

③ 参见俞祖华、赵慧峰《三份宣言：文化保守主义思潮的典型文本》，《东岳论丛》2009 年第 1 期。

质上仍是封建保守文化的变形；另一种是虽依恋传统，但也强调文化变动的近代式的文化保守主义，从章太炎到五四新文化运动以后的新儒家，都属于这种类型的文化保守主义。胡逢祥在指出两种文化保守主义开始于不同时间的同时强调，在中国，真正具有近现代意义的文化保守主义思潮，形成于 20 世纪初年，并将自 1840 年到 1949 年的整个中国近现代思想史上文化保守主义的演变划分为两个阶段：19 世纪末之前为封建文化保守主义居主流时期，此后则为真正近现代意义上的文化保守主义形成发展时期。[①] 他在另一篇文章中指出，中国近代最早出现的文化保守主义思潮当推 20 世纪初的国粹主义，此后则是新文化运动时期的东方文化派和学衡派，还有现代新儒家。[②] 与胡逢祥持类似观点的还有柴文华，他将文化保守主义区分为“典型的文化保守主义”和“非典型的文化保守主义”，认为“非典型的文化保守主义”在守持传统价值理念的同时也守持落后的政治制度，19 世纪后半叶的“顽固派”思想、洋务派思想以及晚年康有为的保皇尊孔观点等，构成了这种类型文化保守主义的起始和发展线索。“典型的文化保守主义”主要是思想文化上的保守，与政治上的保守是分离的，有时甚至是截然相反的。其发端以 20 世纪初期的国粹派为标志，现代史上学衡派、现代新儒学等思潮的继起与出现，是描述这种类型文化保守主义发生和发展阶段的主要代表。[③]

保守主义与其他思潮的互动关系。近现代中国文化保守主义与其他思潮是共同存在、并生的，与其他思潮之间的关系也成为中国近现代思想史研究的重要内容。

文化保守主义与马克思主义的关系。文化保守主义与马克思主义的关系是历来研究的重要内容和问题。朱琳从一个宏观的角度阐述了文化保守主义与马克思主义的关系，指出早期马克思主义中国化进程中文化保守主义与马克思主义的关系、中国马克思主义对文化保守主义合理思想资源的

---

① 参见胡逢祥《试论中国近代史上的文化保守主义》，《华东师范大学学报》2000 年第 1 期。

② 参见胡逢祥《20 世纪中国文化保守主义的理论特征与实践》，《华东师范大学学报》2013 年第 6 期。

③ 参见柴文华《论中国近现代的文化保守主义》，《天府新论》2004 年第 2 期。

吸收与超越是其中的两个重要方面。文化保守主义对马克思主义中国化进程确实起到了一定的推动作用，而在与文化保守主义等思潮作斗争的过程中，中国的马克思主义者更加坚定了走以马克思主义为指导的中国革命道路。[①] 孙旭红认为，五四新文化运动之后，中国文化保守主义者就中国传统文化与西方文化之间关系等问题展开了一系列论战。文化保守主义者在论战中既强调传统的生命力和文化的延续性，又确认民族文化之间的相通性。中国马克思主义者对文化保守主义的合理思想资源进行了吸收和超越，提出了新民主主义文化的科学论断。因此，文化保守主义对马克思主义中国化进程确实起到了一定的推动作用。[②] 程勤华探讨了文化保守主义思潮与马克思主义中国化之间的起因间关系，指出："从马克思主义中国化的历史进程来看，民族文化因素始终是马克思主义面对中国问题时考虑的核心因素，正是因为与民族本土文化和实际国情的'亲密结合'，马克思主义这一异域思想，在这个'儒家帝国'思想保守的华夏土地上才获得如此多的共鸣和青睐，并迅速为先进知识分子所接受，乃至后来在中国扎根、发芽，成为引领时代发展的强大精神力量。""甚至可以这样说，没有文化保守主义的牵引，马克思主义中国化的提出也将大为推迟。但这不意味着马克思主义中国化就是文化保守主义的一种变异，是文化保守主义的'产儿'"，且"马克思主义中国化一经提出之后又迅速引导着'中国化'的思潮，成为文化保守主义的'牵头羊'"。[③] 朱庆跃、何云峰指出，在马克思主义中国化的历史实践中，应对文化保守主义的挑战是重要的问题。20 世纪三四十年代的中国，就当时中国的问题是什么、为什么会产生以及如何解决，乃至中外文化关系如何处理，以本位文化派为代表的文化保守主义对马克思主义中国化的实践构成了间接但却是根本性的挑

---

① 参见朱琳《马克思主义中国化与 20 世纪上半叶文化保守主义问题探析》，《湖北社会科学》2011 年第 3 期。

② 参见孙旭红《中国近代文化保守主义思潮与马克思主义中国化》，《社会科学家》2013 年第 10 期。

③ 程勤华：《催生与变异：文化保守主义思潮与马克思主义中国化的起因》，《云南行政学院学报》2013 年第 1 期。

战。[①] 论者更多地强调文化保守主义与马克思主义之间的对立关系。黄寿松也是以梁漱溟为个案，解析保守主义视域中的马克思主义，指出："梁漱溟早年对马克思主义及以其为指导的中国革命提出了批评"，不过，论者同时也认为"梁漱溟在半个世纪前对西方理性主义文化危机的警惕，对中西文化关系的思考，对历史'殊途同归'的洞察以及基于'中国问题的特殊'而得出的'认识老中国，建设新中国'的结论，即便在马克思主义中国化日益推进的当代中国语境，也颇值得细细品读"。[②] 由此肯定了保守主义者梁漱溟思想的价值。郑大华考察了 1949 年后留在大陆的现代新儒家与马克思主义之关系，认为 1949 年后留在大陆的现代新儒家与马克思主义的关系大致可分为三种情况：一是以冯友兰、贺麟为代表，放弃了自己的新儒学思想，认同和接受了马克思主义，甚至加入了中国共产党（如贺麟）；二是以梁漱溟为代表，在坚持自己新儒学的一些基本思想的基础上，也接受过马克思主义的影响，并对马克思主义（尤其是毛泽东思想）进行过利用和儒化；三是以熊十力、马一浮为代表，坚持自己的新儒学思想，基本上没有认同和接受马克思主义，熊十力还于 20 世纪 50 年代在董必武的关照下，相继出版了《原儒》《体用论》《明心篇》等新儒学著作。尽管在这些著作中，熊十力使用了大量的流行术语，并着意对中国古代的所谓"社会主义思想"进行了发掘，以证明中国共产党领导中国人民进行社会主义革命和建设的正当性，但他的学术思想则没有发生大的变化，还是唯心主义的。[③]

文化保守主义与激进主义的关系。郑大华指出：和西方不同，在近代中国，除政治上的激进主义和保守主义外，还存在着文化上的激进主义和保守主义。政治上的激进主义和保守主义的分歧在社会制度方面，前者主张全面改革甚至革命，后者主张维持现状或少许改良。文化上的激进主义

---

① 参见朱庆跃、何云峰《20 世纪三四十年代中国马克思主义者对文化保守主义挑战的回应》，《西南大学学报（社会科学版）》2015 年第 1 期。

② 黄寿松：《保守主义视域中的马克思主义：以梁漱溟为中心的考察》，《华南师范大学学报》2010 年第 4 期。

③ 参见郑大华《1949 年后留在大陆的现代新儒家与马克思主义之关系初探》，《当代中国史研究》2008 年第 6 期。

和保守主义的分歧在思想文化方面，前者主张西化或全盘西化，后者主张认同、维护传统。中国近代思想家的文化取向与政治取向的联系往往是历史的，而非逻辑的，二者之间并不存在一种必然如此的因果关系。一个政治上的激进主义者，在文化上可能是激进主义者，也可能是保守主义者，反之亦然。保守主义和激进主义都发端于19世纪末20世纪初，正式形成于五四运动前后。我们在评价中国近代史上的激进与保守时应坚持如下几个方法或原则：一是历史唯物主义的方法或原则；二是一分为二的方法或原则；三是具体问题具体分析的方法或原则。[①] 薛晓芳探讨了文化保守主义与文化激进主义的相通性，认为在同一历史语境中诞生的文化保守主义与文化激进主义，由于其“形”的分离，使得它们之间相互对立，但是二者又是近代社会变动和进步过程中不可或缺的孪生体和伴生物，从它们之间的相互影响和相互促进中，明显地可透视到一种中华文化精神的深沉气韵，这种“神”的契合，使得二者既互相针砭又互相启发，呈现出你中有我、我中有你的文化景观。在二者非此即彼极性思维的隔膜中，寻绎它们内在的文化精神与文化情怀，可消弭其不可调和的交锋与冲突，以此实现二者公平的文化思维表述与传播。[②] 何晓明指出，就保守主义与激进主义的关系而言，从理论上看，双方都有存在的历史依据和逻辑依据；从社会实践的基础看，双方都有可以依凭的利益集团作为社会基础。实际上，近代中国的保守主义与激进主义，并非像人们认为的那样水火不容。就民族国家的现代化大目标而论，双方绝无分歧。在处理传统与现代的关系方面，保守主义的理性思考更为辩证；而在全新的社会政治经济文化秩序构建方面，激进主义的创造精神、牺牲精神更有利于困局的突破和道路的拓展。如果说在国难当头、时局危急的当年人们无暇坐而论道，那么在政治安定、思想解放的今天，我们理应以平和的心态和科学的精神来辨析

① 参见郑大华《中西与新旧之间：中国近代史上的激进与保守》，《学术研究》2011年第1期。

② 参见薛晓芳《从形离到神合——文化保守主义与激进主义两极相通中中华文化精神的寻绎》，《湖北社会科学》2014年第3期。

两者的关系，以期有助于中国特色社会主义现代化事业的健康发展。[①] 俞祖华同样认为：激进主义与保守主义都有着强烈而深沉的民族主义关怀，只是以不同的形式表达着这种诉求并选择了激进与渐进的不同手段；都是现代性思潮，并对西方现代性有所反省与批评，只是批评的角度与修正的思路有所不同；在人类社会的远景规划上都认同社会主义的目标，激进主义思潮自不必言，属于保守主义阵营的康有为、梁漱溟、张君劢等人也提出了大同思想或表达了空想、改良性质的社会主义思想，也都有浓郁、炽热的传统情怀。一些激烈批判传统的思想家，在其激进反叛、弃之如敝履的姿态与话语背后，那种对某些传统价值的理性认同、那种对故土文化的归依怀恋、那种对传统话语的信手拈来、那种对传统思维方式的延续沿袭、那种沟通调和传统与现代之间关系的不懈努力，仍有线索可循。历史上激进与保守有过激烈的对峙，但当我们去反思历史时应当有更高、更大的格局，两者应当互相制衡，互为灵感的源泉，共同收获思想激荡的成果。[②] 李里峰则以汪康年为例阐述了中国近代史上保守与激进的关系。他认为戊戌以后，汪康年对变革的方式和道路进行了重新选择，变革主体逐渐从民间社会和地方政府转向中央政府，变革方式趋向缓和，更加遵循审慎原则、讲求变革策略，呈现出“慢慢走”的保守主义倾向。出于对超越性道德秩序的追求和对转型期国人认同危机的回应，汪康年又进一步回归以礼教为核心的中国传统文化，呈现出“往回走”的保守主义倾向。但是被公认为保守主义者的汪康年，却在变革的内容和方式上都一度认同和践行“激进”的主张，从而彰显了保守主义与激进主义之阵营划分的模糊性和流动性。[③] 喻大华侧重于解析中国近代文化中保守与激进两大思潮的共通共融性。他指出，在中国近代文化潮流中，由于受政治因素的影响，文化保守与文化激进的对立与分歧被夸大，相互影响、启发的关系被忽视了。其实，二者有时有着共同的努力方向和认识上的某些共识，彼此

① 参见郑大华、何晓明、俞祖华《关于“中国近代史上的激进与保守”的对话》，《中华读书报》2010 年 9 月 27 日。

② 同上。

③ 参见李里峰《中国近代史上的保守与激进——以汪康年为例的思想史阐释》，《广东社会科学》2010 年第 5 期。

间也非壁垒森严，存在师友关系和互相渗透、转化的情况。之所以如此，是因为它们均产生在相同的社会条件下，面临着共同的时代主题，因而存在联系和共同之处也就不足为奇了。[①] 近代中国文化保守主义与激进主义既有联系也有冲突，需要对之进行细致的具体分析和考察。

文化保守主义与民族主义的关系。何晓明对文化民族主义与文化保守主义的关联与区别进行了分析。他指出，从概念确立的思维坐标分析，文化民族主义只考虑了一维，即如何认识并处理中国文化与外来文化（西方文化）的关系，而文化保守主义则考虑了两维，既要认识并处理中国文化与外来文化（西方文化）的关系，又要认识并处理古代文化与当下文化的关系。文化民族主义，就是坚持历史形成的传统民族文化价值不容否定、不应忽视、不可取代的社会心理和理论主张，而文化保守主义，则是坚持传统文化变与不变相统一、民族文化的个性与时代文化的共性相统一、文化的返本与开新相统一的社会心理和理论主张。总之，文化民族主义以维持现代化的民族文化基础为根本旨归，而文化保守主义则是以实现民族文化的现代化为根本旨归。[②] 与何晓明相似，张世保也认为文化民族主义与文化保守主义可谓是一对孪生兄弟，它们产生的时代背景、社会条件基本一致，在内容上也有相当程度的重合，它们都是现代性的产物且都强调对民族文化的珍视。但文化民族主义与文化保守主义的思想主旨、立论方法乃至社会影响都有很大的不同，甚至可以说是两种完全不同的思潮。[③] 黄岭峻将抗战时期的以冯友兰、贺麟、钱穆为代表的保守主义视为非理性的民族主义思潮。[④] 周术槐以邹容的民族主义思想为例，阐述其属于政治上的激进与文化上的保守思想，由此解析了激进、保守与民族主义

---

① 参见喻大华《论保守与激进在中国近代文化潮流中的共通共融》，《河北学刊》2005 年第 1 期。

② 参见何晓明《近代中国文化民族主义与文化保守主义的关系》，《新视野》2007 年第 4 期。

③ 参见张世保《文化民族主义与文化保守主义论析》，《社会科学战线》2008 年第 12 期。

④ 参见黄岭峻《试论抗战时期两种非理性的民族主义思潮——保守主义与“战国策派”》，《抗日战争研究》1995 年第 2 期。

之间的复杂关系。[①] 段怀清认为《学衡》前后胡先骕的思想文化具有难以捉摸性，既可以说他是文化精英主义者，也可以说他是文化民族主义者，还可以说他是文化保守主义者。由此在不难看出胡先骕思想文化主张之模糊性的同时，也说明文化民族主义与文化保守主义之间界线的难分。[②]

文化保守主义的历史评价。如何正确地评价中国近代史上的文化保守主义，也是近年来学界的重要议题之一。姜义华认为，保守主义是近代思想史上的主导思潮，保守主义者在近代以来的中国不是太少，而是太多，保守主义势力不是太弱，而是太强了。[③] 政治保守主义在实践中总是和政治专制主义、经济统制及思想文化专制主义紧紧结合在一起的，是与政治民主主义相对抗的。[④] 许纪霖认为，保守主义与激进主义在近代都很强大，被挤压得几乎找不到位置的是自由主义，他认为在中国文化辞典中从来不缺改朝换代那种激进思想资源，也不缺抱残守缺式的保守主义传统，独缺的是开放的、多元的、渐进的、真正能为现代民主与科学提供思想和现实土壤的自由主义。[⑤] 在对文化保守主义的评价问题上，绝大多数学者能超越彻底否定或全盘肯定保守主义的简单化倾向，在充分肯定文化保守主义的内在价值及其在中国近代史上的客观地位的同时，也不讳言它所固有的历史局限性。欧阳哲生认为，将保守主义简单地看作封建文化的沉渣泛起，并加以彻底否定，是不公允的。在他看来，文化保守主义具有如下价值：首先，它直接以中国传统文化为自己的先导，注重对传统文化的挖掘和整理，注重传统文化的创造性转换，在处理文化传统的承接关系上，有其独到的长处。其次，文化保守主义者并未完全隔绝自己和西方文化，

① 参见周术槐《政治上的激进与文化上的保守——以邹容的民族主义思想为例》，《贵州民族研究》2008 年第 3 期。

② 参见段怀清《文化精英主义？文化民族主义？抑或文化保守主义？——试论〈学衡〉前后胡先骕的思想文化主张》，《江西师范大学学报》2009 年第 4 期。

③ 参见姜义华《激进与保守：与余英时先生商榷》，《二十一世纪》（香港）1992 年 4 月号。

④ 参见姜义华《20 世纪中国思想史上的政治保守主义》，载李世涛主编《知识分子立场：激进与保守之间的动荡》，时代文艺出版社 2000 年版。

⑤ 参见许纪霖《激进与保守之间的动荡》，载李世涛主编《知识分子立场：激进与保守之间的动荡》，时代文艺出版社 2000 年版。

包括思维方式和某种思想学说的联系。再次，除个别文化人物外，绝大多数的文化保守主义者关心国家的前途、民族的命运，并为挽救民族的危亡做出了自己应有的贡献。当然，文化保守主义也有其内在的局限性，它着眼于传统文化的创造性转换，却始终未能理顺自身与现代化和世界文化的关系；它关心人生的选择，却缺乏对人生的价值观念的探索；它注重社会生活的独立性，却忽视了自然与社会的相互制约等。①

郑大华认为，尽管中国近代文化保守主义者不能正确认识和处理"中学与西学""传统与现代性"和"西化与现代化"的关系，他们比较注重文化的民族性，而忽略了文化的时代性，比较重视对传统文化的认同和继承，而不太注意对传统文化的变革和批判，他们虽然正确地认识到"现代化不等于西化"，却得出了中国的现代化只能是中国传统的"精神文明"加西方近代的"物质文明"的错误结论，但这并不意味着他们对中国文化出路的探索就毫无积极意义可言：他们既不为中国传统文化所禁锢，也不对西方近代文化盲目信从，而是对两者进行双重反省；他们认为中国文化的出路既不是全盘西化，也不是固守传统，而是重建民族主体性的新文化系统。就此而言，他们的努力无疑是有意义和价值的。② 郑师渠首先肯定了文化保守主义亦即他所说的文化民族主义的积极意义，认为文化民族主义的核心是主张以固有的文化为主体，发展民族新文化，这是极具前瞻性的思路。其中包括，重视宣传祖国的历史文化以培育国人的爱国心，弘扬民族的精神，提倡自尊自信自强，继承优秀的文化传统，复兴中国文化，等等，对今天我们建设社会主义新文化都具有借鉴意义。其次，他认为文化民族主义存在着自身的不足，即因根植于民族自恋的文化情结，它便不可避免浸染着非理性的感情色彩，即包含着虚骄尚气、封闭自足的消极因素。这在欧战后表现得最为突出。③ 何晓明以对现代化的贡献，作为评判文化保守主义之标准，认为文化保守主义在中国一百多年的生长，给我们留下了丰厚的遗产：第一，文化保守主义对现代化过程的本

① 参见欧阳哲生《中国现代文化保守主义思潮述评》，《求索》1990 年第 1 期。

② 参见郑大华《现代中国文化保守主义思潮的历史考察》，《社会科学战线》1993 年第 4 期。

③ 参见郑师渠《近代中国的文化民族主义》，《历史研究》1995 年第 5 期。

质分析，富有相当的认识价值。第二，文化保守主义对现代化过程的传统基础的强调，具有一定的理论意义。第三，文化保守主义的根本理论缺陷，在于它对现代化所需要的社会系统的“整体创造性转换”认识不足。① 俞大华也认为，在回答“中国如何成功实现现代化”的问题上，文化保守主义者提出了一些较有价值的见解：（1）他们认为现代化——尤其是政治现代化将是一个漫长的过程，因此主张渐进，注意从基础做起。（2）他们认为现代化不等于欧化，反对因现代化而丧失民族特性，主张以中国文化为基础，调和中西，确立起适合近代特点的新文化。（3）更注重现代化过程中人的综合素质的提高。这些见解在今天看来仍有它的意义。②

与上述学者对文化保守主义既肯定又否定、肯定多于否定的评价不同，马庆钰则对文化保守主义持的是基本否定的态度。在他看来，中国近代文化保守主义的最后落脚点在于以种种借口来防止任何政治文化进步的冲击，维护封建的道统、皇统与已有的政治秩序和利益分配格局。这种表面上不偏不倚、左右逢源的文化策略实际服务的是政治目的。它与文化相对主义、文化民族主义一样，成为延误中国现代化进程的重要因素。③

四　激进主义思潮

激进主义是指要求从根本上改变某种社会政治制度或者这种制度的某个或某些部分的理论观点与行动。一般认为，“激进”一词渊源于英国，后来又为法国所采用。19世纪上半叶，激进主义多用于说明当时在英法两国主张实行男子普选权或要求实行共和制的观点。自从马克思主义问世以后，西方所说的激进主义又多指马克思主义以及声明拥护或赞成马克思主义的各种“左翼”党派或组织的理论见解与行动。第二次世界大战以后，激进主义的含义又有所扩大，不仅一切与现行政治秩序相敌对的个人和集团的言论和行动，就是一党一派或某组织中违背多数人普遍意见的相

① 参见何晓明《近代中国文化保守主义述论》，《近代史研究》1996年第5期。

② 参见俞大华《晚清文化保守主义思潮论纲》《辽宁师范大学学报》1999年第1期。

③ 参见马庆钰《对文化保守主义的检省》，《中国人民大学学报》1997年第3期。

对“左”的观点，也往往被戴上激进主义的帽子。①

学术界对近代史上激进主义思潮的关注源自海外学者。美籍华裔学者林毓生在其1988年出版的新著中便对五四激进主义进行发难。他指出：“20世纪中国思想界的最显著特征之一，是对中国传统文化遗产坚决地全盘否定的态度的出现和持续。”而这种态度的“直接历史根源”可以“追溯到1915—1927年‘五四’运动”。他指责陈独秀、胡适、鲁迅等人“全盘反传统”，使得中国文化出现了“断裂”现象，并且把“五四”与“文化大革命”混为一谈，认为“在中华人民共和国的历史中，又重新出现‘五四’时代盛极一时的文化革命的口号，而且发展成非常激烈的1966—1976年间的文化大革命，这绝非偶然。这两次文化革命的特点，都是要对传统观念和传统价值采取嫉恶如仇、全盘否定的立场”。② 同年，美籍华裔学者余英时在香港中文大学以“中国近代思想史上的激进与保守”为题演讲，其批判的矛头同样直指激进主义。余氏通过对“戊戌”“五四”乃至“文化大革命”百余年间中国思想流变的分析，认为与西方思想史上的保守派—自由派—激进派三分局面不同，“中国思想史上的保守跟激进，实在不成比例，更无法相互制衡”。他还将“五四”反传统与“文化大革命”反传统相提并论，并认为“中国百余年来走了一段思想激进化的历程，中国为了这一历程已付出了极大的代价”。③ 显而易见，就价值取向而言，余英时对中国近代史上的所谓激进主义持批判的态度。余英时的演讲引来复旦大学教授姜义华的商榷，1992年姜义华在《二十一世纪》4月号上发表《激进与保守：与余英时先生商榷》一文，并由此引起大陆学者对这一问题的密切关注与热烈讨论，以《东方》《二十一世纪》《哲学研究》《原道》《读书》等刊物为主要阵地，学者们发表了一系列文章，剖析中国近代史上的激进与保守，并出现了一股强烈的批判激进主义的思想倾向，许多在80年代“文化热”的讨论中主张激进的学者这时也纷纷反戈一击，成了批判激进主义的先锋。如80年代曾以激进姿

① 参见汝信主编《社会科学新辞典》，重庆出版社1988年版，第361页。

② 林毓生：《中国意识的危机》，贵州人民出版社1988年版，第2—3页。

③ 余英时：《中国近代思想史上的激进与保守》，《知识分子的立场——激进与保守之间的动荡》，时代文艺出版社2000年版，第1—29页。

态倡导新启蒙的王元化就说："对激进主义的批判是我这几年的反思之一。这种认识不止我一个人，大陆上还有别人也对激进主义的思潮作了新的评估。"① 有些文章对激进主义的批判，已经不只是一种文化反省，更是一种政治声讨，甚至发出了要求改写中国近代史的呼声。于是，对近代激进主义的反思与评价成了学术界关注的热点问题之一。

"激进主义"的内涵、成因及其学理。何谓激进主义？激进主义是与保守主义相对而言、相伴而生的。余英时认为，激进与保守是相对于现存的社会、文化、政治秩序而言的。主张维持现状的是保守，而主张打破现状的则是激进。而在激进与保守之间，有各种程度不同的立场。姜义华则认为，激进主义是改变传统的经济、政治、社会、文化规范与结构，而代之以与现代文明相适应的新的经济、政治、社会、文化规范与结构。而保守主义则是要求变革限制在特定的价值取向范围之内，尊重传统、尊重权威、民族主义等范围之内。② 何晓明也从激进与保守的相互关系中，对激进主义进行定义。在他看来，保守主义与激进主义是世界各国、各民族在进入现代化阶段后，为适应时代变迁而兴起的普遍社会思潮和精神现象，是知识分子在对现代化的思考中所形成的处理本土文化与外来文化、传统文化与现代文化关系的基本态度，两者是在同一文化体系之下互为界定的，激进主义彻底反传统，主张以革命方式重建全新的社会政治经济文化秩序。③

为了准确把握激进主义的内涵，学者们主张从文化与政治两个层面来阐释激进主义，即政治激进主义与文化激进主义。许纪霖认为："所谓文化层面的激进与保守，主要取决于对中国文化传统的价值取向，主张全盘推倒的是为激进，而文化阐释仍然固守在本土文化框架内的是为保守。所谓政治层面的激进或保守，主要看其对现实社会政治秩序的认同态度，要求根本解决、推倒重建一个新的是为激进，主张在现在系统内作技术性调

① 王元化:《关于近几年的反思答问》,《文汇读书周报》1994年12月3日。

② 参见姜义华《激进与保守：与余英时先生商榷》，《二十一世纪》（香港）1992年4月号。

③ 参见何晓明、万国崔《现代思潮的重奏与交响——论近代中国保守主义与激进主义》，《学术研究》2011年第1期。

整和修补的是为保守。”[①] 具体到中国近代史而言，关于政治激进主义，萧功秦提出，戊戌激进主义是中国20世纪政治激进主义思潮最早出现的一种类型。他把戊戌变法中康有为、梁启超等人要求采取“快变、大变与全变”的一揽子解决方式进行大刀阔斧的改革看成政治激进主义，严复则是中国渐进变革思想的最早提倡者。[②] 在另外一些学者的眼里，近代政治激进主义实际上就是指政治革命思潮，既包括辛亥革命、国民革命，也包括马克思主义。李泽厚即从批判辛亥革命入手，对近代以来的一切革命都彻底加以否定。他把谭嗣同看成近代激进主义的开山，认为谭的激进主义所带来的负面影响极大，不仅影响到维新派和革命派，甚至一直影响到现在。他指责辛亥革命搞糟了，是激进主义思潮的产物。在他看来，清王朝虽然已经腐朽，但在形式上仍有存在的意义，完全可以通过立宪派所主张的改良来逼它走上现代化和“救亡”的道路，而辛亥革命痛快地把它搞掉，打断了历史发展的进程，使国家失去重心，其结果必然是军阀混战。所以自辛亥革命以后，就是不断革命，“二次革命”“护国、护法”“大革命”，最后是1949年的革命。他提出，根据以往革命史观的评价标准，“革命”是好名词、褒义词，而“改良”则是贬义词，现在应该把这个评价标准颠倒过来：“革命”在中国并不一定是好事情，应该“告别革命”。[③]

关于文化激进主义，学术界的主流意见是将文化激进主义判定为“反传统文化”“反传统主义”“激烈反传统”“全盘性的反传统主义”。郑大华认为，政治上的激进主义和保守主义的分歧在社会制度方面，前者主张全面改革甚至革命，后者主张维持现状或少许改良。文化上的激进主义和保守主义的分歧在思想文化方面，前者反对传统，主张西化或全盘西化，后者认同、维护传统，主张中体西用。[④] 以激进反传统来界定文化激进主义，面临的问题是如果认同三大文化流派的提法，那将难以厘清文化

① 许纪霖:《激进与保守的迷惑》,《二十一世纪》(香港)1992年6月号。

② 参见萧功秦《戊戌激进主义及其影响》,《二十一世纪》(香港)1998年4月号。

③ 参见李泽厚、王德胜《关于文化现状、道德重建的对话》,《东方》1994年第5期。

④ 参见郑大华《中西与新旧之间：中国近代史上的保守与激进》,《学术研究》2011年第1期。

激进主义与文化自由主义的关系。一些学者显然注意到了这一问题，主张另外寻求判定“文化激进主义”的标准。胡伟希等指出，将“文化激进主义”理解为“反传统文化”“反传统主义”的代名词，会模糊我们对“文化激进主义”的本质认识。事实上，“反传统主义”只是“文化激进主义”中的一支。将“文化激进主义”等同于“反传统文化”或“反传统主义”，也模糊了“文化激进主义”与其他社会文化思潮的界限，将一些不是文化激进主义的思潮当作“文化激进主义”。最明显的例子是，五四时期以胡适为代表的自由主义思潮和以陈独秀、李大钊为代表的社会主义思潮都带有“反传统”的性质，如果因为两者在“反传统”这一点上相似，而认为胡适也是同陈独秀、李大钊一样的“文化激进主义者”显然是成问题的。他认为，判定“文化激进主义”的标准，主要不在于是否“反传统”，而在于是否将思想观念与学术文化作为政治与社会改革的工具，因此，文化激进主义实质上是一种政治文化思潮。① 欧阳哲生以对西方文化全面肯定与有所怀疑两种态度对文化激进主义与文化自由主义的特征作了区分。他认为：“文化自由主义要求超越中国传统文化，全面肯定西方近世文明的优越性，但对中国文化的革故鼎新持温和改良的态度。文化激进主义既否定中国传统文化的价值观念，又对西方近世文明持怀疑与保留的态度，主张从一切固有文化中反叛出来，以革命的方式建立起新的文化秩序。”②

就激进主义的成因而言，萧功秦指出，产生戊戌变法人士激进心态的最重要原因，乃是这些变法者是以主观上感受到的民族危机的强度，作为变革所应具有的幅度、深度与速度的基本依据，变革者较少甚至根本不考虑变革是否应受其他现实条件与因素的约束。这种心态又与中国传统专制官僚体制的结构性矛盾有关，传统体制吸纳有志变革的知识精英的渠道历来狭隘，改革者在精神上和心理上长期以来深受压抑，并充满一种举世皆醉、唯我独醒的愤世嫉俗感，一种与整体官僚体制相对抗的悲愤之情与孤

① 参见胡伟希、田薇《20 世纪中国“文化激进主义思潮”刍议》，《天津社会科学》2002 年第 1 期。

② 欧阳哲生：《中国近代文化流派之比较》，《中州学刊》1991 年第 6 期。

芳自赏的心态。这种心态还与传统文化的“极致性文化”特质有关，儒家政治文化强调“道”是“不可须臾离者也”，把目标与手段均视为道德上的不可分离的整体，否认从现实状态向理想状态的进步，应允许存在若干不完美的中间阶段。当政治精英认定自己所从事的事业与理想是正义的，那么，凡是不同意自己政见的反对派，就必然被理解为出于道德上的邪恶与堕落，进而产生不宽容不妥协的心态。① 袁伟时指出，五四后政治激进思潮的泛滥不应归罪于新文化运动。它与国民党的固有传统有关，国民党在辛亥革命后没有完成革命政党到民主政党的转型，一直没有放弃武装，是政治激进主义的代表，也与苏俄与中国共产党的支持有关。此外，政治激进主义思潮成为群众性思潮还有以下几个不可忽视的因素：第一，第一次世界大战带来的思想变迁，促使人们寻找新的文明，转向社会主义；第二，平等的诉求压倒了自由、民主；第三，民族主义和大一统情结排拒和平发展的“联省自治”；第四，两极化的思维方式与“党军”的结合的恶果。总之，不能局限在思想文化领域去寻求激进思想泛滥的原因，更不能把战乱归罪于知识阶级和新文化运动。② 张鸣考察了激进主义发生发展的社会基础。他认为，近代农村在现代化过程中处于被剥离的地位，却又受到这个过程的吞噬。政治的无序，畸形的商品化，农村社会结构的恶化，以及农民的普遍贫困，都使得中国的现代化过程不得不被纳入一条激进变革的轨道。③ 何晓明等也指出，激进主义的产生有其深刻的历史缘由。首先，政教合一的中国古代政治传统、中华道统的一元意识形态结构在近代中国受到猛烈冲击，儒家文化面临着现代换转型和政治变革的双重困境，诸多儒学的反动成为此期的主流社会思潮；同时，文化保守主义坚定的传统立场又表现为巨大的历史惰性，激进主义正是对这种保守性的反动；而且，现代化进程正需要一种具有强大爆破力的思想流派为其开山辟道。近代中国政治救亡、文化危机以及近代社会传统与现实的巨大反差，

---

① 参见萧功秦《戊戌激进主义及其影响》，《二十一世纪》（香港）1998 年 4 月号。

② 参见袁伟时《新文化运动与“激进主义”》，《东方文化》1999 年第 3 期。

③ 参见张鸣《20 世纪开初 30 年的中国农村社会结构与意识变迁——兼论近代激进主义发生发展的社会基础》，《浙江社会科学》1999 年第 4 期。

使得激进主义应运而生。[①]

对于激进主义的学理，张宝明进行了深入的探讨。在他看来，学界对保守主义理论体系的探寻此起彼伏，而对激进主义生成谱系可能性的探索却几乎是一个盲点。究竟中国近代，尤其是 20 世纪以来的激进主义如何生成及其谱系如何，一直是一个无从言说的命题。因此，他系统梳理了近代中国激进主义的生成谱系，认为本土文化资源与外来思想资本的暗合流布形成了中国化激进主义的谱系。从戊戌到五四，中经辛亥，激进主义或依附民族国家观念，或寄托于未来乌托邦的政治理念，或依托于文化机制创新，在不一而足的激进体系中，我们会更清晰地看到近代以来中国化激进主义的前世今生。[②] 王桂姝认为，近代文化激进主义的形成，一方面是对中国传统文化中以儒家文化为非的叛逆品格的继承，另一方面更是近代以来中国知识分子面对亡国灭种的现实日益积聚起来的焦虑情绪的必然行为结果。同时，中西文化的巨大落差造成的对西方各种哲学、社会思潮的吸纳，成为文化激进主义的一个重要思想源泉。[③] 文化激进主义到底是从西学还是从传统中获得主要的理论支持？还是二者兼而有之？学者们持有不同的观点。胡伟希等指出，文化激进主义思潮的思想源头正是来自维新运动中康有为的激进改革主义，而他在寻求社会政治改革的理论支持时，主要诉诸孔子。[④] 魏绍馨撰文指出，所谓“全盘反传统主义”并不是五四的基本指导思想，而是 20 年代初期由俄国传入中国的，真正对传统文化进行全盘否定的“全盘反传统主义”的形成，是十月革命后俄国“无产阶级文化派”的文化思潮影响到中国之后的事。它的特点是从极“左”的方面批判五四新文化运动开始的，所谓“从文学革命到革命文学”是这一极“左”思潮的极好概括。[⑤]

---

① 参见何晓明、万国崔《现代思潮的重奏与交响——论近代中国保守主义与激进主义》，《学术研究》2011 年第 1 期。

② 参见张宝明《中国化激进主义生成谱系探寻》，《郑州大学学报》2010 年第 6 期。

③ 参见王桂姝《五四文化激进主义寻踪》，《吉林大学社会科学学报》2001 年第 3 期。

④ 参见胡伟希、田薇《中国文化激进主义思潮的历史演进》，《中国人民大学学报》2001 年第 6 期。

⑤ 参见魏绍馨《五四“反传统”文化思想的历史评价》，《东方论坛》2000 年第 1 期。

激进主义的起源与发展阶段。李泽厚、姜义华等多位学者把政治激进主义思潮的源头追溯至19世纪末的戊戌维新运动。姜义华认为中国政治激进主义和保守主义都开始于戊戌时期，它们是中国百年来社会大变动的“一对双生子”。[①] 李泽厚在一次对话中明确谈道：“我的看法是，谭嗣同是近代激进主义的开头。”[②] 萧功秦认为，戊戌激进主义是中国政治激进主义最早的一种类型。胡伟希等撰文认为，文化激进主义经历了维新运动时期、五四新文化运动时期和后五四时期三个阶段。维新运动时期以康有为与谭嗣同为代表，“以‘反智论’为形式，以政治文化为实质的中国文化激进主义思潮，实以康有为为肇始者”。“比康有为更值得注意的另一位文化激进主义者是谭嗣同，他对后来激进主义思潮的影响远远超过康有为。可以说，20世纪中国文化激进主义之所以染上‘全盘反传统’的色彩，实是由谭嗣同奠基的。”五四新文化运动时期以陈独秀、李大钊为代表，在他们身上，“文化激进主义思潮崇尚意志力和暴力革命，重视意识形态的社会政治动员功能的‘反智论’特点得到进一步继承和发展”。后五四时期以恽代英与瞿秋白为代表，“或者如恽代英式的反对和贬低科学文化，或者如瞿秋白式的将文学艺术极度地意识形态化，这些提供了后五四时期文化激进主义的剪影”。[③] 欧阳哲生则把激进主义思潮追溯到20世纪初的无政府主义思潮。他指出：“中国激进主义主要是由无政府主义和急进民主主义组成。”“从早期无政府主义的言论主张，到孙中山领导的资产阶级民主革命，到陈独秀发动新文化运动，中国激进主义在社会政治领域表现得极为活跃，力图将自己的思想探索同改造中国的社会实践紧密结合起来。”[④] 陈来撰文提出，20世纪中国文化运动是受激进主义主导的。从五四到“文化大革命”再到80年代“文化热”，始终是文化激进主义

---

① 参见姜义华《激进与保守：与余英时先生商榷》，《二十一世纪》（香港）1992年4月号。

② 李泽厚、王德胜：《关于文化现状、道德重建的对话》，《东方》1994年第5、6期。

③ 胡伟希、田薇：《中国文化激进主义思潮的历史演进》，《中国人民大学学报》2001年第6期。

④ 欧阳哲生：《中国近代文化流派之比较》，《中州学刊》1991年第6期。

的主流，构成了三次文化批判运动的高潮。[①]

郑大华认为，无论政治激进主义还是文化激进主义，都发端于 19 世纪末 20 世纪初，亦即戊戌变法和辛亥革命时期，而正式形成于五四运动前后。就政治激进主义而言，康有为领导的戊戌变法运动虽然算不上激进运动，但具有某些激进因素，尤其是谭嗣同等人在湖南搞的维新运动。进入 20 世纪初，孙中山高举民族、民权和民生的三民主义大旗，提出反清革命，并最终推翻了清王朝，建立起资产阶级共和国。这毫无疑问是政治激进主义。到了五四后，随着中国共产党的成立，以及中国共产党领导的反帝反封建革命的兴起和发展，近代中国的政治激进主义进入一个新的时期。从文化激进主义来看，戊戌时期，谭嗣同在《仁学》中对传统文化尤其是封建专制制度的激烈批判，樊锥和易鼐在《湘报》上提出的中国"大政鸿法，普宪均律，四民学校，风情土俗，一革从前，搜索无剩，唯泰西者是效"，"一切制度，悉从泰西"的主张，可以说开启了中国近代史上的文化激进主义之先河。到了 20 世纪初，所谓"欧化""欧化主义"一类体现"文化激进主义"价值取向的词汇在报刊上已屡见不鲜。1907 年 6 月创刊的《新世纪》周刊，既是革命派内部一个宣传无政府主义的刊物，也大力宣传提倡过所谓"欧化主义"。五四时期的陈独秀、胡适、吴稚晖等人主张西化，否定和批判传统文化，都是著名的文化激进主义者。近代中国的政治激进主义和文化激进主义之所以都发端于 19 世纪末 20 世纪初，而正式形成于五四运动前后，分析起来有三个主要的原因：首先是民族危机和社会危机的影响；其次是西学传播的影响；再次是新的知识分子群体的形成。[②] 在何晓明看来，戊戌时期的谭嗣同对传统的君主专制政治与文化均持猛烈的批评态度，在温和的体制内改革面临绝境的危急关头，他不惜铤而走险，图谋以决然方式推进改革，绝不是一时的心血来潮，而是有《仁学》中已经明白表露的激烈主张作为思想基础的。因此，他认为："19 世纪 20 世纪之交从谭嗣同殉难到孙中山革命方略的成

① 参见陈来《二十世纪文化运动中的激进主义》，《东方》1993 年创刊号。

② 参见郑大华《中西与新旧之间：中国近代史上的保守与激进》，《学术研究》2011 年第 1 期。

熟，是近代中国激进主义的形成期。更具体地说，1905 年中国同盟会提出‘驱除鞑虏，恢复中华，创立民国，平均地权’的纲领，将近代中国民族革命、政治革命和社会革命三大主题昭示于人，是激进主义形成的标志。”①

激进主义与保守主义的关系。在 20 世纪 90 年代，人们在讨论激进主义与保守主义的关系时，多注重的是二者之间的分歧和对立，或强调激进压倒保守，或主张保守压倒激进。持前说者，多为激进主义的批判者。在他们看来，与西方保守—自由—激进的三分局面不同，由于缺乏保守主义与自由主义的制衡，“中国近代一部思想史就是一个不断激进化的”历史②；“整个二十世纪中国文化是受激进主义所主导的”文化③；“整个 20 世纪中国的政治地图，就是由文化激进主义这支重彩笔描绘出来的”④。在此种理念的指导下，他们将中国近代以来所产生的一切政治与文化灾难都视为激进主义的恶果。持后说者则多为保守主义的批判者。他们认为在 20 世纪中国占据统治地位的不是“激进主义”，而是“保守主义”。姜义华列举了自 20 世纪初到 90 年代以来中国出现的各种保守主义，认为保守主义是百年变革不断受阻的真正原因。当然，在两种说法之间，也有学者认为近代中国的激进主义与保守主义都很强大。许纪霖即认为：“总的说来，在 20 世纪中国激进主义与保守主义都太强大了……相形之下，以渐进社会工程为特征的中国自由主义又实在太微弱了，微弱到在社会变革中几乎发不出自己的声音找不到应有的位置。”⑤ 汪荣祖也持类似的观点。他不赞成批判激进主义者所提出的保守主义不能制衡激进主义的观点，而是认为“强大的社会保守势力似乎很有效地牵制（不止制衡）了激进的思想趋向，而激进思想之挫折似乎使其愈趋于激进。若然，则近代中国思

① 郑大华、何晓明、俞祖华：《关于“中国近代史上的激进与保守”的对话》，《中华读书报》2010 年 9 月 27 日。

② 余英时：《再论中国现代思想中的保守与激进》，《二十一世纪》（香港）1992 年 4 月号。

③ 陈来：《二十世纪文化运动中的激进主义》，《东方》1993 年创刊号。

④ 胡伟希、田薇：《20 世纪中国“文化激进主义思潮”刍议》，《天津社会科学》2002 年第 1 期。

⑤ 许纪霖：《激进与保守之间的动荡》，《知识分子的立场——激进与保守之间的动荡》，时代文艺出版社 2000 年版，第 41 页。

想趋向之激进，恰与社会势力之保守成正比”。[①]

随着研究的进一步深入，学者们越来越不赞成用简单的二元对立的关系来看待激进与保守，而提出要重视二者之间的复杂或辩证关系。第一，对激进与保守之间同一性的关注。许纪霖认为从表面上看激进与保守似乎势不两立，水火难容，但实际上它们是一个硬币的两面，在深层具有共同的思想预设和思维逻辑。在文化层面上二者都具有一元论的思想性格，在政治层面上保守主义更具有激进主义的诸般特征。[②] 马克锋指出，近代保守主义与激进主义是近代社会变动和进步过程中的孪生物和伴生体，二者既有斗争，又有妥协，既有矛盾，又有调和，既有分歧，也有契合，有时甚至出现你中有我、我中有你的现象，他们虽然在思想上存在争论和分歧，但也存在许多一致的地方，如对民主的追求与希望，对法治的憧憬和尊重，对道德修养和人格尊严的捍卫与执着，等等，我们不能过分扩大保守主义与激进主义的分歧与斗争。[③] 郑大华也指出，激进与保守不是简单的两极对立、非此即彼的关系，而是既互为矛盾、互为对立又互相补充、互相依存的关系。激进主义、保守主义有着各自的价值系统、政治立场与文化观念，并在推进中国文化的前进中扮演着不同的角色，起到了不同的作用。但激进和保守又都存在于同一历史时代中，面临着相同的“前现代”传统的内容和具体的历史处境，因此也就自然有交叉交集、相近相似、相辅相成的一面。以文化保守主义者和文化激进主义者而论，在文化问题上，他们思考和企图解决的都是如何对待传统、如何引介西学、如何建设新文化的问题；换言之，也就是如何处理“西学”与“中学”、“传统”与“现代性”和“西化”与“现代化”的关系问题。他们也都具有强烈的民族主义意识，实际上，文化保守主义者和文化激进主义者在本质上都是民族主义者。他们提出保守或激进的文化主张的目的，都是出于振兴民族、救亡图存，为中华民族选择一条强国富民的文化出路的考虑。当

---

① 汪荣祖：《激进与保守的赘言》，《二十一世纪》（香港）1992 年 6 月号。

② 参见许纪霖《激进与保守之间的动荡》，《知识分子的立场——激进与保守之间的动荡》，时代文艺出版社 2000 年版，第 41 页。

③ 参见马克锋《有关激进与保守的几个问题》，《中国社会科学院院报》2004 年 1 月 8 日“历史学”。

然，其主张在客观上的正确与否另当别论。他们也都不反对中国实现现代化，只是各自选择的方向和道路有所不同而已。文化激进主义者主张照抄照搬西方的经验，走西方工业文明即西方资本主义发达国家的老路；文化保守主义者认为中国的现代化应是中国传统的“精神文明”加西方近代的“物质文明”。[①] 宋志明同样强调，“保守”和“激进”作为两种对立的思潮，并非没有共性。这种共性在于二者都属于“深刻的片面”。文化保守主义在强调文化的民族性和继承性方面是深刻的，而看待文化的世界性和现代性方面失之于片面；文化激进主义在强调文化的世界性和现代性方面是深刻的，而看待文化的民族性和继承性方面失之于片面。正因为保守主义和激进主义都属于“深刻的片面”，所以在历史上只是一种“主义”而已。[②] 俞祖华更进一步指出，除了接纳现代性和植根民族性之外，很多激进主义者与保守主义者都主张融合新旧、贯通中西。同时，近代史上的激进与保守在事实上也是并立兼容、相互辅助的，文化激进主义者胡适、陈独秀、钱玄同等就对保守主义的制衡作用有着清醒的认识，并曾策略性地借助了保守的文化力量。[③] 第二，注意到激进与保守之间存在“中间地带”。任何事物都不是简单地二元对立，更何况丰富、复杂、曲折的历史进程。学者们普遍认为激进与保守之间存在一个广阔的“中间地带”。但是对于中间状态的称呼有所不同，分别提出了保守—渐进—激进，保守—调和—激进，保守主义—自由主义—激进主义等模式，用三足鼎立来替代二元对立。俞祖华指出，激进与保守之间有渐进论、调和论、折中论，激进主义与保守主义之间还有自由主义。当然，中国社会还处在传统社会向现代社会转换的起步阶段，所谓保守自然谈不上守护自由主义的现存秩序，所谓激进也谈不上不满已经确立的自由民主制度而追求更激进的变革。因此，近代中国的激进与保守，其区别在对变革模式与方式的

① 参见郑大华《辩证看待近代中国思想史上的保守与激进》，《中州学刊》2004 年第 3 期。

② 参见宋志明《坚持历史主义的原则》，《中国社会科学院院报》2004 年 1 月 8 日“历史学”。

③ 参见郑大华、何晓明、俞祖华《关于“中国近代史上的激进与保守”的对话》，《中华读书报》2010 年 9 月 27 日。

选择，对现代变革的速度、程度与深度的认知上。[①] 何卓恩则针对中国近代思想史研究传统的三分法——“保守主义、自由主义、激进主义”提出了不同看法，认为这种来自西方的描述方式并不适合于中国近代，实际上中国近代思潮经历了以“常”“变”之争为主轴到以“主义”之辩为主轴的演变。在前一时期，主要表现为文明变迁上“保守主义、调适主义、激进主义”的历时态推进；在后一时期，主要表现为在建国目标上“民族主义（保守的理想）、自由主义（温和的理想）、共产主义（激进的理想）”的共时态竞合。而在行为手段方面，“保守方式、渐进方式、激进方式”的分歧则贯穿前后。这三种情况下所显示的保守与激进，有着截然不同的内涵。[②] 第三，激进与保守之间存在着一种相互转化的关系。这种转化关系体现在三个方面：一是前一时期的激进者到了后一时期成了保守者。如梁启超，在清末民初时，文化思想颇为激进，积极译介西学，反思中国传统，但到了晚年，受第一次世界大战的影响，尽管在政治取向上仍坚持其自由主义的立场，但在文化取向上则成了一个文化保守主义者。在《欧游心影录》中，他否定科学万能，批判进化主义，宣扬“东方文化救世论”，倡导东西文化的调和或互补。这些正是五四前后文化保守主义的重要思想特征。二是前一时期的保守者到了后一时期成了激进者。如严既澄，五四时期，他赞成梁漱溟在《东西文化及其哲学》中所提出的文化保守主义观点和主张，在当时的东西文化论战中，他旗帜鲜明地站在以杜亚泉、梁漱溟、梁启超为代表的东方文化派一边。然而到了30年代，他在文化取向上成了一位激进主义者，主张西化甚至全盘西化，在当时的“中国本位现全盘西化”的争论中，他全力支持西化派的观点和主张。三是保守与激进同时交战于胸中，以今日之我否定昨日之我。这种转化关系有时还表现为前一时期的激进思想或观念到了后一时期则变成

---

① 参见刘颖涟《反思、宽容、超越——“中国近代史上的激进与保守国际学术研讨会”述评》，载郑大华、邹小站主编《中国近代思想史研究集刊》第8辑《中国近代史上的激进与保守》，社会科学文献出版社2011年版，第437—438页。

② 何卓恩：《“常”“变”之争和“主义”之辩下的保守与激进——“保守主义、自由主义、激进主义”三分法商榷》，《学术月刊》2011年第4期。

了保守思想或观念。①

对激进主义的评价。自20世纪80年代末90年代初以来，中国学术界的文化研究与文化反思出现了明显的转向，这就是从80年代“文化热”对中国传统文化的激烈否定，到90年代出现“国学热”，某些学人“放弃激进的社会/政治批判话语，转而采取文化上的保守主义话语”②，批判文化激进主义似乎成了时尚。陈来认为，20世纪中国文化运动是受激进主义主导的，并认为从五四到“文化大革命”再到以《河殇》为代表的80年代“文化热”，构成了文化激进主义的三次高潮。陈晓明撰文指出：“现代以来的中国历史进程中存在一股强烈的激进主义潮流，它左右着历史进程并总是在某些转折关头把历史推向灾难的境地。”③ 对激进主义进行反思与批评的重要论著还有俞吾金的《对激进主义的反思》④、谢选骏的《反传统主义的七十年——中国现代史的一个基本线索》⑤ 等。陈来等人对文化激进主义的反思与批判，尤其是他们关于文化激进主义引发社会灾难、五四新文化运动造成传统的断裂等说法，受到另一部分学者的质疑和批评。郑大华指出，以陈独秀、胡适为代表的五四新文化运动的倡导者和领导者虽然具有相当的反传统精神，但他们没有也不可能“全盘性地反传统”，他们反对的只是传统之一部分——儒学及其礼教，他们对儒学、对礼教、对中国旧传统的批判，不仅没有造成传统的断裂，相反有利于人们从几千年的封建专制与迷信思想的禁锢中解放出来，从而从事新文化的创造。⑥ 袁伟时强调，那些指责新文化运动“全盘反传统”、造成了中国文化的“断裂”和政治激进的言论，似是而非，与历史事实根本不符。⑦ 周明认为，五四反传统的真正价值在于，它摧毁了锢蔽国人思

① 参见郑大华《中西与新旧之间：中国近代史上的保守与激进》，《学术研究》2011年第1期。

② 李泽厚、王德胜：《关于文化现状、道德重建的对话》，《东方》1994年第5、6期。

③ 陈晓明：《反激进与当代知识分子的历史境遇》，《东方》1994年第1期。

④ 见《文汇报》1995年6月4日。

⑤ 见《五四与现代中国——五四新论》，山西人民出版社1989年版。

⑥ 参见郑大华《“五四”是“全盘性的反传统”的运动吗?》，《求索》1991年第6期。

⑦ 参见袁伟时《新文化运动与“激进主义”》，载《知识分子的立场——激进与保守之间的动荡》，时代文艺出版社2000年版，第34页。

想达两千年之久的“罢黜百家，独尊儒术”的传统，从而极大地解放了中国人的精神创造力。蔡元培的“循思想自由之原则”和陈独秀的“百家并立而竞进”是五四的真精神所在。[①] 持批评意见的学者特别不赞成陈来等人把五四与“文化大革命”混为一谈的观点，而强调了五四与“文化大革命”的本质区别。陈刚指出：“文革破四旧，立四新，焚书坑儒，反对一切帝王将相、才子佳人，从此角度看是非常激进的。但它大搞文化专制、政治专制和一言堂，跳忠字舞，知识和理论受到排斥，知识分子受到空前的打击，也可以说是斯文扫地，这就同民主与科学的精神背道而驰”，“可见把‘五四’比同于文革完全似是而非”。[②] 林贤治在《五四之魂》一文中从11个方面对“五四”与“文化大革命”进行了对比，说明它们之间存在着本质的区别。[③] 刘东指出：“五四之后的中国历史中许多灾难性后果，与其让五四时代的任何一个思想文化派别负责，毋宁让此后席卷了整个中国的政治运动负责。”[④] 严家炎认为，五四有五四的问题，但不能把五四新文化运动的性质判定为全盘反传统，更不能与后来的“文化大革命”相提并论。他通过史实的考察后得出结论，“文化大革命”并不像陈来等人所说的那样，是对五四反传统思想的继承和发展，恰恰相反，是五四所反对的封建专制、愚昧迷信在新的历史条件下的恶性发作。[⑤]

除反思批判文化激进主义外，还有学者对中国近代政治激进主义进行了反思和批判。李泽厚、王德胜在《东方》杂志1994年第5、6期发表了《关于文化现状、道德重建的对话》，文中说：“我认为，辛亥革命是搞糟了，是激进主义思潮的结果。清朝的确是已经腐朽的王朝，但是这个形式存在仍有很大意义，宁可慢慢来，通过当时立宪派所主张的改良来逼着它迈上现代化和‘救亡’的道路；而一下子痛快地把它搞掉，反而糟

---

① 参见周明《五四与反传统》，《浙江社会科学》1999年第3期。

② 陈刚：《“五四”意义再评价》，《学海》2000年第3期。

③ 参见林贤治《五四之魂》，《书屋》1999年第6期。

④ 刘东：《北大学统与“五四”传统》，《东方》1994年第4期。

⑤ 参见严家炎《五四·文革·传统文化》，载《知识分子的立场——激进与保守之间的动荡》，时代文艺出版社2000年版，第231页。

了，必然军阀混战。”[①] 稍后，李泽厚、刘再复出版《告别革命》，宣称既告别来自“左”的革命，也告别来自“右”的革命。在把革命作为政治激进主义加以怀疑与否定的同时，有的学者还进一步把近代政治激进主义追溯到戊戌维新，批评了近代改革者的“急躁”心理。李泽厚在上文中指出：“谭嗣同是近代激进主义的开头。以前我曾专门研究过谭嗣同，我当时对他是百分之百地肯定，现在看来，他所带来的负面效应也相当大，这一效应应从谭嗣同到革命派，甚至可以说一直影响到现在。”[②] 萧功秦指出，戊戌激进主义是中国20世纪政治激进主义思潮最早出现的一种类型，对康有为等改革者不应该简单地将他们视为诗化的审美对象，而应该对其政治行为与决策上的失误进行反省。[③] 马勇撰文认为，任何改革都应在政府的主导下循序渐进，操之过急引起的动荡可能适得其反、一事无成。解决中国面临的问题，不在于提出一个彻底的更新方案，而是净化强烈的焦灼感和使命感，以从容心态面对外部世界，然后埋头苦干。[④]

这种反思和批判中国近代政治激进主义的倾向，同样引起了学术界的批评。刘大年、李文海、龚书铎、沙健孙、金冲及等学者纷纷撰文，针对反思与批判近代政治激进主义，提出了不同意见。刘大年指出：“中国革命是中国历史的光荣，我们没有理由，也没有权力妄自菲薄。一些论者反其道而行之，把帝国主义、封建主义统治及其代表人物的假丑恶，像变戏法一样，描绘成真善美的化身，而对于推动历史前进的革命运动则说成仿佛是中国穷困落后，黑暗纷乱的祸首与根源。它与学术研究不沾边，但确实是一种在讲历史的名下制造的社会舆论。”[⑤] 龚书铎指出，辛亥革命的发生，是客观情势使然，而不是什么“激进主义思潮”的产物。对于革命改良的得失，必须作实事求是的具体的分析，完全抹杀革命，一味颂扬

① 李泽厚、王德胜：《关于文化现状、道德重建的对话》，《东方》1994年第5、6期。

② 同上。

③ 参见萧功秦《戊戌变法的再反省——兼论早期政治激进主义的文化根源》，《战略与管理》1995年第4期。

④ 参见马勇《甲午战败与中国精英的激进与国厄》，《战略与管理》1994年第4期。

⑤ 刘大年：《方法论问题》，载《走什么路》，山东人民出版社1997年版。

改良，是错误的。[①] 姜义华指出，将辛亥革命看成是几个知识分子搞起来的，是激进思潮的结果，这是对历史的误解。说清王朝这个形式仍然很重要，把它痛快地搞掉必然导致军阀混战，也有些似是而非。因为说到底，清朝政府是自己把自己搞垮的，它搞得天怒人怨，谁能够去保它呢？当整个统治机器，以及它所赖以存在的政治基础都发生动摇的时候，保住这个形式又有什么意义呢？历史是很复杂的，是不以个人的意志为转移的，我们应力戒对历史事件作简单化的理解，尤其是要力戒用假设去代替真实的历史。[②] 李炳清在《辛亥革命是犯了“激进主义”的错误吗?》一文中强调，是以革命暴力推翻清朝统治，还是经过立宪改良保持清朝统治，这是近代中国长期争论和斗争的一个焦点。但历史的事实是，在20世纪初期，革命已经成为一股不可抗拒的历史潮流，反帝反封建的资产阶级民主革命为中国前进所必需，这就是辛亥革命的由来。辛亥革命是中国近代史上的一座丰碑。[③] 李文海等人指出，革命和改良，用暴力方式还是用和平方式去争取社会的发展和进步，二者孰优孰劣，孰是孰非，如果脱离了历史条件和历史环境，抽象地提出问题，本身就是毫无意义的甚至是荒唐的。说革命任何时候都好或都坏，同说改良任何时候都好或都坏一样，都是对历史的不尊重。[④] 胡绳武认为，简单地否定戊戌变法、辛亥革命的观点，从方法论角度而言，是“把历史与现实联系起来，认为对中国而言，改良是好的，中国只能搞点滴的改良，是激进主义把中国搞糟了。从方法论上讲，这是从现实出发，得出一些感想，然后抓住历史上的一些现象得出结论。这一方法与我们研究历史的一般方法是不同的。研究历史是材料第一，在严格的史实的基础上提出自己的见解”。只有搞清史实，才可能对所有历史上存在的错综复杂的历史现象给予合理的说明。这是马克思主义

① 参见龚书铎《坚持以马克思主义指导史学研究》，载《走什么路》，山东人民出版社1997年版。

② 参见姜义华、陈炎《激进与保守：一段尚未完结的对话》，载《知识分子的立场——激进与保守之间的动荡》，时代文艺出版社2000年版，第34页。

③ 参见李炳清《辛亥革命是犯了“激进主义”的错误吗?》,《人民日报》1996年4月6日理论版。

④ 参见李文海、刘仰东《辛亥时期的志士为什么选择了革命》，载《走什么路》，山东人民出版社1997年版。

历史研究的基本方法。但上面的那种方法则不是历史研究的方法，他们把历史上后来发生的问题算在以前革命的头上。从方法论上讲，这是不可取的。[①] 郑大华认为，批判政治激进主义的学术思潮对近代以来的历次革命尤其是辛亥革命的否定，一是尊重史实不够，有主观臆造之嫌，如有人在批判辛亥革命的所谓激进主义时，不是从历史事实出发，而是从假设的前提出发，得出了辛亥革命搞糟了，打断了中国历史发展的进程，否则，中国就有可能走上资本主义发展道路的结论；二是违背历史唯物主义，夸大主观观念、某一思潮的作用，须知历史本身是复杂的，历史的发展不是某一个人某一派别的思想，或某种思想观念甚至某种思潮主观愿望的结果，是历史发展为包括激进主义在内的近代各种社会思潮提供了思想史的舞台而不是激进主义在规定着历史的发展方向。决定历史发展的最重要因素不是观念，任何思潮的作用都不可能大到“一言兴邦”“一言丧邦”的地步。[②]

如何正确地看待与评价历史上的激进主义？对此，高力克进行了有意义的探索。他将激进主义置于中国现代化转型的语境之中加以解读，对其进行“同情之批判”，认为中国近代思想的激进化，实为中国对西方刺激的“梯度式反应”之表征。这种一波推一波由局部而全面的改革，实为中国现代化变革的独特模式。激进主义是一种封闭型的极化社会的极化心理，中国近代的激进主义，正是中国大一统帝制结构的产物。近代中国思想“巨石走峻坂”之激进，或“石条压驼背”之极端，离不开“峻坂”和“驼背”的艰险环境，其偏颇极端，既有进步主义和革命崇拜之迷思，亦含有矫枉过正之策略。中国现代的命运多舛，缘于其帝国转型之“走兽变飞禽”的艰难蜕变。革命和激进，毋宁是中国之“大陆性格国家”现代转型的历史宿命。[③] 这种“同情之批判”，似乎更能触摸到激进主义历史的脉搏。与高力克的主张相类似，何晓明也提出了要对激进主义抱

① 胡绳武：《历史研究要从史实出发》，载《走什么路》，山东人民出版社 1997 年版，第 379 页。

② 参见郑大华、何晓明、俞祖华《关于“中国近代史上的激进与保守”的对话》，《中华读书报》2010 年 9 月 27 日。

③ 参见高力克《现代中国激进主义之再思考》，《华东师范大学学报》2009 年第 4 期。

“同情之检讨”的态度。他指出，激进主义所要表达的是一套完整的价值系统。作为价值系统，它既可以是某种特定的意识形态，又可以是一般的社会心理。从一般社会心理的角度，激进主义特别符合近代中国挣扎于贫困死亡线上的下层民众的激奋情绪。既然旧世界使我们一无所有，那就干脆打它个落花流水。从意识形态的角度看，激进主义要求冲决一切“网罗”，颠覆传统，蔑视权威，主张以暴力打碎现存的社会秩序和国家机器。在阶级矛盾、民族矛盾异常激烈，传统包袱沉重且内忧外患交相逼迫的近代中国，激进主义更符合心绪焦灼、情感激越、救亡图存愿望急切的精英集团的思想倾向与策略选择。无论人们的感受如何、赞同与否，激进主义无疑引领了近代中国历史演进的方向和速率，推动了现代化进程在古老中国大地上的凯歌行进。对这一既存的历史事实，我们理当怀有理解和尊重。至于这一过程中出现的曲折和反复，理应从中国社会及中国文化的内在特征、近代中国与近代世界相互关系的特点等方面去寻找更深刻的原因，而不应该简单地将板子打在激进主义的屁股上。当然，检讨激进主义引领近代中国历史演进的方向和速率过程中的经验教训，也是学术理论界责无旁贷的研究任务。但是，这种研究的目的是使中华民族的未来之路更加宽阔平坦，而不是简单地宣布从此“告别革命”。①

郑大华提出了如何评价中国近代史上的激进主义的几个方法或原则。第一，历史唯物主义的方法或原则。研究近代中国激进主义产生的原因时，应重点加强对当时的社会状况与背景的分析。而不能像以前有的人那样，把辛亥革命这样大的事件的发生归结于孙中山等历史人物的个人行为。第二，一分为二的方法或原则。不能好，就一切都好；坏，就一切都坏。既要看到激进主义的历史局限性，也要看到激进主义所起的历史作用或意义。第三，具体问题具体分析的方法或原则。不能笼统地说近代的激进主义如何如何，而应对每一时期发生的激进主义作深入的具体分析。②应该说郑大华提出的这三个方法或原则，对于我们客观认识和评价中国近

① 参见郑大华、何晓明、俞祖华《关于“中国近代史上的激进与保守”的对话》，《中华读书报》2010年9月27日。

② 参见郑大华《中西与新旧之间：中国近代史上的保守与激进》，《学术研究》2011年第1期。

代史上的激进主义乃至其他主义是有其指导意义的。

五　自由主义思潮

"自由主义"一词源出西班牙语"Liberales"。作为一种思想，它最早出现在17世纪的英国，洛克是这一思想的最早提出者。19世纪初，它被首次用作西班牙自由党的名称，表示该党在政治上既不激进也不保守的政治态度。后来自由主义才在欧洲和北美得到广泛流行和使用，成为近代西方一种社会政治思潮或流派的代名词①。由于自由主义者对社会问题往往采取实用主义的态度，因而在西方不同的历史时期和不同的国家，自由主义的具体表现和特色是不同的。但作为一种社会政治思潮或流派，自由主义的核心价值或思想内涵是基本一致的，这就是强调以理性为基础的个人自由，主张维护个性的发展，反对一切形式的专制主义，认为保障个人自由和个人权利是国家存在的根本目的。从这一核心价值或思想内涵出发，自由主义在思想上主张开放、多元与宽容，在政治上主张实行代议制民主，主张通过温和的社会变革实现社会的发展和进步。正是这种核心价值与思想倾向，使它区别于激进主义、保守主义等其他社会政治思潮，而形成了自己的特色。20世纪八九十年代以来，随着中国社会日渐走向开放，中国学术界、文化界逐渐展现出多元的格局，各种思潮、学说和学派涌现。与新自由主义在全球的蔓延相适应，被称为当代中国自由主义的思潮也浮出水面。当代中国自由主义借鉴了两种思想资源：西方的自由主义思想与近代中国的自由主义传统。学者们注意到，在20世纪上半叶，自由主义在中国早期现代化进程中也曾有一定的声势和影响。学界开始注意梳理中国自己的自由主义传统，重新翻检与审视曾被蒙在尘埃中的近代中国自由主义这份历史遗产。

自由主义的含义以及中国自由主义的理论来源。学者们公认"自由主义"是最有歧义、最有多样性解释的词汇之一。李强在《自由主义》一书中称：当我们试图找出自由主义的确切含义，找出自由主义区别于其他意识形态的本质内涵时，我们却不能不感到迷惘，感到无力。翻阅西方

① 参见《中国大百科全书·政治学》，第618页。

学者关于自由主义的著作，你会发现，有多少种著作，就会有多少种不同的定义。自由主义是所有基本要领中最有歧义的概念之一。自由主义虽然不是一个完全统一的学说，但仍具有某种内在的统一性，该书通过剖析自由主义的若干基本原则如个人主义、自由、平等、民主等以展示自由主义的内涵：（1）政治自由主义，反对绝对主义，争取个人的政治权利，争取宪政政府；（2）经济自由主义，其基石是私有财产、市场经济以及国家较少对经济干预与控制；（3）社会自由主义，关注社会正义，关注弱者的基本生存权利；（4）哲学自由主义，强调个人的价值与权利，坚持个人至上的观点。胡伟希在介绍了J. 格雷在《自由主义》一书中标示的个体主义、平等主义、普同主义和淑世主义这自由主义的四大特征后指出："个体主义这一特征是整个自由主义思想的核心观念。因此，可以简单地这么说：自由主义就是一种以个体主义为根本特征的社会价值观及与此相适应的一套社会政治思想。"① 他还指出，严复的自由主义思想的基本特征是认识论上的实证主义、伦理观上的个体主义、历史观上的进化观、经济思想上的放任主义，认为"这些特征，对于了解整个中国近代自由主义思想的普遍特点来说亦具意义"。② 朱学勤认为，自由主义首先是一种学理，然后是一种现实要求。"它的哲学观是经验主义，与先验主义相对而立；它的历史观是试错演进理论，与各种形式的历史决定论相对而立；它的变革观是渐进主义的扩展演进，与激进主义的人为建构相对立。它在经济上要求市场机制，与计划体制相对而立；它在政治上要求代议制民主和宪政法治，既反对个人或少数人专制，也反对多数人以'公意'的名义实行群众专制；在伦理上它要求保障个人价值，认为各种价值化约到最后，个人不能化约，不能被牺牲为任何抽象目的的工具。"③

关于中国自由主义的理论渊源，有学者指出，中国近代自由主义思潮的形成受到三方面因素的影响。一是由于西学东渐而输入中国的欧洲自由主义思想学说；二是中日甲午战后输入自日本的自由主义思想；三是从中

---

① 胡伟希等：《中国近代社会思潮》，华东师范大学出版社1996年版，第226页。

② 胡伟希等：《十字街头与塔：中国近代自由主义思潮研究》，上海人民出版社1991年版，第25页。

③ 朱学勤：《书斋里的革命》，长春出版社1999年版，第381页。

国传统思想中挖掘出的民贵君轻、张扬个性等思想观念。由于日本在明治维新后流行的自由主义可视为西方自由主义的一种变形，因此可简约为“二因素”。[①] 因此，探讨中国自由主义的思想资源，最主要是考察其与传统思想文化、西方自由主义学说之间学理上的传承关系。在自由主义与传统思想文化的关系问题上，学者们达成了很好的共识，认为自由主义是西方舶来品，并在不同程度上承认传统思想文化对中国自由主义的影响。耿云志指出，近代以前，中国虽未曾发展出成熟的近代自由思想，但可与近代自由思想相衔接的思想因素和可供近代自由思想生长的土壤，并非完全不存在。因此有必要考察“自由”这个词语在古汉语文献中的原始意义，及其被使用的种种语境。这样才能更容易理解，当西方自由主义被引介到中国时，词语与概念如何对接，原始语义发生怎样的转换，才能更深刻地理解中西文化异中有同和同中有异的真实关系。在先秦时代，中国人追求自由的思想相当发达。而先秦以后，古人著述中“自由”常与否定词“不”连用，这个语言现象说明，在大一统的君主专制社会里，不自由是人们所见所感受的一种常态的现象。所以，我们在研究中国近代自由主义时，应加强对中国古代相关思想资源的整理，尤其应加强西方自由主义被引进中国以前汉语文献中“自由”语意、语境的研究，这有利于更深刻地理解中西文化异中有同和同中有异的真实关系。[②] 方光华也认为，中国传统思想中关于“自由”的论述十分丰富，尽管传统思想的“自由”主要是“道德自由”，但它对于自由与个人权利、政治制度和物质生产生活方式的关系有自己独特的理解，传统思想中关于自由必须建基个体的内在自由，自由具有历史与文化属性，自由是一个不断实现的过程的论断今天依然有其现实意义。[③]

但也有学者不赞成那种认为中国的传统思想中具有某些“自由主义”

---

① 参见宋广波、刘颖涟《“自由主义与近代中国”（1840—1949）学术研讨会综述》，载郑大华、邹小站主编《中国近代思想史研究集刊》第5辑《中国近代史上的自由主义》，社会科学文献出版社2008年版，第507页。

② 参见耿云志《关于近代思想史上的自由主义》，《中国文化研究》2008年第2期。

③ 参见方光华《“自由”观念与20世纪中国思想史的中西会通》，《天津社会科学》2015年第1期。

元素，这些元素构成了中国近代自由主义的理论来源的说法。郑大华指出，中国近代自由主义是西方的舶来品，是严复、梁启超等人于19世纪末20世纪初介绍到中国来的。在西方自由主义传入中国的19世纪末20世纪初，“西学中源”说非常盛行，这种学说认为西方近代的一些科学技术、思想学说源自古代中国。受其影响，严复、梁启超等人在介绍西方近代自由主义的同时，又力图在中国的传统思想中挖掘出能与西方“自由主义”相会通的内容，以证明自由主义在中国古已有之。这种阐释可能有利于西方自由主义在中国的传播，但我们不能说老庄思想是他自由主义思想的理论来源。因为严复是先有了自己的自由主义思想然后对老庄思想进行阐释的，而不是从老庄思想中吸取了什么从而形成了自己的自由主义思想，其因果关系不能倒置。① 俞祖华也认为，在中国古代文献中虽然不乏“自由”一词，但其含义与作为一种社会政治思潮或流派的“自由主义”有很大不同。作为一种社会政治思潮或思想流派的“自由主义”的核心价值或思想内涵是强调以理性为基础的个人自由，主张维护个性发展，而中国古代文献中的“自由”一词往往是和“自在”联系起来用的。所谓“自由自在”指的是人处于一种无所约束的状态，这显然与作为一种社会政治思潮或流派的“自由主义”一词在含义上存在着较大的差异。这就好像传统思想中的“民本”思想相似于西方近代的“民主”思想，但二者有质的区别一样，中国传统思想中有一些相似于“自由主义”的思想因素，但这些因素绝不等同于近代西方的“自由主义”。②

近代中国自由主义的发端与发展历程。部分学者否认近现代中国有自由主义的传统。如雷池月认为，自由主义作为一种思潮，确实曾经被引入中国并在知识分子中有一定影响。“然而它不仅从未取得过主流的地位，甚至根本无法维持长久固定的方法——总是很快地分化到激进主义或保守主义这两个极端去。”“只要认真地回顾历史，就不必从中国近现代知识分子身上去寻找什么自由主义的传统了。”③ 持此论者当然也不会去追溯

---

① 参见耿云志、郑大华、俞祖华《历史为什么没有选择自由主义——关于“中国近代自由主义”的对话》，《光明日报》2008年5月10日史学版。

② 同上。

③ 雷池月：《主义之不存，遑论乎传统》，《书屋》1999年第4期。

近代中国自由主义思潮的发端问题。认同中国有自己的自由主义传统的学者，对这一思潮的发端主要有两种看法。一种意见以胡伟希为代表。他认为中国自由主义产生和兴起于戊戌维新时期，而严复则可以说是“中国自由主义之父”[①]，“中国近代自由主义运动的真正开创者”[②]。他还把兴起于戊戌时期的近代自由主义划分为四个阶段：（1）维新运动时期，严复从英国直接输入经验论传统的西方自由主义，谭嗣同则将传统思想与外来思想糅合，提出一种基于社会正义与人人平等的自由观念。（2）五四新文化运动是中国近代自由主义高涨期，其突出表现是提倡个性解放的伦理、道德革命和白话文运动。（3）20世纪20年代末30年代初自由主义思潮从伦理、道德领域向政治领域渗透。（4）40年代末中国自由主义者的政治活动空前活跃，他们提出“第三条道路”，力图超越国共两党和国际上美苏的对立。[③] 另一种意见认为中国自由主义思潮起源于五四新文化运动。许纪霖认为：“如果追溯中国自由主义的起源，应该从五四算起。在此之前，严复、梁启超也宣传介绍过西方的自由主义学理和思想，不过，自由主义对于他们而言，是一种救亡图存的权宜之计，而非终极性的价值追求。当个性解放、人格独立和自由、理性的价值在新型知识分子群体之中得到普遍确认，而且具有形而上的意义时，中国方才出现了真正意义上的自由主义者。”[④] 他在有关文章中多次重申了这一观点。关于发展脉络，他认为自由主义在五四时代还处于朦胧的混沌阶段，到二三十年代分化出几种自由主义思潮，并出现各种各样的自由主义运动，到40年代，大规模的自由主义运动才风起云涌。

与上述两种观点稍有不同，耿云志认为，中国近代的自由主义既是一种价值观念，也是一个思想流派，同时还是在近代史上发生过一定影响的一派政治力量。这也恰好体现了中国近代自由主义发展的三个阶段：第一

---

① 胡伟希：《中国自由主义之父——严复》，《甘肃社会科学》1994年第2期。

② 胡伟希等：《十字街头与塔：中国近代自由主义思潮研究》，上海人民出版社1991年版，第25页。

③ 参见胡伟希《中国近代自由主义的基本悖论详述》，《南京社会科学》1991年第4期。

④ 许纪霖：《社会民主主义的历史遗产：现代中国自由主义的回顾》，《开放时代》1998年第4期。

阶段是19世纪末20世纪初，自由主义作为一种价值观念被介绍到中国。斯时正当中国民族危机与国内政治危机交相煎迫，所以无论是严复，还是梁启超，都曾经长时间在个人自由与国群自由之间彷徨困惑。这个问题直到新文化运动时期才大体得到解决。第二阶段从新文化运动到抗日战争前，自由主义开始作为一种思想流派活跃于中国思想文化舞台上，并明确地表达了自己的声音和诉求。第三阶段是抗战和战后一段时期，在国共两党既合作又摩擦的态势下，自由主义作为中间力量得到成长。这时自由主义从一种观念的存在转变成为一种重要的政治力量的存在，出现中国历史上前所未有的一个重要现象。但随着国共合作关系的变化，自由主义作为一种政治力量，其生存空间亦随之出现变化。① 郑大华也把中国近代史上的自由主义的发展分为三个阶段：第一阶段是19世纪末20年纪初，这是西方自由主义在中国传播和中国近代自由主义初步形成期，其代表人物主要有严复和梁启超。第二阶段是五四新文化运动到30年代，借助于五四新文化运动的推动，自由主义开始深入社会的各个层面，并作为一种思想流派活跃于中国思想文化舞台上，其代表人物主要有胡适以及以他为中心的一批学人。第三阶段从抗战爆发到1949年中华人民共和国成立，因特殊的历史机缘，自由主义作为介于国共之间的第三种政治力量在抗战时期的政治舞台上发挥着重要作用。抗战胜利后，由于国共合作的破裂以及内战的爆发，自由主义失去了活动空间而向左右分化，以胡适、张君劢为代表的一部分自由主义者向右转投向了国民党，以民盟为代表的一部分自由主义者向左转投向了共产党，而以储安平为代表的极少数自由主义者虽然仍固守着自由主义立场，但已失去了对社会的影响力，他们创办的《观察》杂志，成了中国自由主义的最后绝唱。②

除了在总体上勾勒出自由主义的发展历程外，学者们还就自由主义发展历程中的有关问题展开了研究。史革新研究了严复之前西方自由主义思想传入的情况。他指出，在严复之前自由主义的片段思想即已经通过传教

① 耿云志：《关于近代思想史上的自由主义》，《中国文化研究》2008年第2期。

② 参见宋广波、刘颖涟《“自由主义与近代中国（1840—1949）”学术研讨会综述》，载郑大华、邹小站主编《中国近代思想史研究集刊》第5辑《中国近代史上的自由主义》，社会科学文献出版社2008年版，第507页。

士的译书传入中国，并被少数开明士人所接受，为日后自由主义思潮的汹涌流行奠定了基础。[①] 胡其柱则致力于厘清晚清以来“自由”词义的衍变及其影响：19 世纪二三十年代，西方“liberty”概念开始传入中国，但当时多数人倾向使用“自主”一词；19 世纪 70 年代以后，日本学者逐渐采用“自由”，从而形成了现代意义上的“自由”概念，黄遵宪是在“自由”等新词汇从日本向中国回归过程中出力最早且最多的一个人；19 世纪 80 年代后，“自由”新义在国内悄然流传，到了甲午战后骤然升温；戊戌前后“自由”语词流行，并发生了在保守派和趋新派、保皇派和革命派之间围绕“自由”“革命”等概念展开的激烈论战。[②] 禹江以天津《益世报》为中心，在 20 世纪 30 年代多重复杂的历史语境中，剖析中国自由主义知识分子对个人主义理论的重新解读、对一党专制理论的批判、对宪政民主政体的重构，试图重构中国自由主义的话语系统。[③] 徐有威、王林军通过 20 世纪 30 年代《东方》杂志和《国闻周刊》的研究，展示出以两份刊物的撰稿人为代表的 30 年代自由主义知识分子，对意大利法西斯主义从引进，到研究，再到批判，最后否定的过程，从而弥补了以往关于 30 年代民主与独裁论争的研究大都着重于价值层面探讨的局限。[④] 卫春回考察了 40 年代后期自由主义学人的民主观，指出抗战胜利后难得的历史机遇，使自由主义者的民主建国热情空前高涨，他们在理论和现实层面均力主有别于国共两党的“中间路线”，对民主问题的理论阐发和探讨正是这一背景下的产物。民主的价值、民主的不同形式、民主的若干原则是自由主义者关注和分析的重点，他们对这些核心理念的系统论说，不仅体现着自由主义民主的精义，同时也反映了 20 世纪 40 年代后期自由主

① 参见宋广波、刘颖涟《“自由主义与近代中国（1840—1949）”学术研讨会综述》，载郑大华、邹小站主编《中国近代思想史研究集刊》第 5 辑《中国近代史上的自由主义》，社会科学文献出版社 2008 年版，第 507 页。

② 参见胡其柱《晚清“自由”语词的生成考略》，《中国文化研究》2008 年第 2 期。

③ 参见禹江《民族危机下的中国自由主义——以 20 世纪 30 年代天津〈益世报〉为中心》，《中国文化研究》2008 年第 2 期。

④ 参见徐有威、王林军《1930 年代自由主义知识分子的意大利法西斯主义观——以〈东方杂志〉和〈国闻周报〉为中心的考察》，载郑大华、邹小站主编《中国近代思想史研究集刊》第 5 辑《中国近代史上的自由主义》，社会科学文献出版社 2008 年版，第 248 页。

义新的发展趋势。更为重要的是，这些看似学理化的论说，其实有着深刻的现实针对性，从中我们不难体会他们渴望中国步入民主进程的拳拳之心。[①]

高瑞泉以20世纪40年代后期的《观察》为中心，对中国自由主义视域中的平等观念进行了考察，指出作为自由主义刊物，《观察》的基调是在自由民主优先的原则下包含平等的诉求。出于自由左派的立场，《观察》同人开始意识到，“平等”与“自由”之间存在着矛盾甚至冲突。面对“自由vs平等”，《观察》发表的意见甚众。这表明40年代后期的自由主义者在“平等”问题上继承了五四启蒙主义的传统，但又有超出其前辈的地方。与《新青年》将“平等”作为一个新的理想而呼吁不同，《观察》已经将平等视为不言而喻的价值，对于“平等”价值的复杂性之考察也显得更加深入和细致。对于平等与自由可以鱼和熊掌兼得的心态，多多少少是导致中国的自由主义者有不同于苏联和英美的另类现代性设计的原因。[②] 高瑞泉还进一步考察了早期自由主义视域中的平等，认为梁启超、严复代表了早期自由主义的一翼。与同时代激进的平等主义一翼有诸多不同：他们主要依靠外来观念与对现代社会生活的直观体验获得平等意识的觉醒，同时借助传统观念的“变形”来建构新的社会规范；在现代性价值排序中以自由为中心，坚持自由对于平等的优先性，认为假如人们没有自由，甚至不能提出平等的主张，更没有实践平等的权利；不是将“平等”视为全盘性改造社会的激进方案，而主张听任服从进化规律的人类社会的自然演进，因为是自由竞争而不是理性设计，才构成社会进步的动力；在分配问题上，他们通常拒绝平均主义和结果平等，更多地关注政治平等和机会平等。这些基本的观点大多被后来的自由主义所继承，他们对于“平等”观念的哲学论证之薄弱后来也并没有得到根本性的改变。[③]

---

① 参见卫春回《论20世纪40年代后期自由主义学人的民主观》，《首都师范大学学报》2009年第1期。

② 参见高瑞泉《中国自由主义视域中的平等观念——以〈观察〉杂志为中心的考察》，《南京大学学报》2008年第6期。

③ 参见高瑞泉《早期自由主义视域中的平等——以梁启超、严复为中心的考察》，《上海师范大学学报（哲学社会科学版）》2011年第6期。

左玉河介绍了40年代后期以《大公报》为代表的自由主义者与左翼人士之间的自由主义讨论发生的背景、过程以及内容，认为这次讨论是中国现代自由主义者在现实层面的政治运作失败后，从学理层面而做的理论反思和总结，在个人自由与大众民主问题、计划经济与思想自由关系、革命与改良、个人自由与组织纪律关系、自由获得方式的认识等问题上深化了认识。[①] 章清考察了第二次世界大战后中国的自由主义，认为作为一种政治话语，自由主义是什么，自由主义往何处去，到战后才引起各方热烈讨论。将此置于近代中国思想发展过程予以审视，可以明显看出中国自由主义有了较为清晰的思想图景；而对中国自由主义的认知又陷入正名的诉求中，也表明中文世界阐述自由主义所面临的问题。[②] 何卓恩以“自由中国”的作者群对于“自由”与“平等”这一问题的看法转变为例，探讨了20世纪50年代大陆赴台自由知识分子对此前自由主义理念进行反省的情况，并以此说明，自由主义在中国经历了严复时期的谈自由不谈平等的古典自由主义，胡适、张东荪时期的谈自由也谈平等的新自由主义，殷海光、雷震时期的警惕平等、特重自由的新古典自由主义这样三个发展阶段，它折射出的是国际上对自由主义论述的演变。[③]

近代自由主义的类型及其特征。胡伟希从自由是工具理性还是价值理性的角度，将中国自由主义者归结为三种类型：工具型自由主义者，将自由主义作为富强之道加以使用，以严复和丁文江为代表；教条式或理念型自由主义者，更注重作为理念而存在的自由主义，以胡适为代表；折中型自由主义者，以40年代末主张“第三条道路的自由主义者”为代表。[④] 他在另一篇文章中又以自由主义者对自由主义的态度为根据，将20世纪中国自由主义划分为思想理念型自由主义、政治功利型自由主义、学术超

① 参见左玉河《最后的绝唱：1948年前后关于自由主义的讨论》，《四川大学学报》2008年第4期。

② 参见章清《中国自由主义的正名——战后自由主义的浮现及其意义》，《华东师范大学学报》2011年第2期。

③ 参见何卓恩《大陆赴台自由主义知识分子1950年代对平等观的调整》，载郑大华、邹小站主编《中国近代思想史研究集刊》第5辑《中国近代史上的自由主义》，社会科学文献出版社2008年版，第322页。

④ 参见胡伟希《中国近代自由主义的基本悖论详述》，《南京社会科学》1991年第4期。

越型自由主义与文化反思型自由主义四种类型。许纪霖从自由主义者的行事方式尤其是参政态度的不同取向上，将现代中国的自由主义者划分为观念的自由主义者与行动的自由主义者两类。观念的自由主义者以胡适为精神领袖，一般拒绝直接参政，不离开自己的专业岗位，以自己的专业知识为资源，通过大学讲坛、同人社团和公共传媒等公共领域，传播自由主义理念，并对社会公共事务发表意见。行动的自由主义者，对参政怀有强烈的兴趣，都自认有治国安邦的卓越才能，几乎成为半职业的政治活动家，如罗隆基、张君劢、王造时等。[①] 俞祖华等撰文指出，近代自由主义有不同类型：从学理渊源的角度，可区分为西化自由主义与本土自由主义；从问题领域的角度，可区分为政治自由主义、文化自由主义与经济自由主义；从问政方式的角度，把对“直接参政”感兴趣的行动型自由主义分为认可、容忍、融入现政府的介入型与同样热衷于“直接参政”但与当局互别苗头、另组政党、另走“第三条道路”的组党型，把拒绝“直接参政”的观念型自由主义者分为热衷于舆论干政、办报议政的议政型与“参透”政治因而与政治保持距离的疏离型。中国近代自由主义的主体是西化自由主义，西化自由主义内部则有从古典自由主义到新自由主义、社会民主主义的演进过程。但也有思想家相对来说更关注从本土的思想资源中挖掘类似于西方近代自由思想的元素。中国近代自由主义主要发生在政治与文化领域，经济自由主义较为薄弱。从问政方式的角度，以胡适为代表的民间议政型自由主义与民主党派领导人的组党型自由主义，在现代中国政治舞台上发挥了重要的作用。[②] 方光华探讨了时代思潮与自由主义传统观的演变，指出晚清以降，中国自由主义传统观经历了由质疑、批判到理性反省的曲折演变过程。自由主义传统观的演进与自由主义理论的进展密切相关，但也受到文化保守主义、马克思主义思潮的影响。文化保守主义者对传统的现代性因素的褒扬，马克思主义对传统的创造性转化路径的探索，促使自由主义不断修正其传统观的不足。中国自由主义者传统观的

---

① 参见许纪霖《社会民主主义的历史遗产：现代中国自由主义的回顾》，《开放时代》1998年第4期。

② 参见俞祖华、赵慧峰《近代中国自由主义的类型及演变格局》，《烟台大学学报》2009年第3期。

变化预示，中国自由主义可能呈现具有中国文化传统特点的发展前景。[①]

闫润鱼指出，西方自由主义的思想特征是以宪法保障个人的自由权利。但各种名目自由主义的存在又表明表面上主义是有多种形态的。而自由主义主张在任何时间、任何地方都没有被完全实施过的事实，则宣告了迄今为止自由主义还没有在哪块土地上取得彻底胜利。由此检验近代中国的自由主义，虽然它的生长不像在其发祥地那么茁壮，但却依然可以名之为中国特色的自由主义。中国的自由主义“讲到底”是以个体为本位的，只是鉴于当时的实际处境，严复、梁启超那一代更倾向于优先考虑团体的存亡，而章士钊、胡适等新一代自由主义知识分子则更注重保障个体的权益。在宪政问题上，他们从接触到西方自由主义学说的那一天起就表示认同立宪政治的价值，并试图对实际政治产生积极影响。但如同在所谓个体本位上，中国的自由主义者总给人一种不甚牢固之感，在宪政问题上，他们的主张也免不了给人一种打了折扣的印象。[②] 黄克武也使用了“具有中国特色的自由主义”这一说法，认为这种“特色”主要表现在以下四个方面：第一，中国自由主义者将自由社会理想化，因而表现出乌托邦精神；第二，中国自由主义具有乐观主义色彩；第三，中国自由主义者多半较为强调伯林所说的“积极自由”，而忽略消极自由的若干方面；第四，拒绝个人主义，强调群己平衡。[③]

从自由主义的内涵这一角度，学者们涉及了经济自由主义、政治自由主义和文化自由主义等概念。刘军宁指出，经济自由是西方古典自由主义的根基，但近代中国的自由主义者很少有人主张、鼓吹经济自由，而倾向统制经济、“经济平等”的却大有人在。因此，在近代中国自由主义谱系

---

① 参见方光华《时代思潮与中国自由主义传统观的演变》，《中国社会科学内部文稿》2014 年第 5 期。

② 参见闫润鱼《试论有中国特色的自由主义（1980—1949）》，载郑大华、邹小站主编《中国近代思想史研究集刊》第 5 辑《中国近代史上的自由主义》，社会科学文献出版社 2008 年版，第 1 页。

③ 参见黄克武《近代中国的自由主义：缘起与衍变》，载郑大华、邹小站主编《中国近代思想史研究集刊》第 5 辑《中国近代史上的自由主义》，社会科学文献出版社 2008 年版，第 27 页。

中，经济自由主义始终未曾获得与之重要性相称的一席之地。[①] 俞祖华等指出，在近现代中国，对市场经济的排斥及对经济自由的忽略，经济自由主义在自由主义言说中的普遍缺席，成为自由主义思想传统的重要特色。晚清的严复、梁启超等人曾表达过反对政府干预、要求放任自由、让市场充分发挥作用的主张。但到了民国时期，在经济上却倾向于与自由经济对立的计划经济、统制经济与社会主义。近代中国的自由主义思潮从最初鼓吹自由竞争、放任主义，到后来转向倡导与经济自由主义大异其趣、大相径庭的统制经济、社会主义，这种从“发声”到“变调”的历程，既是受外部环境影响所致，也与中国社会文化、中国思想界乃至自由主义者内部的情况有关。[②] 在胡伟希等人看来，政治自由主义是近代自由主义中最具有声势的一种，被称为自由主义“行动人物”的张东荪等人积极倡导英美式的民主政治，并发起了各种各样的自由主义运动，如好政府运动、联省自治运动、制宪救国运动、宪政运动等。在抗日战争爆发后，自由主义的重心由文化转向政治，尤其是“战后中国的自由主义主要是政治自由主义。他们迫切要求中国政治按照自由主义的理念运行……自由主义者从来没有像现在这样深切广泛地卷入政治漩涡，对中国的政治格局也从来没有像现在这样发生效用——至少是潜在的或有关舆论的”。[③] 俞祖华认为，近代中国政治自由主义的发生发展，大致以 1903 年严复翻译出版《群己权界论》、1922 年 5 月 14 日胡适等人发表《我们的政治主张》、1941 年 10 月 10 日中国民主政团同盟发表《中国民主政团同盟对时局主张纲领》三份标志性文本为节点，经历了个体发声—同人结社—组织政党三个阶段；而言论形式则经由从学理到理念再到政纲的“三部曲”，依次出现了以严复为代表的专注于思想启蒙的启蒙型自由主义、以胡适为代表的徘徊于文化与政治之间的议政型自由主义、以 20 世纪 40 年代“中间

---

① 参见刘军宁《北大传统与近代中国自由主义的先声》，中国人事出版社 1998 年版，第 8—9 页。

② 参见俞祖华、赵慧峰《放任与干预：近代中国经济自由主义的发声与变调》，《河北学刊》2008 年第 2 期。

③ 胡伟希等：《十字街头与塔：中国近代自由主义思潮研究》，上海人民出版社 1991 年版，第 302 页。

路线”为代表的着重于参政从政的行动型自由主义三种演进形态。总的趋向是，从思想向行动、从理念向操作、从论政向从政滑动，实践色彩不断增强。其思想演变的基本轨迹是，由市场转向社会与政府，由经济层面的自由转向社会与政治层面的平等均富，由古典自由主义的反对政府干预、鼓励自由竞争的“放任主义”转到新自由主义主张政府干预的“干涉主义”，进而倾向于社会主义。[①] 文化自由主义主要依循以下脉络演进：一是思想启蒙中的自由主义传统，它往往发生在政治自由主义、政治变革受挫之后。二是现代教育中的自由主义传统。蔡元培担任北大校长时，提出“循思想自由原则，取兼容并包主义”的方针，成为自由主义在现代教育中实施的典型代表。三是文艺中的自由主义传统。徐志摩、沈从文、林语堂等人以文艺形式表达对自由理想的追求，强调艺术的生命在于自由，艺术要充分展示、抒发个性。四是现代学术中的自由主义传统。如陈寅恪以“独立之精神，自由之思想”标榜，提倡学术独立与学术自由，反对政治对学术的干预。[②] 任剑涛以自由主义的学理渊源为视角，区分了儒家自由主义与西化自由主义，认为殷海光及其学生林毓生等致力于将西方自由主义理论原汁原味输入中国，而徐复观关注的焦点是儒家文化与自由主义的对接。[③] 郑大华指出，由于中国近代思想家所处时代、个人经历以及学术背景的不同，他们对西方自由主义的接受是有若干差别的。大致而言，19 世纪末 20 世纪初的严复、梁启超等人接受的主要是以洛克、亚当·斯密和约翰·穆勒为代表的西方古典（或传统）自由主义，严复就翻译过亚当·斯密的《国富论》和穆勒的《论自由》，梁启超则介绍过洛克和穆勒的思想。五四和五四后的胡适、张君劢等人接受的主要是以杜威、拉斯基为代表的西方现代（或新）自由主义。因为胡适是杜威的学生，所以杜威的思想对胡适的影响更大；而张君劢翻译过拉斯基的《政

① 参见俞祖华、赵慧峰《近代中国政治自由主义的发展轨迹与演进形态——以近代自由主义的三份标志性文本为中心》，《学术月刊》2012 年第 5 期。

② 耿云志、郑大华、俞祖华：《历史为什么没有选择自由主义——关于“中国近代自由主义”的对话》，《光明日报》2008 年 5 月 10 日史学版。

③ 参见任剑涛《自由主义的两种理路：儒家自由主义与西化自由主义》，《原道》第 4 辑，学林出版社 1998 年版。

治典范》一书，受其影响也更明显一些。[①] 许纪霖提出："在现代中国，一直缺乏洛克到哈耶克的古典自由主义传统，这个传统一直到 20 世纪 50 年代以后被殷海光和张佛泉他们注意到，在 1949 年以前这路传统在中国基本上没什么影响。中国的自由主义主要是两路：一路是胡适、傅斯年所代表的新自由主义传统；另一路则是张东荪和张君劢所代表的社会民主主义传统，他们都受到拉斯基的影响。"[②]

自由主义没有成为近代中国选择的原因及其评价。1949 年，当国共两党在战场上最后决战并由此决定中国未来的政治前途时，实际上也宣告了近代中国自由主义的失败，或者说自由主义没有成为近代中国的选择。自由主义为何没有成为近代中国的选择？常为学者引述的是殷海光所说的"先天不足，后天失调"八字。"先天不足"是指现代中国自由主义内部思想根基不正，"后天失调"是指其外部环境的匮缺。

关于"先天不足"，胡伟希等人指出，20 世纪中国自由主义思想根源主要来自西方，但自由主义传入中国后发生了重大变形：自由主义被作为救亡的工具和手段，加以使用，遮蔽了其内在的价值；个体至上的原则被弱化；经济自由主义被忽视；受"精英政治"思想支配，与民众保持有天然距离；视理性为万能，使自由主义没有发展成为西方近代那样声势浩大的社会改革运动，等等。他们在试图用自由主义的理论来解决中国现实问题时，面临着如下基本悖论：（1）工具理性与价值理性的冲突，作为工具之自由主义与作为理念之自由主义之间存在一种紧张关系；（2）观念人物与行动人物的脱节；（3）激进与保守的困惑。[③] 胡伟希还指出，首先，自由主义者大多是现代化论者和爱国者，希望中国通过现代化道路而进入世界强国之列，但由于他们缺乏对中国近代国情的真切了解，也割裂了西方国家现代化发展过程中的历史与现状，试图将西方国家实现现代化

---

① 参见耿云志、郑大华、俞祖华《历史为什么没有选择自由主义——关于"中国近代自由主义"的对话》，《光明日报》2008 年 5 月 10 日史学版。

② 许纪霖、谢宝耿：《置身于中国近现代史的知识分子研究》，《学术月刊》2003 年第 8 期。

③ 胡伟希等：《十字街头与塔：中国近代自由主义思潮研究》，上海人民出版社 1991 年版，第 45—75 页。

的传统全盘照搬到中国，犯有教条主义与形而上学的错误；其次，自由主义者大抵是一些“个人主义者”，有轻视群众和群众运动的先天局限。[①]徐大同从中国传统文化基因的角度分析近代中国人民拒绝西方自由主义、接受共产主义的原因，认为中国传统自由观强调的是一种我行我素、不要任何公权力干涉的自由，它和西方自由主义政治观有着根本的差异。同时，由于西方自由主义政治观在中国缺乏文化基因，因而从来没有作为建构国家制度的方案被中国人民接受而破产。相反，大同思想在中国源远流长，成为中国人民接受共产主义的思想文化基因。[②]

关于“后天失调”，许纪霖指出：“国共之间的分裂与内战，使得这一出色的社会民主主义纲领无法获得其实践的机会，中国也就从此与自由主义的中间道路失之交臂。一旦战争的暴力替代了理性的对话，自由主义也就失去了其生存的最基本空间。”[③] 喻冰以“无地自由”来形容胡适自由主义思想遭冷落的命运：“社会现实难以容纳胡适的主张。胡适的自由主义无法摆脱或超越多重困难和困惑，终使理论归于沉寂，理想化为泡影。”[④] 在动乱、峻急的社会氛围中，在保守主义与激进主义左冲右突的尴尬际遇中，胡适等自由主义者显得孤寂而落寞。何晓明认为，20 世纪上半叶的中国，民族矛盾、阶级矛盾错综复杂，尖锐激烈，现代民族国家的建立之路艰难而曲折，温和的、渐进的社会变革方式没有力量推动历史的车轮向前滚动，激进主义因而引领了近代中国历史演进的方向和速率。在这样的气候下，温文尔雅、理性至上的自由主义，自然得不到现实的青睐，只能落得个孤芳自赏的下场。[⑤]

郑大华对学术界所流行的那种认为自由主义之所以没有成为近代中国

① 胡伟希:《中国近代自由主义思潮的产生和发展》,《学术研究》1991 年第 1 期。

② 徐大同:《中国人民拒绝自由主义，接受共产主义的文化基因》,《政治学研究》2012 年第 3 期。

③ 许纪霖:《社会民主主义的历史遗产：现代中国自由主义的回顾》,《开放时代》1998 年第 4 期。

④ 喻冰:《无地自由——论胡适的自由主义思想》,《齐齐哈尔大学学报》2001 年第 1 期。

⑤ 参见何晓明《近代中国自由主义：不结果实的精神之花》，载郑大华、邹小站主编《中国近代思想史研究集刊》第 5 辑《中国近代史上的自由主义》，社会科学文献出版社 2008 年版，第 14 页。

的选择，是因为近代中国的民族资本主义没有得到充分发展，因而没有一个强大的资产阶级作为其阶级基础的观点提出了质疑。他指出，中国资本主义发展不充分，不仅造成了资产阶级力量的弱小，同时也造成了无产阶级力量的相对不强大，为什么以无产阶级作为阶级基础的马克思主义在中国能从小到大，从弱到强，最后取得胜利呢？这就说明，把自由主义没有成为近代中国选择的根本原因归之于资产阶级力量的不强大是有问题的。它只是原因之一，但不是主要的原因，主要的原因得从自由主义理论、自由主义者自身以及社会环境中去寻找。自由主义强调以理性为基础的个人自由，主张维护个性发展，认为国家存在的根本目的是保障个人的自由和权利。然而在民族危机日益深重的近代中国，摆在国人面前最急迫和最首要的任务不是争个人的自由和个人的权利，而是谋求中华民族的解放和国家的独立与自由，所以强调个人自由和个人权利的自由主义与民族救亡的时代主题始终显得有些隔膜。中国的自由主义者大多是留学过欧美的知识分子，在他们身上难免有一种根深蒂固的精英情结，他们不仅瞧不起广大下层群众，而且从骨子里害怕群众运动，所以他们找不到变革社会的现实力量，而他们自身的力量又十分弱小，对于现实的政治斗争他们是心有余而力不足，他们提出的种种主张都是在书斋里炮制出来的，没有实践的可能性。[①] 耿云志指出，自由主义者之所以不能成为近代中国的选择，其原因是多方面的，这需要从中国的社会结构、经济结构、政治体制、文化传统以及国际环境等诸多方面做深入细致的研究，才能得出令人信服的结论。就旧中国主要的三种政治力量，即国民党、共产党和自由主义的比较来看，自由主义者既没有财力资源，又没有权力资源，他们虽有不同程度的平民主义观念，但在行动上却不能与广大工农大众结合在一起，其不被“历史选择”也就是理所当然的了。[②]

虽因种种因素，自由主义在 20 世纪的中国遭遇命运不济的冷遇，但正如许多论者所指出的，历史不能以成败论英雄，自由主义在 20 世纪上

① 参见耿云志、郑大华、俞祖华《历史为什么没有选择自由主义——关于“中国近代自由主义”的对话》，《光明日报》2008 年 5 月 10 日“史学版”。

② 参见耿云志《关于近代思想史上的自由主义》，《中国文化研究》2008 年第 2 期。

半叶的中国的失败，并不意味着它所选择的方向之最终无意义，我们仍当以同情的理解去珍视这份思想遗产。郑大华就明确指出，讨论自由主义在中国近代历史上的作用，不宜用“成功”或“失败”等笼统的词汇来概括，这样太简单化了；如果能从具体的历史情境中分析近代中国自由主义的作用与影响，或许会看得更真切一些。事实上，自由主义在19世纪末20世纪初是作为救亡图存的一种工具被有识之士引介到中国的，它在很大程度上适应了近代中国人民对外反对资本主义列强压迫、争取国家独立与自由，对内反对封建君主专制主义统治、争取民主与自由的双重需求。在自由主义传入中国之后，对近代中国社会造成的影响也是多方面的。在思想上，自由主义对封建专制主义的批判，对民主与科学的提倡，对个人自由和个人权利保障的呼吁，其影响是积极的；在社会上，自由主义已渗入人文教育、学术研究、文学艺术、新闻出版等各个领域，并推动着这些领域的变革与进步；在政治上，自由主义既反对马克思主义和共产党领导的革命，又反对国民党的意识形态和一党独裁统治，力图走所谓第三条道路。所以，共产党人与它既有过斗争，也有过团结和联合；国民党人既利用过它，也对它进行过残酷打击。因特殊的历史机缘，自由主义作为介于国共之间的第三种政治力量在抗战时期的政治舞台上曾发挥过重要作用，他们先后发动的两次宪政运动，对推动中国政治近代化进程也产生过积极影响。直到内战全面爆发，作为一个政治派别的自由主义才因失去活动空间而从中国的政治舞台上消失。[①] 耿云志指出，近代中国的历史上，作为思想的自由主义，在我国的教育、思想、文化等领域曾产生了不容忽视的影响。但作为政治力量的自由主义，它所产生的影响几乎可以说是微不足道的。[②] 史革新认为，自由主义适应了中国近代兴起的争取民族独立、人民民主等斗争潮流的时代需要。它的传播与流行，为国人追求社会进步提供了批判旧文化的思想武器和向往新社会的指示标，是进步思潮，在反封建斗争中起到积极作用，但在实践、政治层面仍无法实现。何晓明把近代

---

① 参见耿云志、郑大华、俞祖华《历史为什么没有选择自由主义——关于“中国近代自由主义”的对话》，《光明日报》2008年5月10日史学版。

② 同上。

中国的自由主义比喻为不结果实的精神之花，认为启蒙意义上的成果有，落实在制度、政治上的成果没有。①

六　三民主义思潮

1905年，孙中山在日本东京组建中国同盟会，并提出“驱除鞑虏，恢复中华，创立民国，平均地权”十六字纲领，随后在《民报》发刊词上将之总结归纳为“民族、民权、民生”三大主义，并有具体阐发，标志着三民主义的正式提出。1924年，由中国共产党帮助孙中山改组国民党，提出“联俄、联共、扶助农工”三大政策，重新解释原有“民族、民权、民生”三大主义，三民主义发展到新阶段。孙中山逝世后，各方政治势力根据自身利益需求不断诠释三民主义，出现诸如“戴季陶主义”“西山会议派政治思想”“中国法西斯主义”“国民党改组派政治思想”“第三党政治思想”“汉奸‘新民主义’”“汪伪‘三民主义’”“叶青‘三民主义’”等一系列流变形态。纵观历史长河，三民主义，从其诞生之日起到新中国成立前，一直是中国社会具有重大影响力的社会思潮。由于我们前面已对孙中山的三民主义的研究作了综述，这里主要综述学术界对三民主义之历史流变以及三民主义与马克思主义、自由主义、保守主义、民族主义等其他“主义”之关系的研究。

三民主义的流变形态。20世纪90年代前，学术界于三民主义之历史流变及其形态研究较少。仅有几部关于中华民国史和国民党史的专著稍涉及该论题。如张宪文主编的《中华民国史纲》，宋春主编的《中国国民党史》和刘建清、王家典、徐梁伯主编的《中国国民党史》，尤其是后两部国民党史用专章论述了戴季陶主义。其次是一些现代政治思想史专著涉及该问题。如林茂生、王维礼、王桧林主编的《中国现代政治思想史》，李世平的《中国现代政治思想史》，严怀儒、高军、刘家宾的《中国现代政治思想史简编》，高军、王桧林、杨树标主编的《现代中国政治思想流

① 参见宋广波、刘颖涟《“自由主义与近代中国（1840—1949）”学术研讨会综述》，载郑大华、邹小站主编《中国近代思想史研究集刊》第5辑《中国近代史上的自由主义》，社会科学文献出版社2008年版。

派》等，以高军、王桧林、杨树标主编的《现代中国政治思想流派》论述三民主义之流变形态最为详细。

1995 年，贺渊的《三民主义与中国政治》由社会科学文献出版社出版。该书以蒋介石与戴季陶、新生命派、邓演达为首的第三党、国民党改组派、胡汉民、汪伪政权、中国共产党七个政治派别为专题，较为系统地考察孙中山逝世后三民主义的演变与发展。2005 年，天津古籍出版社出版张军民的《对接与冲突：三民主义在孙中山身后的流变（1925—1945）》一书，于前人研究基础上，进一步深入考察了三民主义的历史流变。全书分五部分：第一部分探讨“三民主义本体的哲学辩证”；第二部分为“东亚联盟舆论声中的大亚洲主义”；第三部分为“‘五五宪草’与孙中山的宪法精神”；第四部分为“三民主义的‘法西斯蒂’变异危机”；第五部分为“中国共产党对三民主义的理解和运用”。该书以三民主义的具体内容为经，以国共两党为纬，较为深入详细地论述了三民主义的历史流变及其形态。另外，陈前、吴敏先的《孙中山逝世后三民主义的变异与升华》一文也考察了该问题，认为孙中山逝世后国民党内戴季陶、蒋介石、汪精卫等曲解篡改三民主义，使其先后发生儒教化变异——戴季陶主义、法西斯化变异——蒋介石的“三民主义”、亲日化变异——汪精卫伪“三民主义”，成为反共反人民的理论；而以宋庆龄等为代表的国民党民主派始终高举新三民主义旗帜，中国共产党人努力对三民主义加以升华，推进了中国民主革命事业，真正实现了孙中山振兴中华的伟大理想。[①] 该方面成果较宏观较全面论述了孙中山逝世后三民主义的流变和发展。

学界主要从个案角度探讨了三民主义的历史流变形态。关于邓演达的三民主义。彭敦文将邓演达三民主义思想分为两个时期：大革命时期，以形成其基本框架为特征；大革命失败后，以将孙中山三民主义具体化为特征。前一时期邓演达三民主义思想内容主要体现在阐发三民主义整体观，以“耕者有其田”为中心的民生主义和注重农民民权的民权主义思想上；

① 参见陈前、吴敏先《孙中山逝世后三民主义的变异与升华》，《中共党史研究》2007 年第 3 期。

后一时期主要体现在以民族革命为内容的民族主义，以平民政权建立为中心的民权主义和以社会主义经济为发展方向的民生主义思想上。两个时期的思想内容基本相通，而民生主义思想在后期与孙中山更为接近。① 王寅平则阐述了邓演达具有阶级性的民权主义、以生产部门和劳动平民群众为主导的民主政治，以及代表劳动平民群众利益的平民政权等。② 学界在认识邓演达三民主义思想的前提下，还形成了不同评价。陶季邑认为邓演达的中国统一思想在新历史条件下继承了中华民族的统一传统，顺应了近代中国人民要求统一的爱国愿望，代表了近代中国社会的发展方向，是一份珍贵的思想文化遗产。③ 邓演达的民族团结思想在新的历史条件下继承、丰富和发展了孙中山的民族团结思想。④ 王业兴认为邓演达在对封建制度的批判上、实现民权主义的途径上以及实现民权主义的目标上实现了对孙中山民权思想的超越。⑤ 但宋连胜、李波、王海胜认为，因邓演达的社会主义排斥共产主义，否定无产阶级的领导地位与作用，因而其信奉的社会主义未能融入新民主主义革命的理论体系，还不属于科学社会主义的范畴，但倡导的社会主义的一些基本内容仍然代表着当时中国民主党派政治思想理论发展的最高水平，并对中国革命和建设事业具有重要借鉴意义。⑥ 就已有研究而言，以客观的思想内容研究为主，并辅以评价。

关于戴季陶主义。新世纪前学界于“戴季陶主义”基本持负面看法，认为“它为蒋介石发动反革命政变，建立大地主大资产阶级专政提供了思想武器”，“在理论上是极端反动的”。⑦ 进入新世纪后，有论者表达出不同认识和看法。马望英指出，孙中山三民主义是针对中国社会中的具体

---

① 参见彭敦文《论邓演达三民主义思想》，《武汉大学学报（哲学社会科学版）》1996年第1期。

② 参见王寅平《论邓演达的民权政治思想》，《湖北省社会主义学院学报》2012年第6期。

③ 参见陶季邑《孙中山和邓演达对中国统一问题的探索及其启示》，《广东社会科学》2006年第3期。

④ 参见陶季邑《孙中山和邓演达的民族团结思想及其启示》，《广东社会科学》2008年第1期。

⑤ 参见王业兴《邓演达对孙中山民权思想的超越》，《学术研究》2001年第4期。

⑥ 参见宋连胜、李波、王海胜《论邓演达的社会主义观》，《社会科学战线》2009年第8期。

⑦ 刘燕平、曹苏慧：《浅谈戴季陶主义产生的原因及其反动性》，《山西高等学校社会科学学报》1995年第4期。

问题提出来的解决方案，有很强的现实意义，但作为理论体系，显得有些杂乱，也不系统。而戴季陶力图改变三民主义这一特质，为国民党构建相对完整的思想理论体系，使三民主义具备意识形态的基本特点。但“戴季陶主义”并未能从根本上改变国民党意识形态方面的缺陷。① 黎洁华探讨了戴季陶在青少年时期、“天仇时代”、国民党南京政府时期民族主义的发展演变过程，分析其民族主义的两重性，指出了其历史局限性和阶级局限性。但他也为民族做过有益的事，由此肯定戴季陶是民族主义者。② 孙宗一认为无论戴季陶的反共理论对中国近代历史发展产生了多大负面影响，就其三民主义而言，还不能说他完全“弯曲”了孙中山思想，亦不能将“戴季陶主义”归入“封建的”“复古的”保守思想行列。戴季陶在解释三民主义过程中，始终表现出强烈的民族主义情结。且论者认为“戴季陶主义”是特殊社会环境的产物，是国民党党内斗争的结果。③ 吕厚轩、马望英指出“戴季陶主义”对三民主义的影响，并不仅在于使三民主义的意识形态特点更突出，使其更像意识形态，更重要的是“戴季陶主义”成为日后以蒋介石为首的国民党实权派构建其官方意识形态的理论基础。④ 不少研究成果能比较客观地评价戴季陶主义。

关于汪精卫的三民主义。谢晓鹏指出，汪精卫一生的政治思想复杂多变，认为他以主张民族民主革命和宣扬三民主义始，以鼓吹“和平反共建国”及歪曲三民主义终。其政治思想的特点有三：一是以复杂多变为表象；二是以权力斗争为中心；三是以“党义”“党统”为工具。其政治思想的实质是日益走向扭曲蜕变的三民主义理论。⑤ 谢晓鹏还探讨了汪精卫政治思想的基本理论架构，认为其承袭了孙中山三民主义不少内容，也吸取了近代西方政治理论的某些因素，但更多是适应反蒋、反共需要的个

① 参见马望英《论“戴季陶主义”产生的原因及影响》，《烟台大学学报》2009 年第 1 期。

② 参见黎洁华《论戴季陶的民族主义》，《中山大学学报（社会科学版）》2001 年第 1 期。

③ 参见孙宗一《戴季陶的三民主义观》，《贵州文史丛刊》2012 年第 2 期。

④ 参见吕厚轩、马望英《“戴季陶主义”与国民党实权派的意识形态》，《北方论丛》2008 年第 4 期。

⑤ 参见谢晓鹏《汪精卫政治思想的演变及特点》，《郑州大学学报（哲学社会科学版）》2005 年第 1 期。

人理念。其政治目标是建立三民主义现代国家，主张必须经历国民革命阶段，而国民革命只能由国民党来领导。① 张学娇也认为汪精卫一生的思想、行为复杂多变。他对三民主义和三大政策的认识也经历了复杂的演变过程。《民报》时期大力宣扬三民主义；国民党改组时期对三大政策由不甚理解到坚决捍卫、执行；蒋汪对峙时期对三民主义进行实用性和功利性歪曲；抗日战争时期实行亲日卖国的所谓“三民主义”。至此，汪精卫对三民主义的歪曲和肢解表明他彻底背叛了三民主义，并彻底背叛了中华民族，成为中华民族败类。② 已有研究基本揭示出汪精卫三民主义观的复杂性和变化。

此外，白纯考察了蒋介石的三民主义实质，认为是儒化三民主义。他指出，蒋介石将孙中山描述为中国儒家伦理道德的集大成者，将儒家伦理道德与三民主义融为一体，使之成为孙中山三民主义的“精髓”，进而在全国范围掀起思想文化上的尊孔复古。蒋介石在儒化三民主义过程中还充分利用戴季陶主义，并将三民主义原有民族民主革命与现代化之精神逐渐消解与湮没。③ 其他关于新生命派、胡汉民等的三民主义思想也有个别研究。④

三民主义与其他思潮关系。20 世纪 90 年代以来，三民主义与马克思主义、自由主义、保守主义、民族主义等其他主义关系的考察是研究的新思路或新特点。

三民主义与马克思主义的关系。季荣臣指出不同历史时期中国共产党人对马克思主义之态度差异。孙中山去世后的国民革命时期，中国共产党是三民主义忠实执行者，三大政策坚定捍卫者。十年内战期间，中国共产党在理论上虽不再承认三民主义革命意义，但在实践上仍继续着三民主义

---

① 参见谢晓鹏《汪精卫政治思想的基本理论架构》，《郑州大学学报（哲学社会科学版）》2008 年第 6 期。

② 参见张学娇《汪精卫对三民主义认识的历史蜕变》，《江汉论坛》2009 年第 2 期。

③ 参见白纯《蒋介石儒化三民主义之评析》，《南京政治学院学报》2003 年第 1 期。

④ 参见韩久龙《论胡汉民的三民主义立法思想》，《河南师范大学学报（哲学社会科学版）》2008 年第 2 期；张军民《国民党理论界寻找“共信”的一次尝试——〈新生命〉月刊讨论三民主义本体问题述评》，《广东社会科学》2000 年第 6 期。

革命原则。抗日战争时期，中国共产党在实践中发展了革命的三民主义，形成了科学新民主主义的革命理论。[①] 杨谦、邵新顺认为中国共产党继承了近代以来的革命传统，忠实地实践新三民主义，在具体革命斗争中依据马克思主义原则、立场和方法，通过对新三民主义因其阶级属性所具有的缺陷进行改造和超越，形成了中国化马克思主义，也使得中国共产党的革命具有了历史合法性。[②] 彭新莲从马克思主义中国化的角度考察了三民主义与马克思主义的关系，指出马克思主义自传入中国始，与三民主义的关系问题即成为始终伴随的重要理论课题，三民主义也是马克思主义在中国实践中无从回避的对象。随着中国共产党和国民党在政治实践中的角力，马克思主义对待三民主义经过了接纳、否定、吸收、超越的几个阶段，中国马克思主义政党正是从实践与理论对三民主义的利用、吸收、改造中使得马克思主义走上中国化道路，并最终形成中国化的马克思主义重要理论思想。[③] 董四代提出，新民主主义理论是马克思主义中国化过程中的第一个伟大成果，而孙中山新三民主义是新民主主义理论的重要思想来源。[④] 朱琳、李彩华将三民主义和马克思主义都当作对中国现代问题进行解答的理论，以此为线索，分析和梳理二者相互关系，认为三民主义理论和实践促进了马克思主义初步中国化，中国马克思主义吸收和转化了三民主义中合理的思想资源。[⑤] 已有研究基本上明确了孙中山三民主义与马克思主义关系的节点是新民主主义或中国共产党，且三民主义对新民主主义有积极作用。

三民主义与自由主义。该方面的研究成果不多，但揭示出一个以往较

---

① 参见季荣臣《孙中山去世后中共对三民主义的继承、发展》，《广西民族大学学报（哲学社会科学版）》2007 年第 5 期。

② 参见杨谦、邵新顺《继承、实践和超越：从新三民主义到新民主主义》，《兰州大学学报（社会科学版）》2011 年第 2 期。

③ 参见彭新莲《中国化进程中马克思主义与三民主义的碰撞及超越》，《贵州师范大学学报（社会科学版）》2012 年第 4 期。

④ 参见董四代《马克思主义中国化初始论题中的三民主义评价》，《江西师范大学学报（哲学社会科学版）》2012 年第 6 期。

⑤ 参见朱琳、李彩华《马克思主义中国化与 20 世纪上半叶三民主义问题探析》，《求索》2009 年第 11 期。

少关注的三民主义的研究面相。张太原以《独立评论》为个案，分析了自由主义者对国民党的具体态度，认为自由主义者的政治批评在一定程度上修正了国民党的不良倾向，应该是成立的。但另一方面，自由主义者站在民族主义立场上认为“有政府胜于无政府”，由此他们又为国民党的存在价值进行了各方面论证，同时强烈反对和谴责任何以推翻国民党中央政权为目的的武力行为，在对待各种反蒋势力方面，“以中央的立场为立场”，甚至比中央考虑得还超前、周到及全面，并且为巩固它的存在，改善它的统治，他们最终大都加入了国民党政权。可以说 20 世纪 30 年代，自由主义在思想上仍然与三民主义保持着相当距离，但在政治上却渐渐与之融合，为它所“包容”。① 卫春回梳理了 20 世纪 40 年代中后期自由主义者对三民主义的态度，指出 40 年代中后期，以“中间道路”相标榜的自由主义者相当活跃，他们从自身政治立场出发对孙中山及其学说多有议论和评说。第一，关于孙中山的“知难行易”学说，自由主义者既有哲学意义的肯定，也有现实角度的质疑；第二，自由主义者高度评价孙中山的三民主义，尤其推崇民生主义；第三，自由主义者对三民主义的现实境遇深表不满，他们认为国民党的所作所为与三民主义背道而驰，需要深刻反省，三民主义在现实中未能取得成效，完全是国民党与之背道而驰的结果，并不损及三民主义的思想价值。总体上，40 年代自由主义者对孙中山及其学说高度关注，三民主义成为构成其社会理想的重要思想资源之一。② 已有研究揭示出三民主义与自由主义两者之间若即若离的关系。

三民主义与保守主义。三民主义与保守主义在中国历史上有两次大交集：一是辛亥革命时期的国粹派。李军指出，辛亥革命中的国粹派人士与改良派处于对立之政治立场，其中很多属于与保皇派对立的革命派，但并

---

① 参见张太原《20 世纪 30 年代自由主义者对国民党的态度——以《独立评论》为中心的探讨》，载《中国近代史上的自由主义——“自由主义与近代中国（1840—1949）”学术研讨会论文集》，2007 年 11 月 1 日。

② 参见卫春回《40 年代中后期自由主义者眼中的孙中山及其学说》，载《孙中山：历史·现实·未来国际学术研讨会论文集》，2006 年 10 月 28 日。

未妨碍他们文化观上持有的保守主义立场。[①] 卢毅认为“国粹派”的实质是只赞同民主革命、而反对民权民生的“一民主义”。[②] 二是民国时期戴季陶、蒋介石的儒家三民主义。李军认为戴季陶、陈立夫和蒋介石国民党是新保守主义的代表。[③] 何晓明、万国崔也持相同看法，认为保守主义除现代新儒家外，还包括孔教派、国粹派以至国民党戴季陶、陈立夫的哲学。[④] 郑佳明指出戴季陶主义思想内容上的一大特色即文化保守主义。它是马克思主义传入中国后思想界产生的国粹主义思潮，为文化保守主义一环。此后陶希圣、陈立夫等以折中名义打起本位文化的旗帜，实质也是传统主义。戴季陶是国民党传统主义鼻祖，其复古主义思想成为后来国民党的主要精神支柱之一。[⑤] 白纯指出蒋介石对三民主义解释的实质是儒化三民主义，将三民主义原有民族民主革命与现代化之精神逐渐消解与湮没。[⑥] 于维君通过分析孙文与戴季陶文本，阐述了三民主义转向儒家化的路径。[⑦] 孙中山三民主义在历史演化的过程中，与保守主义之间产生了紧密的联系。

三民主义与民族主义。张春林指出孙中山首先是民族主义者，同时又是自由主义者。近代以来面临民族独立的社会危机，几乎所有的主张向西方学习的自由主义者都是民族主义者，他们都是在民族主义的框架内思考问题并提出自己的政治主张。孙中山也是这样的，在其三民主义的思想体系中，民族主义放在首位，他的三民主义思想体现出明显的民族自由主义思想特色。[⑧] 陈玉屏认为，辛亥革命时期革命派几乎全部搬用西方民族主义，从而揭示出民族主义对三民主义的影响，他们不仅大力倡导西方民族

① 参见李军《中国现代保守主义思潮的复杂性》，《管子学刊》2007 年第 2 期。

② 参见卢毅《世纪回眸——中国近现代文化保守主义的嬗变与传承》，《东南学术》2000 年第 2 期。

③ 参见李军《中国现代保守主义思潮的复杂性》，《管子学刊》2007 年第 2 期。

④ 参见何晓明、万国崔《现代化思潮的重奏与交响——论近代中国保守主义与激进主义》，《学术研究》2011 年第 1 期。

⑤ 参见郑佳明《论戴季陶主义的主要特征》，《求索》1993 年第 1 期。

⑥ 参见白纯《蒋介石儒化三民主义之评析》，《南京政治学院学报》2003 年第 1 期。

⑦ 参见于维君《论儒家化三民主义的生成》，《山东青年政治学院学报》2013 年第 2 期。

⑧ 参见张春林《民族主义与自由主义的融合——孙中山三民主义思想再解读》，《理论与改革》2009 年第 2 期。

主义思想中民主、共和理念，同时也运用西方民族主义中“一族一国”思想理论，大谈“群之大者，在建国家、辨种族”，以此为动员和组织群众的主要思想武器，最后取得辛亥革命成功。[①] 进入五四时期后，民族主义增添了新内容，也对三民主义产生了影响。耿云志认为20世纪20年代初，因第一次世界大战和俄国十月革命影响，中国民族主义增加了新内容和新意义，即为争取民族平等的世界新秩序而奋争。孙中山所说“健全之反帝国主义”，求“世界人类各族平等”，要“为世界上的人打不平”，以及他的名言“联合世界上以平等待我之民族，共同奋斗”等，皆反映出这种民族主义的新内容。同时，共产党人的国际主义的民族主义也影响到孙中山三民主义思想。[②] 郑大华指出，孙中山的民族主义在第一次世界大战后从旧民族主义发展为新民族主义，其中苏俄的影响是他制定“联俄、联共、扶助农工”三大政策的重要原因。[③] 九一八事变以后，日益严重的民族危机，激发人们的民族认同感和民族责任感，随着费希特民族主义思想系统的传入，民族主义有了新的理论构建，民族复兴思潮兴起并成为具有广泛影响力的社会思潮，对当时三民主义产生了显著影响。[④] 孙中山三民主义思想中本身即包含有民族主义，而作为社会思潮的民族主义显然对孙中山三民主义产生了很大影响。

随着近年来史学研究理论和方法的综合运用，三民主义思潮的研究也出现了一些新的变化，从概念史或观念史等新视角的考察尤为值得关注。虽然三民主义思潮的研究属于典型思想史范畴，但也有思想史、社会史、文化史的综合性研究成果。如纪念活动、孙中山著作、政治符号等与三民主义思想

---

① 参见陈玉屏《西方民族主义的传播与辛亥革命》，《西南民族大学学报（人文社会科学版）》2011年第12期。

② 参见耿云志《中国近代思想史上的民族主义》，《史学月刊》2006年第6期。

③ 参见郑大华、周元刚《论五四前后的民族主义思潮及其特点》，《四川大学学报（哲学社会科学版）》2008年第2期。

④ 参见郑大华《“九一八”事变后费希特民族主义思想的系统传入与影响》，《近代史研究》2009年第6期。

之关系的研究。[1] 这些研究为考察三民主义思潮提供了新的发展方向。

七 中华民族复兴思潮

长期以来学术界缺乏从思想史的角度对民族复兴思潮的研究，甚至很少提到“民族复兴思潮”一词，就是吴雁南主编的《中国近代社会思潮》这样一部煌煌数百万字的四卷本“思潮大全”，其中也只有“抗日救亡思潮”“文化复兴思潮”的论述，而没有“民族复兴思潮”的内容。真正从思想史角度研究中国近代民族复兴思想或思潮始于2006年。这一年发表了两篇对后来研究产生过较大影响的学术论文：一是郑大华发表在《学术月刊》第4期上的《“九·一八”后的民族复兴思潮》，该文是作者向2005年8月在北京召开的“纪念中国人民抗日战争暨世界反法西斯战争胜利60周年学术研讨会”提交的参会论文；一是黄兴涛、王峰发表在《中国人民大学学报》第3期上的《民国时期“中华民族复兴”观念之历史考察》。此后，尤其是党的十八大后习近平提出“中国梦”以来，近代史学界研究中国近代民族复兴思想或思潮的成果逐渐增多，《近代史研究》2014年第4期还专门编发了一组“中国近代民族复兴思潮”笔谈，刊出郑大华、金冲及、罗志田、黄兴涛、郑师渠、郭双林、俞祖华、王先明、荣维木等撰写的9篇文章。概而言之，截至2014年底，这些成果（不包括未公开发表或出版的博士、硕士学位论文）主要涉及以下一些内容。

“中华民族”之观念的形成研究。我们要研究“民族复兴”，首先必须研究作为“民族复兴”之主体的“中华民族”这一观念是怎样形成的，换言之，研究“中华民族”观念的形成，是研究“民族复兴”的基础或前提。实际上，中华民族观念的形成过程，同时也是近代中国民族复兴思潮的形成过程。因为，中华民族形成虽然很早，但民族的自我意识十分淡薄，借用费孝通先生的话说，古代的中华民族是一个“自在”的民族实

---

[1] 参见童小彪《抗战时期中共纪念活动与三民主义话语》，《云梦学刊》2010年第3期；魏建克《抗日战争时期中共纪念活动与三民主义》，《北京党史》2012年第4期；何建国、周武《孙中山著作的植入与国民党三民主义教育》，《求索》2013年第9期；伍小涛《国、共、伪三方对三民主义政治符号的争夺》，《广西师范大学学报（哲学社会科学版）》2009年第6期。

体，而不是一个“自觉”的民族实体。中华民族自我意识是在 1840 年的鸦片战争后，尤其是 1895 年的甲午战争后，随着中华民族危机的日益加深而逐渐形成的。近代史学界最早开展对“中华民族”观念之形成研究的是中国人民大学的黄兴涛教授，2002 年，他在香港《中国社会科学评论》创刊号上发表长篇论文《民族自觉与符号认同：“中华民族”观念的萌生与确立的历史考察》，以“中华民族”一词的出现、内涵的演变及其传播为线索，对清末民国时期“中华民族”观念的萌芽、形成、变异和认同的重要历史过程，首次展开了全面深入的自觉探索，对各个时期体现或影响这一观念的关键因素，如体制、政策、代表性人物的思想与著述活动等，进行了较为系统、简明的梳理和分析，进而结合对“民族”概念的认知，深入讨论了此一认同过程的历史特点与性质问题，并对有关的学界见解予以回应，阐发了不少独到的看法。该文对“中华民族”观念的形成研究做出了重要贡献。此后，他又有《现代“中华民族”观念的最初形成——兼论辛亥革命与中华民族认同之关系》（《浙江社会科学》2002 年第 1 期）、《清末民国时期“中华民族”观念认同性质论》（《北京档案史料》2004 年第 2 期）等文发表。

近年来，郑大华在黄兴涛研究的基础上，结合研究中国近代民族复兴思潮，对“中华民族”之观念的形成做了进一步的研究。2013 年他在《民族研究》第 3 期发表《中国近代民族主义与中华民族自我意识的觉醒》一文，认为“中华民族”这一表示中国境内各民族是统一的民族共同体之观念从提出到确立、再到被各族人民普遍认同，与中国近代民族主义的兴起、发展和高涨有着非常密切的关系。具体来说，清末民初是中国近代民族主义的兴起阶段，也是“中华民族”观念的提出和使用阶段。最早提出和使用这一观念的便是最早引进和介绍西方民族主义的梁启超，1902 年，梁启超在《论中国学术思想变迁之大势》一文首先使用“中华民族”一词。在清末使用“中华民族”一词的还有杨度（《金铁主义说》1907 年）和章太炎（《中华民国解》1907 年）。中华民国的成立，尤其是孙中山在《临时大总统就职宣言书》和《中华民国临时约法》中提出的“五族共和”“五族平等”的建国主张，对“中华民族”自我意识的形成起到了极大的促进作用。五四前后是中国近代民族主义的发展阶段，受第一次世界大战后民族解放运动和民族自决理论的影响，这一时期民族主义的理论构建是民族自决。在民族自决理论的推动下，“中华民族”这一表示中国境内各民族是统一的民族共同体之观念开始为越来越多的人所接受和采用，当时活跃于中国政治和思想舞台上的三大政治力量或政治派别，即以孙中山为代表的国民党人、以李大钊为代表的早期共产主义者和以梁启超为代表的研究系知识分子，对接受和使用“中华民族”都有一定的自觉性。九一八事变后，尤其是华北事变和七七事变后，日益加重的民族危机促进了中国近代民族主义的高涨，民族主义的高涨又进一步推动了“中华民族”这一表示中国境内各民族是统一的民族共同体之观念的接受和流行。人们常说，抗日战争的胜利是中华民族复兴的枢纽，奠定这一枢纽的基础则是全国各族人民对“中华民族”之观念的普遍认同。[①] 2014年，郑大华又在《民族研究》第2期上发表《论晚年孙中山“中华民族”观的演变及其影响》一文，指出晚年（1919年后）孙中山的“中华民族”观有一个演变的过程：1919年到1922年，他的“中华民族”观是一种以同化为基础的一元一体的“中华民族”观，就实质而言，这是一种大汉族主义的民族观；1923年到他病逝，他的“中华民族”观是一种以平等为基础的多元一体的“中华民族”观，既承认“中华民族”是中国的“国族”，但同时又不否认境内各民族的存在，主张在平等的基础上实现各民族的融合。孙中山逝世后，国民党和蒋介石继承与发展了他的以同化为基础的一元一体的“中华民族”观，认为中国只有一个中华民族，其他民族只能称为宗族，而共产党和毛泽东则继承与发展了他的以平等为基础的多元一体的“中华民族”观，承认中国是一个多民族的国家，中华民族是各民族的共同称谓，中华民族内部各民族不论大小一律平等。[②] 同年，郑大华还在《史学月刊》第2期、《近代史研究》第4期上分别发表了《民主革命时期中共的“中华民族”观念》和《“中华民族”自我意识的形成》两文。前文认为，新民主主义革命时期，中国共产党的

① 参见郑大华《中国近代民族主义与中华民族自我意识的觉醒》，《民族研究》2013年第3期。

② 参见郑大华《论晚年孙中山“中华民族”观的演变及其影响》，《民族研究》2014年第2期。

“中华民族”观念经历过从汉族的代称，到汉族与汉化民族的统称，再到中国境内各民族的共同称谓的演变。从1922年7月第一次使用“中华民族”到抗日战争全面爆发之前，中国共产党所讲的“中华民族”在多数情况下指的是“汉族”。从抗日战争全面爆发到1938年8月中国共产党六届六中全会召开之前，中国共产党所讲的“中华民族”是汉族与汉化民族的统称，其代表作是杨松的《论民族》一文。1938年9月召开的中国共产党六届六中全会，在党的“中华民族”观念的演变和民族政策的形成中具有十分重要的意义，而1939年12月毛泽东在《中国革命与中国共产党》一文中对中华民族的论述，则标志着中国共产党的“中华民族”观念的最终形成。[①] 后文进一步考察了“中华民族”观念从提出到形成的历史过程，认为在清末，不仅只有梁启超、杨度或章太炎使用过“中华民族”，而且他们主要是在“汉族”的含义上使用“中华民族”的。民国初年到五四前后，尽管有越来越多的人开始认同和使用“中华民族”，但第一，“中华民族”观念还没有为全国各族人民所普遍认同和使用，当时还有一些人认同和使用的是“中国民族”“吾民族”“全民族”等；第二，在认同和使用者中，包括以孙中山为代表的国民党人、以李大钊为代表的早期共产主义者和以梁启超为代表的研究系知识分子，也往往是在“汉族”的含义上接受和使用“中华民族”观念的。“中华民族”观念为全国各民族人民普遍认同，并成为中国境内各民族之共同称谓，是在九一八事变之后，尤其是华北事变和七七事变之后。其原因在于：首先，日本帝国主义是把中国作为一个整体来侵略的，他们在屠杀、烧抢、掠夺中国人民的时候，并没有什么汉族、满族、蒙古族、藏族、回族、苗族等民族的区分，这在客观上教育了中国各族人民，增强了他们不分你我的“中华民族”的认同感。其次，国共两党对于“中华民族”的认同和宣传，尤其是抗日民族统一战线的建立和全民族抗战局面的形成，对于增强各族人民对中华民族整体的认同感起了非常重要的作用。最后，“九一八”后兴起的中华民族复兴思潮，对于增强各民族对中华民族整体的认同感同样

① 参见郑大华《民主革命时期中共的“中华民族”观念》，《史学月刊》2014年第2期。

起了重要的作用。①

"民族复兴"之观念的形成研究。黄兴涛、王峰的《民国时期"中华民族复兴"观念之历史考察》一文认为,"民族复兴"观念的萌芽状态至少可以追溯到孙中山先生等在清末时所喊出的"振兴中华"口号,但作为一种带有现代民族意识,并以全民族整体作为思考对象的影响广泛的社会强势话语和时代思潮,那种明确以"中华民族复兴"为表述符号的观念形态和有关话语的正式而大量的出现,还是在国民党形式上统一全国之后,尤其是1931年九一八事变之后。该观念一旦形成,随即流行于整个20世纪30—40年代。其中,国社党、国民党等对这一观念和话语的流播,起到了某种倡导作用,而日本帝国主义入侵的刺激,则成为其直接的动因。在讨论"民族复兴"一词的源流时,该文强调指出,李大钊,这位后来成为中国共产党创始人的先驱者,也是"中华民族复兴"理念最早自觉的导引人之一。② 张可荣认为"中华民族复兴"观念的演进轨迹大致可分为近代和现当代两个阶段,近代的"中华民族复兴"观念是现当代中华民族复兴思想的直接源头。③ 而就近代的"中华民族复兴"观念而言,它滥觞与萌生于19世纪末20世纪初,是革命派、立宪派和国粹派的共同心声;初具雏形于五四时期,出现了以李大钊为代表的早期马克思主义者、孙中山先生、梁漱溟等文化保守主义者较为系统的"民族复兴"思想主张;普遍流行于"九一八"后的抗日战争时期。④

郑大华在《近代"中华民族复兴"观念形成的历史考察》一文中指出,实现中华民族的伟大复兴是近代以来中国人民矢志不渝的愿望和追求,但"中华民族复兴"之观念的形成则有一个历史的发展过程。19世纪末,孙中山提出"振兴中华"的口号,这是"中华民族复兴"之观念

① 参见郑大华《"中华民族"自我意识的形成》,《近代史研究》2014年第4期。

② 参见黄兴涛、王峰《民国时期"中华民族复兴"观念之历史考察》,《中国人民大学学报》2006年第3期。

③ 参见张可荣《民族复兴中国梦的生长历程》,《长沙理工大学学报(社会科学版)》2013年第5期。

④ 参见张可荣《近代"中华民族复兴"观念形成的历史考察》,《长沙理工大学学报》(社会科学版)2010年第5期。

的最初表达；20 世纪初，梁启超提出“中华民族”一词，这对“中华民族复兴”之观念的形成起了重要的推动作用；五四前后，李大钊提出“中华民族之复活”思想，这是“中华民族复兴”之观念基本形成的重要标志；到了“九一八”后，“中华民族复兴”之观念最终形成并成为具有广泛影响力的社会思潮，推动“中华民族复兴”之观念形成的根本原因是日益严重的民族危机，促进了中华民族的觉醒。[①] 俞祖华、赵慧峰的《“中华民族复兴”观念源流考》《近代中华民族复兴观念的生成及其衍化》等文也认为，“中华民族复兴”观念的提出与形成和近代以后中华民族危机的加深与民族意识的觉醒密切相关，在文字表述上经历了从“民族复兴”到“中华民族复兴”再到“中华民族伟大复兴”的不断丰富过程，其源头可追溯到 1894 年孙中山提出的“振兴中华”口号，五四时期基本成型并出现了“民族复兴”一词，“九一八”后民族复兴观念迅速定型并很快流衍为一种广为传播、影响力广泛的社会思潮，抗日战争时期趋于深化、高涨，学界与政界对中华民族复兴的内涵包括恢复民族独立、恢复民族地位、恢复民族朝气、恢复民族文化、恢复民族精神等，进行了广泛的探索，并对复兴之路从文化上、政治上作了不同的设计，到新中国成立前后，毛泽东从不同角度论述了中华民族的复兴问题。[②] 俞祖华还专文探讨了近代中日关系对于中华民族复兴观念的生成和发展的影响，他指出中日关系史上的 1894 年、1915 年、1931 年、1937 年、1945 年是民族复兴观念形成与发展的重要时间节点。中华民族的觉醒、中华民族复兴观念的萌生，是从中国在 1894—1895 年的甲午战争中失败后开始的。1915 年 1 月 18 日，日本帝国主义提出灭亡中国的“二十一条”，紧接着又抢夺德国在山东的侵华权益，使民族危机继续加深，刺激了民族复兴话语的进一步发酵，中华民族复兴观念初具雏形。1931 年九一八事变把中华民族推到了灾难的深渊，推到了生死存亡的危急关头。巨大的国耻再度强烈地刺激着濒临厄运的中华民族，民族复兴思潮蓬勃兴起。1937 年七七事变的

---

① 参见郑大华《近代“中华民族复兴”之观念形成的历史考察》，《教学与研究》2014 年第 4 期。

② 参见俞祖华《“中华民族复兴”观念源流考》，《北京日报》2013 年 12 月 9 日；俞祖华、赵慧峰《近代中华民族复兴观念的生成及其衍化》，《天津社会科学》2014 年第 3 期。

发生，使“中华民族到了最危险的时候”。在生死存亡之际，中华民族空前觉醒，民族复兴思潮持续发展并不断深化、不断高涨，成为支持全民族抗战的强大精神力量。1945 年抗日战争胜利，中华民族实现了从向下沉沦到走向复兴的伟大转折。[①] 黄兴涛的《民国各政党与中华民族复兴论》一文特别强调了 1924 年在“中华民族复兴”思想或思潮形成过程中的重要地位，因为：其一，是年 1 月至 3 月，孙中山发表“民族主义”演说，提出要“恢复民族地位”“发扬民族精神”，甚至还使用了“民族复兴”的提法；其二，3 月，王光祈在《少年中国运动》一书的序言中公开倡导一种“中华民族复兴运动”；其三，几乎同时，已是共产党创始人之一的李大钊发表《人种问题》一文，重新阐述其“中华民族复兴”论。黄兴涛认为，上述种种大体可以表明，这时“中华民族复兴”作为一种时代思潮已然初步形成。其中，王光祈的《少年中国运动》一书序言，堪称近代“中华民族复兴”思潮正式兴起的宣言书，具有标志性的思想文本意义。[②]

三四十年代的民族复兴思潮研究。尽管学者们对“民族复兴”之观念生成和发展的历程有不同的认识，但几乎都认为，民族复兴成为一种具有广泛影响力的社会思潮则是在九一八事变之后。最先对“九一八”后的民族复兴思潮进行研究的是郑大华。2006 年，他发表在《学术月刊》第 4 期上的《“九·一八”后的民族复兴思潮》一文指出，九一八事变引起的民族危机，促进了民族复兴思潮的兴起，当时的许多报刊都刊登过相关文章，有的还发表“社评”，开辟专栏，就“民族复兴问题”进行讨论，一些以探讨民族复兴为主要内容的书籍也相继出版。人们当时讨论了以下一些主要问题：一是中华民族有无复兴的可能和如何实现复兴，二是民族自信心与民族复兴的关系，三是学术研究如何为民族复兴服务。尽管因知识结构、政治背景以及所擅长的专业不同，人们的认识千差万别，但他们都认为只要发愤图强，中华民族就一定能够实现复兴，而要实现民族复兴，首先就必须树立民族的自尊心和自信心，学术研究必须服务和服从

---

① 俞祖华：《近代中日关系与中华民族复兴观念及历程》，《河北学刊》2014 年第 2 期。

② 参见黄兴涛《民国各政党与中华民族复兴论》，《近代史研究》2014 年第 4 期。

于民族复兴。这在当时的历史背景下，对于帮助广大国民树立战胜日本军国主义的侵略、实现中华民族复兴的信念是有积极作用的。[①] 2009 年，郑大华又在《近代史研究》第 6 期上发表《"九·一八"后费希特民族主义思想的系统传入及影响》一文，进一步探讨了九一八事变后民族复兴思潮形成的原因，认为除了日益严重的民族危机，激化了人们的民族认同感和民族责任感，从而为中华民族复兴思潮的形成提供了契机这一主要原因外，九一八事变后费希特在《对德意志国民的演讲》中所阐述的民族主义思想的系统传入及影响也是原因之一。因为正如费希特《对德意志国民的演讲》摘要本的译者张君劢所指出的那样，费希特的《对德意志国民的演讲》阐述了民族主义的三个重要原则：第一，在民族大受惩创之日，必须痛自检讨过失；第二，民族复兴，应以内心改造为重要途径；第三，发扬光大民族在历史上的成绩，以提高民族的自信力。"此三原则者，亦即吾国家今后自救之方策也。"受费希特这一思想的影响，"九一八"后的中国思想界也普遍认为，"欲复兴中华民族，必先恢复中国之固有民族精神"；二是特别强调树立民族自信心对于民族复兴的重要意义；三是在民族认同的基础上认真反省中华民族自身存在的问题以及坚信教育救国的效益和功能。郑大华还分析了费希特在《对德意志国民的演讲》中所阐述的民族主义思想之所以"九一八"后能系统传入并产生重要影响的原因：一是费希特提出民族主义思想时的德国处境与 30 年代中国的处境十分相似；二是费希特身体力行，在国难时为复兴民族而置生死于度外的精神极大地体现了爱国主义情怀，这与近代中国知识界对于民族主义的爱国主义理解有异曲同工之处；三是近代中国，不仅仅是政治、经济、军事不如人，更让人担忧的是民族意识与民族凝聚力的缺乏，而费希特在《对德意志国民的演讲》中阐发的民族主义思想就是在德国政治、经济、军事各方面都不如人的情况下，通过自我反省、树立民族自信心和实施新式教育来实现民族的复兴，故他的民族主义思想更适合中国的国情，也最

---

① 参见郑大华《"九·一八"后的民族复兴思潮》，《学术月刊》2006 年第 4 期。

能得到中国人的青睐。[①] 张可荣在2010年发表的《费希特〈对德意志民族的演讲〉与“九·一八”后的民族复兴思潮》一文则认为费希特爱国主义思想在“九一八”后民族复兴中传播的原因，一是马克思主义和德国古典哲学在中国传播逐渐深入的反映，二是在日益严重的民族危机面前，费希特爱国主义思想契合了中国学人确立民族复兴之志，探索民族复兴之路，掀起民族复兴思潮的现实需要。[②] 杨兆贵的《“九·一八”后的抗战民族复兴思潮》一文认为，“九一八”后的抗战民族复兴思潮的主要内容，一是通过抗战来恢复民族自信，二是探索民族复兴的道路，三是从理论上揭露“攘外安内”政策的谬误。这一思潮产生了强烈的社会效应，在中国近代历史上占有重要的地位。[③] 刘祖辉在考察了“九一八”后民族复兴思潮的尚武倾向后指出，在“九一八”后民族复兴思潮空前高涨的背景下，提倡优秀传统文化，弘扬民族精神，增强民族凝聚力，成为当时中国思想界的共识。围绕这一思想，国民政府加强了国民教育，并希望通过“尚武教育”这一途径，促进民族复兴。源于祖先的古老武术，经历了几千年发展已经与中华优秀传统文化中多种“基因”紧紧相连，密不可分。因为其承载的“厚德载物、自强不息”等民族精神品质，在这股复兴思潮中显得特别耀眼夺目。由此，武术受到知识界、思想界甚至“党国要人”的高度重视，成为“尚武教育”的主要手段，在社会全面推广开来，从而奠定了武术在民国时期的重要地位。承载着五千年古老传统文明的中华武术，被寄予民族复兴的厚望而推向历史的前沿，并由此进入一个辉煌的发展时期。[④]

黄兴涛、王峰在分析民族复兴话语流行于20世纪三四十年代的原因时，重点分析了以张君劢为代表的国社党人和以蒋介石为代表的国民党人

① 参见郑大华《“九·一八”后费希特民族主义思想的系统传入及影响》，《近代史研究》2009年第6期。

② 参见张可荣《费希特〈对德意志民族的演讲〉与“九·一八”后的民族复兴思潮》，《长沙理工大学学报（社会科学版）》2010年第3期。

③ 参见杨兆贵《“九·一八”后的抗战民族复兴思潮》，《井冈山学院学报（哲学社会科学）》2009年第1期。

④ 参见刘祖辉《“九一八事变”后民族复兴时期的尚武倾向研究》，《浙江体育科学》2008年第5期。

的推动作用。在他们看来，尽管张君劢的所谓“民族复兴”主要倾注在学术文化方面，致力于确立所谓“民族复兴的精神基础”，但他的有关努力，对于“中华民族复兴”话语在三四十年代初的整体勃发和延续，产生了值得重视的积极影响。与此同时，掌握政权的国民党及其蒋介石政府，也自觉而迅速地抓住了“中华民族复兴”这一时代的主题，并竭力将其塑造成带有国家意识形态性质的霸权话语。一方面，它以此来抨击共产党及其领导的无产阶级文化运动为“非民族”，攻击其为民族复兴的破坏力量；另一方面，则以之激发民众的抗日情绪，为其自身的抗战建国目标服务。在这场以“中华民族复兴”为主旨的舆论宣传中，以蒋介石为首的国民党大僚是相当积极的，他们到处演讲，或撰写专论，俨然以“民族复兴”唯一可靠的领导者自居，从而推动了民族复兴话语在三四十年代的流行。此外，国民政府1934年及其后所发动的一些全国性的运动，一般也多打着复兴整个大中华民族的旗号。所谓“新生活运动”“国民经济建设运动”“本位文化建设运动”“国民精神总动员运动”等，均无不如此。像“新生活运动”本身就直接自诩为“民族复兴运动”。这些运动对于“中华民族复兴”观念和话语的广泛传播与社会认同，也产生了相当明显的影响。[①] 魏万磊的《20世纪30年代中国民族复兴话语谱系的形成》一文指出，20世纪30年代“民族复兴”话语的兴起具有特定含义，它与国民党内黄埔系发起的、以力行社为组织核心的民族复兴运动有很大关系。同时，它与农村破产的历史语境又有很大瓜葛。这套话语谱系的内容和所表现出来的各种倾向，可以看作文化民族主义的情感表达，它的出现是自鸦片战争之后中国人民族自卑感的“投射机制”，但与此前相比又有着新的内涵。[②] 魏万磊的《20世纪30年代“再生派”学人的民族复兴话语》一书是现有研究成果中为数不多的专著之一，此书主要考察了张君劢、张东荪、罗隆基、梁实秋、诸青来等“再生派”学人群体在30年代的民族复兴话语，展现了30年代中国思想史上一个极为重要的面相，

① 参见黄兴涛、王峰《民国时期“中华民族复兴”观念之历史考察》，《中国人民大学学报》2006年第3期。

② 参见魏万磊《20世纪30年代中国民族复兴话语谱系的形成》，《复旦学报（社会科学版）》2010年第2期。

即他们心目中的现代性观念。魏万磊将重心放在该派学人现代性方案的阐发上，认为这一套方案是在民族复兴话语谱系中提出的，所以冠之以“民族复兴话语”，其实质则是他们心目中的现代性方案，具体包括“科学”与“民主”的再阐发、国家社会主义（经济之途）、修正民主政治与民治主义（政治之途）、理性的文化民族主义（文化之途）。作者强调其话语实际上是浑然一体、不可分割的，而分经济、政治和文化三个方面论述只是出于理解习惯的需要。[①] 另一本研究30年代民族复兴思潮的专著是王毅的《〈再生〉杂志的民族复兴思想研究》，该书以《再生》杂志为中心，探讨了从“九一八”到“七七”之间的民族复兴思潮，指出创刊于1932年5月的《再生》明确揭示自己的宗旨是“致中华民族于复生”，张君劢等人从政治、经济、文化、教育等方面，提出了一个系统的民族复兴纲领。同时论著还将《再生》与《独立评论》的救国言论进行了一个对比性的考察，以探讨以胡适为代表的无党派学人与以张君劢为代表的组党派学人救国言论的异同，展现了30年代民族复兴思想的丰富内涵。[②] 孙新彭考察了意大利与德意志民族复兴运动及其对20世纪30年代兴起的民族复兴思潮的影响，认为发生在19世纪意大利与德意志的以民族独立与统一为目标的民族复兴运动，是人类近代史上具有重要意义的事件。它的发展进程及其遗产，特别是其民族主义在后来的演化，对人类近代史的发展产生了重要影响。20世纪30年代在面临巨大外患时，中国社会曾经兴起过强大的民族复兴思潮，在它的形成和发展的过程中，也明显地感受到意大利与德意志民族复兴运动的影响存在。[③] 王先明的《民族复兴之基石——农村复兴思潮的兴起与演进》一文，考察了20世纪30年代农村复兴思潮的源起、演进、背景与内涵，认为在30年代之际，“农村复兴”

① 参见魏万磊《20世纪30年代“再生派”学人的民族复兴话语》，中国社会科学出版社2011年版。

② 参见王毅《〈再生〉杂志的民族复兴思想研究》，广西人民出版社2012年版。

③ 参见孙新彭《意大利与德意志民族复兴运动及对我国20世纪30年代兴起的民族复兴思潮的影响》，《探求》2014年第3期。

成为民族复兴或民族自救的一种主导思潮，即“民族复兴之基石”。①

张可荣的《试论全面抗战时期的民族复兴思潮》一文，比较全面地考察了七七事变后的全面抗战时期民族复兴思潮的历史成因、主要特点和历史局限性。就历史成因而言主要有四点：第一，中国人民对民族与国家出路的长期思考与苦苦求索，是全面抗战时期民族复兴思潮迸发的内在动因。第二，日本帝国主义发动侵华战争引起的空前民族危机，是20世纪30年代民族复兴思潮发生的直接诱因，而全面抗战时期的民族复兴思潮，则是九一八事变以后民族复兴思潮的持续展开与不断深化。第三，孙中山在三民主义学说和建国方略中阐发的民族复兴思想，以及辛亥革命以来其他各种复兴民族的主张，既是留给后人的重要精神财富，也是抗战时期民族复兴思潮的重要思想基础。可以说，抗战时期的民族复兴思潮是对以孙中山为代表的革命先贤的民族复兴思想的继承与发展。第四，九一八事变以后，在空前的民族危机面前，中国政治思想舞台上各种党派对“民族复兴”这一话语几乎一致地认同（尽管理解各异），这是抗战时期民族复兴思潮持续高涨的政治基础。全面抗战时期民族复兴思潮有如下几个主要特点：第一，把对争取抗战胜利和实现民族复兴“必胜必成”的信念，变成思考与研究的动力，并寓于学术研究的过程与成果中。第二，高度评价孙中山的三民主义学说和建国思想，并誉其为中华民族“唯一复兴的路径”。第三，探讨的重点突出，涉及的内容广泛。全面抗战时期民族复兴思潮，围绕民族复兴的本质内涵及其实现途径等根本性问题展开，涉及了与民族复兴有关的一系列重大问题，包括民族复兴的本质要求、历史依据和根本途径，民族复兴与抗战建国及现代化的关系，民族复兴与中国文化及外来文化的关系，民族复兴与国家统一、中国革命、和平的国际环境的关系，民族复兴的长期性和艰巨性，民族复兴对于维护世界和平的作用，教育事业与人才培养对于民族复兴的意义，等等。全面抗战时期民族复兴思潮的历史局限性主要体现在：第一，存在着某种程度上的看重民族文化而轻视外来文化的倾向，甚至于复古的倾向。这种倾向在张君劢、梁

---

① 参见王先明《民族复兴之基石——农村复兴思潮的兴起与演进》，《近代史研究》2014年第4期。

漱溟、贺麟、钱穆、马一浮等思想大家的言论中都程度不同地有所反映。第二，反对中国共产党的革命救国之路。第三，蒋介石及其国民党政府以“民族复兴”的领袖自居，且把民族复兴当作对付革命的手段和口号。①

文化重建、学术研究与民族复兴。郑师渠在《近代的文化危机、文化重建与民族复兴》一文中指出，在近代中国，文化危机是更为深刻的民族危机，国人亟谋文化重建，以复兴民族。不过，新文化运动之前尤其是在晚清，人们追求的目标多表述为对固有文化的“保”或“存”。如康有为主“保教”，张之洞主“存古”，晚清国粹派则讲“存学”。各家不容等视，也多不乏创新发展之意，但受时代的局限，终不免于消极，未能提出复兴民族文化这个更加宏大的目标。新文化运动之后，这个宏大的目标才被明确揭示，并且接连掀起了两次各具规模、影响深远的重建民族文化运动。第一次发端于新文化运动，为“再造文明”的“整理国故”运动；第二次发端于抗日战争，为“抗战建国”中的“全国文化建设运动”。第二次的“全国文化建设运动”不仅第一次提出了“文化建设”“民族文化建设”“全国文化建设运动”“民族文化复兴”等一系列重要概念，这些概念较五四时期“再造文明”的提法，更显通俗与平实，而且与“整理国故”运动主要是由少数民间学者发起与推动，且限于具体的学术研究领域不同，此次文化建设运动是由国民党及国民政府由上而下发起与推动的，它是抗战建国总体战略中一个重要的有机组成部分。“抗战建国纲领”既然成了包括中国共产党在内各党派所认同的共同“国策”，此次文化建设运动便不仅具有全国的规模，且举全国之力，其声势与影响，自然与单纯从事学术研究的“整理国故”运动不可同日而语。简言之，抗战建国中的文化建设运动是国家行为、民族意志。复兴民族文化以助益中华民族的伟大复兴，仍是当今国人的“中国梦”。郑师渠总结了近代以来国人对文化重建的思考，得出以下几点启示：其一，近代国人思考文化问题虽历经艰辛，却表现了智慧上的远见，不容低估。例如，不仅指出了文化危机的存在，而且强调这是更为深刻的民族危机，故亟谋文

① 参见张可荣《试论全面抗战时期的民族复兴思潮》，《长沙理工大学学报（社会科学版）》2008 年第 4 期。

化重建以图民族复兴；坚持科学与民主乃是中国新文化的本质规定；以民族文化建设与抗战建国相统一，将文化的纷争最终引向了认同复兴民族文化共同的方向以及相信文化复兴才是真正的民族复兴，如此等等。这些精辟的识见与论断，显然已成今人欲完成先贤未竟事业必须认真加以继承的重要精神遗产。其二，如何正确处理政治与文化的关系，是文化重建中关键性的问题。“文化决定”论并不可取。“整理国故，再造文明”，但国已不国，单靠在书斋中整理国故，如何能再造文明！其后在抗战建国中，文化与政治得到初步整合，前者在助益抗战的同时，也为民族文化复兴真正打下了基础。但其时国民党在抗战名义下，坚持“一个政党、一个主义、一个领袖”的独裁政治，实行所谓文化“统制政策”，又严重束缚了文化的发展。抗战后内战爆发，政治的乱象终使文化重建的良好前景毁于一旦。复兴民族文化需坚持政治与文化间的良性互动。脱离政治的文化是无本之木；无视文化的政治则是无源之水。其三，正确处理中西文化关系，最终存乎其人。如何正确处理中西文化关系是文化重建中另一难点。人们提出过诸如“中体西用”“本位文化”“全盘西化”“此时此地的需要”“当务之急”“现代化”等所谓必须遵循的“标准”。但如胡适所言，言人人殊，这些标准都不能成立。事实上任何政治经济问题都离不开文化背景，能将现实具体问题解决好了，文化问题的解决也就自在其中了。中西文化问题的解决最终是“心知其意，存乎其人”，即取决于国人，首先是主政者的素质、视野与心胸。① 俞祖华的《中华民族复兴论与国民性改造思潮》一文认为，近代民族复兴思潮与国民性改造思潮是互有交集且互相推动的，国民性改造被视为实现民族复兴的重要途径甚至是“复兴之基点”，民族复兴则是国民性改造的依据所在与追求目标。恢复传统美德、优秀精神、“民族优越性”，是国民性改造的基本途径，也成为实现中华民族复兴的重要内涵。解剖、批判导致近代中华民族衰弱的国民性弱点，是民族复兴思潮的又一重要内容。实现中华民族的伟大复兴，需要民族精神的强大支撑，需要全面提高国民素质，需要培育健全的国民心态与成熟的民族性格，需要树立民族自信心、自信力，需要以人的现代化推动

① 参见郑师渠《近代的文化危机、文化重建与民族复兴》,《近代史研究》2014年第4期。

中国社会的现代化。因而先驱者对国民性改造与民族复兴问题的探索，依然值得我们重视与珍视。①

郭双林的《民族复兴话语下的中国现代学术》一文，从哲学、文学、史学、科学四个方面考察了九一八事变之后知识界在民族复兴话语下的现代学术建设，认为20世纪三四十年代民族复兴语境下的学术研究，除自然科学外，具有如下特点：一是以民族文化为本位，甚至带有文化决定论的色彩。从中可以看出欧洲文化形态史观传入中国后所留下的痕迹。二是走融会创新的研究路径，也就是陈寅恪所说的“一方面吸收输入外来之学说，一方面不忘本来民族之地位”。与清末“中体西用论”不同的是，此时外来学说所占之比重，已远远超过本土思想资源，但在形式上却是本土的、民族的，“新酒旧瓶”。这反映了现代国家建设过程中民族文化重构的时代特点。三是眼光向下，即中华民族文化的活力或根不在庙堂，也不在江湖，而在乡村，在胡同，在寻常百姓的日常生活中。这反映了自戊戌以来中国社会重心下移的整体趋势。如果借用1934年冯友兰在布拉格召开的第八次国际哲学会议上的发言，以正—反—合的辩证逻辑来形容中国自戊戌以来时代精神的变化，那么，中国自戊戌到20世纪三四十年代的学术研究，也经历过“正—反—合”的发展历程，“合”是民族复兴语境下中国现代学术建设的最本质特征。民国年间在民族复兴语境下所取得的学术研究成果，将成为构建未来中华民族新文化的一块基石。② 刘波儿的《中国知识精英对民族复兴的理论设想——以民国时期的优生学思潮为中心》将优生思潮作为中国知识界追求民族复兴的一环，考察了30年代“民族复兴追求中的优生学话语”，指出晚清以来，中国面临西方世界的强大压力，在亡国亡种的威胁之下，以严复为代表的中国知识精英通过《天演论》等译著，将人种改良知识介绍给大众，试图以“优种”的方式实现民族复兴。随着西学东渐的展开，优生学以西方现代科学的姿态进入中国知识精英的视野，被崇尚人种改良的知识精英视作可依附应用的科学实体，并以优生学为视角展开了如何复兴民族的讨论，民国优生学的发展

① 参见俞祖华《中华民族复兴论与国民性改造思潮》，《近代史研究》2014年第4期。

② 参见郭双林《民族复兴话语下的中国现代学术》，《近代史研究》2014年第4期。

是 19 世纪以来中国社会在外部威胁下转型的一个侧影。[①]

历史人物的民族复兴思想研究。历史是人创造的，近代“民族复兴”观念之所以能够生成和发展，之所以能够从一种思想发展成为一种具有广泛影响力的社会思潮，其原因也在于知识界的积极参与，为民族复兴各抒己见，出谋划策。因此，要研究中国近代民族复兴思潮，就必须考察历史人物的民族复兴思想。各个历史人物的民族复兴思想是一棵一棵的树木，他们的思想汇合在一起便就成了森林，成了思潮。就目前学术界的研究来看，涉及孙中山、李大钊、张君劢、钱穆、翁文灏、毛泽东等人的民族复兴思想。林家有在《孙中山和中华民族复兴思想》一文中指出，作为 20 世纪变革时代的杰出人物，孙中山不仅为复兴中华、振兴中国提出了用民主共和政治体制替代封建君主专制体制，在经济上建立以国营经济为主导，多种经济成分共存的社会经济体系，还提出用先进的文化作为复兴中国的源泉，建立优势互补的多元文化共存共荣的文化架构，努力实现建立一个“天下为公”和世界大同的理想社会。孙中山为了改造中国、实现中华民族的伟大复兴而耗费了毕生的精力，真是鞠躬尽瘁，死而后已。我们今天研究孙中山复兴中华、振兴中国的思想和实践，关键在于了解他的精神和他的经历，从中吸取创造新中国的有益启迪和教诲。[②] 陈翠玉对孙中山的复兴民族文化思想进行了研究，认为孙中山的复兴民族文化思想主要包括以下一些内容：提出复兴民族文化的思想基础、科学改造传统哲学、继承健康向上的传统文化精神、批判继承传统伦理道德、思辨与创新传统政治制度文化等。从上述内容来看，孙中山的复兴民族文化思想已跳出了狭隘的民族本位主义，而具有了整合超越中西古今文化的思想意义。[③] 熊月之探讨了孙中山文化复兴思想的时代特色，指出孙中山的文化复兴思想主要在三个方面着力：一是横的方面，从全世界范围弄清中国在人类文明中的地位，包括历史地位、现有地位和应有地位；二是纵的方

---

① 参见刘波儿《中国知识精英对民族复兴的理论设想——以民国时期的优生学思潮为中心》,《自然辩证法研究》2012 年第 2 期。

② 参见林家有《孙中山和中华民族复兴思想》,《历史教学》2005 年第 8 期。

③ 参见陈翠玉《中西古今文化整合与超越的尝试——论孙中山先生复兴民族文化的思想》,《兰州学刊》2010 年第 9 期。

面，厘清中华文化结构及其演变脉络，厘清何者当革、何者当因；三是在未来蓝图设计方面，审慎地考量各种变革主张，取其合理内核。这三个着力点形成了融会中西、贯通古今与统摄各家的三个特色。[①] 刘源俊在《孙文思想与中华民族复兴的道路》一文中提出，重新检视孙中山对中华民族复兴道路的探索，从民族主义到民生主义，进而到民权主义，孙中山思想值得进一步重视，其中有些被曲解、被误用之处尚需研究，其中的真知灼见，历久弥新，相信未来更会受到肯定，从而为中华民族复兴的道路给出有价值的启示。[②]

张可荣的《李大钊民族复兴思想初论》一文将李大钊的民族复兴思想历程分为三个阶段：辛亥革命前后（以 1916 年 5 月回国为界）为早期探索与酝酿时期；1916 年 5 月至 1919 年五四运动之前，为初步形成与集中阐发时期；其后是继续探索与修正、发展时期。文章在重点探讨了李大钊的“第三新文明”说、“崇今”说和“中心势力”说后认为，孙中山对“中华民族复兴”观念的生成和发展具有开山之功，继之而起且有卓著思想者则非李大钊莫属；在中国共产党历史上，率先自觉地从“中华民族复兴”理念出发探索国家出路，并初步奠定中国共产党的民族复兴思想基础的，也非李大钊莫属。[③] 张可荣还探讨了九一八事变后张君劢的民族复兴思想，认为在“九一八”后的抗日救亡运动与民族复兴思潮中，张君劢是率先倡导和自觉传播民族复兴思想并身体力行的典型代表，其民族复兴思想的内容主要包括：“民族自信心”是民族复兴的“根本问题”；民族主义是民族复兴的“根本目标”；“对于今后世界新文化之贡献”是民族复兴的“最大责任”。[④]

郑大华对抗战时期钱穆的文化复兴思想进行了探讨，认为钱穆的文化复兴思想主要体现在三个方面：批判历史虚无主义，主张对中国历史文化要有“温情与敬意”；阐释中国文化特殊性，提出了其独特的中国文化演

---

① 参见熊月之《孙中山文化复兴思想的三个特色》，《近代中国》第 23 辑。

② 参见刘源俊《孙文思想与中华民族复兴的道路》，《中国政法大学学报》2012 年第 1 期。

③ 参见张可荣《李大钊民族复兴思想初论》，《长沙理工大学学报（社会科学版）》2009 年第 2 期。

④ 参见张可荣《九一八后张君劢民族复兴思想初探》，《云梦学刊》2014 年第 1 期。

进过程的四期说；探索文化复兴之道路，主张以“儒家思想为中心”来接纳或吸取西方的科学。就第三方面而言，钱穆是一个“中体西用”论者。① 蔡洁、高翔宇考察了九一八事变到抗战前夕翁文灏的民族复兴思想，指出九一八事变引起了中国思想界的变动，其中之一是民族复兴思潮的兴起。中国地质学家、时任南京国民政府国防设计委员会秘书长的翁文灏为当时的民族复兴提出了许多建设性意见，其民族复兴的主张涵盖了政治、文化、经济等各个方面。比如在政治上，主张增进国民的国家认同、发挥政府的领导作用；在文化上，主张提高民族自信力、改进国民教育、培养实用人才；在经济上，主张开展国情调查、加强大后方建设等。这些思想的产生与他的西方教育背景和对国情的深刻了解等因素有着密切联系，并对抗战前夕的国民政府产生了一定的影响。②

作为中国共产党第一代领导集体的核心，毛泽东为实现中华民族伟大复兴做出了巨大贡献。党的十五大报告对毛泽东在中华民族伟大复兴中的历史地位给予了充分肯定和科学评价。学术界也先后发表了一些研究毛泽东与中华民族伟大复兴的文章，如张启华的《毛泽东与中华民族的伟大复兴》（《当代中国史研究》2003年第6期），杨胜群的《毛泽东和中华民族的伟大复兴》（《人民日报》2004年1月19日）等，但这些文章主要是论述和评价毛泽东领导中国人民在建立中华人民共和国、完成社会主义三大改造和进行社会主义建设的过程中为中华民族伟大复兴所建立的丰功伟绩，而很少论述和评价毛泽东有关中华民族伟大复兴的思想及其意义。郑大华的《论毛泽东的中华民族复兴思想》认为，毛泽东虽从来没有使用过“中华民族伟大复兴”或“民族复兴”一类的词，但这并不能说明他对中华民族伟大复兴没有系统而深入的思考。文章认为毛泽东民族复兴思想的内涵主要包括：第一，什么是中华民族伟大复兴，即中华民族曾创造过灿烂的古代文明，但在近代走向了沉沦，在中国共产党的领导下，中华民族一定能够走向复兴，把中国建设成为一个民主、独立、文

① 参见郑大华《抗战时期钱穆的文化复兴思想及评价》，《齐鲁学刊》2006年第2期。

② 参见蔡洁、高翔宇《九一八事变至抗战前夕翁文灏民族复兴思想的考察》，《文史博览》（理论）2011年10月。

明、富强的社会主义现代化国家，中华民族的优秀品质、中国的地大物博和社会主义制度的优越性是实现中华民族伟大复兴的三个有利条件；第二，中华民族伟大复兴的历史进程，即必然要经历新民主主义革命、社会主义革命和建设两个阶段；第三，如何实现中华民族伟大复兴，即三个立足点，分别是要加强党的领导和建设，要相信和依靠人民群众，要自力更生、艰苦奋斗。①

八 其他社会思潮

除了“民族主义”“社会主义”“激进主义”“保守主义”“自由主义”“三民主义”“中华民族复兴”这些思潮外，20 世纪 90 年代以来尤其是 21 世纪以来中国学术界还对其他一些思潮进行过研究。这里主要就“改造国民性思潮”“西化思潮”和现代新儒学的研究作一综述。

（一）改造国民性思潮

晚清与民国时期，对中国国民性的反思、对改造中国民族心理的探索曾被持续、广泛与热烈地关注。在 20 世纪 80 年代出现的“文化热”中，对中国国民性的反思伴随着对传统文化的反思而重新升温，成为“文化热”中的一个焦点，国民性批判成为文化批判、传统批判的重要路径。除了不断有从文学史的角度探讨鲁迅国民性思想的论文发表外，越来越多的学者开始从文化史、思想史的视角讨论与反思中国国民性。出版的著作有郑欣淼著的《文化批判与国民性改造》（陕西人民出版社 1988 年版）与沙莲香编著的《中国民族性》（一、二）（中国人民大学出版社 1989、1990 年版）等。进入 90 年代后，由现实中对中国国民性问题的反思，引起学界进一步关注近代史上先驱者有关国民性问题的思考，对中国近代改造国民性思潮的研究受到了重视，此后，相继有这方面的论著问世，如任剑涛的《从自在到自觉：中国国民性探讨》（陕西人民出版社 1992 年版）、俞祖华的《深沉的民族反省——中国近代改造国民性思潮研究》（山东人民出版社 1996 年版）等。

关于“国民性”概念。学界没有公认的、权威的提法，学者们在探

① 参见郑大华《论毛泽东的中华民族复兴思想》，《当代中国史研究》2013 年第 5 期。

讨中提出了各不相同的意见。例如，夏禹龙指出，国民性“可以理解为一个国家、民族所具有的比较突出的性格，既包括其优点，也包括其弱点。这种国民性，是由经济、政治、文化等因素的长期历史发展所形成的，有其相对的稳定性，但决不是天生的、凝固不变的”。[①] 梁景和指出，“清末思想界所谓的国民性主要是指国人的心理素质、价值观念、思维方法、行为方式之类，有时也把风俗习惯、文明程度、知识水平纳入其中”。[②] 袁洪亮撰文将学术界对“国民性”的定义分为四类：（1）多数论者认为国民性是指一个民族多数成员所普遍具有的比较稳固的社会心理特征、精神状态。还有学者认为“它是多数国民所具有的稳定的、反复出现的心理特质，是一种深藏于心灵深处的潜意识，属于低层次的社会意识，从本质上说，它是那个民族国家中的社会心理”。[③] （2）沙莲香等认为国民性是通过国民的行为倾向表现出来的、由一种心理特质所组成的普遍的人格类型。（3）有的学者认为国民性“是人的文化心理结构”。郑师渠认为，国民性改造问题“从文化心理结构的深层上，反映了文化主体意识的崛起，和中华民族在痛苦的反思中深层的觉醒”。[④] 崔志海认为，戊戌维新派虽没有提出“国民性”一词，但其“新民”主张尤其是其中的“新民德”一项，“涉及对民族文化心理的反思”，“目的是要在中国建立一个与时代发展相适应的新的民族文化心理，实现人的近代化”。[⑤] （4）有的学者反对“国民性”这种提法，认为它不科学。

关于近代国民性改造思潮的发端发展。学术界提出了下列主要观点：（1）近代初期。俞祖华撰文认为在龚自珍、魏源等地主阶级改革派的思想中已经蕴含着国民性改造思想的最初萌芽。魏源在《海国图志》中提出的“平人心之积患”思想，涉及人心为本的道德决定论、人心之积患及它的病根、提倡西学与变更传统以祛除人心之患、倡导新的价值观念等。这些问题也是后来的启蒙思想家们所普遍关注的，故应是国民性改造

① 夏禹龙：《中国国民性例析》，《社会科学》1986年第3期。

② 梁景和：《清末国民性批判》，《清史研究》1999年第3期。

③ 刘克明、王克兴：《中国传统人格批判》，江苏人民出版社1995年版，第10页。

④ 郑师渠：《辛亥革命后关于国民性问题的探讨》，《天津社会科学》1988年第6期。

⑤ 崔志海：《中国近代改造国民性思潮的先声》，《史学月刊》1994年第4期。

思潮的先声。他后来又撰文指出，近代国民性改造思想可以追溯到龚自珍的个性解放思想。[①]（2）戊戌时期。郑云山指出，“揭示自己民族中某些优缺点，早已有之；对比中西民族间不同的国民性，把中国的国民性作为一个专门问题以引起人们注目和探讨，却始于甲午战败之际。拉开序幕的是严复和谭嗣同”。[②] 喻大华指出，最早较为系统地阐述国民性问题的是严复。严复号召“鼓民力”“开民智”“新民德”，直接提出了改造国民性的问题。此间，谭嗣同也表述了类似的观点。新民思潮的序幕就此拉开。[③] 崔志海认为：“改造国民性思想是中国近代启蒙思潮的一个重要组成部分，但最早提出这个问题的并不是五四新文化运动，而是早在20年前的戊戌维新时期。”[④] 吴艳华等认为，“国民性”问题是19世纪末20世纪初中国出现的并延续一个世纪之久的社会启蒙思潮。[⑤]（3）辛亥革命时期。陈高原主张：中国人关于改造国民性的思想，萌芽于19世纪中后期，至20世纪初酿成颇有影响的社会思潮，并得以长期延续和发展。它以辛亥革命为界划分为两个时期，戊戌以后至辛亥革命以前，是形成阶段，辛亥革命以后至五四以前，是其初步发展阶段，新文化运动是其高涨时期。[⑥] 周建超认为：改良派在主张学习和引进西方物质文明和政治制度的同时，开始悉心探索人（国民性）的改造问题。到20世纪初，从理论、参与人数、传播媒介、讨论内容等方面看，对国民性问题的探索已形成了完全的社会思潮形态。[⑦] 彭平一认为：辛亥革命前，资产阶级思想家、宣传家对国民性改造问题做了多方面的探索和论述，并形成了一股国民性改造思潮。[⑧]（4）五四时期。一直到20世纪80年代中期以前，学界主要关注的是五四时期的国民性思想，尤其是鲁迅改革国民性的主张，而对以前

① 参见俞祖华《启蒙的发轫——魏源“平人心之积患”思想述评》，《社会科学辑刊》1995年第6期；《国民性改造思潮的最初发轫》，《中州学刊》2002年第5期。

② 郑云山：《辛亥前夕的国民性问题探讨》，《近代史研究》1992年第1期。

③ 参见喻大华《要现代化必须改造国民性》，《探索与争鸣》1997年第4期。

④ 崔志海：《中国近代改造国民性思想的先声》，《史学月刊》1994年第4期。

⑤ 参见吴艳华、郭贞《“国民性”：一个持久性话题》，《山东社会科学》2003年第6期。

⑥ 参见陈高原《论近代中国改造国民性的社会思潮》，《近代史研究》1992年第1期。

⑦ 参见周建超《论辛亥前的改造国民性社会思潮》，《社会科学研究》1997年第5期。

⑧ 参见彭平一《论辛亥革命前的国民性改造思潮》，《求索》2000年第4期。

的相关思想没有予以重视。此后，仍有少数学者认为国民性改造思潮形成于新文化运动时期，如郑师渠认为：在近代中国，国民性问题的最初提出，虽然肇端于19世纪末20世纪初的严复与梁启超，但其时应者寥寥，远未引起时人的关注，辛亥革命后，国民性问题成了社会普遍关注和热烈讨论的问题。①

关于近代改造国民性思潮形成的社会历史条件与思想渊源。学者们提出了关于国民性思潮发生起点的不同意见，并各自分析了国民性问题在各历史时期受到关注从而形成社会思潮的背景与原因。郭汉民、袁洪亮认为，持续紧张的民族危机是国民性改造思潮兴起并不断发展的最深层次社会原因；物质层面现代化的接连失败、无效，是国民性改造思潮的直接动因；中外国民素质的巨大差距进一步加强了先进知识分子从事国民性改造的决心；当时旅居中国的外国人对中国国民性的分析、批判很大程度上启发、推动了中国近代国民性改造思潮的产生和发展；思想渊源上，表面上直接受惠于西方的进化论、社会有机体论以及日本近代启蒙思想的影响，但在内在理路上与借道德人心治国的儒家思想模式一脉相承。② 有的学者注重从外来文化切入，强调近代国民性反思是外来话语的移植。鲍绍霖认为，18世纪晚期的英国人首先对各个民族的文化开始了大量的研究，形成了大量的关于民族性和国民性的著作，这些思想经由日本逐渐传到了中国，并促成了近代中国的改造国民性思潮。换言之，人的近代化经过了欧、日、中三部曲，中国的改造国民性思潮只是其中的一个阶段，五四时期对中国文化和国民性的研究“其根源可上溯到辛亥前的革命派，上溯到梁启超，上溯到明治时代的日本乃至欧洲”。③ 但也有学者突出强调了国民性改造思潮与传统文化中的“心力”思想、“重民”思想等本土思想资源的关联，强调了这一思潮的民族特色与自主性质。彭平一认为，道咸年间经世派提出的整肃人心思想建立在具有唯意志论色彩的“心力论”基础上，具有提倡个性解放的因素，同时有鲜明的道德决定论色彩，对近

---

① 参见郑师渠《辛亥革命后关于国民性问题的探讨》，《天津社会科学》1988年第6期。

② 参见郭汉民、袁洪亮《近代中国国民性改造思潮简论》，《广东社会科学》2000年第6期；袁洪亮、郭汉民《中国近代国民性改造思潮简论》，《中州学刊》2000年第5期。

③ 鲍绍霖：《国民性研究：东西文化相互影响三部曲》，《清华大学学报》1991年第1期。

代改造国民性思潮有一定的启发意义，但其本质上则属于地主阶级思想体系，不能认为是改造国民性思潮的“先导”或“萌芽”。[①] 闫润鱼撰文从政治学的视野分析了从“重民”向“改造国民性”的演化，认为“民”是资产阶级所构想的民主（共和）政治中必须倚重的力量，然而民性中暴露出的劣根性使人不能不对“当家作主”之权交予其手多几分担忧，“民”因被倚重而受批判。改造国民性思潮的兴起“从一个侧面记录了‘民’进入政治系统的历史轨迹，反映了君权的逐步衰退和国民在社会转型中所扮演角色的转换”。[②] 刘小平指出，在国民性改造思潮中对待道家文化有三种方式，即选择性认识或误读、发掘它与现代文化的会通点并发挥其文化建设潜能、全盘批判和否定儒家文化。[③]

关于近代改造国民性思潮的内容。对中国国民劣根性及其病根的剖析和对理想的人性、对新国民性的探寻，是近代改造国民性思潮的重要内容。俞祖华指出，从广义上讲，近代民族反省经历了器物上觉得不足、制度上感觉不足与文化根本上觉得不足三个阶段。而从近代民族反省聚焦于国民性批判、民族精神反思的狭义角度上讲，它经历了鸦片战争后启蒙的发轫、甲午战争后国民性反思正式开启与五四民族反省达到高潮三个阶段。自省、旁观、比较成为近代民族反省尤其是国民性批判的三重视野。近代民族反省思潮关注的三个问题是针砭劣根性、解剖其病源和以包括优秀民族精神在内的中外文化传统构建新国民性。因此，在近代民族反省思潮中，既有对病态国民性的批判，也有对优秀民族精神的体认。[④] 关于中国国民性弱点，近代启蒙思想家与各界人士有各种各样的说法，学术界进行了一些梳理。有的是指向集中的概括，如张锡勤把近代思想家揭露的国

---

① 参见彭平一《论道咸经世派的整肃人心思想——兼论整肃人心思想与改造国民性思潮的关系》，《吉首大学学报》2004 年第 4 期。

② 闫润鱼：《由“重民”向“改造国民性”思潮演化的政治学分析》，《教学与研究》2004 年第 5 期。

③ 参见刘小平《道家文化与 20 世纪国民性改造思潮》，《华南农业大学学报》2005 年第 1 期。

④ 参见俞祖华《略论近代中国的民族反省》，《北京师范大学学报》2007 年第 1 期。

民性弱点高度概括为“奴隶性”[①]，刘再复、林岗将国民劣根性归结为“主奴根性”[②]。有的做了具体的罗列，如郑师渠认为，近代国民性批判主要集中在苟且保守的惰性、褊狭自私、一盘散沙、崇尚虚浮、思维方式上偏颇、体质上孱弱等方面。[③] 梁景时等将晚清思想界所批判的“国民性弱点”概括为奴性、麻木、虚伪、为我、嫉妒、空谈、无公德、缺少是非感、无国家思想、无冒险精神、无尚武精神、拖拉迟缓、不果断、不求效率等。[④] 郑云山认为近代思想家所揭示的国民性弱点主要有“缺乏国民意识”“缺乏社会公德、没有合群习惯”“奴性”“好古保守”等。[⑤] 杨海云将《浙江潮》对国民性的批判归纳为：中国人国家观念淡薄；中国人保守而无进取心，精神颓废，自怨自艾；中国人有种种风俗陋习；中国人自私自利，没有公德心，没有社会责任感，“法律思想薄弱”；中国人性格薄弱，“无坚韧耐苦之风”，遂起畏死躲避之心；中国人“无自治力”，无民族自觉心，故奴性思想极其严重而不知羞耻，等等。[⑥] 周积明将晚清对国民性问题的揭示与批判归纳为：“我国国民所最缺者，公德其一端也”；“无进取之志，无冒险之心”；“中国人最富好古思想，老大帝国之本来面目也”；“奴隶者，为中国人不雷同不普通独一无二之徽号”。[⑦] 关于国民性改造的目标模式，俞祖华指出，启蒙思想家心目中的理想人性是自然性与社会性、个体性与群体性、理智与情感、体魄与灵魂和谐结合的人格。[⑧] 车冬梅将清末民初“新国民”思潮分为三个层次：梁启超的“新民说”与严复的“三民说”注重提高国民的整体素质，孙中山强调国民心

---

① 参见张锡勤《中国近代资产阶级思想家对“奴隶性”的批判》，《学习与探索》1988年第6期。

② 参见刘再复、林岗《传统与中国人》，安徽文艺出版社1999年版，第407页。

③ 参见郑师渠《辛亥革命后关于国民性问题的探讨》，《天津社会科学》1988年第6期。

④ 参见梁景时、梁景和《清末思想界对“国民性弱点”的批判》，《江汉论坛》1991年第3期。

⑤ 参见郑云山《辛亥前夕的国民性问题探讨》，《近代史研究》1992年第1期。

⑥ 参见杨海云《论〈浙江潮〉对国民性的批判》，《乐山师范学院学报》2004年第3期。

⑦ 周积明：《晚清国民性问题检讨》，《天津社会科学》2004年第2期。

⑧ 参见俞祖华《略论清末民初对国民性的探讨》，《北京师范大学学报》1989年增刊。

理建设的重要，五四新文化运动以解放国民主体意识为主。[①] 在中国国民性弱点中最受诟病的是旁观与奴性，相应地，启蒙思想家在呼唤新国民性时就突出强调了社会公德与独立人格。姜迎春撰文探讨了中国近代思想家的社会公德观，指出近代思想家们发现“缺乏公共精神”、公德缺失是比较集中和普遍的国民性弱点，增进公德成为其普遍呼声。[②] 陆玉芹指出，人的解放问题一开始就成为新文化运动的主要内容，对人的尊严、价值、个性与创造精神的肯定与张扬，成为当时先进知识分子的人生信条，也是国民性改造的重要目标。[③] 谢昌逵认为，作为现代社会所必备的自我意识、公民意识的增强是对国民性的改造；比较起自我意识来，公民意识的发生与发展，在中国更加困难，也更有意义。

关于改造国民性的文化取向与方式途径。章开源将近代民族文化心理改造中的文化选择区分为三种类型：以章太炎为代表的从旧文化营垒中分化出来的进步人士，主张复兴古学或保存国粹，反对全盘西化，但并非从根本上否定学习西方；以孙中山为代表的、接受新式教育的近代知识分子，曾经仰慕西方，后来认识到西方文明并非十全十美，应当吸取传统文化的优良部分以补救西方文明的弊端；无政府主义者对传统文化特别是对于旧的伦理道德进行了激烈的批判。[④] 多位学者注意到梁启超认为国民性改造应走中西结合的道路，即“淬厉其所本有而新之”和“采补其所本无而新之”的新民之道。喻大华撰文将晚清新民思潮对新民途径的探索概括为三点：认识到专制政体是中国国民性扭曲的病因所在，故欲新民，必先倒专制政体；发扬本民族固有之优良传统，学习西方各国之所长，塑造新国民；在改造国民性的手段上，强调宣传和教育的作用。

关于近代中外人士观察中国国民性的视角。俞祖华、赵慧峰有多篇论文论及中外人士从不同视角对中国国民性的观察。他们指出，近代中外人士对中国国民性有三类言说：启蒙思想家以批判的目光对中国国民性进行

---

① 参见车冬梅《清末民初“新国民”思潮发展评析》，《西安电子科技大学学报》2004年第4期。

② 参见姜迎春《论中国近代思想家的社会公德观》，《淮阴师范学院学报》1998年第3期。

③ 参见陆玉芹《五四新文化运动与人的解放》，《盐城师范学院学报》1999年第4期。

④ 参见章开源《国魂与国民精神》，《鄂西大学学报》1986年第1期。

深刻的自我反省，着力针砭国民劣根性；外国观察家以旁观者的身份对中国国民性的评说；还有中外人士以西方民族性、日本民族性为参照对中外国民性的比较与对中国国民性的照察。[①] 在外国人评说中国国民性方面，他们发表了《审视中国民族性格的两种目光》（《烟台师范学院学报》2000 年第 4 期）、《近代来华西人对中国国民性的评析》（《东岳论丛》2002 年第 1 期）、《近代日本人对中国国民性的评说》（《烟台师范学院学报》2002 年第 1 期）、《略论西方传教士对中国国民性的体认》（《学术月刊》1998 年第 12 期）等文；在中日、中西国民性比较方面，他们发表了《比较文化视野里的中国人形象——辜鸿铭、林语堂对中西国民性的比较》（《中州学刊》2000 年第 5 期）、《近代中国人对中日国民性的比较》（《中州学刊》2004 年第 1 期）、《近世来华西人对中西民族性格的比较》（《烟台大学学报》2003 年第 2 期）、《论近代哲人对中西民族特性的比较》（《河北学刊》2004 年第 1 期）等。其他学者也注意到了近代国民性反思中的中外比较视角与“他者”的视角。黄兴涛认为，如果从民族性认知的外来影响角度切入民族自觉史的课题，那么美国传教士明恩溥及其《中国人的气质》一书，无疑是最值得考察的对象之一。通过它在中国传播史的研究，可以具体透视当时外来文明的“他者”对民族自觉的复杂影响。[②] 方维规也注意到了该书被“狂译”的现象，并试图解释这一现象出现的原因。他提到该书至少十个译本，除黄兴涛提及的《中国人的气质》（中华书局 2006 年版），还有吴湘川、王清淮译《中国人的性格》（延边大学出版社 1991 年版）、姚锦镕译《中国人的人性》（中国和平出版社 2006 年版）、梁根顺译《中国人的素质》（太白文艺出版社 2007 年版）。[③]

关于改造国民性思潮的评价。多数学者认为，国民性改造思潮既有积

① 参见俞祖华、赵慧峰《自省·旁观·比较：近代中外人士三重视野下的中国国民性》，《烟台大学学报》2006 年第 2 期。

② 参见黄兴涛《自省和“他者”：明恩溥与清末民国的民族性改造话语》，《近代文化史研究》创刊号，商务印书馆 2007 年版。

③ 参见方维规《谁造就了“史密斯热”？——就〈中国人的特性〉与诸学者商榷》，《中国图书评论》2009 年第 3 期。

极意义，也有局限性，应对其进行一分为二的分析。陈高原指出，近代中国改造国民性思潮的实质可以表述为：具有唯物主义色彩的，以民族自救为出发点，着眼于国民心理与国民意识改造，追求中华民族人的近代化的爱国进步思想运动，是中国近代化总体思潮的一部分。其历史地位主要表现为：开拓中国民族性研究领域，以深刻的民族自省冲击了顽固的民族偏见，丰富了爱国主义的思想内容；深化了对中国近代国情和近代化使命的认识，并留下深远的历史影响；警醒国民，客观上为辛亥革命和五四运动的爆发创造了一定的国民心理基础。其局限性有：存在注重揭露劣根性而忽略总结优良面的偏向、重德轻智的倾向，同时未能处理好国民性改造与政治革命的关系。① 周建超的观点与此相近。他指出改造国民性思潮兼具救亡与爱国的双重性，带有鲜明的爱国救亡性质，是一股积极强烈的爱国主义思潮；又带有很浓的反封建启蒙性，是追求人的现代化的进步思想思潮，是中国现代化总体思潮的一部分，因而在近代史上占有不可抹杀的历史地位。它开始了中华民族认识自己的过程，是中华民族觉醒的里程碑；大胆揭出传统文化的痼疾，拉开了中国近代史上大规模批判封建文化的序幕，深深影响了后来新文化运动的内容及旗手；客观上为辛亥革命的爆发奠定了一定的国民心理基础。该思潮也有局限性，如对国民性的优劣缺乏全面、辩证的认识，忽视社会经济对国民性的决定性影响，未能较好地解决思想启蒙与政治革命的关系。② 对近代的国民性批判与反思，有少数学者质疑，或从总体上加以否定。如贺仲明撰文称，所谓“国民性批判”不过是中国现代知识分子臆造出来的文化谎言，既缺乏历史的合理性，也不符合逻辑性。这一思想不但不能深刻地影响中国的现实社会，反而导致知识分子群体与大众和现实的分离，知识分子逐渐丧失独立性和行动能力。③

（二）西化思潮

从目前可查的资料来看，新中国成立后，国内最早在文章标题中出现

① 参见陈高原《论近代中国改造国民性的社会思潮》，《近代史研究》1992 年第 1 期。

② 参见周建超《论辛亥前的改造国民性社会思潮》，《社会科学研究》1997 年第 5 期。

③ 参见贺仲明《国民性批判：一个文化的谎言》，《探索与争鸣》2009 年第 7 期。

“西化”二字，并对西化思潮进行研究的是储昭华发表在 1986 年第 2 期《社会科学家》上的《论“西化”及中国传统文化的出路》一文，该文对西化主义持的是肯定态度。① 从 1987 年开始到 80 年代末 90 年代初，学术界开始对历史上和当时社会上的“全盘西化论”进行批判。甘源认为“全盘西化”的实质是主张中国放弃社会主义，走资本主义道路，内容是经济上私有化、政治上多元化、意识形态上自由化。“全盘西化”论者既违背历史，又违背现实，“全盘西化”的理论根据不能成立。② 邹兆辰指出，搞自由化的人在“反传统”掩盖下所鼓吹的“全盘西化”，其目的是要改变中国的性质，否定共产党的领导和社会主义道路，是一种开历史倒车的反动政治主张。③ 董士伟认为，作为特定历史时期的理论主张，不可否认，30 年代的“全盘西化”论具有某些积极的意义，但这只是问题的一个方面，或次要的方面，问题的另一方面，或主要的方面是，它毕竟属于自由资产阶级理论体系，是落后于时代的非科学的理论主张。④ 李宗桂指出，以柏杨、李敖和孙隆基为代表的海外“全盘西化”论，就思想实质来看，是要彻底摧毁中国文化，用西方文化取而代之，既违背了中西文化发展的历史实际，也不符合中国的现实国情。只是一些情绪化的偏执之词，缺乏可靠的事实根据，缺少严密有力的论证。⑤ 龚书铎在《“全盘西化”论的历史考察》中指出，全盘西化派所提出的“全盘西化”论虽然在当时具有反对封建复古主义的一面，但他们的观点是错误的，他们的主张也是行不通的。其一，他们把世界文化等同于“西洋文化”，把世界文化单一化，尤其是抹杀了社会主义文化的趋势。其二，认为中国要生存只有去适应文化的趋势，否则就要“束手待毙”，同样是错误的。其三，认为“西洋文化”就是世界文化，必然是一切以“西洋”为尚，极端崇拜“西洋”。其四，无条件地宣扬西方资产阶级文化，虚无主义地对待传统

---

① 参见储昭华《论“西化”及中国传统文化的出路》,《社会科学家》1986 年第 2 期。

② 参见甘源《评“全盘西化”论》,《江西社会科学》1990 年第 S1 期。

③ 参见邹兆辰《中国要现代化就要全盘西化吗?》,《高校理论战线》1991 年第 5 期。

④ 参见董士伟《“全盘西化论”: 对自由资本主义的呼唤——评三十年代的“全盘西化论”》,《教学与研究》1991 年第 1 期。

⑤ 参见李宗桂《试析海外的全盘西化论》,《高校理论战线》1992 年第 6 期。

文化。其五，否定民族文化传统，企图以全盘接受西方文化来取代，表现了他们对文化的传承性的无视。其六，说“文化本身是分开不得的”，要接受只能“彻底地全盘”，不能是部分的，这在理论上和事实上都是说不通的。[①] 郑师渠对30年代的“全盘西化”问题论争从三方面（文化本身是否可分、“全盘西化”在事实上是否可行、全盘否认民族文化是否可取）加以分析，认为“全盘西化”派的观点“自然纯属主观臆造”，其在论争中的“见解不仅未曾离开上述的基点，而且愈趋极瑞、浅薄，终至于流为滑稽”。[②]

从20世纪90年代中期到90年代末，随着“文化热”的消退和社会上“全盘西化论”的低落，学术界对西化思潮的关注度也明显降低，相关学术论文刊发数量显著减少。同前期相比，这一阶段的学术界对西化思潮的研究更多的是对“全盘西化论”进行学理上的剖析。赵立彬指出，全盘西化思潮不仅反映了持论者个人的崇洋心理，更重要的是，它凸显了20世纪上半叶的基本社会心理。正是这种社会心理，导致了思潮本身和有关论争的特征与命运。全盘西化思潮的产生，以及围绕全盘西化思潮所引起的文化论争，都受到了崇洋心理至深的影响。[③] 另外，赵立彬认为，广义的文化观、文化整体论和对“文化新进化论”构成陈序经文化学理论的基础，将这些基本理论与中西文化交融的实际相结合，必然一步步导向全盘西化论。陈序经试图以纯学理的理论体系来营造对现实问题的答案的理论支撑，势难圆满。他对中国文化和命运的良好愿望，必然被繁杂尖锐的社会矛盾所湮没。[④] 郭建宁认为30年代关于中国本位与全盘西化的文化论争，由于争论双方对文化是时代性和民族性的有机统一缺乏正确理解，因而各执一端，所争论问题也就难以解决。在文化系统中，一般来说，民族性是形式，时代性是内容。首先应当看到，内容与形式不可分，

---

① 参见龚书铎《“全盘西化”论的历史考察》，《北京师范大学学报》1987年第3期。

② 郑师渠：《“中国本位”与“全盘西化”的论争》，《史学月刊》1988年第3期。

③ 参见赵立彬《崇洋心理与全盘西化思潮》，《中山大学学报（社会科学版）》1998年第3期。

④ 参见赵立彬《陈序经的文化学理论与全盘西化论》，《中山大学学报（社会科学版）》2000年第3期。

在迈向现代化的过程中，时代性与民族性缺一不可。内容决定形式，形式为内容服务，民族性服从和服务于时代性。[①] 许纪霖指出，反西化思潮所要解决的真正问题，是如何重建知识分子的文化认同。文化认同包括两种方式：初级的事实认同和现代的构建性认同。中国的反西化思潮在文化认同的方式上仍然是一种初级的“事实认同”模式。这种以整体主义思维为逻辑预设的“事实性认同”并不能真正解决当代中国的文化认同，反过来将加剧认同的危机性。现代社会的文化认同应该是一种新的“建构性认同”方式，即不是静态地对历史或现实的文化价值的认定，而是以一种积极的、参与的、建构的方式，通过对什么是“好的”共同体文化的开放性讨论，比较各种文化价值的意义，在一种动态的过程中逐步构建共同体的文化认同。从初级的“事实性认同”向现代的“构建性认同”的方法论转变，可能是中国知识分子解决文化认同的关键问题之一。[②]

除了对全盘西化论进行学理上的剖析外，这一时期学术界还就胡适与全盘西化论的关系进行了探讨。大多数学者认为胡适不是“全盘西化派”的一员。李坚、李晓飞认为，我们可以说胡适是“西化派”，但不能说他是“全盘西化派”，“西化派”与“全盘西化派”不能相提并论。[③] 郭建宁认为胡适是“充分西化”论者，而不是“全盘西化”论者。[④] 郑大华指出，长期以来有人把胡适认作地道的“全盘西化派”，这与历史事实不完全相符。早在 1917 年胡适就认为中国人在文化上所面临的“真正问题”不是什么“全盘西化”，而是怎样才能以最有效的方式吸收现代文化，使它能同我们的固有文化相一致。最能说明问题的是 1919 年他发表的《新思潮意义》一文，把“输入学理”与“整理国故”作为“再造文

---

① 参见郭建宁《三十年代全盘西化与中国本位的文化论争探析》，《中州学刊》1996 年第 5 期。

② 参见许纪霖《文化认同的困境：90 年代中国知识界的反西化思潮》，《华东理工大学学报（人文科学版）》1996 年第 4 期。

③ 参见李坚、李晓飞《重评胡适的“西化”与“全盘西化”》，《辽宁大学学报》1994 年第 3 期。

④ 参见郭建宁《三十年代全盘西化与中国本位的文化论争探析》，《中州学刊》1996 年第 5 期。

明”的前提条件提出。[①] 也有学者提出了新的看法。张利民指出，从留美后期到20年代中期，胡适是一个坚定的西化论者，但还算不上“全盘西化”论者；20年代中期到30年代中期胡适则不仅是西化论者，而且也成为“全盘西化”论的主要代表；30年代后期，胡适的观点又有一定的变化，逐渐趋于温和。[②]

值得注意的是，在这一时期，郑大华的《梁漱溟与胡适——文化保守主义与西化思潮的比较》一书，详细论述了中国文化保守主义思潮和西化思潮的产生、内容、特征、衍变阶段、历史地位及相互关系。[③] 而杨深的《走出东方——陈序经文化论著辑要》一书及其“前言”，对陈序经的重要文化论著及其思想进行了介绍和评论。[④] 可以说，这两部著作的出版，特别是郑大华的《梁漱溟与胡适——文化保守主义与西化思潮的比较》一书，在一定意义上可以视为新世纪对西化思潮进行重评的先导之作。

进入21世纪后，随着改革开放的进一步深入与民族自信心的逐步增强，国内学术界开始重新发现与评价西化思潮的历史意义。这一时期，学术主要关注如下几个问题。

“全盘西化”思潮的内涵以及演变历程。郑大华认为，中国的西化思潮是鸦片战争后中国文化本身对不断进入中国的西方文化及其所引发文化危机的一种回应，也是近代中国的仁人志士对中国文化出路的一种选择，其内涵有三：一是承认西方文化比中国文化优越，承认中国文化不如人；二是对中国传统文化持批判乃至否定的态度；三是既反对复古主义，也反对“中体西用”式的折中调和论，而主张用西方文化来批判、改造乃至取代中国文化，实现以西方文化为主体的中西文化结合或全盘西化。依据这一标准，他认为西化思潮的最早源头可追溯到清末民初，戊戌时期的樊

① 参见郑大华《论胡适对中国文化出路的选择》，《中国现代文学研究丛刊》1991年第2期。

② 参见张利民《胡适与“全盘西化”论》，《哲学动态》1997年第10期。

③ 参见郑大华《梁漱溟与胡适——文化保守主义与西化思潮的比较》，中华书局1994年版。

④ 参见杨深《走出东方——陈序经文化论著辑要》，中国广播电视出版社1995年版。

锥、易鼐是最早的西化派。到五四前后，西化思潮迅速兴起，与同期的文化保守主义思潮、马克思主义思潮一道，成为活跃在中国现代思想文化舞台上的主要文化思潮。尽管五四时期存在“全盘西化”和“全盘反传统”的思想倾向，然而这一时期西化思潮的主流依然是“有限西化”，真正意义上“全盘西化论”是陈序经在1934年《中国文化的出路》一书中提出来的。但当时只有极少人支持陈序经的“全盘西化论”，包括胡适在内的绝大多数西化派主张西化而不赞同全盘西化，因此中国近代史上根本不存在一个“全盘西化”派。1937年抗战爆发后，民族救亡成为压倒一切的主流，西化思潮失去了存在的社会基础，新中国成立后更是销声匿迹。当历史的脚步踏进20世纪80年代后，随着国门的打开、西方思想文化的进入，西化思潮又开始在中国的思想文化舞台上出现和活跃起来。①

西化思潮内部的流派以及胡适与全盘西化的关系。这一时期学术界绝大多数人认为陈序经是“全盘西化”模式的倡导者，而胡适主张的是“充分西化”或“全力西化”，并不是“全盘西化”。② 不过也有人提出了新的看法，认为“全盘西化”模式始于吴虞。③ 关于胡适与“全盘西化”的关系，尤小立认为胡适的学术态度与现实态度基本上是分裂的，就胡适思想而言，现实态度上的赞同“全盘西化”论与其学术态度有着明显的冲突和紧张。④ 赵立彬提出西化思潮历史上存在“自在的派”和“外在的派”。从20世纪20年代末到1933年、1934年，部分主张全盘西化的岭南大学师生群体在学理和主张上相互影响、相互呼应，共同参加了1934年广州的文化论战，形成了主张全盘西化的“自在的派”，其特征表现得十分充分。1935年文化论战在全国范围展开后，被指称的“全盘西化派”实际上是他人根据论点将胡适和陈序经并提的“外在的派”，他们本身缺乏学理上的一致性，在人员关系上也没有密切关联。胡适对这种“派”的认同与陈序经的不认同，恰好构成了在观察这一“派”时需要注意的分歧点。这种分歧反映了“外在的派”在实际中不能一致和协调的特征。

① 参见郑大华《西化思潮的历史考察》，《湖南师范大学学报》2005年第2期。

② 参见郑大华《胡适是“全盘西化论者”?》，《浙江学刊》2006年第4期。

③ 参见张耀南《“全盘西化”祖于吴虞论》，《北京行政学院学报》2001年第5期。

④ 参见尤小立《胡适与“全盘西化”论再思》，《江苏社会科学》2002年第4期。

这也影响着各自主张的表达和文化论战的走向，制约着全盘西化思潮的历史命运。①

对西化思潮的评价，大体可以分为三种：第一种是继续对西化思潮特别是“全盘西化”持全盘的否定态度，郑丽平认为“全盘西化”思潮根本上还是一种错误的思想。② 许曦明认为在全盘否定传统文化、一味模仿西方文化的历史语境中，中国人的文化自尊与民族自信受到了极大的削弱和伤害。③ 第二种与第一种相反，对西化思潮包括全盘西化持的是充分肯定的态度，认为“全盘西化”论不能简单地理解为全盘资本主义化，其真实含义应当是要求在中国文化土壤中确立现代性④，全盘西化实质上是广义的现代化，冲破了国情的阻力，是近代文化发展的必然结果，在中国近代思想文化史上具有重要的时空意义。⑤ 持这两种观点的人都不多，大多数学者持的是第三种观点，即对西化思潮包括全盘西化持一分为二的态度。郑大华认为，西化思潮有两个错误的理论预设，即一是传统文化不适应现代生活，二是现代化等同于西化，这使它没有成为近代中国文化出路的选择，但不能因此而认为它没有任何积极意义。首先，西化思潮始终都是作为顽固守旧思潮和文化保守思潮的对立物而存在和发展起来的，具有批判和抑制顽固守旧思潮和文化保守思潮的作用和意义。其次，西化派在宣传西化主张的过程中，宣传较多的是西方的民主与科学精神，是个性解放与思想自由，是人权保障和法制建设，是西方的物质文明和社会进步，他们反对人为地为中西文化的交流树立一个取舍标准，而主张中西文化的自由交流与融合，他们本人也身体力行，为西方文化在近现代中国的传播做出过重要贡献。这些都值得充分肯定。最后，西化派一概否定中国传统

① 参见赵立彬《“论”与“派”：文化论战中的全盘西化思潮》，《历史研究》2006 年第 1 期。

② 参见郑丽平《“全盘西化”思潮：一种现代化视角的解析》，《中国特色社会主义研究》2008 年第 1 期。

③ 参见许曦明《从文化自卑到文化自尊：基于胡适“全盘西化”论的思考》，《宁波大学学报（人文科学版）》2010 年第 1 期。

④ 参见张世保《陈序经“全盘西化”论解析》，《中南民族大学学报（人文社会科学版）》2008 年第 2 期。

⑤ 参见马克锋《全盘西化思潮与近代文化激进主义》，《天津社会科学》2005 年第 2 期。

文化诚然不对，但他们对中国传统文化中的阴暗一面，尤其是封建专制主义的政治思想的揭露和批判，则是实现传统文化现代化的必要前提。[①] 张太原认为，20 世纪 30 年代的“全盘西化”思潮正是“适合于其时代之要求”的，显然它也具有“相当之价值”，但同时也存在把西洋文化作为中国现代化的标准和目标，彻底否定中国传统文化，缺乏实践的现实力量的局限性。[②] 林家有指出，陈序经的“全盘西化”论是根据中国过去文化的事实和当时中国的需要而提出来的一种文化主张，其主要目的是反对“闭关自守”和文化的复古倾向。“全盘西化”论对以儒学为本位的封建文化的复古倒退思潮造成了沉重的打击。然而，“全盘西化”论作为文化的概念，是非科学的，是一种无从实践的空论。主张用西方文化来代替中国的传统文化，势必造成异质文化的尖锐对立和抗拒。[③] 何卓恩认为，陈序经的全盘西化理论既有量的规定性，又有质的规定性，是一个多层面的完整体系，这个体系呈现出中国文化问题的四个论说向度：变与不变的向度，离异与回归的向度，体与用的向度，现象与本质的向度。尽管陈序经热心有余，认知不足，然而我们却不能因此说陈序经对于中国文化问题的讨论和理论建构的努力毫无意义。首先，他提出的问题结构既有全面性又有前瞻性，至今没有过时；其次，他的理论探索虽然忽略了文化变迁的复杂性，忽略了中国文化自身的活力和张力，却抓住了世界一体化的大趋势，表现了执着追求现代性的高度哲学敏感。[④] 刘集林提出全盘西化论，无论是在积极主张彻底西化还是在激烈批判传统上，都有其历史合理性、推进现代中国思想进程的积极一面。但其西化思想本身又有明显割裂中西、笼统含糊的谬误和空想性的一面。其时代中的长处与短处都体现在其极端性中。[⑤]

---

① 参见郑大华《西化思潮的历史考察》，《湖南师范大学学报》2005 年第 2 期。

② 参见张太原《20 世纪 30 年代的“全盘西化”思潮》，《学术研究》2001 年第 12 期。

③ 参见林家有《陈序经的“全盘西化”文化观评析》，《海南大学学报（人文社会科学版）》2000 年第 18 卷第 1 期。

④ 参见何卓恩《陈序经全盘西化理论的四层涵义》，《广州社会主义学院学报》2005 年第 1 期。

⑤ 参见刘集林《陈序经全盘西化思想略论》，《广东社会科学》2001 年第 5 期。

（三）现代新儒学

现代新儒学是五四以后形成和发展起来的一个重要的思想文化思潮。20世纪80年代以后，学术界开始了对它的研究，到了90年代尤其是进入21世纪后，取得了不少研究成果。在著作出版方面，主要有郑家栋的《现代新儒学概论》（广西人民出版社1990年版）、《当代新儒学史论》（广西教育出版社1997年版），宋志明的《现代新儒学研究》（中国人民大学出版社1991年版），胡伟希的《传统与人文：对港台新儒家的考察》（中华书局1992年版），黄克剑、周勤的《寂寞中的复兴——论当代新儒家》（江西人民出版社1993年版），吕希晨主编的《中国现代文化哲学》（天津人民出版社1993年版），方克立的《现代新儒家与中国现代化》（天津人民出版社1997年版），颜炳罡的《当代新儒学引论》（北京图书馆出版社1998年版），李山、张重岗、王来宁的《现代新儒家传》（山东人民出版社2002年版），陈鹏的《现代新儒学研究》（福建人民出版社2006年版），景海峰的《新儒学与二十世纪中国思想》（中州古籍出版社2006年版），谢晓东的《现代新儒学与自由主义——徐复观殷海光政治哲学比较研究》（东方出版社2008年版），宋志明的《现代新儒学的走向》（北京师范大学出版社2009年版），侯敏的《现代新儒家美学论衡》（齐鲁书社2010年版），李翔海的《现代新儒学论要》（南开大学出版社2010年版），崔罡的《新世纪大陆新儒家研究》（安徽人民出版社2011年版），石永之的《中国文化的再展开——儒学三期之回顾与展望》（安徽人民出版社2012年版），许宁的《理学与现代新儒学》（长春出版社2011年版），程志华的《牟宗三哲学研究》（人民出版社2009年版）、《中国近现代儒学史》（人民出版社2010年版）、《熊十力哲学研究——“新唯识论”之理论体系》（人民出版社2013年版），秋风的《儒家式现代秩序》（广西师范大学出版社2013年版）等。

新儒学的产生与发展。柴文华指出，“新儒家”或“新儒学”是中国近现代出现的一个概念，它有两种基本的含义。第一，指宋明理学或宋明道学。第二，泛指中国新文化。现代新儒学是中国现代的重要思潮之一。它从类型上可以分为“典型意义上的现代新儒学”和“非典型意义上的现代新儒学”，具有立本于儒学、融合中西学术、构建本体论、推崇直觉等主要特征。[①] 现代新儒学产生的原因非常复杂：中国传统文化的危机构成中国近现代新儒学的事实前提和逻辑原点，而西方近代文化的危机则是新儒学产生的个别性和直接性根源；现代新儒学的产生也离不开它的“宿敌”——文化激进主义的刺激；现代新儒学作为文化保守主义的一员还与中国近现代的其他文化保守主义有着理论上的渊源关系。[②] 吉献忠指出，现代新儒学的产生不仅有着中国传统文化的基础，而且有着西方近代文化危机的深刻影响。面对后现代主义思潮对现代性负面效应的批判，现代新儒学表现出了与之同中有异的价值取向。在后现代主义语境下，现代新儒学的这种状况显然是被动适应现代化的。[③] 文启华指出，从20世纪初开始，现代新儒学的发展经历了创立期、奠基期、内外开展期和海外发展期四个阶段。每个发展阶段的代表人物都提出了他们的哲学思想。从新儒学的奠基者到当代海外新儒家，对西方哲学采取了一种从表面比附到内在融合，再到融入现代西方哲学思考的越来越开放的态度，在理论上经历了一个从单纯维护儒学传统到将儒学知识化、逻辑化，到最后将新儒学投入社会生活实践领域的越来越现代化的过程。[④]

新儒学的学理建构。余秉颐指出，现代新儒学是产生于20世纪20年代，至今仍然具有影响力的哲学和文化思潮，它的基本特征是主张复兴儒学，以传统的儒家思想为本位，吸纳、融会西方思想文化，从而谋求中国文化的现代化。“儒家资本主义”则是一种社会政治方面的主张。近现代新儒家提倡“融汇西方新潮、挺立自家传统”，他们批评了西方文化“科学与人文之间的不平衡”，强调中国文化的现代化必须坚持科学技术与人文精神的平衡发展。现代新儒家主张从儒家传统的“内圣之学”开出科学和民主的“新外王”，从而实现中国社会的现代化，但他们认为儒家的“内圣之学”是千古不易的“恒理”，人们对其只要继承，无须超越。在中国文化现代化问题上，我们可以从现代新儒学中获取有益的借鉴和理论

① 参见柴文华《现代新儒学的主要类型和特征》，《学术交流》2004年第1期。

② 参见柴文华《论现代新儒学的产生》，《商丘师范学院学报》2004年第1期。

③ 参见吉献忠《后现代语境下的现代新儒学》，《宝鸡文理学院学报》2006年第5期。

④ 参见文启华《现代新儒学的历史演变》，《湖北农学院学报》2002年第6期。

思维的教训。[①] 李维武指出，1958 年发表的《为中国文化敬告世界人士宣言》，对现代新儒学的开展产生了双重影响：一方面，《宣言》所阐发的文化保守主义的价值取向，为现代新儒学作为一大文化保守主义思潮的存在与发展提供了基本立足点；另一方面，《宣言》的一些观点所引起的不同看法，也促成了现代新儒学思潮的不断分化。现代新儒学在近五十年来的开展中出现了三次分化：一是哲学路向与史学路向的分化；二是重建形而上学与消解形而上学的分歧；三是心性儒学与政治儒学的不同。这种双重影响，使得现代新儒学的开展呈现出“一本而万殊”的特点。[②] 陈鹏指出，现代新儒学以传统批评西方，回应西方。这种回应体现为两种典型的路向：一是“收缩的”路向，境界被解释成个人心性、个人心灵的自得，而无须通过向外的实践来完成自身，并依此定位中国文化的价值；二是“扩张的”路向，即主张生命境界的完成最终需展开为全幅文化之用，而试图以自家生命之“体”收摄西方文化之用。[③] 范希春认为，早中期的现代新儒学具有三个明显的特征，即典型的道统论、中华文明优越论、明显的意识形态性。现代新儒学的转向正是对上述三方面的反动。现代新儒学发展的早中期，即已有转向的表现——“道问学”一系已对儒学进行学理层面上的创新；20 世纪 80 年代末以后，现代新儒学中的“尊德性”一系逐渐摆脱道统束缚，强调儒学以平等姿态与世界上其他伟大思想传统对话；90 年代中后期，后新儒学学者们更多地转向用西方哲学的批评方法检讨现代新儒学，开始从本体论转向方法的唯物论。[④] 张三萍指出，现代新儒学以中国有落后的生产力、有特殊的社会结构和特殊的文化而拒斥马克思主义中国化。这种“中国特殊论”无论是对中国社会还是对中国文化的认识都是不正确的。列宁的“社会主义可以在落后的国家首先取得胜利”的理论和俄国十月革命，中国新民主主义革命的胜利都是对“生产力落后论”最为有力的回击。中国共产党人，特别是毛泽东在《中国

① 参见余秉颐《现代新儒学三题》,《理论建设》2004 年第 4 期。

② 参见李维武《近 50 年来现代新儒学开展的“一本”与“万殊”》,《南京大学学报》2008 年第 6 期。

③ 参见陈鹏《回应西方：现代新儒学的境界之思》,《首都师范大学学报》2000 年第 2 期。

④ 参见范希春《现代新儒学的转向省察》,《山东大学学报》2000 年第 6 期。

社会各阶级的分析》中对中国国情所作的分析，说明现代新儒学对中国国情的认识并不符合中国的国情，把中国文化和儒学等同，夸大中国文化和马克思主义的差异性，使现代新儒学不能正确说明马克思主义和中国传统文化的关系。马克思主义中国化的含义之一就是马克思主义与中国传统文化相结合，但是马克思主义者认为，传统文化不能简单理解为儒学，更不能简单等同于儒家的“心性之学”。马克思主义不否认中国有特殊的国情及特殊的文化，但反对“中国特殊论”。①

新儒学与其他思潮。新儒学与马克思主义方面，李毅认为，七十多年间，现代新儒学思潮无论在中国的现代化道路问题上，还是在思想逻辑的建构上都表现出了与马克思主义在中国的发展迥然不同的理论趋向。现代新儒学在如何构建新文化问题上提出了一些有启发性的观点，但基本立足点却是“文化决定论”和抽象人性论，这使它不能真正解决“中国向何处去”的问题，也使自己最终陷入了理论困境。② 张三萍指出，现代新儒学通过四种方式诘难马克思主义的科学性：一是把马克思主义非理性化、宗教化；二是把马克思主义的意识形态性和科学性对立起来；三是否认哲学人文社会科学的科学性，进而否认马克思主义的科学性；四是用马克思主义个别结论的失误，否认马克思主义整个理论体系的科学性。现代新儒学对马克思主义科学性的诘难是不正确的，它割裂了马克思主义的理想性和科学性、意识形态性和科学性、科学性和人文性、个别结论和整个理论体系的关系。③ 新儒学与自由主义方面，谢晓东指出，作为现代中国的两大思潮，现代新儒学与自由主义之间相互作用、相互影响，其重要结果就是新儒学对自由主义一些思想观点的接纳与改造。于是，在长期的发展演变中，现代新儒学中形成了一个政治自由主义的传统。该传统具有明确的理念结构，主要体现在性善论、人格主义、自由观、平等观与治理模式五个方面。

① 参见张三萍《现代新儒学的“中国特殊论”辨析》，《武汉理工大学学报》2011 年第 1 期。

② 参见李毅《马克思主义与新儒学：七十多年思想交锋的轨迹》，《中国青年政治学院学报》1996 年第 1 期。

③ 参见张三萍《评现代新儒学对马克思主义的诘难》，《江南大学学报》2010 年第 5 期。

这个传统具有重要的理论意义，但也存在着一些不足。①

第二节 学术思想史研究渐成显学

20 世纪 90 年代初以来，大陆学界兴起了一股“学术热”，李泽厚将之概括为“学问家凸显、思想家淡出”。这一概括虽不够准确，但却敏锐捕捉到了八九十年代学术潮流变动的新取向。这股热潮在其兴起之初，便显示出了强劲的势头，这主要表现为：（1）一批以学术研究为主体的刊物与一批学术史丛书相继问世，其中影响较大的有王元化主编的《学术集林》丛刊、《学术集林丛书》（均由上海远东出版社出版），陈平原主编的《学术史研究丛书》，江西百花洲文艺出版社出版的《国学大师丛书》和北京图书馆出版社出版的《二十世纪中国著名学者传记丛书》。尤其是后一丛书由中国史学会前任会长、著名史学家戴逸主编，包括梁启超、章太炎、胡适、梁漱溟、张君劢、冯友兰、钱穆等人在内的 30 位学者入选，自 1999 年推出后，在学术界产生了一定的影响，并受到海外学术界的广泛好评。（2）一些重要的学术刊物相继开辟了学术史研究专栏，表现出对学术史研究的空前重视，如京、港、台三地同时出版的《中国文化》《中国社会科学》《读书》等，还新创办了专门以学术史研究为内容的学术刊物，如辽宁大学出版社的《学术思想评论》、江苏文艺出版社的《学人》、中国广播电视出版社的《原学》等。（3）一批近现代以来重要的学术典籍重新出版发行，如上海书店出版社的《民国丛书》、东方出版社的《民国学术经典》、河北教育出版社的《现代学术经典》、北京图书馆出版社的《20 世纪中华学案》、湖南教育出版社的《民国学案》等，为学术史研究提供了宝贵的文献资料。（4）一批新的学术史著作已经出版，如黄修己《中国新文学史编纂史》、郭英德等《中国古典文学研究史》、张岂之等《中国近代史学学术史》、刘增杰《云起云飞——20 世纪中国文学思潮研究透视》等，李学勤主编的多卷本《中国学术史》、朱杰勤的《中国学术

① 参见谢晓东《论现代新儒学中的政治自由主义传统》，《厦门大学学报》2008 年第 2 期。

思想史》、中国社会科学院文学研究所的《二十世纪中国文学研究史》等都在进行之中。(5)长期以来由于各种非学术原因被有意无意忽略了的或没有受到应有重视的近现代学术史上的某些重要人物，逐渐有了越来越多的研究和评价，他们的著作也在陆续整理出版，其中较有代表性的如沈曾植、罗振玉、王国维、刘师培、辜鸿铭、梁漱溟、胡适、熊十力、陈寅恪、吴宓、顾准、杜亚泉、吕思勉等。[①] 据此可见，这股学术史研究的潮流是在文学、语言学、哲学、历史学等多个领域同时展开的，故而具有极大的影响力。这股学术研究的热潮仍然持续，而且越来越显示出它的生机与活力。本书无意全面回顾学术史研究热潮的兴起与发展史，仅就史学领域内与中国近代思想史学科密切相关的学术思想史的历史进行梳理，解释这一学术转向背后的原因、近代学术思想史研究的内涵、走向等，以期对推动中国近代思想史研究的深入有所助益。

一　“学术史”兴起的原因、内涵与边界

对于20世纪90年代兴起的学术史研究热，学界给予了高度关注，并从不同角度探究了学术史研究兴起的原因。长期从事中国近代学术思想史研究的陈平原认为，眼下学术史研究热潮与晚清学术史研究的兴盛原因相似，晚清那代学者之所以热衷于梳理学术史，是意识到学术嬗变的契机，希望借“辨章学术，考镜源流”来获得方向感。同样道理，20世纪末的中国学界重提“学术史研究”，很大程度上也是为了解决自身的困惑。[②] 他同时指出，20世纪90年代学术史研究的兴起，包含着对80年代学术“失范”纠偏的意图。[③] 显然，陈平原侧重从学术发展的内在理路来探究这股学术史研究热潮兴起的原因。李帆则从内、外两方面归纳了学术史兴起的原因，他指出，学术史之所以在近二十年里再次勃兴并成为所谓“显学”，究其根源，无非外在环境的变化和学术发展的内在逻辑使然。所谓外在环境的变化，指八九十年代之交的政治动荡，必然使得时代环境

---

① 参见左鹏军《学术史热的人文意义》，《华南师范大学学报》1998年第3期。

② 参见陈平原《中国现代学术之建立》，北京大学出版社1998年版，第2页。

③ 参见陈平原《学术史研究随想》，载《学人》第1辑，江苏文艺出版社1991年版，第3页。

有一个大的转变，引起人们的反思，学者们发现80年代的思想文化热缺少学理的基础，缺乏学术的根基。思想缺少了学术的根基不仅无法长远，还带来了学风的浮躁。于是学者就从思想文化转向学术根基问题，无形中推动了学术史的勃兴。所谓学术发展的内在逻辑，是指改革开放后，西学再次大举进入，学者面临着与清末学者颇为相同的问题意识，即意识到学术嬗变的契机，希望借“辨章学术，考镜源流”来获得方向感。[①] 李帆所说的“内在逻辑”与陈平原的观点颇为一致，但其所说的“外在环境”事实上包含了两个不同层面的内容，政治动荡显然是外在环境，而对80年代学术的“反思”则应属于学术内在发展的需求。左鹏军认为，学术史研究的勃兴，表面上看是以世纪末的到来为直接契机，但作为一种学术文化思潮，很难用纯粹的时间变换来说明它，其中蕴含着深刻的历史文化传统因素，也有着紧迫的现实学术文化原因。具体而言，它是对长久以来中国传统学术尤其是对近现代以来中国学术道路、学术建树的全面总结，是对鸦片战争以来尤其是新文化运动以来中国文化命运、学术走势的冷静反省，它实际上蕴含着在世纪末对新世纪的新学术状况、新学术高峰的企盼与期待；它透露出中国人文知识分子在几十年的风风雨雨中走过了曲曲折折的学术道路之后，对自己社会角色、社会地位的重新确认，对学术本身的地位、价值，对学术本质的进一步思考和确认，表明一种可贵的学术自觉等。[②]

据此可见，20世纪90年代学术史研究的兴起，虽是内、外两种因素共同作用的结果，但内因即学术发展的内在理路无疑是更为重要的原因。只要看看80年代末已经悄然出现的陈寅恪研究热便可证实这一点。1988年5月26—28日由中山大学主办的“纪念陈寅恪教授国际学术讨论会”在广州召开，提交大会的论文四十余篇，涉及陈寅恪的学术成就、治学态度、治史方法与治学精神等问题。这说明90年代的学术转向并非偶然、突发的，而是早已潜藏于80年代末期的学术研究之中了。

随着学术史研究的兴起，学术史研究的目的、内涵、边界等问题逐步

① 参见李帆《论题：学术史的若干省思》，《历史教学问题》2013年第4期。

② 参见左鹏军《学术史热的人文意义》，《华南师范大学学报》1998年第3期。

进入研究者的视野，相关讨论为学术史研究的深入奠定了基础。就时间而言，这样的讨论是伴随着学术史研究兴起便不断展开的。当《学人》创刊之际，很多学者即谈到了学术史研究的目的。陈平原指出，学术史的主要功用，还不在于对具体学人或著作的褒贬抑扬，而是通过“分源别流”，让后学了解一代学术发展的脉络和走向；通过描述学术进程的连续性，鼓励和引导后来者尽快进入某一学术传统，免去许多暗中摸索的工夫。[①] 王守常强调了学术史研究“尊重事实”、侧重考订核实学术史种种事实的意义。他指出，与思想史重于揭明历史事实的意义与价值不同，学术史研究的目的应在于给思想史研究提供“准确，无可争辩的事实”，学术史研究可转向思想史去寻求认识能力和研究方法，学术史研究非但不能照搬思想史研究中所使用的概念范畴，反而要为思想史研究中所使用的概念范畴术语提供事实加以规范，避免其宽泛而曲解事实。他进一步解释，如果说学术研究有其特殊性的话，那即是学术史研究主要不是关注学术思想的政治经济社会等背景材料，而是从文献角度考订学术研究的事例，规范学术研究的术语。[②] 葛兆光对学术史与思想史的研究边界进行了区分，认为古往今来哲人智者探寻宇宙、社会与人生之道，有的靠灵感启悟，有的以格物致知，有的凭逻辑演绎，选择范围、切入角度、归纳分析，各个不同，代代相异，以时间为序研究这些异同，便是学术史的事情；而古往今来哲人智者有的想探索宇宙，有的要改造社会，有的在体验人生，一代与一代想法不同，一人与一人目的相异，这些不同与相异在时间轴上的衔接演变便是思想史的任务。[③] 罗志田指出，“学术史”就是学术的历史，而且只应是学术的历史。而其主体，不仅要有学术，更应有学人。学术史离不开具体的学术文本，更当采取“见之于行事”的取向，回到“学术”的产生过程中，落实到具体学术作品的创造者和学术争辩之上，着眼于特

① 参见陈平原《学术史研究随想》，载《学人》第1辑，江苏文艺出版社1991年版，第2页。

② 参见王守常《学术史研究刍议》，载《学人》第1辑，江苏文艺出版社1991年版，第6、8页。

③ 参见葛兆光《思想史与学术史》，载《学人》第1辑，江苏文艺出版社1991年版，第27—28页。

定时代“为什么某种学术得势，原因在哪里，起了什么作用”，在立说者和接受者的互动之中展现学术的发展进程。[①] 对于学术史与思想史的关系，雷颐认为，“学术”与“思想”有较大不同，“学术”的目的在“证”，重在爬梳整理；“思想”的目的重在创造发挥。二者并非完全相悖，颇有“互补”的可能。没有“思想”的“学术”往往只是事实、材料的简单铺陈罗列，必然缺乏分析和综合，很少给人新的知识或启迪；而缺乏学术的思想，往往只是凭空想象，犹如空中楼阁，没有坚实的基础，极易流于空泛。[②] 张立文认为，学术在传统意义上是指学说和方法，在现代意义上一般是指人文社会科学领域内诸多知识系统和方法系统，以及自然科学领域中的科学学说和方法论。中国学术史面对的不是人对宇宙、社会、人生的事件、生活、行为所思所想的解释体系，而是直面已有的中国哲学家、思想家、学问家、科学家、宗教家、文学家、史学家、经学家等的学说和方法系统，并借其文本和成就，通过考镜源流、分源别派，历史地呈现其学术延续的血脉和趋势。这便是中国学术史。[③] 于是，学术史便与哲学史、思想史区别开来。胡伟希对学术史研究的具体路径提出了自己的观点，认为可以从两个不同维度进行：一是注重研究历史上不同学术思想观念之间的内在逻辑关联，这是通常所称的“内史”研究；二是注重历史上各种学术思想观念与当时的社会历史条件及时代氛围的关系，此是一般所称的“外史”研究。而实际上，内外史常有交叠。作为思想史的学术史研究，由于注重学术思想观念，包括学术规范的形成与时代条件、社会环境的研究，故主要应归于“外史”研究之列，但这并非排斥对学术思想观念之传承与转换作内在逻辑理路的考察。这样既可避免将学术史等同于一般的思想史，同时又可通过学术史的研究来揭示其思想史的特征，是为作为思想史的学术史研究存在之价值与意义。在他看来，作为思想史的学术史研究，首先应注意把握一个时代学术发展的“中轴原理”

① 罗志田《学术史：学人的隐去与回归》，《读书》2012 年第 11 期。

② 雷颐：《关于现代学术传统》，载《学人》第 1 辑，江苏文艺出版社 1991 年版，第 33 页。

③ 张立文：《中国学术的界说、演替和创新——兼论中国学术史与思想史、哲学史的分殊》，《中国人民大学学报》2004 年第 1 期。

(或中轴观念),其次应注意区别学术思想观念的表层与深层结构,再次应注重对学术派别的研究。[①]

据此可见,学术史研究的内容不仅在于学人、学派的学术思想,更在于梳理一代学术的承传、流变与趋向。具体到中国近代学术思想史而言,其最主要的问题应当是中国传统学术的现代转型问题,包括传统学术在近代的承传与流变,现代学术体制的建立,学人、学派的学术思想与学术理念等问题。

二　传统学术的现代转型

学术关系国运。晚清以降,伴随着西力东侵、西学东渐,中国出现了“三千年未有之变局”。为了因应外部世界的冲击,朝野上下曾提出过多种应对方略,发起过多种改革运动,传统中国的很多东西都在此过程中改头换面。而与国运息息相关的中国传统学术,也在“古今中外”的交汇与紧张中开始了艰难的转型。中国传统学术的近代转型遂成为近代学术史研究中首要的课题。张寿安指出,“中国近代知识转型”是一个庞大的研究工程,欲探讨这个东西方学术交汇、冲击与裂变的议题,至少要从两个大方向进行:一是西方近代科学式知识如何在中国建构,包括体制与观念;二是传统中国学术在近代如何转变。而她本人多年来一直致力于后一议题的研究,一方面意在了解传统中国学术在近代早期亦即明清以降的变化,另一方面试图梳理出传统学术的分化与开放的可能性。在她看来,中国传统学术的近代转型,经学的变化是一个重要的维度,并从经数与经目的变化入手考察了经学学术转变的意义。在两千多年历史中,经数与经目随着政治与学术的互动而变动不居,在考据学最兴盛的乾嘉道光时段,经数与经目的变化最为剧烈:从段玉裁的二十一经说、沈涛的十一经说,直至龚自珍的六经正名说。晚清学界对经数、经目的重新排列,形成儒家经典在 19 世纪的多面裂变。[②]

---

① 参见胡伟希《清华国学研究院与中国现代学术(提纲)——作为思想史的学术史的个案研究》,《中外文化与文论》2001 年卷。

② 参见张寿安《从六经到二十一经——十九世纪经学的知识扩张与典范转移》,《学海》2011 年第 1 期。

与张寿安侧重考察中国传统学术自身在前近代的分化、开放的可能性不同，更多的学者关注的则是传统学术在西潮冲击下的分化与裂变。而中国传统学术的“中心”经学的近代命运也成为很多学者关注的论题。罗志田从学术演变的内、外理路入手，探讨了清末民初经学从学术中心到边缘而史学从边缘到中心的易位过程，指出乾嘉以来清代考据学中存在着经学系统与史学系统，中国史学之独立于经学，虽然早就有人主张，但经史两学真正取得平等的地位，还是在近代西潮冲击下经学因不能致用而大大衰落之后。道咸以降，经学考证之内在发展导致诸子学和经今文学的复兴，佛学随之而起，而西学亦复东渐，学术界的思想资源和发展流变都呈现出一种多元并进之势，既存的经古今文学和汉宋学的樊篱渐失意义。而过去长期处于边缘的史学在此变动期间地位明显上升，达到“国粹即史”“爱国必须先知历史”的高度。两者的相互作用促成了经史易位的完成，到民国时考据法已基本落实在史学阵营之中。他进而分析了史学地位提升的原因，指出，除了经学衰落这一负面因素外，经史之学的易位还有多方面的直接和间接原因，诸如时代语境的影响、西学在士人心目中的优越感、晚清经世风气的兴起等，都有助于史学地位的提升，但在他看来，史学在民初兴起的一个更为重要的外在原因，就是史学在近代的道德提升。①

葛兆光对罗的上述研究提出了补充，指出，经史之学中心与边缘互相易位变化，除了罗所陈述的内容之外，经学即中心本身也在发生着急剧的位置挪移，这也是19世纪末20世纪初学术史的一条线索，而且可能是相当重要的线索。在他看来，经学的成立是由于经学在传统中国垄断了真理，并占据了学术与思想的制高点的缘故，它并不像史学一样，本身就具有类似现代学科的清晰边界。因此，晚清以降，无论今文还是古文，两方面学者在对传统与现实的双重焦虑和紧张中，都对经典重新进行诠释，试图重新发掘属于自己的知识与思想资源，以回应日益涌入的新知，其结果则是在不知不觉中使古代中国的经典之学发生了根本的逆转。这直接引起

① 参见罗志田《清季民初经学的边缘化与史学的走向中心》，载《权势转移：近代中国的思想、社会与学术》，湖北人民出版社1999年版，第302—341页。

了后来知识与思想的巨变，也使传统的经学逐步向现代学科体制中的文学、史学和哲学转化与分化，导致了传统学术尤其是经学在近代的衰落。经学的权威性来自它对于“真理”的垄断，而史学的权威性却来自它对于“真实”的追求，然而当经学在不知不觉中转向史学后，“真理”在“真实”的检验下不断露出不能自圆其说的破绽，而“真实”却在不断地开放着知识的边界。因此，考察经史易位，不能忽视经学自身的“内在演进”。①

刘巍以章学诚“六经皆史”说的沉浮为切入点，考察了晚清以降经学没落与史学提升、经学史学位置替换的趋势及其意义。他首先在系统梳理章学诚“六经皆史”说的本源和意蕴后指出，章氏“六经皆史”说的提出乃有感于以戴震为代表的倡言由训诂考据以求圣人之道的经学或标“汉学”的压力，他以“文史校雠”之学与之抗衡，虽显示了他的魄力，但其议论在当时只流传于一二知己。晚清以降，章学诚的“六经皆史”却持续发酵，掀起了轩然大波。从“六经皆史”到“夷六艺于古史”，再到“六经皆史料”，此说之备受关注，深刻地反映了中国近代经学的衰败及其主导地位被史学所取代，而经典自身不能不以“史料”的身份寄身于“史学”的历史命运。经典之权威地位的丧失与“六经皆史”说之提升，齐头并进、恰成反悖而有密切的内在关系，尤为深刻地反映了时势的变动。② 这种以小见大的实证研究，对于我们理解晚清以降传统学术发展的总体趋势，无疑更有帮助。

当然，经史更替、正统的衰落与边缘的上升，只是中国学术在近代演进的总体趋势，这并不影响经学在渐趋没落大势下不同阶段所呈现出的内在活力。这种活力正体现了传统学术为应对时局所做出的努力，包括接纳西学、复兴古学。学术经世乃中国传统学术的重要功能，面对西学东渐、西力东侵所造成的“国将不国”的时局，传统学术的经世功能得到极大的张扬，嘉道以后出现的汉宋之争与汉宋调和问题、经今古文之争问题以

---

① 参见葛兆光《重绘近代思想、社会与学术地图——评罗志田著〈权势转移：近代中国的思想、社会与学术〉》，《历史研究》2001年第1期。

② 参见刘巍《经降史升：章学诚“六经皆史”说的来龙去脉》，载《中国学术之近代命运》，北京师范大学出版社2013年版，第1—78页。

及诸子学的复兴等，都反映了传统学术的经世趋向。而这又在一定程度上成为传统学术近代转型的重要动力。

关于西学冲击下传统学术的内在活力，罗检秋作了颇有价值的探讨。他的《清末古文家的经世学风及经世之学》一文，阐发了古文经学家的经世学风，并及晚清传统学术格局的转变。文章指出，清末古文家虽强调“求真”而非“致用”，但事实上发展了道咸以来的经世致用学风。国粹派学者是其典型代表。他们批评晚清今文经学，自身却也重新诠释经学传统，并且“通经致用”，反思儒家的夷夏之辨及民本思想。他们又阐述非儒学派，把“经世之学”扩展到诸子学、史学以及佛学，从而学术格局由经学独盛变为多元并存。这为进一步汲取近代观念和西学方法创造了条件。作为晚清较为庞大的传统学术群体，古文家的经世学风加速了传统学术的衍变和转型。[①] 他的《学术调融与晚清礼学的思想活力》一文，深入考察了嘉道以降，礼学在汉宋融合潮流中所显示出的思想活力。在他看来，现有关于清代礼学的研究多偏重于考察乾嘉汉宋对峙背景下一些汉学家“以礼代理”的倾向及其考礼成就和议礼主张。而同样值得注意的是，嘉道以降，一些主张汉宋调和学者的考礼、议礼和释礼，极大地推动礼学进一步发展。如阮元等人彰显礼学的社会性，郭嵩焘阐发“缘情制礼”的思想，曾国藩、俞樾注重礼学的经世价值。风气所及，一些礼学家发扬儒家“因时制宜”的思想，关注礼俗改良。他们批评压迫女性的礼教，主张简化婚、丧、葬、祭的礼仪，甚至像孙诒让那样，以《周礼》为依据，提出全面改革礼制的措施。在晚清汉、宋调和的潮流中，礼学也呈现出鲜明的思想活力。[②] 他的《嘉庆以来汉学传统的衍变与传承》一书，对嘉庆以来汉学传统的衍变与传承进行了深入细致的梳理，该书首先从学术衍变的内在理路入手，分析了乾嘉之际汉、宋之学由对峙转向调和的过程和清末古文经学的义理化趋向，从而深入地揭示了汉学蕴含的调适传统。之后，重点考察了汉学衍变的外部机缘。在此基础上，作者深入考察了晚清西学东渐大背景下汉学的衍变，涉及汉学与西学的关系、汉学传统对晚

① 参见罗检秋《清末古文家的经世学风及经世之学》，《近代史研究》2001 年第 6 期。

② 参见罗检秋《学术调融与晚清礼学的思想活力》，《近代史研究》2007 年第 5 期。

清学术多元化的影响，以及清季民初汉学传统的传承等内容。①

刘巍的《〈教学通义〉与康有为的早期经学路向及其转向》一文，以《教学通义》为切入点，系统考察了康有为早期经学思想的演变及其原因。文章指出，《教学通义》所反映出来的，实际上是一种基于经世理念的古今兼用的趋向。康有为早年尊崇周公的思想来源，系受到章学诚"六经皆史"观念的启发，而其中的今文经学思想则是受到常州公羊学派的影响，而非抄袭廖平。"通变宜民"的"变政"观念使康有为既能尊崇周公也能欣赏孔子，而借最高王权变法的思想又使他的取法对象更是"有德有位"的周公而非"有德无位"的孔子。作者认为，康有为上书活动的失败，是促使康有为经学思想转向的"大事因缘"。正是在上书失败后，他调整得君行道的上行路线，开辟了以匹夫自任"合民权"以保国、保种、保教的新的理论与策略，与这种思想相表里的是对孔子的重新诠释与今文今学立场的确立。同时，文章还对康有为与廖平之间的学术纠葛作了辨析，认为在康有为基于经世观念而今古文兼采的阶段，廖平似不可能影响到他。但是在因时局激荡而冲破旧的经学思想格局之际，廖平的"辟刘之议"尤其是对《周礼》的处理方式很可能刺激了康有为的新思路。②

张循从汉学内在的紧张切入，为清代学术思想史上引人注目的"汉宋之争"问题提供了新解。他指出，汉学与宋学的对立是清代"汉宋之争"研究关注的焦点。事实上，"汉宋之争"在思想史上的内涵并不止于此，它同时也是清代汉学自身内部"穷经"与"进德"、"考据"与"义理"之间紧张状态的反映。随着清代汉学逐渐出现"为知识而知识"趋向，不免与儒学本身重道德、重致用的性格相违背，汉学毕竟还是一种儒学，其自身内在的限制，不能允许欠缺义理的求治倾向无限制膨胀。既难以抑制考据的兴趣，又必须限制这种兴趣的发展，以防止它同德行、义理等层面分裂脱节，清代汉学始终处在这种内在的紧张之中。这即是所谓

① 参见罗检秋《嘉庆以来汉学传统的衍变与传承》，中国人民大学出版社2006年版。

② 参见刘巍《〈教学通义〉与康有为的早期经学路向及其转向》，《历史研究》2005年第4期。

“汉宋之争”在思想史上更深层次的含义。清季以降，一整套西方学术分科体系逐渐流行于中国，表现为“汉宋之争”的儒学内部各层次的分裂之势与西方学科体系相互支援，在清季民初以后导致了儒学最终的解体，儒学内部的“汉宋之争”也借此而消歇。在这条学术变化理路中，清代儒学的“汉宋之争”就好像是提前为中国学术由传统进入现代作了一番准备，清代学术思想似乎显示出某种“近代性”的趋向。①

路新生对诸子学研究的现代转型进行梳理后指出，诸子学研究的现代转型课题，实质上是探讨现代哲学史学门如何在中国建立的问题。他比较了章太炎与胡适“老”“新”两代学人的诸子学研究，认为他们所瞩目的诸子学，均在发掘诸子思想中具有现代哲学意义的内容而不是其他。诸子学研究转型的这一特性，内在规定了探讨这一课题必须考虑两个要素：一是“西学”的引入。它主要表现为使诸子学挣脱经学的附庸地位，改变过去那种因解经的需要而侧重于考究、音韵训诂的做法，一变而为向重义理、重条贯的叙述方式转移，即参照西方哲学对于本体论、宇宙观、知识论、人生观等概念的界定，将类似的内容从中国传统学术中提炼出来。而在现代学人中，章太炎是认识到了“义理”在诸子学研究中重要性的第一人，从而树立了不同于传统的现代诸子学研究的标识。二是与历史学的现代转型一样，诸子学研究也需要“平民化”，即需要“解放”诸子学，将它从贵族的殿堂“拉”向民间。胡适的《中国哲学史大纲》正是凭借通俗清新的文风在诸子学研究现代转型的历史关头起到了旗手的作用，具有“范式革新”的意义，这是章太炎佶屈聱牙的文风所无法做到的。②

罗检秋探讨诸子学兴起背后的西学因素后指出，近代诸子学研究的兴起与西学的传播息息相通。晚清以降，一方面西学打破了儒学正统的文化格局，推动着诸子从儒学的樊篱中解放出来，另一方面诸子学成为学者们发掘新的文化价值的资源。在此背景之下，近代诸子学与乾嘉诸子学在实质上有所不同，20 世纪早期，诸子的“考据”之学与“义理”之学，都

① 参见张循《汉学的内在紧张：清代思想史“汉宋之争”的一个新解释》，台湾《“中央研究院”近代史研究集刊》第 63 期。

② 参见路新生《“新”、“老”之争与诸子学研究的现代转型——以章太炎、胡适的诸子学研究为例》，《华东师范大学学报》2009 年第 6 期。

经历了深刻的变化，其与乾嘉诸子学的不同，不仅在于研究者基本抛弃了儒学正统观念，也不仅在于人们把诸子学说置于西方文化的参照之下，主要的在于研究者大量运用西方自然科学和社会科学的概念、原理考据诸子。可以说，西学在近代的传播与采用是近代诸子学发展过程中最主要、最根本的推动力。①

郑师渠对学衡派的诸子学研究进行了梳理，指出五四后的诸子学研究之所以常起纷争，说到底，其核心还是涉及一个怎样评价孔子的问题。这里存在两个并行不悖的趋向：一是以学衡派为代表始终反对那些诋毁谩骂孔子的学者，他们极力主张恢复孔子应有的历史地位，给他一个科学的评价。二是以胡适为代表当年激烈主张“打倒孔家店”的一批学者，开始摆脱狂热，从历史的意义上研究孔子，强调诸子学平等。二者相辅相成，加速了传统经学的终结和现代学术的发展。这又是一个从心理到学术需要调适的过渡时期，学术观点的分歧与冲突，甚至不乏感情的偏向，都应视为正常的现象。②

张凯的《清季民初“蜀学”之流变》一文，以“蜀学”为例探讨了中国现代学术建立过程中，传统学术的传衍流变与内在活力，试图解释近代学术转型的多元路径。他指出，民国整理国故运动蔚然成风，南北学人输入西学时，往往以行学术分科格义中国学术，近代新学术由此建立。清季民初，复兴蜀学成为川省学人的群体诉求，各派学人以汉宋、今古、经史的不同立场，所建构蜀学系谱因时而异，各有侧重。“好今文家言者”多主张晚近学术当以“东西”代“南北”，以今文学之“理论”整合古文学的“事实”。宋育仁、蒙文通、刘咸炘等学人批评整理国故运动妄立科目，任意比附，认为复兴蜀学才是学术正途。这正显示出在科学史观与分科治学之外，近代学术近代转型的新路径。③

传统学术内部尽管不乏活力，但面对西潮的冲击，经学还是不可抗拒地走向“终结”，而在经降史升的过程中，“新史学”的创制成为一代学

---

① 参见罗检秋《西学与近代诸子学的发展》，《天津社会科学》1994 年第 4 期。

② 参见郑师渠《学衡派论诸子学》，《中州学刊》2001 年第 1 期。

③ 参见张凯《清季民初“蜀学”之流变》，《近代史研究》2012 年第 5 期。

人努力的方向，也为后来的研究者所关注。刘巍以钱穆的《国史大纲》为中心，探讨了抗战期间钱穆所致力的“新史学”。指出自晚清章太炎等提倡“国史”的观念以来，民国时期钱穆《国史大纲》堪称较为成功的学术实践。钱穆所致力的“通史之学”，不单自觉承继中国史学通史致用的传统，更重要的是力图“以中国人的眼光”、站在中国人的立场上“重明中华史学”，揭示“国史”的“精神”，展现“国史”的进程与动向，重建中华民族的自我意识与自信心，以贡献于“中华民族与中国文化”的未来。这是钱穆所揭橥的“新史学”的基本精神。①

王汎森以廖平与蒙文通师生之间的学术承传为例，深入研究了近代学术研究从经学向史学转变的复杂进路。文章指出，蒙文通的学术有两个重点，即“古史多元论”“大势变迁论”。两者都牵涉近代从经学向史学过渡的复杂学术背景，尤与其师廖平的独特经学观念相关。其中，廖平早期思想中的经学系统不是一个完整的有机体，它的内部有许多的差异与矛盾及把经学主张的不同化为地域的差异等观念，对蒙文通“古史多元论”产生了曲折而又深刻的影响。在近代以来，“经”与“史”的地位发生激烈转变的学术背景下，蒙文通扬弃了乃师的经学思想，开始用历史的思维处理廖平以经学思维提出的问题。作者指出，蒙文通由经学向史学的转变，大抵经历了五个环节，即：分别经是经、史是史；丢掉今、古文之争的老问题，代之以古代史的问题；分出时间层次，汉是汉，先秦是先秦，而且各时代的意义一样；要用历史研究的方法区分出古代文献内容中“理想”与“事实”的区别；接受19世纪西方史学的影响，尤其是种族、地理两种因素。最后，作者在与廖平的比较中对蒙文通的学术贡献作了评估，指出由廖平到蒙文通，捍卫传统的方式显然有所不同。但在尊重传统的大方向上，并无太大不同。大体而言，由经学到史学，在价值层面上发生了深刻广泛的转变。②

“新史学”的创制，离不开中西学术的会通，因此西学观念与方法对

① 参见刘巍《“国史”创制：〈国史大纲〉“重明中华史学”的新努力》，载《中国学术之近代命运》，第303—340页。

② 参见王汎森《从经学到史学的过渡——廖平与蒙文通的例子》，《历史研究》2005年第2期。

新史学的影响自然是考察此一问题的应有之义。章清的《中西历史之“会通”与中国史学的转向》一文，在中西交流的背景下审视了晚清史学的转向问题。文章指出，在“援西入中”的过程中，史学作为西学的重要组成部分得到阐述，“经世致用”思想不仅成为沟通“西史”之津梁，“西史”之被接纳，事实上进一步强化了史学之“用”途。而“西史”之被纳入，并无多少“学”的意味。相应地，“史学”作为现代学科之意义，也难以彰显。作者还通过分析“西史”在各种“经世文编”中的“安置”，进一步说明史学走向“中心”，乃“经世致用”思想所催生。在此基础上，作者进一步考察了晚清知识界对作为现代学科之史学走向的思考及其遭遇的种种困惑。作者认为，中西历史“会通”之后，“史之意义与范围”等明显含有学科意识的问题为史家所关注。然而当“历史之范围”毫无边界可言时，则又影响着历史学的学科定位或学术认同。[①] 文章的内容仅限于晚清，对民国时期之史学，并未涉及。

桑兵则撰文系统考察了清末特别是民国时期西方社会学、人类学对中国史学产生的巨大影响。文章指出，自梁启超倡导“新史学”以来，西方社会科学对中国史学的影响逐步加强。其中社会学与人类学的作用尤其值得关注。清季知识人提出民史的概念，并认识到用西方新起的考古学与社会学来弥补远古历史不足之重要性。但由于当时的重心是重新厘定“什么是历史”，至于“如何研究历史”则是民国以后学人的任务。经过民国学人如顾颉刚等人的探索，史学的“眼光向下”和社会学人类学的重心下移合流，民史的重建渐具雏形。但是，考古学与人类学在以“眼光向下”推动了民史建立的同时，也产生了一些令史家困惑的倾向。其中重要的一点，便是史学以史料为依据，而考古学与人类学的研究对象本来都是所谓的初民社会，基本没有自己的文献记录，都强调实地作业。为解决此一困惑，作者提出了“回到历史现场”的命题。[②]

王法周的《从〈古史辨〉看1920年代史学中的西学观念与方法》一

① 参见章清《中西历史之“会通”与中国史学的转向》，《历史研究》2005年第2期。

② 参见桑兵《从眼光向下回到历史现场——社会学人类学对近代中国的影响》，《中国社会科学》2005年第1期。

文，从顾颉刚的《古史辨》切入，深入考察了顾颉刚古史辨与启蒙思想的关系、古史辨派与其反对派之关系以及西方学术观念对双方的影响等问题。文章认为，顾颉刚的古史辨伪从酝酿到成熟，正值启蒙思想时代，在这个时代，与胡适等师辈们一样，顾颉刚始终都要面对思想启蒙的时代课题。而这种启蒙的时代精神在其“层累地造成的中国史观”中有着鲜明的体现，即以怀疑论为基础的理性主义精神，以进化论为思想特征的历史演进的方法，以及一切靠证据说话，对历史的真相和价值进行重新评判的态度。在作者看来，顾颉刚及其古史辨派与反对派之间的争论，主要表现为方法与价值观之争，而在根本意义上则表现为价值观之争。[①] 王法周从学术史入手探寻其背后的思想与观念，提示我们注意思想与学术、思想史与学术史的复杂关系。

三　现代学术之建立

与传统学术近代转型相伴而行的是现代学术的建立，这本是一个同行共生的问题，你中有我，我中有你，很难截然二分，但为了叙述的方便，这里姑且将其分而述之。何谓现代学术？现代学术的特征为何？刘梦溪《中国现代学术要略》指出，“以人为中心还是以学为中心，以人为单位还是以学为单位，是传统学术与现代学术的一个分界点”，“传统学术重通人之学，现代学术重专家之学”。[②] 李慎之认为，中国传统学术与现代学术最清晰的界标，就是五四先贤所标榜的“民主”与“科学”：“自从清末逐渐酝酿，到五四时期经陈独秀提出要拥护德先生（德谟克拉西，即民主）与赛先生（赛因斯）的大声疾呼而成为不刊之论。从此以后，凡是朝这个大方向努力的，就是现代学术，与这个大方向相违背的，就不是现代学术”，“因此，除民主与科学而外，中国学术不可能有区分现代与传统的标准”。[③] 陈平原分析中国现代学术范型的基本特征时强调：“如何描述晚清及五四两代学者所创立的新的学术范式，实在不是一件容易的

① 参见王法周《从〈古史辨〉看1920年代史学中的西学观念与方法》，载《中国近代思想史研究集刊》第2辑，第237—267页。

② 刘梦溪：《中国现代学术要略》，生活·读书·新知三联书店2008年版。

③ 李慎之：《什么是中国现代学术经典》，《开放时代》1998年第5期。

事情。起码可以举出走出经学时代、颠覆儒学中心、标举启蒙主义、提倡科学方法、学术分途发展、中西融会贯通等。”① 朱汉国则认为，随着近代以来中西文化碰撞的加剧、新学堂的开班和以思想启蒙为特征的新文化运动的展开，五四时期的中国学术，无论是精神、旨趣，还是方法、语体、文体，都处在扬弃旧范式、创建新范式的转型阶段。学术旨趣的多元化、学术分类的专门化、学术方法的科学化，以及学术形式的通俗化，构成了五四新学术范式的基本特征。这些特征的出现标志着中国学术已经逐渐走出传统的学术范式，开始向现代学术范式转型。其成就影响了几代学人。② 对于此一问题，最为系统的探讨当属黄兴涛、胡文生。他们撰写专文对中国学术现代转型的内涵、动力及其上限问题进行探讨。在他们看来，关于现代学术的内在结构性特征，只强调“专门化”或“分途发展”远远不够，还不能忽视自然科学在这一范型中的基础地位和现代社会科学的形成对于这一范型的定性作用。与此同时，作者强调了现代学术生产机制的意义，现代学术体制和教育体制以及与之相伴而生的“现代学术共同体”的初步形成，对于这一范型建立的重要性等。并指出，中国学术从传统向现代的转型，大体可以从学术自身的价值自觉性、自主性的初步生长，学术内在结构的现代转换，思维方式和治学方法的重大变革，学术现代核心价值理念的形成与认同，学术生产机制的转轨和学术语言载体的显著变化等几个方面来把握。从上述内涵入手，他们指出戊戌时期是中国现代学术转型整体萌发的时期，其表征在于：就学术价值的空前自觉和自主意识的初步萌生、以学术分科细密化为特征的整个现代学术结构之观念体系初步形成；与之相配合的学科教育系统初步酝酿；重要的现代人文社会科学新学科，如社会学、法学、政治学、经济学、哲学和逻辑学等，都开始自觉地倡导；传统学术的重镇——史学也已出现了现代性变革的主张；现代思维模式和治学方法的最初转变；以“进化论”为核心的现代学术根本理念初步确立，进化论取代传统的循环论、天命史观，是中国学

① 陈平原：《中国现代学术之建立——以章太炎、胡适之为中心》，北京大学出版社1998年版，第9页。

② 参见朱汉国《创建新范式：五四时期学术转型的特征及意义》，《北京师范大学学报》1999年第2期。

术实现现代转型的重要一环；现代学术机制变革与建设的综合性起步。在旧的科举制度变革与废除的同时，现代学术的关键制度也于此时诞生，包括现代高等教育机制、现代出版及发表机制、现代学会组织和学术交流机制、现代留学机制、白话文运动的萌芽和现代新“学语”大量传播的肇始，甚至出现了“学术转型”的自觉。而戊戌时期出现的“学战”思潮构成了这一转型最为强大的动力，同时也给其带来了不可避免的弱点。① 上述研究表明，现代学术应当包括现代学术观念、现代学术社会、现代学术范式等问题，而这又是与西知、西学、西潮的冲击、濡染与融入密不可分的。

关于戊戌变法与中国现代学术的关系问题，方光华也提出了自己的看法，认为戊戌变法突出了学术的主体意识，有利于突破传统经学的局限，开启了学术理论创新的大门。同时它又促进了西方学术进一步传播，导致西方学术与中国学术的初步结合。它奠定了中国近现代学术的三个主要特点：（1）学术主体意识是学术研究的灵魂。在他看来，《新学伪经考》与《孔子改制考》不但是戊戌变法的政治文献，同时也是中国近现代重要学术文献。它以中国传统学术的主体——经学为研究对象，对传统学术精神进行了深入反省，确立了近现代学术的主体意识和经世意识。（2）它以国民为价值本位。在他看来，由戊戌变法所导致的对传统的反思，在20世纪初年的新学术思潮中，被逐渐定位为国民价值标准的提倡。（3）它重视对西方学术理论和学术方法的吸收。20世纪初年，西方学术理论被用于传统经学、子学、史学乃至文学，中国新史学的几大流派无不强调西方学术理论和学术方法的吸收与运用，这与戊戌维新有着密切关系。②

陈平原的《中国现代学术之建立——以章太炎、胡适之为中心》一书，是研究中国现代学术建立过程的重要著作，其中作者同样强调了戊戌一代学人对于中国现代学术建立的贡献。该书以小见大，以章太炎、胡适为切入点，展示了中国学术转型的复杂性，尤其是发掘了各种被压抑、被

① 参见黄兴涛、胡文生《论戊戌维新时期中国学术现代转型的整体萌发——兼谈清末，民初学术转型的内涵和动力问题》，《清史研究》2005年第4期。

② 参见方光华《戊戌变法与中国近现代学术》，《西北大学学报》1998年第4期。

埋没的声音，挑战了以西学东渐为代表的“现代化叙事”。作者指出，中国现代学术的建立，是晚清与五四两代人的共谋，强调新典范的真正确立与发挥示范作用，胡适当然值得大力表彰，可更要看重危机中的崛起以及学术转型的全过程，章太炎那一代学人便不可避免地进入视野。当然，五四那代学者对于晚清一代的研究思想与具体结论，都作了较大幅度的调整。作者进而指出，中国现代学术的建立，并不只是“西潮东渐”的顺利展开，尽管在民族危机的刺激下，在时贤眼中，“西学”就是“新知”，中国变革的动力及希望即在于传播、借鉴“西学”，但也不乏对中国文化持有信心者通过“古学复兴”获取“新知”的努力。作者同时指出了在中国现代学术建立过程中，中国学人由“通人”向“专门家”转变过程中，对学术与政治、学科与方法、授业与传道、为学与为人等问题的因应。具体到章、胡的研究，作者强调指出，首先，章、胡作为晚清及五四两代学人的代表，其教养、经历、学识、才情，均有明显的差异；由于只是类型不同，而发展出大有差异的文化策略，这一点在中国现代学术的创立期，尤为重要。其次，借助于章门弟子的勾连，原本可能产生严重“代沟”的章、胡及其代表的两代学人，获得了某种理解与沟通，此乃新文化运动得以迅速展开并大获全胜的重要原因。最后，提倡国学、争持墨辨、尝试白话诗、写作哲学史、评论现代教育制度以及掀起轩然大波的“订孔”与“疑古”，章、胡二人的开张并不一致，但“共同的话题”却很多。这既表明章、胡二人学术思想上的“交谊”，更突出了两代学人思路及追求的连续性。也正是这一点，回应了作者的基本设想：晚清及五四两代学人的共同努力，促成了中国学术的转型。[①]

在西潮的影响下，以西学分科为基准强调学术的专科化是 20 世纪中国学术发展的主要特征之一，也是传统学术走向现代的重要标志，成为研究者关注的热点问题。罗志田考察了西方学科分类影响下民国国学的学科定位，认为从清季兴办学堂开始，西方学科分类逐渐在中国教育体系中确立。“国学”或“国故学”在此分类中究属何类，这是困扰 20 世纪 20 年

---

① 参见陈平原《中国现代学术之建立——以章太炎、胡适之为中心》，北京大学出版社 1998 年版。

代许多学人的问题。一种较有代表性的看法是将中国的“国故”整理纳入哲学、文学、史学等新式分类，但随之产生的问题是，这一进程结束后还有“国学”或“国故学”的存在余地吗？如果有，则“国学”或“国故学”便实际超越了西学分科；而后者又被时人看作成为“科学”的必要条件，这又违背所谓“新国学”即“科学的国学”之定义。围绕这些问题的争议反映出当时学人其实更多是从思想而非学术的角度看待“国学”。① 随后，他进一步考察了西学冲击下近代中国学术分科的演变轨迹并指出，20世纪中国学术明显受到西潮的影响，以西学分科为基准来认识和调整既存中国学问，是许多学人遵循的主流取向。一些人在回向中国传统寻找分类体系时，误将图书四部分类视为学术分类，实则中国学界在学术分科上对西学冲击的早期回应更多体现在清末办理各类新学中的学科分类上。清季学人曾据“学”与“术”分的传统观念将学问分为“学理”和“致用”两大类，但以（日本式）西学分类来规范中国学术的方式最后得到确立并基本维持到今日。不过，向不提倡分科的中学是一个相对独立发展的系统，在不少地方与西学并不能充分吻合。“国学”在新的分类中究属何类即困扰了民初许多学人，实际也影响到今日学者对“汉学”学科定位的思考和争议。②

程歗、谈火生对于清末民初的分科设学与学术转型提出自己的见解，认为分科设学模式在中国近代学术转型中起了重要作用，中国近代学术的基本构架由传统的经史子集转变为七科分学，是一个传统的内部变动和新知的外部渗透所共同构织的极其复杂的过程。清末学人在教育改革中重新发现并发展了宋儒胡瑗以来的分斋课士的书院传统，逐步将西学门类整合进传统的知识体系之中，经由学校体制、分科设计和研究方法的层层更新，形成了一幅中西学冲突融合，书院和学堂彼此位移，经学失去主导价值，以至于传统学术体系分解的极其复杂的图景。③

左玉河以科学社会学为视角全面研究了中国近代学术体制转型问题，

① 参见罗志田《西方学术分类与民初国学的学科定位》，《四川大学学报》2001年第5期。

② 参见罗志田《西学冲击下近代中国学术分科的演变》，《社会科学研究》2003年第1期。

③ 参见程歗、谈火生《分科设学和清末民初中国的学术转型》，《山西大学学报》2002年第4期。

从关注学术思想层面转向关注学术制度层面，为近代学术转型研究在学术制度转型研究方面搭建起厚实的基础。他指出，近代学术体制的内容，基本包括学术研究主体、新式学会、现代大学、研究院、近代图书馆制度、新式传播媒介、学术成果交流制度、奖励与评估体制、学术资助九个方面。20世纪30年代初，中国现代学术研究体制基本建立起来，就研究主体而言，有一个从读书人到知识人的转变过程，其总的特点是现代学术研究的职业化取向。近代中国之大学都完全是从西方移植过来的，是按照西方分科设学的原则逐渐建立起来的。作者在对上述问题进行实证研究的基础上，描绘出了近代中国学术体制转型之历史轨迹，进而指出，现代学术是一种体制化学术，现代学术研究是一种体制化的研究，体制化有力保障了学术研究的正常运转，促进了学术研究的迅猛发展。但体制化是一柄双刃剑，在为学术研究提供制度性保障的同时，也会妨碍学术研究所必需的学术自由。①

陈启云以胡适、傅斯年、钱穆为例，研究了中国人文学术的近代转型。他指出：鸦片战争和五四运动以来中国引进西方学术文化经历的特点，即对“救亡”（经世、救国、救民）关注的“现实功利”态度，压倒了对“知识、学术、真理”本身的关注。胡适的国学根底很好，但他对西方学术文化的理解很粗浅，却大力攻击传统中国文化而宣扬全盘西化；傅斯年大力推动“兰克史学”，但他对兰克史学只是略知之无，他推动的其实只是清代考据学的新版；钱穆坚守中国传统学术方正博大的途径，会通文史哲学，对西学采取批判性、选择性的接受与会通，对西方文化与学术反而有异曲同工之效。钱穆很多关于学术的论说，常常比著名的重要西方学者的学说，早出了二三十年。这是很值得国人反思的。②

尤小立以胡适为例考察了近代的启蒙诉求与中国学术现代范式建构之间的复杂关系。他指出，胡适从科学方法上着手建构中国学术现代性的动力源自其思想启蒙的诉求。但思想启蒙与纯粹的学术研究并不处于同一层

① 参见左玉河《中国近代学术体制之创建》，四川人民出版社2008年版。

② 参见陈启云《中国人文学术的近代转型——以胡适、傅斯年和钱穆为个案》，《河北学刊》2010年第1期。

面，当这一动力正式落实于学术层面时，二者的内在冲突便凸显出来，启蒙诉求在某种程度上反而成为建构中国学术现代性的障碍。然而，胡适由程朱而重释理学的现代性价值，既是一种新的、为人们所忽视的对理学的结构方式，同时也是根据西方现代性标准对传统学术发展脉络的一次重新建构。①

卢毅考察了整理国故运动对中国学术现代转型的影响，指出整理国故运动不仅在很大程度上规定了国学研究的基本内容，而且还由此确立了研究的主要方向。集体而言，整理国故运动关于国学研究的学科重建大致包含了国学研究的分科化和史学的独立化两个趋向，从而在学科重建的意义上极大地促进了中国现代学术范式的形成，为民国时期国学研究开辟了无数法门。②

竹园规人以蔡元培、顾颉刚、傅斯年的思想和南京国民政府成立时的教育、学术方面的制度，以及1933—1934年发生的中央研究院历史语言研究所和社会科学研究所合并案为中心，讨论了1930年前后中国关于“学术自由”“学术社会”的思想与制度，认为实现学术自由、建立学术社会是20世纪以来中国学人追求的理想之一，然而同一时代的学人有时具有方向不同的思想，并且其思想和实际行为也往往不同。即便是同一个人，由于其所在的处境、所在的地位、所扮演的角色之不同，其行为也是会变的。思想、行为、制度之间之所以会发生矛盾，一个是因为“国难”问题，另一个则是因为不同学术观念之间纠纷的问题。介于思想、行为和制度之间的纠缠，知识分子对其身份地位的寻找直到今天还在继续。③

李来容以学术与政治的关系为视角考察了民国时期的学术独立观念，认为民国时期，学术独立观念一以贯之，既是中国系统引入西学并重建本国学术过程中的自然产物，又是现代中国学术转型、高等教育发展乃至新知识分子群体兴起的一个重要特征。此期的部分知识分子尽管在政治派

① 参见尤小立《启蒙诉求与中国学术现代性范式的建构——以胡适对中国传统学术谱系的认知和梳理为例》，《天津社会科学》2008年第5期。

② 参见卢毅《整理国故运动与国学研究的学科重建》，《福建论坛》2004年第6期。

③ 参见竹园规人《1930年前后中国关于“学术自由”、“学术社会”的思想与制度》，《学术研究》2010年第3期。

别、文化取向、治学专业、社会地位等方面存在差异，但接受西方学术熏陶的知识结构和求学经历大体相同，由此激发了知识界主体意识的觉醒。诸多学人将传统文化重视学者个人自律与西方学术的自由思想相结合，一方面关注知识分子的主观层面，主张摒弃经世致用、政学一体的传统积习，谋求新知识分子群体自律、独立、自由的精神品质与社会地位；另一方面要求改善学术独立所依托的客观环境，呼吁学术自由、教育独立与政学分离，进而打造一个纯粹、独立的学术社会。但实践中仍难免游离于学术与政治之间，尝试以介入国家政治和公共事务的图景，充当社会的良心。这种悖论关系致使学术与政治的界限仍是混淆不清，学术独立的使命仍然任重道远。①

左玉河探讨了近代中国学术转型中的民族主义情结，他指出，在近代学人的思想观念中，或多或少存在着一种民族主义情结：强调传统学术的承传与保护，关注传统学术的转轨和复兴，试图重建中国的新学术，以与西方学术相对应或对抗。这种民族主义情结，在清末国粹派“保存国粹”“复兴古学”，以及五四以后“整理国故”运动中得到集中体现。民族主义对近代中国学术转型具有巨大的推动力，但同时也对学术转型有着明显的限制作用。在民族主义观照下，学术成为一种手段。这与近代中国学术转型所要求的“求真”学术理念，以及“为学术而学术”的学术精神有很大出入；与建立独立的“学术社会”所要求的不应在学术研究中抱有“有用无用”观念也是严重冲突的。正因如此，围绕着保存国粹及整理国故，近代学人形成了不同的观点，进行了激烈的争论，趋新与守旧、融入世界与保持民族特性间的张力，为世人展示了一幅近代中国学术转型中复杂多变的历史图像。②

四　个人与学派的学术思想研究

在 20 世纪 90 年代兴起的学术史研究热中，对学人、学派的研究是一

---

① 参见李来容《学术与政治：民国时期学术独立观念的历史考察》，《广东社会科学》2010 年第 5 期。

② 参见左玉河《从保存国粹到整理国故——近代中国学术转型中的民族主义情结》，载《中国近代史上的民族主义》，社会科学文献出版社 2007 年版。

个极其重要方面，龚自珍、严复、梁启超、章太炎、王国维、胡适、傅斯年、陈寅恪等对中国学术近代转型起到推动作用的学人成为研究者关注的重点。论题主要集中在个人的学术思想、学术思想的比较、学术交往等方面，其核心仍然绕不开中国传统学术的近代转换这一主题。

张寿安以龚自珍对“六经”“六艺”的分判为中心探讨了中国前近代学术在近代知识转型中的重要地位。龚自珍从“辨章学术，考镜源流”的学术史观点，上溯《汉书·艺文志》，厘清“六经”与“六艺”，进而梳理出“六艺”的知识系统，直接与乾嘉新兴专门之学相系，又与近代接触西学后形成相关专门学科相勘，这意味着传统学术在17世纪到19世纪的知识蓬勃发展下已经发生转型。这不仅说明传统经学在前近代中国所呈现的分化情形，也为清代学术史的研究开出一个新视域。[①] 黄开国对龚自珍的经学特色与影响进行了重估。在他看来，梁启超、章太炎、钱穆以及今人对龚自珍经学的定位都不够准确。龚自珍的经学绝不是人们“公认”的今文经学，事实上，龚自珍的经学包括思想与学问两大内容，借今文经学、《公羊》学言说社会发展史观、批评封建专制，关注社会民生等是龚自珍经学的思想内容，而以字解经、平议汉宋等则属于龚自珍经学的学问内容。正是龚自珍在经学之外有了思想，才使今文经学、《公羊》学在晚清获得活力，成为一种可以利用的思想形式，使《公羊》今文学成为晚清的显学。[②]

郭卫东系统考察了严复在中国学术近代转型过程中的作用。他指出，甲午战后，在民族、文化危机日益严峻的关头，严复致力于以西学为范式，推动中国学术由传统向近代的转变，首先对旧的传统学术体系进行清算，并在破旧的基础上立新。他对旧学术“无用”“无实”的批评，对“治学治事宜分二途”的呼吁，对西方教育体制、学术谱系的清晰认知，都是严复建立新学术谱系思想的反映。同时，严复还致力于各种新学科的引介和创立，在中国近代各门新学科包括军事学、翻译学、新闻学、文

① 参见张寿安《龚自珍论“六经”与“六艺”——传统学术知识分化的第一步》，《清史研究》2009年第3期。

② 参见黄开国《龚自珍经学的特色与影响》，《河北学刊》2009年第3期。

学、社会学、经济学、哲学、政治学、法学、历史学等的初建中，多有前驱先路之功。可以说，近代的学术转型之所以很快就完成从单纯引进到结合本国实际的再创制过程，进而较快地出现将近代科学体系与中国国情相结合的各专业学科，与严复等人的作为有很大关系。①

陆胤的《清末章太炎、梁启超学派之分合——以“新史学”为线索》一文，从1902年左右章、梁共商新史学的一段因缘切入，回溯清末十年间，二人学派的分合。作者认为章、梁二人以革新旧史学为入口，确立近代学科观念和学术史意识的努力，固然以日本为中介，受到西学（主要是社会学和文明史学）的启发，也与西学观照下对传统学派资源的重新整合相关。章、梁围绕着“新学”与“实学”、“孟学”与“荀学”、古文经学与今文经学、经世致用之学与实事求是之学等诸多学派纷争，在往复交流的过程中，既互有出入，又交相影响，确立了现代中国文史之学的若干基本命题。②

李帆的《章太炎、刘师培、梁启超清学史著述之研究》对清末民初三位重要学者的清学史研究状况进行了深入的研究，认为就学术渊源和承传关系而言，章、刘的学术底色由古文经学构成，梁曾受到今文经学的极大影响，但他们的具体学术思想也表现出个人的特点。而且，三人已经摆脱了传统经师的角色，基本能以近代学者客观求实的科学精神看待清代学术。通过对章、刘、梁著作“文本”的比对分析，作者梳理了清末民初清学史研究的发展脉络，认为近代由章太炎开创的清学史研究，经由刘师培的完善，在梁启超那里得到综合和发展，取得了集大成的成就。作者还以“戴震学”的研究为个案，深入研究了章、刘、梁三人对戴震之学的阐扬，使得戴震的历史地位与形象发生了变化，进而探讨了三人清学史著述的学术地位及对后来学术史研究者所产生的影响。③

对于胡适在中国现代学术建立过程中的范式作用，余英时做了深入的

---

①　参见郭卫东《严复与近代学术转型》，载《中国近代启蒙思想家——严复诞辰150周年纪念论文集》，东方出版社2003年版。

②　参见陆胤《清末章太炎、梁启超学派之分合——以“新史学”为线索》，《中华文史论丛》2008年第4期。

③　参见李帆《章太炎、刘师培、梁启超清学史著述之研究》，商务印书馆2006年版。

研究。他在《〈中国哲学史大纲〉与史学革命》一文中，论述了胡适的《中国哲学史大纲》在中国现代学术建立中的“典范”意义。作者指出，清代考证学的典范是通过文字训诂以明古圣贤在六经中所蕴藏的道，这是他们共同遵奉的信仰、价值和技术系统。在这一系统下，顾炎武以至戴震的作品则发挥了具体的示范作用。戴震之后，虽然考证学已开始显露出种种内在的危机，但都是在调整范式以消解考证学的内在危机。即使晚清的今文学派也并未建立新的典范，他们的工作仍是调整旧的典范。而胡适的《中国哲学史大纲》却是一个全新的典范，它所提供的并不是个别的观点，而是一整套关于国故整理的信仰、价值和技术系统。主要表现为证明的方法（即“截断众流”）、扼要的手段、平等的眼光、系统的研究。其中“截断众流”从老子、孔子讲起及平等的眼光这两个重要观点，在当时发生了革命性的震动。究其根源，作者认为胡适的学术基地自始即在中国的考证学，实验主义和科学方法对于他的成就而言都只有援助的作用，不是决定性的因素。①

耿云志考察了胡适与五四后中国学术的新趋向，指出五四新文化运动主要包括思想解放、文学革命和学术解放三个层面，胡适在这三方面都起到了重要作用。尤其在学术领域，胡适实开启了一代新风气，许多新的学术取向、学术范式都与他分不开。具体而言，胡适对中国哲学史的研究、整理以及《中国哲学史大纲》的出版，为中国学术树立了新典范，以后的中国哲学史研究都受到它的影响，从而使哲学史的研究走上比较科学化的轨道；胡适的古小说考证，引出了中国小说史、中国文学批评史的研究，使得中国文学史的研究也走上了现代学术的轨道并取得独立的地位；而胡适对“井田制”、《水浒传》的考证，引出了一场有关古史的大讨论，催生了一个新的历史学派——古史辨派，从而促进了中国新史学的大发展。作者同时强调了胡适对治学方法的提倡，并指出胡适的方法是实验主义哲学同中国传统考证学相结合的产物。② 王法周通过对胡适的《中国哲

① 参见余英时《中国近代思想史上的胡适》附录一《〈中国哲学史大纲〉与史学革命》，见《余英时文集》第5卷《现代学人与学术》，广西师范大学出版社2006年版，第287—295页。

② 参见耿云志《胡适与五四后中国学术的新趋向》，《浙江学刊》1999年第2期。

学史大纲》与中国哲学史、中国现代学术史、中西文化比较三方面关系的“全面的审视”，指出《哲学史大纲》开创了中国哲学史新学科和中国现代学术的新纪元，并成为近代中国数十年来中西文化论争的总结。[①]

刘梦溪研究了王国维对中国现代学术的奠立之功，指出王国维在五个方面对中国现代学术的奠立起到了积极作用：（1）中国传统学术向现代学术转变，是与引进、吸收、融解外来学术思想分不开的。在这一点上，王氏是个先行者。（2）王氏同时是运用西方哲学美学思想诠释中国古典的躬行者。《红楼梦评论》之外，《论性》《释理》《原性》等哲学论著颇具典范性。（3）王之学术进路是由新而旧，而结果则旧而弥新。中西、古今、新旧的畛域，是王氏率先起开打破的。他的包括“二重证据法”在内的为学之基本方法，实具有现代学术的规范和规则的意义。（4）王国维学术思想的现代内涵，尤表现在对学术独立的诉求上，与同时代其他学人相比，他更重视学术本身的价值。（5）他对学术分类的重视以及所主张的分类方法，进而从结构学的角度反映出他的学术观念的现代性质。[②]

彭玉平关注到王国维与梁启超学术交往与学术追求的异同，指出两人分别以现代形态的史学研究和史学理论，建构了新史学的学科观念和学科体系。梁启超的文学史研究与王国维颇多学理上的趋同。两位学者都与政治有一定的关系，梁启超追求政治生涯的辉煌，王国维则怡然自得于学者的本分。王国维去世后，梁启超利用自己的影响力，大力推举王国维的人品和学问，并初步从学理上总结其治学特点，强化了王国维的大师地位。两位大师的杰出学术成就及彼此之间的亲密关系，构成了20世纪学术史的重要篇章。[③]

刘克敌考察了王国维与陈寅恪治学理念与方法的异同，他指出，在中国现代学术体系建立过程中，王国维主要起奠基与开创之作用，而陈寅恪

① 参见王法周《〈中国哲学史大纲〉与中国现代学术》，载耿云志、闻黎明编《现代学术史上的胡适》，生活·读书·新知三联书店1993年版，第28页。

② 参见刘梦溪《王国维与中国现代学术的奠立》，载《学人》第10辑，江苏文艺出版社1996年版。

③ 参见彭玉平《王国维与梁启超》，《中山大学学报》2009年第2期。

则进一步给予发扬光大，并在王国维去世后坚持他和王国维提倡的学术理念和治学原则。在治学过程中，两人均极力强调学术独立和思想自由的原则，并更加注重学术上的新发明，力避因循旧说。但在材料的使用上，两人侧重点稍有不同，一更重视新材料，一更重视从旧材料中发现新问题。而他们的最终旨归完全一致，即致力于现代中国学术的独立和进步，并进而探讨中国文化的复兴之路。①

葛兆光指出了陈寅恪学术思路中“世界主义理想与民族主义情感”的冲突：“在二十世纪中国观念世界中，融入世界潮流和恪守民族本位一直是纠缠在国人心中的结，而在学术界也同样有这种焦虑。在深受西方学术训练的陈寅恪那里，他很清楚地意识到不介入国际学术主流是不行的。这正像陈寅恪自己用的‘预流’两字的意思一样。但是，如果随人之鹦鹉学舌，则又将死在洋人树下，不能做到学术自立，更何况是中国人所做的中国学问。因此他所谓的‘平生为不古不今之学’（‘不古不今’也可以理解为‘不中不西’），在某种意义上说，也是学术立场的选择，并不仅仅是思想立场的表述。”“这种学术取向与评价标准本身，就隐含着一种竞争，而竞争背后则有着民族自尊的意味在内。”②

陈居渊通过对章太炎的“文字狱说”、梁启超与胡适的“理学反动说”、钱穆的“每转益进说”、侯外庐的“早期启蒙说”、余英时的“内在理路说”五个重要理论观点的形成及其基本含义的历史考察，探讨了清代学术史研究范式在20世纪的变迁。他指出，基于国粹意识的“反满说”，开拓了研究的新方向。“理学反动说”则是在此基础上的继往开来，并注入了具有现代意义的西方科学的方法论思想，成为20世纪研究的重要范式。“每转益进说”与“内在理路说”试图以继承与发展的观点重新解释，从而对理学繁多说提出了新的挑战。“早期启蒙说”则勾画出由17世纪早期思想启蒙到19世纪近代早期思想启蒙的一条主线，首创了以马克思主义理论研究清代学术的新范式。上述范式之间的起伏消长，反映了

① 参见刘克敌《王国维与陈寅恪治学理念与方法略论》，《浙江社会科学》2009年第8期。

② 参见葛兆光《平生为不古不今之学——读〈陈寅恪集·书信集〉的随感》，《读书》2001年第11期。

20 世纪中国社会思潮的变迁，而这种社会思潮的起伏消长反过来也影响甚至决定了研究范式的变迁。[①]

桑兵通过对傅斯年《历史语言研究所工作之旨趣》的解析，梳理了近代学术由国学到东方学的转承，指出傅斯年的《历史语言研究所工作之旨趣》作为近代中国学术转折的标志，其所倡导的“科学的东方学之正统”主要针对前此占据学术主流的章太炎门生。傅氏虽然提出历史学只是史料学之类的极端口号，但所主张的内容和路径与北京大学国学门的趋向一脉相承。其贡献在于，坐言之外迅速起行，以历史语言研究所这一新机构聚集一批志同道合者，在考古等领域很快取得了超越前人的成绩。不过，只找材料不读书的偏激脱离学术正轨。受此影响，学术主流难免走上窄而偏的狭境，导致学术界长期陷入派分的纠葛。[②]

王晴佳利用台湾“中央研究院”所藏档案对陈寅恪与傅斯年之间的关系进行了梳理。他指出，自 20 世纪 30 年代末期开始，陈寅恪与傅斯年的关系一度十分紧张。这一紧张关系的造成，与傅斯年的“学霸”作风有关，也与陈寅恪追求学术独立的立场有关，从中我们亦可看到陈寅恪 1949 年决定留大陆的一个因素。[③] 盛邦和比较研究了陈寅恪与傅斯年的治史方法与精神，指出陈寅恪与傅斯年关系密切，且都十分重视史料，以考实为治史方法前提，学术界一般将陈寅恪视作“史料学派”，与傅斯年归为同类。其实，史学有其“史心”，陈寅恪与傅斯年方法相类，而治史精神却大相径庭。傅斯年紧随胡适，将胡的“实证”史学精神发展到极致。胡适不赞同“民族主义”史学的提法，某种意义上影响了傅斯年，而陈寅恪倡言民族本位，其终身史学行走，乃胡适、傅斯年史料学派之别途，走出了史料学派。陈寅恪既是一个保持人格尊严独立的自由者，又是一个强求历史更新再造的传统人，以勇猛的精神一身而兼双任。他不是旧模样

---

① 参见陈居渊《20 世纪清代学术史研究范式的历史考察》，《史学理论研究》2007 年第 1 期。

② 参见桑兵《近代学术转承：从国学到东方学——傅斯年〈历史语言研究所工作之旨趣〉解析》，《历史研究》2001 年第 3 期。

③ 参见王晴佳《陈寅恪、傅斯年之关系及其他》，《学术研究》2005 年第 11 期。

的“中体西用”者，而是别具现代性的“新体西用”者。①

何建明考察了陈寅恪与胡适的关系，认为陈、胡都是20世纪中国学术文化史上影响巨大的一代宗师，但他们文化观念、治学方法和治学领域都不同，且与政治当局的关系也迥然有别。但陈寅恪对于胡适却一直保持着非同一般的信赖与推重。究其原因，不仅在于胡适对于中国几部古典小说和考证文章在国外学界很有影响，也不仅在于二人都追求“独立之精神”与“思想之自由”，还在于陈寅恪有着深厚的“晚清情结”。②

王川考察了刘文典与陈寅恪的学术交往，他指出，在中国近现代学术史上，刘文典与陈寅恪的交往是不容忽视的一页。1927—1943年，从水木清华到西南天地，刘文典、陈寅恪二人历家园之难、流离之苦，而交往不辍，严谨治学不改，民族气节不丧，确实难能可贵。二人的学术交流、惺惺相惜，有着牢固的基础。二人在学坛上留下的论道学艺佳话，更是士林的一段美谈。③

周国栋认为梁启超、钱穆的同名著作《中国近三百年学术史》，代表着两种不同的学术史范式，指出二者在体例渊源、写作宗旨等方面都有很大的不同。梁启超的《中国近三百年学术史》的体例，一部分来自刘师培及西学，一部分来自中国学术传统，是以学为中心、以学为单位的，它总体上比较符合西方研究的学术史标准，代表着一种学术史范式。而钱穆的《中国近三百年学术史》则源于学案体，更符合中学传统。两书最为重要的区别在于著述宗旨的不同，即钱穆是从宋明学家的角度来谈清代学术思想，而梁启超则是从反宋学即清代朴学传统的角度来谈清代学术思想的路向的。二者的这种不同正反映了20世纪二三十年代学风嬗变的轨迹。④

侯宏堂考察了钱穆学术思想中的宋学情结及其对宋学的现代诠释，认为在中国学术文化的发展脉络和历史演进中，钱穆最为认同、推崇“宋

① 参见盛邦和《陈寅恪：走出“史料学派”》，《江苏社会科学》2002年第3期。

② 参见何建明《陈寅恪的晚清情结与他同胡适的关系》，《历史研究》1996年第6期。

③ 参见王川《刘文典与陈寅恪学术交往述论》，《四川师范大学学报》2003年第1期。

④ 参见周国栋《两种不同的学术史范式——梁启超、钱穆〈中国近三百年学术史〉比较》，《史学月刊》2000年第4期。

学”并在自己的众多著述与讲演中论及了宋学问题，对宋代学术文化做了广博而精微的研究。综合钱穆的论说与诠释，他所念兹在兹的宋学，其意涵可以概括为五大要点，即融释归儒的宋学血脉、开创近代的宋学地位、明体达用的宋学精神、综汇贯通的宋学气象和天人合一的宋学境界。①

郑大华研究了张君劢的学术思想，他指出，张君劢一生徘徊于“学术与政治之间”，是现代中国著名的思想家、政治家、学问家，但以往人们关注较多的是他挑起的“科玄论战”，成为现代新儒家的代表人物，而对他的学术活动研究不多。实际上，他对儒家思想的阐发，对西方学理的输入，对治学方法的重视，促进了中国传统学术向现代的转换，加快了中国学术与世界学术接轨的步伐，其对中国现代学术的贡献不容忽视。具体而言，张君劢在阐述儒家哲学时，注重从学术研究的立场出发，一方面与西方哲学进行比较，另一方面则援西方的有关思想入儒，以西释儒，在充分发掘儒家思想之价值的同时，也剔除了儒家思想中与民主和科学精神相悖的内容，以谋求儒学的现代转换；就输入学理而言，张君劢用力最多的是对西方哲学的介绍，其中对倭伊铿的精神生活哲学、杜里舒的生机主义哲学贡献最大。他在对中国传统学术反省的基础之上提出新的治学方法，包括博学、慎思明辨、知类通达、斟酌权衡等，这些儒家传统概念的背后，实际上已融入西方的治学原则与方法，体现了新儒家中西贯通的特点。② 郑大华还具体梳理了张君劢对西学传播的贡献：在政治学方面，张君劢翻译过约翰·穆勒的《代议政治论》、拉斯基的《政治典范》、费希特的《告德意志人民书》以及有关西方人权思想的文章；在哲学方面，除他的老师倭伊铿的学说外，他还介绍过柏格森、康德、黑格尔、费希特、杜里舒、罗素、怀特海（张又译怀悌黑）、哈德门（张又译哈德猛）、耶斯丕氏、现象学派胡塞尔，存在主义派契尔契加、海德格尔、萨特尔等人的哲学思想，就介绍西方哲学家和哲学流派之多而言，在现代中国哲学家中很少有人能与张君劢相提并论；在文化思想方面，他是

① 参见侯宏堂《钱穆对“宋学”的现代诠释》，《近代史研究》2009 年第 6 期。

② 参见郑大华《张君劢对中国现代学术的贡献》，《浙江学刊》2004 年第 3 期。

较早介绍德国人斯宾格勒的《西方的没落》一书的中国人之一，尤其是对汤因比的《历史哲学》作过比较系统的介绍。张君劢输入西方学理，向中国广大读者介绍西方的政治学、哲学和文化思想，但和西化派不同，他对西方学理并不抱迷信的态度，在输入西方学理的同时，又能提出自己不同的观点。①

在关注学人的学术思想与学术交往的同时，学派研究也一直是学术史研究的重点。国粹派、学衡派、古史辨派、现代新儒家等都受到了不同程度的关注。郑师渠的《晚清国粹派文化思想研究》一书对国粹派的学术思想进行了深入的研究，其中涉及国粹派的新学知识系统、史学思想、经学思想。该书通过对章太炎、刘师培、邓实、黄节、马叙伦、柳亚子、马君武等人的学历与接受西学的具体事实，指出国粹派代表人物接受西学的途径虽各有不同，但都是西学的热心传播者。在接受与传播西学的过程中，他们逐渐形成了新的知识系统，从而优化了自己的知识结构，并详细论述了国粹派的主要代表人物是怎样通过西方的自然科学确立起进化论的宇宙观，又是怎样通过西方社会学理论的积极汲取，使自己的知识结构得到改造的。对于国粹派的史学思想，该书以章太炎、刘师培为代表，从他们对传统史学的批判、对新史学的探索系统探讨了中国古代学术史与竭力保存史籍文物、通史致用、助益革命四个方面，论述了国粹派史学思想的特点。作者还强调了国粹派对史学新方法的重视与运用，如用地理环境来界说中国历史现象，尝试对中外历史进行比较研究，使用传统小学与西方社会学相结合的方法治史等。他还考察了晚清国粹派的经学思想，指出以章太炎、刘师培为首的晚清国粹派，既是革命派的一翼，又是一个以古文经学为中坚的学术派别。此种一身二任的特性，决定了其经学思想包含着两个层面：一是倡大古文，以与康有为立宪派的经学根据即今文抗衡，反映了革命与改良在经学领域的斗争；二是主张“夷六艺于古史”，将治经归入单纯的学术研究的范畴，体现了传统经学向近代的转换。总之，国粹派的经学思想体现了革命性与现代性的统一，即在更加完整的意义上，体

① 参见郑大华《张君劢对西学传播的贡献》，《中国文化研究》2009 年夏之卷。

现了传统经学的终结。[①] 这些分析足以说明，晚清国粹派在推动传统学术思想近代化方面做出了不可磨灭的贡献。

周云注意到学衡派在中国学术现代转型中的作用，指出学衡派虽仍然坚持传统学术学以载道的主旨，但他们学术实践显然不囿于此。在学术研究中，他们能够坚持客观的态度和实事求是的原则；在研究范式上，也接受了分科研究等现代学术的研究模式。同时，他们努力传播西学，是一些现代学术学科的奠基人。这一切都表明，学衡派是中国现代学术建立过程中一支重要的力量，对中国学术的现代转换做出了贡献。[②] 郑师渠考察了学衡派的史学思想，指出 20 世纪二三十年代，是现代意义上的中国史学由 20 世纪发凡起例，过渡到 40 年代初步发展的重要转折时期。学衡派提出中国史学循双规发展，即普及与提高并重、通史与专史并举的构想，其意义不仅在于他们提出的诸如通史编纂的原则与方法、开拓史学研究领域和倡言建立全国性的史学团体加强统筹规划等具体见解，不乏创意，更主要的还在于反映了学衡派得风气之先，他们对于中国史学发展趋势的总体把握，富有前瞻性。如果对学衡派未能关注马克思主义史学的发展不做苛求，那么，便不难体认其关于中国史学双轨发展的构想，包含着宏富的内涵与巨大的历史合理性。[③] 郑大华分析了白璧德（Ieving Babbitt）新人文主义对学衡派思想的影响，在文化观上，“学衡派”强调新旧调和与东西调和，反对新文化派提出的“弃旧图新”和“以西代中”的主张，不赞成新文化派对孔子和儒学的激烈批判，认为孔子既不是“神”，也不是“鬼”，而是伟大的“人文主义者”，只主张伦理道德的改革而反对伦理道德的革命；在文学观上，“学衡派”以道德为文学批评的首要标准，视五四新文学运动为浪漫主义而加以反对，并在“文学的历史进化观”、文学的新与旧、模仿与创造等问题上与以胡适为代表的新文化派主张不同，进行过争论；在人生观上，“学衡派”认同白璧德的“人生境界三等说”和“人生二元之说”，主张以“人生二元之说”为“道德

① 参见郑师渠《晚清国粹派文化思想研究》，北京师范大学出版社 1997 年版。

② 参见周云《学衡派与中国学术的现代转换》，《甘肃社会科学》2003 年第 2 期。

③ 参见郑师渠《学衡派史学思想初探》，《北京师范大学学报》1998 年第 4 期。

之基本”，既反对禁欲，也反对纵欲，希望人们能够做一个“以理制欲”的人文主义者。①

方光华探讨了中国近代新史学的守成派。认为20世纪20年代前后，围绕中国文化出路问题，形成了多种不同的文化观，其中梁漱溟、熊十力、冯友兰等强调近代新文化与传统文化的继承关系，为文化保守主义或文化守成主义。与这种文化观相对应，史学领域也出现了一种传统色彩较为深厚的史学派别。他们既受西方学术思想的激荡，又有浓厚的传统学术功底，既认识到了西方学术方法的长处，又不丧失对传统精神和方法的信念，成为新史学一个极为重要的派别。②

桑兵另辟蹊径，对于学术史上学派的由来及以往研究中的路径与方法作了深入的探讨，指出中国思想学术史上的派分与道统论渊源甚深。晚近学人好以学派讲学术，并且奠定了学术史叙述的基本框架。而判定流派的标准，包括宗师、学说、方法、师承与传人的谱系化、流变以及地缘关系等，大抵是他人或后人的指认。在他看来，按照学派来探寻学术发展变化的渊源脉络，固然有简便易行的好处，但却存在着看朱成碧、倒叙历史、以偏概全等弊端。因此，治学须深入门户，超越学派，只有如此，方能更好地理解古往今来学术发展的渊源脉络和趋向。③ 王东杰从有关古史研究的“故事眼光”入手，探讨了20世纪20年代末30年代初“释古”与“疑古”两条不同取向的治史路径之间的呼应与关联。认为20世纪二三十年代的“疑古”与“释古”两条学术路向分别代表了破坏古史与重建古史两条不同的路线。但二者在观念上也有不少相似乃至相同的地方。一方面，“重建派”学者在研究中也运用了与顾颉刚非常相似的“层累说”观察古史的构成，而历史研究中的“故事眼光”更是成为贯穿“疑古”与“释古”的一条道路；另一方面，“疑古派”在辨伪过程中发展出来一些与“重建派”非常相似的具有建设意义的观念，但因其给人留下的

① 参见郑大华《论白璧德的新人文主义对学衡派的影响》，《中国文化研究》2007年夏之卷。

② 参见方光华《试论中国近代新史学的守成派》，《学术研究》1996年第3期。

③ 参见桑兵《中国思想学术史上的道统与派分》，《中国社会科学》2006年第3期。

“破坏”的形象过强而被忽视了。[①]

第三节　思想史研究的新领域和新进展

20世纪90年代以来，随着学术研究与学科互动在全球化背景下深入发展，在学术界进一步深化原有的研究领域、研究课题的同时，中国近代思想史研究也在传承与创新之中，呈现出更为多姿多彩的样貌。思想史研究者开始逐步深入思想背后的社会和文化因素，聚焦于近代中国与世界的复杂历史图景。具体而言，在观念史研究、思想文化与社会转型研究、近代中国知识分子研究、新文化史与思想史结合研究以及报刊史研究五个研究领域取得的新成果，极大地丰富了近代中国思想史研究的新内涵，也拓展出研究领域的诸多新议题与新理念。

扼要来看，首先，在观念史研究领域，对于“多元现代性”理念的接纳，思想史研究者开始尝试回到近代中国的历史脉络当中，“从中国本身发现历史”呈现出“历史上的观念”更为复杂的面相。其次，在思想文化与社会转型研究方面，研究者聚焦于现代与传统之间既断裂又连续的关系。通过对新旧变迁的社会格局当中“权势转移”的讨论，将思想史与社会史有机联系在一起。同时，学界对于近代中国思想文化与社会转型议题的思考，已经越来越多地将涉及中国的命题放置到日本、亚洲与世界的谱系当中，观察中国与周边区域在知识、政治与文化认同上的互动。再次，在近代中国知识分子研究领域，传统研究视野中的思想精英、革命领袖等“一线人物”呈现退潮之势，而原来研究不多的文化保守主义者（所谓“旧派”）、学术性人物等“二线人物”，开始受到研究者的广泛关注。同时，知识分子群体的形成与演变、聚合与分离与知识分子群体和多元化思潮之间的互动，也有了更为丰富的研究。另外，知识分子的研究视角开始从私人生活与公共交往多个角度打开，展现出更有趣味、更

① 参见王东杰《“故事”与“古史”：贯通20世纪二三十年代“疑古”与“释古”的一条道路》，《近代史研究》2009年第2期。

栩栩如生的读书人形象。又次，受新文化史研究理念的影响，近代中国思想史的研究对象和研究领域，从以往偏重于政治思想、精英文化和哲学观念，逐步转向探究社会中的大众文化和集体心态。新文化史与思想史研究的结合，使得研究者开始倾向于借助新文化史的研究方法，探讨近代中国的政治、文化和意识形态的权力，是如何借助知识文本、感性认知、节庆仪式、公共空间以及宗教、医疗、身体、性别、物质文化等途径，在历史当事人的想象、体验与言说之中，逐步被形塑与建构起来的。最后，在报刊史研究领域，思想史研究试图借助报刊这一重要媒介，观察当日诸多思想观念、知识体系、意识形态，如何借助报刊传播从而形塑社会认知。另外，近代报刊及其创办者、经营者、作者与读者之间构建的公共空间与私人网络，同人报刊营造的舆论体系及其社会反馈，报刊论战与知识分子思想论辩等议题，也拓展出近代中国思想史研究的新空间。

一　“多元现代性”视野下的观念史

对于近20年的思想史研究而言，一个较为深刻且被学界广泛接受的观念转变，是“多元现代性”理念的兴起。[①] 20世纪90年代以来，随着中国日益开放以及与世界交流的不断深入，一度支配20世纪80年代思想界的“从传统走向现代”一元化线性史观开始为研究者所反思并得到逐步修正。与此相一致，思想史研究者也开始逐步深入思想背后的社会和文化层面，意识到必须正视近代中国历史意蕴的复杂性，才可能发现其复杂图景及其世界意义。对于近代中国历史进程中思想观念多元化及其内在张力的分析，对于现代理念与传统价值之间复杂关联的深度阐释，奠定了20世纪90年代至今的近代中国思想史研究基本视野。大致来说，“多元

① 关于“多元现代性”问题的理论阐释，参见艾森斯塔特（S. N. Eisenstadt）《反思现代性》（生活·读书·新知三联书店2006年版），以及萨赫森迈尔（Dominic Sachsenmaier）、理德尔（Jens Riedel）、艾森斯塔德编著《多元现代化的反思：欧洲、中国及其他的阐释》（香港中文大学出版社2008年版）。20世纪90年代以来，中国大陆及台湾学术界对于“多元现代性”议题的理论内涵及其历史实践的思考，参见许纪霖主编《现代性的多元反思》（江苏人民出版社2008年版）中相关笔谈。

现代性”理念在近代中国思想史研究领域的逐步确立，包含学术界对于以下两个认识论意涵的接受。

第一，过往研究者大多习惯于将近代中国的历史，理所当然地视为“从传统到现代”的单向进程。实际上，近年来的思想史研究表明，近代中国对于“现代性”的探询与实践，不应等同于对历史上欧美国家“现代化”的简单模仿，而应将其视为一个包含多重意义、有其自身种种面向的“复数”概念。20世纪80年代开始，史学工作者系统总结了既往世界现代化进程中成功的经验和失败的教训，扩大了史学研究的范围。以罗荣渠为代表的学者逐渐建立起“以一元多线论为基础的现代化范式”，并为学术界所广泛接受。[①] 20世纪90年代初期，由许纪霖、陈达凯组织国内部分人文社科学者撰写的《中国现代化史》一书，可以视为对这一观念演变的起点之一：“现代性问题的提出，为中国思想界反思启蒙，反思晚清以来中国现代化的道路和模式，提供了一个元理论层面的思考焦点。现代性的问题意识首先改变了将启蒙看做是一个光明的解放过程，同时也指出了启蒙的内在限制和压抑的性质。其次，不是将现代化看做是一元单线历史目的论的产物，而是将其置于多元的空间关系里面加以理解。这样的多元现代性为中国的现代性思想提供了另外一种想象的空间。”[②]

第二，“多元现代性”的理念提示思想史研究者，如何回到近代中国的历史脉络，尝试“从中国本身发现历史”。在一定程度上，这一议题源自美国学者柯文的同名著作《在中国发现历史——中国中心观在美国的兴起》[③] 在中国学术界引发的反思。该书试图修正费正清对于近代中国与西方世界的描述。那就是，“现代的”西方（主动）“冲击”而“传统的”中国（被动）“回应”，简称“冲击—回应”模式。柯文提出，我们需要“超越传统与现代”，从中国发展的内在理路而不是外力（外因）来看待近代中国的历史。而这一理念的提出，使得“传统”的知识体系

① 参见张治江、安树彬《近十年来中国近代思想史研究述评》，《理论导刊》2012年11月。

② 许纪霖、陈达凯主编：《中国现代化史》，上海学林出版社2006年版，第3—4页。

③ 参见［美］柯文（Paul A. Cohen）《在中国发现历史——中国中心观在美国的兴起》，中华书局2002年版。

（如“四书五经”）、价值观念（如“天下”观念）、信仰形态（如道教佛教），在研究者重审近代中国现代转型的历史进程之时，其角色、定位与意义都发生了富有历史意味的转化。例如，郑大华就认为，中国近代思想史的逻辑起点是嘉道年间而非鸦片战争。因为嘉道年间复兴的经世思潮，使中国传统思想具备了向近代转型的可能性。而发生于这一时期的鸦片战争，又给经世思潮注入了新的内容，从而使这种可能性成为现实性。中国传统社会和传统思想向现代转变，是由来自传统社会、传统思想的内部因素和来自西方文明冲击的外部因素所形成的合力共同推进的。①

正在这样的理念支配下，中国自身的历史传统不再像过往大多数研究所描述的那样，是与现代社会针锋相对、需要抛弃与批判的“黑暗阻力”与“沉重包袱”，而是成为现代转型过程中具有内在活力的丰富思想资源。这足以解释，为何美国学者王德威的“没有晚清，何来五四”之说②，虽然只是对于晚清小说的专业描述，却在近代中国思想史研究的领域，同样引发广泛深远的反响。王德威通过对晚清文学历史与理论语境的建构，挖掘被阻碍的晚清小说所包含的“多重现代性”，追寻五四以来中国现代文学众声喧哗的起源。饶有意味的是，将一度被视为“落后、封闭、被动挨打”的晚清思想传统，视为一度也被认为“前进、解放、现代”的五四思想的重要来源——这一历史脉络的建构，在过往的近代中国思想史研究中大概难以接受。可以说，如何立足于“多元现代性”的理解，从中国自身的历史脉络出发，贯通而全面地观察近代中国思想的内外互动，成为近年来近代中国思想史研究的自觉追求。

当思想回归历史，而非今人的“后见之明”，近代中国历史进程中一系列似有定论的观念，开始呈现出“历史上的观念”更为纷繁复杂的面向。例如，近代中国思想史上“民族、国民与国家”以及“民族主义”的想象、体验与言说，是影响近代中国的重要观念。许纪霖的《共和爱

① 参见郑大华《中国近代思想史学科建设的几个理论问题》，《中国近代思想史学术前沿诸问题》，湖南师范大学出版社 2012 年版，第 26—29 页。

② 王德威：《没有晚清，何来五四?》，《被压抑的现代性：晚清小说新论·导言》，北京大学出版社 2005 年版。

国主义与文化民族主义——现代中国两种民族国家认同观》[①]、沈松侨的《国权与民权：晚清的“国民”论述》[②]、罗志田的《理想与现实：清季民初世界主义与民族主义的关联互动》[③]、沙培德的《清末的国家观：君权、民权与正当性》[④]、杨芳燕的《道德、正当性与近代国家：五四前后陈独秀的思想转变及其意涵》[⑤] 等论述谈到，近代民族主义是近代中国转型时代政治与文化危机的产物。近代民族主义虽然不是中国传统的产物，但它的形成仍然受到传统汉族的族群中心意识的影响。同时，它表现的形式可以是政治的激进主义，也可以是文化的保守主义。

随着晚清以来进化论的广泛传播与西学新知的普及，科学“公理”开始形成对儒家“天理世界观”的强劲挑战。汪晖的《公理世界观及其自我瓦解》[⑥]、王中江的《清末民初中国认知和理解世界秩序的方式——以“强权”与“公理”的两极性思维为中心》[⑦]、高瑞泉的《进步与乐观主义》[⑧]、姜义华的《生存斗争学说的中国演绎与兴替——近代中国思想世界核心观念通检之一》[⑨]、许纪霖的《现代性的歧路——清末民初的社

① 参见许纪霖《共和爱国主义与文化民族主义——现代中国两种民族国家认同观》，《华东师范大学学报（哲学社会科学版）》2006年第4期。

② 参见沈松侨《国权与民权：晚清的“国民”论述》，载《“中央研究院”历史语言研究所集刊》2002年12月。

③ 参见罗志田《理想与现实：清季民初世界主义与民族主义的关联互动》，载王汎森编《中国近代思想史的转型时代：张灏院士七秩祝寿论文集》，台北：联经出版事业股份有限公司2007年版。

④ 参见沙培德《清末的国家观：君权、民权与正当性》，载刘擎编《权威的理由：中西政治思想与正当性观念》，新星出版社2008年版。

⑤ 参见杨芳燕《道德、正当性与近代国家：五四前后陈独秀的思想转变及其意涵》，载许纪霖主编《启蒙的遗产与反思》，江苏人民出版社2010年版。

⑥ 参见汪晖《公理世界观及其自我瓦解》，《战略与管理》1999年3月。

⑦ 参见王中江《清末民初中国认知和理解世界秩序的方式——以“强权”与“公理”的两极性思维为中心》，《近代中国思维方式演变的趋势》，四川人民出版社2008年版。

⑧ 参见高瑞泉《进步与乐观主义》，《中国现代精神传统：中国的现代性观念谱系》，上海古籍出版社2005年版。

⑨ 参见姜义华《生存斗争学说的中国演绎与兴替——近代中国思想世界核心观念通检之一》，《史林》2007年第1期。

会达尔文主义思潮》[1] 等论述，展示了“进化”的观念以及“科学”的观念，是如何在近代中国的历史脉络中得以传播与接纳，又是如何影响近代中国知识分子宇宙观、价值观与历史观的。

“国民”与“公民”、“个人”与“自我”观念的兴起，是晚清至五四时期中国社会国民关系和群己关系的一次重要变革。郑大华、朱蕾的《论国民观在清末的兴起》[2] 和《国民观：从臣民观到公民观的桥梁》[3]、许纪霖的《大我的消解：现代中国个人主义思潮的变迁》[4]、王汎森的《从“新民”到“新人”——近代思想中的“自我”与“政治”》[5]、周昌龙的《五四时期知识分子对个人主义的诠释》[6] 等论述，剖析了近代中国从“臣民观”到“国民观”再到“公民观”以及“个人”观念的形成过程。特别是在中国这样一个强调从“群己关系”来看待“自我”的历史文化传统当中，近代中国的个人又呈现出何种独特的样貌。

“自由”与“民主”是现代社会的核心价值，也是引发近代中国数代知识分子聚讼纷纭的核心议题。章清的《“国家”与“个人”之间——略论晚清中国对“自由”的阐述》[7]、杨贞德的《自由与自治——梁启超政治思想中的转折》[8]、黄克武的《近代中国转型时代的民主观念》[9]、童世骏的《中国现代思想史上的“民主”观念——一个以李大钊为主要文本

---

① 参见许纪霖《现代性的歧路——清末民初的社会达尔文主义思潮》，《史学月刊》2010年第2期。

② 参见郑大华、朱蕾《论国民观在清末的兴起》，《学术界》2011年第5期。

③ 参见郑大华、朱蕾《国民观：从臣民观到公民观的桥梁》，《晋阳学刊》2011年第5期。

④ 参见许纪霖：《大我的消解：现代中国个人主义思潮的变迁》，《中国社会科学辑刊》2009年春季号（总第26期）。

⑤ 参见王汎森《从“新民”到“新人”——近代思想中的“自我”与“政治”》，载许纪霖主编《世俗时代与超越精神》，江苏人民出版社2009年版。

⑥ 参见周昌龙《五四时期知识分子对个人主义的诠释》，《新思潮与传统：五四思想史论集》，台北：时报文化出版股份有限公司1995年版。

⑦ 参见章清《“国家”与“个人”之间——略论晚清中国对“自由”的阐述》，《史林》2007年第3期。

⑧ 参见杨贞德《自由与自治——梁启超政治思想中的转折》，《转向自我：近代中国政治思想中的个人》，台北：“中央研究院”文哲研究所2009年版。

⑨ 参见黄克武《近代中国转型时代的民主观念》，载王汎森编《中国近代思想史的转型时代：张灏院士七秩祝寿论文集》，台北：联经出版事业股份有限公司2007年版。

的讨论》[①] 等研究，集中讨论在新旧转换的近代中国，作为现代观念的“自由”与“民主”，立足点是“国家”还是“个人”，实践方式是“调适”还是“转化”，不同的知识分子有着不同的言说与实践。而这些言说与实践的选择，又给中国人追求自由与民主带来难以预料的后果。

金观涛、刘青峰的《从“群”到“社会”、“社会主义”——中国近代公共领域变迁的思想史研究》[②]、王汎森的《傅斯年早期的“造社会”论——从两份未刊残稿谈起》[③]、陈弱水的《中国历史上“公”的观念及其现代变形——一个类型的与整体的考察》[④]、黄克武的《从追求正道到认同国族——明末至清末中国公私观念的重整》[⑤] 等论述，展现了近代中国知识分子在面对政治秩序与心灵秩序崩解之时，借助对“民间社会”与“公共领域”等观念的思考与实践，尝试重建社会重心的思想努力。

围绕意识形态与“革命”的观念，陈建华的《论现代中国“革命”话语之源》[⑥]、王远义的《宇宙革命论：试论章太炎、毛泽东、朱谦之和马克思四人的历史与政治思想》[⑦]、刘季伦的《敢教日月换新天：儒教传统与毛泽东的共产革命》[⑧] 以及《自由主义与中国共产革命——两种理念

① 参见童世骏《中国现代思想史上的“民主”观念——一个以李大钊为主要文本的讨论》，载杨国荣主编《中国现代化进程的人文向度》，华东师范大学出版社2006年版。

② 参见金观涛、刘青峰《从“群”到“社会”、“社会主义”——中国近代公共领域变迁的思想史研究》，载《“中央研究院”近代史研究所集刊》2001年6月。

③ 参见王汎森《傅斯年早期的“造社会”论——从两份未刊残稿谈起》，《中国文化》1996年第2期。

④ 参见陈弱水《中国历史上“公”的观念及其现代变形——一个类型的与整体的考察》，《公共意识与中国文化》，新星出版社2006年版。

⑤ 参见黄克武《从追求正道到认同国族——明末至清末中国公私观念的重整》，载黄克武、张哲嘉编《公与私：近代中国个体与群体的重建》，台北：“中央研究院”近代史研究所2000年版。

⑥ 参见陈建华《论现代中国“革命”话语之源》，载《“革命”的现代性——中国革命话语考论》，上海古籍出版社2000年版。

⑦ 参见王远义《宇宙革命论：试论章太炎、毛泽东、朱谦之和马克思四人的历史与政治思想》，载《五四八十周年学术研讨会论文集》，台北：“国立政治大学”文学院1999年版。

⑧ 参见刘季伦《敢教日月换新天：儒教传统与毛泽东的共产革命》，《“国立政治大学”历史学报》2004年第5期。

的比较》[1] 等论述，阐述了在一个日趋激进的时代里，暴力革命不仅是知识分子心目中建构政治秩序的最终方式，也是重塑意识形态和心灵秩序的最终选项。简言之，正是基于对“多元现代性”理念的接纳、完善与扩充，近年来，近代中国思想史研究领域的成果，极大地丰富并深化了人们对于一系列观念史议题的认知。

近年来，人文社会科学与自然科学之间的学科交叉，也在方法论上影响到近代中国观念史研究。特别是在一个信息海量涌现的“大数据时代”里，如何将日渐成熟的计算机与互联网的检索技术，应用到处理层出不穷的史料电子文本之上，成为部分观念史研究者关切的焦点。他们相信，如果能对某一时期历史文献当中的关键词，进行精确的计量分析，就能较为客观地反映该词语所代表的普遍观念的使用和普及程度。任职于香港中文大学的金观涛、刘青峰及其团队，建立起 1830—1930 年中国近现代思想史研究专业数据库，共计一亿两千万字。他们利用这一数据库，发表了数篇以“共和”“民主”“权利”“个人”“社会”“经济”“科学”等关键词为分析对象的论文，探讨这些重要的现代观念在中国的起源和演变以及它们与重大历史事件的关系。根据金观涛、刘青峰在其新著《观念史研究：中国现代重要政治术语的形成》[2] 与《中国近现代观念起源研究和数据库方法》[3] 一文中的介绍，自 19 世纪末观念史成为一门独立学科以来，关键词和语言学、语义分析一直是观念史研究最重要的方法。在中国思想观念由传统向现代的转型过程中，绝大多数新器物、新事物、新知识、新观念的传入，往往可以用中文定名和翻译某个外来新名词来追踪。新观念的形成也十分典型地呈现为新名词的出现和传播。数据库方法不仅可以为观念史研究提供更准确的基础，而且其下一步的分析梳理，还可以对以往

---

① 参见刘季伦《自由主义与中国共产革命——两种理念的比较》，载刘擎、关小春编《自由主义与中国现代性的思考——“中国近现代思想的演变”研讨会论文集》下册，香港中文大学出版社 2002 年版。

② 参见金观涛、刘青峰《观念史研究：中国现代重要政治术语的形成》，法律出版社 2009 年版。

③ 参见金观涛、刘青峰《中国近现代观念起源研究和数据库方法》，《史学月刊》2005 年第 5 期。

某些公认的观点做出修正和质疑。他们将中国近代思想史变迁大致分为三个阶段，1840—1900 年，为中国传统政治思想对西方现代思想选择性吸收的阶段，1901—1915 年是儒家思想退到家族私领域，而在公共领域全面学习西方的阶段，1915—1925 年为第三阶段。正是在第三阶段，学习引进西方现代制度带来的问题，引发了知识界对民主、权利、社会等重要观念的重构，形成了中国当代思想。

对于近代中国思想史上的关键词研究，也与这一时期对于涉及社会变迁与思想形塑的“新名词”研究彼此激荡。比如，已有研究者注意到，在近代新名词研究方面，冯天瑜的《“封建”考论》[①] 在先行研究基础上，考察了黄遵宪、梁启超、严复、章太炎、孙中山等代表的清末民初先进的中国学人的封建观，认为他们重构再造之新名“封建”，其内涵为贵族政治、领主经济，外延指殷周制度，也涵盖欧洲中世纪、日本中世及近世的同类制度，成为一个世界性的历史形态的共名。这种“封建观”较好地实现了概念演化继承性与变异性的统一，又初步达成中国传统史学概念与西方史学概念的通约与整合。然而，他们未能全方位考察社会形态，故其“封建”观在理论上尚显单薄，不足以抗御后来兴起的强势的泛封建观的挑战，于 20 世纪 30 年代以降逐渐隐退于主流之外。黄兴涛在《“她”字的文化史——女性新代词的发明考证与认同研究》一书中指出，“她”字是五四新文化运动期间所发明的一个影响深远的女性新代词。它的诞生、早期书写实践和社会认同的过程，蕴含着丰富多彩、生动曲折的历史内容。揭示这一过程，对于认知汉语的现代变革、新文艺的起源、女性意识的强化与渗透，以及中外文化交流互动的意义等，都具有独特的历史价值。[②]

实际上，黄兴涛在《“话语”分析与中国近代思想文化史研究》[③] 一文中，就对加强新名词背后的话语分析与思想史研究之间关系进行了阐述。据研究者对近年来《历史研究》与《近代史研究》刊登的相关论文

---

① 参见冯天瑜《“封建”考论》，武汉大学出版社 2006 年版。

② 参见黄兴涛《“她”字的文化史——女性新代词的发明考证与认同研究》，福建教育出版社 2009 年版。

③ 参见黄兴涛《“话语”分析与中国近代思想文化史研究》，《历史研究》2007 年第 2 期。

考察，不少和语言研究密切相关的思想史论述已不断涌现。如高晞的《“解剖学”中文译名的由来与确定——以德贞〈全体通考〉为中心》①、谢放的《“绅商”词义考析》②、马敏的《“绅商”词义及其内涵的几点讨论》③、王东杰的《国中的“异乡”：二十世纪二三十年代旅外川人认知中的全国与四川》④、鲁萍的《“德先生”和“赛先生”之外的关怀——从“穆姑娘”的提出看新文化运动时期道德革命的走向》⑤、罗志田的《走向国学与史学的“赛先生”——五四前后中国人心目中的“科学”一例》⑥、黄兴涛的《晚清民初现代“文明”和“文化”概念的形成及其历史实践》⑦ 等文，或通过考察西方传入中国的新名词，如“解剖学”“文明”“文化”等，“或通过对中国已有词汇的变化，以此展现近代国人思想、观念、认知的变迁，同时使人能从中体察出中西文化思想交流之进程及中国传统思想文化向近代转型的过程”。⑧

二 思想文化与社会转型

在变化万端的近代中国，思想文化与社会转型之间密切的交流与互动，是思想史研究的核心议题。2008 年，由耿云志主编的《近代中国文化转型研究》丛书⑨，通过描绘近代中国文化转型的基本轨迹，试图揭示社会转型的外在条件及其内在机制。9 卷本丛书包括耿云志的《近代中国

① 参见高晞《“解剖学”中文译名的由来与确定——以德贞〈全体通考〉为中心》，《历史研究》2008 年第 6 期。

② 参见谢放《“绅商”词义考析》，《历史研究》2001 年第 2 期。

③ 参见马敏《“绅商”词义及其内涵的几点讨论》，《历史研究》2001 年第 2 期。

④ 参见王东杰《国中的“异乡”：二十世纪二三十年代旅外川人认知中的全国与四川》，《历史研究》2002 年第 3 期。

⑤ 参见鲁萍《“德先生”和“赛先生”之外的关怀——从“穆姑娘”的提出看新文化运动时期道德革命的走向》，《历史研究》2006 年第 1 期。

⑥ 参见罗志田《走向国学与史学的“赛先生”——五四前后中国人心目中的“科学”一例》，《近代史研究》2000 年第 3 期。

⑦ 参见黄兴涛《晚清民初现代“文明”和“文化”概念的形成及其历史实践》，《近代史研究》2006 年第 6 期。

⑧ 本段及上段部分内容，转引自王毅《新世纪以来中国近代思想史研究的回顾与展望》，《教学与研究》2010 年第 3 期。

⑨ 参见耿云志主编《近代中国文化转型研究》，四川人民出版社 2008 年版。

文化转型研究导论》，郑大华、彭平一的《社会结构变迁与近代文化转型》，李长莉的《中国人的生活方式：从传统到近代》，邹小站的《西学东渐——迎拒与选择》，郑匡民的《西学的中介——清末民初的中日文化交流》，王中江的《近代中国思维方式演变的趋势》，宋惠昌的《人的解放与人的发现：近代中国价值观的多变》，左玉河的《中国近代学术体制之创建》，张剑的《中国代科学与科学体制化》，分别围绕近代中国社会文化转型当中的一系列重大问题，如社会结构及物质生活与文化转型之间的关系、外来文化的刺激与影响、思想观念的变化以及近代科学体制的建立，展开各自的论述。

在耿云志所著《近代中国文化转型研究导论》中，作者特别指出，近代中国思想文化发展有两个主要趋势，一是世界化，二是个性化。世界化，就是以开放的文化心态处理中华文化与世界文化的关系。有了开放的文化心态，才可能对文化的世界化有健全的认识：这就是把中国文化如实地看成世界文化的一部分，从世界文化中汲取于我们有益的成分，丰富和发展我们的文化，同时又把我们的文化之优秀的东西贡献给世界，促进世界文化之进步。这种开放的世界化观念真正开始于近代，最盛于新文化运动时期，20 世纪二三十年代的思想界是消化吸收新文化运动观点的阶段，也有继续发展的成分。“所谓个性化，是指解放人，解放人的个性，解放各人的创造精神。”个人解放作为近代中国思想文化的发展趋势之一，真正开始于新文化运动时期。个性主义实际上就是个人主义，即胡适所谓的“健全的个人主义”，而不是人们通常理解的自私自利的个人主义。个人的个性得到伸张，同时要对个人的行为负责。新文化运动在个性主义的问题上，有三点重要的贡献。第一，提出了对个性主义的清晰的界定：一是必须有个人意志自由，二是必须个人承担责任；第二，明确了个人自由与国家自由、民族自由、群体自由的正确关系；第三，把个性主义、个人自由同民主制度的落实直接联系起来。①

近些年来，在对近代中国社会与思想变化的历史追踪中，研究者改变

① 参见耿云志《世界化与个性主义——现代化的两个重要趋势》，载《中国社会科学院学术委员会集刊》第 1 辑，社会科学文献出版社 2005 年版。

了过去的简单思路，开始关注“新中有旧、旧中有新”的社会与思想的复杂性，聚焦于现代与传统之间既断裂又连续的关系，重新描绘出更为驳杂的思想文化地图。通过对新旧变迁的社会格局当中“权势转移”（罗志田语）的讨论，将思想史与社会史有机联系在一起，也体现了近年来近代中国思想史研究的新趋势。大体而言，近些年来，围绕社会史与思想史的结合，近代中国思想史的三个面向受到研究者较多注目。

第一，经典衰落导致知识的变化。这一变化的背景，是以工农士商为基本要素的传统中国社会，因“西潮”冲击而发生的社会危机。罗志田在《经典的消逝：近代中国的一个根本性的变化》一文中，梳理并分析了近代中国传统经典“去神圣化”与“去经典化”的现象，强调其背后实有一个“无意识推动”到“有意识努力”的发展进程，使得经典最终被排除在常规阅读之外，社会处于一种无所指引的状态。西潮冲击之下的中国士人，由于对文化竞争的认识不足，沿着西学为用的方向走上了中学不能为体的不归路。自身文化立足点的失落复造成中国人心态的剧变，从自认为世界文化的中心到承认中国文化的野蛮，退居世界文化的边缘。近代中国可以说已失去重心。①

第二，科举废除导致士大夫的边缘化与边缘知识分子的兴起。社会结构变迁即是思想演变的造因，也受思想演变的影响。四民之首的士大夫群体，在近代中国的变迁中受冲击最大。废科举、兴学堂从根本上改变了士大夫生存的土壤，也切断了读书人上升的渠道，成为在社会上自由流动的资源。科举制的废除造成读书人无所皈依，中国社会的重心逐渐丧失，传统知识分子的边缘化程度大大加剧。与此同时，从晚清到五四，作为身处城乡之间和精英与大众之间的边缘知识分子，军人、工商业者、职业革命家等新兴社群日渐崛起，开始通过报刊、学堂与社会团体等新的公共空间重建“社会重心”。罗志田的《近代中国社会的权势转移——知识分子的

---

① 参见罗志田《经典的消逝：近代中国的一个根本性的变化》，见 2012 年“中央研究院”第四届国际汉学会议“近代中国知识史”专题讨论会论文，http：//mingching. sinica. edu. tw/newsletter/032/sinoreport/sinoreport3. html。

边缘化与边缘知识分子的兴起》[①]、李仁渊的《思想转型时期的传播媒介：清末民初的报刊与新式出版业》[②]、沙培德的《启蒙“新史学”：转型期中的中国历史教科书》[③]、孙慧敏的《新式学校观念的形成及影响》[④]、范广欣的《从郑观应到盛宣怀：转型时代中国大学理念走向成熟》[⑤]、许纪霖的《重建社会重心：现代中国的“知识人社会”》[⑥] 等论文，展现了近代中国新的知识阶层与新的思想论域的形成。

第三，社会的权势转移，也带来学术重心的偏移与知识生产方式的变革。正统衰落、边缘上升是从晚清到民初中国学术走向的重要特征。据罗志田的研究，以乾嘉考据为代表的经学渐失控制地位，过去长期处于边缘的史学则可见明显的地位上升，到民初更是一度居主流地位。这中间的一个重要原因即史学在近代的道德提升。两者的相互作用促成了经史易位的完成。王汎森的《从“新民”到“新人”：近代思想中有关“自我”的几个问题》[⑦]、葛兆光的《孔教、佛教抑或耶教——1900年前后中国的心理危机与宗教兴趣》[⑧]、王东杰的《“反求诸己”：晚清进化观与中国传统

① 参见罗志田《近代中国社会的权势转移——知识分子的边缘化与边缘知识分子的兴起》，《权势转移：近代中国的思想、社会与学术》，湖北人民出版社1999年版。

② 参见李仁渊《思想转型时期的传播媒介：清末民初的报刊与新式出版业》，载王汎森编《中国近代思想史的转型时代：张灏院士七秩祝寿论文集》，台北：联经出版事业股份有限公司2007年版。

③ 参见沙培德《启蒙“新史学”：转型期中的中国历史教科书》，载王汎森编《中国近代思想史的转型时代：张灏院士七秩祝寿论文集》，台北：联经出版事业股份有限公司2007年版。

④ 参见孙慧敏《新式学校观念的形成及影响》，载王汎森编《中国近代思想史的转型时代：张灏院士七秩祝寿论文集》，台北：联经出版事业股份有限公司2007年版。

⑤ 参见范广欣《从郑观应到盛宣怀：转型时代中国大学理念走向成熟》，载王汎森编《中国近代思想史的转型时代：张灏院士七秩祝寿论文集》，台北：联经出版事业股份有限公司2007年版。

⑥ 参见许纪霖《重建社会重心：现代中国的“知识人社会”》，《学术月刊》2006年第11期。

⑦ 参见王汎森《从“新民”到“新人”：近代思想中有关“自我”的几个问题》，载许纪霖编《世俗时代与超越精神》，江苏人民出版社2008年版。

⑧ 参见葛兆光《孔教、佛教抑或耶教——1900年前后中国的心理危机与宗教兴趣》，《中国宗教、学术与思想散论》，复旦大学出版社2010年版。

思想取向（1895—1905）》[①]、陈平原的《有声的中国——“演说”与近现代中国文章变革》[②]、潘光哲的《中国近代“转型时代”的“地理想象”（1895—1925）》[③]、陈建华的《1920年代“新”、“旧”文学之争与文学公共空间的转型——以文学杂志“通信”与“谈话会”栏目为例》[④]等论文，均展现了近代中国知识体系、观念形态与社会互动之间的复杂关系。

近些年来，学界对于近代中国思想文化与社会转型议题的思考，已经越来越多地将涉及中国的命题放置到“世界”与“亚洲”等更大的框架当中，观察中国及其周边区域的互动。换言之，对于力图通过“走向世界”去寻求富强的近代中国而言，“世界”不仅是地理意义上的“空间概念”，而是形塑读书人思想观念及其历史实践的“文化概念”。葛兆光所著《宅兹中国》一书开宗明义地提出新的思考：1895年以后，大清帝国开始从“天下”走出来，进入“万国”，原来动辄便可以“定之方中”（《诗经》）、自信“允执厥中”（《古文尚书》语）的天朝，渐渐被整编进了“无处非中”（艾儒略语）、“亦中亦西”（朝鲜燕行使语）的世界，便不得不面对诸如“亚洲”和“世界”这样一些观念的冲击。为什么是“亚洲”？究竟什么是“中国”？中国如何面对“世界”？看似常识背后，潜伏着一个又一个悬而未决的问题。另外，日本、韩国以及中国台湾的学界，对于“中国”“亚洲”“世界”的论述升温，并且波及中国大陆学界。这些没有经过检讨就使用的地理概念，究竟在什么脉络和何种意义之下，可以当作“历史世界”被认同和被论述?[⑤]

---

① 参见王东杰《“反求诸己”：晚清进化观与中国传统思想取向（1895—1905）》，载王汎森编《中国近代思想史的转型时代：张灏院士七秩祝寿论文集》，台北：联经出版事业股份有限公司2007年版。

② 参见陈平原《有声的中国——“演说”与近现代中国文章变革》，《文学评论》2007年第3期。

③ 参见潘光哲《中国近代“转型时代”的“地理想象”（1895—1925）》，载复旦大学历史系编《新文化史与中国近代史研究》，上海古籍出版社2009年版。

④ 参见陈建华《1920年代“新”、“旧”文学之争与文学公共空间的转型——以文学杂志“通信”与“谈话会”栏目为例》，《现代中文学刊》2009年第1期。

⑤ 参见葛兆光《宅兹中国：重建有关“中国”的历史论述》，中华书局2011年版。

罗志田在《天下与世界：清末士人关于人类社会认知的转变——侧重梁启超的观念》一文中，则通过分析梁启超的观念，认为传统的“天下”一词本具广狭二义，分别对应着今日意义的“世界”和“中国”。过去的流行说法是，近代中国有一个将“天下”缩变为“国家”的进程。如果侧重昔人思考的对象，恐怕更多是一个从“天下”转变为“世界”的进程。康有为创造性地把公羊“三世”说由历时性变为共时性，使“天下”平顺地向“世界”过渡。但中国却被西方主导的世界体系外在化，中国士人渴望加入世界，努力为中国在世界确立一个更好的位置。的确，随着传统的“天下”观念在西力冲击之下逐渐转型，“中国”从此需要放置在“世界”这一新的尺度下予以考察。①

2012 年 10 月，由中国社会科学院中国近代思想研究中心等单位主办的第四届中国近代思想史国际学术研讨会，即以“近代中国人的国家观念与世界意识”为主题展开讨论。许纪霖认为，传统中国的“天下”观念具有双重内涵，既指理想的伦理秩序与典章制度，又是对以中原为中心的世界空间的想象。晚清以后，当西方文明以物质和精神的双重优越性来到中国后，以儒家礼教为核心的“天下主义”开始转向另一种“新天下主义”，即以西方为中心的近代文明论。正因为对这一由西方支配的“新天下观”的接受与反思，民族主义、自由主义等现代理念，在形塑近代中国国家观念与世界意识的过程中彼此交织，共同发力。郑大华认为，近代中国人国家观念的转型基本上有两条主线，一是从“天朝国家”观念向“主权国家”观念的转变，二是从“君主国家”观念向“民主国家”观念的转变，两条主线背后的推动力分别是民族主义与自由主义。耿云志指出，近代中国的民族主义是在空前的变局之下，因受外力刺激而迅速发展起来的。一方面，在具有高度文化的“西夷”面前，不得不放弃古代的华夷观念；另一方面，在“西夷”的侵略面前，为谋自救而激活民族意识，此民族意识已逐渐摆脱古代的华夷观念，而导向建立独立的近代民族国家的目标。贾小叶以理、势观念在 19 世纪中后期的变迁为线索，揭

---

① 参见罗志田《天下与世界：清末士人关于人类社会认知的转变——侧重梁启超的观念》，《中国社会科学》2007 年第 5 期。

示出中国人世界意识的演化过程。"理""势"是中国传统哲学的一对重要范畴。在对外关系中，"理"表现为一套"德化"外夷的天朝观念，"势"则是保证"理"得以贯通的政治、经济、军事上的优势。邹小站认为，影响近代中国人国家观念建构的因素中有几点值得特别注意：第一，恶劣的外部环境使得国人特别关注国家富强；第二，传统国家观念转型的最重要的思想资源不是英国、法国的自由主义，而是经由日本思想解释的德国思想；第三，当近代中国人构建其国家观念时，西方思想正经历着深刻的变化。何晓明认为，近代世界意识的形成，不是国人主观构想的结果，而是在接触到许多"外国"以后，才形成的一个整体之下各国彼此有别且彼此对等的系统观念。他选取晚清政府的第一位驻外公使郭嵩焘作为研究对象，对其域外经历与世界意识形成之间的互动作了详细分析。马克锋从文化比较学的角度，探讨了中国文化与世界主义的关系。他认为，中国文化自发生之初，就展现出强烈的兼容性与包容性。这种秉性与特质使得中国文化在一定意义上具有世界主义的情怀与诉求。李育民通过梳理"国体"观念在晚清时期的变化轨迹，揭示出中外条约关系对近代中国国家观念转型所产生的重要影响。他认为，传统国体概念以维护天朝体制、君主专制为思想内核。经过鸦片战争、贵州教案、中法战争、甲午战争、庚子之役等事件，传统的国体观在中外条约关系的支配下不断摆脱天朝观念、专制思想的束缚，而发展出国家主权意识、民主政治意识，最终与近代国家观念相融合。①

在形塑近代中国的国家观念与世界意识的过程中，日本扮演了极其重要而又面目复杂的角色。随着中日韩以及东亚共同体学术交流的日渐紧密，日本与近代中国政治、社会、文化乃至知识分子群体的互动，成为近年来备受思想史研究者关注的课题。郑匡民在《梁启超启蒙思想的东学背景》② 一书中谈到，戊戌变法失败之后，梁启超在日本的土地上，通过大量阅读日本人的译著或著作来了解西方。而对"东学"（日本的思想学

① 以上内容转引自曾科《近代中国人的国家观念与世界意识——"第四届中国近代思想史国际学术研讨会"综述》，《教学与研究》2013 年第 2 期。

② 参见郑匡民《梁启超启蒙思想的东学背景》，上海书店出版社 2003 年版。

术）的研究，也使得西方文化与价值观念，得以借日本的途径深入其思想，并通过《清议报》《新民丛报》《新小说报》等媒体向中国传播，从而产生深远的影响。该书详细分析福泽谕吉、中村正直、中江兆民、加藤弘之、伯伦知理等日本学者的思想，是如何成为梁氏形塑自己的启蒙思想、新民思想、民权思想、国家主义思想以及国家有机体论的思想来源与知识背景以及传播媒介的。作者进一步指出，梁启超所接受的西方思想，其实是一种被“日本化”了的西方思想；近代中国所受到的西方思想的影响，在某种程度上，是一种受到了“日本化”的西方思想的影响。沈国威在其《时代的转型与日本途径》以及新作《近代中日词汇交流研究：汉字新词的创制、容受与共享》等论述中谈到，19 世纪中期以来，随着日本作为西方知识在东亚传播中介地位的确立，越来越多的中国人通过学习日文与翻译日文书籍，获得对西方知识的了解与接受。从这个意义上看，日本对于近代中国知识分子而言，又成为一个时代脉动中的知识“生产机构”。通过审视 1807—1919 年的中日词汇交流，沈国威深入研究日本怎样成为向中国提供新知识的途径的问题以及中国社会对日语借词的反应和使用者的心态。[①] 陈力卫在《语词的漂移——近代以来中日之间的知识互动与共有》中也指出，现代汉语中存在不少日语的“外来新词”，其实最初是日本知识分子为了吸收西洋文明，从而有系统地借用中文词汇进入日语系统。后来，却反而又被中国的留日学生原封不动地带回中国，形成了中日词汇互用过程中的语义转换、分化、替代。陈力卫指出，汉语作为亚洲共识的平台，为现代化进程的知识共有提供了可能，而其语义形成过程的历史档案，则为后人的追溯和反思提供永久的凭证。[②]

正因为近代以来中日之间的知识互动，翻译成为双方知识传输与思想激荡的重要渠道，也成为当代思想史研究者新的关切。狭间直树的《“东

① 参见沈国威《时代的转型与日本途径》，载王汎森编《中国近代思想史的转型时代：张灏院士七秩祝寿论文集》，台北：联经出版事业股份有限公司 2007 年版；《近代中日词汇交流研究：汉字新词的创制、容受与共享》，中华书局 2010 年版。

② 参见陈力卫《语词的漂移——近代以来中日之间的知识互动与共有》，http://wen.org.cn/modules/article/view.article.php/2187。

洋卢梭"中江兆民在近代东亚文明史上的地位》一文，注意到在日本明治维新的过程中，卢梭的《社会契约论》（《民约论》）被视为圣典，其译本甚多。而中江兆民则透过改日文译本为汉译本，使卢梭学说更加条理清晰，并经过在"法国学塾"讲授卢梭理论，巩固了其"东洋卢梭"的地位。[①] 黄克武的《晚清社会学的翻译：以严复和章炳麟的译作为例》，通过比较严复及章炳麟在译介社会学理论上存在的思想差异，观察中国近代思想史的连续性与非连续性。他指出，清末有两种社会学的思想倾向。一种是严复与梁启超受到斯宾塞的影响，采用调适取向来看待社会变迁；一种是章太炎受到岸本能武太的影响，采取转化取向的社会学传统。这大致是1949年马克思主义盛行前最主要的两种社会学理论。[②] 张哲嘉的《近代东亚解剖学名词的翻译法：以语言背景与对应标准为坐标的再思考》，则聚焦于当东亚汉字文化圈面临西方解剖学词汇时，在翻译上所呈现出的分歧与合流。[③]

王柯的研究关切的是近代中国的民族、民族主义观念的形塑与日本因素之间的密切互动。在《"民族"，一个来自日本的误会——中国早期民族主义思想实质的历史考察》中，他指出中国人是在近代鸦片战争后，才开始接触到源自西方的"nation""nationalism"和"nation-state"等具有现代政治含义的概念的，而中国人的这一接受过程又与留日学生和学者从日本出版物中吸收西方近代政治、经济、文化思想有着密切的关系。毫无疑问，正是因为"同文"的缘故，使中国人在19世纪末接触并开始接受日制汉词"民族"。然而，"民族"一词开始普及并在中文中固定下来，还是要等到与"国民"概念结合之时。中国近代思想家们之所以能够不

① 参见［日］狭间直树（Naoki Hazama）《"东洋卢梭"中江兆民在近代东亚文明史上的地位》，2012年"中央研究院"第四届国际汉学会议"近代中国知识史"专题讨论会论文，http：//mingching. sinica. edu. tw/newsletter/032/sinoreport/sinoreport3. html。

② 参见黄克武《晚清社会学的翻译：以严复和章炳麟的译作为例》，载沙培德、张哲嘉主编《"中央研究院"第四届国际汉学会议论文集：近代中国新知识的建构》，台北："中央研究院"2013年版。

③ 参见张哲嘉《近代东亚解剖学名词的翻译法：以语言背景与对应标准为坐标的再思考》，载沙培德、张哲嘉主编《"中央研究院"第四届国际汉学会议论文集：近代中国新知识的建构》，台北："中央研究院"2013年版。

觉别扭地主动接收“民族”一词，不仅因为汉字相同，更是因为与日本的近代民族主义思想产生了共鸣。[①] 而对于“民族国家”概念的认知，其实也与近代中国知识分子对于日本经验的接受密切相关。根据王柯在《民权、政权、国权——中国革命与黑龙会》一文的研究，日本追求单一民族国家的历史，造成许多日本国民自己也相信了他们具有其他国民所无法比拟的民族优越性，因而大言不惭地认为指导东亚以不受欧洲侵略是自己的天职。但是因为这种所谓的“亚洲主义”，与日本的国权主义思想之间存在着一种天然的联系，包裹在亚洲主义中的民族优越感必然不断膨胀，最终导致日本逐步成为一个侵略国家并走向了毁灭。[②]

三　知识分子：公共网络与私人生活

20 世纪 90 年代以来，受世风与学风演变的影响，在思想史研究领域中，传统研究视野中的思想精英、革命领袖等“一线人物”呈现退潮之势，而原来研究不多的一系列温和派、文化保守主义者（所谓旧派）、学术性人物等“二线人物”，如杜亚泉、柳诒征、陈寅恪、吴宓、梅光迪、梁漱溟、章士钊、陈序经、张君劢、张东荪等，开始受到研究者的广泛关注。

1997 年由中华书局出版的郑大华的《张君劢传》，聚焦于一度因意识形态原因，而落于研究视野之外的张君劢的思想与人生。张君劢是旧学者的代表，取得秀才功名，又在日本拿到学士学位。“苏维埃”这个词由他第一次翻译，可他又反对中国走苏维埃的道路。他和蒋介石关系很好，却被蒋介石软禁过两年。61 岁时，周恩来送他一块匾，上书“民主之寿”，评价甚高。但是，1948 年，他又是共产党所列第一批 43 名战犯的最后一名。他精通日语、英语、德语，积极参与立宪。1946 年《中华民国宪法》是他起草的，所以又被称为民国“宪法之父”。郑大华指出，张君劢的思想很复杂，是对西方民主制度的追求，是一个政治上的自由主义者。他推

---

① 参见王柯《“民族”，一个来自日本的误会——中国早期民族主义思想实质的历史考察》，《二十一世纪》2003 年 6 月。

② 参见王柯《民权、政权、国权——中国革命与黑龙会》，《二十一世纪》2011 年 11 月。

崇儒学思想，是一个文化上的保守主义者。同时，他一生追求社会主义，又是一个社会主义者。通过张君劢思想世界中多重脉络及其具体而丰富的政治、文化实践，又可以看到近代中国知识分子紧张而丰富的心灵。①

江沛以雷海宗、林同济为中心探讨了“战国策派”的文化形态学理论。研究认为，20 世纪三四十年代，在第二次世界大战背景下，受欧洲的文化形态学说的启发，雷、林等人力图建立一整套独立的对世界及中国文化基本特征及规律的认知体系。他们把世界上曾经出现过的各种文化形态进行分类研究，同时对中国文化发展的脉络进行了清理。雷海宗由此创造性地提出了中国文化独具“两周”的理论。雷、林还认为，20 世纪三四十年代的世界，正处于类似于中国古代的“战国时代”，只有努力学习西方先进文化，保持民族文化的个性，坚定抗战信心，才能拯救中国文化于覆亡。雷海宗甚至预言，中国文化将进入第三个发展周期。这些主要的思想观点，被视为“战国策派”文化形态学理论的核心理念。② 赵立彬阐述了作为文化理论家的黄文山（黄凌霜）的文化学理论。黄氏是近代中国较早倡导文化学和从事文化学研究的学者。他早年信仰无政府主义，后改奉国民党意识形态，成为倡导中国文化本位建设的代表人物之一。黄文山取文化学立场，以文化学理论作为研究的方法论，来探讨中国文化的改造问题。他的文化观的转变，充分显示了文化学的理论对其文化思想的影响。作为一个典型的个案，反映了近代思想与学术的密切关系。③

正如王汎森注意到的，对于近代中国的许多“旧派人物”而言，所谓“进步”的东西，在他们看来是一种“堕落”与“破灭”。因此，在时代的潮涨潮落之间，旧派人物的“文化理想”也特别值得注意。经过长期的积累沉淀，有一些基本的“文化理想”已经根深蒂固，所以常常

---

① 参见郑大华《张君劢传》，中华书局 1997 年版；《民国思想家论》，中华书局 2006 年版；《张君劢政治思想的演变》，北京大学高等研究院“张君劢与现代中国”研讨会主题发言，2013 年 6 月 30 日，http：//www. guancha. cn/ZhengDaHua/2013_ 08_ 22_ 158305. shtml。

② 参见江沛《战国策学派文化形态学理论述评——以雷海宗、林同济思想为主的分析》，《南开学报（哲学社会科学版）》2006 年第 4 期。

③ 参见赵立彬《黄文山文化学与文化观述论》，《暨南学报（哲学社会科学版）》2004 年第 6 期。

是社会文化已经变得面目全非，但是旧读书人挂在口头上的始终是“理想上”应该如何。只要这“理想上应该如何”的心理不曾变化，则不管现实的变化有多大，他们心目中仍将以这些“文化理想”来衡量、评判现实，想尽一切努力回到那个“文化理想”。所以，这些“文化理想”的内容，旧派人物的思想世界与传统的“文化理想”的关系，以及在什么时候以及在什么情况下主流论述严重地挑战或破坏了这些“文化理想”，都值得探究。此外，我们已经知道“新派”在不停地变，但我们较忽略的是旧派人物也在不停地变，他们也在以独特的方式响应时局。[①]

20 世纪 90 年代以来，罗志田的《科举制的废除与四民社会的解体——一个内地乡绅眼中的近代社会变迁》[②]、行龙的《怀才不遇：内地乡绅刘大鹏的生活轨迹》[③]、郝平的《〈退想斋日记〉所见抗战时期的民众生活：以太原为中心》[④]、沈艾娣（Henrietta Harrison）的《梦醒子：一位华北乡居者的人生，1857—1942》[⑤] 等对于名不见经传的山西举人、旧派人物刘大鹏的研究，为近代中国知识分子研究打开了新的视野。几位研究者从“旧派人物”刘大鹏的心态变化反观社会的变动。他们将知识分子的边缘化以及边缘知识分子的兴起这一动态历史，纳入中国发展的内在理路和西潮冲击所导致的社会巨变这一纵横脉络中进行考察：一是阐述儒学传统在近代中国的嬗变。当经典失去国家层面的正统地位后，在民众心目中和日常实践中如何变迁。二是阐释以山西乡村社会为代表的内地社会，在中国现代化过程中逐步边缘化和贫困化的过程。

在近代中国思想史研究领域，在知识分子个案研究不断丰富深化的同

---

① 参见王汎森《中国近代思想文化史研究的若干思考》，载康乐、彭明辉主编《史学方法与历史解释》，中国大百科全书出版社 2005 年版。

② 罗志田：《科举制的废除与四民社会的解体——一个内地乡绅眼中的近代社会变迁》，《清华学报》（新竹）1995 年 12 月。

③ 行龙：《怀才不遇：内地乡绅刘大鹏的生活轨迹》，《清史研究》2005 年第 2 期。

④ 郝平：《〈退想斋日记〉所见抗战时期的民众生活：以太原为中心》，《史林》2005 年第 4 期。

⑤ Henrietta Harrison, *The Man Awaken from Dreams*: *One Man's Life in a North China Village*, *1857 - 1942*, Stanford University Press, 2003. 中译本《梦醒子：一位华北乡居者的人生，1857—1942》，北京大学出版社 2013 年版。

时，知识分子群体和多元化思潮脉动的研究，也在新的知识背景和问题意识的引领下，得到了众多新的阐释。在对社会思潮的宏观把握与非主流思潮的细致探讨的基础上，自由主义、无政府主义、民族主义、保守主义、社会主义、国粹主义、科学主义、唯意志论等思潮及其形塑的价值观念有了更为历史化的丰富表述。另外，这些多元思潮的汇流，对于近代中国知识分子群体的聚合与解体，产生了巨大的冲击作用。作为思想的制造者、传播者与实践者，知识分子群体的成形与衍变、聚合与分离，也折射出思潮的涨落与近代中国社会的新陈代谢。

高瑞泉在《近代价值观变革与晚清知识分子》一文中，探讨了价值观念变迁与晚清知识分子之间的关系。他认为，观念系统围绕着“天人”“群己”“义利”（“理欲”）等范畴的争论而展开的过程，与社会生活中传统的知识阶层向现代型知识分子的转变有密切的关系。从龚自珍开始，传统士大夫中的异端、“条约口岸知识分子”、留学生和新式学校出身的知识者，先后成为价值观变革的主力。随着传统文人集团的分化和价值观念的新陈代谢，士大夫没落和消失了，新型的知识分子产生了。① 胡伟希在《乌托邦的“否定辩证法”——对20世纪上半叶中国知识分子运动的考察与反省》一文中认为，乌托邦型公共知识分子的出场与大步登上历史舞台，是20世纪上半叶中国社会历史的奇观。它开始是乌托邦观念的制造者与提供者，而后来成为意识形态的发言人与辩护者。中国现代知识分子从乌托邦话语到意识形态话语的转变，意味着中国人文知识分子谱系的断裂。历史上，中国人文知识分子曾是社会终极价值与意义的维护者与阐释者。今天，中国现代人文知识分子应当重建与历史的联系，在价值承担上向传统回归。这要求中国人文知识分子实现三种转变：从启蒙心态到教化心态的转变；从“中心—边缘”意识到“守望”意识的转变；从政治权力取向到社会公共领域取向的转变。②

① 参见高瑞泉《近代价值观变革与晚清知识分子》，《华东师范大学学报（哲学社会科学版）》2004年第1期。

② 参见胡伟希《乌托邦的“否定辩证法”——对20世纪上半叶中国知识分子运动的考察与反省》，《华东师范大学学报（哲学社会科学版）》2004年第6期。

桑兵的《20 世纪初国内新知识界社团》[①] 以及《清末新知识界的社团与活动》[②]，聚焦于 1899—1905 年这一近代中国的过渡时期的新知识界社团活动，对各派趋新势力的人事脉络、相互间错综复杂的关系、结社活动的地域色彩、群体意识与全国意向的形成等重大问题，重新加以探讨。戊戌时期，在维新派的倡导下，中国出现过几十个学会组织，产生了广泛的社会影响。戊戌政变之后，这些学会大多陷于停顿。1901 年，新政复行，各地以新知识界为主体的社团纷纷建立，对于后来的立宪和地方自治团体以及各种绅商组织的涌现具有推动示范作用。探讨这些社团承上启下的联系与影响，可以深入观测新知识阶层的地位动向与功能作用，以及其所引起的士绅官民关系调适的社会变动。在《晚清学堂学生与社会变迁》中，桑兵又从大量报刊图书文献中爬梳史料，重现晚清国内学生群体活动的史实，展示这一新兴群体的思维和行为倾向。在关注学生参与爱国民主运动的群体表现的同时，着重考察他们的社会联系及其在社会变迁各方面的角色、功能和作用，使得学术界对近代学生群体的认识增加了五四以前的重要一段，并拓展了研究的层面。[③] 尚小明的《留日学生与清末新政》则指出，学界对留日学生的过往研究，大多注重留学生与革命党人的关系，甚至在某些研究者的笔下，留日学生几乎成为革命党的代名词。其实，革命与改革并行，是清末最后十年的时代特点。晚清留日学生与清末新政之间，同样存在千丝万缕的密切联系。留日学生群体作为这一时代的产物，不可避免地会在追求民族独立、国家富强的共同目标下选择不同的政治道路。“忽视留日学生对革命的贡献，就不能很好地解释辛亥革命。同样，忽视留日学生对清末新政的贡献，也就无法很好地解释这段在中国近代化进程中占有重要地位的历史。”[④]

现代学术文化机构的聚集效应与学术生产机制，对于近代以来知识分子群体与学术共同体的形塑，起到极其重要的作用。反过来说，依托于这

① 参见桑兵《20 世纪初国内新知识界社团》，载许纪霖编《20 世纪中国知识分子史论》，新星出版社 2005 年版。

② 参见桑兵《清末新知识界的社团与活动》，生活·读书·新知三联书店 1995 年版。

③ 参见桑兵《晚清学堂学生与社会变迁》，广西师范大学出版社 2007 年版。

④ 尚小明：《留日学生与清末新政》，江西教育出版社 2003 年版。

些学术机构、文化团体的学人群体，也深刻地影响了近代中国学术与思想的发展。特别是随着近代中国大量报刊的重印与数据库的建立，各类大学校史资料、回忆录的出版，出版机构档案的不断发掘，对于知识分子群体的研究也开始形成规模。比如，陈以爱在《中国现代学术研究机构的兴起：以北大研究所国学门为中心的探讨》一书中，对于北大“国学门”历史的阐述就表明，国学门的成立是“整理国故”运动中一个重要的环节，而这一学术运动的兴起与扩展，同样是现代学术文化史的中心课题。[①] 又如，谢泳在《西南联大知识分子群的形成与衰落》[②] 以及一系列关于西南联大知识分子群体的研究中，展现了近代中国这一学人群体的形成、发展与瓦解。从西南联大知识分子的教育背景来看，他们多数人受到完整的传统教育，同时又有留学欧美的经历，许多人成为中国新的人文学科的创始人。其次，西南联大的教育思想和课程设计，主要受美国自由教育思想的影响，思想与学术的自由也成为西南联大知识分子群体的核心价值。最后，西南联大知识分子群多数虽然有留学欧美的经历，但在伦理道德层面却明显留有儒家文化的色彩。或者说，他们在专业和政治结构上倾向西方，而在生活的层面上大多还是中国化的。因此，西南联大知识分子群体的贡献，不仅在于它为抗战时期以及后来的中国培养了许多专业人才，更在于融汇东西文化的优长，为中国现代化进程提供了一个范例。

近些年来，随着思想史研究领域文化史研究取向的兴起，对于知识分子的研究视角从多方面打开。在学术思想、政治取向、社会活动等较为宏大的研究领域之外，过往被忽略或被认为不登大雅之堂的私人生活面相，包括生活趣味、朋友交际、家庭婚恋、情感心态、意志品质、价值抉择等，也逐渐纳入知识分子研究的范畴。一系列新的研究既展现出更有趣味、更栩栩如生的读书人形象，也通过私人生活与公共空间的沟通，极大地丰富了对知识分子思想世界的理解。

---

① 参见陈以爱《中国现代学术研究机构的兴起：以北大研究所国学门为中心的探讨》，江西教育出版社 2003 年版。

② 参见谢泳《西南联大知识分子群的形成与衰落》，载许纪霖编《20 世纪中国知识分子史论》，新星出版社 2005 年版。

近年来对于知识分子私人生活的研究，主要依托于学术界在两个方面的拓展，一是研究对象个人新材料（如日记、书信、逸文）的发掘，二是研究者对于知识分子观察视野的日渐开放。余英时在《未尽的才情：从〈日记〉看顾颉刚的内心世界》中，以相当长的篇幅，专论《日记》中展现的顾颉刚和谭慕愚之间鲜为人知却绵延数十载的一段情缘。余英时坦陈，初读顾颉刚《日记》，“便为这个伟大的故事所吸引”。从1924年开始，《日记》中几乎随时随地都是谭的身影。顾颉刚为她写了无数的诗，也做了各式各样的梦，其情感之浓烈，可想而知。虽然研究者所见都是顾颉刚在《日记》中所提供的片面记载，而对于谭慕愚的那一方面，几乎毫无所知，但“从《日记》所见，谭已不失为一位出类拔萃的现代女性。而终日在故纸堆中出入且又谨言慎行的顾颉刚，竟是一位浪漫的情种”。余英时说，如果不将这一段情缘揭示出来，我们便不可能看清顾颉刚作为一个有血有肉的人的本来面目。“现代传记未有不重视传主的情感生活者。这不是发人隐私，而是因为非在这一方面有所深入，便不能把一个活生生的人如实地呈现出来。”①

更多的研究者则注意到知识分子私人生活与公共生活之间的区隔与互通。公私领域的行为有其相互重叠的所在，并非截然可分。江勇振在其《星星、月亮、太阳——胡适的情感世界》中全面梳理胡适鲜为人知的情感世界。全书利用大量档案、书信与胡适的回忆录相互参照，从胡适这颗“太阳”以及围绕着他的那些“月亮”（江冬秀、曹成英、韦莲司）和“星星”（徐芳、陆小曼、罗慰慈等）的爱、恋、嗔、痴中，揣摩并反观胡适的情感历程。② 在英文版的《男性与自我的扮相：胡适的爱情、躯体与隐私观》一文里，江勇振强调说，胡适在他所谓“私”领域里的行为，包括他对婚姻与爱情的处理方式，与他在“公”领域（政治参与）里的作为是息息相关、有其共同的模式可循的，那就是理性、法治、井然有序。他之所以认为他的婚约是“不可毁”“不必毁”“不当毁”，就正是

① 余英时：《未尽的才情：从〈日记〉看顾颉刚的内心世界》，台北：联经出版事业股份有限公司2007年版。

② 参见江勇振《星星、月亮、太阳——胡适的情感世界》，新星出版社2012年版。

这种理性、法治、井然有序的准则的体现。同时，一个人的思想跟他的个性特质有很大的关系，激进和保守的倾向更是如此。胡适在留美时期，从一个狭隘的民族主义者，过渡到一个不争主义者（完全不抵抗主义者），到最后成为一个国际仲裁主义者。这完全不是当时中国留学生的典型。从这个角度来说，胡适是非常独特的。他之所以能够如此从容地来回于两种不同文化之间，除了证明文化有规约个人行为的强大力量，也同时显示胡适在处世方面把握大处、不拘微末的圆通高明。

黄克武在《惟适之安——严复与近代中国的文化转型》一书中，从四个涉及私人生活与文化趣味的侧面，讨论严复生活与思想之中所映照出的中国近代文化转型的曲折历程。其中《异性情缘：性别关系与思想世界》描写严复家庭生活、情感世界与公私领域之间的相互影响。《北洋当差：从水师学堂走向翻译之路》叙述严复从英国返国之后在李鸿章所主导的“淮系集团”内的仕途发展；同时讨论他从以建设海军、为国“立功”的发展方向，转移到以翻译来“立言”的重要人生转折。《新语战争：清末严复译语与和制汉语的竞赛》将焦点放在严复翻译工作对中国近代新语汇、新思想的影响，以及其间他如何以一己之力对抗“东学”与“东语”的传播。《灵学济世：上海灵学会与严复》剖析严复科学思想的底蕴，以及他为何支持被五四新知识分子视为“封建迷信”的上海灵学会。通过这些私人生活面向，可以看到，一方面，严复大量引介西方现代学术与现代国家体制结合成的现代性方案；另一方面，他的思想中自由、民主、法治、科学等“启蒙”的面相，却很矛盾地掺杂了许多“反启蒙”的因子，如吸食鸦片、纳妾、参加科举、以古语翻译新词、参加“灵学会”主张“灵魂不死”等事迹。在传统与现代的双重影响下，严复的思想世界既有矛盾、两歧的特色，也有其内在的凝聚、一致的特点。①

四 新文化史与思想史汇流

近年来，受新文化史研究理念的影响，近代中国思想史的部分研究成

① 参见黄克武《惟适之安——严复与近代中国的文化转型》，台北：联经出版事业股份有限公司2011年版。

果，从对象到方法、从视野到理念，都发生了较为明显的变化。研究者将视野扩展到精英知识分子与精英思想之外，转而关注边缘与下层人士的日常生活，关注大城市与通商口岸之外的内地县城乡村的地方微观历史经验。这使得思想史的研究对象和研究领域，从以往偏重于政治思想、精英文化和哲学观念，逐步转向探究社会中的大众文化和集体心态。

关于如何扩展、深化近代中国思想史研究，李文海指出，新的路径之一是从主要研究精英思想家的思想扩展到对民间思想进行研究，进一步探讨精英思想和民间思想之间的复杂关系。① 王笛的《街头文化：成都公共空间、下层民众与地方政治（1870—1930）》尝试从社会最底层的芸芸众生的角度，观察人民在改良、革命以及社会动乱中的遭遇与思想观念的转型。② 王笛的另一部著作《茶馆：成都的公共生活与微观世界（1900—1950）》，通过研究茶馆考察20世纪上半叶中国社会、经济和政治的变迁。③ 诚如该书简介所言，在20世纪前半叶，坚韧的地方文化和习惯不断反抗西化的冲击，拒绝现代化所造成的文化同一模式与国家权力的渗透。在这个时期，城市的改良和现代化过程中有两条线并进：一是国家角色加强的同时，现代化持续消弭地方文化的特点，导致地方文化独特性的削弱；二是在此过程中，以茶馆为代表的地方文化，既显示了其坚韧性，也展现了其灵活性，以对抗国家权力和现代化所推行的国家文化的同一模式。同时，王笛也指出，在以成都茶馆里的谈话为资料，探究思想史上“失语”的下层民众的思想观念时，应尽量区别什么是下层思想，什么是由精英记录和描述的下层思想，以尽量接近真实的下层民众的思想观念，方能更清晰地揭示下层民众与公共空间、社会改良者以及地方政治三者之间的主要关系。④

---

① 转引自邹小站《第一届中国近代思想史国际学术研讨会综述》，《历史研究》2004年第6期。

② 参见王笛《街头文化：成都公共空间、下层民众与地方政治（1870—1930）》，中国人民大学出版社2006年版。

③ 参见王笛《茶馆：成都的公共生活与微观世界（1900—1950）》，社会科学文献出版社2010年版。

④ 参见邹小站《第一届中国近代思想史国际学术研讨会综述》，《历史研究》2004年第6期。

对于民间思想或者说“一般思想”的关切，同样贯穿于葛兆光的《中国思想史》[①] 及其《思想史研究课堂讲录》[②] 的始终。在这一系列论述中，葛兆光特别强调，思想史的研究应该“既做加法，也做减法”。“加法”就是指历史上不断涌现的东西，而“减法”就是指历史上不断消失的东西。这两者并不是对立的，反而常常是一回事。当“文明”在各种生活领域以“新”获得正当性的时候，“不文明”或“野蛮”就只有作为“旧”，在很多生活领域悄悄退出。葛兆光指出，古代有很多知识、思想和信仰，被“理性”“文明”“道德”等现代性观念渐渐地遮蔽，或者被都市文化和知识阶层逐渐排挤到生活世界的边缘，成为被历史遗忘的东西。那么，思想史是否应当想到，在它存在的时代里，它为什么曾经被普遍接受？当它还是常识被日用而不知地接受的时代，这个时代的思想是否和今天有大不同？这些不同是否应当是思想史所描述的历程？思想史把这些被认为是有意义的新东西陈列出来，显示着思想的“进步”“发展”或“演变”，这种思想史的叙述进路称为“做加法”。不过，在思想的实际的历史中，却并不只是有加法，有时也有减法。所谓“减法”是指历史过程和历史书写中，被理智和道德逐渐减省的思想和观念。过去的思想史太多地使用“加法”而很少使用“减法”去讨论渐渐消失的那些知识、思想与信仰，包括被斥为野蛮、落后、荒唐、荒淫以后逐渐“边缘化”和“秘密化”的过程。葛兆光指出，正是从这些思想或观念在主流社会和上层精英中渐渐减少与消失的过程，可以看到被过去遮蔽起来的历史，也可以看到古代中国的世俗皇权和主流意识形态，如何在不经意中就可以迫使其他异端“屈服”。[③]

另外，新文化史与思想史研究的结合，使得研究者开始倾向于借助新文化史的研究方法（如人类学、语言学、文化研究等），探讨近代中国的政治、文化和意识形态的权力，是如何借助知识文本、感性认知、节庆仪式、公共空间以及宗教（包括迷信）、医疗、身体、性别、物质文化等途

---

① 参见葛兆光《中国思想史》，复旦大学出版社 2001 年版。

② 参见葛兆光《思想史研究课堂讲录》，生活·读书·新知三联书店 2005 年版。

③ 参见葛兆光《思想史：既做加法，也做减法》，《读书》2003 年第 1 期。

径，在历史当事人的想象、体验与言说之中，逐步被形塑与建构起来的。王汎森的新著《权力的毛细管作用：清代的思想、学术与心态》，强调“权力的毛细管作用”观念来自福柯（Michel Foucault，1926—1984）“知识的考掘”的理念。福柯不仅只关注权力在宏大的、公开的场面的展示，同时也注意到权力在微小的、隐秘的、日常生活空间中的作用。王汎森新著注意到，“政治”“道德”“权力”等各种力量，常常像水分子的毛细管作用一般，渗入日常生活中每一个可能的角落，并产生意想不到的影响。①

在新文化史的影响下，“权力”的领域和意涵均有新的扩展，相关思想史研究成果也同样精彩纷呈。

第一，从“文化权力”的角度而言，核心议题之一无疑是近代中国的知识转型、实践与再创造。左玉河探讨了西学大潮冲击之下中国传统学术向近代学术转型的过程，认为这一过程在晚清是以新知阐释旧学，以中学比附西学，以近代学科体系界定、分解、整合旧学的形式进行的。在这一过程中，中国传统学术开始转变固有的形态，逐步融入近代西学新知体系。毛丹对康有为的《实理公法全书》进行了研究，认为康氏对于大同理想的思考确实是以确认某种普遍知识、普世规则的存在为前提的，其《实理公法全书》表述的见解就是：真理是一种实测之理，确凿如几何公理；社会制度应以科学真理为依据，而获取社会真理的方法，不必异于经验、观察的自然科学。康氏将社会看作可以通过科学方法认识和把握的，并以所谓普世的、客观的“真理”来构建其社会理想，而忽视了社会及其运转本身的复杂性，忽视了一定历史构成的各社会的特殊性。② 沙培德（Peter Zarrow，“Textbooks，1880—1937：The Very Model of Modern Knowledge Transmission”）分析了教科书在近代中国知识体系专业化、系统化与新知的传承过程中扮演的重要角色。阿梅龙（Iwo Amelung，“The Examination System and the Dissemination of Western Knowledge during the Late

---

① 参见王汎森《权力的毛细管作用：清代的思想、学术与心态》，台北：联经出版事业股份有限公司2013年版。

② 参见邹小站《第一届中国近代思想史国际学术研讨会综述》，《历史研究》2004年第6期。

Qing”）注意到，虽然 1905 年清政府废除了科举制度，但从 1902 年至 1904 年，科举制度通过吸收“各国政治艺学”，以“策问”与“策论”的形式，在传播西方知识方面扮演了重要角色。[①]

第二，如何从“身体”与“性别”（特别是女性）的视角之下，审视权力对于思想观念的形塑，是近年来思想文化史研究的亮点。杨念群的《再造病人：中西医冲突下的空间政治（1832—1985)》探讨晚清以来中国人如何从“常态”变成“病态”，又如何在近代被当作“病人”来加以观察、改造和治疗的漫长历史。“东亚病夫”的称谓既是中国人被欺凌的隐喻，也是自身产生民族主义式社会变革的动力。从这个意义上看，“治病”已不仅仅是一种单纯的医疗过程，而是变成了政治和社会制度变革聚焦的对象。个体的治病行为也由此变成了群体政治运动的一个组成部分。[②] 海清的《“自杀时代”的来临？——二十世纪早期中国知识群体的激烈行为和价值选择》一书，关注的是从清末到五四时代知识群体对暗杀、自杀、好杀等时代问题的讨论，以及知识分子就生死、自我、爱情、伦理等生命基本问题形成的意见与想象。在现代理性的考量下，“死”相对于“生”没有任何优先价值可言，自杀只能是一种“短见”。而历史中的人们却曾面临“死亡”易、“自杀”难的处境。生死成为话题，经常在混乱年代或鼎革之际出现。对问题的论述围绕激烈行为、死亡事件和人物个案展开，尽力追溯事件、舆论和人物思想所关联的时代信息，从中观察自我价值在中国现代革命进程中的生成和消解过程。这也是对现代知识分子精神形态和路径选择的一种解说。[③] 而从日常生活中的女性视角出发，文化权力的渗透也以更加细腻而隐微的方式，形成与社会和国家的多重互动。日本的坂元弘子（Hiroko Sakamoto）所著《漫画里的摩登女郎与抗战》，通过分析女漫画家梁白波笔下的摩登女郎的形象，从更多元的角度

---

① 参见沙培德、张哲嘉主编《“中央研究院”第四届国际汉学会议论文集：近代中国新知识的建构》，台北：“中央研究院”2013 年版。

② 参见杨念群《再造病人：中西医冲突下的空间政治（1832—1985)》，中国人民大学出版社 2006 年版。

③ 参见海清《“自杀时代”的来临？——二十世纪早期中国知识群体的激烈行为和价值选择》，中国人民大学出版社 2006 年版。

解读战争之罪恶。美国哥伦比亚大学林郁沁（Eugenia Lean）的《闺房之化学制造——1910年代性别、道德与知识》，以肥皂的生产为例，阐释女性的声音与理想女性的形塑，是如何与现代科学知识及政治、道德的变革发生关联的。美国路易斯安纳大学曾玛莉（Margherita Zanasi）的《节俭的近代性：从帝国到民国的国家、市场和消费》一文，关注的是"节俭"这一观念从晚清到民国的演变与实践，透过对"节俭"的广泛论辩，也可观察当时国家与市场之间的关系。[①]

第三，知识分子的"权势网络"与国家政治、意识形态之间的互渗，构成了权力的"毛细管作用"在近代中国的另一种重要体现形式。复旦大学的章清立足于对"权势网络"的观察，重新思考近代中国知识分子群体的价值认同与群体归属。"权势网络"的研究，正是尝试从读书人的种种关系网络出发，揭示知识（包括知识人群体）与权力的种种关联。在其《"学术社会"的建构与知识分子的"权势网络"——〈独立评论〉群体及其角色与身份》一文中，作者指出，1905年废除科举后，如何确立读书人在现代社会新的角色与身份，成为走出科举时代学人思虑的焦点。这集中呈现于知识分子建构"学术社会"的理想上。20世纪30年代聚集于《独立评论》的一群学人，其学术活动及介入公众事务所形成的"权势网络"，表明读书人力图通过重建知识的尊严，重新确立读书人在现代社会的位置，让"学术"构成未来社会的重心。在此过程中，知识分子衍生的"精英意识"，筑起了公开的与潜在的"权势网络"。因此，借助"权势网络"分析学术社会的建构，或许可以换一个侧面更好地认知现代中国的知识分子，尤其是审视由"士"向"知识分子"的转型。[②] 这一思考在其另一部著作《"胡适派学人群"与现代中国自由主义》当中，有了更为系统的呈现。作者指出，自由主义是现代中国的重要思潮之一，"胡适派学人群"则是其中最重要的一翼。把"胡适派学人群"和现代中国自由主义的演变放在近现代中国历史与思想发展的过

---

① 均见2012年"中央研究院"第四届国际汉学会议"近代中国知识史"专题讨论会论文，http://mingching.sinica.edu.tw/newsletter/032/sinoreport/sinoreport3.html。

② 参见章清《"学术社会"的建构与知识分子的"权势网络"——〈独立评论〉群体及其角色与身份》，《历史研究》2002年第4期。

程中加以考察，既论述了该群体的人物谱系、政治理念及权势网络，也论述了自由主义与社会主义、民族主义等的关系及其在言路和现实世界中的处境。①

第四，晚清以来，在“寻求富强”与“驱除鞑虏”的现实努力背后，“恢复中华”的强大国族诉求，也在知识分子的论述中逐步建立。“中华民族”是怎样通过历史叙述、英雄故事、节庆仪式乃至纪念碑与广场等公共空间的建构，成为近代中国具有合法性和强大感召力的符号系统的？它与强大的国家权力、与知识群体的价值认同之间，又构成了何种互动关系？近年来，这些思考也衍生为思想史研究者从新文化史的角度进行探寻的重要议题。沈松侨在其《我以我血荐轩辕——黄帝神话与晚清的国族建构》中指出，在各国国族主义运动中，国族起源的历史记忆或神话，往往成为国族主义者谋求文化自主乃至政治独立的合法性基础。在晚清环绕着“黄帝”符号所进行的国族建构过程中，可以看到对于该项符号的各种不同诠释，以及随之产生的几种殊途异趋的国族想象方式。更进一步观察，在当时为了争夺“黄帝”符号的诠释霸权而出现的激烈论争，自然也绝不是单纯的史实之争，而是与现实利害息息相关的政治、经济利益之争，更是福柯所谓的权力之争。② 在《振大汉之天声：民族英雄系谱与晚清的国族想象》一文中，沈松侨谈到，晚清改良派以一套独特的儒家文化秩序来定义中国，自由派共和主义者把中国视为一个国民共同体，革命党人则以种族为国族，用族群与血缘来厘定国族边界，而共产党人却是用社会阶级作为国族成员的衡量标准。可见，国族的定义与界域并不是既定的事物，而是被建构、被雕琢、被铭刻、被编造出来的。国族也并没有天生而然的同构型。任何统一的国族认同，都是在不断厘定界域、不断赋予意义，并彼此长期相持相争的论述过程中，逐渐成形与变化的。而由此建立起来的“民族英雄系谱”，正是在不同现实利益与政治期望下，所形成的一套由论述与权力错综交织所构成的社会关系。在这套权力网络中，

① 参见章清《“胡适派学人群”与现代中国自由主义》，上海古籍出版社2004年版。

② 参见沈松侨《我以我血荐轩辕——黄帝神话与晚清的国族建构》，《台湾社会研究季刊》1997年12月。

晚清知识分子透过“民族英雄”的系谱书写，进行了不同的国族编码，树立了不同的国族边界，同时也催生了不同的国族想象。[①] 杨瑞松在《病夫、黄祸与睡狮：“西方”视野中的中国形象与近代中国国族论述想象》[②]一书中，针对“病夫”“黄祸”和“睡狮”这三个当代熟知的西方视野之中国形象，研究这些符号对于近代中国思想论述中有关国族建构的影响。作者分梳了百年以来东西方跨文化和跨语际的互动，以及近代中国知识分子在面对强势的西方文化冲击时爱憎交杂的纠缠心情。在百年来的公共记忆当中，“病夫”“黄祸”和“睡狮”作为近代中国国族认同的符号，其深远意涵值得反思。

近代以来，面对普世王权的崩解，如何重建政治秩序和心灵秩序的命题，成为知识分子思考与言说的焦点。过往的思想史研究较多围绕“国家富强”和“社会进步”的主题，对不同知识分子和政治派别的国家观念、宪政理念、民主思想等展开研究，也积累了相当可观的学术成果。但对于知识分子如何因应心灵秩序的危机，研究者的关注则明显不足。实际上，因普世王权的危机带来的对宗教、迷信、意识形态等终极价值的渴求，同样构成了近代中国知识分子思想世界的重要内容。

吕妙芬的《明清儒学对个体不朽、死后想象、祭祀原理之论述与实践》，阐释了近世儒学在个体灵魂不朽的问题上的新发展，并说明儒家士人对于死后理想境界的想象与相关祭祀原理的联系。[③] 康豹（Paul Katz）一文，关注的是 1898—1948 年由各级政府发起的毁庙运动，以此观察国家权力如何在“反对迷信”的旗号之下，在地方社会确立自身权威。[④] 黄

---

① 参见沈松侨《振大汉之天声：民族英雄系谱与晚清的国族想象》，《“中央研究院”近代史所集刊》2000 年 6 月。

② 参见杨瑞松《病夫、黄祸与睡狮：“西方”视野中的中国形象与近代中国国族论述想象》，台北：“国立政治大学”出版社 2010 年版。

③ 参见吕妙芬《明清儒学对个体不朽、死后想象、祭祀原理之论述与实践》，载吕妙芬主编《“中央研究院”第四届国际汉学会议论文集：近世中国的儒学与书籍：家庭、宗教、物质的网络》，台北“中央研究院”2013 年版。

④ 参见 Paul Katz，“‘Superstition’ and its Discontents：On the Impact of Temple Destruction Campaigns in China，1898—1948”，2012 年“中央研究院”第四届国际汉学会议“近代中国知识史”专题讨论会论文，http：//mingching. sinica. edu. tw/newsletter/032/sinoreport/sinoreport3. html。

克武的《民国初年上海的灵学研究：以“上海灵学会”为例》一文注意到，在20世纪初期的中国，灵学不但与传统的宗教信仰中的扶鸾活动有直接关联，又尝试将其与西方的心灵学、妖怪学、催眠术、灵魂照相等结合在一起，来回答生死鬼神、死后世界的终极问题，并解决道德沦丧的社会问题。随着新媒介（书籍、报刊）和社会群体（社团）的崛起，佛教复兴在19世纪后期形成了显著的思潮。[①] 葛兆光在《从无住本，立一切法——戊戌前后知识人中的佛学兴趣及其思想意义》一文中说，晚清士人受到杨文会和康有为佛学兴趣的影响：一方面，在部分士大夫眼里，单纯依靠儒家学说，已经不足以应对眼前的重重危局；另一方面，在寻求富强的过程中，国家力量的“自强”与民族精神的“自振”，需要依靠新的宗教资源，赋予国民以新的精神力量。[②]

除了上述活跃于上层社会的知识精英之外，民间宗教信仰也随着近代以来城市的发展，逐渐在中下层读书人中间传播。这一面向同样引起了近代中国思想史研究者的兴趣。根据柯若朴（Philip Clart）、志贺市子及范纯武等学者的研究，从道光庚子年（1840）之后，中国掀起了一波以“三相代天宣化、神圣合力救劫”论述为主导的宗教运动。当时的读书人如郑观应、陈撄宁、王一亭等人，皆在这一波浪潮中，积极地“力行善举，挽回劫运”。[③] 作为民国初年都市道教在家信众的实践领导者之一，陈撄宁一边广泛阅读各类西方科技书籍，一边在全国各地的佛道名山旅行，访求、研读和修习不同的静坐法。这种科学理性与宗教信仰并存的情形，在身处变动社会中的陈撄宁身上并不矛盾地同时存在着。[④] 不仅如

① 参见黄克武《民国初年上海的灵学研究：以“上海灵学会”为例》，《“中央研究院”近代史研究所集刊》2007年3月。

② 参见葛兆光《从无住本，立一切法——戊戌前后知识人中的佛学兴趣及其思想意义》，见氏著《西潮又东风——晚清民初思想、宗教与学术十讲》，上海古籍出版社2006年版。

③ 参见范纯武《飞鸾、修真与办善：郑观应与上海的宗教世界》，载巫仁恕、康豹、林美莉主编《从城市看中国的现代性》，台北“中央研究院”近代史研究所2010年版。

④ 参见刘迅《修炼与救国：民初上海道教内丹、城市信众的修行、印刷文化与团体》，载《从城市看中国的现代性》，第222页以及Xun Liu, *Daoist Modern: Innovation, Lay Practice, and the Community of Inner Alchemy in Republican Shanghai*, Cambridge: Harvard University Asia Center, 2009。

此，陈氏及其友人们还尝试着在丹道传统中发掘科学的起源，并在道教修行（如外丹实验）中寻找与现代科学相似的精神和知识。另外，民间宗教的知识论背景，还表现为与晚清以来的民族主义价值诉求的互动。“仙学”对于救亡提供了实际而有效的养生法，可为复原或转化民族精神和元气提供完善的方法，即通过严格而艰苦的追求身心上的修炼，最后达到强国强民的目的。而以王一亭为代表的都市精英，常因政商活动被视为现代性的楷模，同时又有宗教信仰影响他的言行，在参与灾难救援的背后，他们大多明显受到了自身信仰的宗教的激励。[①] 较之王一亭，名声更为显赫的郑观应则是晚清自强运动的重要代表人物。在实业家与变革者的身份之外，郑观应曾钻研南、北派丹经数十种，遍访丹诀五十年，从事道经刊刻与整理，出入各派丹道思想并有所体悟，堪称清末民初道教史上相当活跃的人物。另外，郑观应晚年出入三教，对于当时盛行的扶乩活动多有接触。他参与的上海道德会和崇道院则是强调道术修为、扶鸾治病与救劫的宗教团体。[②]

当今人从“科学”与“实业”等语汇当中，锁定郑观应的现代身份之时，如何从这些带有启蒙色彩的价值默认的背后，理解郑观应那个似乎与之背道而驰的宗教观与信仰世界？其实，郑观应本人多次慨叹，当时的时局乃是争权利不重人道，有强权而无公理。在这样一个“势”胜于“理”的时代里，“非假神力不足以平治天下”。所以，他才着意强调富强亦须通过“标本兼治”来实现“学道济世”。可见，在近代中国城市化、社会与宗教之间存在着更加复杂与多元的关系；在同一个士大夫身上，也可以看到科学理性与宗教信仰的内在紧张与互动。从陈撄宁、王一亭与郑观应身上，可以同时看到历史与思想的复杂性，以及近代中国士大夫在宗教上的终极关怀与对“现代性”的独特追求。

---

① 参见康豹（Paul Katz）《一个著名上海商人与慈善家：王一亭》，载巫仁恕、康豹、林美莉《从城市看中国的现代性》，台北：“中央研究院”近代史研究所 2010 年版，第 276 页。

② 参见范纯武《飞鸾、修真与办善：郑观应与上海的宗教世界》，载巫仁恕、康豹、林美莉《从城市看中国的现代性》，台北：“中央研究院”近代史研究所 2010 年版，第 249 页。

五　报刊、舆论与思想形塑

晚清以来，随着中国社会的急剧转型和新式知识分子群体的成长，报纸杂志开始大量涌现，为思想史研究提供了极其重要的原始资料与参考文本。近年来，研究者在推进对《新青年》《新潮》《申报》《大公报》《东方杂志》等名报名刊的研究的同时，也开始对那些在近代中国社会产生重大影响，但昔日关注度较低的报刊，如《科学》《努力周报》《学衡》《解放与改造》《国风》《观察》《战国策》展开研究。

可以看到，从思想史的角度研究近代中国的报纸杂志，与纯粹新闻史意义上对于报刊的研究不同。郑大华在《报刊与中国近代思想史研究》一文中就提出，一方面，思想史研究试图借助报刊这一重要媒介，观察当日诸多思想观念、知识体系、意识形态，如何借助报刊传播从而形塑社会认知；另一方面，近代报刊及其创办者、经营者、作者与读者之间构建的公共空间与私人网络，同人报刊营造的舆论体系及其社会反馈，报刊论战与知识分子思想论辩等议题，也拓展出近代中国思想史研究的新空间。研究报刊，首先要研究报人与报刊的关系，因为报刊是由人创办和经营的，报刊的性质往往由创办者（个人或思想和学术界群体）和经营者所决定；其次要研究社会与报刊的关系，任何报刊都是一定社会的产物，或多或少会带有它存在时期的社会烙印；最后要研究报刊与报刊的关系，这包括两层含义，一是报刊间的相互关系，二是报刊之间的相互比较。①

报刊与思想史较为直接的关联，首先在于以特定的报刊（常常是同人报刊）为中心，常常形成一个或多个具有社会影响力的知识分子群体。而以报刊为中心的知识分子群体，其聚散离合往往也见证了转型时代的思想脉动与社会势力的此消彼长。五四新思潮的核心力量，是以《新青年》杂志为纽带，结合形成的一批知识分子和青年学生。他们经由地缘、师友、革命同道以及思想主张，相互吸引与呼应，聚合而成。杨琥的《同乡、同门、同事、同道：社会交往与思想交融——〈新青年〉主要撰稿

---

①　参见郑大华《报刊与中国近代思想史研究》，《史学月刊》2011 年第 2 期。

人的构成与聚合途径》，即从社会关系的角度解读《新青年》主要撰稿人聚集途径之变化，以此彰显五四时期思想演进与社会变动互动的过程。可以看到，“新文化阵营”的聚合与分化，反映了五四时期中国知识分子新旧杂糅，政治主张对立歧异而思想观念相互交融的复杂性。在发动新文化运动的过程中，它本身也经历了由依赖同乡、同门、同事等传统的社会人际关系，向以思想主张一致为基础的新型社会交往方式的转变。作者指出，新思潮核心力量是一个联合阵营，但并非一个具有严密组织的政治团体。在五四新文化运动的高潮过后，它的分裂与重组势所必至。①

潘光哲在《〈时务报〉和它的读者》一文中则注意到，作为晚清戊戌变法时期最受瞩目的期刊，《时务报》在读书界引起的回响多元而繁复。每位读者都会因个人关怀的不同与思想立场的差异，对《时务报》承载/提供的信息作出各自的理解和诠释，从而构成了生命个体对外在局势和自我定位的认知。其引发的回应策略与行动自然也是千样万态。整体观之，环绕着像《时务报》这样的传播媒介而引发的读者的喜恶乐怒，其实是思想观念体系/价值系统在公共场域里的趋同或冲突。从《时务报》和它的读者之间的互动切入，应该可以让我们为传播媒介如何形成晚清中国的“公共空间”提供个案观察的视角。②

章清在《1920 年代：思想界的分裂与中国社会的重组——对〈新青年〉同人“后五四时期”思想分化的追踪》中同样涉及以报刊为中心的知识分子群体的思想史议题。章清指出，“后五四时期”中国思想界的走向，与《新青年》群体的分化息息相关。分化后的《新青年》群体，其同人各自搭建起新的发言平台，汇聚成不同的政治力量。只是，此时对思想派别的识别，仍保持着鲜明的“文化色彩”。随着中国社会进行重新组织，“思想界”也被重新定位。思想界的“分裂”在 20 世纪 20 年代后期越发突出，实际与中国社会的重组同步。追踪《新青年》同人思想的分

① 参见杨琥《同乡、同门、同事、同道：社会交往与思想交融——〈新青年〉主要撰稿人的构成与聚合途径》，《近代史研究》2009 年第 1 期。

② 参见潘光哲《〈时务报〉和它的读者》，《历史研究》2005 年第 5 期。

化，对“后五四时期”中国思想及中国社会的走向，或许也有新的认识。实际上，20 世纪 20 年代思想界因何分裂，分裂的程度如何，尤其是如何评估思想界的分裂及所涉及的时间断限，值得进一步申论。章清希望这一研究能够结合中国社会的重组，对思想界的“分裂”做一概论性申述，以期在增进对“1920 年代”了解的基础上，重新认识“后五四时期”中国思想及中国社会的走向。[①] 章清的另一研究《民初“思想界”解析——报刊媒介与读书人的生活形态》，受到哈贝马斯与安德森理论的影响。基于报刊媒介所营造的思想环境，以及读书人由此展现的新的生活形态，以解析民国初年之“思想界”，是这一研究的中心论旨。文章一方面试图说明报刊经历晚清的发展到民国时期的新变化（传播媒介与思想、政治、社会之间的互动），以此检讨民初由报刊所营造的思想环境的特征，另一方面，试图结合读书人与报刊的互动，审视读书人的生活形态呈现出的新的特性。通过报刊与大学及读书人的互动，能够更好地说明民初的思想环境对读书人的塑造，也有助于对民初“思想界”更好地把握。[②]

从晚清直到民国，报刊一直是近代中国层出不穷的思想观念的重要载体。汪晖在对近代中国“科学话语共同体”的研究中注意到，近代科学期刊的刊行、科学教育的普及和科学共同体的形成，是现代科学启蒙运动的先决条件和这一运动的有机部分。据不完全统计，从 1900 年到 1919 年五四运动前不到 20 年的时间里，共有一百多种科技期刊创刊，辛亥革命后六七年间创办的刊物，比过去的总和增长了两倍。其中最著名的是中国科学社的《科学》月刊、以詹天佑为代表的中华工程师学会办的《中华工程师学会会报》、最早的科学团体中国地学会办的《地学杂志》等，当然还包括大量涉及算学、工程、医药等专门知识技术领域的刊物。如果将晚清知识分子的科学宣传和实践与民国之后的科学共同体及其实践进行对比，可以发现一个明显的转折：以中国科学社等科学共同体的成立及其专业性的学术期刊的出现为标志，民国时代的文化领域出现了科学文化和人

① 参见章清《1920 年代：思想界的分裂与中国社会的重组——对〈新青年〉同人“后五四时期”思想分化的追踪》，《近代史研究》2004 年第 6 期。

② 参见章清《民初“思想界”解析——报刊媒介与读书人的生活形态》，《近代史研究》2007 年第 3 期。

文文化的明确区分，而晚清时代的科学宣传则是变法改革和革命宣传的有机部分。严复等先驱者并没有在社会分工上构成一个区别于其他知识分子的独特社群。汪晖指出，更重要的在于，从那时起，无论在知识社群的组成还是出版物的类别划分上，都鲜明地呈现出科学文化和人文文化的差别。而在清末民初的氛围中，这一分类代表着一个社会关系重构的过程：它不仅在空间意义上把科学文化与其他文化区分开来，而且把这种划分本身纳入一种时间和文明论的框架之中。科学一方面提供了新/旧、现代/传统、西方/东方、进步/落后的基本分界，另一方面又将自身置于一种与其他领域完全区分开来的，独立于社会、政治和文化影响的位置上，也构成了科学群体及其实践在社会领域中的权威性。在社会变革的氛围中，科学概念的运用范围远远超越了特殊技术的范畴。人们争论进步与倒退、争论革命与改良，一如科学共同体争论真理与谬误，因此社会运动的合法性模式与科学的合法性模式是极为接近的。①

无论是科学的理念，还是民主、自由以及民族主义等诸多现代政治观念，都在报刊这一大众媒介的传播之下，在近代中国社会引起思想的激荡。在 2006 年 8 月举行的第二届中国近代思想史国际学术研讨会上，围绕“中国近代史上的民族主义”的主题，对近代中国一些重要报刊如《独立评论》《观察》《国民外交杂志》等的民族主义倾向的讨论，成为与会研究者讨论的热点。梁景和的《清末“尊黄”思潮与民族主义——以〈黄帝魂〉为中心》一文，从唤醒汉人民族意识的觉醒和推动国人革命实践活动的开展两个方面，论证了清末“尊黄”思潮对民族主义生成所起到的正面作用。同时，对这一思潮的负面影响，如狭隘的大汉族主义思想倾向以及对封建主义批判的模糊等，也作了剖析与批评。张宝明在《阐释与启示：20 世纪初年民族主义谱系的嬗变——以〈安徽俗话报〉与〈新青年〉为例》一文中，从近代激进主义思潮的领军人物陈独秀创办的《安徽俗话报》与《新青年》杂志来分析其民族主义思想的发展。研究指出，在《安徽俗话报》时期，陈独秀等人的主要思想倾向还是在

① 参见汪晖《现代中国思想的兴起》下卷第二部“科学话语共同体”，生活·读书·新知三联书店 2004 年版，第 1108—1111 页。

保种报国、救亡图存上，代表了一致对外的民族情感。这一观念虽然具有一定的现代性，但在基本范畴上还不能与现代民族主义相提并论。到了《新青年》杂志创刊，从陈独秀在该刊发表的《厌世心与自觉心》《我之爱国主义》等文章来看，则显示出其文化民族主义下沉，世界主义、民生主义、个人主义情怀上升的趋势，说明陈独秀等人的民族主义思想已经发展成为现代的民族主义。《独立评论》是胡适等自由知识分子因应日本侵略的产物。张太原在《自由主义与民族主义：〈独立评论〉对日本侵略的态度》一文中指出，《独立评论》对日本侵略的态度是游移不定的——既想最大限度地维护国家利益，又想最小限度地做出妥协。一直到七七事变发生，其主要策略是在“最小损失”的前提下，能和则和，但也有以战求和的思想。《独立评论》周围的自由知识分子的“主和”态度，体现了民族主义思想中“建设”的一面，而“主战”则体现了民族主义思想中“反抗”的一面。可见战时的民族主义思想，其实存在多种面相。齐辉《试论〈独立评论〉周刊的民族主义思想》一文，通过《独立评论》考察了自由主义知识分子对民族主义的理解，指出该刊试图将民众民族主义运动，匡正在理性与自省的范畴之内，对民众爱国运动的激进方式提出了尖锐的批评。随着日本帝国主义侵略的不断加深，《独立评论》同仁逐渐从对日交涉转变为对日抵抗。《国民外交杂志》是由南京国民政府的立法委员和监察委员发起成立的，由国民外交协会创办于1932年3月，反映的是一批有一定社会地位与政治地位，但又不是决策者的人物的外交主张。左双文的《〈国民外交杂志〉与三十年代的中国民族主义》一文，探讨了该刊所体现的这一群体的抗日救国主张。作者认为，其主张反映出对日抵抗已成为当时举国一致的要求，成为中华民族绝大多数人共同的呼声。作者指出，因为这一部分人地位的特殊，他们对抗日救亡的积极呼吁、对当局不抵抗政策的严厉批评，对统治者阶层、对当权者的影响和触动，可能更直接、更起作用。竹元规人在《顾颉刚、傅斯年和费孝通1939年有关中华民族的讨论：对昆明〈益世报〉和傅斯年未刊草稿的分析》一文中考察了1938—1939年顾颉刚、费孝通在昆明《益世报》上展开的有关“中华民族”的讨论，以及与此讨论有关的傅斯年和吴文藻在未刊信件与文稿中的相关看法。[①]

近些年来，以近代中国的报刊进行的思想史研究，显示了当今学界除了运用传统研究方法以外，不少学者试图引入西方社会科学中的相关理论（如公共空间与市民社会的研究范式）以及新文化史的理念等，对报刊、舆论、社会网络等思想议题重新解读。

王汎森在《中国近代思想文化史研究的若干思考》一文中，以“官”与“民”的关系为例，考察了掌握在非官方手里的传播网络是如何提供了表达各种逸出官方正统之思想的。人们不必透过上书的方式，而是直接在报刊上表达。报刊这种新网络促成新式“舆论”的出现，造成一种公共舆论，也就是一种相对于官方而言具有独立意味的领域。甚至，公共舆论、官方的意识形态竞争常常拂逆或左右官方的意志。晚清哄传一时的“杨乃武与小白菜”的事件，便已透露出《申报》等大媒体所形成的公共舆论，如何挑战官府的判决，而官方的权威、官方的意识形态等也都广泛地受到这一类公共舆论的新挑战。王汎森指出，新报刊与印刷物的流传，也使得知识精英的上升渠道日渐多元。在科举之外，有些人依靠在报刊上发表文章成为言论界的骄子。即使没有功名，也可以迅速积累象征资本。思想上“主流论述”的产生与运作方式也产生了新的变化。不过，报刊与印刷固然使得多元的思想可以公开表达流传，并与官方正统意识形态竞争，但反过来说，某些论述也可能凭借强势媒体的力量，压抑了多元的声音。[②]

王奇生在《新文化是如何“运动”起来的——以〈新青年〉为视点》一文中，从社会史的视角描摹五四人所认知的“新文化”的面相和内涵。《新青年》从一份默默无闻的“普通刊物”，发展成为全国新文化的一块“金字招牌”，经历了一个相当繁复的“运动”过程。作者指出，过去研究者较多关注“运动”的结果，而不太留意“运动”的过程；对“运动家”们的思想主张非常重视，对“运动家”们制造议题、刻意炒作

① 本段内容摘引自赵慧峰、俞祖华《第二届中国近代思想史国际学术研讨会综述》，《史学月刊》2007年第2期。

② 参见王汎森《中国近代思想文化史研究的若干思考》，载康乐、彭明辉主编《史学方法与历史解释》，中国大百科全书出版社2005年版，第84页。

的文化传播策略及其与社会环境的互动，则甚少注目。文章指出，回到历史现场，新文化人对“新文化”的内涵其实并未形成一致的看法，后来史家们却一致认同了陈独秀“拥护德、赛两先生”的主张。今人所推崇的一些思想主张，在当时未必形成多大反响，而当时人十分关注的热点问题（如白话文运动和反对孔教）的议题，却已淡出后来史家的视野。对于同一个《新青年》，办刊人的出发点，反对方的攻击点，与局外人的观察点都不尽一致；对于同一场“新文化运动”，新文化人的当下诠释与后来史家的言说叙事更有相当的出入。①

陆发春的《新生活的观念及实现——以五四时期胡适及〈新生活〉杂志为讨论中心》一文，关注胡适作为五四时期新生活观念提倡者的一面。胡适、李辛白、李大钊等倡导新文化的知识分子，以 1919 年 8 月至 1921 年 8 月出版的《新生活》周刊为文化阵地，反对阻碍新生活的旧道德，打破军阀势力，调查和了解中国社会现状。他们以面向劳动大众的社会生活改良为起点，倡导人们追求大众的、进步的新生活。胡适等新文化派代表人物对新文化与新生活关系理论探究，是新文化运动的一项重要内容。② 黄克武在《一位“保守的自由主义者”：胡适与〈文星杂志〉》一文中注意到，20 世纪五六十年代对台湾知识分子产生重大影响的《文星杂志》，其风格从温和到激进的变化，深受胡适思想的影响。1958 年胡适返台之后，刻意与《文星杂志》保持距离，因此他在《文星杂志》的角色并非主动参与，而是被动地被推上舞台。至 1958 年时，胡适或许自觉受到蒋介石之重用，出任“中央研究院”院长一职。此一角色使他与反对威权政治之自由主义刻意保持一定距离，思想与行动上亦趋于保守。不过，胡适所代表的政治主张与文化关怀，却因为《文星杂志》的努力推广，发挥了其影响力。1962 年之后，《文星杂志》在李敖接棒后的激进化

① 参见王奇生《新文化是如何“运动”起来的——以〈新青年〉为视点》，《近代史研究》2007 年第 1 期。

② 参见陆发春《新生活的观念及实现——以五四时期胡适及〈新生活〉杂志为讨论中心》，载《胡适与现代中国的理想追寻——纪念胡适先生一二〇岁诞辰国际学术研讨会论文集》，台北：“中央研究院”近代史研究所胡适纪念馆 2013 年版。

转向，无疑深受胡适思想的影响。①

本节围绕近来涉及观念史、思想文化与社会转型、知识分子、新文化史以及报刊史五个领域的近代中国思想史研究成果，粗线条概括了近代中国思想史研究领域的部分新议题、新理念及其与过往思想史研究传统的关联。可以看到，多元现代性视野之下的近代中国思想史研究，逐渐跳脱了“从传统到现代”的线性历史目的论，也逐步修正了描绘近代中国思想历程的“冲击—回应”的模式。研究视野的转变，促使新的研究议题的涌现，也赋予思想史更为多元的内容：从中心到边缘、从思想精英到民间读书人、从旧学新知到报刊舆论、从各类“主义”到知识分子行动。另外，社会科学研究范式的引入，特别是新文化史研究方法的交叉融合，扩大了传统思想史研究的范畴与边界，打通了思想史与人文社会科学的壁垒，也引发了研究者对于思想史研究学科建设的深层思考。相信随着学术研究与学科互动在全球化背景下深入发展，近代中国思想史研究的传承、创新与交流将更加多姿多彩、日新月异。

① 参见黄克武《一位“保守的自由主义者”：胡适与〈文星杂志〉》，载《胡适与现代中国的理想追寻——纪念胡适先生一二〇岁诞辰国际学术研讨会论文集》，台北：“中央研究院”近代史研究所胡适纪念馆2013年版。

第六章

2015年至今:最新进展

这是一个各方面都在突飞猛进、世界呈现空前加速的时代。中国近代思想史研究也是如此。进入21世纪之后，在改革开放后20多年学术积累的基础上，加上新理论、新方法的不断引介，学术视野的不断开拓，学术研究队伍的空前壮大，中国近代思想史研究也出现了井喷式的发展。基于以上背景，中国学者在本土经验的基础上，在用新的方法研究旧有议题和领域的同时，也不断提出新的议题和开拓新的领域。如果说从20世纪90年代到2014年的中国近代思想史研究是一个不断突破旧有藩篱和自身限制，逐步走向繁荣的过程，那么2015年至今的中国近代思想史研究则在之前的基础上，在众多学者的相继努力之下，不断将中国近代思想史研究推向一个新的高度。

第一节　通论

一　资料的整理出版

史料是历史研究的基础，也是人们重构思想图景的重要素材，新史料的整理和出版无疑会对历史研究的突破起到巨大的推动作用。2015年以来短短几年间，学者们就整理出版了大量中国近代思想人物的文集、年谱、札记和日记等资料，这些史料的出版极大地推动了中国近代思想史研究。

在这些文集、编年资料中，部分是作为资料文献丛刊出版的，如

“中国社会科学院近代史研究所民国文献丛刊”这套资料，其中就有王汎森、潘光哲和吴政上主编的《傅斯年遗札》（3卷本）（社会科学文献出版社2015年版）。当然，这批资料中数量最大的是重要思想人物的文集、全集等，如武占江点校整理的《刘光蕡集》（西北大学出版社2015年版），庞坚点校的《张之洞诗文集》（增订本）（上海古籍出版社2015年版），由上海人民出版社编，王仲荦、姜亮夫、徐复、章念驰、王宁、马勇等整理的《章太炎全集》（20卷）（上海人民出版社2014—2017年版），汤志钧和汤仁泽先生主编的《梁启超全集》（20卷）（中国人民大学出版社2018年版），上海图书馆编的《张佩纶家藏信札》（16册）（上海人民出版社2016年版），陈星主编的《丰子恺全集》（25册）（海豚出版社2016年版），林家有、李吉奎主编的《孙中山全集续编》（中华书局2007年版），姜鸣主编的《李鸿章张佩纶往来信札》（20卷）（上海人民出版社2018年版），由中华书局主编的《曾国藩全集》（12册）（中华书局2018年版）等。

除此之外，思想人物的史事编年和年谱也有不少在此期间被出版，如刘忆江主编的《李鸿章年谱长编》（河北大学出版社2015年版）、由清华大学国学研究院和中华书局编辑部合编的《梁任公先生年谱长编稿本》（16册）（中华书局2015年版）、董丛林主编的《曾国藩年谱长编》（上海交通大学出版社2017年版）、熊泽文和张远东主编的《廖平先生年谱长编》（上海书店出版社2016年版）、桑兵主编的《孙中山史事编年》（中华书局2017年版）、眉睫主编的《梅光迪年谱初稿》（海豚出版社2017年版）、林甘泉和蔡震主编的《郭沫若年谱长编（1892—1978）》（5卷本）（中国社会科学出版社2017年版）等，还有吴思远主编的《辜鸿铭信札辑证》（凤凰出版社2018年版）等。

日记是一种私密性且相对真实的史料，在某种程度上可以反映思想者的真实想法和部分历史事实。近人的日记也是研究思想史、观念史和心态史的一种重要材料。近人的日记资料在2015年以来也有大量出版，如《严修日记（1876—1894）》（天津古籍出版社2015年版）、《容庚北平日记》（中华书局2019年版）、《王韬日记》（增订本）（中华书局2015年版）、《傅秉常日记》（社会科学文献出版社2017年版）。在这些日记中，也有不少是作为史料丛刊的一部分出版的，这方面的资料数量也相对比较多，如“商务印书馆同仁日记丛书”中的《郑振铎日记》（商务印书馆2018年版）、《叶圣陶日记》（商务印书馆2018年版）、《史久芸日记》（商务印书馆2018年版）等。另外一种史料丛刊部头比较大，“中国近现代稀见史料丛刊”有69册之多，其中涉及近代思想人物的日记包括《张佩纶日记》（凤凰出版社2015年版）、《吴兔床日记》（凤凰出版社2015年版）、《翁斌孙日记》（凤凰出版社2015年版）、《爱日精庐文稿》（凤凰出版社2015年版）、《壬葵避难日记　辛卯年日记》（凤凰出版社2016年版）、《胡嗣瑗日记》（凤凰出版社2017年版）、《唐煊日记》（凤凰出版社2017年版）、《孟心史日记、吴慈培日记》（凤凰出版社2018年版）、《黄秉义日记》（凤凰出版社2017年版）、《王振声日记》（凤凰出版社2017年版）、《英韶日记两种》（凤凰出版社2017年版）等。

二　通论性近代思想史论著

新世纪以来，随着传统思想史研究的日趋式微，通论性的思想史著作数量也在逐渐减少，加上之前思想史通论性著述的大量出版，新世纪后出版的思想史著作也多是旧著重版，所以，新出版的通论性著作就显得数量更加少。但是，自2015年以来，有不少研究中国近代思想史的通论性著作出版。不过由于很少有学者再写通史，所以这些思想史著作多是专论性的通史。如林孝文的《清末君主立宪思想史》（光明日报出版社2015年版）一书勾勒了近代中国君主立宪思想的脉络，认为大致经历了“君民共主思想”“二元君主立宪思想”“议会制君主立宪思想”三个阶段。

需要说明的是，进入新世纪后中国近代思想史研究的一个重要趋势就是历史学出身的学者研究思想史的人数在不断减少，而文学、哲学和其他学科的研究者对中国思想史研究的热情高涨，研究人数也在不断攀升，当然，他们与历史学者研究思想史在方法论上存在很大差距。这一时期的通论性著作主要有高力克的《自由与国家：现代中国政治思想史论》（浙江大学出版社2016年版），该书围绕近代中国政治思想史上最具张力的“自由”和“国家”两个概念，探讨了现代中国知识分子关于这对概念的论争。李滨的《中国近代新闻思想的嬗变》（人民出版社 2017 年版）一书，以“本土化”和“近代化”为主要问题，对中国近代以来新闻思想的演变进行了深入的研究，呈现了近代中国新闻思想的近代化进程。王秉钦撰写的《近现代中国翻译思想史》（华东师范大学出版社 2018 年版）主要考察近百年来中国人的翻译思想。作者以翻译思想为“经”，以人为“纬”，呈现了百年来翻译思想的演变。

一些贯通古今的专论性思想史论著，对近代的思想史也有通论性的叙述，如杨鸿烈著的《中国法律思想史》（商务印书馆 2017 年版）主要探讨了贯通古今的法律思想，其中最后一部分就对清末以来中国法律思想的演变进行了考察。钟祥财著的《中国农业思想史》（上海交通大学出版社 2017 年版）的下编就着眼于中国现当代农业思想的演变和发展，将现当代农业思想放在数千年的中国农业历史背景中进行梳理研究。

三　思想史学科的方法、理论研究

历史研究不仅需要“埋头拉车”，还要“抬头看天”，不仅需要在个案上进行不断的探究，还需要方法上的创新和理论上的提升。在 2015 年以来的中国近代思想史研究中，学者们在已有研究基础之上，对思想史的方法、理论也在进行不断的探讨和总结。

中国近代思想史的研究路径一直是研究者考虑的重要问题，郑大华在《巩固与拓展：深化中国近代思想史研究路径之选择》一文中对此问题进行了思考。作者指出，在思想史研究中，既要继续引进西方的研究理论和方法，又要在学习西方研究理论和方法的同时，立足中国的实际国情，将西方的研究理论和方法“本土化”“中国化”，从而打通中外学术研究理论和方法之间的障碍，建立起本土化的中国近代思想史研究的理论、方法和范式，进而在国际学术界中占有一席之地。[①] 关于思想史研究的路径问题，何晓明在《词汇、观念与思想：思想史研究的路径与方法》一文中主张通过对词汇、概念和术语等问题的分析，来研究不同时代观念的推演

---

① 郑大华、刘纯：《巩固与拓展：深化中国近代思想史研究路径之选择》，《河北学刊》2005 年第 1 期。

变化，以推进思想史研究向纵向拓展。[①] 郭辉在《“历史记忆”与中国近代思想史研究的拓展》一文中主张从“历史记忆”的角度拓展中国近代思想史研究，认为“历史记忆”是研究中国思想史的重要领域和对象，要求中国近代思想史研究者时刻保持开放的心理，以采取多元的方法。[②]

研究方法、视角的变化，往往在研究中给人耳目一新的感觉，对于思想史如何推进，也有学者从研究视角方面入手，提出自己的观点。李振宏在《中国思想史研究方法论思考》一文中对思想史研究方法进行了探讨。他认为思想史研究要注意几个方面：（1）“要充分正视思想家思想的矛盾性，以辩证的眼光看待、重视个体思想的变化、矛盾和复杂性”；（2）“思想的演化与分化是思想史发展的正常途径，思想史研究重在弄清思想发生发展的历史线索，而非一味地回归思想的原点”；（3）“重视思想家的学术个性研究，而不简单地把思想家划入某种固定的学术派别”，“给个体思想家打上某家某派的烙印”。[③] 郑大华在《中国近代思想史研究的“通”与“贯”》一文中认为研究中国近代思想史，必须做到“通”与“贯”，做到“会通”与“贯穿”，要把握能够贯穿中国近代思想史始终与全局“一以贯之”的基本线索与“共同观念”。[④] 郭双林在《流动的思想：中国近现代思想史研究方法刍议》一文中认为作为人类思维活动的思想是立体的、流动的和变化的，因此，对一种观念或者理论，只有在流动中，或者说将其置于不断的实践中，才易于解释其意义。[⑤] 徐鹤涛的论文《近二十年中国近代思想史研究的若干趋势——围绕问题意识与研究方法的讨论》则强调话语对思想史研究的意义。他指出话语研究方法引入思想史研究后，使得思想史研究方法出现了根本性转变，出现了观念

① 何晓明：《词汇、观念与思想：思想史研究的路径与方法》，《史学月刊》2019 年第 5 期。

② 郭辉：《“历史记忆”与中国近代思想史研究的拓展》，《史学月刊》2019 年第 5 期。

③ 李振宏：《中国思想史研究方法论思考》，《云南师范大学学报（哲学社会科学版）》2018 年第 7 期。

④ 郑大华：《中国近代思想史研究的“通”与“贯”》，《史学月刊》2019 年第 5 期。

⑤ 郭双林：《流动的思想：中国近现代思想史研究方法刍议》，《史学月刊》2019 年第 5 期。

史、知识社会史等新的领域，这使得思想史研究终于突破了传统以大思想家为中心的学案式写作，有了更广阔的的研究视域。[①]

关于如何观察思想的历史和思想史研究的方法，罗志田也有相关的论述。罗志田在《飞鸟之影：浅议历史研究中的以静观动》一文中指出对历史作切片式的静态观察，尽可能从静止的史料中探索贯注于期间的生命跃动。基于动态的观察，还要在表述时尽可能体现那种动中有静、静中有动的“若行若止”意态。[②] 在《假物得姿：如何捕捉历史之风》一文中，罗志田强调史家对史事的了解和认识，永远都是有距离的和间接的，类似时代的风气等看似虚而不实却向来是历史研究的重点。对史学方法而言，捕风捉影也就是通过某种中介，从看似静止的史料中读出历史的动态，以探求曾经贯注于史料中的生命跃动。[③]

关于思想史研究的方法论问题，也有其他学科的学者从本学科角度出发提出自己的见解。如任剑涛在《中国政治思想史“接着讲”的两种路向——以梁漱溟、牟宗三为例》一文中，指出中国政治思想史研究中“照着讲”与“接着讲”的不同取向，前者的学术史取向和后者的“思想”史取向相当不同，但都是研究思想史的重要方法。[④] 林存光在《得鱼在筌：中国政治思想史研究方法刍议》一文认为中国政治思想史研究，“要正确地训名释义，恰当地在字里行间进行阅读和理解，完整地并符合其思想本义地诠释思想家及其文本的思想，乃至在比较中诠释，在诠释中比较，并最终通过知人论世的方式和途径获得对古今中外政治思想史的贯通性的宏观认识与深度理解”。[⑤] 孙晓春的《中国政治思想史研究中的历史主义方法与现实关注》一文则强调政治思想史研究在遵循历史主义方

① 徐鹤涛：《近二十年中国近代思想史研究的若干趋势——围绕问题意识与研究方法的讨论》，《史林》2015年第2期。

② 罗志田：《飞鸟之影：浅议历史研究中的以静观动》，《文史哲》2016年第6期。

③ 罗志田：《假物得姿：如何捕捉历史之风》，《南京大学学报（哲学·人文科学·社会科学）》2016年第5期。

④ 任剑涛：《中国政治思想史“接着讲”的两种路向——以梁漱溟、牟宗三为例》，《天府新论》2015年第4期。

⑤ 林存光：《得鱼在筌：中国政治思想史研究方法刍议》，《天府新论》2015年第4期。

法的同时，也应该有充分的现实关注。[①]

张辉在《文学与思想史研究的问题意识》一文中认为从文学与思想史研究的问题意识出发，应该注意以下问题，如将文学与思想、心态和精神的历史联系起来，应该激活“如何说”与“说什么”之间的有机联系等。[②] 李春青在《谈谈中国文学思想史研究的视角问题》一文中，从文学思想史的角度出发，认为要弄清文学思想生成演变最重要的动因，主体视角不容忽视，因此应从主体视角来进行思想史研究。[③] 雷戈在《思想与文体——思想史研究的新视角》一文中认为从文体的角度来看作者的思想，是思想史研究的一个新视角。[④] 陈建波的《当代中国思想史研究：问题与方法》一文主要关注当代思想史方法的讨论，认为研究当代中国思想史，要坚持马克思主义理论的指导，把当代中国思想史与中华民族的历史特别是近代历史联系起来。[⑤] 贾坤鹏在《思想史研究中常见同语词概念混淆及其辨析方法》一文中认为，在思想史研究中，应从概念的辨析入手进行研究。[⑥]

也有学者从思想史的写法等方面进行论述。如柳之茂、赵俊的《关于中国思想史连续性写法的分析》一文，从思想史的治史方法论入手，指出以往连续性的思想史写法潜藏着严重的单一的进化论倾向，这种写法也限制了思想史研究者的视域。如果思想史的写作者能在连续性的方法中同时观照那些思想史上的非连续现象，对特定的思想历史对象本身的结构及其边界进行分析，在一定程度上会避免连续性写法的局限性，使思想史的研究打开更广阔的思想空间。[⑦] 夏静的《文学思想史的“加法”与

---

① 孙晓春：《中国政治思想史研究中的历史主义方法与现实关注》，《天府新论》2015年第4期。

② 张辉：《文学与思想史研究的问题意识》，《中国比较文学》2017年第2期。

③ 李春青：《谈谈中国文学思想史研究的视角问题》，《创作与评论》2016年第3期。

④ 雷戈：《思想与文体——思想史研究的新视角》，《学术研究》2017年第9期。

⑤ 陈建波：《当代中国思想史研究：问题与方法》，《毛泽东邓小平理论研究》2016年第2期。

⑥ 贾坤鹏：《思想史研究中常见同语词概念混淆及其辨析方法》，《史学月刊》2017年第9期。

⑦ 柳之茂、赵俊：《关于中国思想史连续性写法的分析》，《兰州大学学报（社会科学版）》2017年第2期。

“减法”》一文对文学思想史研究中的“加法”和“减法”进行了强调，指出材料范围和研究路径的拓展，可以视为未来思想史研究中“加法”的方向，这不仅意味着在更大范围内丰富资料篇目和来源，也意味着在更深层面上重新审视思想史研究中习见的方式方法。①

思想史的议题涉及专业门类较广，这导致思想史与生俱来就是一个跨学科的专业门类。跨学科的趋向在新世纪表现得尤为突出。对研究实践中思想史跨学科的研究方式也是学者们探讨的一个重要问题，如郑大华在《学科渗透与中国近代思想史的边界》一文中就对这一问题进行了讨论。他指出学科间的相互渗透有利于学术研究的深入和发展，但我们在肯定这一问题的同时，也要清醒地认识到学科之间的差异，厘清学科之间的边界，遵守不同学科的不同规范。只有如此，借用或者进行学科渗透才有积极的意义。② 左玉河在《互鉴共赢：历史学与各专门学科的交叉渗透》一文中指出，历史学与各专门学科的交叉渗透，产生了新的学科和新的领域。面对这些新的研究领域，各专门学科必须立足本学科，发挥本学科的特长，对共同的领域进行不同视角的观察、研究和解释，这样才能解释研究对象的多向性和多面性，进而展示研究对象的完整性。③ 马勇在《学科渗透与历史学的本质》一文中也指出，历史学有自己的学科边界和研究方法，历史学一方面必须最大限度地汲取其他各专门学科的方法和理论，另一方面也应守住自己的学科传统，在适度的保守中创新和发展。④

在历史研究中跨学科方法被人们不断实践的今天，思想史研究要充分吸取其他学科的理论和方法，不断拓展自身的边界，开拓新的领域。在这种背景下，就需要对思想史的学科特征、理论和方法等问题予以思考，将思想史研究不断推向新的高度。

---

① 夏静：《文学思想史的“加法”与“减法”》，《首都师范大学学报（社会科学版）》2015年第5期。

② 郑大华：《学科渗透与中国近代思想史的边界》，《史学理论研究》2016年第3期。

③ 左玉河：《互鉴共赢：历史学与各专门学科的交叉渗透》，《史学理论研究》2016年第3期。

④ 马勇：《学科渗透与历史学的本质》，《史学理论研究》2016年第3期。

第二节　思想进程研究的新成果

思想史是人们对时代认知和反思的历史，因此思想史的主题与时代的主题也紧密相关，思想的进程也与时代的脉动基本保持一致，对思想进程的研究和解说也是加深时代认识的一个重要方面。自 20 世纪 90 年代之后，近代中国的思想进程研究取得了丰硕的成果，学者们在各个领域都取得了突破性进展，这些研究有助于我们更好地从整体上理解近代中国思想史。从 2015 年至今，学者们继续在各自领域深耕细作，不断推动中国近代思想史研究向前发展。

一　经世思想

2015 年以来，鸦片战争时期的经世致用思想受到思想史学界的持续关注，且产生了一大批研究成果。在学术专著方面，如范广欣的《以经术为治术：晚清湖南理学家的经世思想》一书，通过研究晚清时期湖南四个最具代表性的理学家——曾国藩、罗泽南、刘蓉和郭嵩焘，探讨他们如何利用儒家的传统学术为平乱御辱服务。[①]

也有学者从学术、整体上考察晚清的经世思想。张舒的《晚清理学复兴的经世意蕴》一文主要考察晚清理学复兴的经世意蕴，指出晚清理学凭借夯筑程朱修身之学以守道救时，治体层面致力于恢复君臣共治以尝试打破皇权的乾纲独断，治法层面并不倚重官僚行政技术，而是注重兴起教化以重建地方秩序。[②] 马延炜的论文《晚清湖湘汉学的经世品格》主要从学术方面来观察经世思想。作者指出晚清湖湘汉学中具有明显的经世趋向，具体表现就是强调学术研究的社会价值与功用，注重学术研究在解决现实问题中的实际作用。这一研究取向在为湘人注入更为深厚的学理素养

① 范广欣：《以经术为治术：晚清湖南理学家的经世思想》，南京大学出版社 2016 年版。

② 张舒：《晚清理学复兴的经世意蕴》，《天府新论》2016 年第 5 期。

的同时，也进一步强化了湘学的现实关怀、注重实用的治学倾向。① 段炼的《从“理势”互动到“体用”二分：以清代中后期读书人的世界观转型为中心》一文以清代中后期读书人的世界观转型为中心，来考察晚清思想界的“理势”和“体用”问题。段炼指出在嘉道年间，无论是今文经学、理学或者经世之学，都在试图回应“理势”与“体用”的问题，而所涉之学都在这一时代背景下转向致用的一面。②

经世思想的研究中，对思想人物的经世思想研究是数量最多的部分。例如，秦世龙的论文《魏源思想的理学渊源——以湖湘实学为视角》以湖湘实学为视角，来探讨魏源思想的理学渊源。作者指出魏源继承和发展了以王夫之为代表的湖湘理学的实学传统，发展出自己独特的“以经术为治术”的实学理念。作者进一步指出，魏源各种思想的渊源都可以追溯到湖湘学者的身份上，追寻到他饱受熏陶的湖湘理学上来。③ 戚文闯《超越与局限：魏源“师夷长技以制夷”的长时段考察》一文通过对魏源经世思想的研究，指出了其经世思想的意义，但也指出魏源思想的局限性，如只停留在器物层面，未能真正认识到学习西方的深层内核。④ 罗检秋的《论孙诒让的经世之学》一文通过对孙诒让经世之学的研究，指出孙诒让对学术的突破使清末古文经学走向经世的方向，其经、子之学和经世活动，均体现了道器并重的思想特征，折射出清末士人思维模式的转变。孙诒让基于古文经学和道器并重的经世之学，在清末民初具有典范意义。⑤ 刘焱的论文《王闿运“礼学经世”思想析略》通过对王闿运的研究，指出王闿运受到湖湘经世学风的熏染，抱持“通经致用”的学术理念，力主从古代经典中寻求拨乱致治之道，提出“礼治”本于“自治”的理学经世论，并以“读礼、析礼、明礼、践礼”的具体措施，将其治

---

① 马延炜：《晚清湖湘汉学的经世品格》，《湖湘论坛》2018年第4期。

② 段炼：《从“理势”互动到“体用”二分：以清代中后期读书人的世界观转型为中心》，《史林》2018年第5期。

③ 秦世龙：《魏源思想的理学渊源——以湖湘实学为视角》，《学术界》2016年第5期。

④ 戚文闯：《超越与局限：魏源“师夷长技以制夷”的长时段考察》，《理论月刊》2018年第7期。

⑤ 罗检秋：《论孙诒让的经世之学》，《杭州师范大学学报（社会科学版）》2018年第5期。

经理念落到实处。[①] 李久学、徐雷的论文《家学对曾国藩理学思想形成的影响》研究了曾国藩家学对其理学思想形成的影响，强调家学在其成为理学名臣中的重要作用。[②]

"经世"思想研究硕果累累，"经世"一词也影响甚广，人们是如何理解"经世"这一概念的呢？有学者从概念史的角度对"经世"一词的意义和运用情况进行了探讨。杨念群在《"经世"观念史三题》一文中，从宏观的角度分析了学界近年来对"经世"概念的运用情况，并指出了存在的问题：一是把"经世"仅仅理解成狭义的日常治国理政行为，忽略其深层文化根基一面的阐释；二是把"经世"视为明清危机时期改革家推进激进政策的工具，没有看到趋于保守的政治官僚同样具有经理世事的情怀和能力；三是把"经世"仅仅看作是古代王朝遭逢鼎革易代之际发生的思潮，而没有看到处于常态过渡时期的历史同样存在着经世思想并持续发挥着作用。[③] 周积明的《"经世"：概念、结构与形态》一文通过对"经世"概念的考察，指出"经世"一词并非开始就以"经国济世"为内涵，而是经历了语义学的演进。作者认为，研究古代思想学术，务以前人之"经世"还诸前人，而不能脱离历史语境，以一种今人认定的"经世"标准去理解、裁判历史上的多元经世形态。[④]

二　洋务思想

2015 年以来的洋务思想研究方面，一共有两部有关洋务教育思想的专著出版，一本是李剑的《晚清洋务运动时期传教士活动研究——以洋务教育为中心》(新华出版社 2015 年版)，另一本是杨勇的《洋务运动与明治维新教育改革比较研究》(河北教育出版社 2016 年版)。

关于洋务运动失败的原因，王涛在《明治维新是一场突变吗？——

---

① 刘淼：《王闿运"礼学经世"思想析略》，《湖南大学学报（社会科学版）》2018 年第 2 期。

② 李久学、徐雷：《家学对曾国藩理学思想形成的影响》，《湖南大学学报（社会科学版）》2015 年第 6 期。

③ 杨念群：《"经世"观念史三题》，《文史哲》2019 年第 2 期。

④ 周积明：《"经世"：概念、结构与形态》，《天津社会科学》2018 年第 3 期。

兼谈洋务运动的失败》一文中，以日本明治维新作为比较对象，指出洋务运动虽然开启了中国的近代化进程，但其失败却是必然的。作者指出，当时中国与世界的隔绝“造成了中国的决策层丝毫不能了解世界的变化趋势，在旧的制度内嫁接新的生产力必然困难重重。两国最高决策层对世界的认识的极大差距正是两者改革力度与绩效存在重大差异的主要原因”。[①] 对于洋务运动时期的诸多问题，横看成岭侧成峰，当时在华的外国人也有自己的观察。卿文辉的《提前奏响的挽歌：一个同时代美国外交官眼中的晚清洋务运动》一文从美国在华武官薛斐尔的角度对洋务运动进行近距离的观察，对洋务运动重器物而轻制度与文化的宗旨、其军事改革的不彻底性、列强对此运动的虚伪性态度等进行了公开、全面和深刻的评判，指出中国当时还是一个“中世纪”的国家，中国当时最高决策层、最开明的政治家的头脑依然停留在“中世纪”。凡此种种也影响了后来的结局。[②]

洋务运动开始后，中国人开始有组织地学习西方的知识和科学技术，此时中国人对科学技术的认知、对西学的学习情况也非常值得研究，这也会促进我们对洋务运动更加深入的理解。尹晶晶、孙涛的《洋务运动时期两种科技观的解读》一文，通过对洋务派和保守派学习科技观念的比较，指出统治阶层中不同派别的权力制衡成为制约科技发展的因素之一，从而使中国人学习西方科技的过程困难重重。[③] 李栋、杨莹的《洋务运动时期王韬对待西方法政知识的认知与逻辑》一文指出，王韬对西方法政知识存在着变与不变两种倾向：一方面，王韬在一定程度上接受了西方的法政知识，调和了学西与儒学中国之间的矛盾。另一方面，由于王韬对儒家文化至上性的坚信，最终未能超越此间的“中体西用观”。[④] 也有学者

---

① 王涛：《明治维新是一场突变吗？——兼谈洋务运动的失败》，《兰州学刊》2018 年第 6 期。

② 卿文辉：《提前奏响的挽歌：一个同时代美国外交官眼中的晚清洋务运动》，《社会科学》2019 年第 2 期。

③ 尹晶晶、孙涛：《洋务运动时期两种科技观的解读》，《自然辩证法研究》2015 年第 4 期。

④ 李栋、杨莹：《洋务运动时期王韬对待西方法政知识的认知与逻辑》，《广东社会科学》2019 年第 2 期。

对洋务运动时期中国人的“天下”“地球”和“世界”等概念进行研究。余露的《虚实互用：洋务运动时期的“天下”“地球”与“世界”》一文指出洋务运动时期，“世界”是如何一步步转化成全球性的地域指称，包含了怎样的含义，与天下体系的崩溃有何种关系。作者指出这一时期原本不具有实际地域指向的“世界”与“天下”被一起用来指称全球，也使得“天下”从过去的仅限于指中国扩展到涵盖世界。[①]

三　维新思想

2015年以来，学者们对戊戌维新的史实和相关议题进行了深入的研究与探讨。在专著方面，汤志钧的《戊戌变法史》一书通过变法各方的密信、奏折和日记等史料，对百日维新期间的历史进行了重构。[②] 贾小叶的《戊戌时期学术政治纷争研究：以“康党”为视角》一书，跳出以往研究戊戌变法的“新旧”二元对立旧说，以“康党”作为视角，全面揭示了戊戌时期政治与学术纷争的多元面相和真实内涵。[③] 许多研究成果虽然是重新出版，但对学术发展仍具有重大的推动作用。茅海建是当代戊戌变法研究方面用力最多也是最权威的学者之一，在2018年戊戌变法120年之际，生活·读书·新知三联书店将其20年间先后出版的《戊戌变法史事考初集》《戊戌变法史事考二集》《从甲午到戊戌：康有为〈我史〉鉴注》《戊戌变法的另面：“张之洞档案”阅读笔记》四部书以“茅海建戊戌变法研究”为名汇刊出版，更加集中展现了史学界在近20年来对戊戌变法研究的最新成果。

戊戌时期维新派的政治策略是戊戌变法成败的一个重要因素，也是学术界关注的一个重要问题。茅海建在《戊戌时期康有为“大同三世说”思想的再确认——兼论康有为一派在百日维新前后的政治策略》一文中，查证了康有为在戊戌时期的政治思想与学术思想，再次确认了康有为的

① 余露：《虚实互用：洋务运动时期的“天下”“地球”与“世界”》，《中山大学学报(社会科学版)》2017年第4期。

② 汤志钧：《戊戌变法史》，上海社会科学院出版社2015年版。

③ 贾小叶：《戊戌时期学术政治纷争研究：以“康党”为视角》，社会科学文献出版社2017年版。

"大同三世说"及其传播范围。茅海建指出，"康有为一派为此设计了'自上''自下'两套变法方案。梁启超在湖南时务学堂所行的是'自下'之策，康有为在北京所走的是'自上'之策。当北京的'自上'之路突遇光明后，康有为也调整其政治策略"。[①] 戊戌维新运动的力量对比事关戊戌变法成败与否，郭卫东在《再论戊戌维新运动的力量配比》一文中，指出政治权力的核心与边缘本来应该相距很远，戊戌变法时期却在特定的历史条件下结合在一起，这也是一种很奇怪很怪诞的合作，但是合作期间维新派并未完全楔入清朝的权力结构。作者进一步指出，"这种跨界结合，联结的两头趋新，广阔的中间地带仍为守旧，其间缺乏贯通，失却各中间环节的承接，上下、君臣、朝野之间横亘广阔的阻隔。多数官商绅民对维新运动不了解，说明激进改革的历史条件尚不具备，单纯的高层设计难于实践，也预示着戊戌运动必然失败"。[②]

戊戌维新运动影响广泛，但对维新运动在地方的情况我们知之甚少，对维新运动在地方推行和实践的研究，也会使我们对此运动有一个全面整体的认知。熊月之关注上海地区的维新思想，在《口岸城市与维新思潮——以上海为中心》一文中，认为维新思潮的兴起不仅受到甲午战败的刺激，也受到启蒙思想家的鼓动，还受到近代以来口岸城市变迁的深刻影响。作者认为当时"中国目光敏锐的绅商在口岸城市的努力，包括兴办新式企业与学校，倡导对外开放、学习西方，进行改良思想宣传，特别是这些城市在学会设立、报刊发行以及现代交通、通讯为依托的联系网络方面的独特优势，则使得这些城市在维新运动兴起以前，已经成为中国革新运动的先行区域"。[③] 刘耀的《地方的维新：戊戌前后四川省的办学运作》一文指出川省部分地区对变法的理解偏离朝廷动向，朝廷的废除八股之举无意间支持了川省趋重经学的地域文化。[④] 陈代湘、周接兵则将目光投向维新运动的主要阵地湖南，他们在《湖南守旧士绅的翼教与维新

① 茅海建：《戊戌时期康有为"大同三世说"思想的再确认——兼论康有为一派在百日维新前后的政治策略》，《社会科学战线》2019年第1期。

② 郭卫东：《再论戊戌维新运动的力量配比》，《中国高校社会科学》2017年第3期。

③ 熊月之：《口岸城市与维新思想——以上海为中心》，《广东社会科学》2019年第1期。

④ 刘耀：《地方的维新：戊戌前后四川省的办学运作》，《社会科学研究》2016年第3期。

运动的转向》一文中，指出以谭嗣同、唐长才、熊希龄、皮锡瑞等为代表的湘学人物向传统文化宣战，掀起了全面学习西方的高潮。与此同时，湖南守旧士绅却从政治上和思想上对维新变法进行扼杀，导致维新变法走向失败，促使中国历史由维新向革命转变。[①] 王慧颖在《〈经时报〉与戊戌时期浙江维新群体内外关系》一文中通过《经时报》的兴废来考察浙江维新运动的情况，指出《经时报》的兴废与浙江士人与康梁维新派之间的矛盾有关，同时也反映了浙江维新群体内部的各种分歧及其在政治上的局限。[②]

维新变法可以说是书生变法，是以学术变革作为推动变法的重要资源之一。学术革新与政治变革也存在千丝万缕的关联。陈煜的《晚清公羊学与变法维新》一文认为清代公羊学在乾隆后期逐渐崛起，后来经过常州学派、龚自珍、魏源等的承袭和传播，逐渐蔚为大观，再由学术影响到政治，最后转化为激进的变法工具，乃至与维新变法同归歇绝。考察清代公羊学与晚清变法的关系，可视为传统学术和政治关系最为典型的注脚，甚至可以认为“近代的一切变革思潮，都是以公羊学为‘里子’而舶来的西学为‘面子’的结合”。[③] 易燕明则关注维新思潮中的政治哲学，作者在《论19世纪末湖南维新思潮中的政治哲学》一文中认为湖南维新人士的政治哲学是湖南维新思想家最关注，也最有所创获的问题，他们“对传统政治的反省和当代社会问题的洞察上，在促进传统政治哲学向近代政治哲学的转型上，都是最为彻底和突出的”。[④] 诗以言志，传统士人多以诗歌来表达对政治的关怀。石任之的《戊戌变法时期各派士人诗作探析》一文通过对变法反对者和支持者诗歌的分析，指出戊戌时期诗歌题材与表现手法虽然仍沿袭诗史传统，但时人心理渐变，对事件中心任务的认知，对西方文明的认知均有所改变，对变革开始有新的

① 陈代湘、周接兵：《湖南守旧士绅的翼教与维新运动的转向》，《湖湘论坛》2015年第4期。

② 王慧颖：《〈经时报〉与戊戌时期浙江维新群体内外关系》，《史林》2019年第1期。

③ 陈煜：《晚清公羊学与变法维新》，《暨南学报（哲学社会科学版）》2015年第10期。

④ 易燕明：《论19世纪末湖南维新思潮中的政治哲学》，《湖南社会科学》2017年第5期。

反省和诉求。①

还有学者注意到维新运动与现代国家的构建情况。于英洲在《维新运动与 19 世纪末现代国家的构建》一文中认为，从全球视角来看，维新运动与 19 世纪末世界各地的现代化进程大体相似，维新运动在政治上、经济上和文化上所倡导的主张，皆彰显出维新运动的世界意义。作者指出，“维新运动堪称中国现代国家构建的初创期，不仅为之后的百年发展提供了积极的能动力，亦可为当今中国引领全球化发展提供重要的理论与时间借鉴”。②

戊戌变法是中国当时的一件大事，也是各国都密切关注的国际要事，它们对戊戌变法都有自己的观察和认知。随着中国政局的变化和戊戌变法事态的变化发展，它们对戊戌变法的认知也随之改变。王美平在《日本对戊戌变法的认知、态度与战略》一文中指出，日本在戊戌变法初期鉴于中国改革符合本国利益多持欢迎、赞同的态度，但是随着清廷高层人事变动的频发，日本也推测中国政局将发生巨变，出现了否定戊戌变法前途的论调，态度也转向冷淡和批判。戊戌变法的失败进一步促使日本放弃亚洲主义路线，坚定了“脱亚入欧”瓜分中国的战略，助推了日英同盟的形成。③ 列强虽然不是戊戌变法的当事者，但是他们的观察与反应，也丰富了我们的戊戌变法研究并加深了我们对这场运动的理解。崔志海的《美国驻华公使对戊戌变法的观察》一文指出，美国驻华公使对戊戌变法的观察表明，康梁作为在野人士和在朝的中下级官员，其实当时并不被北京的外交官们所重视，他们被关注和重视主要是在戊戌政变之后。作者进一步指出，他们当时已经意识到戊戌政变是一场政治反动，但是更倾向于认为是“帝”“后”之间的一场权力斗争，无意公开干涉，始终保持静默态度。美国驻华公使对戊戌变法的观察虽然有限，且带有个人色彩，但是他们的观察和分析在不少方面揭示了戊戌变法与清朝最后十余年政局之间

① 石任之:《戊戌变法时期各派士人诗作探析》,《北京联合大学学报（人文社会科学版）》2015 年 10 月。

② 于英洲:《维新运动与 19 世纪末现代国家的构建》,《河北学刊》2018 年第 2 期。

③ 王美平:《日本对戊戌变法的认知、态度与战略》,《南开学报（哲学社会科学版）》2018 年第 6 期。

的历史连续性。①

戊戌时期维新派的形象是一个不断变化的过程，这也反映了随着维新运动的展开人们对这场运动认知的变化。贾小叶的《“新党”抑或“逆党”——论戊戌时期“康党”指涉的流变》一文，指出“康党”是戊戌时期的一个重要概念，其指认的对象与判分标准在戊戌前后都经历了复杂的流变。从最初的指涉康门的师徒，到逐渐向康门的支持者扩张。政变发生后，“康党”的判分标准与指认对象再度发生变化，政变之初政治上的“谋逆”与否成为清廷判定是否为“康党”的主要依据，而后在各种因素影响下，被清廷指涉为“逆党”的“康党”却与“新党”混为一势。作者强调，“康党”指涉的流变实际上与戊戌政局的变动有着复杂的关联。②戊戌变法发生后，后人如何定位这场运动和维新派涉及时人对这场运动的认知以及历史记忆的塑造过程。李帆在《民国历史教科书中的戊戌维新及康有为》一文中指出，历史教科书对于戊戌维新及康有为的叙述，有个由隐到显的过程，在清季尚属敏感话题只能不写或者一笔带过，民初虽突破禁区的限制，但史实层面未进行过多扩展，直到 1922 年学制改革后才得以改变。作者指出在研究成果非常有限的情况下，民国历史教科书编写者所构建的戊戌维新史实和所塑造的康有为形象，规范乃至影响了当时及此后的相关学术研究。③

四　立宪与革命思想

立宪思想。这一时期的立宪思想史研究有多部专著出版，林孝文的《清末君主立宪思想史》(光明日报出版社 2015 年版）一书勾勒了清末君主立宪的演变过程，论述了不同阶段诸多思想家的君主立宪思想及其特征。黄涛的《黄遵宪君主立宪思想研究》（江西人民出版社 2017 年版）主要研究了被誉为“近代中国走向世界第一人”的黄遵宪，该书以黄遵宪的立宪思想为研究主体，分别从形成条件、重要内容、亲身实践以及历

---

① 崔志海:《美国驻华公使对戊戌变法的观察》,《史林》2018 年第 4 期。

② 贾小叶:《“新党”抑或“逆党”——论戊戌时期“康党”指涉的流变》,《近代史研究》2015 年第 3 期。

③ 李帆:《民国历史教科书中的戊戌维新及康有为》,《广东社会科学》2018 年第 4 期。

史地位等方面对黄遵宪的立宪思想作了全面的讨论。李细珠的《新政、立宪与革命：清末民初政治转型研究》（北京师范大学出版社 2018 年版）一书研究了清末新政、立宪与革命三者之间的互动关系以及力量消长的演变，作者认为正是这三股势力在晚清时期的较量与力量消长决定了当时中国政治的新走向。

晚清“预备立宪”的失败是中国近代历史上的重要事件，也直接影响了近代中国政治的走向。对于清廷“预备立宪”失败的原因，以往学者已从政治、经济和社会多方面进行了充分的研究，雷颐的《中国近代国家观念转变与清王朝立宪失败》一文则从国家观念的角度入手，对“预备立宪”失败的思想原因进行了分析。作者认为无论是立宪派还是革命派，尽管对“改良”“革命”等观点和立场完全不同，但是他们的国家观念却相同，两派都完成了中国传统的伦理型国家观念向现代契约型国家观念的转变，两派都从制宪权、对“圣旨”的合法性方面对清政府“预备立宪”的各种举措提出质疑，并对个人与国家关系的重构、宪政架构下的民族问题做了理论性的论述。作者进一步强调，“共同的国家观念，是辛亥革命时期革命派与立宪派双方由敌对到合作的思想基础”。[①] 关于晚清“预备立宪”失败的原因，卢野则从成立宪政编查馆的角度进行考察，他在《清末宪政编查馆的立宪困境与反思》一文中指出，对于近代的宪政改革，大多数欧洲国家都是由绝对主义国家过渡而来，中国的邻国日本也是，晚清时期中国的立宪实际上也是走了这样一条道路。清廷“预备立宪”时成立宪政编查馆，为的是仿行宪政，统筹整个立宪改革，但是该馆在立宪过程中却无法“处理在巩固君权的同时，又能对君权进行制度化约束并能维护君主权威的困境，这样的困境使得清末立宪最终并没有取得成功”。[②]

“预备立宪”失败的原因除了可以从思想、政治和文化等角度思考外，从立宪派知识分子自身的文体中也可以看出这种关联。周新顺的

① 雷颐：《中国近代国家观念转变与清王朝立宪失败》，《兰州学刊》2018 年第 8 期。

② 卢野：《清末宪政编查馆的立宪困境与反思》，《四川师范大学学报（社会科学版）》2016 年第 3 期。

《救亡焦虑中的末世谏言——从“新文体”看晚清立宪派知识分子的历史局限》一文，通过“新文体”来考察立宪派知识分子自身的历史局限和中国现代化进程中的某些深层的困境。作者指出，综合考察晚清立宪运动中实践“新文体”极具代表性的《东方杂志》可见，这一时期以倡导立宪改良为总主题的新体政论中，仍然残留着诸多旧的言说习惯，最为典型的就是立宪派忽视对大众的启蒙，而习惯于向朝廷进言的“奏议”式言说姿态，以及“连哄带吓”的言说策略。作者强调，“这种旧的言说习惯不仅表明晚清‘新文体’并非一次彻底的文体解放，也深刻暴露了立宪派知识分子自身的立宪和中国现代化进程中的某些深层困境”。[①]

清朝在“预备立宪”过程中，也对其他国家的立宪情况进行宣传，这也是我们反观清廷“预备立宪”的一个重要视角。周积明、李超的《清末立宪运动宣传中的亚欧视角与中国主题》一文就考察了清廷对亚欧国家立宪运动的宣传和论述。作者认为20世纪初，与中国立宪运动同一时刻，在俄国、波斯和土耳其等国家都发生了从专制转向立宪的运动。清末报刊对亚欧大陆的立宪运动一直密切关注，它们从“周边看中国”，以周边国家发生的立宪风潮来反观中国的立宪运动。作者认为清末的立宪运动与亚欧国家的立宪运动具有一体性和关联性，清末立宪运动中报刊舆论对亚欧大陆立宪风潮的宣传和论述，也是清末立宪思潮的重要组成部分。[②] 相对于中国人以亚欧的立宪运动反观中国立宪运动而言，和中国一水相隔的日本，尤其是日本法学家对中国立宪有着自己独特的观察和思考。崔学森在《清末立宪的日本视角：以法学家清水澄为中心》一文中考察了日本法学家清水澄对中国立宪的观察、评论和建议。文章指出，横跨日本明治、大正和昭和时期的日本宪法学、行政法学家清水澄与清末立宪有着千丝万缕的联系，他曾经为留日学生和赴日考察官员讲授行政法，其宪法和行政法著述也被大量译为中文。中国的立宪大纲出于他之手，甚至超越了明治宪法的理论框架。作者强调基于新见史料、结合其法学思想

① 周新顺：《救亡焦虑中的末世谏言——从“新文体”看晚清立宪派知识分子的历史局限》，《东岳论丛》2018年第9期。

② 周积明、李超：《清末立宪运动宣传中的亚欧视角与中国主题》，《湖北大学学报（哲学社会科学版）》2015年第1期。

论述对中国立宪的观察、评论和建议，有助于深入理解清末立宪的利弊得失及其与日本的关系。[①]

清末立宪派在进行“预备立宪”时，也对近代国家有着自己的想象，这也是他们努力的一个方向。赖骏楠的《清末立宪派的近代国家想象：以日俄战争时期的〈东方杂志〉为研究对象（1904—1905）》一文指出，日俄战争时中国国内立宪派为敦促清廷变法，将战争结果归因为“立宪国胜专制国”。“立宪胜专制”话语多强调宪法在国民意志整合、国民爱国心塑造等主观层面上的作用，并相对忽视近代宪法与客观意义上军事、财政和行政近代化之间的关联，而且“日以立宪胜，俄以专制败”的说法不符合日本军事史和宪法史上的事实。作者强调立宪派关于变法和国家建设间关系的认识本身，对当代中国法律人仍具有启发意义。[②]

革命思想。有关这一时期革命思想的研究专著主要有桑兵的《走进共和：日记所见政权更替时期亲历者的心路历程（1911—1912）》（北京师范大学出版社2016年版）、沈航的《辛亥革命时期浙江之社会变迁》（浙江大学出版社2015年版）、谷小水和赵立彬的《辛亥革命与新中国》（中山大学出版社2015年版）等。

对于辛亥革命的“现代性”问题，罗福惠、张远波在《辛亥革命“现代性”的再思考》一文中认为辛亥革命具有许多“现代性”的面相，即革命的主体是以华侨、留学生、会党等精英为主的“中等智识阶层”，以“城市文明革命”的方式推翻清朝统治，按照民族认同、国家民主的构图，通过革命实现了汉、满、蒙、回、藏的“五族共和”。作者认为“这种思考将问题的视角放置于现代性的坐标之上，以衡量辛亥革命在中国近现代历史进程中的地位和作用，摆脱了传统的定势思维”。[③] 辛亥革命的路径问题是研究辛亥革命的一个重要问题，张永乐从其他角度对此问题进行了分析。他在《“大国协调”与“大妥协”：条约网络、银行团与

---

① 崔学森：《清末立宪的日本视角：以法学家清水澄为中心》，《政法论坛》2018年第4期。

② 赖骏楠：《清末立宪派的近代国家想象：以日俄战争时期的〈东方杂志〉为研究对象（1904—1905）》，《中外法学》2018年第4期。

③ 罗福惠、张远波：《辛亥革命“现代性”的再思考》，《湖北社会科学》2015年第5期。

辛亥革命的路径》一文中指出，一些学者将辛亥革命中的南北妥协、清帝逊位视为一个包含发展出“限权宪法”潜能的政治妥协事件，这一联想机制基于一种良好愿望，但与辛亥革命的历史进程之间存在极大的脱节。作者认为1911—1912年六大强国在中国问题上达成的“大国协调”是塑造“大妥协”走向的关键性外因，即列强拒绝给深陷财政困境的清廷与南京临时政府任何一方贷款，强调只有一个更加稳定的、能够代表全中国的政府才能获得列强的财政支持，并支持袁世凯尽快获得实权。作者进一步指出，列强的“大国协调”加速了“大妥协”的达成，这一妥协对于多民族国家保持统一具有积极意义，同时列强对袁世凯的支持加大了国内两大阵营的资源差距，加上国家机器的碎片化带来的困境，使这场妥协极难产生一些当代论者所期待的“限权宪法”的结果。①

辛亥革命是近代中国社会的大转折，也涉及国家认同的问题。李帆在《再谈辛亥革命前后的中华民族认同》一文中从文化民族和政治民族的观念出发，着眼于中华民族认同与近代中国民族国家认同的一致性，对辛亥革命前后的中华民族认同问题进行了探讨。② 薛刚的《从朝廷天下到国家社会——辛亥革命前后的思想转折》一文指出20世纪以来，天下、朝廷两词在政治言说中逐渐被边缘化。天下的淡出使朝廷走向无用，乃是辛亥革命爆发的重要原因。这场革命在很大程度上并非推翻政府，而是放弃朝廷，因此在革命派力量低潮时爆发却又迅速成功。在民国建立之后，共和政府借助民主话语逐步剥离原属天下的自主法权，社会逐渐被视为应该由国家管制的场域，政府与民间的关系被彻底重置。③

关于辛亥革命时期的民族主义问题，李恭忠在《辛亥前后的“洪门民族主义”论说》一文中指出，此时所使用的民族主义既非洪门自身所固有，也非完全自国外传入，而是清末激进知识人和革命派出于排满这一目标进行发掘和重新阐释的结果，其中又汇入了19世纪以来西方人研究

① 张永乐：《“大国协调”与“大妥协”：条约网络、银行团与辛亥革命的路径》，《学术月刊》2018年第10期。

② 李帆：《再谈辛亥革命前后的中华民族认同》，《河北学刊》2015年第4期。

③ 薛刚：《从朝廷天下到国家社会——辛亥革命前后的思想转折》，《清华大学学报（哲学社会科学版）》2016年第6期。

天地会的成果。作者认为“反清复明”这一形式化的洪门的自我表述，经由激进的知识人和革命者使用“种”“族”“类”“种族”“民族”和“民族主义”等抽象概念范畴进行历史化、理论化处理，被提升为基于狭隘的民族概念、带有鲜明种族认同色彩的民族主义，且被视为洪门的真实历史和固有传统，由此形成“洪门民族主义”这一特殊的话语。作者进一步强调，民初以后革命派试图转向一种基于国家认同的宽泛的民族概念和民族主义，但是他们沿用“洪门民族主义”跟会党切割，结果反而促进了“洪门民族主义”的传播。民族主义话语当中宽、狭两种民族概念仍然彼此纠缠，甚至相互混淆。[①]“汉奸”的指称也是考察国家认同的一个重要视角，桑兵在《辛亥前十年间汉奸指称的转义与泛用》一文中指出辛亥时期，汉奸由原指鼓动少数族人反清以及勾结外夷祸害中国的汉人，转而指替代“满人”为虎作伥、残害同胞的汉人。作者强调革命党在强化倒满锄奸的同时，也产生了将这一概念用于同道同党的副作用，随着锄奸话语的泛化，“汉奸”在作为对敌斗争利器的同时，部分也变成打击异己的政治标签。[②]

历史记忆是近年来学术界的一个热点，也有学者对“辛亥革命”的历史记忆问题进行了新的探讨。武洹宇在《辛亥祭奠的死亡表达——黄花岗七十二烈士墓骷髅符号释读》一文中考察了辛亥革命时期的死亡文化与历史记忆情况。作者指出死亡文化在清末民初十分盛行，象征死亡的骷髅符号因此成为常见的视觉语码，并随着时局的变化衍生出多种语义。在辛亥革命前，骷髅主要象征民众苦难和为了改变此种现状的志士义举，到了民国初年，政局混乱，民不聊生，象征民众苦难的骷髅意义由此延续，而之前象征志士义举的情感意蕴则由视死如归的胆气和希望转变为生命虚无的失落与彷徨。作者强调黄花岗七十二烈士墓的骷髅设计正是在这样一个动态的意义网络中，通过凸显先烈之死的惨烈与惊怖，追问个体生命的终极价值和辛亥革命的根本意义。[③] 历史教科书是塑造历史记忆的主

① 李恭忠：《辛亥前后的“洪门民族主义”论说》，《近代史研究》2016年第6期。

② 桑兵：《辛亥前十年间汉奸指称的转义与泛用》，《社会科学战线》2017年第1期。

③ 武洹宇：《辛亥祭奠的死亡表达——黄花岗七十二烈士墓骷髅符号释读》，《近代史研究》2017年第2期。

要方式之一，关于辛亥革命的历史，民国建立后中小学历史教科书对其有建构和传播。李培健的《制造知识：民国中小学历史教科书中的“辛亥革命”建构》一文把当时“辛亥革命”知识的呈现形式分为三个层次，即叙事层、观念层和目的层。作者指出，在共和观念与革命观念的指导下，这两个时期多数教科书分别采用了共和叙事与革命叙事，使辛亥革命在细节、评价上都出现大的差异。为了达到自身的目的，政府通过制定教育宗旨、实施教材审查制度来规训教科书的内容，以便将其对辛亥革命的认知以知识的形式呈现出来，以塑造国民的历史观。作者强调“辛亥革命”这一历史知识是由政权、教育与编者共同“制造”的。①

五　五四启蒙思想

五四运动是近代中国历史上的重要事件，也是近代中国政治、思想和文化的转折点，对五四启蒙思想的研究也一直是学术界讨论的热点。2015年以来学界出版的相关著作主要有陈平原的《“新文化”的崛起与流播》（北京大学出版社2015年版）、秦川编著的《五四新文化运动先驱者：李大钊》（四川大学出版社2015年版）、王翠艳的《燕京大学与“五四”新文学》（文化艺术出版社2015年版）、金景一主编的《中韩新文化运动比较研究》（民族出版社2015年版）、吴静的《〈学灯〉与五四新文化运动》（中国书籍出版社2015年版）、姬蕾的《“五四”新文化运动中的个人主义话语流变》（人民出版社2015年版）、尹静的《五四新文化运动时期女性伦理思想研究》（黑龙江大学出版社2016年版）、刘祥英的《五四新文化运动》（北京时代华文书局2016年版）、薛子燕的《新文化运动时期的价值观重建（1915—1924年）》（人民出版社2017年版）、朱美荣的《比较与鉴别：五四时期社会主义思潮流派研究》（上海社会科学院出版社2018年版）、邓秉元的《新文化运动百年祭》（上海人民出版社2019年版）等。

五四运动的研究可谓汗牛充栋，研究视角也多种多样，如何重新看

① 李培健：《制造知识：民国中小学历史教科书中的“辛亥革命”建构》，《云南社会科学》2018年第3期。

待百年前的这场爱国运动？罗志田在《把“天下”带回历史叙述：换个视角看五四》一文中指出，在五四运动发生之时，异国人杜威看到了“国家”的诞生，五四运动的当事人傅斯年则看到了“社会”的出现，这种不同的认知表现了五四内涵的丰富性，也告诉我们“国家”和“社会”两个名词那时尚在形成之中。这些五四时期的重要人物都不甚清楚的概念，又成为他们观察、认识、理解和诠释五四的概念工具，表现出“早熟”的意味，因而其诠释力也非常有限。国家于社会大体由于“天下”的崩散转化而出，在五四前后也曾出现一些非国家和超国家的思路。基于以上的分析，罗志田强调如果把“天下”的视角带回历史叙述，从新的视角观察，也许会增进我们对五四运动及其所在时代的理解和认识。[①]

五四运动非常重要，且意义非凡。李维武的《五四运动与社会主义新价值观的确立》一文指出，五四运动使“社会主义”开始成为中国人新的价值观念与理想追求。作者认为中国思想界出现的这一变化和趋势，期间经历了许多思想争论，这些争论主要围绕三个相关联的问题展开，即：中国要不要选择社会主义？中国要选择何种社会主义？中国如何实现社会主义？这些问题的争论也构成社会主义新价值观在中国思想界确立的关键。李维武强调社会主义价值观在五四运动后中国思想界的凸显和确立，不仅具有五四运动的“救亡”性质，也继承了新文化运动的“启蒙”精神，不能曲解为“救亡压倒启蒙”来加以贬抑或否定。[②] 关于五四运动“救亡”与“启蒙”的话题，葛兆光在《从“帝国疆域”到“国家领土”——“五四”之前有关“主权”问题的日本刺激与中国反应》一文考察了五四之前有关“主权”问题的日本刺激与中国的反应问题。作者认为从晚清到民初，正是中国从传统帝国之宗主权向现代国家之主权、传统帝国之疆域向现代国家领土转化的关键时期，所以政学两界的舆论也从晚清的“寻求自强”转向民初的“保全国土”。日本的步步紧逼促使了中

---

① 罗志田：《把“天下”带回历史叙述：换个视角看五四》，《社会科学研究》2019 年第 2 期。

② 李维武：《五四运动与社会主义新价值观的确立》，《武汉大学学报（哲学社会科学版）》2019 年第 2 期。

国人边疆意识的觉醒，这也是五四前夕“救亡”思想的一个重要来源。葛兆光强调以往学界用“启蒙”与“救亡”的双重主题描述五四并无不妥，而是双方应该有先后次序问题。“救亡”始终是现代中国的中心话题和巨大力量，“启蒙”则是一个局限于精英世界的话题，远远没有成为民众世界的共识，因此“启蒙”至今仍是国人未竟的使命。[①]

也有学者从民族复兴的角度论证五四的意义。郑大华的《论“中华民族复兴”思想在五四时期的发展》一文认为萌发于清末民初的“中华民族复兴”思想到五四时期有了新的发展，这一时期明确提出了“民族复兴”的思想，而且“民族复兴”是对整个中华民族的复兴，尤其孙中山对民族精神、民族复兴、中华民族的诸多论述，都是对民族复兴思想的重大发展。[②] 闫志民在《五四运动与中华民族伟大复兴》一文中也论证了五四运动的民族复兴意义。作者指出，五四运动在中华民族复兴历史上具有十分重要的地位和作用，表现在五四时期中国知识分子开始接受、研究马克思主义并用它来解决中国的实际问题，中国先进知识分子选择了民族复兴的正确方向，即以俄国为榜样，走社会主义的道路，共产主义知识分子与工人运动相结合建立共产党，成为中华民族复兴的领导力量，等等。[③]

以往五四运动的研究多关注北京和上海等五四运动的主要发生地，对五四运动在地方上的情况关注较少，五四的地方史研究可以加深我们对五四运动的理解。徐佳贵在《“五四”与“新文化”如何地方化——以民初温州地方知识人及刊物为视角》一文中考察了温州“地方史”脉络中的“五四”和“新文化”。作者指出，面对五四反日爱国运动，温州当地的新老知识人可以借助晚清以来形成的书刊信息渠道与观念基础，进行主动和正面的回应，而“新文化”和“五四”在温州的关联，则是由外在密切接触“潮流”者依托学校系统另行建构的。二者地方化的渠道和参与者多有

---

① 葛兆光：《从“帝国疆域”到“国家领土”——“五四”之前有关“主权”问题的日本刺激与中国反应》，《文史哲》2019 年第 3 期。

② 郑大华：《论“中华民族复兴”思想在五四时期的发展》，《安徽史学》2015 年第 2 期。

③ 闫志民：《五四运动与中华民族伟大复兴》，《北京大学学报（哲学社会科学版）》2019 年第 1 期。

不同，显示“新文化”与“五四”的关联性需要更深入的检视。[①] 凌云岚的《地方历史中的五四——民国时期湖南的五四纪念》一文则关注民国时期湖南地区的五四纪念情况，指出从 1921 年开始，湖南出现了五四纪念活动，且呈现出了“地方”中的五四运动，在五四运动历史被建构的过程中，其不同的面相是如何被“凸显”或“遮蔽”的，最后又是如何被整合进大一统的历史叙事中，消失了自己的声音。作者认为湖南民国时期的五四纪念和五四历史中的湖南，可以使我们从不同侧面理解“地方”，也因此理解一个层面更为复杂、更加多义的五四。[②] 曾辉的《关于江西五四爱国运动若干问题再探讨》一文集中探讨了五四运动在江西的情况，认为江西的五四运动广泛而热烈。之所以如此，与组织者充分利用学联这种新型组织，积极使用白话文作为传播载体，运用电报、邮政、印刷等新式技术以采取正确的动员策略密切相关。五四运动也使马克思主义在江西的传播打开了大门，让袁玉冰等人意识到马克思主义才是救国之道，让他们认识到对社会进行彻底改造的必要性和人民群众的重要性。[③] 陈学然、吴家豪的《香港华商总会对五四在地化的迎拒》一文则考察了五四运动在香港在地化的情况，指出热衷孔教的香港华商塑造出一股保守主义的民族主义，使五四新文化运动久久未能进入香港。但是华商总会的核心人物对五四运动的态度并非一致，他们对五四运动的前后迎拒态度不一。这既是时移世易后新领导人的个人思想世界发生的变化，也是因应港府外交策略趋向新文化运动的因时制宜，诸种问题实关系到香港社会内部乃至国内政局的复杂转变。[④]

五四运动是中国现代史的开端，五四运动与现代国家的建构密切相关。任剑涛在《挣脱帝国的牵绊：“五四”与中国的现代建国》一文中认为，中国的现代建国，对传统是摆脱古代帝国结构的过程，对国际社会是

---

① 徐佳贵：《“五四”与“新文化”如何地方化——以民初温州地方知识人及刊物为视角》，《近代史研究》2018 年第 6 期。

② 凌云岚：《地方历史中的五四——民国时期湖南的五四纪念》，《现代中文学刊》2017 年第 6 期。

③ 曾辉：《关于江西五四爱国运动若干问题再探讨》，《中共党史研究》2019 年第 5 期。

④ 陈学然、吴家豪：《香港华商总会对五四在地化的迎拒》，《杭州师范大学学报（社会科学版）》2019 年第 3 期。

挣脱西方列强控制的进程。五四在现代建国中彰显了两个脱离的标志性事件。一是五四的“外争国权，内惩国贼”明确地凸显了中国的民族国家形态，另一个是“民主”“科学”的呼吁鲜明地呈现了中国建构现代国家的实质特征。中国作为一个后发外生的现代国家，必须经历一场激烈的社会运动，才能迈过传统国家的门槛，迈进现代国家的天地。① 相对于建国而言，五四运动对中国现代新文化也有建构作用。左玉河在《五四新文化运动与中国现代新文化之建构》一文中认为五四新文化运动对中国现代新文化建构具有奠基作用，即国人对西方文化的认识逐渐深化，确定了全面效法西方以建构中国现代新文化的方向和“再造文明”的目标；摧毁了以儒家思想为代表的中国固有文化体系，动摇了中国传统的核心价值观念，确定了以民主与科学作为中国现代新文化建构的核心价值；提出了以个性主义为建构中国现代新文化基石的思路；提出了通过研究问题、输入西学、整理国故来建构中国现代新文化的途径。②

关于“新文化运动”词义的流行及演变，周月峰在论文《五四后“新文化运动”一词的流行与早期含义演变》中对“新文化运动”一词进行了考察，指出既往研究多将“新文化运动”当成内涵和外延清晰而固定的名词，其实，该词在出现之初既是一种革新运动的主张，也是描述现状的概念。周月峰强调“新文化运动”的早期含义既不同于五四前偏学理的思想文艺探讨，也区别于稍后实际的社会运动与政治革命，在五四后被时人用于指涉不同的社会改造方案并逐渐流行。在之后“新文化运动”一词的流变中，各方力量多以自己的精神重新定义和叙述“新文化运动”，由于受到诸多思潮影响，含混复杂、疏忽不定，该词的含义也几经流变。在此过程中，以胡适为代表的中西新旧框架与以中国共产党为代表的阶级分析框架形成并产生广泛影响，成为后来关于新文化运动最重要的两种叙述。③

瞿骏的《觅路的小镇青年——钱穆与五四运动再探》一文重新讨论

① 任剑涛：《挣脱帝国的牵绊：“五四”与中国的现代建国》，《江汉论坛》2019 年第 5 期。

② 左玉河：《五四新文化运动与中国现代新文化之建构》，《教学与研究》2015 年第 8 期。

③ 周月峰：《五四后“新文化运动”一词的流行与早期含义演变》，《近代史研究》2017 年第 1 期。

了钱穆与五四运动的关系。文章指出，长久以来钱穆在不少著述中表现出的是一个“五四运动”和“新文化”的反对者形象，对此我们忽视了反对者其实需要“资格准入”，而获得这种“资格准入”的难度有时可能比成为支持者还要高，因为真正的反对者先要深入了解，然后才能提出反对。因此，钱穆与五四运动的关系应概括为：他在深入了解和参与了五四运动之后，又反思和疏离了五四运动，钱穆如此选择的原因在于钱穆当时是一个地方读书人，还是一个“觅路的小镇青年”。①

也有学者对五四时期凸显的议题进行重新思考，许纪霖在《五四新文化运动中“旧派中的新派”》一文中指出，在五四新文化运动期间，围绕新旧文化与中西文化，曾有三次论战。经过这三次论战，《新青年》在口岸城市中大获全胜，因为城市青年需要一个激进的文化变革方案与可供行动的简便态度，但在边缘城市的“小镇青年”那里，他们不在乎新旧两派的态度差异，更注重从两派那里吸取“新知”，他们对传统也保留了一份中庸的温情。② 杨念群的《五四前后“个人主义”兴衰史——兼论其与“社会主义”“团体主义”的关系》一文考察了“个人主义”的兴衰情况，作者指出“个人主义”是五四时期最重要的思潮之一，对于渴求个性解放和个人独立的五四青年具有巨大的影响力，但是五四运动后不久，对“个人主义”的正面阐释逐渐退潮，奉献“国家”“社会”的集体主义得到凸显。③ 关于五四时期的“反传统”话语，张勇在《世界主义：重估“五四式反传统思想”的一个维度》一文中主张从“世界主义”的视角重新来看“五四”，指出尽管新文化运动的提倡者时常采用东西二元对立的视角，但他们说的“西方”实际上包含现实和理想两个不同的层面。理想的“西方”即人类发展所遵循的共同“精神”，毋宁说是人类的、世界的，反过来也成为批判现实西方的依据。作者强调，世界主义的想象和实践应该成为我们重估“五四式反传统思想”时一个不可或缺的

① 瞿骏：《觅路的小镇青年——钱穆与五四运动再探》，《近代史研究》2019 年第 2 期。

② 许纪霖：《五四新文化运动中“旧派中的新派”》，《华东师范大学学报（哲学社会科学版）》2019 年第 1 期。

③ 杨念群：《五四前后“个人主义”兴衰史——兼论其与“社会主义”“团体主义”的关系》，《近代史研究》2019 年第 2 期。

思想维度。[①] 杨智勇、段炼的《从“小我”到“大我”：五四启蒙思想中的个人观念》一文指出五四时期中国社会的道德观念发生了重大的世俗化转型，随着个人主义与功利主义逐渐成为道德观念中的核心理念，儒家德性伦理逐步解纽。五四时期个人自由和精神独立“小我”背后，还存在着更高层面的社会责任意识和对人类、对世界文明这一“大我”的关怀。个人主义中“唯我”的一面，只是更多影响到市民阶层的世俗生活，而无法在五四的启蒙知识分子当中获得道义上的正当性。[②]

五四运动时期的文化观问题是学者们讨论的一个热点。罗志田关注五四后有关东西与世界的文化辨析，在《无共识的共论：五四后关于东西与世界的文化辨析》一文中指出在后五四时代，文化的区域性与世界性是一个敏感微妙的问题，各人所见也不一致。时人明知东方和西方并未构成一个完整的世界，却惯以它们来表述世界，提出特定的时代关怀，提出反对的质疑者，其实也有具体的针对性。作者强调，尽管时人可以在缺乏共识的基础上进行相互分享的探讨，后人则不宜忽视当年那些似可不言而喻的歧异认知。[③] 郑大华在《五四新文化运动：“多元的文化观念”》一文中指出，近代西方文化传入中国是从鸦片战争之后开始的，然而只是从新文化运动兴起开始，人们才真正在多元的文化观念下来认识中西或东西文化，才真正从多元的文化观念出发来批判儒家思想或文化。[④]

也有学者关注个人、学界、党派的五四纪念问题。欧阳哲生的《纪念“五四”的政治文化探幽——一九四九年以前各大党派报刊纪念五四运动的历史图景》一文指出，五四运动是近代中国有重大历史意义的事件。围绕这一运动，各大党派的报刊媒体自 1920 年后每逢五四就会开辟纪念专栏，发表纪念文章。通过勾勒 1949 年之前各大党派报刊媒体的

---

① 张勇：《世界主义：重估“五四式反传统思想”的一个维度》，《中国现代文学研究丛刊》2008 年第 5 期。

② 杨智勇、段炼：《从“小我”到“大我”：五四启蒙思想中的个人观念》，《学术研究》2015 年第 9 期。

③ 罗志田：《无共识的共论：五四后关于东西与世界的文化辨析》，《清华大学学报（哲学社会科学版）》2019 年第 4 期。

④ 郑大华：《五四新文化运动：“多元的文化观念”》，《史学月刊》2016 年第 3 期。

“五四地图”及其发表纪念五四的文章内容，可以揭示各大党派报刊纪念五四运动此起彼伏的消长关系和历史过程，也可从侧面了解纪念五四所包含的政治文化意蕴和各大党派在纪念五四运动中的主义之争。① 郭辉的《青年与时代：改革开放以来五四纪念话语的演变》一文指出，改革开放以来不同历史时期五四纪念话语皆能顺应时代潮流。改革开放之初纪念话语围绕青年应为实现社会主义四个现代化服务展开。20 世纪 90 年代，改革开放进入关键期，纪念话语强调青年应该投身改革开放，为实现社会主义现代化建设的宏伟目标而奋斗。进入新世纪，改革开放已取得明显成效，国家提出中华民族伟大复兴的口号，纪念话语宣扬青年要为实现中华民族伟大复兴而努力。② 周游的《抗战时期中共对“五四”的纪念》一文主要考察了抗战时期中国共产党对五四的纪念情况，认为五四是一个意义丰富、拥有多元面相的政治符号，也是民国时期各方力量竞相诠解的政治资源。抗战时期中国共产党非常重视五四符号的价值，在五四纪念中赋予了其更多意义。中国共产党以“民族解放”诠解五四，视之为近代中国民族解放的开端；强调五四的“民主”意义，以争取更多的政治空间。除此之外，中国共产党还将五四放入自身的革命叙事中，对五四在近代中国革命中的重要性予以强调。通过对抗战时期中国共产党的五四纪念研究，我们也可以看到一个政治符号如何因时代环境、政治力量等因素，被赋予更多的历史意义。③ 邓金明在《作为“记忆”的“五四遗产”及其寓言化》一文中指出，在 20 世纪 20 年代之后的政治压力下，如何保存“文化启蒙”，寻求知识分子的“自主性”，是知识分子面临的难题。启蒙知识分子发现，“回忆”为这种“自主性”提供了一定的回旋余地。虽然在官方和个人之间，对“记忆”存在着激烈的争夺，但“记忆/回忆”的特性决定了无论谁想完全控制它都是不可能的。④

---

① 欧阳哲生：《纪念“五四”的政治文化探幽——一九四九年以前各大党派报刊纪念五四运动的历史图景》，《中共党史研究》2019 年第 4 期。

② 郭辉：《青年与时代：改革开放以来五四纪念话语的演变》，《兰州学刊》2019 年第 2 期。

③ 周游：《抗战时期中共对“五四”的纪念》，《中国文化研究》2019 年第 2 期。

④ 邓金明：《作为“记忆”的“五四遗产”及其寓言化》，《文艺争鸣》2019 年第 5 期。

六　马克思主义的传播、中国化与新民主主义思想

2015年以来，学界关于马克思主义的传播、中国化与新民主主义思想的专著主要有李根寿的《中央苏区时期马克思主义中国化研究》（人民出版社2015年版）、赵付科的《民主革命时期的中共报刊与马克思主义中国化》（经济科学出版社2016年版）、周淑芳的《瞿秋白在马克思主义中国化中的理论贡献》（武汉大学出版社2016年版）、曾银慧的《恽代英对早期马克思主义中国化的理论贡献》（中央编译出版社2017年版）、陈剑敏的《抗日战争时期的马克思主义中国化研究》（人民出版社2017年版）、石劲松的《井冈山时期马克思主义中国化研究》（人民出版社2017年版）、顾海良主编的《马克思主义中国化史》（四卷本）（中国人民大学出版社2015年版）、孙建华的《马克思主义中国化思想通史》（人民出版社2019年版）等。

马克思主义中国化的相关论文。关于早期马克思主义中国化问题，黄正林的《延安时期：马克思主义中国化的重要阶段》一文指出，为了清算教条主义对中国革命的危害，1937年到1938年中国共产党党内开始总结中国革命与马克思主义的关系问题，并提出了“马克思主义中国化”的命题。毛泽东、张闻天、王稼祥、刘少奇等中共领导人对马克思主义中国化问题进行了理论性的探索，使马克思主义与中国革命的具体实践相结合。在这一时期，“毛泽东思想”的提出和把“毛泽东思想”确立为中国共产党的指导思想，标志着中国共产党实现了马克思主义中国化的努力目标，形成了中国本土化的马克思主义理论体系。① 孙建华、高迪的《延安时期马克思主义中国化的实践探索及其独特贡献》一文指出，延安时期马克思主义中国化实现了第一次历史性飞跃，形成了毛泽东思想。作者进一步指出，毛泽东思想的形成充分证明了马克思主义中国化就是世界性马克思主义在中国民族化的具体之道、实现方式和发展形态，也展示了马克思主义中国化就是中国马克思主义者运用世界性马克思主义解决中国革命

① 黄正林：《延安时期：马克思主义中国化的重要阶段》，《抗日战争研究》2016年第4期。

和建设问题的逻辑延伸及其现实推广的一个历史过程。① 张远新、吴素霞的《延安时期党对马克思主义中国化基本内涵的科学揭示》一文指出，延安时期是中国共产党推进马克思主义中国化并实现重大飞跃的时期，以毛泽东为代表的中国共产党人明确提出了“马克思主义中国化”，并形成了马克思主义中国化的结晶，即毛泽东思想。② 马克思主义经典的编译和出版也会推动马克思主义中国化，王海军的《中央苏区时期马克思主义中国化进程中经典著作编译与出版探析》一文指出中央苏区时期，中国共产党领导建立了一批专业编译与出版机构，专门负责编译和出版马克思主义经典著作，该时期中国共产党专业编译与出版机构的建立、马克思主义经典著作的出版发行对推动马克思主义中国化进程产生了积极影响。③

中华人民共和国建立后，马克思主义中国化迎来了一个新的时期，佘君、高正礼的《20世纪50年代工会问题之争与马克思主义中国化》一文讨论了20世纪50年代中国共产党对面临的新问题进行的积极思考和艰难的探索，如工人阶级夺取政权后工会的功能、地位、任务、工作方式以及“公私合营”等问题。通过论争推进了马克思主义工会理论的中国化，中国共产党也积累了马克思主义中国化正反两方面的经验。④

列宁主义在近代中国的传播与马克思主义中国化之间有着直接的关系，曾银慧、孙厚权的《列宁主义早期传播与马克思主义中国化研究》一文指出，列宁主义是毛泽东思想萌芽的直接理论来源，其在中国早期传播主要经历了三个阶段，内容涉及民族与殖民地问题理论、帝国主义理论、新经济政策等。列宁主义的早期传播为马克思主义中国化提供了科学

---

① 孙建华、高迪:《延安时期马克思主义中国化的实践探索及其独特贡献》,《社会主义研究》2018年第2期。

② 张远新、吴素霞:《延安时期党对马克思主义中国化基本内涵的科学揭示》,《马克思主义与现实》2016年第6期。

③ 王海军:《中央苏区时期马克思主义中国化进程中经典著作编译与出版探析》,《思想理论教育导刊》2016年第4期。

④ 佘君、高正礼:《20世纪50年代工会问题之争与马克思主义中国化》,《当代中国史研究》2017年第1期。

的方法论。[①] 马克思主义在中国传播的过程中，知识界和党派之间有过激烈的争论，这也是马克思主义中国化的一个重要的面相。张安的《中国知识界关于“马克思主义中国化”的论争——以20世纪30—40年代为中心》一文认为，“马克思主义中国化”是一个与中国共产党创新高度耦合的命题，在提出之初，中国知识界就对此命题的内涵、合理性等方面进行了激烈的争论。经过争论，马克思主义知识分子直接、明确地回应了各种质疑，辨析了各类认识误区，证明了马克思主义中国化的科学性和正当性，使“马克思主义中国化”命题在学理上得到进一步完善。[②] 朱琳的《20世纪上半叶社会思潮纷争对马克思主义中国化的影响》一文指出，20世纪上半叶马克思主义在中国化进程中与文化保守主义、自由主义、三民主义三大社会思潮交流激荡，对三大社会思潮的思想资源进行吸收、转化和超越。一方面，三大社会思潮增加了马克思主义中国化进程的曲折性和复杂性。另一方面，20世纪上半叶三大社会思潮客观上加速了马克思主义中国化进程，促进了中国化马克思主义理论的渐趋完善。[③]

民国时期中国共产党的党报对马克思主义的传播也起到推动作用，张卫波的《〈解放〉与延安时期马克思主义中国化》一文考察了延安时期《解放》杂志对马克思主义“中国化”“大众化”的探讨，如对如何学习和运用马克思主义、如何处理国际主义与爱国主义的关系、如何看待民族历史文化等问题进行了讨论，为马克思主义中国化做了理论准备。《解放》杂志对毛泽东的《论新阶段》《新民主主义论》的讨论和传播，把对“中国化”问题的讨论提高到了一个新的层次和起点，推动了延安时期中国共产党的思想文化发展。[④]

关于马克思主义中国化问题研究的新视角，陈红娟的《译介、争竞

① 曾银慧、孙厚权：《列宁主义早期传播与马克思主义中国化研究》，《马克思主义与现实》2017年第1期。

② 张安：《中国知识界关于“马克思主义中国化”的论争——以20世纪30—40年代为中心》，《学术界》2018年第1期。

③ 朱琳：《20世纪上半叶社会思潮纷争对马克思主义中国化的影响》，《湖北社会科学》2016年第9期。

④ 张卫波：《〈解放〉与延安时期马克思主义中国化》，《党史研究与教学》2015年第4期。

与创新：马克思主义中国化话语表达史研究》一文指出，中国人对马克思主义理论的认识首先通过译介产生，译介话语是中国化马克思主义话语的初始形态。在新民主主义革命时期，经过与国民革命话语、苏联话语的竞争，中国共产党形成了以“革命”为核心的话语体系，实现了马克思主义话语中国化的第一次理性飞跃。改革开放以来，中国共产党总结现代化发展过程中形成的“中国经验”，用“建设”“发展”代替了“革命”，逐渐形成了一套中国特色社会主义话语体系。[①] 陈红娟、雷中华还从概念史的视域下思考马克思主义中国化研究问题，在《概念史视域下马克思主义中国化研究的若干思考》一文中指出，在概念史视域下研究马克思主义中国化，应将马克思主义基本概念在中国生成的社会政治语境、跨文化背景下马克思主义基本概念在不同文本中的原初指涉与语义流转、马克思主义基本概念的源流考证与语义形塑等纳入研究视野。作者强调，应该借鉴概念史的理论和方法，深化马克思主义中国化研究应该拓展研究视野，关注中国化马克思主义理论的新成果；转换研究视角，激活非精英群体言说中的“概念”；透析概念背后的行动指向，为中国特色社会主义话语体系建构提供借鉴。[②]

关于“新民主主义研究”。民国时期《新民主主义论》的传播问题一直是学术界关注的热点，程美东、裴植的《抗战期间〈新民主主义论〉在沦陷区和国统区的传播及反响》一文指出，毛泽东的《新民主主义论》发表不久就在全国范围内传播，且引起了巨大的反响。在沦陷区，日伪对其进行查禁，千方百计阻挠其传播；在国统区，诸多国民党人也极力以三民主义否定新民主主义。值得注意的是，少数国民党人对《新民主主义论》中关于中国社会性质的论述是肯定的，一些进步知识分子对《新民主主义论》进行了积极的回应。作者强调，《新民主主义论》在抗战时期能够走出边区、实现向沦陷区和国统区的跨区域传播，与中共中央的部署和各级党组织的努力密不可分，更根本的还在于这篇红色文献本身所具有

① 陈红娟：《译介、争竞与创新：马克思主义中国化话语表达史研究》，《社会主义研究》2015 年第 1 期。

② 陈红娟、雷中华：《概念史视域下马克思主义中国化研究的若干思考》，《马克思主义理论学科研究》2017 年第 4 期。

的科学性、前瞻性和重要思想理论价值。① 张卫波、王瑞的《〈新中华报〉与新民主义主义文化的传播》指出，在新民主主义理论早期的传播过程中，《新中华报》发挥了重要作用。《新中华报》较早报道了边区文协代表大会的召开情况，最早刊登了《新民主主义论》的摘要，对“中国化”“大众化”等问题进行了深入的探讨。对《新中华报》相关报道进行研究，可以使我们了解新民主主义文化最初的传播形态，清晰认识该理论形成和发展的源头。②

除此之外，也有学者对新民主主义理论的其他面相进行了研究。荆世群、王文兵的《新民主主义理论与抗日民族统一战线》一文指出，新民主主义理论与抗日战争、以国共合作为基础的抗日民族统一战线、抗战建国等问题有密切关系，从抗战视野出发把握和理解新民主主义理论，尤其从抗日民族统一战线视野把握和理解新民主主义理论，会呈现出不可忽视的理论旨趣、实践功能和历史意义。③ 王毅的《民国知识界言说中的〈新民主主义论〉》一文指出，中国共产党突破国民党查禁，积极推介《新民主主义论》在国统区的传播，使该文献在民国知识界产生了深刻的影响。《新民主主义论》的发表和传播有力的回击了国民党顽固派的攻击，宣示了中共革命和建国篇章，部分消除了知识界对中国共产党的误解。作者强调，《新民主主义论》使马克思主义中国化的结论与术语成为知识界的分析工具，标志着马克思主义中国化的发展。④ 蒋积伟的《解放战争时期新民主主义话语优势的确立》一文则专注新民主主义话语的优势。作者指出，新民主主义话语从产生到最终确立优势，经历了整个 40 年代，其过程波折复杂。作者强调，新民主主义不仅在理论形态上不断地得到解读和研究，中国共产党还在根据地进行了新民主主义的实践，有效催化了新民主主义话语的社会认知，为新中国的建立提供了良好的实践经验和建国

① 程美东、裴植：《抗战期间〈新民主义主义论〉在沦陷区和国统区的传播及反响》，《中共党史研究》2016 年第 2 期。

② 张卫波、王瑞：《〈新中华报〉与新民主主义文化的传播》，《东南学术》2017 年第 5 期。

③ 荆世群、王文兵：《新民主主义理论与抗日民族统一战线》，《湖南社会科学》2016 年第 5 期。

④ 王毅：《民国知识界言说中的〈新民主主义论〉》，《党的文献》2016 年第 3 期。

蓝图。①

七　新民主主义革命时期中间派别的思想

国家主义派。周文在《郭沫若与“孤军派”——兼论其对国家主义的批判》一文中考察了郭沫若与“孤军派”及国家主义派的渊源和裂变，如“孤军派”究竟是一个怎样的组织？郭沫若所批判的“国家主义派”究竟何指？他为何认为“孤军派”是“国家主义派”？等等。该文对这些问题都进行了清晰的考证梳理，通过该文也可以看到 20 世纪 20 年代中国知识分子聚散分合的一个缩影。② 刘洪强在《大革命期间共产党与醒狮派国家观比较研究》一文中考察了“国家主义派”与中国共产党在大革命时期围绕国家、社会和革命问题等的争论。文章指出，就双方的国家观念而言，国家主义派坚持绝对的国家观，带有很强的抽象和本体论色彩，认为革命的目的在于争取国家独立和统一。中国共产党反对视国家为抽象之物，注重通过具体的革命实践，以“社会”重建“国家”，代表着一种新的政治观念的产生。作者强调，这两种不同的政治观，也可解释两者一败一成的历史命运。③ 魏治勋的《陈启天“新国家主义”法治思想及其当代价值》一文指出，在民族危亡的背景下，陈启天以“新战国”为背景，以“新国家主义”为理论基础，提出了“新法治主义”，系统阐释了具有现代理论内涵的民主法治论的基本架构。作者指出，陈启天的法治理论不仅对当时救亡运动、国家建构、公民教育产生了积极作用，其蕴含的法治理论资源对当下的中国法治建设也具有启发意义。④

人权派。朱庆跃在《20 世纪 20—30 年代中国马克思主义者对新月人权派挑战的回应》一文指出，从问题视域看，中国化马克思主义回应了

---

① 蒋积伟：《解放战争时期新民主主义话语优势的确立》，《现代哲学》2016 年第 6 期。

② 周文：《郭沫若与“孤军派”——兼论其对国家主义的批判》，《新文学史料》2016 年第 2 期。

③ 刘洪强：《大革命期间共产党与醒狮派国家观比较研究》，《湖北社会科学》2017 年第 7 期。

④ 魏治勋：《陈启天“新国家主义”法治思想及其当代价值》，《河南大学学报（社会科学版）》2018 年第 6 期。

新月人权派中国的根本问题是什么，中国问题产生的原因是什么，中国问题如何解决，何种理论具有解决中国问题的能力和品质等方面的挑战。作者认为这些回应既消解了马克思主义中国化的阻滞，又捍卫了中国化马克思主义的科学性乃至其实践的现实正当性。①

战国策派。对于“战国策派”的研究，李金凤在《“战国策派”研究的历史现场与基本史实》一文中指出，学术界关于“战国策派”的内涵、成员、聚合、刊物、外围等问题依然模糊不清，和《民族文学》、五四新文化运动、法西斯主义、国民党的关系等更是神秘混沌。因此作者强调，对“战国策派”急需考证和辨析，必须回到历史的现场和历史语境中，从一手资料还原“战国策派”的基本史实，并对关键性的问题进行考察论述。② 李金凤在《批判与继承：战国策派论五四新文化运动》一文考察了“战国策派”对五四新文化运动的赞扬与肯定、批判与反思、继承与纠错等问题，指出“战国策派”对五四新文化运动倡导的文化理念深以为然，无形中成为一种强大的精神资源，内化在他们的文化心理结构中，成为摆脱不掉的五四情节。③ 李金凤和李怡分别研究了“战国策派”代表人物陈铨的思想和事迹。李金凤的《“大政治”与“大文学”——陈铨主编的〈民族文学〉》一文从主编陈铨的角度来探讨《民族文学》的情况。作者指出在抗战时期，《民族文学》转向国民党，这样的思想与行为也是抗战时期大部分知识分子的共同选择，但是关键在于他们为何要转向国民党，经历了怎样的心路历程？这一问题还值得进一步探讨。④ 李怡的《国家观念与民族情怀的龃龉——陈铨的文学追求及其历史命运》一文指出，陈铨及“战国策派”知识分子不属于自由主义，是以民族情怀为起点最终服膺于国民党政权的国家观念。这样的结果也助力了国民党的专制政

① 朱庆跃：《20 世纪 20—30 年代中国马克思主义者对新月人权派挑战的回应》，《江汉论坛》2017 年第 6 期。

② 李金凤：《“战国策派”研究的历史现场与基本史实》，《中华文化论坛》2016 年第 1 期。

③ 李金凤：《批判与继承：战国策派论五四新文化运动》，《文艺争鸣》2017 年第 3 期。

④ 李金凤：《“大政治”与“大文学”——陈铨主编的〈民族文学〉》，《新文学史料》2017 年第 3 期。

体，使自身的思想与文学陷入难以自拔的矛盾尴尬之中。[①]

第三节　思想人物研究的不断深入

人是历史的主体，是思想的创造者、传播者和承载者，也是思想史研究的主要对象。2015 年以来，对中国近代思想人物研究也产生了不少成果。

一　鸦片战争时期的思想人物

包世臣。张岩所著的《包世臣经世思想研究》一书以包世臣的经世思想为研究对象，从包世臣的人生经历、学术思想等方面入手，聚焦包世臣的经世思想和实践，并和龚自珍、林则徐等人进行比较，完整重构了包世臣经世思想的全貌，以此来透视整个近代中国思想变迁的历程。[②]包世臣经世思想的一个重要面相是回应近代中国所面对的挑战，如政府腐败、人口压力、内部和边疆动乱、西方的威胁等，罗威廉的《言利：包世臣与 19 世纪的改革》一书从包世臣这个经世巨子入手，详细分析了包世臣如何应对这些挑战。罗威廉认为，包世臣在改革中始终追求物质利益，对 19 世纪下半叶的洋务运动产生了重要影响。[③] 刘文远的《为民争利：包世臣南河经费改革思想与实践》一文以南河经费改革来研究包世臣改革思想。文章指出，包世臣改革设计基于为民争利的目的，兼顾受益原则和能力原则，从调整利益分配格局入手，在增加财政支出与加重百姓负担之外，为南河经费的筹集探索新的思路，对缓解当时困局有一定意义。[④] 也有学者对包世臣的思想渊源进行探讨，安生的《包世臣碑学思想之渊源

---

① 李怡：《国家观念与民族情怀的龃龉——陈铨的文学追求及其历史命运》，《文学评论》2018 年第 6 期。

② 张岩：《包世臣经世思想研究》，中国社会科学出版社 2016 年版。

③ ［美］罗威廉：《言利：包世臣与 19 世纪的改革》，许存健译，社会科学文献出版社 2019 年版。

④ 刘文远：《为民争利：包世臣南河经费改革思想与实践》，《清史研究》2019 年第 1 期。

授受考述——兼与“源自阮元”说商榷》一文指出，包世臣的碑学思想与其文学思想相关，在桐城派古文大家之文论文法的影响下，显示出“文书关照，互为阐发”的综合形态。因此，包世臣与阮元不存在继承、阐扬的谱系传承性，二人有着各自不同的渊源授受。①

龚自珍。吴晓番考察龚自珍与现代政治意识的兴起，指出龚自珍的政治理念通过对古典政治形态的颠覆，成为中国现代政治意识的开端。龚自珍注意到政治实践的时间性；主张政治与道德的分离，注重政治技术的必要性；将天命与君命分离，确立了以人类自身需要为目的的主权意识，还强调政治是诉诸政治主体的“制作”。② 龚郭清的《风景·亲情·人道——论龚自珍思想的“江南”维度》一文从“江南”这一地域、人文和社会环境的角度考察其对龚自珍生命历程、精神世界以及诗文作品产生的影响。作者指出龚自珍通过其诗文作品中的“江南”，向我们展示了人性需求和生存环境的多样性及其对知识分子个体和社会共同体生活的重要意义，“江南”也成为其表达理想生活、批判现实社会的工具。③

诗以言志，戒诗则表达了士人某些特有的思想倾向。贺国强、魏中林的《龚自珍“戒诗”新论——基于仁和龚氏家族文化史的考察》一文从龚氏家族文化史的角度出发，考察龚自珍多次戒诗的行为。作者指出龚氏家族的思想倾向总体上在清帝国正统意识内，未越出程朱理学的藩篱。龚自珍的行迹表现出依违于家族传统的困境，一方面，他的赋诗行为和批判精神与家族的诗歌实践、思想倾向相背离，另一方面，家族的诗歌实践、学术思想给了龚自珍压迫性的作用力，使他个人不能完全脱离体制，由此产生数次戒诗的行为。④ 龚自珍是晚清今文经学的代表人物，曾亦、申占稳的《论龚自珍的〈春秋〉学》一文考察了龚自珍的经学思想。作者指

① 安生：《包世臣碑学思想之渊源授受考述——兼与“源自阮元”说商榷》，《南京艺术学院学报（美术与设计）》2019年第2期。

② 吴晓番：《龚自珍与现代政治意识的兴起》，《南京大学学报（哲学·人文科学·社会科学）》2015年第2期。

③ 龚郭清：《风景·亲情·人道——论龚自珍思想的“江南”维度》，《天津社会科学》2016年第6期。

④ 贺国强、魏中林：《龚自珍“戒诗”新论——基于仁和龚氏家族文化史的考察》，《学术研究》2017年第10期。

出通过龚自珍仅存传世文献中对《春秋》学的论述，可见其思想之大概，进而认为龚自珍学术上不仅承继汉唐以来公羊学者的经世传统，对晚清今文经学的转向也起到了关键性的作用。① 龚自珍是晚清经世学派的代表，也有自己独特的人才论述，龚郭清在《“心力”“学术”与“天地国家”——论龚自珍的人才思想》一文中指出，人才问题是龚自珍表达人文理想的基本着力点。龚自珍除重视人才自身的心力培养及学力培植之外，还强调外部环境对人才养成和发挥作用的影响。文章还总结了龚自珍人才思想的特征，即：以人才为根本的社会历史发展观；把天下苍生与国家兴衰有机结合在一起的“心史纵横自一家”；重视“制度”改革。②

魏源。魏源是经世派的代表人物，对其经世思想的考察也是学者们关注的重点。成庆的《被压抑的“乌托邦”——魏源的经世思想与净土观》指出，魏源作为晚清今文经学的代表人物，长期以来被放在古今文之争的儒学思想史脉络中进行考察。但是魏源的思想也杂糅了道家、佛家观念并有新的创建。魏源以经世思想为枢纽，试图重新解释理解传统思想中的“体用论”。作者认为魏源皈依佛教，并非晚年的消极隐逸，而是寻“道”之路的自然结果。他所强调的净土观念虽然依托于华严宗，但是却因历史意识的限制，无法将净土思想中的乌托邦性格通过人类世俗历史的脉络加以展开，这也使魏源像康有为那样，能够借佛教的净土思想发展出具有现代乌托邦的大同思想。③

也有学者关注魏源的哲学思想，胡乐凯的《论魏源的道德哲学思想》一文关注魏源的道德修养论，指出魏源道德修养论在对行重视以求知的过程中，这个行又同时改造了客观的外部世界，重视躬行与儒家内圣到外王的路线是一致的。不过，他提出的谦的修养态度以及“复心”的理论，

---

① 曾亦、申占稳:《论龚自珍的〈春秋〉学》,《杭州师范大学学报（社会科学版)》2018年第1期。

② 龚郭清:《“心力”“学术”与“天地国家”——论龚自珍的人才思想》,《天津社会科学》2018年第5期。

③ 成庆:《被压抑的“乌托邦”——魏源的经世思想与净土观》,《华东师范大学学报（哲学社会科学版)》2015年第1期。

在儒家道德修养论中很有特色，但也存在时代条件下的局限性。[①] 王向清、李浩淼的《魏源〈默觚·治篇〉政治哲学思想及当代价值》一文指出，《默觚·学篇》体现了魏源有关天人之变的哲学思考，包括德义结合的儒家治国论，以变易史观为依据的改革之道，德才兼备、人尽其才的人才论，这些政治哲学见解引导了当时的社会改革，对我国当代的社会改革仍具有借鉴意义。[②] 王惠荣的《略论道光朝京师学者的学术交游——以魏源和曾国藩为例》一文指出，经世之学成为联结不同学术倾向学者的重要纽带，魏源和曾国藩终生无交集，经世之学和汉宋调和的时代潮流并未促成魏源和曾国藩的相识相交，两人性情之差异和迥异的政治立场也阻碍了两人的正式结交。[③]

林则徐。陈支平的《从文化传承的视野来评价林则徐的伟大历史贡献》一文指出，林则徐继承了自宋代以来学者们所秉承的勇于创新进取的文化精神，率先突破固有文化思维，探索新的适应时代变化的图强之路，困难和阻力都是今人难以想象的。因此，林则徐对中国传统主流文化传播有“筚路蓝缕”之功，应被载入史册，为后世所敬仰和继承。[④] 刘传标的《刘建韶对林则徐“救时济世”功业和子女教育的影响》一文论述了刘建韶对林则徐“救时济世”功业和对子女教育的影响，林则徐择善而从，成为近代中国开眼看世界之第一人。[⑤] 葛静波的《林则徐形象在近代的变迁》一文指出，南京国民政府禁烟运动时期展开了系列纪念林则徐的禁烟事迹的纪念活动，重塑了林则徐的英雄形象。林则徐的故事也被重新书写。解放战争时期，中国共产党对林则徐故事的塑造使林则徐形象

① 胡乐凯:《论魏源的道德哲学思想》,《湖北社会科学》2017 年第 7 期。

② 王向清、李浩淼:《魏源〈默觚·治篇〉政治哲学思想及当代价值》,《湘潭大学学报(哲学社会科学版)》2015 年第 1 期。

③ 王惠荣:《略论道光朝京师学者的学术交游——以魏源和曾国藩为例》,《安徽史学》2018 年第 5 期。

④ 陈支平:《从文化传承的视野来评价林则徐的伟大历史贡献》,《福建论坛(人文社会科学版)》2015 年第 9 期。

⑤ 刘传标:《刘建韶对林则徐“救时济世”功业和子女教育的影响》,《福建论坛(人文社会科学版)》2015 年第 9 期。

最终定型。[①] 卞冬磊的《林则徐去广州：19世纪中国“传播网络”的一个片段》一文以“林则徐去广州”为叙事对象，借助《林则徐日记》等史料重构了近代中国传播网络的一个片段。作者认为19世纪前期权力和信息网络的封闭、权力网络和广阔疆域之间的矛盾，以及信息网络的要素限制影响此间网络传播。19世纪后期则不同，原因在于新闻纸兴起引起网络地理的拓展、同时性的增强以及传播网络凝聚周围人群意见的能力提升。[②]

洪秀全。周伟驰的《洪秀全对太平天国革命的圣经解读》一文对洪秀全的宗教思想有新的解读，文章认为太平天国的意识形态是当时语境中发展而来的异端，并向异教的方向发展。由于洪秀全对西方圣经的肆意解读，西方基督徒和传教士也对太平天国一系列怪诞的、跟正统基督教格格不入的教义进行批评。洪秀全也根据自己对圣经的理解对这些批评进行了回应，试图为太平天国的暴力革命、偏离主流教义的思想找到释经学上和神学上的根据。[③] 王卫平的《革命檄文还是劝善书：论洪秀全早期著述的性质》一文对洪秀全的早期作品有新的解释。文章指出如果摒弃先入之见，从分析著述内容入手，可以看出洪秀全早期的《原道救世歌》《原道醒世训》《原道觉世训》等作品并非声讨清王朝的革命檄文，而是宣传中国儒家伦理和西方基督教思想，表现出劝人为善、悔过迁善特点的劝善书。[④]

二　洋务时期的思想人物

曾国藩。曾国藩是晚清重臣，对晚清政治有重要影响。何贻焜《曾国藩评传》的再版推动了曾国藩研究。何版《曾国藩评传》出版于民国时期，是较早的一部曾国藩评传。该评传采用以“述”为主，“评述”结

---

① 葛静波：《林则徐形象在近代的变迁》，《北京社会科学》2017年第4期。

② 卞冬磊：《林则徐去广州：19世纪中国“传播网络”的一个片段》，《新闻传播史研究》2018年第11期。

③ 周伟驰：《洪秀全对太平天国革命的圣经解读》，《学术月刊》2016年第3期。

④ 王卫平：《革命檄文还是劝善书：论洪秀全早期著述的性质》，《江汉论坛》2018年第1期。

合的写作手法，分为早期、中期和晚清三个阶段来写曾国藩的思想。①

在论文方面，李育民的《曾国藩的治家思想论析》一文指出，曾国藩以儒家经典为根本，充分吸收、借鉴传统家训，总结曾氏家族的家风，形成了自己独特的治家思想和理念，如他推崇中国的勤俭美德，同时又注重与此密切相关的养生之道，提出各种具体的规范和方法，以此作为持家之规。作者强调，曾国藩的治家思想和理念，贯注于中国传统的伦理文化，体现了农耕社会的治家特点。② 刘明的《曾国藩、李鸿章西洋武器观念差异之分析》一文从西洋武器观念的对比上考察曾国藩的思想，指出曾国藩、李鸿章在对西洋武器的观念上有明显的差异，曾国藩被动消极，李鸿章则积极主动，曾国藩侧重于“人”，李鸿章则侧重于“器”。这种差异的形成主要是由于两人个性性格、思维方式和实践经验三个方面的不同。二人在对西洋武器观念上的这种差异，也折射了时代变迁的轨迹，分析这种差异对于分析洋务运动之成败有一定的参考意义。③ 张乐的《从孔门弟子到耶稣门徒——曾国藩家族的基督徒成员及其宗教观考述》一文则关注曾国藩家族基督教的信仰情况。文章指出，曾国藩家族多是曾子后裔，一直以捍卫儒学正道为己任，但在太平天国运动后，信仰基督教的人数增加。辛亥革命后曾国藩家族最终由独宗孔孟向儒耶并峙的双重信仰型家族转变。此种现象也暗示了曾国藩家族的“基督化”趋势。他们为了国家昌盛，谋求当时社会问题之解决，秉持基督教救国论，以基督教作为其救国之手段。此举既是基督教本色化的表征，更是中西文化交流与融合的典范性尝试。④ 曾国藩生平好读史书，对史学有自己独特的见解，董根明的《试论曾国藩的史学思想》考察了此问题。文章指出，曾国藩提出“顺性命之理论”，认为自然界阴阳互动，否定传统的天命思想和因果论。作者强调，曾国藩为人处世多受其资治、经世、修身、避祸和中庸等思想

① 何贻焜：《曾国藩评传》，岳麓书社 2016 年版。

② 李育民：《曾国藩的治家思想论析》，《暨南学报（哲学社会科学版）》2017 年第 9 期。

③ 刘明：《曾国藩、李鸿章西洋武器观念差异之分析》，《安徽史学》2015 年第 2 期。

④ 张乐：《从孔门弟子到耶稣门徒——曾国藩家族的基督徒成员及其宗教观考述》，《北京社会科学》2017 年第 6 期。

的影响。[1]

对曾国藩的研究，也有学者从新的角度进行考察。胡萧白的《文化符号与晚清南京的地域认同——以曾国藩“进驻”莫愁湖与“莫愁湖题联事件”为中心》一文通过曾国藩“进驻”莫愁湖的过程，考察晚清时期南京的地域认同情况。在与太平天国的战争中，湘军曾对南京进行了屠城，使南京士人对湘籍人群产生了强烈的抵触情绪。即便官方从各种途径化解宁、湘籍人群的冲突，仍难以消除南京士人对湘人的异见。文章通过梳理曾国藩“进驻”莫愁湖的过程，呈现了“莫愁”文化符号如何承载并体现晚清南京士人的地域认同。[2] 王晓天则通过曾国藩的诗词送别来探讨当时的政治、文化情况，他在《潞河送别与题〈王麓屏扁舟归养图〉——道光年间曾国藩领衔的京城士大夫诗词送别活动》一文中研究了 1848 年，奉政大夫、吏部考功司主事、湖南新化人王麓辞职归乡，曾国藩率湘籍京官和同年、好友数十人亲赴潞河送行，同人“画扁舟归养图，相率诗歌”赠别的情形。作者指出，这是清代中后期京城士大夫一次比较典型的诗词送别活动，对于我们研究清代活跃于京城社会的官僚仕人群体，并探讨其与文化、政治的关系具有典型意义。[3]

李鸿章。李鸿章是晚清的重臣，对其研究历来得到学界的重视。学术传记方面，英国学者道格拉斯所撰的《李鸿章传》是西方世界的第一部学术传记，这部传记记录了李鸿章从镇压太平天国起义到《马关条约》签订近 50 年的仕途生涯，也是关于李鸿章甚至晚清历史的珍贵参考文献。[4] 林浩波的《李鸿章全传》详细叙述了李鸿章的一生，重构了一个懵懂少年如何跻身封疆大吏的行列。[5] 布兰德的《李鸿章传》最初出版于 1917 年，通过对李鸿章不同身份的分析，多方位、多视角地展现了李鸿

---

① 董根明：《试论曾国藩的史学思想》，《中国社会科学院研究生院学报》2016 年第 4 期。

② 胡萧白：《文化符号与晚清南京的地域认同——以曾国藩“进驻”莫愁湖与“莫愁湖题联事件”为中心》，《江苏社会科学》2017 年第 4 期。

③ 王晓天：《潞河送别与题〈王麓屏扁舟归养图〉——道光年间曾国藩领衔的京城士大夫诗词送别活动》，《求索》2017 年第 3 期。

④ ［英］道格拉斯：《李鸿章传》，浙江大学出版社 2015 年版。

⑤ 林浩波：《李鸿章全传》，华中科技大学出版社 2017 年版。

章的一生。[①] 徐锋华的《中外激荡下李鸿章的北上心态与庚子政情》一文指出，1900 年北方义和团事变后朝廷重臣李鸿章北上有几次心态的变化，从是年 5 月底庚子事起到 9 月 14 日决然北上的四个月里，李鸿章几乎陷于日日精心的困窘境地，但是他对时局是有着通盘考虑的，通过联络南方督抚齐心协力推行互保安靖边地、使节外交与计议联俄等，时局逐渐明朗，李鸿章也可以胸有成竹地安然北上。[②] 李鸿章曾经参与平定太平天国并出任江苏巡抚，期间的经历对李鸿章的国防思想产生重大影响。黄飞的《巡抚江苏与李鸿章早期国防思想》一文指出，出任江苏巡抚期间促使李鸿章形成“备夷防变”的思想体系，此体系蕴含了他对国防安全的规划，是一种囊括本土和海外部署的“大国家安全”构想。[③]

张之洞。吴剑杰的《张之洞散论》一书是作者近年来研究张之洞思想的系列文章合集，主要关注前人较少关注或者尚未关注的选题，有助于推动张之洞思想之研究。[④] 孙雪雪的《张之洞思想研究》一书考察了张之洞对治理、君子、教育、科技和文化等方面的思考，以此来展现他如何因应近代中国的变局。该书认为张之洞的所思、所言都是来自对时代的感受和对传统的回望。[⑤] 孟旭在专著《张之洞中体西用教育观》中全面考察了张之洞的教育思想和教育实践，通过对张之洞中体西用教育思想的考察，从中也能看出清末教育发展变革的缩影。[⑥]

在文章方面，陆胤的论文《张之洞与近代国族“时空共同体”——从〈劝学篇〉到癸卯学制》以张之洞的《劝学篇》和癸卯学制为中心，考察了张之洞在清季凭借文教塑造国族共同体意识的探索。文章认为从《劝学篇》到癸卯学制，其目标都是以“学”立“国”，课程规划既借鉴外来“普通学”的理念，又饱有“士大夫之学”的精神，这也是在时局

---

① ［英］布兰德：《李鸿章传》，山西人民出版社 2018 年版。

② 徐锋华：《中外激荡下李鸿章的北上心态与庚子政情》，《社会科学》2016 年第 12 期。

③ 黄飞：《巡抚江苏与李鸿章早期国防思想》，《安徽大学学报（哲学社会科学版）》2017 年第 2 期。

④ 吴剑杰：《张之洞散论》，湖北人民出版社 2017 年版。

⑤ 孙雪雪：《张之洞思想研究》，吉林大学出版社 2018 年版。

⑥ 孟旭：《张之洞中体西用教育观》，山西人民出版社 2018 年版。

危机的刺激下，张之洞从文教角度为建构共同体意识提供了一套新方案。这套方案虽未在清末民初发挥作用，却可以作为一种思想资源为后世利用。[①] 张之洞的思想并非天然形成，而是有一个逐渐形成的过程。祝婷婷的论文《张之洞对西学认识的演变》指出张之洞对西学的认识过程是不断变化的，其最终定型在《劝学篇》。[②] 黄俊棚的《张之洞的新学观及其学术主张》一文也考察了相似的问题，指出面对晚清复杂的思想环境，张之洞用行动表明了他主张吸收西方学说，并综合中学的根本精神，以及经世致用的中国传统文化资源的新学。[③] 胡世刚的论文《张之洞课程思想与实践述评》指出，张之洞的课程思想乃是效法西方教育理念的结果，他构建的"中西并举"的课程体系，以及在课程建设实践中的积极探索，推动了近代中国教育的发展。[④] 刘成的《光绪末年张之洞与湖北农务学堂的创办》一文考察了张之洞创办近代中国最早的农业专门教育机构，华中农业大学的前身湖北农务学堂的过程。[⑤]

郭嵩焘。周建刚在《郭嵩焘基于晚清世变的"富强论"和"民主观"》一文指出，郭嵩焘是近代中国最早接触到"富强"与"民主"思想并将两者有机结合的先知型人物。作者指出，郭嵩焘虽然是传统文化培养的精英知识分子，但他并没有"排外"倾向，而是以传统文化吸纳西学，欣赏并推崇西方的近代民主观念。[⑥] 何云鹏的论文《论郭嵩焘的维新变法思想》指出，郭嵩焘是晚清士大夫中少有的思想解放派，他突破"中体西用"的思想，强调中西各有自己的"本""末"与"体""用"，认识到西方之所以发达，在于其政治制度和思想文化的先进以及科学的发达。这也是中国必须学习的。但郭嵩焘的悲剧是其思想并未被同时代的人

---

① 陆胤：《张之洞与近代国族"时空共同体"——从〈劝学篇〉到癸卯学制》，《开放时代》2017 年第 5 期。

② 祝婷婷：《张之洞对西学认识的演变》，《社会科学战线》2017 年第 7 期。

③ 黄俊鹏：《张之洞的新学观及其学术主张》，《甘肃社会科学》2017 年第 3 期。

④ 胡世刚：《张之洞课程思想与实践述评》，《湖北大学学报（哲学社会科学版）》2016 年第 7 期。

⑤ 刘成：《光绪末年张之洞与湖北农务学堂的创办》，《历史档案》2017 年第 2 期。

⑥ 周建刚：《郭嵩焘基于晚清世变的"富强论"和"民主观"》，《求索》2015 年第 4 期。

所理解。[①] 李会军、朱汉民的《郭嵩焘道论的哲学精神》一文指出，郭嵩焘的道论充分地体现了儒家的哲学精神，具有深刻的思想史和文化史变革意义，呈现出鲜明的改革精神和开放精神。[②]

李欣然的论文《道器与文明：郭嵩焘和晚清“趋西”风潮的形成》指出，郭嵩焘于同光时期思想界在中西之间存在道器之别的基础上，认为中西之间本质是相通的，西方富强之所本和中国古圣所申明之道实际上是一致的。因此，向西方学习并不是违背圣人之道的“异术”，而是向“道”的回归，且器物并非西方富强的本源。作者认为这种中西相通的理念是晚清“趋西”风潮得以形成的思想关键。郭嵩焘的观点也为后世“趋西”风潮的形成和深入扫清了障碍。[③] 李欣然的另一篇论文《文明竞争思想的开启——郭嵩焘西洋立国本于政教说的时代语境与历史意义》继续探讨中西相通的问题。文章指出，郭嵩焘西洋立国本于政教的观点打破了西方有“器”无“道”的观点，点出了西方也有道的事实，而且主张向西方的“师夷”，以及把眼光回归传统的“务本”。这个问题也为后世的中、西学之争奠定了思想基础。[④] 晚清时期对西学的学习过程，也是引入新的西学教育的过程，杨小明、庞雪晨的《论郭嵩焘与近代天文算学教育的引入》一文关注近代天文算学的引入。文章列举了郭嵩焘参与的天文算学教育活动，包括首倡同文馆、复建湘水经堂并开设艺堂、创办思贤讲舍，聘请算学名师执教、重视实学的精神，等等。[⑤]

王韬。思想家之间可以相互影响，思想之间也具有传承性，萧永宏的《王韬与郑观应交往论略——兼及王韬对郑观应思想之影响》一文通过王韬与郑观应之间的交往来考察王韬对郑观应思想的影响。文章指出王韬的

---

① 何云鹏：《论郭嵩焘的维新变法思想》，《延边大学学报（社会科学版）》2017年第4期。

② 李会军、朱汉民：《郭嵩焘道论的哲学精神》，《湖南大学学报（社会科学版）》2017年第2期。

③ 李欣然：《道器与文明：郭嵩焘和晚清“趋西”风潮的形成》，《探索与争鸣》2018年第8期。

④ 李欣然：《文明竞争思想的开启——郭嵩焘西洋立国本于政教说的时代语境与历史意义》《清华大学学报（哲学社会科学版）》2017年第5期。

⑤ 杨小明、庞雪晨：《论郭嵩焘与近代天文算学教育的引入》，《自然辩证法通讯》2018年第12期。

《易言》跋推动了《易言》的更新和《盛世危言》的问世，这些作品也是郑观应救时自强思想体系形成的重要指南和推手。[①]

王韬在游记中对自身形象有一定的塑造，花宏艳的《王韬游记中的自我形象与幻想》呈现了王韬 1867 年底到 1970 年初游欧记述中对自身形象的塑造，在《漫游随录》中，王韬塑造了“东方儒者”和“风流才子”的自我形象。但在 19 世纪末，王韬更为客观的异国形象却带着西方人误读的成分。王韬形象也是异国形象本土化的一种形式。[②] 王韬欧游期间对欧洲民俗有自己独特的体验，杨华、徐国君的论文《王韬对欧洲民俗的体验和认识》指出王韬游欧期间体验的民俗是一种现代性的民俗，有助于开阔国人的眼界，具有双向文化交流意义，为西学东渐做出了重要贡献。[③]

除了通过王韬欧游来了解他的思想外，我们也可以通过其他途径了解王韬的思想。李栋、杨莹的论文《洋务运动时期王韬对待西方法政知识的认知与逻辑》指出，王韬在对西方法政知识的思考和认识后提出了自己的见解，他在洋务运动时期最大的理论贡献在于，一定程度上调和了学习西方和儒学之间的矛盾，并试图了解西方、正视西方、分析西方，这为后来盛行一时的“中体西用”观打下基础。[④] 段怀清的《王韬与志书、艳史及〈申报〉——兼论晚清沪上文人的“俗写”传统》一文通过王韬志书、艳史、小说的书写，来考察其对晚清沪上文人“俗写”传统的形成的影响。[⑤] 王加丰的论文《王韬的历史观是进化史观吗?》认为应将王韬去世前后的思想演变分为两个阶段，承认中间有一个从进步史观向进化史观的变化过程。[⑥]

---

① 萧永宏：《王韬与郑观应交往论略——兼及王韬对郑观应思想之影响》，《江苏社会科学》2016 年第 5 期。

② 花宏艳：《王韬游记中的自我形象与幻想》，《兰州学刊》2018 年第 6 期。

③ 杨华、徐国君：《王韬对欧洲民俗的体验和认识》，《民俗研究》2017 年第 6 期。

④ 李栋、杨莹：《洋务运动时期王韬对待西方法政知识的认知与逻辑》，《广东社会科学》2019 年第 2 期。

⑤ 段怀清：《王韬与志书、艳史及〈申报〉——兼论晚清沪上文人的“俗写”传统》，《社会科学》2019 年第 6 期。

⑥ 王加丰：《王韬的历史观是进化史观吗?》，《贵州社会科学》2019 年第 5 期。

三 戊戌时期的思想家

康有为。康有为思想的研究著述非常丰富。干春松的专著《保教立国：康有为的现代方略》从“保教”和“立国”两个维度来考察康有为有关中国现代民族国家政治建构的一系列思想。① 汤志钧的《康有为的大同思想与〈大同书〉》考察了康有为的主要著作《大同书》成书、修改和流传过程，勘定了许多史实，清晰呈现了康有为大同思想的形成过程。② 朱义禄的专著《康有为》全面详细介绍了康有为的丰富跌宕一生，他如何从一介布衣成为光绪皇帝的座上宾，成为维新变法的主导人物。③ 章永乐的《万国竞争：康有为与维也纳体系的衰变》一书在全球史的背景下重新理解19世纪末20世纪初，康有为在这个天崩地解“万国竞争”的时代如何理解这个巨变的世界，这对当时的中国又意味着什么，中国该走向何方。④

2015年以来，研究康有为的专题论文数量巨大。在国家建构方面，汪荣祖的论文《康有为物质救国论的历史意义》指出康有为追求西方物质文明的目的在于富强，大同虽然是其革命的理想，但救国才是当下的急务。作者指出，康有为认为先将现代中国富强之后再迈向世界大同，两种主张在思想上并不矛盾，他在现代化的过程中也几乎没有出现思想上或心理上的紧张。⑤ 桑兵的《辛亥康有为的虚君共和论》一文考察了辛亥时期康有为虚君共和论主张在近代中国的起灭过程。文章指出，康有为的虚君共和论提出后遭到南北双方的一致反对，而且康门弟子也明确反对，认为不合时宜，于是引起新一轮的国体政体之辩。随着清帝退位，企图调和虚君共和的主张也画上句号。⑥ 救国是康有为思想中的一个面相，复兴则是另一个面相。俞祖华的《康有为民族复兴思想析论》一文从民族复兴主

---

① 干春松：《保教立国：康有为的现代方略》，生活·读书·新知三联书店2015年版。
② 汤志钧：《康有为大同思想与〈大同书〉》，上海人民出版社2016年版。
③ 朱义禄：《康有为》，陕西师范大学出版社2017年版。
④ 章永乐：《万国竞争：康有为与维也纳体系的衰变》，商务印书馆2017年版。
⑤ 汪荣祖：《康有为物质救国论的历史意义》，《广东社会科学》2018年第4期。
⑥ 桑兵：《辛亥康有为的虚君共和论》，《中山大学学报（社会科学版）》2018年第4期。

体和途径两个方面考察了康有为的民族复兴思想。康有为在中华民族认同、建设现代国家、实现民族复兴等方面都做出了积极的贡献，他的复合型的中华民族观念得到海内外的广泛认同。他提出的中华民族复兴思想影响巨大。[①] 王鹏辉的《康有为的边疆建设方略研究》则关注边疆的建构。文章指出，康有为在世界格局中认识到中国的边疆危机，力图继承清朝的边疆成为现代中国的建设性因素，边疆中国也是现代中国的立国基础之一。康有为还把对中国前途的关怀升华到对全人类命运的关注，边疆消融在其构想的天下大同世界图景之中。[②]

康有为的思想具有多面性，也有学者研究其他的面相。欧阳哲生的论文《康有为的未来意识与社会想象》从初始外缘、内外合体和《大同书》的新世界观表达等方面对康有为的大同思想体系提出了新解。作者指出，康有为的大同思想是一种新的世界观，不同于传统的士大夫的家国情怀，他内心大胆想象与保守思想的矛盾是时代困惑的映射。[③] 章永乐的论文《重思内外：作为国际体系解读者的康有为》将康有为放在近代世界的大变局中来解读康有为，指出康有为对国际体系的观察，偏重自上而下的统治结构，忽略自下而上的反抗力量。考虑到康有为在解读世界体系上的知识盲点，就必须“回到康有为”，重新考虑他提出的问题。[④] 兰梁斌关注历史书写中的康有为，在论文《20 世纪三四十年代历史书写中的康有为——以陈恭禄、蒋廷黻、范文澜为中心》考察了陈恭禄、蒋廷黻、范文澜三位中国近代史学者对康有为的书写，指出由于政治立场、研究方法、理想追求和所处环境的差异，他们书写康有为也大不相同。[⑤] 还有学者考察康有为的思想与政治活动情况，如刘萍的《康有为晚年“定粤除孙”主张的思想基础与政治权谋》一文考察康有为与吴佩孚的关系，重

---

① 俞祖华：《康有为民族复兴思想析论》，《湖北大学学报（哲学社会科学版）》2019 年第 2 期。

② 王鹏辉：《康有为的边疆建设方略研究》，《中国边疆史地研究》2015 年第 4 期。

③ 欧阳哲生：《康有为的未来意识与社会想象》，《中国高校社会科学》2018 年第 6 期。

④ 章永乐：《重思内外：作为国际体系解读者的康有为》，《开放时代》2018 年第 1 期。

⑤ 兰梁斌：《20 世纪三四十年代历史书写中的康有为——以陈恭禄、蒋廷黻、范文澜为中心》，《杭州师范大学学报（社会科学版）》2018 年第 5 期。

新审视康、吴关系以及民国历史的诸多细节。[①] 李海蓉的《英国政府对康有为流亡态度之考释——兼论保皇会的没落》一文则考察戊戌政变后英国政府对康有为流亡不同阶段态度的变化，进而重构保皇会运动消长及最终式微的英国因素。[②]

梁启超。梁启超同康有为一样，都是维新变法的重要人物，对其研究的著述也比较多。清华大学国学研究院主编的《东亚近代文明史上的梁启超》一书是以日本学者狭间植树在清华大学发表的系列演讲为基础整理而成，该书在“东亚近代文明史”的视野下，考察了明治维新对梁启超的影响以及梁启超对日本态度的转变情况。[③] 杨度之孙杨友麒与梁启超外孙女吴荔明夫妇合写的《我们的祖父和外祖父：杨度与梁启超》一书从两人后代的角度呈现了两人的交往和互动，分析了他们在思想上的异同。[④] 黄跃红、王琦的《梁启超与近代中国学术师承》一书考察了梁启超及其弟子在晚清二十年和民国十七年间的学术和政治兴趣。[⑤]

梁启超研究的论文数量巨大。在梁启超的思想观念方面，茅海建梳理和分析了戊戌时期梁启超的民主思想，在《论戊戌时期梁启超的民主思想》一文中指出，梁启超这一时期的民主思想就是康有为的“大同三世说”，不同于近代西方民主思想。[⑥] 桑兵在《梁启超与共和观念的初兴》一文中指出，今义“共和”学说之兴起并产生广泛影响是梁不懈宣传的结果。虽然之后梁启超告别共和，但其对青年的鼓励仍令人难以忘怀。[⑦] 桑兵的《从梁启超到孙中山：清季共和先驱的易位》则考察了这种“共和”先驱变化易位的过程。[⑧] 高力克在《梁启超的自由观：在国族与个人

---

① 刘萍：《康有为晚年“定粤除孙”主张的思想基础与政治权谋》，《广东社会科学》2019年第1期。

② 李海蓉：《英国政府对康有为流亡态度之考释——兼论保皇会的没落》，《史林》2019年第1期。

③ 清华大学国学研究院主编：《东亚近代文明史上的梁启超》，上海人民出版社2016年版。

④ 杨友麒、吴荔明：《我们的祖父和外祖父：杨度与梁启超》，人民文学出版社2017年版。

⑤ 黄跃红、王琦：《梁启超与近代中国学术师承》，民主与建设出版社2018年版。

⑥ 茅海建：《论戊戌时期梁启超的民主思想》，《学术月刊》2017年第4期。

⑦ 桑兵：《梁启超与共和观念的初兴》，《史学月刊》2018年第1期。

⑧ 桑兵：《从梁启超到孙中山：清季共和先驱的易位》，《广东社会科学》2018年第1期。

之间》一文中指出，梁启超的自由观是杂糅儒家、道家和社会达尔文主义的自由观，是启蒙时代东西文明交汇的产物。[①] 在《梁启超社会达尔文主义思想析论》中，高力克论述了梁氏社会达尔文主义的思想渊源。[②] 高力克还对梁启超与鲁迅的启蒙思想进行比较，指出梁启超民族自由主义的政治启蒙与鲁迅浪漫主义的精神启蒙相映成趣。[③] 陈其泰在《梁启超历史编纂思想的革新性与继承性》一文中指出，梁虽然提倡"新史学"，但在其论著中存在大量对传统历史编纂学精华的继承和弘扬，在其身上革命性与继承性并存。[④] 邓华莹的《博采与调适：清季民初梁启超的"国体""政体"认知》一文考察了梁启超对"国体""政体"认知的演变及其面临的窘境。[⑤]

除了以上研究外，学界在其他方面也对梁启超进行了研究。刘婉明的《敷衍"国家身体"：梁启超与"生病的中国"形象之散布》一文指出，梁启超凭借清末的思想资源，对"生病的中国"进行了敷衍和传播，将"医国之士"扩大到所有国民。[⑥] 庄泽晞的论文《回顾与省思：梁启超和湖南时务学堂》考察了梁启超对湖南时务学堂人才的培育、学风的形成情况。[⑦] 魏万磊的《另一种"新文化"：梁启超对新文化运动的构想》指出，梁启超建构的"科学的情感哲学"的思想人物，基本与胡适相同，但归结出很不同的思想路线和旨归。[⑧]

严复。关于严复自由主义思想的讨论，卢兴的《自由·富强·国治

---

① 高力克：《梁启超的自由观：在国族与个人之间》，《浙江社会科学》2017 年第 6 期。

② 高力克：《梁启超社会达尔文主义思想析论》，《天津社会科学》2018 年第 5 期。

③ 高力克：《"新民"与"立人"：梁启超与鲁迅启蒙思想之比较》，《天津社会科学》2019 年第 1 期。

④ 陈其泰：《梁启超历史编纂思想的革新性与继承性》，《史学史研究》2018 年第 2 期。

⑤ 邓华莹：《博采与调适：清季民初梁启超的"国体""政体"认知》，《学术研究》2018 年第 11 期。

⑥ 刘婉明：《敷衍"国家身体"：梁启超与"生病的中国"形象之散布》，《中山大学学报（社会科学版）》2017 年第 6 期。

⑦ 庄泽晞：《回顾与省思：梁启超和湖南时务学堂》，《湖南大学学报（社会科学版）》2017 年第 6 期。

⑧ 魏万磊：《另一种"新文化"：梁启超对新文化运动的构想》，《安徽史学》2017 年第 6 期。

主义——严复自由主义思想的三个主题》一文将严复晚年的自由主义思想归纳为“自由”“富强”与“国治主义”三大主题，严复自由主义思想是对英国古典自由主义的选择和消化，具有强烈的民族情感和现实关切，其前后思想虽有发展，但基本立场一以贯之。[①] 林怡的《“自由”视域中的语言与性别——论严复对中国文化现代转型的推动》指出，严复对中国文化现代转型的推动主要体现在他对涉及文化内核的价值观如“自由”理念、语言问题、女性问题等的思考上，体现了他对中国文化现代转型的深层思考上。[②]

严复是重要的翻译家，他对近代中国文化的翻译也是研究的一个重点。何思源的论文《严复的东学观与清末统一译名活动》一文指出，严复的译著也是促使中国近代思想转型的重要资源，在清末 10 年，他主持官方的统一译名工作，如编订词馆，将日译名词替换为符合翻译思想的新名词。作者强调，严复译词虽然始终无法取代日本译词的影响，但其译词所蕴含的语言民族主义，成为解读严复其人及其翻译的新途径。[③] 刘婉明则考察具体的翻译名词，其《从“官品”的翻译看严复对中国传统“国家身体”形象的改造》一文指出，严复译“官品”为 organism，论证国家为“官品”，接上传统国家身体隐喻的谱系，同时借用斯宾塞的理论，将国民推向前台，完成了对传统国家身体隐喻的改造。近代以来个人与国家的命运共同体关系也是在这一过程中在隐喻的层面建立起来。[④]

除此之外，学者们对严复的其他思想也进行了研究。成庆的《晚清的“进化”魔咒：严复历史意识的再考察》一文考察了严复对进化论的翻译及历史意识。严复将社会进化论诠释为一种自然主义的宇宙进化论，认为人类可以通过教化与治理，进化成一种文明的社会形态。晚清维新派

---

① 卢兴：《自由·富强·国治主义——严复自由主义思想的三个主题》，《哲学动态》2015 年第 3 期。

② 林怡：《“自由”视域中的语言与性别——论严复对中国文化现代转型的推动》，《东南学术》2015 年第 2 期。

③ 何思源：《严复的东学观与清末统一译名活动》，《北京社会科学》2015 年第 8 期。

④ 刘婉明：《从“官品”的翻译看严复对中国传统“国家身体”形象的改造》，《学术月刊》2016 年第 5 期。

与革命派运用了社会进化的观念，却在此基础上嫁接了文化民族主义与种族主义，从而产生了两条截然对立的进化路线，最终也背离了严复以西方现代文明作为参照标准的进化目标。[①] 高力克的《在文明与文化之间：严复的中西融合论》一文指出，严复的中西融合论立基于社会进化论，从现代文明的视角，以富强为其旨，主张大力吸取西方现代文明，改革中国文化中的旧宗法传统，实现中西新旧的融合会通。[②] 高力克的另一篇文章《严复问题：在进化与伦理之间》指出，天演论犹如一柄双刃剑，蕴含着进化与伦理之间的深刻张力。竞争与德性之间的紧张成为困扰严复终生的思想难题。[③] 傅正的《斯宾塞"社会有机体"论与清季国家主义——以章太炎、严复为中心》一文从章太炎、严复的论述中考察斯宾塞学说在中国的命运，指出斯宾塞的个人自由与国家权力是对立的，在中国两者则具有同一性，这也决定了斯宾塞学说在中国的命运。[④] 熊道宏的《近代中国"权利"概念的本土化建构——再论严复对卢梭"民约"思想的批判》一文通过严复对卢梭权利观念的评述，结合背后赫胥黎的论述，能够看到"权利"的本土化建构朝着两个方向进行，即表达了非道德正当性的权利概念，以及融合了现实化、竞争化和力量化意涵的权利概念。[⑤]

谭嗣同。在专著方面，王夏刚的《谭嗣同与晚清社会》揭示了谭嗣同生平思想活动的各个方面，展现了谭嗣同与晚清社会变革的复杂面相。[⑥] 魏义霞的《谭嗣同哲学思想研究》利用经典诠释学、哲学、文化人类学、比教学等多学科的研究方法全方位、多维度地呈现了谭嗣同的哲学思想。[⑦]

对于谭嗣同的研究方法，周秋光认为可以结合区域文化从六个方面展

---

① 成庆：《晚清的"进化"魔咒：严复历史意识的再考察》，《学术月刊》2016年第10期。

② 高力克：《在文明与文化之间：严复的中西融合论》，《探索与争鸣》2018年第12期。

③ 高力克：《严复问题：在进化与伦理之间》，《浙江社会科学》2018年第12期。

④ 傅正：《斯宾塞"社会有机体"论与清季国家主义——以章太炎、严复为中心》，《近代史研究》2017年第2期。

⑤ 熊道宏：《近代中国"权利"概念的本土化建构——再论严复对卢梭"民约"思想的批判》，《探索与争鸣》2019年第2期。

⑥ 王夏刚：《谭嗣同与晚清社会》，中国社会科学出版社2015年版。

⑦ 魏义霞：《谭嗣同哲学思想研究》，中国人民大学出版社2017年版。

开深入研究，即："一是研究浏阳这块产生谭嗣同的土壤；二是研究影响谭嗣同成长的思想渊源；三是研究浏阳谭嗣同的师友，特别是他的同伴；四是研究谭嗣同之最的特别性；五是研究谭嗣同对于浏阳、对于湖南、对于全国、对于后世的影响；六是研究如何继承和弘扬谭嗣同精神，如何保护、传承这一笔宝贵的精神遗产与厚重的历史财富。"[①]

在论文方面，贾小叶的《谭嗣同对"康学"的接受与宣传》一文通过分析谭嗣同与康门弟子的交往、初识"康学"之后的学术转向、谭嗣同的《仁学》与"康学"的异同，以及谭嗣同在湖南变法中对"康学"的宣传与维护，来透视"康学"对谭嗣同的影响以及谭嗣同接受、宣传"康学"的历程。[②] 魏义霞的《梁启超视界中的谭嗣同》考察了梁启超对谭嗣同作品和思想的宣传和传播，指出梁启超既肯定自己与谭嗣同思想的契合，又将谭嗣同与康有为归为一派，也加剧了康有为与梁启超关系的复杂性。[③] 魏义霞的《谭嗣同大同思想的多重意蕴和诉求》一文指出，谭嗣同的大同思想集历史演变与世界主义于一身，既带有中国近代特有的时代烙印，又个性鲜明，成为近代大同形态的独特样本。[④] 魏义霞的《谭嗣同认识哲学的过程和旨归》一文指出，谭嗣同认识哲学既包括由自然科学的实证方法而来的经验论、反映论，又包括由佛教而来的玄想、顿悟，由此构成了一道独特景观。[⑤]

黄遵宪。左鹏军的《黄遵宪的文化姿态与思想经验》一文指出，黄遵宪对日本文化与西方文化的认识既表现出个人与时代的先进性，又具有明显的思想意识局限和文化误读的成分，这种矛盾混杂的状态反映了中国文化接受外国文化过程的曲折艰难。[⑥] 张锐智的《黄遵宪对中国近代平等

---

① 周秋光：《谭嗣同研究应结合区域文化走向深入》，《湖南社会科学》2018 年第 3 期。

② 贾小叶：《谭嗣同对"康学"的接受与宣传》，《中山大学学报（社会科学版）》2017 年第 5 期。

③ 魏义霞：《梁启超视界中的谭嗣同》，《江淮论坛》2015 年第 4 期。

④ 魏义霞：《谭嗣同大同思想的多重意蕴和诉求》，《安徽史学》2016 年第 6 期。

⑤ 魏义霞：《谭嗣同认识哲学的过程和旨归》，《华东师范大学学报（哲学社会科学版）》2017 年第 1 期。

⑥ 左鹏军：《黄遵宪的文化姿态与思想经验》，《华南师范大学学报（社会科学版）》2015 年第 3 期。

法律思想的贡献探析》一文指出，黄遵宪具有外交官和启蒙思想家的双重身份，在爱国主义情怀和理性认识中外差距的共同作用下，黄遵宪逐渐形成了独具特色的近代平等法律思想。作者强调，该思想在中国近代法律史上具有划时代的意义。①

四　辛亥时期的思想家

孙中山。孙中山研究一直是近代中国史研究的显学，2015年以来的研究成果也数量巨大。关于孙中山的研究，桑兵的《孙中山研究亟需注意版本问题》一文强调中国治学首先讲究版本目录，近现代史研究因材料繁多易得，容易忽视版本问题。孙中山研究更是如此。作者指出，通过《孙文学说》多种版本的比较，可以揣摩孙中山面对各方意见坚持不改和有所补注的情况。②

在论文方面，有多位学者关注了孙中山的民生主义思想。周溯源、翟金懿的《论孙中山的民生观及其当代意义》③、左玉河的《孙中山民生主义思想中的民族主义倾向》④ 和《国家资本主义：孙中山民生主义的本质》⑤、朱映红的《新世纪以来孙中山三民主义研究的新进展》⑥、张海鹏的《孙中山民生主义理论体系的内在矛盾——兼议孙中山阶级观点问题》⑦ 等论文都对孙中山的民生主义思想从不同角度进行了探讨。

关于孙中山的民族复兴、革命、建国等思想，熊月之的《孙中山振兴中华思想的三个世界》指出，孙中山提出振兴中华思想，一方面在于他有清醒的全球意识，另一方面，孙中山有着冷峻的历史眼光，对中华文

---

① 张锐智：《黄遵宪对中国近代平等法律思想的贡献探析》，《北方法学》2019年第3期。

② 桑兵：《孙中山研究亟需注意版本问题》，《中山大学学报（社会科学版）》2016年第6期。

③ 周溯源、翟金懿：《论孙中山的民生观及其当代意义》，《广东社会科学》2015年第3期。

④ 左玉河：《孙中山民生主义思想中的民族主义倾向》，《教学与研究》2016年第10期。

⑤ 左玉河：《国家资本主义：孙中山民生主义的本质》，《史学月刊》2016年第11期。

⑥ 朱映红：《新世纪以来孙中山三民主义研究的新进展》，《史学月刊》2017年第5期。

⑦ 张海鹏：《孙中山民生主义理论体系的内在矛盾——兼议孙中山阶级观点问题》，《历史研究》2018年第1期。

化有着深切体会，又能进行允执厥中的辩证思维。[①] 郑大华的《论孙中山的中华民族复兴思想及其历史地位》论述了孙中山民族复兴思想的内容，指出他的民族复兴思想在近代中华民族复兴思潮的形成和发展过程中占有重要的地位。[②] 郑大华在《论孙中山的赶超西方思想及其意义》一文中还对孙中山赶超西方实现中华民族复兴的思想进行了考察。[③] 欧阳哲生的《近代国家观念之兴起——以孙中山国家观为中心的探讨》考察了孙中山的国家观念，指出孙中山的国家观在各种思潮中脱颖而出成为民国代清的关键，孙中山的理想国家是“民族的国家、国民的国家、社会的国家”。[④] 李育民的《论孙中山的国际秩序观》一文论述了孙中山在革命实践中对国际秩序观的建构，指出孙中山的国际秩序观立足中国，放眼世界，旨在解决人类社会的长治久安，有着重要的思想价值和实践意义。[⑤]

孙中山的亚洲主义或者亚洲意识研究方面，桑兵的《解读孙中山大亚洲主义演讲的真意》一文从中日关系乃至世界格局的变动大势中重构了孙中山大亚洲主义提出的全过程，认为这样才能把握孙中山的本意，把握孙中山具体的所指，并能多视角考察其演讲所产生的政治和社会反响。[⑥] 深町英夫的《同种同文？孙中山的亚洲主义话语》考察了孙中山亚洲主义话语的复杂情况，指出在其长达 30 年的革命生涯中，孙中山使用“东方”“亚洲”“黄种”等词汇时，含义背景并非单纯，也并非是根据固定的原则，而是按照各国对中国革命的态度，灵活选择了谋求支持的对象国家。孙中山对外采取的宣传修辞也五花八门，提倡对方和自己能够共有的理念。[⑦] 何卓恩的《孙中山的亚洲意识及其政治遗产》指出，孙中山

---

① 熊月之：《孙中山振兴中华思想的三个世界》，《毛泽东邓小平理论研究》2016 年第 12 期。

② 郑大华：《论孙中山的中华民族复兴思想及其历史地位》，《教学与研究》2016 年第 10 期。

③ 郑大华：《论孙中山的赶超西方思想及其意义》，《史学月刊》2016 年第 11 期。

④ 欧阳哲生：《近代国家观念之兴起——以孙中山国家观为中心的探讨》，《探索与争鸣》2016 年第 5 期。

⑤ 李育民：《论孙中山的国际秩序观》，《史林》2017 年第 3 期。

⑥ 桑兵：《解读孙中山大亚洲主义演讲的真意》，《社会科学战线》2015 年第 1 期。

⑦ 深町英夫：《同种同文？孙中山的亚洲主义话语》，《广东社会科学》2017 年第 3 期。

亚洲论述的政治遗产被不同运用的事实提示人们，在民族主义和世界主义之间的区域政治图谱，本身具有多重的方向性，只有体会到孙中山民族主义—亚洲主义—世界主义相连接的真实内涵，贯彻其本质精神，才可能导亚洲主义于正途。①

孙中山的记忆和形象也是研究的一个重点。陈金龙的《孙中山与纪念活动的功能表达》一文指出，孙中山通过发表纪念演讲、撰写纪念文章、建造纪念设施，建构了关于近代中国历史的基本记忆。② 赵立彬的《台湾光复初期孙中山形象的民间塑造》一文考察了台湾光复初期省政当局如何通过孙中山及其主义来建构祖国认同，树立行政权威。作者指出，孙中山形象塑造过程中一方面取得了一定的效果，另一方面民间也借助孙中山符号表达政治诉求，这也反映了台湾政情的一个侧面。③ 徐涛的《上海城市记忆中的孙中山（1925—1949）》指出，上海对于孙中山逝世后的记忆有独特的历史发展轨迹，以近代上海为案例的研究，可见城市个性与孙中山崇拜运动的多重互动的复杂面相。④ 马克锋的《先生、总理与国父——孙中山尊称的历史考察》一文考察了孙中山尊称的演变发展，指出国民党对其创党领袖的神话，某种程度上严重禁锢了其活力与创新性，导致其组织的僵化与衰落。⑤ 郭辉的《国家纪念日与抗战时期“孙中山”形象的塑造》一文考察了抗战时期国民党和国民政府如何利用纪念日来塑造孙中山的形象。⑥ 郭辉的文章《新中国成立以来孙中山纪念话语的时代演变》指出，新中国孙中山纪念话语在关注国家富强与人民幸福的同时，承载着越来越多的民族感情。⑦ 楚秀红的论文《中华人民共和国成立

---

① 何卓恩：《孙中山的亚洲意识及其政治遗产》，《史学月刊》2016年第11期。

② 陈金龙：《孙中山与纪念活动的功能表达》，《华南师范大学学报（社会科学版）》2016年第5期。

③ 赵立彬：《台湾光复初期孙中山形象的民间塑造》，《广东社会科学》2018年第2期。

④ 徐涛：《上海城市记忆中的孙中山（1925—1949）》，《近代史研究》2018年第1期。

⑤ 马克锋：《先生、总理与国父——孙中山尊称的历史考察》，《华南师范大学学报（社会科学版）》2016年第5期。

⑥ 郭辉：《国家纪念日与抗战时期“孙中山”形象的塑造》，《湖北大学学报（哲学社会科学版）》2017年第2期。

⑦ 郭辉：《新中国成立以来孙中山纪念话语的时代演变》，《党史研究与教学》2017年第1期。

后“十七年”孙中山政治文化形象的演变》梳理了新中国成立后“十七年”孙中山政治文化形象的演变，指出可以丰富后孙中山时代的孙学研究，深化社会主流价值演变的认知。①

除此之外，此间对孙中山思想研究的文章还有许多。罗敏的《“主忧臣辱，主辱臣死”：蒋介石笔下的孙中山（1917—1927）》一文从蒋介石个人生命成长史的视角来看孙中山。② 赵庆云的《论宋庆龄对孙中山事业与思想的阐述》通过孙中山夫人的角度来看孙的思想与活动。③ 杨帆与江沛的文章《〈纽约时报〉视野中的孙中山（1896—1925）》则通过西人的视角来看孙中山革命情况，展示了孙中山革命生涯中的丰富图景。④ 王建伟的《建党初期中共与孙中山的彼此观察与认知》一文考察了这一时期双方的关系，指出可从深层次反映中国共产党与孙中山政治理念、斗争策略的分歧，也能为他们的行为方式寻找新的解释与注脚。⑤ 由于此间研究孙中山的论文过多，此处不再一一介绍。

章太炎。2015 年以来章太炎研究的专著丰富。马勇的《民国遗民：章太炎传》叙述了章太炎一生的思想、活动以及对中国近代历史的影响。⑥ 余艳红的《传统、现代与现代之后：章太炎的思想世界》从章太炎思想中的传统、现代以及现代之后三个维度进行了阐释与分析，一方面揭示了章太炎思想的独特性、超前性，一方面试图还原清季民初中国思想界的“现代性”与“现代性批判”之间的对话与冲突。⑦ 王锐的《新旧之辨：章太炎学行论》梳理了章太炎与同时代人物的交往与互动，呈现了

① 楚秀红：《中华人民共和国成立后“十七年”孙中山政治文化形象的演变》，《学术研究》2018 年第 8 期。

② 罗敏：《“主忧臣辱，主辱臣死”：蒋介石笔下的孙中山（1917—1927）》，《清华大学学报（哲学社会科学版）》2018 年第 1 期。

③ 赵庆云：《论宋庆龄对孙中山事业与思想的阐述》，《兰州学刊》2015 年第 9 期。

④ 杨帆、江沛：《〈纽约时报〉视野中的孙中山（1896—1925）》，《南京社会科学》2016 年第 7 期。

⑤ 王建伟：《建党初期中共与孙中山的彼此观察与认知》，《社会科学战线》2015 年第 12 期。

⑥ 马勇：《民国遗民：章太炎传》，东方出版社 2015 年版。

⑦ 余艳红：《传统、现代与现代之后：章太炎的思想世界》，中国社会科学出版社 2017 年版。

章氏本人的思想与学术特色。[①] 王玉华的《多元视野与传统的合理化：章太炎思想的阐释》一书从“多元主义”“历史主义”“人文主义”三个维度对章氏思想进行了研究。[②] 慕唯仁的《章太炎的政治哲学：意识之抵抗》一书在全球化的视角下，将章太炎的著述和思想置于西方哲学和晚清思想对话的语境下予以考察。[③] 林少阳的《鼎革以文：清季革命与章太炎“复古”的新文化运动》一书聚焦于1900—1911年章太炎的思想言论，试图通过崭新的叙述框架，彰显章太炎在晚清思想界的历史位置，以及整个晚清在中国现代性中的历史定位。[④]

在研究论文方面，姜义华的《章太炎与中国现代学术基础的奠定》指出，章太炎治学从“自国自心”出发，通过对中国历史与现状的思考，让中国学术具有现代品格，且形成自身的话语特色。[⑤] 熊月之考察了章太炎参加书院活动的情况，在《章太炎早年参加书院课艺活动钩沉》一文中指出，章太炎参加学术活动是其学术生涯的重要部分，从中可窥见他早年的阅读范围与学养程度以及对实务的关注。[⑥] 林少阳的《鲁迅如何“影响”了章太炎？——复古的新文化运动与反复古的新文化运动》一文指出在众多章太炎思想的解读中，鲁迅是最有魅力和复杂性的一位，在探讨中国革命尤其是共和起源时，两位都不可抹去。[⑦] 高力克的《进化的两面性：章太炎的进步论批判》一文指出，章太炎以佛庄批判进步论的“俱分进化论”，以及其弟子对西方现代文化的批判，都具有现代性批判的深刻意味，表征着中国启蒙运动的现代性批判之维。[⑧] 慕唯仁的《章太炎与联亚主义的再思考：作为方法的印度》一文从后殖民的角度来考察章太

---

① 王锐：《新旧之辨：章太炎学行论》，广西师范大学出版社2017年版。

② 王玉华：《多元视野与传统的合理化：章太炎思想的阐释》，上海人民出版社2018年版。

③ ［美］慕唯仁：《章太炎的政治哲学：意识之抵抗》，华东师范大学出版社2018年版。

④ ［日］林少阳：《鼎革以文：清季革命与章太炎“复古”的新文化运动》，上海人民出版社2018年版。

⑤ 姜义华：《章太炎与中国现代学术基础的奠定》，《史林》2016年第4期。

⑥ 熊月之：《章太炎早年参加书院课艺活动钩沉》，《史林》2017年第4期。

⑦ ［日］林少阳：《鲁迅如何“影响”了章太炎？——复古的新文化运动与反复古的新文化运动》，《鲁迅研究月刊》2016年第7期。

⑧ 高力克：《进化的两面性：章太炎的进步论批判》，《华东师范大学学报（哲学社会科学版）》2018年第2期。

炎的思想，指出章太炎为了回应黑格尔的观点，设想了乌托邦式的愿景，以此消弭特殊性与普遍性的对立。[①] 尤学工、余康的《论章太炎的明史研究》一文指出，对章太炎来说，明史研究具有多重意义，也体现了他学用统一的史学价值观。[②]

彭春凌先后有多篇文章讨论章太炎。《何为进步：章太炎译介斯宾塞的主旨变焦及其投影》一文指出，章太炎鲜明的革命立场，使他更容易被肯定人的主观能动性的理论吸引，严复与章太炎在宇宙观及政治主张上的差别，可视为斯宾塞及其面临的挑战在中国语境中某种程度的投影和再现。[③] 另一篇文章《近代思想全球流衍视野中的章太炎与五四》从全球史的角度考察章太炎与“五四”的关系，指出章不仅是五四新文化的本宗始祖，“五四”一代也继承了他的精神和议题。[④] 王锐也有多篇文章讨论章太炎的思想。在《辛亥革命后章太炎对道法政论之阐释》一文指出，章太炎之于诸子，从中国历史与文化本身脉络出发，根据对时局的感观，阐释诸子思想中能对今世有所贡献者。在他那里，传统与现代之间绝非处于割裂状态。[⑤] 在《历史国情与制度设计——章太炎〈代议然否论〉再解读》一文中，王锐对章太炎的《代议然否论》进行解读，章太炎所强调的制度设计应实事求是地从历史流变与基本国情出发，这是后来中国革命所必须面对的一个重要时代命题。[⑥]《时势变迁下的历史反思——论章太炎的辛亥记忆》一文考察了章太炎的辛亥记忆，强调章太炎作为辛亥革命的主要亲历者，因特定的政治立场和学术见解，对辛亥革命有着独特的

---

① ［美］慕唯仁：《章太炎与联亚主义的再思考：作为方法的印度》，《杭州师范大学学报（社会科学版）》2018 年第 5 期。

② 尤学工、余康：《论章太炎的明史研究》，《史学史研究》2016 年第 4 期。

③ 彭春凌：《何为进步：章太炎译介斯宾塞的主旨变焦及其投影》，《近代史研究》2019 年第 1 期。

④ 彭春凌：《近代思想全球流衍视野中的章太炎与五四》，《中国文化研究》2019 年第 2 期。

⑤ 王锐：《辛亥革命后章太炎对道法政论之阐释》，《华中师范大学学报（人文社会科学版）》2018 年第 1 期。

⑥ 王锐：《历史国情与制度设计——章太炎〈代议然否论〉再解读》，《华东师范大学学报（哲学社会科学版）》2018 年第 2 期。

记忆，这也体现出他对晚近历史的认知，凸显他特定的政治与文化立场。[①]

除此之外，石井刚的《文学复古与“科学”革命：戴震的西学对章太炎国故文体的影响》一文指出，复古的文体往往承载着更为激进的话语内容，章氏的复古文体表述了来自西方的新思想、新知识，他继承了清代乾嘉汉学的考据学传统，企望清代汉学能够产生科学的现代话语，同时始终坚持使用复古笔法。[②] 周展安的《依他起自性，依自不依他与反公理——试论章太炎从佛学出发的“唯物论”思想》一文指出，在章太炎的佛学阐释中，包含着一种独特的“唯物论”思路，这种思路潜藏着和中国化马克思主义者的“唯物论”思想相互沟通的成分。[③] 江湄的《超越虚无：辛亥士风与章太炎儒学观念的转变》指出，章太炎对辛亥革命精神意态和行动方式的反省和批判，是促成他儒学观念转变和重新形成的重要思想因素。[④]

杨度。高力克的《寻求文明与富强：杨度的现代中国想象》一文指出，杨度的金铁主义熔自由主义与国家主义于一炉，其西方观代表了清末立宪派知识分子对西方文明和现代世界的深刻认识。[⑤] 郑大华、刘平的文章《论杨度的“中华民族”观及其历史地位》指出，杨度在《金铁主义说》一文中提出的“五族合一”“五族一家”论是武昌起义后提出“五族共和”主张的重要思想渊源，“五族共和”的提出并发展成为中华民国的建国方针，对“中华民族”观念的最终形成产生重要的促进作用。[⑥] 段

① 王锐：《时势变迁下的历史反思——论章太炎的辛亥记忆》，《苏州大学学报（哲学社会科学版）》2018 年第 1 期。

② ［日］石井刚：《文学复古与“科学”革命：戴震的西学对章太炎国故文体的影响》，《现代哲学》2017 年第 3 期。

③ 周展安：《依他起自性，依自不依他与反公理——试论章太炎从佛学出发的“唯物论”思想》，《中国哲学史》2017 年第 4 期。

④ 江湄：《超越“虚无”：辛亥士风与章太炎儒学观念的转变》，《开放时代》2017 年第 4 期。

⑤ 高力克：《寻求文明与富强：杨度的现代中国想象》，《南京大学学报（哲学·人文科学·社会科学）》2015 年第 2 期。

⑥ 郑大华、刘平：《论杨度的“中华民族”观及其历史地位》，《湖南师范大学社会科学学报》2019 年第 2 期。

炼的《国之内外的“文野之辨”——以20世纪初期杨度的世界观念为中心（1902—1911年）》通过对杨度世界观念的考察，一方面，他鼓励中国效仿日本、德国的历史经验，以强化经济、贸易和军事战备能力为轴心，进而走向全面促进国家政治结构和运作能力的变革。另一方面，杨度心目当中现代国家政治愿景与全球正义的最终实现，仍有赖于国民能力的文明展示，而非简单诉诸“去道德”的经济与军事力量。①

刘师培。张仲民在《世界语与近代中国知识分子的世界主义想象——以刘师培为中心》一文中指出，刘师培认为中国文字必须改造，中国人应该学习世界语，世界语是中国迅速学习西方、融入世界的终南捷径，由此可以实现文明开化和世界大同。文章强调，他虽然以“世界主义”与超越民族国家关怀为目标，但实质上仍受社会达尔文主义影响的乌托邦追求。② 张仲民的《南桂馨和刘师培》一文重构了阎锡山的幕僚南桂馨和刘师培之间复杂的关系，以及其资助《刘申叔先生遗书》出版的前后情况。③ 张仲民的《“以学殉时”：洪宪帝制期间的刘师培》一文在充分占有史料的情况下，展现了刘师培为袁世凯复辟帝制活动进行鼓吹情况。④ 徐天娜的文章《刘师培的“资产阶级”概念——以〈衡报〉为中心》一文以《衡报》为中心来考察刘师培等的“资产阶级”概念，文章指出他们通过“劳民革命”和“农民革命”的论证，将“资产阶级”概念融入关于中国社会和中国革命的分析之中，成为中国共产主义革命兴起前一个值得关注的思想课题。⑤

除以上思想人物外，陈天华、朱执信也有专文讨论。刘云波的《陈天华留日期间的思想走向辨析》一文通过梳理20世纪初年陈天华的言行指出，陈天华所经历的是一条从革命走向改良的道路，这与大多留日学界

① 段炼：《国之内外的“文野之辨”——以20世纪初期杨度的世界观念为中心（1902—1911年）》，《安徽史学》2017年第6期。

② 张仲民：《世界语与近代中国知识分子的世界主义想象——以刘师培为中心》，《学术月刊》2016年第4期。

③ 张仲民：《南桂馨和刘师培》，《近代史研究》2018年第3期。

④ 张仲民：《“以学殉时”：洪宪帝制期间的刘师培》，《史林》2019年第2期。

⑤ 徐天娜：《刘师培的“资产阶级”概念——以〈衡报〉为中心》，《学海》2018年第6期。

的革命者恰恰相反。[①] 何伟楠的《从三民主义到社会主义——论朱执信对近代中国社会道路的探索》一文指出，朱执信探索中国道路及思想发展经历了三民主义、无政府主义，再到倾向社会主义的转变过程。[②]

五 五四时期的思想家

胡适。胡适在近现代中国思想史上占有重要的位置，对他的研究也一直是学术界的热点。2015 年以来，研究胡适的著作主要有任剑涛主编的《重思胡适》，也是学界为纪念胡适逝世 50 周年学术讨论会的实录，上编为“胡适思想的再认识”，下编为“胡适话题的再探究”，主要对胡适思想及其在当代的影响进行考察。[③] 此间，江勇振出版了胡适传记的后两部分，一部是《舍我其谁：胡适》第三部，主要探讨 1927 年至 1932 年胡适为学和论政情况。[④] 另一部是《舍我其谁：胡适》第四部，主要探讨胡适在 1932 年至 1962 年议政参政的部分，包括他在 30 年代的政治学术思想、担任中国驻美大使期间的言论作为，及蒋介石败走台湾后的所作所为。[⑤]

研究论文方面，有多位学者对胡适的思想文化观念进行了探讨。汪荣祖的论文《启蒙还是浪漫——重评胡适在新文化运动中的功与过》指出，胡适对充分西化的高调，从他关心国家进步与繁荣的角度来看固无可疑，但是他只见于当时西方的科技文明，对整个西方文化的认识有所不足，昧于自然科学和人文学科的差异。作者指出，今天不宜一味表扬其参与新文化运动之功绩，对其过失也应反思。[⑥] 何卓恩的《现代大学之梦：胡适思想的另一个视角》一文考察了胡适“兴大学，造文明”的梦想，指出胡适的现代大学梦最终重挫于内战，然其诉诸“造文明”大学理想，是中

---

① 刘云波：《陈天华留日期间的思想走向辨析》，《史学月刊》2018 年第 11 期。

② 何伟楠：《从三民主义到社会主义——论朱执信对近代中国社会道路的探索》，《马克思主义与现实》2017 年第 5 期。

③ 任剑涛主编：《重思胡适》，中央编译出版社 2015 年版。

④ 江勇振：《舍我其谁：胡适》（第三部），联经出版公司 2018 年版。

⑤ 江勇振：《舍我其谁：胡适》（第四部），联经出版公司 2018 年版。

⑥ 汪荣祖：《启蒙还是浪漫——重评胡适在新文化运动中的功与过》，《文史哲》2019 年第 2 期。

国近代大学史上的重要遗产，为当代建设世界一流大学也提供了重要启示。[①] 袁刚、袁鹏的《自由主义的空谈与两难：胡适“平社论政”活动缘何无所作为》考察了1929—1930年间胡适在上海组织平社议政的问题，但由于国民党党治体制和纷乱政局无法容纳知识精英的直言，这样，虽然胡适等人议政热情高涨，却缺乏行之有效的办法，最终在政治上无所作为。[②] 王慧的文章《论胡适启蒙救国思想及其媒介建构》以文化教育学和政治传播学的双重视野，探讨了胡适的启蒙救国思想，呈现了胡适救国启蒙的心路历程和报国情怀。[③] 兰梁斌的《再论胡适的婚姻家庭思想》认为胡适的婚姻家庭思想呈现出新旧纠葛的特点，这种纠葛是近代中国人思想行为的真实反映，说明胡适家庭制度观念在历史长河中的变迁性和延续性。[④]

有关胡适的学术思想方面，泓峻的《论胡适学术研究中的强制阐释问题》指出胡适学术研究中的强制阐释，包括忽视东西方事物的差异性、忽视量与质之间的界限等，造成胡适学术研究困境的深层原因，则多属时代性，而非个人性。[⑤] 周质平的文章《“打鬼”与“招魂”：胡适钱穆的共识与分歧》讨论了胡适与钱穆在中国传统文化上的分歧。在胡适看来传统文化里有许多“阴魂不散”的鬼魅，“捉妖打鬼”是整理国故的首要工作。[⑥] 王法周的《西学方法、考据传统与中国现代学术典范之转移——以胡适与冯友兰的中国哲学史研究为中心》指出，胡适的《中国哲学史大纲》和冯友兰的《中国哲学史》两部著作，均凸显了西学方法与考据传统在新学术典范转移过程中的重要作用。[⑦]

---

① 何卓恩：《现代大学之梦：胡适思想的另一个视角》，《安徽史学》2017年第2期。

② 袁刚、袁鹏：《自由主义的空谈与两难：胡适“平社论政”活动缘何无所作为》，《人民论坛·学术前沿》2015年第4期。

③ 王慧：《论胡适启蒙救国思想及其媒介建构》，《学术界》2016年第5期。

④ 兰梁斌：《再论胡适的婚姻家庭思想》，《晋阳学刊》2018年第1期。

⑤ 泓峻：《论胡适学术研究中的强制阐释问题》，《学术研究》2016年第3期。

⑥ (美) 周质平：《“打鬼”与“招魂”：胡适钱穆的共识与分歧》，《鲁迅研究月刊》2018年第10期。

⑦ 王法周：《西学方法、考据传统与中国现代学术典范之转移——以胡适与冯友兰的中国哲学史研究为中心》，《民国档案》2019年第2期。

除此之外，胡适思想的其他方面也有专文探讨，章清的论文《“造新因”：胡适对建构“社会重心”的省思》讨论了胡适如何认识和利用“社会”这一概念，揭示了“社会”这一概念的多重维度。① 郑师渠的文章《胡适重建“社会重心”说及其异化》指出胡适20 世纪30 年代提出的重建“社会重心”说前后变调，最终异化成只能维护以国民党政权为社会中心的肤浅说教，这种异化既与自由主义者的诉求有关，也与政局变动有关。② 张宝明的《读者·作者·编者：三重维度下的胡适与〈新青年〉》指出：胡适的“三者”固化为一个词就是青年导师，无论是哪一个身份，胡适都在一个链条上牵引着“青年运动的方向”。③ 易明的《“不容异己”别有所指：“人权运动”前胡适在上海》考察了胡适在“人权运动”前与知识分子之间的争论。④

陈独秀。陈长松的《陈独秀前期报刊实践与传播思想研究（1897—1921）》从新闻传播史的角度梳理了陈独秀在维新、清末新政、五四时期的报刊实践活动，从传播主题、宗旨、传播思想三个方面呈现了陈独秀的传播思想。⑤ 陈光寿的《“三次跨越”与“三个选择”：陈独秀对近代中国出路的探索》考察了陈独秀“三次跨越”，即维新派、孙中山、马克思主义和“三次选择”的主要历程。⑥ 高蕾的《陈独秀现代化思想研究》考察了陈独秀现代化思想的演变及其社会活动对中国现代化的影响。⑦

关于五四新文化运动时期的陈独秀，欧阳军喜的《论新文化运动时期陈独秀民主思想的演变》指出，新文化运动时期陈独秀民主思想经历

---

① 章清：《“造新因”：胡适对建构“社会重心”的省思》，《四川大学学报（哲学社会科学版）》2017 年第 3 期。

② 郑师渠：《胡适重建“社会重心”说及其异化》，《中国高校社会科学》2019 年第 1 期。

③ 张宝明：《读者·作者·编者：三重维度下的胡适与〈新青年〉》，《安徽史学》2017 年第 2 期。

④ 易明：《“不容异己”别有所指：“人权运动”前胡适在上海》，《安徽史学》2017 年第 4 期。

⑤ 陈长松：《陈独秀前期报刊实践与传播思想研究（1897—1921）》，中国社会科学出版社 2015 年版。

⑥ 陈光寿：《“三次跨越”与“三次选择”：陈独秀对近代中国出路的探索》，上海社会科学院出版社 2017 年版。

⑦ 高蕾：《陈独秀现代化思想研究》，东北大学出版社 2017 年版。

了三种形态，自由与平等是贯穿始终的价值追求。[①] 翁有为的《“五四”前后陈独秀对“封建”意涵的探索——中共“反封建”话语的初步形成与发展》梳理了“五四”前后十余年间关于“封建”和“反封建”思想的探讨和构建，指出这些理论在中国共产党早期理论发展中具有重要意义和特殊价值。[②] 李先明的《新文化运动时期陈独秀“反孔非儒”的历史重探》一文指出在当时的时空背景下，“反孔非儒”有其历史必然性和正当性，但在多种因素影响下许多言论也有失偏颇。[③] 王锐的《寻找“新的政治”——“五四”前后陈独秀对于国家问题的思考》考察了陈独秀五四前后对国家问题的思考，指出陈氏思想轨迹的变迁呈现出五四前后中国思想界之特征。[④]

还有学者对陈独秀其他方面的思想进行了研究。毛兴贵的论文《论陈独秀晚年的民主思想》对陈独秀晚年民主思想的内容、民主与资本主义和社会主义之间的关系进行了论述，并对陈独秀的民主思想进行了评价和定位。[⑤] 高力克的论文《“以科学代宗教”：陈独秀的科学主义宗教观》指出，陈独秀的孔德式实证主义宗教观是“五四”科学主义的典型表征，表现了“五四”知识分子尊“德先生”为“赛菩萨”的科学主义乌托邦的科学神话。[⑥] 马勇的《“五四运动总司令”陈独秀的远见和盲区》在指出陈独秀的远见和盲区后，强调那代人的焦虑、偏执、决绝不是促进思想启蒙，反而引发世人对新的文化独断主义的忧虑和反斥。[⑦] 左玉河的《陈独秀：有革命家气质的启蒙思想家》一文指出，陈独秀视伦理觉悟为国

---

① 欧阳军喜：《论新文化运动时期陈独秀民主思想的演变》，《中共党史研究》2015 年第 12 期。

② 翁有为：《“五四”前后陈独秀对“封建”意涵的探索——中共“反封建”话语的初步形成与发展》，《中共党史研究》2018 年第 5 期。

③ 李先明：《新文化运动时期陈独秀“反孔非儒”的历史重探》，《复旦学报》2018 年第 1 期。

④ 王锐：《寻找“新的政治”——“五四”前后陈独秀对于国家问题的思考》，《探索与争鸣》2019 年第 5 期。

⑤ 毛兴贵：《论陈独秀晚年的民主思想》，《现代哲学》2015 年第 6 期。

⑥ 高力克：《“以科学代宗教”：陈独秀的科学主义宗教观》，《史学月刊》2017 年第 1 期。

⑦ 马勇：《“五四运动总司令”陈独秀的远见和盲区》，《河北学刊》2019 年第 2 期。

人最后之觉悟，形成了从思想文化入手解决中国政治问题的基本路向。[①] 瞿骏的《陈独秀与“万恶孝为首”谣言考论》考察了陈独秀“万恶孝为首”在上海、广州的联动，指出这一事件与“五四”之际新文化同仁因攻击家庭伦理所影响的社会心理基础有关，也折射出马克思列宁主义破除旧礼教与重建新伦理的困境所在。[②]

梁漱溟。罗志田先后发表多篇论文，从各个方面对梁漱溟进行了精深的探讨，主要有《异化的保守者：梁漱溟与“东方文化派”》[③]《借世界说中国：梁漱溟言学问的窘境》[④]《守旧的趋新者：梁漱溟与民初新旧东西的纠缠》[⑤]《文化的眼光：梁漱溟认知取向的特色》[⑥]《文化东西：梁漱溟之问的时代性》[⑦]《反思现代性：梁漱溟论世界文化的过渡时代》[⑧]，以及《整体与个别：梁漱溟对文化的思辨》[⑨] 等。

顾洪亮的《论梁漱溟对罗素哲学的儒化》讨论了梁漱溟儒化罗素哲学的三个环节，使罗素的冲动说和灵性说构成了现代新儒家的内在环节，融入了现代中国哲学的话语体系。[⑩] 欧阳哲生的《文化认同·文化反省·文化自觉——以梁漱溟著〈中国文化要义〉为文本的探讨》一文通过梁漱溟的《中国文化要义》来讨论中国文化问题，指出他对中国文化的“反省”意识，显现其无意守旧，与同样归类为“新儒家”的冯友兰依循

---

① 左玉河：《陈独秀：有革命家气质的启蒙思想家》，《杭州师范大学学报（社会科学版）》2015 年第 4 期。

② 瞿骏：《陈独秀与“万恶孝为首”谣言考论》，《中共党史研究》2019 年第 4 期。

③ 罗志田：《异化的保守者：梁漱溟与“东方文化派”》，《社会科学战线》2016 年第 3 期。

④ 罗志田：《借世界说中国：梁漱溟言学问的窘境》，《社会科学研究》2017 年第 1 期。

⑤ 罗志田：《守旧的趋新者：梁漱溟与民初新旧东西的纠缠》，《学术月刊》2016 年第 12 期。

⑥ 罗志田：《文化的眼光：梁漱溟认知取向的特色》，《复旦学报（社会科学版）》2017 年第 6 期。

⑦ 罗志田：《文化东西：梁漱溟之问的时代性》，《探索与争鸣》2016 年第 7 期。

⑧ 罗志田：《反思现代性：梁漱溟论世界文化的过渡时代》，《探索与争鸣》2017 年第 7 期。

⑨ 罗志田：《整体与个别：梁漱溟对文化的思辨》，《南京大学学报（哲学·人文科学·社会科学）》2017 年第 4 期。

⑩ 顾红亮：《论梁漱溟对罗素哲学的儒化》，《学术月刊》2015 年第 4 期。

西方方法分析中国文化大相径庭。[①] 朱汉国的《简评历史上对梁漱溟乡村建设的几次批判》指出历史上对梁漱溟乡村建设的几次批判，实际上反映了人们对改造中国、建设中国的不同认识。[②] 王中江的《生命的创造和灵性化：梁漱溟的伦理生命主义图像》指出，梁漱溟的生命主义关注的是生物的生命进化，特别是人的伦理生命和人的心灵和精神的进化，更具体的说，是儒家伦理生命和伦理心灵的创造。[③]

鲁迅。关于鲁迅的思想研究方面，陈平原在《鹦鹉救火与铸剑复仇——胡适与鲁迅的济世情怀》一文中比较了胡适与鲁迅的济世情怀，相对“建设者”胡适而言，鲁迅是以一个革命者的姿态出现的，鲁迅与胡适成为现代思想史、文学文化史的双峰。[④] 高力克的《从尼采到马克思：鲁迅的思想转变》一文指出，鲁迅是一个批判者，他寄希望于20世纪文明，当鲁迅的尼采式个人主义幻灭，马克思的共产主义提供了可供选择的人类解放的新理想，他在晚年也从尼采式的右翼批判者转变为马克思式的左翼批判者。[⑤] 颜炼军的《在“民族”与“国民性”之间：试论鲁迅“民族”观念的变迁与困惑》讨论了鲁迅“民族”观念的变迁与困惑，指出鲁迅青年时期是一个民族主义者，从“五四”前后开始，他基于“国民性”批判谈论民族问题，使他超越了一般民族主义的桎梏。[⑥] 王德威的《鲁迅、韩松与未完的文学革命——“悬想”与“神思”》借助“悬想”与“神思”两个概念探索“五四”文学的意涵以及当代的回应。[⑦]

---

① 欧阳哲生：《文化认同·文化反省·文化自觉——以梁漱溟著〈中国文化要义〉为文本的探讨》，《清华大学学报（哲学社会科学版）》2018年第1期。

② 朱汉国：《简评历史上对梁漱溟乡村建设的几次批判》，《历史教学》2018年第22期。

③ 王中江：《生命的创造和灵性化：梁漱溟的伦理生命主义图像》，《深圳大学学报（人文社会科学版）》2018年第2期。

④ 陈平原：《鹦鹉救火与铸剑复仇——胡适与鲁迅的济世情怀》，《学术月刊》2017年第8期。

⑤ 高力克：《从尼采到马克思：鲁迅的思想转变》，《浙江大学学报（人文社会科学版）》2018年第6期。

⑥ 颜炼军：《在“民族”与“国民性”之间：试论鲁迅“民族”观念的变迁与困惑》，《中国现代文学研究丛刊》2018年第3期。

⑦ 王德威：《鲁迅、韩松与未完的文学革命——“悬想”与“神思”》，《探索与争鸣》2019年第5期。

关于鲁迅逝世后人们的看法和纪念问题，张皓在《抗战时期毛泽东萧军关于鲁迅的看法与争论》指出鲁迅逝世后，关于如何定位鲁迅，毛泽东和萧军发表过不同的见解，也表现了两人在建设新民主主义文化问题上的不同见解。[①] 何卓恩在《光复初期〈台湾文化〉与鲁迅影像三题》一文中指出抗战胜利后，刚刚回归祖国的台湾兴起了一股左翼文化思潮，其中就有对鲁迅形象的塑造和宣传。这不仅体现了省内外知识精英在“祖国化”与“现代化”层面的文化意识的汇聚，还蕴含着大陆赴台学人传播启蒙观念与本省文化人表达愤懑诉求的心理。[②]

第四节　思潮史、学术思想史和新领域研究的新进展

2015 年以来，在之前研究的基础上，学者们继续在思潮史、学术史方面精耕细作，不断将思潮史、学术史向前推进。同时，由于新理论、新方法的引入和采用，概念史研究不断被深化，思想史与新文化史持续融合并出现许多新的研究方向，成为思想史研究的新亮点。学者们的不断努力也使中国近代思想史研究保持着持久的生命力。

一　思潮史研究

思潮是一个时代一种明显的思想动向，也是一个时代思想界的主基调之一。20 世纪 90 年代以来，中国近代思潮史研究异军突起，成为思想史研究的主要领域之一。今天如何进一步深化中国近代思潮史研究？郑大华在《进一步深化中国近代思潮研究的理论思考》中进行了系统的思考。郑大华指出，要进一步深化中国近代思潮研究，第一，要搞清“思潮”的含义，以及在近代传入中国过程中的意义变化。第二，要加强对中国近

---

① 张皓：《抗战时期毛泽东萧军关于鲁迅的看法与争论》，《北京师范大学学报（社会科学版）》2016 年第 4 期。

② 何卓恩：《光复初期〈台湾文化〉与鲁迅影像三题》，《华中师范大学学报（人文社会科学版）》2018 年第 2 期。

代思潮的中外思想资源研究，梳理清楚西方思潮在西方和中国的生成、发展、流变和演变，以及中国本土的思想资源如何影响中国知识界对西方思潮的选择和接受。第三，必须将思潮放在动态的脉络中予以观察。第四，要加强近代中国思潮之间相互影响、相互吸纳的研究。①

（一）民族主义思潮

民族主义是近代中国最重要的社会思潮之一，它贯穿于其他思潮之中，并与整个近代中国相始终。因此，民族主义思潮一直是思潮史研究的热点，也是学者们用力最多、著述最为丰富的领域。长期以来，学术界对中国近代民族主义代表人物研究较多，对某一阶段的民族主义研究也较多，而对民族主义的形成、发展和高涨的历史过程及其理论建构则缺乏系统深入的研究。郑大华著《中国近代思想脉络中的民族主义》一书系统考察了这一问题。该书通过对中国近代民族主义的研究，厘清了民族主义在近代中国的形成、发展和高涨的演变过程，以及与此过程相适应的民族主义的理论建构。作者希望此项研究能为我们正确认识和评价中国近代的民族主义提供历史的借鉴。② 宋春华的《抗战时期国共两党民族主义思想研究》一书，通过论述抗战时期国共两党民族主义的具体内容、比较分析两者的异同，阐明了民族主义对抗日战争和国共关系的重大影响。③

论文方面，王纯、王柏利的《近代中国民族主义思潮与民族传统体育的发展研究》一文指出，中国近代民族主义强化了民族传统体育对自我身份的认同，奠定了民族传统体育弘扬民族精神、传承民族文化和强健国民体质三大功能，并引领了民族体育近百年的改革方向。④ 郭倩倩、秦龙的《论中国近代民族主义的生成理路与价值意蕴》一文指出，中国近代民族主义的生成与日本等帝国主义的侵略直接相关，这也决定了中国近代民族主义自产生起就带有鲜明的反帝反侵略性质，体现了一种被动的民

① 郑大华：《进一步深化中国近代思潮研究的理论思考》，《中国文化研究》2016 年第 1 期。

② 郑大华：《中国近代思想脉络中的民族主义》，社会科学文献出版社 2018 年版。

③ 宋春华：《抗战时期国共两党民族主义思想研究》，人民出版社 2017 年版。

④ 王纯、王柏利：《近代中国民族主义思潮与民族传统体育的发展研究》，《沈阳体育学院学报》2016 年第 6 期。

族自觉。[1] 武云的《抗战时期中共民族主义理论与实践》一文聚焦于抗战时期中国共产党民族主义的理论与实践，指出在民族与国家、民族与家族之间辨别和摸索的同时，导向了共产主义的中国化以及中国传统观念的现代化，体现了中国民主义探索的一种新形式。[2] 民族主义是孙中山三民主义中重要的一部分，国共合作时期孙中山如何应对苏联提供的民族主义政策，对国共合作前后孙中山民族主义具有重要意义。李国芳的《变抑不变：国民党一大前后孙中山民族主义学说之考察》一文指出，国民党“一大”前后，孙中山所恪守的仍是自五四运动以来新发展的“积极底民族主义”政策，其通过“修约”反帝的策略与苏联、中国共产党所倡导的阶级斗争、暴力革命模式大相径庭。[3]

（二）社会主义思潮

研究著作方面，姜锐、鲁法芹的《社会主义思潮与中国文化的相遇》一书系统总结了自洋务运动到 20 世纪三四十年代各种社会主义思潮学说在中国传播、发展过程中，如何与中国传统思想文化中相关元素相结合，以及在此方面的经验得失。另外，该书系统总结了早期马克思主义者和共产党人在传播和发展马克思主义及其科学社会主义的过程中，如何与中国传统思想文化中相关元素结合的，成为中国化的马克思主义，以及此方面的经验得失情况。[4] 朱美荣的专著《比较与鉴别：五四时期社会主义思潮流派研究》指出，几大社会主义思潮在“五四”时期的传播和成长史告诉我们，一个理论必须呼应现实的需求，解决现实的问题，才能适应时代的发展。马克思主义在历史上指导了中国革命的成功，并成为今天中国的主流意识形态。作者还强调，我们也不应否定其他社会主义思潮曾经为作为救国之方的努力，它们同马克思主义一样，都对当时的制度进行了批判

① 郭倩倩、秦龙：《论中国近代民族主义的生成理路与价值意蕴》，《思想教育研究》2016 年第 10 期。

② 武云：《抗战时期中共民族主义的理论与实践》，《开放时代》2015 年第 4 期。

③ 李国芳：《变抑不变：国民党一大前后孙中山民族主义学说之考察》，《安徽史学》2016 年第 1 期。

④ 姜锐、鲁法芹：《社会主义思潮与中国文化的相遇》，山东人民出版社 2016 年版。

并提出了自己的改革方案。[①]

在研究论文方面，薛子燕的论文《平等：新文化运动时期不同社会主义思潮的共同追求与相互竞争》指出新文化运动时期的三个社会主义流派，即无政府主义、吉尔特社会主义和马克思主义的科学社会主义都强调平等的价值和意义。然而他们对平等观念的不同理解，导致各自对平等观念的追求也大异其趣，造成不同社会主义流派之间激烈的竞争。正是在这种共识与竞争交织的复杂语境中，平等观念从抽象性的价值走向了具体的历史生活实践，社会主义由外来的社会思潮具有了更多的中国内容和中国特色。[②] 社会主义思潮的传播与社会主义学说的译介、传播直接相关，或者可以说，社会主义学说也是社会主义思潮的一部分。孙建昌的《社会主义学说在中国早期译介与传播的历史贡献》一文指出 20 世纪前 20 年，日本是社会主义学说的主要渠道，中国留日学生是译介和传播社会主义学说的主体。早期译介作为社会主义学说在中国传播的前提和基础性环节，不仅输入给中国一套社会主义理论术语，而且通过译介和传播过程中的中国化阐释也肇始了社会主义学说与中国传统文化的结合。[③] 吴文珑的论文《延伸与超越：延安时期中共思想理论界对社会主义与共产主义的认识和思考》指出延安时期的社会主义思想史值得关注。一方面，中共思想界批判性地继承了建党以来的社会主义、共产主义思想，对其不断完善和系统化。另一方面，他们继承前人又超越前人，创造性提出了一些以往未涉猎的思想侧面，进一步深化了他们对社会主义和共产主义的认识。[④]

关于中国道路思考方面，张艳国的《李大钊、瞿秋白对俄国道路的认识》一文指出，中国最终走向社会主义道路和中国早期共产主义群体

① 朱美荣：《比较与鉴别：五四时期社会主义思潮流派研究》，上海社会科学院出版社 2018 年版。

② 薛子燕：《平等：新文化运动时期不同社会主义思潮的共同追求与相互竞争》，《武汉大学学报（人文科学版）》2015 年第 5 期。

③ 孙建昌：《社会主义学说在中国早期译介与传播的历史贡献》，《马克思主义理论学科研究》2017 年第 3 期。

④ 吴文珑：《延伸与超越：延安时期中共思想理论界对社会主义与共产主义的认识和思考》，《教学与研究》2017 年第 7 期。

对中国社会主义道路、理论和制度的选择密切相关。李大钊和瞿秋白运用唯物史观分析俄国道路，其成果已经成为中国人民的宝贵财富，是中国早期马克思主义中国化的珍贵思想资料，也是中国近代思想文化与社会转型互动的一个宝贵案例。作者强调，李大钊和瞿秋白不仅是中国共产党思想早期的论证者与阐述者，也是中国革命话语概念最初体系的塑造者，其思想一脉贯通至今。[①] 左玉河的《思想分歧与道路选择：重新认识五四时期的“社会主义论战”》一文考察了以李大钊、陈独秀为代表的中国马克思主义者，与以张东荪、梁启超为代表的研究系在社会主义道路选择上出现明显的差异。经过论战，双方都从对方那里接受了某些观点和启示，对自身的观点进行了修正和补充，调整了自身的政治观点。双方的意见虽然没有根本改变，但都有所丰富完善，并在“国家社会主义”的基点上找到了发展实业的共同途径。[②]

（三）保守主义思潮

保守主义是中国近代最主要的思潮之一，对中国近代社会和思想文化的发展与走向产生过重要影响。在专著方面，郑大华的《中国近代思想脉络中的文化保守主义》一书是作者多年来研究中国文化保守主义的结晶。该书将文化保守主义放在近代中国思想的脉络中考察，主要涵盖“文化保守主义的理论研究”“文化保守主义与反传统的西化思潮和马克思主义思潮的互动关系研究”“文化保守主义的发展历程研究”和“文化保守主义群体研究”四个部分。该书的主要观点有以下几个方面：一是关于文化保守主义的界定和特征，提出要对两种保守主义，即文化保守主义和政治保守主义进行区分，文化保守主义在文化取向上主张认同、维护传统，政治保守主义在政治取向上反对社会革命或全面变革。二是认为文化保守主义与反传统的西化思潮和马克思主义思潮虽然在文化取向上彼此对立，但由于生活在同一时代，面临相同的“前现代”传统的内容和具体的历史处境，因此又有着许多相同或相似之处。三是关于文化保守主义

① 张艳国：《李大钊、瞿秋白对俄国道路的认识》，《中国社会科学》2016年第10期。

② 左玉河：《思想分歧与道路选择：重新认识五四时期的“社会主义论战”》，《安徽大学学报（哲学社会科学版）》2017年第1期。

的评价，提出了三条原则，即历史唯物主义的方法或原则、一分为二的方法或原则、具体问题具体分析的方法或原则。[①] 朱庆跃的《近现代中国化马克思主义与文化保守主义的思想论战研究》一书以论战问题为中心，呈现了近现代史上中国化马克思主义与文化保守主义的论战情况，即不同时代中国化的马克思主义者如何回应文化保守主义者的挑战，并对他们论战的缘由、实质、内容和目的等进行了详细的考察和分析。[②]

在论文方面，朱庆跃、何云峰的论文《20 世纪三四十年代中国马克思主义者对文化保守主义挑战的回应》指出应对包括文化保守主义在内的社会各种思潮的挑战，是马克思主义中国化历史实践中的重要情境。在 20 世纪三四十年代，就当时中国的问题是什么，为什么会产生以及如何解决，乃至中外文化关系如何处理，以本位文化派为代表的文化保守主义对马克思主义中国化的实践构成了间接，但却是根本性的挑战。作者强调，这些回应进一步论证了马克思主义的科学真理性，增强了马克思主义中国化实践的现实正当性。[③] 徐旭的《民国保守主义者对西方文化的态度探微》一文考察了民国保守主义者对西方文化的取舍，指出舍的一面表现出民国保守主义者因西方文化的弊端而对其有所抗拒，二则在于西方文化之精华也未必都适用于中国。[④] 李九如的《新生活运动与早期中国电影的“文化保守主义”（1934—1937）》一文指出在抗战时期新文化运动的复古语境中，出现了一些在文化上趋于保守的电影，它们在以往的电影史叙述中，往往被忽略对待，但是其本身却有现代的意义。[⑤]

（四）激进主义思潮

高力克的《百年儒学：在变革与认同之间——现代中国文化激进主

---

① 郑大华：《中国近代思想脉络中的文化保守主义》，湖南人民出版社 2015 年版。

② 朱庆跃：《近现代中国化马克思主义与文化保守主义的思想论战研究》，上海三联书店 2016 年版。

③ 朱庆跃、何云峰：《20 世纪三四十年代中国马克思主义者对文化保守主义挑战的回应》，《西南大学学报（社会科学版）》2015 年第 1 期。

④ 徐旭：《民国保守主义者对西方文化的态度探微》，《中国现代文学研究丛刊》2016 年第 2 期。

⑤ 李九如：《新生活运动与早期中国电影的“文化保守主义”（1934—1937）》，《电影艺术》2019 年第 1 期。

义的兴衰》一文考察了现代中国文化激进主义的兴衰。作者指出，20 世纪是中国走向现代的世纪，激进的反传统主义思潮在文明古国狂飙突进，成为世界现代史上罕见的思想奇观。作者强调，激烈反传统的文化激进主义是中国启蒙运动最具特色和影响的新文化思潮，其在百年中国的兴衰隆替，伴随着儒学之命运的沉浮，表征了中国现代化与文化转型的艰难历程。[①] 萧功秦的《知识分子如何避免观念的陷阱——从新文化运动的启蒙理性到政治激进主义》一文尝试从保守主义的视角，从经验主义的立场，对 20 世纪决定中国命运的思想文化运动的激进主义作进一步的反思。作者指出新文化运动中的激进反传统主义对集体经验的否定，使之不能承担起过滤外来经验与信条的功能，从而导致各种超越本土经验的舶来主义在中国长驱直入。文章进一步指出，只有以有方向感的经验主义为基础的中道理性，才能客观认识世界，摆脱主观主义。[②]

（五）自由主义思潮

张胜利的《中国“五四”自由主义流变》一书讨论了中国近代自由主义的流变史，指出维新时期的自由主义为“五四”自由主义的繁荣奠定了思想文化基础，“五四”时期是自由主义的繁荣期，以胡适为代表，20 世纪 50 年代殷海光则成为自由主义的余音。[③]

民族主义贯穿近代中国始终，自由主义者也有民族主义的情感。有多位学者对自由主义与民族主义之间的缠绕纠葛进行了讨论。张胜利主要考察严复思想中的自由主义与民族主义的关系，他在《自由主义嵌入民族主义的双重关系——严复民族自由主义思想研究》一文中指出，严复思想体系中自由主义嵌入了民族主义带来了二者的双重复杂关系，即民族主义为自由主义在中国的登场提供了动力，也决定了对西方自由主义的筛选和改造，自由主义也对民族主义的种族民族主义、文化民族主义与政治民族主义三个层面进行了染色和软化。作者强调，严复突破了自由主义教条

---

① 高力克：《百年儒学：在变革与认同之间——现代中国文化激进主义的兴衰》，《复旦学报（社会科学版）》2015 年第 4 期。

② 萧功秦：《知识分子如何避免观念的陷阱——从新文化运动的启蒙理性到政治激进主义》，《探索与争鸣》2015 年第 11 期。

③ 张胜利：《中国“五四”自由主义流变》，中国社会科学出版社 2016 年版。

的桎梏，将自由主义诸神与民族主义诸神放在中国的实境中进行抉择。作者还强调，史华兹将寻求富强看作严复介绍自由主义的动力，富强只是民族主义的一个重要方面，还不能涵盖严复民族主义的全部。①

还有学者对自由主义知识分子的心态进行了研究。郑师渠的《南京国民政府初期自由主义知识分子的政治心态》一文考察了自由主义知识分子在抗战时期的选择，指出自由主义知识分子在抗战时期走向“挺共”是民族大义的感召，他们后来主张开放党禁、国共联手，即是对国民党一党专政的打击。这也为国共二次合作做了重要的铺垫。② 马少茹、张三萍的《中国自由主义与儒学传统——以胡适为例的说明》一文则对自由主义在近代中国的失败原因进行了探讨。作者以自由主义的代表胡适为个案，指出中国近代的自由主义者在向中国传播西方自由主义理念时，片面地否定和批判中国的儒家文化，导致自由主义没能和中国传统有机结合，也就没能建立起与深受儒学影响的人民大众沟通的桥梁，这是自由主义在中国失败的重要原因之一。③ 胡金木的《近代中国自由主义教育理念的发展及其命运》一文指出了自由主义教育理念的许多优点，但同时也指出自由主义教育理念在近代中国更多地表现为一种漂浮于空中的教育观念，停留在知识分子的观念之中，并未成为行动者的教育纲领。④

（六）三民主义思潮

三民主义是孙中山融汇中西方文化制度所提出的一种救国主义，三民主义中也包含了中西文化的优秀成分。伍本霞的专著《孙中山三民主义与中西文化》一书从哲学和文化学的角度讨论了孙中山三民主义与中西两种文化的关系，梳理了孙中山民族、民权和民生主义形成的历史背景和

---

① 张胜利：《自由主义嵌入民族主义的双重关系——严复民族自由主义思想研究》，《哲学研究》2016 年第 12 期。

② 郑师渠：《南京国民政府初期自由主义知识分子的政治心态》，《北京师范大学学报（社会科学版）》2018 年第 4 期。

③ 马少茹、张三萍：《中国自由主义与儒学传统——以胡适为例的说明》，《中南民族大学学报（人文社会科学版）》2016 年第 5 期。

④ 胡金木：《近代中国自由主义教育理念的发展及其命运》，《陕西师范大学学报（哲学社会科学版）》2015 年第 4 期。

过程等，探讨了中西文化对三民主义思想形成的影响。[①] 房世刚的《抗战时期国共两党对三民主义认知与践行的研究》一书围绕“抗日民族统一战线”的形成和发展，对抗战时期国共两党对三民主义的认知和践行进行了全面系统的研究。[②]

在论文方面，庞虎的《三民主义儒学化与马克思主义中国化——基于思想史的比较及其实现路径的反思》一文分析了三民主义儒学化的过程，并与马克思主义的中国化进行了比较，进而探讨了“儒学化”与“中国化”之间的关系。[③] 李永进的《国共三民主义之争与新民主主义革命话语的建构（1938—1940）》一文对国共之间的三民主义之争进行了考察，指出以毛泽东为代表的中国共产党人区分了真假三民主义，建构起新民主主义革命的话语体系，实现了对三民主义的超越，逐步掌握了中国民主革命的话语权。[④] 赵立彬的论文《台湾光复初期三民主义的知识推广》考察了台湾光复初期省政当局推广三民主义知识的情况。初推广时，民间接受、宣传热情一度高涨，但随着台湾光复后政情和社情急转直下，民众对政府的不满也日益强烈，三民主义也成为民众表达不满的重要资源，从而出现了推广三民主义知识与现实紧密联系的复杂情况。[⑤]

（七）民族复兴思潮

在近年来思潮史的研究中，民族复兴思潮已成为学术界的热点。一方面，民族复兴是近代中国最重要的思潮之一，中国人民对民族复兴的追求也贯穿近代中国始终，并持续至今。而对民族复兴思潮，学术界之前关注很少。另一方面，随着中国不断强大，实现民族复兴的“中国梦”越来越被重视，民族复兴也成为当下的要务，成为学术的热点。

在专著方面，郑大华著《中国近代民族复兴思潮研究——以抗战时

---

① 伍本霞:《孙中山三民主义与中西文化》，湘潭大学出版社2017年版。

② 房世刚:《抗战时期国共两党对三民主义认知与践行的研究》，中共党史出版社2018年版。

③ 庞虎:《三民主义儒学化与马克思主义中国化——基于思想史的比较及其实现路径的反思》，《马克思主义与现实》2015年第2期。

④ 李永进:《国共三民主义之争与新民主主义革命话语的建构（1938—1940）》，《中共中央党校学报》2016年第4期。

⑤ 赵立彬:《台湾光复初期三民主义的知识推广》，《史学月刊》2019年第3期。

期知识界为中心》是目前国内外第一部以抗战时期知识界为中心，系统研究中国近代民族复兴思潮的专著。全书分为上、下两册，近百万字。该书主要对“民族复兴思潮的演变”“民族复兴思潮的内容”“民族复兴思潮的影响”等问题进行了系统考察。在“结语”部分，该书总结了近代以来尤其是“九一八”后的抗日战争时期的民族复兴思潮留给我们的启迪：“（一）民族复兴不是汉族或某个少数民族的复兴，而是包括汉族和所有少数民族在内的整个中华民族的复兴；（二）民族复兴不是复古，而是中华民族的浴火新生或再生；（三）民族复兴是一系统工程，不能片面强调某一方面，更不能将民族复兴等同于文化复兴；（四）要实现民族复兴，就必须调动一切积极因素，实现全国的大联合、大团结。”① 刘国军著《近代中国社会变革背景下的民族复兴思潮研究》从近代中国社会变革的大背景出发，从多个角度对民族复兴这一主题进行了考察，进一步厘清了民族复兴思潮的发展脉络。②

关于“中华民族”的形成问题，学界进行了详细的探讨。张太原在《抗日战争与中共的中华民族观的形成》一文中通过对中国共产党“中华民族”观念的考察，指出全面抗战开始后，中国共产党对“中华民族”观进行了调整，这种调整有力推动了中国作为一个现代民族国家的建构。作者还指出，在抗战以前，在中国共产党的各种言说中，“民族自决”与“统一中国”始终处于一种紧张的关系，而中华民族概念的丰富和确定，有效地解决了这一理论和现实的冲突。③ 黄克武的《民族主义的再发现：抗战时期中国朝野对“中华民族”的讨论》一文指出在20世纪20—40年代，受到中日战争的影响，“中华民族”的讨论再度勃兴。作者在考察了“中华民族”讨论的国际背景、内涵与意义后，指出抗战时期“中华民族”的讨论，一方面引发了内部之分歧和权力的斗争，另一方面造成

① 郑大华：《中国近代民族复兴思潮研究——以抗战时期知识界为中心》，中国社会科学出版社2017年版。

② 刘国军：《近代中国社会变革背景下的民族复兴思潮研究》，吉林文史出版社2018年版。

③ 张太原：《抗日战争与中共的中华民族观的形成》，《中共党史研究》2016年第3期。

该观念的凝聚性，有效地团结人心，共赴国难。[①]

许纪霖的《家国天下：现代中国的个人、国家与世界认同》一书，从近代中国“天下主义”观念的变化入手，讨论了现代中国的天下与华夷变异、民初的国家建构、新儒家的治国方案、现代中国的个人主义、地方认同以及“五四”时期的“世界主义”等议题，并在这些议题的基础上提出了“新天下主义”的构想，试图解决国家认同这个问题。[②] 郑大华还对杨松在抗战时期的“民族建国”理论进行了探讨，在《论杨松对民主革命时期中国共产党民族理论的历史贡献》一文中指出，杨松提出建立一个“新式的独立自由幸福的中华民国”，它既“与西欧法国及北美美国民主共和国有别”，也不是“苏联社会主义的无产阶级专政的苏维埃国家”。虽然杨松的理论也有缺陷，但是对民族革命时期中共的民族理论有重大贡献。[③] 李帆在《再谈辛亥革命前后的中华民族认同》一文中，对辛亥革命前后的“中华民族”概念进行了考察，指出作为一个“政治民族”概念，“中华民族”是在民族危机达于顶点之时出现的，但是其背后依托的则为中国悠久历史所传承下来的华夏文化认同理念，“文化民族”认同是“中华民族”认同的根基。[④]

实现中华民族伟大复兴的中国梦是近代以来中国人民矢志不渝的愿望和追求，但“中华民族复兴”思想的形成有一个历史的发展过程。郑大华的《甲午战争与“中华民族复兴”思想之萌发》一文指出，1894 年中日甲午战争割地赔款给中国造成的影响，促使了“中华民族复兴”思想的孕育和萌发。以甲午战争为契机，孙中山提出了“振兴中华”、梁启超提出了“少年中国”、国粹派提出了“古学复兴”等具有民族复兴思想内涵的口号、梦想和主张。[⑤] 孙占元的《甲午战争与中华民族复兴的历程》

---

① 黄克武：《民族主义的再发现：抗战时期中国朝野对“中华民族”的讨论》，《近代史研究》2016 年第 4 期。

② 许纪霖：《家国天下：现代中国的个人、国家与世界认同》，上海人民出版社 2017 年版。

③ 郑大华：《论杨松对民主革命时期中国共产党民族理论的历史贡献》，《民族研究》2015 年第 3 期。

④ 李帆：《再谈辛亥革命前后的中华民族认同》，《河北学刊》2015 年第 4 期。

⑤ 郑大华：《甲午战争与“中华民族复兴”思想之萌发》，《中国文化研究》2015 年第 1 期。

一文也讨论了甲午战争对中国民族复兴思想的催发。[①]

“五四”时期是民族复兴思想发展的另一个重要时期。郑大华《论“中华民族复兴”思想在五四时期的发展》一文指出萌发于清末民初的“中华民族复兴”思想，到“五四”时期有了新发展。与清末民初比较，“五四”时期不仅明确地提出了“民族复兴”或“民族复兴运动”思想，而且这时所讲的“民族复兴”是包括汉、满、蒙、回、藏在内的中国各民族亦即“中华民族”的复兴，尤其是孙中山对什么是民族精神、恢复和弘扬民族精神对于民族复兴的重要意义，以及如何处理好恢复和弘扬民族精神与向外国学习的关系等问题的阐述，是对民族复兴思想的重大发展。[②] 李捷的《新文化运动与民族复兴的正确道路》一文则阐述了新文化运动对马克思主义传播和中国共产党诞生的推动，以及在中华民族复兴史上不可替代的地位和作用。[③] 喻春梅、郑大华的《论五四时期李大钊的中华民族复兴思想及其意义》一文指出，李大钊在“五四”时期使用了“中华之再生”“民族之复活”等具有民族复兴之思想涵义的词汇，这些都是对清末民初萌发的中华民族复兴思想的发展，具有十分重要的思想意义。[④]

关于“中华民族复兴”思想在何时形成，郑大华在《论“九一八”事变后“中华民族复兴”思潮的形成》一文中指出，中华民族复兴从思想发展成为一种思潮是在“九一八”之后。首先，一些以“民族复兴”为宗旨的刊物相继创刊；其次，一些以探讨民族复兴为主要内容的书籍相继出版；再次，知识界纷纷发表文章，就中华民族能否复兴和如何复兴的有关问题各抒己见。中华民族复兴从思想发展成为一种思潮的主要原因是，九一八事变后日益严重的民族危机，激化了人们的民族认同感和民族责任感，从而为中华民族的复兴提供了契机。此外，还有以张君劢为代表

① 孙占元：《甲午战争与中华民族复兴的历程》，《河北学刊》2015 年第 4 期。

② 郑大华：《论“中华民族复兴”思想在五四时期的发展》，《安徽史学》2015 年第 2 期。

③ 李捷：《新文化运动与民族复兴的正确道路》，《北京大学学报（哲学社会科学版）》2015 年第 6 期。

④ 喻春梅、郑大华：《论五四时期李大钊的中华民族复兴思想及其意义》，《理论学刊》2015 年第 12 期。

的国社党人和以蒋介石为代表的国民党人的推动。① “九一八”后民族复兴思潮的形成，也促使学界在民族复兴话语下讨论要务。郑大华的文章《“九一八”后“民族复兴”话语下“中华民族意识”的讨论》指出“九一八”后面临严重的民族危机，知识界在讨论“中华民族能否复兴”和“中华民族如何复兴”的问题时，把目光聚焦于“中华民族意识”，认为只有培养和提高国民的民族意识，才能挽救民族危亡，实现国家富强和民族复兴，并提出了种种培养和提高国民民族意识的建议和主张，这在“中华民族”观念及其内涵的发展与演变的历程中也具有十分重要的思想意义。②

民族复兴思潮的形成，也使学术研究的旨趣发生改变。郑大华的《从“整理国故”到“国故整理”——九一八后中国学术研究的新趋向》一文指出“九一八”后学术研究的转向，即通过对中国传统学术和文化的发掘、阐释和弘扬，来增强民族的自尊心、自信心和自豪感，以抵御日本的侵略，建设民族新文化，从而实现中华民族的伟大复兴。③ 在《学术研究如何服务于民族复兴——九一八事变后的中国学术界》一文中，郑大华指出九一八事变后，随着民族复兴思潮的兴起，中国学术界以他们的专业知识积极服务于中华民族复兴。④

由于外敌的入侵，中国人空前团结一致向外，这也使人们更加关注民族复兴的问题。因此，抗战时期是民族复兴思想发展的又一个高峰。郑大华的论文《抗战时期有关“中华民族复兴”的讨论及其意义》考察了抗战时期中国人围绕“中华民族复兴”的讨论，得四点结论：“民族复兴不是汉族或某个少数民族的复兴，而是包括汉族和所有少数民族在内的整个中华民族的复兴”；“民族复兴不是复古，而是中华民族的新生或再生”；“民族复兴是一系统工程，不能片面强调某一方面，更不能把民族复兴等

---

① 郑大华:《论“九一八”事变后“中华民族复兴”思潮的形成》,《史学月刊》2015 年第 5 期。

② 郑大华:《“九一八”后“民族复兴”话语下“中华民族意识”的讨论》,《西南民族大学学报》2017 年第 12 期。

③ 郑大华:《从“整理国故”到“国故整理”——九一八后中国学术研究的新趋向》,《史学月刊》2017 年第 2 期。

④ 郑大华:《学术研究如何服务于民族复兴——九一八事变后的中国学术界》,《史学月刊》2018 年第 10 期。

同于文化复兴”；“要实现民族复兴，就必须调动一切积极因素，实现中华民族的大团结”。作者强调，这四个认识对于我们今天实现中华民族伟大复兴的“中国梦”具有十分重要的启迪意义。[①] 文化复兴是民族复兴的一部分，郑大华的论文《文化复兴与民族复兴——抗战时期知识界关于“中华民族复兴”的讨论》指出，抗战时期知识界围绕中华民族“能否复兴”和“如何复兴”两个问题展开讨论，其中“文化复兴与民族复兴”是讨论的主要问题之一。作者强调，中国文化的复兴非常必要，也完全可能。抗战时期知识界所讲的文化复兴并非文化复古，而是新的文化创造。[②] 他的另一篇文章《“民族复兴”话语下“抗战建国”的讨论》则对抗战时期未来建国的性质等问题进行了讨论。[③]

抗战时期民族复兴有多种表现形式和实现途径，如“民族复兴节”的设立、民族自信力的培育、民族精神的提振、民主政治的培育和历史教育的提升等。郑大华的论文《抗战时期“民族复兴节”的设立和纪念》梳理了“民族复兴节”的设立过程和纪念情况，指出把 12 月 25 日确定为“民族复兴节”并进行纪念，表达出的是人们对中华民族复兴的渴望和民族复兴思潮在七七事变后的高涨及其巨大的社会影响力。[④] 而他的《民族自信力与民族复兴——近代知识界关于“中华民族复兴”的讨论》一文则从民族自信力方面梳理其与民族复兴之间的关系。[⑤] 另外，郑大华的《中国近代“民族复兴”话语下“中华民族精神”的讨论》[⑥]、俞祖华的《民族精神提振与中华民族复兴》[⑦] 两篇文章都关注了民族精神提振与

① 郑大华：《抗战时期有关“中华民族复兴”的讨论及其意义》，《民族研究》2016 年第 3 期。

② 郑大华：《文化复兴与民族复兴——抗战时期知识界关于“中华民族复兴”的讨论》，《广东社会科学》2015 年第 1 期。

③ 郑大华：《“民族复兴”话语下“抗战建国”的讨论》，《中国文化研究》2017 年第 1 期。

④ 郑大华：《抗战时期“民族复兴节”的设立和纪念》，《河北学刊》2016 年第 3 期。

⑤ 郑大华：《民族自信力与民族复兴——近代知识界关于“中华民族复兴”的讨论》，《学术研究》2016 年第 1 期。

⑥ 郑大华：《中国近代“民族复兴”话语下“中华民族精神”的讨论》，《浙江学刊》2017 年第 1 期。

⑦ 俞祖华：《民族精神提振与中华民族复兴》，《河北学刊》2015 年第 4 期。

民族复兴的关系问题。关于民主政治的培育与民族复兴关系方面，郑大华的《民主政治对于民族复兴的重要意义——以抗战时期知识界对“中华民族复兴”的讨论为中心》一文对此进行了详细考察。[①] 在历史教育与民族复兴方面，郑大华的论文《历史教育与民族复兴：抗战时期学术界对历史教育于民族复兴之意义的认识》[②]、郑大华和邓燕的文章《“民族复兴”与历史书写——基于抗战时期历史教育视角的考察》[③] 两篇文章都对这一问题进行了讨论，肯定了历史教育对民族复兴的重要性。吉铠东在《中国青年与民族复兴——民国知识界关于“中华民族复兴”的探讨》一文中还梳理了民国知识界对中国青年与民族复兴关系的讨论。[④]

除了民族复兴思想在近代中国不同时期的发展历史外，近代中国的思想人物、政治力量的“民族复兴”思想依然是学术界持续讨论的热点。郑大华的论文《论孙中山的中华民族复兴思想及其历史地位》论述了孙中山对民族复兴思想的贡献，指出孙是中华民族复兴思想的最早提出者和阐述者，他为实现中华民族的伟大复兴贡献了毕生精力，在近代中国民族复兴思潮的发展历程中占有重要地位。[⑤] 民族复兴是近代以来中国人民始终关注的问题，也是历代领导人都在思考的问题，郑大华的论文《继承、发展与超越——毛泽东、邓小平、习近平民族复兴思想之比较》对新中国建立以来三个领导人的民族复兴思想进行了梳理。[⑥] 俞祖华先后有多篇文章讨论近代中国思想人物的民族复兴思想，其中《梁漱溟民族复兴思想析论》关注梁漱溟的民族复兴论述，指出梁的民族复兴思想的独特价值在于，使国人认识到要全面提升国家综合实力，关注人生态度、社会组

---

① 郑大华：《民主政治对于民族复兴的重要意义——以抗战时期知识界对“中华民族复兴”的讨论为中心》，《安徽史学》2016 年第 4 期。

② 郑大华：《历史教育与民族复兴：抗战时期学术界对历史教育于民族复兴之意义的认识》，《史学理论研究》2017 年第 3 期。

③ 郑大华、邓燕：《“民族复兴”与历史书写——基于抗战时期历史教育视角的考察》，《湖北大学学报（哲学社会科学版）》2019 年第 2 期。

④ 吉铠东：《中国青年与民族复兴——民国知识界关于“中华民族复兴”的探讨》，《广西社会科学》2019 年第 4 期。

⑤ 郑大华：《论孙中山的中华民族复兴思想及其历史地位》，《教学与研究》2016 年第 10 期。

⑥ 郑大华：《继承、发展与超越——毛泽东、邓小平、习近平民族复兴思想之比较》，《湖南师范大学社会科学学报》2018 年第 3 期。

织结构等软实力的重塑等。[①]《康有为民族复兴思想析论》一文考察了康有为的民族复兴思想，指出康有为民族复兴思想影响重大，但其保皇的政治立场和对民族复兴的过于乐观也表现出一定的历史局限。[②]《从李大钊到毛泽东：民主革命时期中国共产党民族复兴思想的演变轨迹》考察了李大钊、毛泽东对民族复兴思想的论述，以及他们对民族复兴话语的“变”与“不变”。[③] 孙占元、张文臻在《周恩来的民族复兴思想与实践》中考察了周恩来的民族复兴思想。[④] 蒋建农的《毛泽东的民族复兴观》论述了毛泽东的民族复兴观。[⑤]

民族复兴有着复杂的面相，国民政府对其有着自己的定位。何卓恩、韩毅勇在《高潮与高调：国民政府初期时论中的“民族复兴运动”》中考察了国民政府对民族复兴阐释与落实之间的出入，人们希望复兴的主张能落到实处，但落实困难，高潮遂成高调。[⑥] 何卓恩、李周峰的另一篇文章《实处与窄处：民族复兴运动时论中的新生活运动》指出国民党发起新生活运动以实现民族复兴，最终“实处”沦为“窄处”，变成“纸上的运动”。[⑦] 俞祖华的三篇文章从不同角度观察了民族复兴的面相。《“少年中国”·“睡狮猛醒”·“老根新芽”：近代中华民族复兴观念的文化意象》关注近代中华民族复兴观念的文化意象，指出通过分析这类具有生命体复生的文化意象，有助于我们拓展、深化对近代中华民族复兴观念的理解与认知。[⑧]《近代中华民族复兴思想中的“国际定位”》一文指出，

---

① 俞祖华：《梁漱溟民族复兴思想析论》，《天津社会科学》2017 年第 6 期。

② 俞祖华：《康有为民族复兴思想析论》，《湖北大学学报（哲学社会科学版）》2019 年第 2 期。

③ 俞祖华、耿茂华：《从李大钊到毛泽东：民主革命时期中国共产党民族复兴思想的演变轨迹》，《人文杂志》2015 年第 12 期。

④ 孙占元、张文臻：《周恩来的民族复兴思想与实践》，《河北学刊》2017 年第 1 期。

⑤ 蒋建农：《毛泽东的民族复兴观》，《史学月刊》2018 年第 7 期。

⑥ 何卓恩、韩毅勇：《高潮与高调：国民政府初期时论中的“民族复兴运动”》，《河北学刊》2015 年第 2 期。

⑦ 何卓恩、李周峰：《实处与窄处：民族复兴运动时论中的新生活运动》，《安徽史学》2015 年第 2 期。

⑧ 俞祖华：《“少年中国”·“睡狮猛醒”·“老根新芽”：近代中华民族复兴观念的文化意象》，《东岳论丛》2016 年第 9 期。

近代中华民族复兴思想的形成离不开国际参照，近代先驱者对中华民族暂时落后的认知离不开国际视野，他们对实现民族复兴的设想也紧盯着国际标准，“改变落后地位、跻身世界前列、成为国际强国”始终是近代以来民族复兴思想的追求目标。[①]《欧洲文艺复兴的引介与近代中国民族复兴思想》一文则考察欧洲文艺复兴思想对近代中国民族复兴思想形成的影响，指出民族复兴是以文艺复兴为先导的全方位的社会变革，是传承与创新、守护与开放的统一。[②]

二　学术思想史研究

学术思想史在 20 世纪 90 年代兴起之后，引来一大批学者投身其中，学术史也一度成为显学，大家辈出，研究成果数量可观。近年来随着中国近代史研究学术热点的转移，学术思想史研究也渐渐降温。虽然如此，但 2015 年以来仍有不少学者耕耘其中，不断推陈出新，推动中国近代学术史不断向前发展。

（一）学术传统的现代转型与现代学术的建立

近代中国面对西方的冲击，开始了向西方学习，艰难而漫长的现代转型，其中就有学术制度、学术方法和知识的现代转型。西方现代知识和观念的传入是促使中国传统知识、学术现代转型的一个重要因素，黄兴涛、李章鹏的《现代统计知识和观念的传入与清末新史学》一文考察了清末西方统计知识和统计观念传入中国的影响。文章指出，西方的统计方法传入后，陈敷宸等人明确主张以此法研究和表述历史，也有人在史书编纂、地方史志纂修和具体历史问题研究方面尝试用统计分析法，这也成为清末中国新史学的有机组成部分，推动了史学的现代转型。[③] 左玉河在《名学、辨学与论理学：清末逻辑学译本与中国现代逻辑学科之形成》一文中考察了中国现代逻辑学的转型情况。作者指出，中国近代意义上的逻辑

---

① 俞祖华：《近代中华民族复兴思想中的“国际定位”》，《河北学刊》2017 年第 2 期。

② 俞祖华：《欧洲文艺复兴的引介与近代中国民族复兴思想》，《天津社会科学》2015 年第 11 期。

③ 黄兴涛、李章鹏：《现代统计知识和观念的传入与清末新史学》，《史学史研究》2016 年第 3 期。

学是从西方移植来的，准确来说是在翻译中逐步形成的。随着晚清新式学堂的普遍建立，逻辑学以“论理学”或“名学”的名义，在新学制中占有一席之地，成为师范学校及高等学堂日常教学的课程。在新式学堂的逐渐完善中，逻辑学也逐渐成为一门独立的现代新学科。① 陆胤的《清末西洋修辞学的引进与近代文章学的翻新》一文指出晚清以降新文学教育的发端，不仅受到西洋文学观念的直接刺激，也受到语法、修辞学等文学相关学科知识的引进。清末民初，经日本转入中国的“修辞学”“美辞学”知识框架，就被时人视为改良中国国文教育、通向文学专门研究的重要资源。②

在晚清的知识制度转型中，传统的知识分类及特有的叙述方式在中西交流中到底发挥了多大作用，又在多大程度上影响到近代知识的授受情况？章清的《学、政、教：晚清中国知识转型的基调及其变奏》一文试图从“学”“教”“政”三个关键字考察晚清知识转型中的这些问题。文章认为，首先，“教”与“学”的结合构成来华西人“援西入中”的基调，区分“西教”与“西学”，相应成为晚清接纳西方近代知识的重要一环；其次，“政”与“艺”的变奏映射出中国本土对新知识的接引情况，在这一过程中方向多有调整，内涵不断拓展；最后，“学”从“器”“艺”“术”的定位中被拯救出来，并在“普遍性”与“现代性”的论述中奠定其地位。作者认为正是有这些思想资源，晚清时期中国人以“教”“政”“学”来把握外来之西学，这也关系到如何在过去的经验基础上重新审视、并接受外来的知识。③

张凯的《“超今文学”与近现代经史转型》一文考察了 1930 年前后顾颉刚发起“今古文论战”后各派的反应情况。钱玄同、蒙文通等学人将此次论战称为“超今文学”，扬弃经今文学的议题、方法与义理成为各派学人实践新学术的起点。作者强调，以此为线索，将“超今文学”置

① 左玉河：《名学、辨学与论理学：清末逻辑学译本与中国现代逻辑学科之形成》，《社会科学研究》2016 年第 6 期。

② 陆胤：《清末西洋修辞学的引进与近代文章学的翻新》，《文学遗产》2015 年第 3 期。

③ 章清：《学、政、教：晚清中国知识转型的基调及其变奏》，《近代史研究》2017 年第 5 期。

于民国学界复杂的历史脉络中，当可更深入地阐释经今古文之争在晚清民国时期演化的多元线索和内涵，准确把握近代学术转型的多重路径与复杂性。①

张寿安从清末的几场辩论中来考察专门之学如何从旧有学问中长出，在《清儒的“知识分化”与“专门之学”萌芽——从几场论辩谈起》一文中指出，乾嘉年间的学术争论最烈者莫过于义理、考据和辞章之争，仔细辨析这些争论，不难看出其结局应是道术分裂、知识分化。自此以后，辞章之学家派林立，技艺性的知识兴起，作为学问之大本的程朱理学也不再是唯一标准，礼学代表的新秩序披靡学界。最关键的一点，是以考据为主轴的新学术从其内部产生多种专门之学。这也成为传统学术现代转型过程中非常重要的因素。② 陆胤的文章《清季国文教育中的古文门类》从新式古文门类的变化来看其为新型学术转型所做的准备，指出古文类别之学在清末新教育界的延续，为新型文体系统的引进准备了接受媒介。③

对于现代学术制度和知识，并非人人都能欣然接受和认真实践。面对外来的分科之学，也会有传统的读书人予以抵制，努力保全传统的读书制度和内容。陆胤的《从书院治经到学堂读经——孙雄与近代中国学术转型》一文考察了清末民初穿梭于新旧学界的孙雄与近代中国学术转型的情况。孙雄在袁世凯幕下掌管新学堂，但却采取了一种保守的姿态，提出了经学讲座制的设想，这也提示了另一种对抗外来分科之学的“整体化”经学转型模式。④

随着晚清以来新学制和西方现代学术体系的引进，以及现代知识源源不断的引入，在一代代学人的努力下，现代学术也逐渐建立起来。当然，现代学术之建立是一个艰难而漫长的过程，需要不断与本土资源进行调

---

① 张凯：《“超今文学”与近现代经史转型》，《浙江大学学报（人文社会科学版）》2019年第2期。

② 张寿安：《清儒的“知识分化”与“专门之学”萌芽——从几场论辩谈起》，《学海》2015年第2期。

③ 陆胤：《清季国文教育中的古文门类》，《清华大学学报（哲学社会科学版）》2019年第1期。

④ 陆胤：《从书院治经到学堂读经——孙雄与近代中国学术转型》，《学术月刊》2017年第2期。

适。现代大学、专业的研究机构是学术现代转型的重要载体，左玉河的文章《蔡元培与五四时期中国现代大学制度的创建》一文指出，“五四”时期蔡元培不仅对西方现代大学制度有着深刻的体认和理解，而且将这种现代大学理念付诸实践。他仿效德国的研究型大学体制，率先在北京大学创建了包括院系、学科、评议会、教授会、研究所和学术社团等诸多元素在内的体系完备的现代大学制度。作者进一步指出，蔡元培在北京大学建构的这套现代大学制度，不仅为现代知识生产和传播提供了制度性的保障，为现代大学作为现代学术研究中心地位的确立提供了保障，也奠定了北京大学作为民国时期全国学术研究中心的独特地位。①

个人与学派对现代学术制度的建立、学术典范的形成会起到重要作用，对这些问题学界也有探讨。马勇的《蒋廷黻：学术史上的失踪者》一文论述了蒋廷黻对中国近代史研究的贡献，认为蒋廷黻极大改变了中国近代史的叙述模式，近二十年中国近代史研究的变化，很大程度上得益于蒋廷黻当年所建构的学术框架和学术方法。② 黄仁国论述了陈寅恪和刘大年对现代中国史学的建构情况及两人的关系，在《刘大年与陈寅恪的关联——兼论现代中国史学的建构》一文中指出，陈寅恪将中国传统学术思想与西方史学理论相结合，刘大年将中国传统文化与马克思主义相结合。陈寅恪并不排斥唯物史观，他的史学思想与唯物史观有相通之处，刘大年主张中国的史学理论建构要在唯物史观的基础上充分吸收古今中外的史学成果。两人对中国现代史学的建立都有重要贡献。③ 何炳松是民国时期“新史学”的主要提倡者之一，他在民国时期沟通中西学术，重构中国学术传统上有过重要功绩。张凯的《“浙东学派”与民国新史学：何炳松“浙东学派”论之旨趣》一文梳理了何炳松撰写《浙东学派溯源》一书的来龙去脉，以及该书在民国学界的回响，旨在揭示何炳松“浙东学派”论的本意及其学术旨趣。文章指出，晚清民国时期重新阐释、构建浙东学派是近代学人创新学术的重要凭借。何炳松倡导新史学，以章学诚

---

① 左玉河：《蔡元培与五四时期中国现代大学制度的创建》，《河北学刊》2019 年第 2 期。

② 马勇：《蒋廷黻：学术史上的失踪者》，《中国文化》2016 年第 2 期。

③ 黄仁国：《刘大年与陈寅恪的关联——兼论现代中国史学的建构》，《南京社会科学》2018 年第 6 期。

之史学沟通中西，溯源浙东学派，重构中国学术传统。[①]

（二）个人、学派的学术思想史研究

在学术思想史的研究中，学者和学派的学术思想史、学术与政治的关系等问题是研究的重点，也是以往著述中最为丰富的部分。2015 年以来，这方面的成果也相对较多。

王汎森的《经学是生活的一种方式——读〈吴志仁先生遗集〉》一文探讨了经学与生活的关联，考察了明清之交海盐地方读书人吴谦牧在短暂的一生中如何落实一种新的思想或者生活态度，即“经学是生活的一种方式”。[②] 王东杰在《血脉与学脉：从颜元的人伦困境看他的学术思想——一个心理史学的尝试》中考察了传统读书人观念中血脉意识和学统观念的复杂关系。文章指出颜元面对着身世之变、对朱子学的疑问以及延嗣等问题，这些困境也造成颜元学术思想中血脉意识和学统观念的彼此渗透。[③]

关于清代的学术思想，郑雯著《俞正燮学术思想研究》一书对俞正燮的学术、思想从整体上进行了深入、全面的研究和探讨。[④] 罗检秋有多篇文章探讨了清代的学术思想问题。《清代思想史上的诸子学》一文对清代诸子学的思想和脉络进行梳理，指出纵观有清一代，诸子学经历了从异端到复兴的历史演变。清代诸子学始终关联时代思潮，成为培育新思想的土壤。[⑤]《清代汉学的家法观念辨析》一文梳理了清代汉学家法的源流，分析了清代今、古文家的家法观念。作者认为清代汉学家的家法观念在清末呈现出淡化之势。[⑥]《清代家学脉络中的汉、宋关系》一文梳理了清代汉、宋学之关系及家学的传承情况。文章指出在家学脉络中，清代汉、宋

---

① 张凯：《“浙东学派”与民国新史学：何炳松“浙东学派”论之旨趣》，《学术研究》2017 年第 4 期。

② 王汎森：《经学是生活的一种方式——读〈吴志仁先生遗集〉》，《华东师范大学学报（哲学社会科学版）》2016 年第 2 期。

③ 王东杰：《血脉与学脉：从颜元的人伦困境看他的学术思想——一个心理史学的尝试》，《华东师范大学学报（哲学社会科学版）》2018 年第 5 期。

④ 郑雯：《俞正燮学术思想研究》，岳麓书社 2017 年版。

⑤ 罗检秋：《清代思想史上的诸子学》，《安徽史学》2015 年第 3 期。

⑥ 罗检秋：《清代汉学的家法观念辨析》，《中国史研究》2018 年第 2 期。

关系呈现出较为复杂的情形，彰显了理学传承的意义。[①]《论孙诒让的经世之学》一文从家学渊源、学术流变和社会变迁等层面评析了孙诒让的经世之学，指出孙氏经世之学对章太炎、刘师培等古文家都有影响和启发，其道器并重的思想在维新派中独具特色，这也折射出晚清士人思维模式的转变趋势。[②] 王法周的《钱大昕的君道观及其意义世界》一文主要论述了钱大昕君道观的基本内核与价值方向，指出钱大昕的君道观是对儒家传统君道观念的展开，也是钱大昕因应康乾盛世高度一统的政治文化环境的反思与考量。[③]

清末民初是近代中国的大转型时期，学术思想也是如此，其间的研究成果也颇为丰富。李帆的《罗振玉与清代学术史研究——以〈本朝学术源流概略〉为核心的探讨》一文指出，罗振玉一方面继承和拓展了中国固有的经史之学，一方面以西学新知与中国学问相结合，使文史之学在当时获得极大的发展。[④] 张勇的《两种"兴味"与"晚年定论"——试说梁任公〈中国近三百年学术史〉的著述由来与意旨》一文考察了梁启超著《中国近三百年学术史》的由来与意旨，指出对其著述背景来说，可以看到梁启超的"政治兴味"对其学术活动的影响。对其言说对象的揭示，可见梁启超对其时甚为热烈的"整理国故"运动和"科玄论战"的见解。基于种种不自觉和不得已，梁启超调整了对清代学术史内容和认识的叙述。[⑤]

王汎森的《从哲学史到思想史——胡适的英文〈中国思想史大纲〉草稿》一文从胡适的英文著作《中国思想史大纲》草稿中考察胡适学术思想的转变情况。作者指出从这部著作可以看到胡适学术思想的变化。第一是"去哲学化"，胡适中年之后疏离"哲学"，逐渐由"哲学史"转向

① 罗检秋：《清代家学脉络中的汉、宋关系》，《安徽史学》2017 年第 3 期。

② 罗检秋：《论孙诒让的经世之学》，《杭州师范大学学报（社会科学版）》2018 年第 5 期。

③ 王法周：《钱大昕的君道观及其意义世界》，《社会科学辑刊》2017 年第 6 期。

④ 李帆：《罗振玉与清代学术史研究——以〈本朝学术源流概略〉为核心的探讨》，《社会科学辑刊》2017 年第 1 期。

⑤ 张勇：《两种"兴味"与"晚年定论"——试说梁任公〈中国近三百年学术史〉的著述由来与意旨》，《清华大学学报（哲学社会科学版）》2016 年第 5 期。

“思想史”。第二是胡适若干重要学术论旨的变化，如史料批判、疑古精神以及东西方哲学互证等。作者认为，胡适在中国近代思想史上的地位非常重要，他的转变所带来的影响也非常重大，应予以注意。[①] 赵灿鹏的《梁启超〈中国近三百年学术史〉成书问题辨析》一文指出，梁启超著的《中国近三百年学术史》是全面总结清代学术思想的开拓性著作，为清代学术史研究奠定了基本格局，影响至为深远。文章对该书的早期历史进行了梳理，深入讨论了该书在撰述、发表和成书等方面的问题。[②]

陈寅恪、梁漱溟和钱穆在20世纪90年代学术史研究中就是众多学者研究的热点，近年来的研究仍然比较多。对陈寅恪的研究方面，葛兆光在《预流的学问：重返学术史看陈寅恪的意义》一文指出对陈寅恪的学术史意义，只有放在20世纪上半叶中国学术转型以及当时的国际学术大趋势中，才能深入理解。在当时的背景下，陈寅恪与他的学术同行，不仅能在学术上“预流”，同时也站在“中国”与“世界”之间，促使20世纪上半叶的中国学术界尤其是历史学界重视新问题、发掘新材料和探索新领域，突破了传统汉族中国的历史空间，呈现出中学与西学汇通的新取向。[③] 徐国利的《中国学术文化精神的现代诠释与陈寅恪的文化保守主义史观及史学》一文指出，陈寅恪是中国现代著名的文化保守主义史家，其以文化保守主义史观为指导，建立了文化保守主义史学，主张科学实证研究与人文价值相统一，为中国现代史学的发展提供了新的范式，具有重要的学术意义。[④]

在梁漱溟的学术思想和研究方面，罗志田在《讲堂论学：梁漱溟特有的论学模式》一文中指出，梁漱溟开创了一种与众不同的讲堂论学模式，即公开演讲的方式。作者认为，这种介乎学院和“社会”之间的言

---

① 王汎森：《从哲学史到思想史——胡适的英文〈中国思想史大纲〉草稿》，《四川大学学报（哲学社会科学版）》2017年第3期。

② 赵灿鹏：《梁启超〈中国近三百年学术史〉成书问题辨析》，《社会科学研究》2015年第4期。

③ 葛兆光：《预流的学问：重返学术史看陈寅恪的意义》，《文史哲》2015年第5期。

④ 徐国利：《中国学术文化精神的现代诠释与陈寅恪的文化保守主义史观及史学》，《江淮论坛》2019年第1期。

说方式，带有化民成俗的遗风，揭示出过渡时代里天下士与知识人身份定位和职责的紧张。① 在《凭直觉成大学问：梁漱溟的治学趋向和方法》一文中，罗志田指出梁漱溟自己表示凭着真诚的直觉，成就了大学问，他的治学取向对各学门的研究都有启发，学历史者尤当亲近。②

钱穆一生著述丰富，在学术史上有着重要的地位，其学术思想史也历来受到学者们的关注。张昭军在《钱穆"新史学"思想解析》一文中指出钱穆所谓的新史学，实际是指抗战需要的"新通史"。与源自欧美的新史学相比，钱穆的"新史学"自本自根，力求将中国的史学理论与历史内容、学术风格与历史主体相统一，在抗战时期发挥了外源性的新史学不可替代的作用。③ 在《"中国式专制"抑或"中国式民主"——近代学人梁启超、钱穆关于中国古代政治制度的探讨》一文中，张昭军分别讨论了梁启超、钱穆关于中国古代政治制度的探讨，指出钱穆从人文的角度反对"中国古代专制说"，戳中了"专制说"的某些矛盾之处。两者的论说显示了人文学科与社会科学治史不同的理路。④

刘巍的《试论钱穆通史路径之时代根源及其所成就的"中国主义"》一文指出，钱穆的通史路径在其学术体系中占有重要地位，他一生的学术成就可以总括为"中国主义"的历史文化论述。主要包括：求"真"务"义"的历史认识论、中国历史文化传统之绵延性的坚守与固执、"民族""文化""历史"三位一体的"中国人"论述之阐发等基本内涵。⑤

也有多位学者围绕钱穆的学术著作论述其学术观念和思想意义。任峰在《钱穆的法治新诠及其启示：以〈政学私言〉为中心》一文中指出了钱穆法治新诠的三个递进层次，即普遍性的系统规则和制度、立国宪制和政体安排等。基于对孙中山五权宪法理论的保守化处理，钱穆勾画了一个

---

① 罗志田：《讲堂论学：梁漱溟特有的论学模式》，《文史哲》2017年第5期。

② 罗志田：《凭直觉成大学问：梁漱溟的治学取向和方法》，《读书》2018年第5期。

③ 张昭军：《钱穆"新史学"思想解析》，《中国高校社会科学》2015年第1期。

④ 张昭军：《"中国式专制"抑或"中国式民主"——近代学人梁启超、钱穆关于中国古代政治制度的探讨》，《近代史研究》2016年第3期。

⑤ 刘巍：《试论钱穆通史路径之时代根源及其所成就的"中国主义"》，《人文杂志》2017年第12期。

以贤能政治家群体为中心、尊严与效能相维制的衡平政体。其论述一方面包含了对传统礼治、法治的现代阐释与评估，另一方面引入对西方传统的别样深思，呈现出“新诠”之为“新”的双重指向。① 吴海在《学案体与作为理想境界的宋学——钱穆〈中国近三百年学术史〉之清学观再探》一文从钱穆著《中国近三百年学术史》中考察了钱穆的清学观念，指出钱穆的著述是以“宋学”为完整人格、完美学术的最理想形态，由此为清代以来的学人把脉问诊。钱穆重视内在道德精神的传承，主张恢复宋学传统，对传统文化秉承“性之”的态度，由此确立“中国不亡”的理据与路径。②

陈欣的文章《犹有可以兴国而保种之效乎——〈国学概论〉与钱穆创新文化的路径及底蕴》探讨了《国学概论》与钱穆创新文化的路径及底蕴。文章指出钱穆治学一生多变，唯独对中国历史文化始终保有温情与敬意，这种制史态度也贯穿其一生。钱穆也在此基础上考辨中西文化的得失与优劣，思索中国文化的可能出路与未来新命。《国学概论》作于钱氏“发意治学”时，钱穆认为“于一时代有五十年一百年以上之远大眼光”，“胸中早树立下一规模”，近乎“终身计划”。该书是认知钱氏学术底色、规模及后续推扩、发展的基准，关乎其人治学之底色，及其与“科学史学”或“民国学风”的离合之所以然。③ 陈勇和王嘉淳的《钱穆与李埏的交谊和学术传承》一文考察了钱穆、李埏师生的交谊情况。文章指出在李埏的成长中，钱穆的言传身教和治学方法的启迪对他的学术生命塑造起了极为重要的作用，也是他走向宋史研究的重要引路人。④

关于顾颉刚的研究，李帆的《求真与致用的两全和两难——以顾颉刚、傅斯年等民国史家的选择为例》一文以顾颉刚和傅斯年等民国史家

① 任峰：《钱穆的法治新诠及其启示：以〈政学私言〉为中心》，《西南大学学报（社会科学版）》2018年第5期。

② 吴海：《学案体与作为理想境界的宋学——钱穆〈中国近三百年学术史〉之清学观再探》，《中山大学学报》2018年第2期。

③ 陈欣：《犹有可以兴国而保种之效乎——〈国学概论〉与钱穆创新文化的路径及底蕴》，《学术研究》2019年第5期。

④ 陈勇、王嘉淳：《钱穆与李埏的交谊和学术传承》，《史学史研究》2019年第1期。

的选择为例考察他们在求真与致用方面的问题。文章指出历史学本系求真之学，但是当史家基于求真理念所形成的主张与社会现实需求相违背时，求真与致用的矛盾随之产生。民国年间，顾颉刚与傅斯年等史家皆曾遭逢此种困境。其中以初中教科书《本国史》所涉之风波和关于“中华民族是一个”的学术论争最具代表性，两个案例体现了学者学术主张和时代需求之间的纠葛，其实质反映出史家求真与致用的双重情怀如何展现，学术追求和现实政治如何协调，专业研究和大众普及的关系如何处理等带有普遍意义的命题。顾颉刚、傅斯年等史家以不同的方式实现了历史研究的价值理性，似在史学的求真与致用两途获得了统一，然此两全伴随着两难，内里深刻的矛盾纠结仍始终存在。① 李政君的《唯物史观与1949年后顾颉刚的古史研究》一文考察了顾颉刚在1949年后对唯物史观的运用情况，指出1949年后以“接受”和“排斥”为标准衡量民国时期的非马克思主义史家对唯物史观的态度固然重要，但对于“接受”者而言，他们因受不同因素影响对唯物史观表现出的不同认同方式同样值得探讨。②

方光华主编的《侯外庐学术思想研究》一书全面系统地总结和评述了侯外庐的学术思想，分析了侯外庐研究的特点和影响，并剖析了其学术思想产生和发展的脉络。除此之外，书后还附录有侯外庐的年谱、著译目录和侯外庐研究目录等。③ 王启发的《侯外庐早期思想史研究的特色及学术史意义》一文从侯外庐早期思想史研究著作的一些内容分析入手，探讨了其中所体现的社会史与思想史相结合的方法论与学术史意义。以其所著的《中国古代社会史论》和《中国古代思想学说史》为中心，从思想史方面来看，既体现出侯外庐对于殷周以至春秋战国时代的政治史、社会史与思想史关系研究的重点所在，又反映出他成体系的历史认识和独树一帜的学术风格，也成为他后来拓展思想史研究和社会史研究的基本理论与方法的早期实践。其中既有其个人和所处时代的特色，同时也呈现出中国

① 李帆：《求真与致用的两全和两难——以顾颉刚、傅斯年等民国史家的选择为例》，《近代史研究》2018年第3期。

② 李政君：《唯物史观与1949年后顾颉刚的古史研究》，《中国史研究》2017年第3期。

③ 方光华主编：《侯外庐学术思想研究》，生活·读书·新知三联书店2015年版。

近现代学术理论与创见之多样发展和进步的学术史意义。[①]

马勇的《从学术史视角看吕思勉的通史写作》一文论述了吕思勉的通史写作情况。文章指出理想的通史写作需要丰富的阅读、宁静的心态，以及尽可能的价值中立，还需要对断代史研究前沿的追踪与把握。吕思勉对一些断代有自己的研究、著述，对于纵向的制度史、学术史、思想史、民族史等都有著述。马勇表示，虽然这些作品都不是第一流的作品，但无疑为作者撰写中国通史的学术储备、学术视野提供了非常重要的条件。[②]

王继平近年来出版了两本专著，分别讨论晚清、民国时期的学术思想史。在《民国湖南学术思想史研究》一书中，对民国时期的湖南籍学者杨昌济、向达、杨东莼、周鲠生和李达等人的学术思想进行了系统的研究，梳理了民国时期湖南学术思想史的脉络及特点，具有较高的学术价值。[③] 在《晚清湖南学术思想史》一书中主要考察晚清湖南时期的学术思想之流变，如嘉道之际的学术思想嬗变、咸同时期的经世实学、经学的式微与终结以及晚清湖南学术思想的转型等。[④]

除此之外，郑大华的《抗战时期"学术中国化"运动的再研究》一文考察了抗战时期朝野对"学术中国化"的讨论和推进情况。文章指出抗战时期的"学术中国化"运动，在中国近代思想史和学术史上都有着十分重要的地位，它不仅推动着中国学术尤其是马克思主义学术的向前发展，而且也对新中国的学术产生过重大影响。[⑤]

三　思想史研究新领域的不断深化

思想史是一跨学科的门类，与其他学科都有交集。新世纪以来，学者们借助其他学科的理论和方法，进行学科融合，不断开拓思想史的视野，拓展思想史的边界，不断将中国近代思想史研究推向前进。2015 年以来，

---

① 王启发：《侯外庐早期思想史研究的特色及学术史意义》，《晋阳学刊》2016 年第 5 期。

② 马勇：《从学术史视角看吕思勉的通史写作》，《史学史研究》2018 年第 1 期。

③ 王继平：《民国湖南学术思想史研究》，湘潭大学出版社 2019 年版。

④ 王继平：《晚清湖南学术思想史》，湘潭大学出版社 2016 年版。

⑤ 郑大华：《抗战时期"学术中国化"运动的再研究》，《浙江学刊》2015 年第 4 期。

中国近代思想史研究在观念史、地方的思想史、新文化史与思想史的汇流三个方面取得了新的成果，拓展了许多新的议题，丰富了中国近代思想史的内涵。

（一）概念史研究新进展

“概念史”是随着“语言学转向”在德国兴起的一种新的历史研究范式和跨学科研究领域。历史沉淀于特定概念，概念也呈现历史的进程。概念既是知识与思想的载体，在某种程度上也是知识与思想本身。在近代中国，随着中西、中日思想文化交流的加剧，出现了大量新概念和新名词，这些概念不仅是时人们认识和解释世界的工具，也是后人理解近代中国人思想观念及其社会变迁的重要方式。对历史上某些特色或者重要概念的研究，有助于丰富和增进特定时期整体历史的认知。

1. 概念史研究的宏观思考

对于观念史在全球范围内的演进，李宏图的《观念史研究的回归——观念史研究范式演进的考察》一文考察了20世纪初至今观念史研究范式的演进，梳理了在这一演变过程中发生的种种变化。观念史从最初洛夫乔伊提出的“观念单元”，到基于语言哲学唯理论走向了以语境、修辞与行动等为核心的研究，再到“新社会文化史”背景下，强调观念与社会建构之间的关系，目前与全球化的进程相呼应，又出现了“空间转换”。作者强调，无论哪一种维度的研究，都没有导致观念史研究的衰落，而是丰富了其研究的范式，扩展了其研究的视角。①

关于概念史研究的中国转向，孙江的《概念史研究的中国转向》一文考察了概念史在中国的研究转向情况。概念史是近年来在国际上流行的研究领域和研究方法，越来越多受到中国学界的关注。该文在检索中国近代知识形成的历程后，探讨了概念史研究方法在中国近代历史上的意义。孙江指出，要推动符合中国历史特征的概念史研究，首先需要理解概念史在德国语境中的特定含义。在回顾了德国概念史的特征及其变化后，文章提出了研究中国概念史的四化标准，即标准化、通俗化、政治化和衍生

① 李宏图：《观念史研究的回归——观念史研究范式演进的考察》，《史学集刊》2018年第1期。

化。作者表示，按照这个原则，南京大学正在推动围绕100多个关键概念的中国概念史研究，以期通过这些既是中国“近代”出现的标志，又是影响中国“近代”进程的要素的关键概念之研究，揭示中国“近代”的“全球本土化”特征。①

中共概念史研究是近年来学术界的热点之一，2017年11月《中共党史研究》约请相关专家对中共概念史研究进行了讨论。李里峰的《中共党史研究的概念谱系刍议》一文首先介绍和分析了中共历史上所形成的概念的类型及其价值。作者指出，用概念史方法研究中共党史是一种有益的尝试，但真正付诸实施却并非易事。李里峰以自己研究党史和概念史的经验，提出了一项好研究的三个标准，即历史感、层次感和张力感。文章强调对中共历史上的基本概念进行梳理，正本清源，构筑一个中共党史研究的概念谱系，具有重要的学术价值。②

郭若平的《实践限度：中共概念史研究的技艺认知》一文考察了中共概念史研究的方法和技艺问题。中共概念史研究是中共历史学的一个研究分支或类型。中共历史上存在大量的理论概念，这些概念对理解中共历史具有双重功能，既能从中看到中共历史发展的特征和性质，也为认知中共历史发展轨迹提供了分析工具。由于中共历史学是作为一个整体性的学科，面对的是不同的实践史事研究对象，这导致了在方法上既存在整体性的研究方法，也存在具体性的研究方法。作者强调，对中共概念史的研究技艺进行分析，要建立在相关理论认知的基础上，要避免研究方法的误用，就必须对研究对象的性质作出判断。③

杨东的文章《概念史在中共党史研究中的实例分析》首先介绍了研究中共党史要重点关注的概念，接着指出了研究中共概念史要注意的两个问题：一是要关注“概念”，更要关注“历史”，二是概念史要关注概念言说者的话语“意图”，即概念的语境。文章还强调，概念史作为一种研究工具或者研究方法，将此方法运用到具体研究中值得探索。④

---

① 孙江:《概念史研究的中国转向》,《学术月刊》2018年第10期。

② 李里峰:《中共党史研究的概念谱系刍议》,《中共党史研究》2017年第11期。

③ 郭若平:《实践限度：中共概念史研究的技艺认知》,《中共党史研究》2017年第11期。

④ 杨东:《概念史在中共党史研究中的实例分析》,《中共党史研究》2017年第11期。

凌承纬的文章《中共概念史研究学术历程的回顾与反思》指出中共概念史研究有三个层面的价值：一是使许多未被重视的主题和对象纳入了中共党史的研究视野，有效扩大了党史研究的领域；二是通过对中共基本概念、核心概念的系统研究和梳理，实现了对中共政治价值理念、理论思维方式乃至意识形态建构的认知；三是在对中共历史概念生成、传播和演化的梳理研究基础上，深入探讨了它们与社会政治语境彼此形塑和互动的途径和机制，揭示了中共历史进程中的立体图景。作者强调十分有必要对中共相关历史概念进行系统性梳理，筛选出中共核心概念，分门别类，回溯历史形态，为中共概念史研究搭建基本的知识平台。①

陈红娟在《中共党史领域概念史的研究对象与方法思考》一文中考察了中共概念史研究的对象和方法问题。文章指出，并非所有概念都能够成为概念史研究的对象。概念史探讨的是那些在中共历史上发挥着“基本”作用且具有社会进程指示器、推动器功能的“概念”。这些概念也应具有回溯性和前瞻性。同时，作者也指出三种值得研究的概念，即时代转换过程中消解与重生的概念、跨文化过程中移植与嬗变的概念、话语争夺进程中共产党创制的“概念”。文章指出，中共党史领域引入概念史的理论和方法，将打破以往以历史人物、历史事件和历史时期为研究对象的旧范式，以“单元概念”为支点，实现新的整合与贯通。最后，作者也强调了以概念史研究中共历史应注意审视思想发展主线、规避时代误置等问题。②

关于概念史在历史研究中的宏观应用，李帆的《概念史与历史教科书史的研究》一文论述了在历史教科书史中引入概念史的方法，词语、概念、文本、语境、制度和意识形态等概念史研究最核心的要素都在历史教科书中得以汇合。因此对历史教科书史的研究而言，引入概念史的视角，借助概念史的理论资源和方法手段，需要开阔研究视野，拓展研究空间，提升研究水准，摆脱平面研究的不足。③

---

① 凌承纬：《中共概念史研究学术历程的回顾与反思》，《中共党史研究》2017 年第 11 期。

② 陈红娟：《中共党史领域概念史的研究对象与方法思考》，《中共党史研究》2017 年第 11 期。

③ 李帆：《概念史与历史教科书史的研究》，《河北学刊》2019 年第 1 期。

2. 概念史的实践

近代中国是一个大的转型时期，新旧中西概念交汇竞争博弈，不断有概念退出历史舞台，也不断生出新的概念，甚至沿用至今。历史沉淀于概念，概念也承载着历史。近代流传下来的概念也是我们今天认识历史的重要视角。对近代留下来的概念也得到学界的广泛关注。

在专著方面，黄兴涛和章可各用一本书对一个概念进行全面系统的研究。其中黄兴涛著《重塑中华：近代中国“中华民族”观念研究》一书，对近代中国“中华民族”符号进行了长时段的考察，论述了“中华民族”观念从清末的酝酿、民国时期的确立和传播、南京国民政府时期的强化和深化，再到抗战前后的普及，并最终主导国内政治舆论的过程。[①] 章可著《中国“人文主义”的概念史（1901—1932）》以近代中国的“人文主义”为核心，从概念产生的历史语境出发，以词汇史和翻译史为研究起点，考察了晚清以来中文世界如何翻译“humanism”这个西方概念，不同学者如何使用译词，又如何加以理解。[②]

一些专著是作者多年来研究概念史的合集，有涉及概念史的部分，也有一些是专门讨论概念史的学术集刊。方维规著《概念的历史分量：近代中国思想的概念史研究》一书对中国近现代史中的一些重要概念（“大概念”）进行研究，如“民族”“文明”“文化”“政党”和“经济”等概念，试图用概念史的方法对这些概念进行翔实的知识考古，以结构性的目光来理解中国近代历史演进的内在脉络。[③] 孙江著《重审中国的“近代”：在思想与社会之间》是一本从社会史和概念史角度研究中国近代的著作，其中第二编从东西方关系角度讨论西方近代知识传入中国与再生产的问题，其中就涉及“东洋”概念在近代中国的意义变迁情况。[④] 杨念群著《五四的另一面：“社会”观念的形成与新型组织的诞生》一书探讨“五四”时期的“社会”的形成，其中就关涉到“社会”观念的引入与

① 黄兴涛：《重塑中华：近代中国“中华民族”观念研究》，北京师范大学出版社2017年版。

② 章可：《中国“人文主义”的概念史（1901—1932）》，复旦大学出版社2015年版。

③ 方维规：《概念的历史分量：近代中国思想的概念史研究》，北京大学出版社2019年版。

④ 孙江：《重审中国的“近代”：在思想与社会之间》，社会科学文献出版社2018年版。

新型“自治”组织的诞生情况。①

在学术辑刊方面，孙江等主编的《亚洲概念史研究》是近年来从全球史角度考察西方知识移入中国/东亚的过程及其变异的代表性学术性辑刊。第3卷以“文本比较”“概念考古”“耶稣会时代”和“概念史的谱系”四部分对亚洲概念史进行考察，其中涉及“格致”“启蒙运动”和“民族”等近代的重要概念。② 第4卷主要讨论了“主义”“资本家”“共和”“祖国”“封建”和“国民”等概念在近代中国的生成及演变情况。③

论文方面，王汎森《中国近代思想中的“未来”》一文考察了“未来”这一概念。文章指出“未来”是个包罗广大的问题，从1900年至1930年左右，短短二三十年间，新派人物的时间意识及其连带的对未来世界的想象与计划呈现巨大变化，“未来”成为一个无以名之的巨大力量。晚清民初流行的几种“新史学”所带出来的新时间观与传统史学不同，也使得历史与未来的关系，以及“未来”的性质产生重大的改变。这些史学带有寻找并建立公例、律则、规律的特色。它们表现为两种形式：一种是认为历史中可以找到规律；另一种是以律则或类似律则的方式在写历史。④

桑兵的《“华南”概念的生成演化与区域研究的检讨》一文考察了“华南”概念在近代的演变历程及意义所指情况。文章指出，“华南”概念的最初出现与来华西人尤其是欧美报纸的报道和传教士的翻译有关。民国时期“华南”的使用逐渐增多，但其含义只有广狭两种，广义即指中国南方或南中国，狭义指以珠江流域为主的若干省份。而且，狭义不仅所指省份因人而异，还与西南、中南等概念混用。作者强调，“华南”指称的晚出及其内涵外延的变动不居，提示区域研究应自觉将分区概念的形成演化与历史进程相吻合，以免先入为主地削足适履。⑤

① 杨念群：《五四的另一面：“社会”观念的形成与新型组织的诞生》，上海人民出版社2019年版。

② 张凤阳、孙江主编：《亚洲概念史研究》第3卷，商务印书馆2018年版。

③ 李恭忠、孙江主编：《亚洲概念史研究》第4卷，商务印书馆2018年版。

④ 王汎森：《中国近代思想中的“未来”》，《探索与争鸣》2015年第9期。

⑤ 桑兵：《“华南”概念的生成演化与区域研究的检讨》，《学术研究》2015年第7期。

黄克武的《从“文明”论述到“文化”论述——清末民初中国思想界的一个重要转折》一文从思想史角度探讨了“文明”与“文化”两词在近代中国的来源、演变情况，以及其对历史书写与思想论辩的影响情况。文章指出在近代中国思想史上，“文明”论述与“文化”论述的争辩未曾止息，从“科玄论战”到当代的“五四新文化运动”与“新儒家思想”之辩论，乃至晚近“全球化”与“地方化”之讨论，均与此有关。[①]

传统概念的现代转型是学术界讨论的一个主要部分。杨念群的《论“大一统”观的近代形态》一文指出“大一统”是古代经书中的一个核心概念，主要指一个王朝的建立不仅需要拥有广大领土，还要有正统地位和道德基础。在近代西方思潮的冲击下，这些传统原则受到了挑战，晚清学人一方面根据古典经义坚持一统之局是中国自立的基础，一方面又批判一统局面会压抑思想竞争，导致专制统治的延续。梳理和研读晚清以来的思想文本，可以看到当时变革思潮与传统“大一统”观之间存在紧密的内在联系，并揭示出“大一统”观与近代爱国主义、民族主义思潮之间的冲突及其意义。[②] 左玉河在《阐释与转化：“忠孝”观念的现代解读》中考察了抗战时期“忠孝”观念的多面意义。晚年孙中山重新阐释三民主义，提倡恢复中国固有道德并对其作了现代阐释，奠定了国民党人对中国固有道德的基本态度。抗战时期朝野对“忠孝”观念进行了不同的解读，丰富了“忠孝”观念的意义。对“忠孝”观念进行现代阐释并促使其现代转化，成为中国传统道德现代化的重要途径。作为儒家伦理核心的“忠孝”观念，在多元化的现代阐释中获得创造性转化之良机。[③]

在中国近代社会的转型过程中，许多西方概念被引介到中国，在与中国本土资源的交汇和被政治运用的过程中，都被赋予了更多的意义。黄兴涛、陈鹏的《民国时期“现代化”概念的流播、认知与运用》一文考察了“现代化”概念在中国流播的早期历史，当时中国人围绕这一概念的认知与讨论，以及在民国中后期的社会政治动员实践和历史书写中的具体

① 黄克武：《从“文明”论述到“文化”论述——清末民初中国思想界的一个重要转折》，《南京大学学报（哲学·人文科学·社会科学）》2017年第1期。

② 杨念群：《论“大一统”观的近代形态》，《中国人民大学学报》2018年第1期。

③ 左玉河：《阐释与转化：“忠孝”观念的现代解读》，《社会科学辑刊》2017年第6期。

运用等问题。文章指出“现代化”概念传入中国后，即被运用于追寻“国家现代化”的整体诉求中，体现出全方位变革的综合性认知趋向。20世纪30—40年代，“现代化”概念传播更广，但“现代与传统”的关系却并未成为当时思想史上的自觉命题。各党派均根据各自的政治立场和意识形态需要，运用“现代化”概念进行社会政治动员乃至历史书写，其中中共史家开创的革命史模式的历史书写，不仅使用“现代化”概念，且已注意分析和阐释“革命”与“现代化”之间的逻辑关系。[①] 对于“现代”概念，章可在《超越历史分期概念：汉语“现代”概念的创出》一文中梳理了“现代”概念在近代中国的意义演变，指出该概念出现于20世纪初，普遍使用则在20世纪20年代。到五四运动后，汉语中的“现代”概念逐渐通过自我确认获得正当性，一方面与“传统”相区别，树立自己的一套规范性表述，另一方面逐渐成为一种价值尺度，摆脱了单纯的时间性。“现代”概念由此超越了一个简单的历史分期概念，成为特别的价值观念。[②]

在近代中国革命过程中，中国人引介、翻译了许多西方概念，作为斗争或者革命的资源，许多概念沿用至今，意义不断变化。这些概念也成为我们理解近代中国革命的重要概念。张文涛的文章《断裂中的延续：新文化时期新旧文明转变中的阶级观念》一文考察了新文化运动时期的阶级观念。作者指出，此间的阶级观念并未否定新文化运动前期所倡导的民主，阶级观念是民主观念在阶级领域延伸后的结果，民主观念与阶级观念看似相反、实则相成，其中的复杂关系在新文化运动时期国人所向往之新旧文明转换过程中显而易见。[③] 陈红娟先后有两篇论文讨论“阶级”观念。她的《〈共产党宣言〉汉译本中“阶级”概念的源起、语义与理解（1900—1920）》一文指出，从概念史角度考察“阶级”在1920年前《共

① 黄兴涛、陈鹏：《民国时期“现代化”概念的流播、认知与运用》，《历史研究》2018年第6期。

② 章可：《超越历史分期概念：汉语“现代”概念的创出》，《史学理论研究》2015年第3期。

③ 张文涛：《断裂中的延续：新文化时期新旧文明转变中的阶级观念》，《天府新论》2015年第5期。

产党宣言》译文中的原初指涉与多元化表达，可以发现这一概念经历了不同文化间的语义旅行。此外，在《宣言》实现文本中国化的过程中，“阶级”概念的社会功能经历了从服务于等级协作的封建礼制到彰显社会分化的嬗变。[①] 她的《中共革命话语体系中“阶级”概念的演变、理解与塑造（1921—1937)》一文指出“阶级”概念经历了从服务于国民革命话语体系到成为中共革命话语体系核心的转变，其政治功能也实现了从“阶级联合”到“塑造敌我”的变迁。中国共产党以“阶级”辨识敌我，透过“共同利益”规训革命成员的阶级意识和身份认同，并以文本、标语等文化衍生品为载体不断扩散阶级话语。之后，阶级革命话语逐渐渗透到革命的日常生活中，转变为革命动员的政治力量。[②]

有多篇文章讨论了“帝国主义”概念。曹龙虎的《近代中国帝国主义概念的输入及衍化》一文梳理了“帝国主义”概念在近代中国的传播、意义演变情况，指出对“帝国主义”概念的梳理有助于加深对其在近代中国传播及意义变化情况的理解。[③] 毕玉华的《建构与调适：中共革命意识形态中的“帝国主义”概念》一文考察了中共对“帝国主义”概念的认知、意义调适情况，借助“帝国主义”概念，中国共产党在不同的历史时期，对帝国主义概念进行不断调整，以适应革命形势的变化。[④] 葛静波的文章《“帝国主义”在清末中国：译介、认识与话语》指出“帝国主义”概念在被译介、认识到话语利用的过程中，中国人对于这一概念的认知渐趋多元与复杂。[⑤]

革命是近代中国最重要的主题之一，与革命相关也产生了不少概念，

---

① 陈红娟：《〈共产党宣言〉汉译本中“阶级”概念的源起、语义与理解（1900—1920)》，《中共党史研究》2017 年第 8 期。

② 陈红娟：《中共革命话语体系中“阶级”概念的演变、理解与塑造（1921—1937)》，《中共党史研究》2018 年第 4 期。

③ 曹龙虎：《近代中国帝国主义概念的输入及衍化》，《武汉大学学报（人文科学版)》2017 年第 4 期。

④ 毕玉华：《建构与调适：中共革命意识形态中的“帝国主义”概念》，《近代史研究》2018 年第 5 期。

⑤ 葛静波：《“帝国主义”在清末中国：译介、认识与话语》，《西南大学学报（社会科学版)》2019 年第 2 期。

对这些概念有许多文章进行探讨。杨东的《循名责实——“延安”的概念史及其在战时的建构表达》一文考察中国共产党如何重构“延安”的概念意指和象征意义，最终形成了一种从未有过的概念话语表达。① 徐天娜考察“资本家”概念在中国传播、意义生成情况，在《近代中国的“资本家”——以其概念之生成、演变为中心》一文中指出，梳理“资本家”概念在近代中国之生成、演变过程可以发现，各类话语中的“资本家”实际上都是一种作为他者身份的指涉，存在着自我认同的困境。② 徐天娜的《〈共产党宣言〉汉译本中的“资本家”和“资产阶级”——由译词的确定过程看革命对象的固化》一文从“资本家”“资产阶级”翻译的确定过程来看革命对象的固化。③ 陈红娟的《19 世纪末 20 世纪初社会主义概念在中国的原初表述、普及化及理解》一文考察了社会主义概念清末民初在中国的翻译、运用情况，指出社会主义概念在 19 世纪末基本呈现的是“消极”“负面”语义，但随着 20 世纪初知识分子多从政治变革与社会改造的角度理解“社会主义”，之后这一概念的积极、正面的意义也被不断彰显。④ 蒋凌楠在《20 世纪 20 年代“劳动阶级”概念的纠葛与传播》一文中考察了 20 世纪 20 年代各政治力量对“劳动阶级”概念的认知和传播情况，指出“劳动阶级”作为一个日译汉字词，其经济学、社会学的内涵被不断发掘，最终成为一个政治话语被广泛传播。⑤ 王鸿在《“解放时代”的来临——五四时期“解放”观念的历史演变》一文中指出五四时期“解放”观念在内涵上发生了重要裂变，从作为启蒙观念的“个人解放”转变为作为革命观念的“阶级解放”和“民族解放”。⑥

---

① 杨东：《循名责实——“延安”的概念史及其在战时的建构表达》，《中共党史研究》2016 年第 11 期。

② 徐天娜：《近代中国的“资本家”——以其概念之生成、演变为中心》，《江苏社会科学》2016 年第 3 期。

③ 徐天娜：《〈共产党宣言〉汉译本中的“资本家”和“资产阶级”——由译词的确定过程看革命对象的固化》，《南京大学学报（哲学·人文科学·社会科学）》2019 年第 2 期。

④ 陈红娟：《19 世纪末 20 世纪初社会主义概念在中国的原初表述、普及化及理解》，《社会主义研究》2018 年第 6 期。

⑤ 蒋凌楠：《20 世纪 20 年代“劳动阶级”概念的纠葛与传播》，《史林》2019 年第 2 期。

⑥ 王鸿：《“解放时代”的来临——五四时期“解放”观念的历史演变》，《中共党史研究》2019 年第 5 期。

除了以上文章外，邱伟云、金观涛、刘青峰等的《中国近代平等观念形成之数字人文研究：以报刊为中心》一文利用数据库对“平等”观念的形成进行了考察。[①] 张帆的《民初国学研究中“科学”范式的变迁——一个概念史的考察》一文考察了民初“科学”概念与学术范式之间的纠葛。[②]

（二）地方的思想史

近年来思想史研究的一个明显趋向就是对地方思想史的研究，考察近代的思想观念在地方的传播以及地方知识人对新知新学及思想运动的因应情况。在宏观的论述上，王汎森的《“儒家文化的不安定层”——对“地方的近代史”的若干思考》一文指出儒家文化具有阶层性，儒家经典对下层百姓的日常生活日渐失去引导力量，使得地方社会在统治、思想、文化等层面都出现了空虚状态，即“儒家文化的不安定层”。从某种意义上说我们对“地方”了解的层次还不够深，如果从不同的视角、注意力、主词和意向等入手，我们对许多事情的看法将会有所改变。作者强调，普通民众的地方社会虽不常书写，但是透过各式各样的评价行动表现了他们的集体意见。若只注重整体的历史大框架，往往会忽略地方社会的多元性和独特性，但也不能局限于地方之见，两者之间应该周流反复地观看，才能丰富研究的视野。[③]

罗志田的《地方的近世史：“郡县空虚”时代的礼下庶人与乡里社会》一文从“地方”看历史、立足“地方”对近代历史进行反思。作者指出历代乡里组织的特点在于，它几乎从来就带有某种“自治”的色彩，处于自上而下和自下而上两种趋向的互动之中，也可以说形成于“国家”与“民间”、体制与乡俗的调和之中，互动之中存在紧张、对立和冲突，然而在总趋向上走向妥协。文章强调“地方转向”已成为一个国际流行的研究取向，我们不仅要关注“地方”与“国家”对峙的一面，也要看

---

① 邱伟云、金观涛、刘青峰等：《中国近代平等观念形成之数字人文研究：以报刊为中心》，《清华大学学报（哲学社会科学版）》2018 年第 6 期。

② 张帆：《民初国学研究中“科学”范式的变迁——一个概念史的考察》，《近代史研究》2016 年第 5 期。

③ 王汎森：《“儒家文化的不安定层”——对“地方的近代史”的若干思考》，《近代史研究》2015 年第 6 期。

其互补的一面。①

许纪霖的《“土豪”与“游士”——清末民初地方与国家之间的士大夫精英》一文指出从西周到清代，由于制度不同和地方精英形态的差异，地方和国家也呈现出不同的关系。到清末，地方主义崛起，地方与国家的关系又发生变化。文章强调，民国时期中央集权与地方主义的冲突并未得到有效解决，对这一问题的解决不仅需要制度的安排，也需要稳定的社会基础，这就是新“土豪”（市民社会）与新“游士”（知识阶级）的结合所形成的社会中坚力量。②

在地方思想史研究上，学者们从不同角度进行了讨论。在专著方面，徐佳贵著《乡国之际：晚清温州府士人与地方知识转型》一书以晚清温州府为个案，将“地方”置于“知识转型”之前，突出地方“士人”的思考，将知识观念变迁在地方视野里展开，以此考察晚清知识转型“地方化”的可能机制与可能的限度，以及这一进程对参与期间的地方士人乃至地方本身历史走向的具体影响。③ 徐佳贵的论文《始进终退：再论近代地方士人与“国”的关系变迁——以刘绍宽〈厚庄日记〉为个案》以清季民国浙江省平阳县士人刘绍宽所作的《厚庄日记》为主体资料，对其经历与观念所反映的近代“乡”与“国”之关联的变迁进行了相对长时段的梳理分析。通过对个案的分析，作者指出“地方”在近代趋向“国家”的“统合”进程，终却可能吊诡地加剧了一国以内知识思想版图与社会的“分裂”，促使形成了新旧更加分明、明暗更为不一的多个“世界”。④

瞿骏的多篇文章讨论了五四新文化运动时期，地方读书人对五四运动的因应情况。他在《新文化运动的“失语者”——论凌独见与五四时代》一文中考察了凌独见在五四运动中的情况，作者指出凌独见是以“卫道

---

① 罗志田：《地方的近世史：“郡县空虚”时代的礼下庶人与乡里社会》，《近代史研究》2015 年第 5 期。

② 许纪霖：《“土豪”与“游士”——清末民初地方与国家之间的士大夫精英》，《华东师范大学学报（哲学社会科学版）》2015 年第 4 期。

③ 徐佳贵：《乡国之际：晚清温州府士人与地方知识转型》，复旦大学出版社 2018 年版。

④ 徐佳贵：《始进终退：再论近代地方士人与“国”的关系变迁——以刘绍宽〈厚庄日记〉为个案》，《史林》2017 年第 3 期。

守旧”的形象展现在历史叙述之中的，但如果仔细爬梳凌氏生活与思想的演变轨迹，其实他并非“卫道”青年。凌氏与新文化运动是一种既迎合又排斥的关系，这种联系深刻揭示了边缘知识青年在五四时代跌宕起伏的生命境遇。① 他在《小城镇里的“大都市”——清末上海对江浙地方读书人的文化辐射》一文中勾勒了清末上海与江浙地方读书人的中心辐射与地方回应之间交错互动的复杂多歧过程。文章指出上海辐射江浙地区的各种文化因子对地方读书人产生了重大影响，同时这些文化因子也深深楔入了地方读书人在当地社会的权势争夺之中，改变了地方权势结构变迁的走向。② 瞿骏的《老新党与新文化：五四大风笼罩下的地方读书人》一文指出由清末新党转化而来的“老新党”群体与新文化的互动，为五四大风的起源、扩散与影响提供了更为丰富的历史面相，同时也能借此来理解作为清末延长线上和国民革命“既存状态”的五四运动。③

（三）新文化史与思想史的汇流

受新文化史研究的影响，思想史研究者对人的精神、心理、情感和记忆等问题越来越关注，学者们通过大量个人性、私密性的资料，去探讨人们思想深处更为隐秘的世界，从而加深对研究对象思想观念的了解和认识。这些研究取向和方法的引入不仅丰富了思想史的内容，也拓展了思想史研究的边界。

情感史。情感史已成为当代史学的一个重要转向，2015 年 8 月 23 日至 29 日在济南召开的第 22 届国际历史科学大会的四大主题之一就是“历史上的情感”，王晴佳表示足见情感、情绪和感情的研究已成为一种国际性的历史学潮流。王晴佳还指出情感史给历史研究带来了不少新意和刺激，将研究重点从理性转到了感性的层面，开辟了一个广阔的天地。④

---

① 瞿骏：《新文化运动中的“失语者”——论凌独见与五四时代》，《学术月刊》2016 年第 4 期。

② 瞿骏：《小城镇里的“大都市”——清末上海对江浙地方读书人的文化辐射》，《社会科学研究》2016 年第 5 期。

③ 瞿骏：《老新党与新文化：五四大风笼罩下的地方读书人》，《南京大学学报（哲学·人文科学·社会科学）》2017 年第 1 期。

④ 王晴佳：《当代史学的“情感转向”：第 22 届国际历史科学大会和情感史研究》，《史学理论研究》2015 年第 4 期。

对于情感史研究，王晴佳在《为什么情感史研究是当代史学研究的一个新方向?》一文中分析了情感史与当代史学的紧密关系，指出情感史是在理性和感性层面上对历史进行研究、采用的跨学科方法等特征。作者还列举了“同情”“爱情”等情感史的研究，指出五四运动就是中国人民族主义情感的爆发所致。① 黄克武在《情感史研究的一些想法》一文中根据自己的研究讲述了如何从历史、文化脉络中来思考人类的情感，比如“羞耻”“幽默”等。作者指出过去的历史研究多关注人类的理智面，而较忽略情感面，情感史则强调身体、情欲、感官等面向，以及情欲与理智之交织互动在历史上的意义。人类情感的反应虽然有普遍的面向，但是情感之发抒与表达方式并非与生俱来而永恒不变，而是深受文化及历史情境影响，是在历史文化脉络之中，经由学习、熏染而被建构出来的。② 孙一萍在《情感表达：情感史的主要研究面向》一文中列举了情感史的研究内容，指出史学研究中所使用的情感词汇，包括表述人们情绪的喜悦、痛苦、悲伤、愤怒、嫉妒等，其中又包含两层意思，一是指人们内心深处感受到的情感体验，二是人们以语言、表情、手势以及眼神等各种方式所表达的情感。作者强调情感史研究的目的，就是解读情感背后的历史意义。③ 李志毓的文章《情感史视野与二十世纪中国革命史研究》指出情感本身的“历史性”问题，它可以转化为研究悲伤、愤怒、恐惧、狂热、喜悦等各种情感在革命中的表达，革命过程中情感的特殊性，情感与政治的关系等问题。作者还强调情感史研究关注人的心灵与情绪，关注人的主体状态和时代的精神结构。④

近年来在情感史研究方面，有两部著作具有代表性，一部是黄克武著《言不亵不笑：近代中国男性世界中的谐谑、情欲与身体》一书，本书以思想史、情感史和身体史的研究为基本方法，从历史、文化的脉络中来探讨中国近代以来“幽默感”“身体感”所交织而成的男性的历史。该书以

---

① 王晴佳：《为什么情感史研究是当代史学研究的一个新方向?》，《史学月刊》2018 年第 3 期。

② 黄克武：《情感史研究的一些想法》，《史学月刊》2018 年第 3 期。

③ 孙一萍：《情感表达：情感史的主要研究面向》，《史学月刊》2018 年第 3 期。

④ 李志毓：《情感史视野与二十世纪中国革命史研究》，《史学月刊》2018 年第 3 期。

明清以来的笑话书、俗曲、言情小说与民初报纸的医药广告等史料为基础，来探究明末至民初之间男性的情绪、欲望、身体与私人生活的世界，并分析其所反映的思想和文化内涵。这是一部涉及情感史、心态史和身体史的著作。[①] 另一部著作是雷勒风（Christopher Rea）著的《大不敬的年代：近代中国新笑史》一书，该书全面爬梳了中国近代幽默、讽刺和辛辣语言的历史，全书采用各式图片、报刊、文献材料，展现了那个时代的多种幽默方式。本书考察了中国近代“笑”的整个谱系，包括严肃文学，大众文化和通俗文化等，涉及识字之人到政治、文化精英等。晚清以降的中国是一个充满动荡、苦难的中国，《大不敬的年代：近代中国新笑史》通过各种“笑”展现了另一个不同的中国，在中国面临现代性的焦虑之时，“笑”也提供了一种了解中国的不同路径和叙述方式。本书为解读近代中国思想文化史提供了全新的视角。[②]

精神史、心灵史。精神史、心灵史是近年来探究历史人物思想观念的一种新的研究形式。对于什么是精神史？郭若平指出精神史研究不能仅仅关注概念及其理性思辨，更要关注其他层面的语言学意义。同时，精神史研究也不能仅仅关注少数社会精英思想，还必须关注广大普通民众的思想状态。他指出精神史就是在历史过程中构成、显现和展示某种精神特质的一种历史存在形式。[③]

在精神史的宏观研究上，中共革命精神史有两篇文章进行了探讨。郭若平的《史事与文化：中共精神史研究再思》一文指出中共精神史作为一般精神史的特殊存在方式，具有独特的表现载体。尽管建立在语言基础上的文本与话语，在其他任何一种精神史领域都同样存在，但这些精神史的实质及其表意方式，与中共精神史存在政治的、历史的和思想的根本性差异，这是一种共相中的殊相关系。作者还强调中共精神史的研究不同于

---

① 黄克武：《言不亵不笑：近代中国男性世界中的偕谑、情欲与身体》，台北：联经出版事业公司2016年版。

② ［加］雷勒风（Christopher Rea）：《大不敬的年代：近代中国新笑史》，许晖林译，台北：麦田出版公司2018年版。

③ 郭若平：《史事与文化：中共精神史研究再思》，《中共党史研究》2016年第5期。

中共精神现象的研究，在理论和方法上，它应当纳入历史研究的范畴中。[①] 谢建平、邱小云的文章《中共革命精神史几个问题的研究展望》指出中共革命精神史是一门旨在专门研究中共在不同历史时期不同革命精神产生、发展及其演变过程和内在规律的系统学科。文章还对其研究提出了通史全景式研究、断代分期式研究、系统结构式研究、人物思想式研究和现象诠释式研究等五种方式。[②]

精神史研究必然涉及人，有关中国近代的精神史研究，许纪霖著《一个民族的精神史》一书聚焦于中国近代以来张之洞、汪精卫、沈从文、巴金等十三位充满个性又有时代特色的知识人，深刻体察了每一位知识人作为个人丰富而复杂的思想轮廓与文人气质，呈现了知识人在近代中国的挣扎、抉择与坚守，是一部近代中国知识分子群体的精神沉浮史。[③]

对于心灵史的界定，黄道炫指出心灵史注重考察社会政治背后的精神世界，试图从人类精神的角度，解读历史流变的脉络。如果说思想史、心态史更注重群体性的思想流变，那么心灵史则更希望通过挖掘个体心灵的变幻，深入个体的内心世界，观察内心思想的轨迹，深究人类灵魂深处的世界。[④] 由此可见，心灵史实际也可被划为思想史的范畴，其探讨的问题都是人们思想观念的问题。黄道炫的《“二八五团”下的心灵史——战时中共干部的婚恋管控》一文考察了战时中共的婚姻管控与个人的情感、禁欲等问题，作者指出我们看到了中共的效率和宣导能力，却也体察到其下隐藏的个人情感不得其出的奔涌暗流。我们尊重当年那些愿意牺牲，怀抱充分理性选择的革命者，却也同情潜存于人类灵魂深处，时时要露出头角的感性力量。[⑤]

---

① 郭若平：《史事与文化：中共精神史研究再思》，《中共党史研究》2016 年第 5 期。

② 谢建平、邱小云：《中共革命精神史几个问题的研究展望》，《党史研究与教学》2015 年第 1 期。

③ 许纪霖：《一个民族的精神史》，香港：三联书店有限公司 2019 年版。

④ 黄道炫：《政治文化视野下的心灵史》，《中共党史研究》2018 年第 11 期。

⑤ 黄道炫：《“二八五团”下的心灵史——战时中共干部的婚恋管控》，《近代史研究》2019 年第 1 期。

心态史也是学者们探索的一个新领域。耿密的《辛亥鼎革后清末保守士人心态之比较——以〈恽毓鼎澄斋日记〉、〈退想斋日记〉为中心》一文通过恽毓鼎和刘大鹏两人日记的考察，文章指出辛亥鼎革后，由帝制迈入共和的清末保守士人，面临时代遽变带来的种种冲击，多少有些不适应感。恽毓鼎和刘大鹏在日记的记述中，既有对清帝退位的共同哀叹，又有对袁世凯称帝的复杂心情。既有对民初剪发、改历的不同反应，又有对国家命运、民生多艰的共同关切，通过比较二人在面对共同问题时的心态，可以体味到清末保守士人在辛亥革命之后心态的复杂性。① 李秉奎的《抗战时期沦陷区城市青年的生存与心态》一文以北平、上海两位青年的日记为基础，考察了他们的战时心态和精神生活。《北平日记》和《1942—1945：我的沦陷生活》是沦陷区青年的两部私密日记，两部日记反映了对以求得基本生存为条件的底层社会来说，生活上的妥协是沦陷区外部环境的产物，内心的反抗却是永恒的民族情感底色。“南下”或“到内地去”是他们情感世界的精神追求，而留守在沦陷区艰难度日，却是物质世界困顿的无奈之举。二者难以调适，体现了他们在沦陷区的生存艰辛和内心痛楚。②

历史记忆。历史记忆是近年来学术界的热点，记忆史与思想史的结合不仅拓展了思想史的边界，也增加了记忆史研究的厚度和深度。关于中国近代历史记忆综述、宏观方面的探讨，郭辉、罗福惠的《“中共记忆史”研究的提出及构想》一文指出中共党史研究可以汲取记忆史的理论和方法形成“中共记忆史”，发展出新的问题意识。“中共记忆史”研究需要注意记忆与遗忘、社会、政治等方面的关系，以拓展党史研究的视野，为党史研究提供新范式，并回答党史研究与历史记忆的关系。“中共记忆史”研究要运用记忆史重新审视中共党史，探索相关理论和方法，加强史料搜集和整理，培育学术共同体。③ 郭辉的文章《记忆史理论与改革开

---

① 耿密：《辛亥鼎革后清末保守士人心态之比较——以〈恽毓鼎澄斋日记〉、〈退想斋日记〉为中心》，《广东社会科学》2016年第1期。

② 李秉奎：《抗战时期沦陷区城市青年的生存与心态》，《河北学刊》2018年第6期。

③ 郭辉、罗福惠：《“中共记忆史”研究的提出及构想》，《中共党史研究》2015年第4期。

放史研究》从记忆史理论角度讨论了深化改革开放史研究。[①] 他的另一篇文章《中国历史记忆研究的回顾与思考》指出中国学界在上世纪末开始历史记忆研究，拓展了学术研究的主题和内容，在研究方法上也值得借鉴。具体来说，包括族群认同、传说故事、历史事件和历史人物等领域。[②] 凌承纬在《记忆与历史：中共纪念史研究的新视野》一文探讨了中共纪念史学与历史记忆的问题，文章指出中共纪念史研究体现了中共党史研究学术演进的内在逻辑，是中共党史研究的新领域。文章强调在中共纪念史研究中，加强记忆是研究相关理论与方法的建构，将有助于拓展中共纪念史研究学术实践的深度和广度。[③]

纪念空间是承载历史记忆的主要载体之一，段志强著《顾祠——顾炎武与晚清士人政治人格的重塑》一书主要研究顾祠的纪念活动，本书以顾祠为视角，通过纪念和圣域，考察晚清士大夫如何借用顾祠唤起历史记忆以表达自己的政治诉求，并重塑“士人的政治人格”，也就是说士大夫要求从清代前期的压抑、局促的格局中走出来，重新树立经世致用的理想，并在政治上有所作为。[④] 忠烈祠是承载抗战记忆的重要载体，刘于思的《从腾冲忠烈祠到国殇墓园：战争记忆的空间争夺与权力博弈》一文考察了腾冲忠烈祠与历史记忆的承载，文章指出战争记忆在当代国人的政治记忆与文化记忆中扮演着特殊的角色。云南省保山市腾冲县国殇墓园及忠烈祠在“社会记忆—遗忘—再记忆”的过程中看似始终保持原貌，但其生成的战争记忆话语早已千差万别。腾冲国殇墓园作为战争记忆空间兴建、衰落与修复的过程，是战争记忆空间争夺中主体的作用、原因形成之过程，也是战争记忆的刻写、遮蔽、修补和再生产过程。[⑤] 王余辉的《安生慰死：南京国民政府国家忠烈祠祭祀制度的建立》一文考察了南京国

① 郭辉：《记忆史理论与改革开放史研究》，《中共党史研究》2017 年第 6 期。

② 郭辉：《中国历史记忆研究的回顾与思考》，《兰州学刊》2017 年第 1 期。

③ 凌承纬：《记忆与历史：中共纪念史研究的新视野》，《党史研究与教学》2018 年第 6 期。

④ 段志强：《顾祠——顾炎武与晚清士人政治人格的重塑》，复旦大学出版社 2015 年版。

⑤ 刘于思：《从腾冲忠烈祠到国殇墓园：战争记忆的空间争夺与权力博弈》，《探索与争鸣》2015 年第 7 期。

民政府时期国家忠烈祭祀制度的建立过程及意义，文章指出抗战时期忠烈祠的普遍设立，一定程度上改变了民国前期忠烈祭祀的混乱局面，并借鉴了清代忠烈祭祀的统一形式。由于祠祀烈士“层层累积”的特征，涵盖所有烈士的忠烈祠具有集成性质，虽最终以抗日烈士为主，但并非一般意义上的抗日烈士祠。①

在历史事件的记忆研究方面，孙江的文章《唤起的空间——南京大屠杀事件的记忆伦理》指出随着南京大屠杀事件研究的“记忆转向”，记忆伦理这一基础理论问题的重要性愈发明显。该文选取两个问题进行探讨，即死者的记忆与伤者的记忆。死者的记忆是生者代理表象的产物，伤者则可以借助自身的回忆和“共享记忆”来证明受害事实。由于关于死伤者的事件不在场，加上事后回忆或他者表象的局限性，特别是历史修正主义对历史书写的暴力，所谓死伤者的记忆，于是转化为历史学之外为何记忆？忘却、谁在记忆？忘却之问题。② 李昕的《仇恨与记忆：南京大屠杀历史教育中的情感引导》一文讨论了南京大屠杀中的仇恨与记忆问题，文章指出理性认识南京大屠杀历史教育中的仇恨情感，并给予正确引导，对铭记历史、树立正确的历史观、世界观等具有重要意义。③ 王楠关注的是如何叙述南京大屠杀的历史记忆，作者在《叙述的伦理》一文中指出理论深化了南京大屠杀的研究，也受到这一特殊历史事件的挑战，研究者的职责在于尊重叙述的伦理，避免理论先行的陷阱。④

关于历史人物记忆的研究论文主要有，陈金龙的《恽代英与纪念活动的社会功能表达》一文指出恽代英纪念活动的功能表达集中在三个方面，即呈现历史事实，界定历史地位，总结历史经验，从而使历史记忆得

---

① 王余辉：《安生慰死：南京国民政府国家忠烈祠祭祀制度的建立》，《抗日战争研究》2018年第2期。

② 孙江：《唤起的空间——南京大屠杀事件的记忆伦理》，《江海学刊》2017年第5期。

③ 李昕：《仇恨与记忆：南京大屠杀历史教育中的情感引导》，《南京社会科学》2017年第11期。

④ 王楠：《叙述的伦理——如何叙述南京大屠杀历史记忆》，《江海学刊》2018年第6期。

到强化。澄清革命的正当性，阐释革命任务与革命方略，彰显了纪念活动的表达功能。协调中苏关系，中日关系与促进世界革命的联合等。① 陈金龙的《毛泽东与十月革命纪念》一文考察了毛泽东对“十月革命”认知、记忆的塑造情况，指出毛泽东主导和参与的十月革命纪念，彰显了其强化历史记忆、建构中国话语、协调中苏关系和维护世界和平的社会功能。② 覃德清的论文《历史记忆与“刘三姐”多重文化意象的建构》指出“刘三姐”被不同的记忆主体记录和想象，在不同的时空语境中拥有不同的社会身份，扮演着不同的文化角色。③ 郭辉的《历史记忆与社会动员：抗战动员中的“文天祥”记忆》文章考察了九一八事变后“文天祥”记忆如何用于抗战记忆之中，文章指出“文天祥”记忆成为政治宣传、文化创作、历史教育的重要素材。④

有关纪念日与历史记忆的研究方面，陈金龙著《中国共产党纪念活动史》对中共纪念活动的缘起、类型和方式等问题进行了论述，对中共纪念活动的脉络进行了系统梳理，从宏观上把握了中共纪念活动的整体情况，并对中共纪念活动的基本特点、历史作用和当代启示进行了客观评价。⑤ 郭辉著《国家纪念日与现代中国（1912—1949）》一书主要考察了民国时期国家纪念日的演变与发展，本书主要包括两部分，一是国家纪念日主要功能的研究，侧重于政治合法性的建构；一是指向国家纪念日与抗日战争的关系研究。本书通过纪念日的纪念情况呈现了不同政治力量对近代中国重要事件历史记忆的竞争、重构与演变。⑥ 2015 年以来，纪念日与历史记忆的论文主要有郭辉的《论新中国成立以来的抗战胜利纪念活

① 陈金龙：《恽代英与纪念活动的社会功能表达》，《陕西师范大学学报（哲学社会科学版）》2015 年第 6 期。

② 陈金龙：《毛泽东与十月革命纪念》，《湘潭大学学报（哲学社会科学版）》2017 年第 2 期。

③ 覃德清：《历史记忆与“刘三姐”多重文化意象的建构》，《民俗研究》2017 年第 5 期。

④ 郭辉、李百胜：《历史记忆与社会动员：抗战动员中的“文天祥”记忆》，《福建论坛·人文社会科学版》2018 年第 6 期。

⑤ 陈金龙：《中国共产党纪念活动史》，社会科学文献出版社 2017 年版。

⑥ 郭辉：《国家纪念日与现代中国（1912—1949）》，社会科学文献出版社 2019 年版。

动》[①]《抗战时期“成吉思汗”纪念及其形象塑造》[②]、朱文哲的《符号、仪式与认同：民国时期的孔子诞辰纪念》[③]、杜恩义的《南京国民政府禁烟纪念日初探》[④]、周游的《抗战时期中共对“五四”的纪念》[⑤] 等。

除了以上研究历史记忆的著述外，马建标的《历史记忆与国家认同：一战前后中国国耻记忆的形成与演变》一文考察了国耻记忆如何培育此间中国人的国家认同。文章指出五四运动期间，“二十一条”的国耻记忆向卖国贼国耻记忆演变，由巴黎和会外交失败而凸显的民族危机与国内激烈的派系竞争纠缠在一起。在此语境下，国耻记忆扮演着救亡启蒙的社会角色，这一国耻记忆形成与演变的背后，蕴含着时人关于如何救亡的集体潜意识。[⑥] 刘喜涛、曹大臣的《创伤与记忆：“慰安妇”的私密创伤与公共记忆重构》一文讨论了关于“慰安妇”的历史记忆问题。作者指出在“慰安妇”私密创伤进入公共空间的过程中，存在侧重面不同的历史叙述，日本在加害与受害双重心理下的创伤记忆形塑过程，成为解决历史遗留问题分歧的严重的重要方面。作者强调通过自下而上的记忆传递，促成日本在国家层面形成共识，进而形成东亚国家及地区关于“慰安妇”的公共记忆，这不失为推动东亚和解、和平的路径选择方向。[⑦] 潘洵、高佳的《抗战时期侵华日军“轰炸记忆”的演变与建构——以“重庆大轰炸”为中心的考察》一文从记忆史学的视角，探讨和分析了对第二次世界大战中“重庆大轰炸”“轰炸记忆”的演变与发展，以期深化对“战争记忆”建构的认识。文章指出差异化的历史记录和历史记忆背后是不同的历史认识，历史的错误或可原谅，但历史的真相不应被遗忘，更不能被掩

---

① 郭辉：《论新中国成立以来的抗战胜利纪念活动》，《马克思主义研究》2015 年第 8 期。

② 郭辉：《抗战时期“成吉思汗”纪念及其形象塑造》，《福建论坛（人文社会科学版）》2017 年第 5 期。

③ 朱文哲：《符号、仪式与认同：民国时期的孔子诞辰纪念》，《天府新论》2015 年第 4 期。

④ 杜恩义：《南京国民政府禁烟纪念日初探》，《江苏社会科学》2016 年第 5 期。

⑤ 周游：《抗战时期中共对“五四”的纪念》，《中国文化研究》2019 年第 2 期。

⑥ 马建标：《历史记忆与国家认同：一战前后中国国耻记忆的形成与演变》，《近代史研究》2017 年第 2 期。

⑦ 刘喜涛、曹大臣：《创伤与记忆：“慰安妇”的私密创伤与公共记忆重构》，《南京社会科学》2018 年第 11 期。

盖，只有“重庆轰炸”这种非人道的暴行记忆上升为人类的共同记忆，战争的悲剧才不会重演。①

本章主要围绕2015年以来近代中国思想史上的通论性著作、思想进程研究、思想人物研究以及思潮史、学术思想史和新领域研究的新进展等内容展开。2015年至今，虽然只有短短四年多时间，但是学者们在研究旧有领域和议题的同时，不断运用新的理论、方法和视角，拓展思想史研究的边界，开拓新的研究领域，也积累了大量研究著述。学者们从不同视角、层面对中国近代思想史的研究，不但丰富了思想史研究的内容，也将中国近代思想史研究不断推向前进。2015年以来的中国近代思想史研究内容广泛、成果丰富，不是本章区区十万言可以涵盖，再加上篇幅有限，无法一一综述，有遗漏之处，还望各位学者见谅！

---

① 潘洵、高佳:《抗战时期侵华日军“轰炸记忆”的演变与建构——以“重庆大轰炸”为中心的考察》,《西南大学学报（社会科学版）》2018年第6期。

结　语

进一步深化中国近代思想史研究的几点思考

新中国成立以来，尤其是进入改革开放时期以来，中国近代思想史研究取得了丰硕成果。如何在现有研究成果的基础上进一步深化中国近代思想史研究，这是大家比较关心、常要考虑的问题，作者近几年来也一直在做这方面的思考。现借此机会，将一些不成熟的想法提出来，供大家批评。

第一，要继续加强中国近代思想史学科的“学科意识”、学科理论建设，为中国近代思想史研究的进一步深化提供理论引领。

我们在书中已经提到，中国近代思想史学科是“五四”以后随着中国现代学术体系的建立而逐步形成的，已有近百年历史。中国近代思想史学科的历史虽然不短，但学术界却一直缺乏理论上的自觉，缺乏对中国近代思想史学科自身理论的研究，对于思想史研究的内容与方法，思想史与哲学史、文化史、学术史等其他分支学科以及与政治思想史、文化思想史、学术思想史、经济思想史等其他专门思想史的联系与区别，等等，都缺乏应有的讨论，学者们对思想史究竟应该写些什么，没有统一的认识，许多思想史著作写进了哲学史的内容，甚至以哲学史为主，学科界限混淆不清。胡适是用现代学术方法研究中国哲学史的开山人物，但他后来把自己的成名作《中国哲学史大纲》（上）改名为《中国古代思想史》，显然他已经发觉，他的书还不能算是纯粹的哲学史。然而改称思想史，似乎也不太合适，因为其中又有许多哲学史的内容。另一个例子是侯外庐先生的

《中国思想通史》，哲学史的内容所占篇幅不少。而侯外庐的《中国近代哲学史》却又大量地写进了思想史的内容。新中国成立以来出版的一些“中国近代思想史”著作，在内容上与“中国近代政治思想史”和“中国近代哲学史”著作也并无多大区别。20 世纪 90 年代以来，尤其是 21 世纪以来，随着思想史对社会史研究方法的吸纳与运用，思想史研究方法的讨论也越来越多，这种讨论还引发对思想史研究内容及中国近代思想史起点、历史分期等问题的思考。国内学界通过召开会议、报刊专题研讨等形式对思想史的学科建设表示了强烈的关注。

2002 年，为进一步推动思想史研究，中国社会科学院近代史研究所思想史研究室和《历史研究》编辑部共同召开了中国近代思想史研究方法学术讨论会，四十多位学者出席了会议。在关于中国近代思想史的研究对象上，学者们承认精英思想为思想史研究主要对象的同时，还认为思想史研究应该对精英思想与民众思想的互动关系进行探索；在探讨研究方法时，有学者认为思想史研究对象的来源不应该局限于精英文本，还应纳入承载大众思想观念的诸多文化文本，社会习俗风尚等也可以视作研究对象。这个问题由此引发了对如何借鉴其他学科以及西方思想史研究方法问题的思考，学者们认为应该坚持开阔的眼光，积极借鉴其他学科与西方思想史的研究方法，以立足于中国研究为基础，建立起本土化的中国思想史研究范式。① 2004 年，中国社会科学院近代史研究所思想史研究室与其他单位联合主办了第一届中国近代思想史国际学术研讨会，这是“以整个中国近代思想史学科为内容”的第一次会议。与会学者肯定了社会史研究方法之于思想史研究的价值，主张将思想史研究向下移到民间思想研究上，创造新的研究范式。② 两次会议暗示了一种趋向，即学界对社会史与思想史的结合越来越重视，这种结合将获得较大的发展空间。近几年的思想史研究的新动向也证明了这一点。

尽管近几年来中国近代思想史学科自身理论的研究已引起越来越多学

① 参见邹小站《中国近代思想史研究方法学术讨论会综述》，《历史研究》2003 年第 1 期。

② 参见邹小站《第一届中国近代思想史国际学术研讨会综述》，《历史研究》2004 年第 6 期。

者的关注，并取得了一些成果，但我们要推动中国近代思想史研究的进一步深入，必须继续加强对中国近代思想史学科自身理论的研究，就中国近代思想史的研究对象（或内容）、中国近代思想史的开端和分期、近代思想史的研究方法等问题展开深入讨论，通过讨论以求得共识。因为只有这些重大的思想史学科自身理论问题的研究取得重大突破，中国近代思想史研究的进一步深入才有可能。比如，对中国近代思想史的研究对象，目前学术界就有不同的认识。葛兆光提出思想史研究的是知识、思想与信仰，并据此写成两卷本的《中国思想史》。又有学者提出中国近代思想史是研究这一时期各种思想观念，尤其是社会政治思想新陈代谢的历史过程及其规律性。还有学者提出近代带有资本主义倾向和性质的思想、观念和主张是中国近代思想史的研究内容。而郑大华认为，中国近代思想史的研究内容是由中国近代所面临的主要任务决定的。中国近代所面临的主要任务，一是民族独立，使中华民族从西方资本主义列强亦即后来的帝国主义的侵略和压迫下解放出来；二是社会进步，实现中国社会从传统向近代的转变。中国近代思想史主要研究各个不同时期的人们围绕民族独立和社会进步究竟提出了哪些思想、观念和主张，这些思想、观念和主张提出后对社会产生过哪些影响，以及是通过什么样的途径对社会产生影响的，并总结其经验和教训，从中找出规律性的东西。他的《晚清思想史》就是依据此认识写成的。又如在中国近代史开端上，传统的观点是以 1840 年的鸦片战争为开端。郑大华提出中国近代思想史的逻辑起点在嘉道年间，因为嘉道年间复兴的经世思潮使中国传统思想具备了向近代转型的可能性，而发生于此时的鸦片战争，又给经世思潮注入了新的内容，从而使这种可能性成为现实性。正是在嘉道年间，中国传统思想开始迈出了向近代转型的第一步，并对晚清思想产生了重大而深远的影响。除此，还是晚明开端说、洋务开端说、戊戌开端说等观点的提出。正因为人们对中国近代思想史研究的对象或内容、对中国近代思想史的开端或逻辑起点的认识不同，所以写出来的著作也是五花八门、差异很大。

第二，要继续扩大研究的领域和视野，为中国近代思想史研究的进一步深化拓展新的生长空间。

回顾新中国成立以来，尤其是 90 年代以来中国近代思想史的研究历程，中国近代思想史研究能够不断取得发展和进步，是与其研究领域和视野的不断扩大分不开的。20 世纪 90 年代以前，思想史研究以思想家个案为主，那些以“中国近代思想史”命名的著作，基本上是各个时期一些主要思想家思想的汇编，这方面最典型的代表就是侯外庐先生的《中国思想通史》和台湾韦政通先生的《十九世纪中国思想史》。进入 90 年代后，思潮史研究异军突起，蔚然成风，近代思想史著作越来越多地以社会思潮为主线，民族主义、社会主义、激进主义、保守主义、自由主义、三民主义等一些重要思潮的专题研究也是成果丰硕。在思潮史研究蔚然成风的同时，学术思想史研究也渐成热点，近代学术史流变中的传统学术思想的近代走向和现代学术之建立等问题已引起越来越多学者的关注，并出现了一些学者所讲的“思想家淡出，学问家凸显”的局面。

进入 90 年代尤其是 21 世纪后，受西方社会史研究理论和方法的影响，中国近代思想史研究的领域和视野发生了一个新的变化，这就是研究视线的下移，将社会生活与思想史相关的领域纳入视野，从广阔的社会生活背景中去考察近代思想的发展历程。其研究成果主要集中在五个方面：一是“多元现代性”视野下的观念史研究；二是思想文化与社会转型研究；三是知识分子、公共网络与私人生活研究；四是新文化史与思想史的汇流；五是对报纸杂志、学术及其他社会团体的研究。仅以对报纸杂志的研究为例，近年来，学者们在继续推进对《新青年》《独立评论》等报刊研究的同时，也开始了对《大公报》《时务报》《申报》《益世报》《观察》《努力周报》《改造》《甲寅》《太平洋杂志》《现代评论》《再生》《时代分论》《今日报》等其他报刊的研究，这些研究一方面表现了思想史研究领域的扩大及细化的发展趋势，另一方面则更显示了当今学界打通社会史与思想史的努力。在对学术及其他社会团体的研究方面，不少人试图引入西方社会学中关于公共空间与市民社会的研究范式对其进行新的解读。

既然研究领域和视野的扩大，是中国近代思想史研究能够不断取得发展和进步的重要因素。因此，进一步深化中国近代思想史研究，继续扩大研究领域和视野，寻找新的增长点，就显得非常必要。根据目前研究的状况，我们可以推测中国近代思想史研究的未来趋向是：

（1）思想家研究仍是重点。研究思想史自然就离不开对思想家的研究，因为没有思想家哪来思想史?！今后对思想家研究的范围将越来越广，除继续对已有较多研究成果的思想家的各个思想面向进行更加深入、细化的研究外，那些在以往的研究中没有得到应有重视，甚至没有纳入学者们研究视野的思想家将会得到越来越多的关注，尤其是思想家的比较研究，这既包括同时期的中国思想家的比较，也包括同时期或不同时期但同性质的中外思想家的比较，可能成为思想家研究的热点。实际上自20世纪八九十年代以来，有学者就进行过这方面的尝试，并取得了一些成果。

（2）思潮史研究将向专题研究方向发展。除对中国近代的社会思潮进行宏观的描述外，以后的思潮史研究重点，仍将延续21世纪以来的趋向，以对具体的某一思潮研究为主，那些长期没有得到人们关注甚至被视为落后乃至反动的思潮将越来越多地进入学者的研究视野；与此同时，人们将更加注重中国近代思潮的源流研究，实际上近代中国的许多思潮，如自由主义思潮、社会主义思潮、民族主义思潮、人本主义思潮、科学主义思潮、法西斯主义思潮等，受西方的影响很大，有的就是西方思潮在中国的演变或发展，研究近代中国的社会思潮与西方相关思潮的渊源关系并进行比较，这将是未来中国近代思潮史研究的一个方向。

（3）学术思想史研究会继续得到加强，中国近代史上越来越多的学者将会进入人们的研究计划中，中国传统学术的转型和现代学科体制的建立仍将是学术思想史的研究重点。另外，中国传统的学术流派、学术思想、治学方法的研究将会得到比以前更多的重视，人们将关注中国传统学术与西方现代学术的比较和接榫，并由此得出对中国传统学术及其思想的新的认识。

（4）思想史与其他学科的会通是学科发展的必然趋势。首先是社会史与思想史的会通将得到越来越多的学者的认同，其方法在实践中会逐渐走向成熟；同时，还将纳入传播学、政治学、文化学、哲学等其他人文社会科学的研究方法，学科之间的交叉与融合将在未来的中国近代思想史科学的研究中得到更多的体现。当然，我们在引入其他人文社会科学的研究方法时，要注意到这些研究方法的普遍性与特殊性的关系问题，既重视对西方现代的研究方法的引进与吸纳，同时也要重视对中国传统的研究方法的总结与采用。

(5)中国近代思想史学科的自身建设将得到进一步的重视，将会有越来越多的学者参与到对中国近代思想史的研究内容与范围、历史分期、演化动力以及中国近代思想史与中国近代哲学史、中国近代文化史、中国近代学术史、中国近代政治史等其他中国近代史分支学科的联系与区别的讨论中，并通过充分讨论，取得或达成某些共识，从而推动中国近代思想史研究的进一步发展。

第三，要继续坚持唯物史观的指导，但同时要摒除对唯物史观的教条主义理解，加强对思想家个人的生命历程、生存状况和生活环境的研究。

研究中国近现代思想史，首先碰到和需要解决的是社会存在与社会意识、经济基础与上层建筑的关系问题。某一种思想或思潮为什么会在某一历史时期出现，而不是在另一历史时期出现；某一性质的思想家为什么会产生于某一时代，而不是另一时代，其原因可能很多，但其中最根本的或主要的原因，恐怕还是由当时的物质生产或社会存在决定的。马克思和恩格斯在《费尔巴哈》一文中指出，思想、观念、意识的生产最初是直接与人们的物质活动，与人们的物质交往，与现实生活的语言交织在一起的。观念、思维、人们的精神交往在这里还是人们物质关系的直接产物。表现在某一民族的政治、法律、道德、宗教、形而上学等的语言中的精神生产也是这样。人们是自己的观念、思想等等的生产者，但这里所说的人们是现实的、从事活动的人们，他们受着自己的生产力的一定发展以及与这种发展相适应的交往(直到它的最遥远的形式)的制约。意识在任何时候都只能是被意识到了的存在，而人们的存在就是他们的实际生活过程。如果在全部意识形态中人们和他们的关系就像在照相机中一样是倒现着的，那么这种现象也是从人们生活的历史过程中产生的，正如物像在眼网膜上的倒影是直接从人们生活的物理过程中产生的一样。[①] 比如，洪秀全之所以是洪秀全，而不能成为康有为或孙中山，最根本的原因就在于19世纪五六十年代的中国社会还不具备产生康有为或孙中山的物质基础或社会存在，中国的资本主义还没有产生，更不要说出现了一个新的资产

① 参见《费尔巴哈》,《马克思恩格斯选集》第1卷，人民出版社1972年版，第30页。

阶级，加上国门刚刚被西方列强的大炮轰开，西方的先进思想和文化还没有大规模地传入中国，所以洪秀全只能提出反映农民小生产者愿望和要求的《天朝田亩制度》，而不可能提出反映资产阶级愿望和要求的君主立宪主张或“三民主义”纲领。再如，中国早期维新思潮之所以出现于19世纪八九十年代，尽管原因很多很复杂，但最根本的原因，就在于19世纪七八十年代后，在洋务运动的作用和外国资本主义的刺激下，中国社会出现了民族资本主义经济，并伴随着中国民族资本主义经济的出现和初步发展，民族资本主义经济的政治代表——中国民族资产阶级开始了其形成的过程。一定的思想是与一定的经济关系和阶级关系相联系的。早期维新思潮反映的正是形成过程中的中国早期民族资产阶级的利益和愿望，换言之，如果没有资本主义经济的出现和正在形成过程中的早期民族资产阶级，也就不会有早期维新思潮。就此而言，笔者认为，要进一步深化中国近代思想史研究，首先就要继续坚持以唯物史观为指导，至少要以唯物史观为重要的研究方法或原则，要搞清楚某一思想或思潮赖以产生的思想渊源和社会历史背景，考察思想家与其时代、思想的产生与物质的生产之间的相互关系。

当然，我们在坚持唯物史观的同时，要摒除对唯物史观的教条主义理解。实际上，马克思主义讲的社会存在，是广义的社会存在，除生产力与生产关系、经济基础与上层建筑的矛盾运动外，还包括思想家的生命经历、生存状况和生活环境。之所以是洪仁玕而不是洪秀全提出《资政新篇》，是因为洪仁玕有过几年在香港的生活经历，接触和耳闻目睹过资本主义的东西，如果他像洪秀全一样始终生活在内地，恐怕也提不出具有资本主义改革性质的《资政新篇》来。郭嵩焘之所以能从洋务派中分化出来，主张全方位地向西方学习，甚至包括学习西方的政治制度，这与他出使英国、对西方思想文化和社会政治制度有较多了解和切身体会有关。实际上，一个人的生活经历尤其是青少年时期的生活经历对其一生有着重要影响。我们很多人都看过美国人埃德加·斯诺写的《西行漫记》，也就是《红星照耀中国》一书。斯诺在书中谈到，他在采访毛泽东时，毛泽东跟他谈了他早年的一些故事。毛的父亲性格比较粗暴，动不动就打孩子。平常毛都忍受了，但有一次毛进行了反抗，父亲打他，他夺门而逃，父亲便在后面追打，当他跑到一个水塘边上时因无路可逃便站住了，他转身对身后追打他的父亲说，你再追我就跳下去。父亲果然不追了，因为当时是冬天，父亲怕他真的跳下去会冻坏身体。这件事使毛泽东认识到对于强权要反抗，也只有反抗才能维护自己的权利。这本来是少年时发生的一件小事，但在毛泽东的记忆中却留下了不可抹去的印记。他后来曾多次提到过这件事。由此可见它对毛泽东的影响之深远。长大后的毛泽东那种不畏强暴、敢于反抗和斗争的个性，在某种意义上可以说与这件事对他的感悟和启发存在着一定的联系。

所谓生存状况既包括思想家的经济状况，是富有还是贫困，也包括思想家的社会地位，是当官的还是平民百姓。经济状况的不同，也会使人们的思想产生差异。马克思就曾批评过 19 世纪中叶英国的那些衣食无忧、生活悠闲的大学教授，在他们吃饱了、喝足后，嘲笑一天工作十几个小时、生活在饥寒交迫中的工人觉悟太低下，只知道要面包吃、要缩减工作时间，而没有像他们一样要求选举权，要求民主和自由，是真正的下里巴人，这些大学教授不知道，对当时的工人来说有面包吃和缩短工作时间比选举权和民主、自由更迫切、更重要。我们常常批评洋务派不主张学习西方的政治制度，不搞政治改革，这是洋务运动失败的一个重要原因。实际上，洋务派并非对西方近代的政治制度不了解，并非不知道西方近代的政治制度比中国传统的政治制度更好一些，洋务派代表人物李鸿章就对于中国上下隔绝的政治局面进行过批评，认为“中国政体，官与民，内与外，均难合一”，因而“不独远逊西洋，抑实不如日本”。① 他主张借鉴日本和西洋的所谓“善政”，改善和调整君、臣、民之间的关系，以期实现“庙堂内外，议论人心”，趋于统一。他在阅读了驻日公使黎庶昌寄来的日本改革官制后有“官员录”和明治宪法后，对中日两国的官制进行了一番比较，认为明治维新后的日本“大抵有一官办一事，大官少，小官多，最为得法”，而中国官制十分“冗繁”，“高资华选大半养望待迁之官”，“如此事何由治？”② 总理衙门大臣文祥介绍西方的政治制度：“其国中偶

① 李鸿章：《复曾相》，《李鸿章全集》第 5 册，海南出版社 1997 年版，第 2607 页。
② 李鸿章：《复出使日本大臣黎莼斋》，《李文忠公尺牍》第 7 册。

有动作，必由其国主付上议院议之，所谓谋及卿士也；付下议员议之，所谓谋及庶人也。议之可行则行，否则止，事事必合乎民情而后决然行之。”① 除李鸿章和文祥外，还有其他一些当权的洋务官僚也对西方“君民一体，上下一心”的政治制度给予过好评。但由于他们是体制内的人，是清王朝的封疆大吏或朝廷重臣，尽管认识到了中国政治制度的弊端和西方政治制度的长处，但和体制外的王韬、薛福成、郑观应、何启、胡礼垣等人不同，他们不敢也从来没有想过要对中国的政治制度进行改革，用西方的君主立宪制度来取代中国的君主专制制度。有个洋务派官僚叫张树声，官居两广总督，死前在遗奏中才敢向朝廷提出仿行西方的君民共主的政治制度。因为反正他是要死的人了，不怕朝廷追究。

至于生活环境对人的影响，我们可以举孟母三迁其居的故事为例。孟子的母亲之所以要三迁其居，就是为了给孟子营造一个良好的生活环境。另外，思想家所受的教育和他交往的圈子，对其思想的形成和发展也很有影响。人们常说“近朱者赤，近墨者黑”，实际上讲的就是交友对一个人影响的重要性。

既然生活经历、生存状况和生活环境对一个人思想的产生或形成有如此重要的影响，因此，我们在研究某一位思想家的思想时，除要研究他生活的时代背景和社会背景外，还应加强对他的生活经历、生存状况和生活环境的研究，看他有过什么样的生活经历，到过哪些地方，经历过哪些事件，经济状况如何，有什么样的社会地位，喜欢和哪些人交往，其亲朋师友尤其是师友的思想是怎样的，对他产生过哪些影响等。在同一历史时代和社会背景下之所以会产生不同类型或性质的思想家，这与思想家们个人的生活经历、生存状况和生活环境的不同有着密切的关系。我们以胡适和吴宓为例。他们年纪相当，经历类似，早年都在故乡接受过传统文化教育，后来又几乎同时到美国留学，同时回到国内成为著名教授，但胡适是五四新文化派的代表人物，而吴宓是著名的文化保守主义者，他们的文化取向是不同的。其中的原因很复杂，但原因之一或许是一个重要原因，与他们在美国所接受的教育和经历有关。我们知道，胡适到美国后便拜在哥

① 《清史稿·列传》第173《文祥传》。

伦比亚大学杜威教授的门下，深受杜氏的实用主义哲学的影响，而吴宓到美国后则师从哈佛大学的白璧德教授，白氏的新人文主义对他的影响很大，他们两人的文化取向可以分别在杜威的实用主义哲学和白璧德的新人文主义中找到其理论根源。另外，他们两人留美期间的不同生活也或多或少影响着他们的文化取向。胡适在留美期间生活得非常安逸充实，天天是阳光鲜花，他是全美中国留学生会主席，经常应邀到各处发表演讲，他还是美国教授的座上宾，经常参加他们的周末家庭聚会，一位名叫韦司莲的美国小姐也非常爱他，与他有过无数次的花前月下。正是由于胡适在美国生活得太阳光了，以致影响了他对美国的观察，在他的眼中，美国是理想的化身，是全世界最美好的地方，只有优点，没有缺点，他后来因而主张西化或全盘西化，实际上，胡适所讲的西化也就是美国化。而吴宓在美留学时的生活则没有胡适那样潇洒，他看到的美国既有阳光的一面，也有阴暗的一面，因而他并不认为美国是人间天堂，甚至在不少地方还不如中国。

第四，要继续引进西方的研究理论和方法，但要加以“中国化”或“本土化”，避免对西方的研究理论和方法的生硬套用。

近年来，随着西方社会史研究的理论和方法的传入，已有越来越多的学者借用西方社会史研究的理论和方法来研究中国近代思想史，并取得了不少成果。思想史研究中引用西方社会史研究的理论和方法，这对推动中国近代思想史研究具有十分重要的意义。

首先，扩大了文献资料的使用范围。传统的思想史研究方法，多着重于文献资料的收集和解读。但长期以来，能用来作为思想史研究文献资料的不外“儒家的经典及注释、诸子的解说、文集、语录、正史、传记”等，而很多的考古资料，如“器物或图像资料、数术方技文献”以及历代的历书、则例、类书、蒙书、方志、族谱、档案和其他一些不能登大雅之堂的文献资料则没有纳入思想史研究的资料之中。因此，“在很长的一段时间里面，思想史还是像哲学史一样，讨论的重心还是集中在精英和经典”。[①] 但自西方社会史研究的理论和方法引入中国思想史研究之后，原

① 参见葛兆光《什么可以成为思想史的资料?》,《新哲学》第1辑，第294—295页。

来那些没有或很少在思想史研究中使用的文献资料则得到了广泛运用。比如葛兆光的两卷本《中国思想史》就大量地引用了中国早期的星占历算、祭祀仪轨、医疗方技、各种类书、私塾教材以及碑刻造像、书札信件等资料，来说明“一般的知识、思想与信仰”。

其次，非文献资料和口述资料得到重视与利用。除文献资料外，一些民间信仰、风俗习惯、行为方式、礼仪节日、图像音律、碑刻字画等非文献资料所记载或反映的可能是一种有着更广泛影响的社会思想，但由于文献资料尤其是那些官方的文献资料或精英留下的文献资料对此没有记载，或记载不多，长期以来，人们在研究中国思想史时几乎没有利用过这些非文献资料。而西方社会史研究的一个重要方法，就是通过田野调查，对大量的、散落在民间和社会上的非文献资料进行发掘、整理和利用。因此，随着西方社会史研究的理论和方法的引入，非文献资料在中国思想史研究中开始得到重视和利用。口述资料是文献资料的重要补充。但和非文献资料一样，口述资料在以前的中国思想史研究中也很少甚至没有被利用过。口述资料的被重视和利用也是在西方社会史研究的理论与方法被引用到思想史研究之后的事。

最后，改变了中国思想史的书写方式。我们以前书写的中国思想史，基本上是精英思想史。例如，在学术界产生过巨大影响的侯外庐先生的五卷本《中国思想通史》，就是以不同时期的精英思想为主轴而架构起来的。除侯外庐外，胡适、梁启超、冯友兰、钱穆等其他人书写的中国思想史或哲学史著作也都如此，都是精英式的，很少能看到一般人或社会大众的思想。但这种情况现在有了改变，一些学者在研究中国思想史时，受西方社会史研究的理论和方法的影响，开始利用原来很少利用的一些文献资料、非文献资料和口述资料，来研究一般人或社会大众的思想，甚至有学者以不同时期的一般人或社会大众思想为主轴来架构自己的中国思想史著作。这方面最成功也最典型的例子便是葛兆光的两卷本《中国思想史》。研究中国思想史，重视一般人或社会大众思想的研究，这是中国思想史研究的一大进步，值得充分肯定。但矫枉不能过正，不能只研究一般人或社会大众的思想，而不研究精英的思想。实际上，一部中国思想史既要包括精英人物的思想，也要包括一般人或社会大众的思想，既不能以精英人物的思想为主轴，也不能以一般人或社会大众的思想为主轴，因为历史既不是精英人物独自创造的，也不是一般人或社会大众独自创造的，而是精英人物和社会大众共同创造的，只是在不同的历史时期、不同的历史场景下他们的贡献有多有少而已。

西方社会史的研究理论和方法的引入极大地推动了中国近代思想史研究。实际上，不只是西方社会史研究的理论和方法，西方其他的一些社会科学的研究理论和方法，如系统论、结构论、后现代主义理论的传入，都对推动中国历史研究，当然也包括中国思想史和中国近代思想史研究，起过或多或少的作用。就此而言，我们对来自西方的一些社会科学研究的理论和方法应该继续持积极开放的态度。但这只是问题的一方面。问题的另一方面，我们也应看到，西方社会史以及西方其他社会科学研究的理论和方法的传入，也给研究者带来了以下问题与困惑：

首先是对史料与理论关系形成颠倒的错误认知。“论从史出”，这是史学的一个基本要求，所以在对史料的解读中我们要秉承客观、公正的态度，全面系统地占有资料，实事求是地分析史实，才能得出自己的结论，史料与理论之间是相互的，理论是从史料中得到的，史料也能用理论去验证，所以对于肢解史料以有利于自己的论证的做法是史学界尤其反对与警惕的。但是，近几年随着西方社会史研究的理论和方法的引入，许多学者开始运用“公共空间”“市民社会”“国家与社会”等范式进行思想史的研究，研究中常常采用的是先立论后举例子的程序。这样的做法可以扩大研究视域，但是如果运用不当则会出现“以论代史”的现象，在已有“结论”的引导下去寻求史料，而达不到“论从史出”的要求。

其次是阐释的“过度”与概念的“滥用”。当带有后现代色彩的“话语分析”模式传入中国时，给研究者带来了一种“不良”的暗示——在研究中可以从文本到文本，依据自己的理解去阐释历史。这种暗示的危险是，从文本到文本的方法会产生阐释“过度”的现象。黄兴涛就对“想象”“神话”“吊诡”等名词在史学研究中的“滥用”提出过批评。他指出，许多人往往把带有想象性特点或者说曾有“想象”因素参与其中的历史认知过程，与“想象”作为根本性质的事物混为一谈，好像人类除了“想象”外，便无其他的思维活动；“神话”的标签也到处贴，并且使用的并不是本来意义上的概念。①

最后，一些学者在研究中国近代思想史时，受西方社会史研究的理论和方法的影响，将更多的关注下沉到民间，力图通过阐释与分析民众的社会生活方方面面以还原历史场景，但是却忘却了思想史研究的一个基本要求，即理论的要求，所以文章显得支离破碎，没有理论深度，这是社会史与思想史的结合没有到位的结果。

所以，在今后的研究中，我们要继续引进西方的研究理论和方法，但在引进西方的研究理论和方法时，我们要立足于中国的研究实际，将西方的研究理论和方法“中国化”或“本土化”，从而建立本土化的中国思想史研究的理论、方法和范式。

① 参见黄兴涛《“话语”分析与中国近代思想文化史研究》，《历史研究》2007 年第 2 期。

主要参考文献

把增强、李书文：《1999 年以来李大钊研究述评》，《高校社科动态》2006 年第 4 期。

曹建英：《建国以来曾国藩洋务思想研究述评》，《湘潭大学学报》1995 年第 5 期。

陈发扬：《近十年左宗棠研究初探》，《牡丹江师范学院学报》2007 年第 2 期。

陈峰：《走出“史学危机”：20 世纪 80 年代中国马克思主义史学的反省与重塑》，《史学月刊》2019 年第 8 期。

陈梁芊：《21 世纪以来王韬研究综述》，《苏州教育学院学报》2014 年第 1 期。

陈廷湘、李晓宇、李常宝：《近三十年中国现代思想史研究》，巴蜀书社 2012 年版。

陈雪娇：《王韬思想研究综述》，《鲁东大学学报》2009 年第 5 期。

成晓军：《近十年来曾国藩研究述评》，《历史教学》（高校版）2007 年第 7 期。

迟云飞：《趋向与问题——近 40 年来的中国近代史研究》，《安徽史学》2019 年第 1 期。

储文静：《新世纪以来李大钊研究综述》，《党史研究与教学》2004 年第 4 期。

褚金勇：《中国近代思想史上的激进与保守——第三届中国近代思想史国际学术研讨会综述》，《洛阳师范学院学报》2010 年第 6 期。

春梅：《中国近代思想史的研究内容、方法及其他——郑大华教授访谈》，《学术月刊》2006 年第 4 期。
崔云伟、刘增人：《2000 年代鲁迅与当代中国研究综述》，《东方论坛》（青岛大学学报）2012 年第 5 期。
崔云伟、刘增人：《2003 年鲁迅研究论文综述》，《甘肃社会科学》2005 年第 1 期。
崔云伟、刘增人：《2004 年鲁迅研究综述》，《甘肃社会科学》2005 年第 5 期。
崔云伟、刘增人：《2005 年鲁迅研究综述》，《长江师院学报》2007 年第 4 期。
崔云伟、刘增人：《2006 年鲁迅研究综述》，《鲁迅研究月刊》2007 年第 9 期。
崔云伟、刘增人：《2007 年鲁迅研究综述》，《鲁迅研究月刊》2008 年第 9 期。
崔云伟、刘增人：《2009 年鲁迅研究综述》，《东方论坛》（青岛大学学报）2010 年第 5 期。
崔云伟、刘增人：《2010 年鲁迅研究综述》，《东方论坛》（青岛大学学报）2011 年第 4 期。
戴仕军：《李鸿章研究概述》，《首都师范大学学报》2003 年第 1 期。
丁晓杰：《蔡元培研究综述》，《内蒙古师范大学学报》1989 年第 1 期。
董美英：《近二十年来蔡元培教育思想研究综述》，《黑龙江高教研究》2013 年第 10 期。
段炼：《近二十年来中国近代思想史研究的新进展》，《史学月刊》2015 年第 1 期。
段云章、周兴樑：《建国以来孙中山研究述评》，《近代史研究》1985 年第 1 期。
傅德华、于翠艳：《百年冯桂芬研究概述》，《史林》2010 年第 2 期。
高军：《简论中国现代政治思想史研究中的几个问题》，《北京师院学报》（社会科学版）1984 年第 4 期。
龚书铎、董贵成：《50 年来的中国近代思想研究》，《近代史研究》1999

年第 5 期。

郭常英、张朋:《第二届“中国报刊与社会历史研究”学术研讨会综述》,《史学月刊》2010 年第 12 期。

郭若平、徐文彬:《新世纪以来五四运动研究综述》,《中共党史研究》2019 年第 4 期。

郭世佑、蒋金晖:《五十年来大陆学者关于辛亥时期孙中山民族主义思想研究述评》,《东南学术》2000 年第 4 期。

何亦聪:《近 30 年来周作人研究综述》,《河南社会科学》2010 年第 2 期。

侯杰:《大陆近百年梁启超研究综述》,《汉学研究通讯》总第 95 期。

侯杰、林绪武:《省思与超越——近十年来梁启超研究之探讨》,《社会科学研究》2004 年第 3 期。

胡维雄:《20 世纪 90 年代国内毛泽东思想研究回顾》,《当代中国史研究》2003 年第 3 期。

胡晓:《建国初期胡适思想批判运动述评》,《安徽史学》2009 年第 6 期。

黄开发:《新时期周作人研究述评》,《文学评论》1990 年第 5 期。

黄克武:《略论梁启超研究的新动向》,《文史哲》2004 年第 4 期。

黄来生:《绩溪胡适研究综述》,《徽州社会科学》2012 年第 1 期。

黄造煌:《近二十年来梁漱溟思想研究综述》,《高校研究动态》2010 年第 4 期。

暨爱民:《20 世纪 90 年代以来中国近代民族主义问题研究述评》,《教学与研究》2006 年第 1 期。

姜振昌、王世炎、王寒:《新世纪鲁迅研究综述》,《东岳论丛》2003 年第 3 期。

蒋俊、李兴芝:《建国以来中国近代无政府主义思潮研究述评》,《近代史研究》1985 年第 4 期。

金观涛、刘青峰:《从“群”到“社会”、“社会主义”——中国近代公共领域变迁的思想史研究》,《“中央研究院”近代史研究所集刊》第 35 期。

金观涛、刘青峰:《中国近现代观念起源研究和数据库方法》,《史学月刊》2005 年第 5 期。

金涵：《龚自珍哲学思想研究》，《国内哲学动态》1985 年第 7 期。
金涵：《魏源思想研究》，《国内哲学动态》1985 年第 8 期。
康有为：《〈大同书〉研究综述》，《滨州学院学报》2005 年第 2 期。
孔祥吉：《纪念林则徐诞辰 200 周年学术讨论会综述》，《近代史研究》1986 年第 1 期。
孔祥宇、朱志敏：《90 年代国内毛泽东思想研究述评》，《教学与研究》1999 年第 1 期。
兰梁斌：《"近代中国民族复兴思想与实践——第五届中国近代思想史国际学术研讨会"综述》，《史学月刊》2015 年第 6 期。
李承贵：《建国以来严复思想研究综述》，《学术月刊》1995 年第 10 期。
李军林：《马克思主义在中国的早期传播：十年研究述评》，《河北学刊》2005 年第 6 期。
李艳红：《近十年来严复思想研究综述》，《湘潭大学社会科学学报》2002 年第 6 期。
李振：《建国后十七年学界对李鸿章研究述评》，《经济研究导刊》2014 年第 27 期。
立早：《近年来李鸿章研究综述》，《湘潭大学学报》1991 年第 2 期。
林晨：《"纪念鲁迅诞辰 130 周年学术讨论会"综述》，《鲁迅研究月刊》2011 年第 9 期。
林飞鸾：《建国以来康有为研究中几个问题的概述》，《中山大学学报》1983 年第 4 期。
林家有：《建国以来孙中山民族主义研究述评》，载《孙中山研究述评国际学术讨论会论文集》，1985 年。
林有能：《近年来林则徐学术研究综述》，《福建论坛（文史哲版）》1985 年第 2 期。
林瑜、胡修雷：《跨国视野下的近代中国与世界学术研讨会综述》，《华人华侨历史研究》2014 年 12 月。
刘爱章：《新民主主义革命时期马克思在中国传播的研究成果综述》，《实事求是》2012 年第 3 期。
刘仓：《建国初期胡适思想批判运动研究综述》（www. iccs. cn/conten）。

刘春勇、范福林:《“国际鲁迅研究会第一届学术论坛：北京论坛”会议综述》,《中国现代文学研究丛刊》2013 年第 12 期。
刘纯:《近代中国民族复兴思想与实践——“第五届中国近代思想史国际学术研讨会”综述》,《教学与研究》2015 年第 1 期。
刘峰、段淑娟:《国内马克思主义中国化著作研究述评》,《党政干部学刊》2012 年第 5 期。
刘黎红:《近 10 年来近代文化保守主义研究综述》,《哲学动态》2001 年第 11 期。
刘平、郑大华:《新世纪以来的中国近代思想史研究述评》,《广东社会科学》2016 年第 6 期。
刘泱泱:《左宗棠研究述评》,《求索》1986 年第 2 期。
刘玉清:《近十年来关于孙中山研究的新观点综述》,《湖北第二师范学院学报》2010 年第 3 期。
刘子凌:《世界的，也是鲁迅的——“世界视野中的鲁迅”国际学术研讨会综述》,《鲁迅研究月刊》2014 年第 7 期。
龙海燕、彭平一:《近二十年来黄兴思想研究综述》,《株洲师范高等专科学校学报》2004 年第 6 期。
罗志田:《近代中国思想史研究的两点反思》,《社会科学研究》2009 年第 1 期。
马啸:《国内五十年来左宗棠在西北活动研究述评》,《中国边疆史地研究》2008 年第 2 期。
马轩:《胡适研究综述》,《齐齐哈尔师范高等专科学校学报》2014 年第 4 期。
倪俊明:《郑观应研究综述》,《文史哲》2003 年第 1 期。
牛利鹏:《中国近代民族主义研究综述》,《民族论坛》2016 年第 10 期。
欧阳哲生:《探求中国近代思想史研究的新路径——欧阳哲生教授访谈录》,《晋阳学刊》2011 年第 2 期。
欧阳哲生:《章太炎研究述评》,《求索》1991 年第 4 期。
欧阳哲生:《作为学科的中国近代思想史研究》,《社会科学论坛》2013 年第 6 期。

潘焕昭：《国内毛泽东思想研究历史进程及其特点》，《教学与研究》2000年第7期。
秦帮兴：《龚自珍与经世思潮研究综述》，《中国诗歌研究动态》2017年第2期。
邱若宏：《蔡元培思想研究综述》，《湖南城市学院学报》2005年第4期。
饶怀民、王晓天：《曾国藩研究述评》，《湖南师范大学学报》1986年第5期。
沈寂：《陈独秀研究的历史与现状》，《学术界》2002年第4期。
宋广波：《中国近代思想史学科近期研究重点与热点问题》，《学术动态》2008年第14期。
孙颖：《百余年来黄遵宪研究回顾》，《广州大学学报（社会科学版）》2004年第12期。
王春霞、王颖：《近十年来关于“中国近代民族主义”的研究综述》，《中州学刊》2002年第7期。
王尔敏、郑宗义：《中国近代思想研究的回顾》，载《六十年来的中国近代史研究》上册，台北：“中央研究院”近代史所1988年版。
王建朗：《2015年中国近代史研究综述》，《近代史研究》2016年第4期。
王建朗：《2016年中国近代史研究综述》，《近代史研究》2017年第6期。
王建朗：《2017年中国近代史研究综述》，《近代史研究》2018年第4期。
王建朗：《中国近代史研究70年（1949—2019）》，《近代史研究》2019年第4期。
王建平、李绪堂：《冯桂芬思想研究综述》，《鲁东大学学报》2008年第4期。
王利民：《八十年来李大钊思想研究的主要进展与思考》，《河北大学学报》2011年第1期。
王明兵：《东亚思想史国际学术研讨会综述》，《社会科学战线》2007年第4期。
王鑫：《学界对孙中山“新三民主义思想渊源”的研究综述》，《现代妇女》2014年第5期。
王毅：《新世纪以来中国近代思想史研究的回顾与展望》，《教学与研究》

2010 年第 3 期。

吴娜、于作敏:《陈独秀思想研究综述》,《怀化学院学报》2006 年第 10 期。

萧守贸:《近年来中国近代民族主义研究概述》,《历史教学》2003 年第 3 期。

萧延中:《20 世纪 90 年代以来西方关于毛泽东及其思想研究的趋向》,《中国人民大学学报》2003 年第 6 期。

熊吕茂:《近十年来梁漱溟研究》,《湖南师范大学学报》1997 年第 5 期。

熊吕茂、李小婧:《20 世纪 90 年代以来魏源研究综述》,《湖南城市学院学报(人文社会科学版)》2007 年第 1 期。

熊吕茂、刘丽萍:《近年来瞿秋白思想研究综述》,《邵阳学院学报》2004 年第 6 期。

熊吕茂、肖高华:《近年来曾国藩研究综述》,《湖南文理学院学报》2004 年第 1 期。

徐从辉:《新世纪以来的周作人研究》,《浙江师范大学学报》2011 年第 5 期。

许苏民:《中国近代思想史研究亟待实现三大突破》,《天津社会科学》2004 年第 6 期。

闫铭:《近十年来梁漱溟思想研究综述》,《经济研究导刊》2011 年第 17 期。

闫润鱼:《20 世纪 90 年代以来中国近代自由主义研究述评》,《教学与研究》2006 年第 4 期。

闫润鱼、陆央云:《20 世纪 90 年代以来中国近代国民性改造思潮研究述评》,《教学与研究》2009 年第 3 期。

阎书钦:《近十年来国内中国现代政治思想史研究综述》,《中共党史研究》2003 年第 5 期。

杨芳:《近十年来中国现代政治思想史研究热点综述》,《许昌学院学报》2013 年第 1 期。

杨凤城主编:《毛泽东思想研究述评》,中国人民大学出版社 2002 年版。

杨汉鹰:《建国以来国内外孙中山平均地权思想研究综述》,《江汉论坛》

1986 年第 1 期。
杨洪承：《世纪元年鲁研学术新走向——2001 年鲁迅研究综述》，《鲁迅研究月刊》2002 年第 9 期。
杨思信：《近代文化保守主义研究综述》，《文史知识》1999 年第 1 期。
杨智勇：《近年来民族复兴思潮研究述评》，《教学与研究》2015 年第 12 期。
易竹贤：《胡适其人及胡适研究述评》，《江汉论坛》2005 年第 3 期。
俞祖华：《近代中国激进主义思潮研究述评》，《学术月刊》2005 年第 8 期。
俞祖华：《近现代中华民族复兴思想研究述评》，《晋阳学刊》2018 年第 4 期。
俞祖华、王静静：《鲁迅改造思性思想研究综述》，《鲁东大学学报》2010 年第 6 期。
俞祖华、赵慧峰：《近代中国自由主义思潮研究综述》，《烟台大学学报》2005 年第 1 期。
俞祖华、赵慧峰主编：《中国近代社会文化思潮研究通览》，山东大学出版社 2005 年版。
俞祖华：《中国近代改造国民性思潮研究述评》，《烟台大学学报》2014 年第 6 期。
袁洪亮：《近二十年龚自珍思想研究综述》，《云梦学刊》2001 年第 2 期。
袁洪亮：《近二十年魏源思想研究综述》，《吉首大学学报》2001 年第 1 期。
袁洪亮、张学强：《近二十年魏源经济思想研究综述》，《邵阳师范高等专科学校学报》1999 年第 3 期。
袁洪亮：《中国近代国民性改造思潮研究综述》，《史学月刊》2000 年第 6 期。
曾科：《近代中国人的国家观念与世界意识——“第四届中国近代思想史国际学术研讨会”综述》，《教学与研究》2013 年第 2 期。
曾业英主编：《五十年来的中国近代史研究》，上海书店出版社 2000 年版。

翟亚柳:《二十一世纪以来国内邓演达研究》,《武汉科技大学学报(社会科学版)》2015 年第 2 期。

张静如、侯且岸:《1984 年以来李大钊研究述评》,载《李大钊研究文集》,中共党史出版社 1991 年版。

张静、宋娴、李荫萌、丁翠玲:《2008 年鲁迅研究综述》,《鲁迅研究月刊》2009 年第 9 期。

张军强:《近十五年来中国内地张君劢思想研究综述》,《理论导刊》2008 年第 12 期。

张敏、聂长久:《中国近现代民粹主义思潮研究综述》,《长春工业大学学报》2008 年第 3 期。

张铁荣:《周作人研究的动向和展望》,《鲁迅研究月刊》1992 年第 12 期。

张玉翠:《近十年国内历史认识论研究述评》,《史学月刊》2019 年第 6 期。

张治江:《20 年来中国近代民族主义研究及启示》,《安徽史学》2012 年第 6 期。

张治江、安树彬:《近十年来中国近代思想史研究述评》,《理论导刊》2012 年第 11 期。

《章太炎思想研究综述》,《鲁东大学学报(哲学社会科学版)》2007 年第 2 期。

赵慧峰、俞祖华:《第二届中国近代思想史国际学术研讨会综述》,《史学月刊》2007 年第 2 期。

赵慧峰、俞祖华:《中国近代保守主义思潮研究综述》,《中国现代文化学术研讨会论文集》,2005 年。

赵金鹏:《十年来邓演达研究综述》,《中共党史研究》1992 年第 3 期。

赵立人:《"康有为与戊戌变法"研讨会综述》,《广东社会科学》1998 年第 6 期。

赵娜:《中国思想史学科建设座谈会综述》,《华夏文化》2010 年第 2 期。

郑大华:《改革开放 40 年来的中国近代思想史研究》,《广东社会科学》2018 年第 6 期。

郑大华、贾小叶：《20 世纪 90 年代以来中国近代史上的激进与保守研究述评》，《近代史研究》2005 年第 4 期。
郑大华、贾小叶：《20 世纪 90 年代以来中国近代思想研究的回顾与展望》，《教学与研究》2005 年第 1 期。
郑大华、王毅：《新世纪以来近代中国社会主义思想研究的回顾与展望》，《中国文化研究》2010 年秋之卷。
郑大华、张宝明：《中国近代思想史学科盘点之二——关于中国近代思想史的开端问题》，《郑州大学学报》2007 年第 4 期。
郑大华、张宝明：《中国近代思想史学科盘点之三——关于中国近代思想史的研究方法》，《郑州大学学报》2008 年第 3 期。
郑大华、张宝明：《中国近代思想史学科盘点之四——关于中国近代思想史的发展动力》，《郑州大学学报》2008 年第 6 期。
郑大华、张宝明：《中国近代思想史学科盘点之一——关于中国近代思想史的研究内容》，《郑州大学学报》2007 年第 3 期。
郑大华：《中国近代思想史学术前沿诸问题》，湖南师范大学出版社 2012 年版。
郑大华：《中国近代思想史研究的分期、成就与反思（1949—2019）》，《河北学刊》2019 年第 2 期。
郑东升：《近十年来关于“问题与主义”之争研究综述》，《锦州师范学院学报》2003 年第 4 期。
郑刚：《近十年李鸿章与洋务运动研究综述》，《安徽史学》2002 年第 1 期。
钟觉民：《魏源研究的历史与现状》，《邵阳师专学报》1994 年第 4 期。
周建超、魏吉华：《新世纪陈独秀研究述评》，《中共党史研究》2009 年第 12 期。
周良发：《义理研究的深化与学术视阈的拓展——近十年来梁漱溟研究述评》，《思茅师范高等专科学校学报》2012 年第 1 期。
周良发：《郑大华先生的梁漱溟研究》，《湖南工程学院学报》2011 年第 4 期。
周艳娜：《近十年来陈独秀研究综述》，《徐州工程学院学报》2009 年第

3 期。

邹小站：《第一届中国近代思想史国际学术研讨会综述》，《历史研究》2004 年第 6 期。

邹小站:《中国近代思想史学科方法学术讨论会综述》,《历史研究》2003 年第 1 期。

左玉河:《30 年来的中国近代思想文化史研究》,《安徽史学》2009 年第 1 期。